经世济世

建德崇实

贺教育部

人文社科项目

心系王继

季羡林

教育部哲学社会科学研究重大课题攻关项目
"十三五"国家重点出版物出版规划项目

创新法治人才培养机制

INNOVATING THE MECHANISM OF LEGAL TALENTS CULTIVATION

杜承铭
等著

中国财经出版传媒集团
经济科学出版社
Economic Science Press

图书在版编目（CIP）数据

创新法治人才培养机制/杜承铭等著.—北京：
经济科学出版社，2020.12
教育部哲学社会科学研究重大课题攻关项目
"十三五"国家重点出版物出版规划项目
ISBN 978-7-5218-2230-4

Ⅰ.①创⋯ Ⅱ.①杜⋯ Ⅲ.①法律-人才培养-
研究-中国 Ⅳ.①D926.174

中国版本图书馆CIP数据核字（2020）第263939号

责任编辑：何　宁
责任校对：郑淑艳
责任印制：李　鹏　范　艳

创新法治人才培养机制
杜承铭　等著
经济科学出版社出版、发行　新华书店经销
社址：北京市海淀区阜成路甲28号　邮编：100142
总编部电话：010-88191217　发行部电话：010-88191522
网址：www.esp.com.cn
电子邮箱：esp@esp.com.cn
天猫网店：经济科学出版社旗舰店
网址：http://jjkxcbs.tmall.com
北京季蜂印刷有限公司印装
787×1092　16开　35.75印张　690000字
2021年3月第1版　2021年3月第1次印刷
ISBN 978-7-5218-2230-4　定价：143.00元
(图书出现印装问题，本社负责调换。电话：010-88191510)
(版权所有　侵权必究　打击盗版　举报热线：010-88191661
QQ：2242791300　营销中心电话：010-88191537
电子邮箱：dbts@esp.com.cn)

课题组主要成员

首席专家　杜承铭
主要成员　李树忠　周叶中　邓世豹　戴激涛
　　　　　　夏金莱　房文翠

编审委员会成员

主 任 吕 萍
委 员 李洪波 柳 敏 陈迈利 刘来喜
         樊曙华 孙怡虹 孙丽丽

总　序

哲学社会科学是人们认识世界、改造世界的重要工具，是推动历史发展和社会进步的重要力量，其发展水平反映了一个民族的思维能力、精神品格、文明素质，体现了一个国家的综合国力和国际竞争力。一个国家的发展水平，既取决于自然科学发展水平，也取决于哲学社会科学发展水平。

党和国家高度重视哲学社会科学。党的十八大提出要建设哲学社会科学创新体系，推进马克思主义中国化、时代化、大众化，坚持不懈用中国特色社会主义理论体系武装全党、教育人民。2016年5月17日，习近平总书记亲自主持召开哲学社会科学工作座谈会并发表重要讲话。讲话从坚持和发展中国特色社会主义事业全局的高度，深刻阐释了哲学社会科学的战略地位，全面分析了哲学社会科学面临的新形势，明确了加快构建中国特色哲学社会科学的新目标，对哲学社会科学工作者提出了新期待，体现了我们党对哲学社会科学发展规律的认识达到了一个新高度，是一篇新形势下繁荣发展我国哲学社会科学事业的纲领性文献，为哲学社会科学事业提供了强大精神动力，指明了前进方向。

高校是我国哲学社会科学事业的主力军。贯彻落实习近平总书记哲学社会科学座谈会重要讲话精神，加快构建中国特色哲学社会科学，高校应发挥重要作用：要坚持和巩固马克思主义的指导地位，用中国化的马克思主义指导哲学社会科学；要实施以育人育才为中心的哲学社会科学整体发展战略，构筑学生、学术、学科一体的综合发展体系；要以人为本，从人抓起，积极实施人才工程，构建种类齐全、梯队衔接的高校哲学社会科学人才体系；要深化科研管理体制改革，发挥高校人才、智力和学科优势，提升学术原创能力，激发创新创造活力，建设中国特色新型高校智库；要加强组织领导、做好统筹规划、营造良好学术生态，形成统筹推进高校哲学社会科学发展新格局。

哲学社会科学研究重大课题攻关项目计划是教育部贯彻落实党中央决策部署的一项重大举措，是实施"高校哲学社会科学繁荣计划"的重要内容。重大攻关项目采取招投标的组织方式，按照"公平竞争，择优立项，严格管理，铸造精品"的要求进行，每年评审立项约40个项目。项目研究实行首席专家负责制，鼓励跨学科、跨学校、跨地区的联合研究，协同创新。重大攻关项目以解决国家现代化建设过程中重大理论和实际问题为主攻方向，以提升为党和政府咨询决策服务能力和推动哲学社会科学发展为战略目标，集合优秀研究团队和顶尖人才联合攻关。自2003年以来，项目开展取得了丰硕成果，形成了特色品牌。一大批标志性成果纷纷涌现，一大批科研名家脱颖而出，高校哲学社会科学整体实力和社会影响力快速提升。国务院副总理刘延东同志做出重要批示，指出重大攻关项目有效调动各方面的积极性，产生了一批重要成果，影响广泛，成效显著；要总结经验，再接再厉，紧密服务国家需求，更好地优化资源，突出重点，多出精品，多出人才，为经济社会发展做出新的贡献。

作为教育部社科研究项目中的拳头产品，我们始终秉持以管理创新服务学术创新的理念，坚持科学管理、民主管理、依法管理，切实增强服务意识，不断创新管理模式，健全管理制度，加强对重大攻关项目的选题遴选、评审立项、组织开题、中期检查到最终成果鉴定的全过程管理，逐渐探索并形成一套成熟有效、符合学术研究规律的管理办法，努力将重大攻关项目打造成学术精品工程。我们将项目最终成果汇编成"教育部哲学社会科学研究重大课题攻关项目成果文库"统一组织出版。经济科学出版社倾全社之力，精心组织编辑力量，努力铸造出版精品。国学大师季羡林先生为本文库题词："经时济世 继往开来——贺教育部重大攻关项目成果出版"；欧阳中石先生题写了"教育部哲学社会科学研究重大课题攻关项目"的书名，充分体现了他们对繁荣发展高校哲学社会科学的深切勉励和由衷期望。

伟大的时代呼唤伟大的理论，伟大的理论推动伟大的实践。高校哲学社会科学将不忘初心，继续前进。深入贯彻落实习近平总书记系列重要讲话精神，坚持道路自信、理论自信、制度自信、文化自信，立足中国、借鉴国外、挖掘历史、把握当代、关怀人类、面向未来，立时代之潮头、发思想之先声，为加快构建中国特色哲学社会科学，实现中华民族伟大复兴的中国梦做出新的更大贡献！

教育部社会科学司

前　言

中共十八届四中全会审议通过的《中共中央关于全面推进依法治国若干重大问题的决定》（以下简称《决定》）提出，"全面推进依法治国，必须大力提高法治工作队伍思想政治素质、业务工作能力、职业道德水准，着力建设一支忠于党、忠于国家、忠于人民、忠于法律的社会主义法治工作队伍，为加快建设社会主义法治国家提供强有力的组织和人才保障"。中共十九大报告强调，"全面依法治国是中国特色社会主义的本质要求和重要保障"。在中共十九届四中全会推进国家治理体系和治理能力现代化的背景下，党中央关于德法兼修法治人才培养的系列科学论述是指导新形势下全面依法治国的纲领性文件，对建设新时代法治工作队伍、培养德法兼修高素质法治人才、创新法治人才培养机制提出了新要求和新任务。

一、国家治理现代化背景下法治人才培养的重要意义

"法治人才"是中共十八届四中全会首次提出的概念，是在"法学人才""法律人才"的基础上，结合全面依法治国新时代特色的基础上而提出的。[1] 1977年、1978年我国恢复高考招生的时候，招的是政法专业，培养"政法人才"。1979年以后，政治学、法学分立，人才培养目标定位为"培养法学人才"。再后来鉴于法学人才比较侧重

---

[1] 2014年10月，中共十八届四中全会做出的《中共中央关于全面推进依法治国若干重大问题的决定》专门对"创新法治人才培养机制"做了部署，提出"培养造就熟悉和坚持中国特色社会主义法治体系的法治人才及后备力量。建设通晓国际法律规则、善于处理涉外法律事务的涉外法治人才队伍"。这是"法治人才"首次在党和国家权威文件中出现。

理论，而法治实践需要大量的专业性实践人才，所以法学教育的人才培养目标从培养"法学人才"调整为培养"法律人才"。法律人才具有综合性，包含着理论和实践多个层次。① 2017 年 5 月 3 日，习近平总书记在考察中国政法大学时强调，法治人才培养上不去，法治领域不能人才辈出，全面依法治国就不可能做好。没有正确的法治理论引领，就不可能有正确的法治实践②。在习近平总书记 2017 年考察中国政法大学之后，法学教育培养人才的目标明确为"培养德法兼修的高素质法治人才"。习近平总书记的讲话，高屋建瓴地指出了为什么要培养法治人才、培养什么样的法治人才、怎么培养法治人才和为谁培养法治人才等事关法治人才培养的根本问题，深刻指出了高校在培养法治人才中的地位和作用等问题，为新时期创新法治人才培养机制提供了新的指导思想、培养目标和培养方法。

2015 年，教育部发布《高等法学教育贯彻十八届四中全会精神的教学指导意见》指出，"高等法学教育要坚持以马克思主义法学思想和中国特色社会主义法治理论为指导，全面贯彻党的教育方针，着力深化教学改革、创新人才培养机制，切实担负起培养造就熟悉和坚持中国特色社会主义法治体系的法治人才和后备力量的历史使命，为加快建设社会主义法治国家提供强有力的人才保障和智力支撑"。2018 年 4 月，教育部发布《普通高等学校法学类本科专业教学质量国家标准》指出，法学类专业人才培养要坚持立德树人、德法兼修，适应建设中国特色社会主义法治体系，建设社会主义法治国家的实际需要。2018 年 9 月，教育部、中央政法委发布《关于坚持德法兼修 实施卓越法治人才教育培养计划 2.0 的意见》指出，卓越法治人才教育培养的总体思路是："坚持以马克思主义法学思想和中国特色社会主义法治理论为指导，围绕建设社会主义法治国家需要，坚持立德树人、德法兼修，践行明法笃行、知行合一，主动适应法治国家、法治政府、法治社会建设新任务新要求，找准人才培养和行业需求的结合点，深化

---

① 徐显明：《高等教育新时代与卓越法治人才培养》，载于《中国大学教学》2019 年第 10 期，第 7 ~ 11 页。
② 《习近平在中国政法大学考察时强调 立德树人德法兼修抓好法治人才培养 励志勤学刻苦磨炼促进青年成长进步》，载于《北京人大》2017 年第 5 期，第 62 ~ 63 页。

高等法学教育教学改革，强化法学实践教育，完善协同育人机制，构建法治人才培养共同体，做强一流法学专业，培育一流法治人才，为全面推进新时代法治中国建设提供有力的人才智力保障。"法治人才培养作为建设中国特色社会主义法治国家人才发展战略的重要组成部分，对实现全面依法治国、推动国家治理法治化具有重大意义，是法学教育的首要功能和重要使命。

（一）国家治理法治化的人才保障

中共全面深化改革的总目标，国家治理现代化是现代国家的奋斗目标，国家治理法治化是国家治理体系和治理能力现代化的重要组成部分，也是国家治理体系和治理能力现代化的必然要求。"法治化是国家治理现代化的主要内容，是衡量国家治理现代化水平的主要标准，是实现国家治理现代化的关键。法治化与国家治理现代化具有同步性，国家治理现代化的过程也是法治化的过程。"[1] 一方面，推进国家治理法治化需要大量法治人才。随着我国经济社会不断发展，法治作为国家治理体系和治理能力现代化的重要方略，其强有力的保障作用愈加凸显。实践证明，国家治理现代化离不开法治化。全面依法治国是关系我们党执政兴国、关系人民幸福安康、关系党和国家长治久安的重大战略问题，是"四个全面"战略布局的重要组成部分。另一方面，推进国家治理能力的法治化需要大量法治人才。从国家治理能力现代化角度看，维护宪法法律权威、深化行政执法体制改革、确保依法独立行使审判权和检察权、健全司法权力运行机制、完善人权司法保障制度等，都需要大量德法兼修的高素质法治人才。法治人才的素质高低直接影响和制约着国家治理法治化的成效。因此，培养德法兼修高素质法治人才，是实现国家治理现代化和法治化的前提。

（二）全面依法治国的基础性工作

对于中国特色社会主义法治国家建设事业而言，"法治人才的培养是全面依法治国的重要内容，也是我国法治事业兴旺发达的重要保障。全面依法治国是我国一项重要的历史任务，法律的生命力在于实施，而法律的有效实施又依赖于法治人才的培养。因此，要有效推进我国

---

[1] 胡建淼：《治理现代化关键在法治化》，载于《人民日报》2015年11月23日，第7版。

法治建设进程，我们就必须着力培养一大批优秀的法治人才。"①"致天下之治者在人才"，培养德法兼修高素质法治人才是全面依法治国的人才保障，是奠定法治中国治理主体的基础性工作，"法治人才的培养是依法治国的重要组成部分，是基础性、先导性工作。创新法治人才培养机制，培养造就一批熟悉和坚持中国特色社会主义法治体系的卓越法治人才，是全面推进依法治国的重要保障。"②

一方面，全面推进依法治国需要一支德法兼修的高素质法治工作队伍。实践证明，德法兼修的法治工作队伍对于保护人民群众合法权益、维护社会公平正义具有重要意义。高素质的法治工作队伍建设不仅要围绕建设中国特色社会主义法治体系、建设社会主义法治国家的总目标，而且应当以解决当前社会经济发展的主要矛盾为突破口、全面依法治国各行业各领域所需法治人才为指引，努力站在时代前沿创新法治人才培养机制，为科学立法、民主执法、公正司法、优质高效的法律服务等工作提供人才保障；优化法学师资队伍建设，完善法治人才培养模式，探索推进实践教学，提高法学教育质量，形成完善的中国特色社会主义法学理论体系、法学学科体系、法学课程体系，同时立足中国现有国情，扎根中国法治实践，放眼世界，深入研究，从而为实现全面依法治国的战略目标提供人才保障。

另一方面，全面推进依法治国需要一支德法兼修的高素质法律服务队伍。近年来，随着我国法治建设的深入推进，我国法律服务业获得显著进步，法律服务队伍进一步壮大。中共十八届四中全会《决定》明确提出"加强法律服务队伍建设"，要求以律师队伍为重点，全面加强法律服务队伍政治素质、业务能力、职业道德和布局调整。作为加强法律服务队伍建设的重要举措和内在要求，法治人才培养对于建立一支优势互补、结构合理的法律服务队伍至为关键。我国法治发展的实践表明，律师工作队伍是依法治国的一支重要力量，全面依法治国目标的实现离不开高素质律师队伍。特别是在民族地区与西部基层地区，加强律师服务队伍建设，促进东部经济发达地区与中西部

---

① 王利明：《培养明法厚德的卓越法治人才》，载于《中国高校社会科学》2017年第4期，第10~12页。

② 黄进：《志存高远培养卓越法治人才》，载于《光明日报》2017年5月26日，第11版。

地区的律师进行交流合作,是全面依法治国在西部基层和民族地区的重要内容。而解决西部地区法治人才匮乏的重要途径和基本方式,就是通过法学教育改革和法治人才培养机制创新,打造一支符合西部地区发展实际的高素质法律服务队伍。

二、新文科建设背景下法治人才培养机制的创新

法学教育是培养德法兼修高素质法治人才的基本途径,也是形成法律职业共同体的基础性工程,对于建设社会主义法治国家具有重要意义。教育部发布的《普通高等学校法学类本科专业教学质量国家标准》提出,"法学类专业人才培养应坚持立德树人、德法兼修,适应建设中国特色社会主义法治体系,建设社会主义法治国家的实际需要。"[①] 法学高等教育要将法学专业教学质量国家标准作为法治人才培养的基本标尺,将国家标准严格贯彻实施于法治人才培养的每一环节,确保法治人才培养质量。面对中国特色社会主义新时代的新形势、新问题与新挑战,法学教育面临着良好的发展机遇和广阔的发展前景,为此,创新法治人才培养机制首先就要认真学习贯彻习近平总书记关于教育工作的重要论述,贯彻落实党中央决策部署,形成在全面依法治国新时代大力推进法学教育改革发展的观念与思路。大致说来,法治人才培养应从理念、实践和方法三个层面进行改革与创新。

(一)方向与目标

中共十九大报告指出,"建设教育强国是中华民族伟大复兴的基础工程,必须把教育事业放在优先位置,加快教育现代化。要优先发展教育事业,加快一流大学和一流学科建设,实现高等教育内涵式发展"。中共十九大报告精神为新时代法学教育发展提供了根本遵循和指导,高等法学教育要"深入研究和解决好为谁教、教什么、教给谁、怎样教的问题",首先应明确法治人才培养的理念与方向,这是培养全面依法治国所需法治人才的根本指引。2018 年 5 月 2 日,习近平在北京大学师生座谈会上指出,"《礼记·大学》说:'大学之道,在明明德,在亲民,在止于至善。'古今中外,关于教育和办学,思想流派繁

---

① 徐汉明:《创新法治人才培养机制》,载于《学习时报》2017 年 3 月 29 日,第 7 版。

多，理论观点各异，但在教育必须培养社会发展所需要的人这一点上是有共识的。培养社会发展所需要的人，说具体了，就是培养社会发展、知识积累、文化传承、国家存续、制度运行所要求的人。"① 由此可见，新时代法治人才培养的基本方向是培养中国特色社会主义法治国家建设所需的法治人才，基本目标是培养符合社会主义国家深入推进全面依法治国所需的应用型、复合型、创新型高素质德法兼修法治人才。

  法治人才培养在理念层面应当坚持把思想政治素质、职业伦理道德和法治精神养成摆在创新法治人才培养的首位。《高等法学教育贯彻十八届四中全会精神的教学指导意见》指出，"坚持立德树人、德育为先。思想政治素质是社会主义法治人才第一位的要求。要把理想信念教育摆在首要位置，深入开展社会主义核心价值观教育，大力推动中国特色社会主义法治理论进教材进课堂进头脑，使学生真正领会中国特色社会主义法治理论的科学内涵和精神实质，形成对中国特色社会主义法治的内心拥护和真诚信仰"。作为社会主义法治人才培养第一位的要求，思想政治素质决定着人才培养的境界和高度；对党、国家、人民和法律的忠诚是社会主义法治人才应具备的思想政治素养的集中体现。不断提高法治人才的思想政治素质和法律职业伦理素养，需要加强法治人才培养理念的与时俱进，从而正确指导法治人才的培养方向。"当前，如何适应国内发展大势，培养出一大批始终能够忠于党，能够坚定不移地坚持中国特色社会主义法治道路，坚持把我国的根本政治制度、基本政治制度同基本经济制度以及各方面体制机制结合起来，坚持把党的领导、人民当家作主、依法治国结合起来的优秀法治人才，是当前面临的一个重大挑战。"② 这就要求在法学教育和法治人才培养过程中，全面贯彻党的教育方针，坚持立德树人，把社会主义核心价值观融入教育教学全过程，切实增强法治人才培养的道路自信、理论自信、制度自信，及时总结和深刻反思当前法治人才培养存在的问题与面对的挑战，超越传统的以培养司法职业人才为中心和重心的人才培养观，使人才培养目标符合国家法治建设和社会各行业依法治

---

① 习近平：《在北京大学师生座谈会上的讲话》，载于《人民日报》2018年5月3日，第2版。
② 梅哲、王志：《创新法治人才培养机制》，载于《红旗文稿》2017年第5期，第30~32页。

理的需求。

(二) 模式与机制

人才培养模式和培养机制是法学教育改革的关键环节，也是提升法治人才培养质量的重中之重。广义的"人才培养模式"，是指由人才培养理念、专业设置模式、课程设置方式、教学制度体系、教学组织形式、教学管理模式与教育评价方式等要素构成的有关人才培养过程的理论模型与操作样式。狭义的"人才培养模式"，是指在一定的教育思想和教育理论指导下，为实现既定的培养目标而采取的培养过程的某种标准构造样式和规范化的运行方式。一般说来，法治人才培养模式是指在现代法学教育理论及法学教育思想的指导下，按照全面依法治国新时代的法治人才培养目标，以符合法治人才培养规律、与时俱进的教学内容和课程体系，管理制度和评估方式，实施法治人才培养的过程的总和。具体说来，法治人才培养模式包括法治人才的培养目标、培养内容、培养过程、培养制度和培养评价五个基本要素。法治人才培养机制是指在培养法治人才的过程中，以特定的培养目标为起点，探索法治人才培养的内部组织和运行变化的规律，应遵循的相应规律及为了达致培养目标而采用的相关方式和手段，最终实现法治人才的培养目标。对于全面依法治国新时代的法治人才培养而言，创新法治人才培养机制应以培养德法兼修高素质法治人才为目标，加强法治人才培养过程的管理制度建设，健全法治人才质量评价体系及配套保障机制建设，根据法治人才类型化培养目标合理配置教育资源，通过培养模式建制化激发学生及法治人才培养共同体的主观能动性，培养法治人才从事法律职业的专业知识、职业能力及行业素养。

法学专业是具有共同法治理论基础、共同法治研究领域相对一致的专业集合，具有很强的实用性、应用性和实践性，对于国家法律秩序的形成、公民权利与国家权力的和谐平衡与各行业的依法治理具有基础性作用。对于法学专业教育的定位，应考虑中国特色社会主义国家法治建设的总体背景与基本目标，将法学教育定位为基于素质教育和专业教育的职业教育。对于培养中国特色社会主义法治人才而言，在知识层面，要将中央关于全面依法治国的全部系统论述和精神，准确、完整、全面地贯彻在高等法学教育的教学内容之中，完善相关专业课程知识体系，强化重点知识教育，结合中国实际、立足中国国情、突出中国特色。为此，要重点加强法治人才培养中的法学理论体系、学科体系、课程体系建设，这是创新法治人才培养机制的基础性工作之一。

具体说来，法学理论体系是关于法学作为一门独立学科的客观规律的理性认识，是建立在丰富的法治实践基础上形成的；法学学科体系是由法学理论体系的抽象、提炼升华而成，具有作为独立学科的稳定规范的基本概念、思维定式、方法论和分析工具等；法学课程体系则是法学理论和法学学科体系凝练的精华。对法治人才培养而言，三大体系建设应当相互贯通、交叉融合、彼此配合。完善法治人才培养模式，在加强法学理论体系、学科体系、课程体系建设的同时，还要与国家法治专门队伍建设的现实需求充分对接，实现法治人才培养模式的多元化、类型化。为此，应当深入研究社会主义法治国家建设所需法治人才的特点，找准高等学校人才培养与社会行业所需法治人才要求的结合点，以社会对法治人才的具体需求为导向，明确各行业依法治理对法治人才需求的行业标准，促进高等学校人才培养的合作交流与资源共享，共同致力于中国特色社会主义法治人才培养共同体的建设。毫无疑问，"中国特色社会主义法治人才培养是一项艰巨而复杂的系统工程，涉及方方面面，需要科学的顶层设计。为此，要全面启动法学教育体系和管理体制改革，建议建立由中央政法委统一领导，由教育部牵头，司法部、人事部、最高人民法院、最高人民检察院、中国法学会共同参与的法学教育改革领导小组，在调查研究的基础上，尽快出台法学教育全面改革的相关意见，报中央批准后推行。总之，法治人才培养体系的构建需要全社会、各级政府、政法部门、律师行业、教育主管部门、教育机构和科研部门以及法律人的共同努力，上下联动、左右互动，共同营建有助于法治人才成长和发展的环境和机制。"[①] 唯有形成法治人才培养的全社会的合力，让作为法治人才培养的高校和法治实务部门都能够切实承担起培养责任，才能尽快实现全面依法治国所需法治人才的培养目标，助力法治中国建设。

[①] 蒋新苗：《加快构建中国特色法学人才体系》，载于《中国大学教学》2017年第5期，第32～37页。

（三）方式和方法

在方式和方法层面，要运用先进灵活的教学方法与丰富多元的教学形式组织开展教学活动，培养造就一批德法兼修高素质法治人才工作队伍。"法学是一个艰深的领域，有理论、有实践，涉及社会生活的各个方面，所需要掌握的知识、理论和方法都非常复杂。正因为如此，法制成熟国家的法科学生一般需要很用功（特别是对于基础课程）才能够顺利完成学业。大量的时间投入与艰苦的学习，固然不是养成专业能力的充分条件，但是，它肯定是一个必要条件。"[1] 正因为法学学科的知识理论体系非常复杂又异常烦琐，好的教学方法非常重要。教学方法是为实现教学目的、达到教学效果所采用的方式方法。在西方国家来看，法学教学方法与本国的法律体系密切相关，制定法系与判例法系国家的法学教学方法差异较大，都是依据本国实际情况为实现本国法治人才培养的具体目标而设计实施的。

全面推进依法治国，客观上要求法治人才积极主动适应时代要求，因此在教学过程中应注重运用先进的教学方法提高人才培养质量。在我国，法学教育中传统的理论教学方法以讲授式教学法为主。讲授式教学方法具有非常明显的优点，有利于培养受教育者全面系统的知识体系，为专业能力的养成打下扎实基础。但局限性也非常突出，教师决定着课堂进度，学生的自主性、独立性、思考问题的能力受到约束，不利于学生独立思考能力和批判能力的培养，导致法学理论知识与法治实践能力的脱节，不利于学生法律专业技能的培养，更不用说形成法治思维和法治信仰了。因此，运用先进灵活的教学方法提升人才培养质量，一方面要认真落实中共十八届四中全会《决定》关于每个公民应从小树立社会主义法治理念，树立学法尊法守法用法基本意识等内容，为在高等教育阶段培养高素质法治人才队伍打下良好基础。根据《普通高等学校法学类本科专业教学质量国家标准》，法治人才应具备独立自主地学习本专业相关知识的基本能力；具备将所学的法学专业理论与知识灵活地应用于法治实务的基本技能；具备利用批判性、创造性思维方法开展法治研究工作和创新创业实践的基本能力。而这

---

[1] 葛云松：《法学教育的理想》，载于《中外法学》2014年第2期，第285~318页。

些能力的养成,都需要根据课程教学过程的需要不断改革和创新教学方法,丰富教学过程中的训练途径和训练形式。"对于法学教育而言,教学过程和教学行为规范的设置,采用了一定的开放性,对于未来信息技术、学科交叉所带来的影响都保留了准入的空间。"① 不断改革和创新法学教学方法以适应全面依法治国对法治人才的要求,是保证法学教学质量持续提高和法治人才培养目标充分实现的应有之义和客观要求。另一方面,要培养既通晓国际法律规则和争端处理方式、善于处理涉外法律事务和法律纠纷的高素质涉外法治人才,需要不断完善法学课程教学的方式方法,吸收世界法学教育发达国家的相关经验,将域外法学教育的先进教学方法引入我国法学教育的课程实践,促进涉外法治人才培养质量的提升。各高等院校法学教育的实践表明,与法学课程内容相适应的先进灵活的教学方法与丰富多样的教学形式,是增强学生对中国特色社会主义法治理论的自觉认同、深刻理解并积极运用的重要方式。唯有如此,才能不断提升法学专业课程教学的教学效果、教学质量与教学水平,实现法学教育的法治人才培养目标,从而培养出符合中国特色社会主义法治国家建设所需的"立足中国国情、胸怀中国问题、坚持中国立场、解决中国问题"之德法兼修高素质法治工作队伍。

---

① 李树忠:《坚持改革调整创新立中国法学教育 德法兼修明法笃行塑世界法治文明》,载于《中国大学教学》2018 年第 4 期,第 12~16 页。

摘 要

在全面依法治国新时代，国家治理现代化与新文科建设背景下的法学教育面临经济发展的新常态、法治建设的新发展、科学技术的新突破等新形势、新机遇和新挑战，如何培养德法兼修的高素质法治人才，适应建设中国特色社会主义法治国家的实际需要是当前法治人才培养的重要内容。新时代中国特色社会主义法治共同体不仅要具有相同的法学知识体系、法律推理能力与法治实践技能，而且应当具备相同的法治理念、法治思维和法治精神。

传统的法学教育以培养司法人才为中心，教学方式方法单一，不能满足全面依法治国对高素质多元法治人才的需求，难以对接国家"一带一路"倡议及京津冀协同发展、粤港澳大湾区建设等国家重大战略。新时代德法兼修多元法治人才培养应立足中国国情和中国问题，超越传统的以培养司法人才为中心的固有思维，适应社会多元化法律职业的要求，培养特色化、类型化、差异化专门法治人才。

德法兼修多元法治人才培养应从理念、目标与路径三个层面进行顶层设计：基本理念是"立德树人、德法兼修"；基本目标是培养兼具法学专业知识和法治实践技能的高素质多元法治人才；培养路径是多元协同的联合育人机制。

德法兼修多元法治人才培养的三个重要方向是："行业知识＋法律技能"的复合型、应用型、创新型法治人才；"通晓国际法律规则、善于处理涉外法律事务"的涉外法治人才；"下得去""用得上""留得住"的西部基层法治人才。

实现德法兼修多元法治人才知识、能力与素养的一体化培养应当以课程体系改革为中心,全面贯彻社会主义核心价值观,遵循基本的学术和人才培养规律,以培养法律职业共同体的法治信仰和法治思维为核心,促进知识教学和实践教学的结合,优化理论课程体系,强化实验实训课程体系。

在德法兼修多元法治人才培养方式层面,应当构建"以学生为本"、满足学生多样化教育需求和个性发展需要的差异化培养方式,将高校、政府和法治实务部门共同作为法治人才培养主体,探索多元培养方式方法,充分实现法治人才培养的资源共用、信息共享、平台共建、合作共赢。

建立健全德法兼修多元法治人才培养的评价机制与保障体系,是实现全面依法治国新时代多元法治人才培养的重要条件。采用多元评价标准,由多元主体实施评价体系,建立以学生为中心的"产出导向"评价体系,完善以结果为导向的行业法治人才评价标准体系,建立"虚""实"并重的评价指标体系。健全法治人才培养的保障体系,应构建法治人才终身教育机制,推进人才培养的区域平衡制度,制定《法治人才教育培养保障法》,为建立健全法治人才培养保障体系提供法律依据与制度保障。

Abstract

In the new era of comprehensively promoting the rule of law, law education in line with the modernization of state governance and the construction of new liberal arts is facing new situations, opportunities and challenges, such as the new normal of economic development, the new progress in legal system construction and the new breakthroughs in science and technology. China's legal talents training, in response, must aim at the cultivation of high-quality legal talents combined with moral education and law education so as to meet the actual needs of building a socialist country ruled by law with Chinese characteristics.

Traditional law education, which focuses on the training of judicial talents with single teaching method and approach, cannot satisfy the demand of all-round rule of law for diversified legal professionals, and is difficult to link up with the major national strategies such as the Belt-and-Road initiative, the integrated development of the Beijing – Tianjin – Hebei region and the construction of Guangdong – Hong Kong – Macao Bay Area. Therefore, the new era's cultivation of diversified legal talents combined with moral education and law education should be based on China's national conditions and China's problems, and shift from the inherent thinking centered on the traditional training of judicial talents to the cultivation of featured, typed and differentiated legal talents in line with the requirements of diversified legal professions.

A top-level design for the cultivation of diversified legal talents combined with moral education and law education is hereby proposed in terms of principle, objective and approaches. To put it briefly, the underlying principle is "moral and law education combined" with the fundamental objective to foster diversified legal professionals who grasp both specialized knowledge of law and practical skills of rule of law through a mechanism of collaborative cultivation based on multiple synergy.

The cultivation as such should be geared to the demand for three types of legal talents: (a) the interdisciplinary, application-oriented and innovative legal talents who feature in "industry knowledge + legal skills"; (b) the internationalized legal talents who are "familiar with international codes and good at foreign-related legal services"; (c) the grass-root legal talents who are "willing to stay and serve Western China".

Furthermore, the integrated training of diversified legal talents combined with moral education and law education in knowledge, ability and professionalism requires a curriculum reform based on the socialist core values and the intrinsic regularities of academic training and talent cultivation as well. Such reform should focus on the development of legal faith and legal thinking shared by the community of legal profession, and aim at the promotion of the combination of knowledge teaching and practice teaching by optimizing the theoretical curricula and by reinforcing the experimental and practical training course layout.

As regarding the educational approach, a "student-oriented" mode of differential cultivation of diversified legal talents is introduced so as to meet their demands for educational diversity and individual development. Accordingly, the college, government and legal affairs sector shall constitute the main executive body in legal talents cultivation, jointly exploring multi-dimensional training methods and models by way of resource pooling, information sharing, platform co-building and win-win cooperation.

Another key factor in the cultivation of diversified legal talents in China's new era of all-round rule of law is the establishment and improvement of both assessment mechanism and guarantee system. Firstly, a student-centered "output-oriented" assessment system, a result-oriented industry legal talents assessment criteria system and an assessment index system based on both qualitative and quantitative indicators shall be formulated, and the diversified main executive bodies shall involve in the appraisal by applying multiple assessment criteria. Secondly, a complete guarantee system for legal talents cultivation shall be developed, inluding a life-long education mechanism, the regional equilibrium policy and the *Law on Supporting Legal Talents Education* which can provide legal basis and institutional assurance.

目 录

第一章 新时代法治人才培养目标：德法兼修多元法治人才　1

　　第一节　法学教育的新形势、新特点与新趋势　1
　　第二节　法治人才培养的新使命、新标准与新要求　16
　　第三节　德才兼备的多元行业法治人才：法治人才的时代需求　31
　　第四节　德法兼修：多元法治人才培养的基本要求　41
　　第五节　本章小结　54

第二章 德法兼修多元法治人才的培养模式　56

　　第一节　德法兼修多元法治人才培养的理论基础　56
　　第二节　德法兼修多元法治人才培养的理念、目标与路径　66
　　第三节　全面依法治国与行业法治人才培养　87
　　第四节　全面依法治国与涉外法治人才培养　123
　　第五节　全面依法治国与西部基层法治人才培养　133
　　第六节　本章小结　150

第三章 德法兼修多元法治人才培养课程体系　152

　　第一节　法学课程体系改革的重要意义与基本要求　153
　　第二节　近代以来我国法学课程设置的回顾与反思　159
　　第三节　域外法学教育课程体系的变革：特点与经验　169
　　第四节　法治人才培养课程体系改革的实证研究　185
　　第五节　德法兼修的法学课程体系设计：理念、特点与内容　197
　　第六节　本章小结　217

第四章 ▶ 德法兼修的多元协同法治人才培养方式　219

  第一节　传统法学教育中人才培养方式的困境及突围　220
  第二节　协同确定多元的培养目标　233
  第三节　协同制订多元的培养方案　246
  第四节　协同设计多元的课程体系　258
  第五节　协同打造多元的师资队伍　275
  第六节　协同创造多元的教育资源　287
  第七节　本章小结　299

第五章 ▶ 德法兼修多元法治人才培养评价机制和保障体系　301

  第一节　构建法治人才培养立体评价机制　302
  第二节　健全法治人才培养保障体系　362
  第三节　本章小结　393

附录一　调研报告　395

附录二　系列问卷　496

参考文献　521

后记　533

Contents

Chapter One Objective of the Diversified Legal Talents Cultivation Combined with Moral Education and Law Education in the New Era   1

1.1 New situation, characteristics and trend of law education   1

1.2 New mission, standard and requirements of legal talents cultivation   16

1.3 Diversified industry legal talents with both integrity and ability: the new era's demand for legal talents   31

1.4 The combination of moral education and law education as the basic requirement for the cultivation of diversified legal talents   41

1.5 Summary   54

Chapter Two Mode of the Diversified Legal Talents Cultivation Combined with Moral Education and Law Education   56

2.1 Theoretic foundation for the diversified legal talentscultivation combined with moral education and law education   56

2.2 Principle, objective and approaches of the diversified legal talentscultivation combined with moral education and law education   66

2.3 Cultivation of industry legal talents within the framework for all-round rule of law   87

2.4 Cultivation of internationalized legal talents within the framework for all-round rule of law   123

2.5　Cultivation of grass-root legal talents for Western China within the framework for all-round rule of law　133

2.6　Summary　150

Chapter Three　Curriculum System of the Diversified Legal Talents Cultivation Combined with Moral Education and Law Education　152

3.1　Significance of and guidelines on there form of law curriculum system　153

3.2　Review of and reflection on the curriculum of law in modern China　159

3.3　Evolution of the curriculum system in law education outside China: characteristics and experience　169

3.4　An empirical study on the curriculum reform in legal talents cultivation　185

3.5　Design of the law curriculum system involving both moral education and law education: concept, features and content　197

3.6　Summary　217

Chapter Four　Approaches to the Collaborative Cultivation of Legal Talents Involving Both Moral Education and Law Education　219

4.1　Predicament of and way out for talent training in traditional law education　220

4.2　Collaboratively determining diversified training objectives　233

4.3　Collaboratively developing diversified training schemes　246

4.4　Collaboratively designing diversified curriculum systems　258

4.5　Collaboratively building diversified faculty teams　275

4.6　Collaboratively creating diversified educational resources　287

4.7　Summary　299

Chapter Five　Assessment Mechanism and Guarantee System for the Diversified Legal Talents Cultivation Combined with Moral Education and Law Education　301

5.1　Developing a multi-dimensional assessment mechanism for legal talents cultivation   302

   5.2 Developing a complete guarantee system for legal talents cultivation   362

   5.3 Summary   393

Appendix Ⅰ   Investigation Report   395

Appendix Ⅱ   Series of Questionnaires   496

References   521

Postscript   533

第一章

新时代法治人才培养目标：
德法兼修多元法治人才

众所周知，全面依法治国是一个系统工程，法治人才培养是重要组成部分。中共十八届四中全会将"加强法治工作队伍建设，创新法治人才培养机制"作为全面推进依法治国的基本内容和战略目标。中共十九大报告把坚持全面依法治国确立为新时代坚持和发展中国特色社会主义基本方略的重要内容，对深化依法治国实践做出全面部署，这就为新时代法治人才培养提供了根本遵循，明确了新时代法治人才的培养目标，这就是培养"德法兼修高素质多元法治人才"。

第一节 法学教育的新形势、新特点与新趋势

中共十九大报告提出，当前国内外形势正在发生深刻复杂变化，法学教育也面临着各种挑战和机遇。习近平总书记指出，"全面推进依法治国是关系我们党执政兴国、关系人民幸福安康、关系党和国家长治久安的重大战略问题，是完善和发展中国特色社会主义制度、推进国家治理体系和治理能力现代化的重要方面。"[①] 2018年10月，教育部决定实施"六卓越一拔尖"计划2.0版，中国新文

---

① 《关于〈中共中央关于全面推进依法治国若干重大问题的决定〉的说明》，引自中国民族语言翻译中心：《中国共产党第十八届中央委员会第四次全体会议文件汇编》，人民出版社2014年版，第71页。

科建设开始启动。根据新文科建设的要求，法治人才培养应当立足新时代，回应新需求，促进文科融合，提升时代性，加快中国化、国际化进程，引领人文社会科学新发展，从而服务于社会主义现代化国家建设中"人的现代化"建设目标的实现。① 在新文科建设背景下，高等教育尤其是法学教育作为法治人才培养的重要阵地和关键环节，在教学过程中应将"文理打通、人文与社科打通、中与西打通、知与行打通"②，更充分地利用各校的学科优势资源进行协同合作与改革创新，着力加强法学学科建设、法治人才培养、法学学术研究、法治社会服务、法治文化传承与创新，助力科学立法、严格执法、公正司法、全民守法，为国家法治建设提供咨政服务。

一、新形势

自改革开放以来，我国社会主义法治建设与法学教育事业迅速发展，培养造就了大批优秀的法治人才。③ 目前，全国的法学院至少有650家，累计培养博士3万余人，硕士46万余人，为各行各业输送了大量法治人才。④ 但与法治国家建设面对的新形势、新任务和新要求相比，法学教育和法治人才培养仍然存在一些亟待解决的问题，如专业课程建设不够，东西部地区法学教育资源和教师队伍建设差异显著，法学教育与国家法律职业资格统一考试难以契合，法治人才培养尚未适应行业法治化的具体要求等。在中国特色社会主义法治国家的建设背景下，法学教育改革必须首先认清当前面临的新形势和新挑战，其次及时发现法治人才培养过程中的问题，最后找到问题的症结所在及时解决问题，方能有效提高法治人才培养质量，从而为法治国家建设提供人才保障。具体说来，当前法学教育面临的新形势主要有以下几点。

（一）经济发展的新常态

自改革开放后，经济飞速发展带来了我国经济创新力和竞争力在国际地位的稳步上升。我国目前经济已经进入新常态的发展局面。在新常态经济下，市场自

---

① 樊丽明：《对"新文科"之"新"的几点理解》，载于《中国高教研究》2019年第10期，第10页。
② 徐显明：《高等教育新时代与卓越法治人才培养》，载于《中国大学教学》2019年第10期，第7~11页。
③ 袁贵仁：《创新法治人才培养机制》，载于《人民日报》2014年12月12日，第7版。
④ 张守文：《法治人才培养的目标与路径》，载于《中国高校社会科学》2017年第4期，第16~20页。

由更多应该由市场来管，市场秩序更多由政府来管。为此，需要有掌握新常态经济发展趋势的法治人才来助力我国经济发展。故此，培养理解和掌握经济新常态发展特点的法治人才是新时代法学教育的基本要求。

（二）法治建设的新发展

我国自改革开放以来，在法治建设方面取得了丰硕成果：第一，以宪法为中心的中国特色社会主义法律体系确立。一切国家机关、社会组织和公民必须在宪法和法律的范围内活动，坚持宪法和法律至上，人民依法享有管理国家事务和社会事务、管理经济和文化事业的各项权利。第二，全民守法意识和法治观念普遍增强，全社会自觉学法、守法、用法的文化环境日益形成。第三，国家尊重和保障人权的宪法原则深入人心。国家一贯强调通过宪法和法律保障公民的基本权利，保证全体社会成员平等参与、平等发展、共同监督、共享发展成果的权利。

（三）科学技术的新突破

现代信息技术日新月异，人类社会进入信息化社会，进入大数据、云计算、"互联网+"时代，信息社会和网络时代极大地改变了人们之间的交往行为和交换信息的方式，这对法学教育和法治人才培养同样产生了深刻影响，提出许多新的挑战。第一，信息技术对传统课堂授课模式的挑战。互联网技术打破了传统授课模式的时空与资料规模的限制，使学生们的学习与教师的交流讨论可以随时进行。第二，信息技术促使法学教育与其他学科产生深度融合，跨专业、跨学科研究促进了法学理论体系与法学学科体系的发展。第三，信息技术对法学教学方式方法的影响，尤其是移动互联网、云计算、大数据等新技术力量促进了慕课、微课、翻转课堂、在线课程等新的教学方法在法学教育领域的广泛使用。[①] 根据信息社会的发展，建设法治国家需要大量懂法治、懂现代信息技术、懂信息管理的多元法治人才，这就需要充分利用现代信息技术，探索并推广利用信息技术的多样化教学模式和教学方法。

（四）人类命运共同体的构建

在新的全球化时代，一个国家法学教育不仅仅是为自己国家的利益服务，而且应考虑基于地球村、全球化背景下超越国家利益的人类命运共同体的立场，使法治人才具有全球化意识和处理问题的思维方式，以适应全球化背景下法学教育

---

① 吴志攀：《大学法学教育与网络的互动性》，载于《中国大学教学》2003年第4期，第17~20页。

的新要求与新发展。特别是在"一带一路"倡议和粤港澳大湾区发展战略的要求下,我国法学教育改革面临的新形势将主要围绕人文化、精英化、规范化、全球化目标展开,法学教育改革必须结合全球化发展的背景与特点,将培养涉外高端法治人才作为其中的重要目标。因此,法治人才也应具有人类命运共同体意识,努力为世界和平与发展做出新的贡献。

二、新特点

(一) 以人民为中心的新发展理念

人民是推动国家进步和社会发展的根本力量。特别是我国改革开放以来创造的发展奇迹,反复证明依靠人民、为了人民是取得伟大成就的宝贵经验。为此,必须坚持法治建设为了人民、依靠人民、造福人民、保护人民,以保障人民根本权益为出发点和落脚点,让法律的权威根植于人民内心,使全体人民都成为社会主义法治的忠实崇尚者、自觉遵守者、坚定捍卫者。就法学教育而言,要适应中国特色社会主义建设的新要求,坚持以人民为中心的发展思想,坚持为人民服务、满足人民需求,培养德法兼修高素质法治人才是新时代法治人才的培养目标。

以人民为中心的新发展理念,要求在法治人才培养过程中,应始终反映坚持人民主体地位的基本立场和价值取向,并以此为指引设计法治人才的培养方案,"法治人才培养的基点问题,即怎样才能做到以人民为中心,以学生为中心,是我们必须考虑的一个根本性的问题。这就是新时代新发展思想和新发展理念带给我们的新的历史任务和使命。"[①] 在以人民为中心的新发展思想指引下,未来的法学教育应坚持三个基本面向:第一,以人民为主体。以人民为主体的最终目的,就是为了人民、依靠人民。体现在法学教育领域,就是要坚持法学教育的目标导向与问题导向相统一,在法学教育的各个环节每个方面都应贯彻落实以人民为主体的基本理念。第二,以人的全面发展、社会全面进步为法学教育的根本基点。人的全面发展,既是党和国家全部工作的出发点和落脚点,也是法学教育和法治人才培养的出发点和落脚点。第三,权利本位是法学教育应当始终坚持的重要理念。权利本位指在国家权力与公民权利的关系中,公民权利是决定性的,根本的;在法律权利与法律义务之间,权利是决定性的,起主导作用的。"法学教

[①] 张文显:《以人民为中心:法治体系的指导理念》,载于《北京日报》2018年4月23日,第16版。

育是满足人民群众日益增长的对法福利总需求的'济世之学',唯有让每个公民都能获得普惠性的法学教育,才能不断获得对自身创造力、权利本位、幸福感的认同度、满意度,以及对加快推进'法治中国'建设的支持度。"① 以人民为中心的法治人才培养观,实质上就是通过法学教育培养的法治人才应当符合人民的需求,以人民的利益为出发点和逻辑起点设计法治人才培养方案和培养机制。

(二) 法治人才培养模式的类型化

早在2011年,《教育部 中央政法委员会关于实施卓越法律人才教育培养计划的若干意见》中指出,应用型、复合型法律人才培养,是创新法治人才培养机制的重要内容。在未来法治人才培养过程中,"法治人才培养模式优化要与法治队伍建设现实需求充分对接,在法律职业教育总体目标与规格统一基础上,实现法治人才培养模式类型化。以'卓越法律人才教育培养计划'的三个类型人才培养基地为依托,以法治工作队伍建设需求为导向,夯实基础、强化重点、突出特色。"② 建设高素质的法治工作队伍,既有共性的、普遍性的问题,也有个性化、特殊化、类型化、分类化的问题。共性的、普遍性的问题,通过法学通识教育去完成;更重要的是,要注重个性化、特殊化、类型化、分类化的问题。例如,立法者需要什么样的素质,立法者所需要的知识结构,与司法者(法官和检察官)所需要的法律职业素养和执业技能是不完全一致的,律师所要求的职业素养和执业技能也是不完全一致的,需要根据不同的法律职业的具体要求设计不同的法治人才培养方案和培养模式。③ 因此,法治人才培养模式的层次化和类型化是法治人才队伍建设的新特点。

为了适应多元社会需求与多样化法律职业的要求,应当培养应用型、复合型的法治专门人才,强化学生法治实践能力和法律职业技能的培养,提高学生运用法治思维和法治方式及其他学科知识方法解决实际法律问题的能力,以实现法学教育、法治人才培养与法律职业的深度衔接。所谓应用型法治人才,是指能够灵活应用法律知识与法律技能为社会谋取利益,产生社会效益的法治人才。"应用型"与"理论性"相对,"应用型"是指分析、解决复杂法律问题的能力即实务能力,其不仅包括运用法学专业知识解决实际案件的能力,还包括逻辑思维能力、语言表达能力及文书写作能力等综合能力。所谓复合型人才,就是培养的学

---

① 杨灿明、徐汉明:《加快推进法学教育体系和现代化的若干思考》,载于《法制日报》2016年10月19日,第12版。
② 黄进:《创新法治人才培养机制》,载于《人民日报》2014年11月12日,第7版。
③ 刘作翔:《法律人才培养应作分类化研究——关于建设高素质法治工作队伍的几点思考》,载于《人民法院报》2016年8月19日,第5版。

生应具有多方面的综合素质。"复合型"与"单一型"相对,学生既要具有基本的法学专业素养,将法治理念和公平正义的法律精神作为法学教育的灵魂贯穿教育的始终,另外要具有扎实的法学基础知识和广博的多学科知识背景;还要具备法律职业素养,培养学生良好的法律职业素养,包括优良的思想品质、良好的道德修养、职业道德及过硬的实务操作能力。"忽略公共精神培育,尤其是法律精神的锻造,已经成为法学教育的重大隐忧。"[1] 因此,在类型化法治人才培养的过程中,法学教育还应关注法治人才法律职业伦理的培养。

(三) 与法治实务部门协同育人

《教育部 中央政法委员会关于实施卓越法律人才教育培养计划的若干意见》中提出,要探索建立"高校—实务部门联合培养"的协同育人机制,加强高校与法治实务部门的密切合作,共同制定法治人才培养目标,共同设计法治人才培养的课程体系,共同开发编写优质法学教材,共同组织知识教学和实践教学团队,共同建设法学实践教学基地,探索形成制度化、常态化、规范化的卓越法治人才培养机制。

众所周知,法治人才培养的第一阵地是高等院校,第二阵地就是法院、检察院等法治实务部门,"鉴于法学教育具有鲜明的职业特征,高素质法治人才的培养需要国家、社会相关单位的协同合作才能完成,高校法学教育仅是法治人才培养链条上的一个重要环节。"[2] 法治人才的培养不仅需要高校规范化、系统化的法学教育,而且需要法院、检察院等政法机关和律师事务所等社会单位紧密合作,建立起完整的制度化协同培养机制。目前,在实际中已经形成了一些好的做法和举措,如最高人民法院开展的"法律研修学者""法律实习生"制度,支持和鼓励各级法院与相关高校建立更多、更规范的教学实践基地和实习基地,并通过联合培养等多种方式,探索实现人民法院在法学学生招录、培养过程中的"全程参与、全程跟踪";最高人民检察院建立的"双千计划"激励机制,制定高校教师挂职的职级标准,加大高层次法律人才培养锻炼力度,加大对西部地区的政策倾斜和支持力度;司法部对《关于完善国家统一法律职业资格制度的意见》的贯彻落实,引导高等法学教育密切关注考试内容、考试方式方法等变化对法学教育提出的新要求,实现法学教育与法律职业资格制度的有机衔接,不断提高法律职业人才选拔、培养的科学性和公信力。国务院学位委员会、教育部、人力资源

---

[1] 冯果:《论新时代法学教育的公共精神向度》,载于《中国大学教学》2018年第10期,第54~58页。

[2] 刘吉涛:《法治人才培养缺了什么》,载于《中国教育报》2015年11月18日,第7版。

和社会保障部成立专业学位研究生教育指导委员会，邀请最高人民法院、最高人民检察院、公安部、司法部等负责同志参加，有利于发挥各个部门的优势，集思广益，形成合力。但总的说来，各种法治实务部门在法治人才培养方面发挥的作用依然有限，特别是立法机关、行政执法机关、审判机关、检察机关、党委党内法规工作机构以及律师事务所、企业法务部门等机构，对培养法治人才的职责定位模糊不清，造成法治人才实践教育的重要环节缺失，导致法治人才培养过程中学用脱节等问题突出。

2011年《教育部 中央政法委员会关于实施卓越法律人才教育培养计划的若干意见》提出，要加大实践教学比重，切实提高学生的法律解释诠释能力、法律判断推理能力、法律论证辩论能力以及分析探知法律事实的能力。目前，随着我国"双千计划"的实施，法学教育师资队伍的结构与素质有了一定程度的改善与提升，对法学实践教学的完善也起到了一定的积极作用。然而由于"双千计划"实施范围有限，遴选程序、待遇保障与组织保障等方面尚存在不够完善的地方，法治人才培养的师资队伍建设仍未取得较大改观。为此，要进一步健全法治人才协同培养的长效机制，探索建立高校与法治实务部门人员互聘制度，鼓励支持法治实务部门有较高理论水平和丰富实践经验的专家到高校任教；应打破学校与社会、企业、政府部门的体制壁垒，加强"校企、校府、校地、校所"合作，引入政府部门、法院、检察院、律师事务所、企业等实务部门力量参与法治人才培养，打造知行合一的优秀法治人才，从而形成法治人才培养的合力，做好与党校（行政学院）、社科管理部门、法学会、律师协会和中小学法治教育的衔接，引入党委部门、政府部门、法院、检察院、律师事务所、企业等实务部门力量参与法治人才培养，加快构建多层次、多渠道的师资共建机制和保障机制。①

（四）"互联网+"智慧教学模式

我们正处在新时代信息化的浪潮中，新一轮科技革命正在兴起，新科技快速迭代升级，颠覆性技术创新不断涌现，推动经济和社会发展变革，时代呼唤复合型卓越法治人才，法学学科和其他学科交叉融合面临新的巨大挑战，因此，在法治人才培养过程中要勇于打造"互联网+法学教育"的新模式，促进信息技术与法治人才培养深度融合，促进信息技术与全面推进依法治国深度融合。

2015年12月27日，全国人大常委会修改《中华人民共和国教育法》，将第六十六条修改为："国家推进教育信息化，加快教育信息基础设施建设，利用信息技术促进优质教育资源普及共享，提高教育教学水平和教育管理水平。""国家

---

① 孙培军：《创新法治人才培养机制》，载于《学习时报》2014年12月22日，第3版。

鼓励学校及其他教育机构推广运用现代化教学方式。"由此可见,推广运用现代化的基于信息技术的教学方式方法已经成为国家通过基本法律的形式明确规定的提高教学水平和教学质量的重要内容。因此,高等学校要在法学教育教学过程中提高运用信息化网络化水平,不断探索智慧教学新方式方法。

"运用新媒体新技术使法学教育活起来,推动法学教学的传统优势同信息技术高度融合,有助于增强时代感和吸引力,深刻改变人才培养方式。"[1] 在目前高等学校的法治人才培养过程中,充分利用现代信息和社交媒体技术,探索并推广利用信息技术的多样化教学模式和教学方法是较为普遍采用的智慧教学模式,如慕课教学、远程网络教学及参与式、讨论式、交互式教学方法的应用;推广案例教学法,强调诉讼参与体验,培养学生的自主学习能力和创新能力;追踪了解、分析研判法学专业毕业生就业率、就业分布、岗位适应情况等信息,建立大数据库,动态反映法治人才培养情况,逐步形成国家、社会、个人需求三位一体的法治人才培养质量评价和监测体系。"也许使用信息技术最有说服力的理由是,能够使 21 世纪的学生成为新的学习者。学生进入法学院后,从电子屏幕而非黑板中更好地获得信息能够更有效地促进学习。信息技术在教学过程中的使用不仅能提高学生的参与度,使课堂讨论变得更活泼,并能更好地组织口头和包含更有说服力的法律分析的书面评论。"[2]

此外,高校还应逐步与法律实务部门建立起常态化的资源整合及共享机制,搜集和积累动态庭审、原始卷宗、电子卷宗等优质资源;高校之间应通力合作,建立科学有效的编目机制,完成对上述资源的细致爬梳和条分缕析,锻造一批数字化法学教育实践教学资源汇聚平台。尤其是在信息技术时代,高校应营造起覆盖课内与课外、线上与线下、教学与辅学的信息化学习环境,逐步普及智慧教学模式,实现由以教师为中心的学习模式向以学生为中心的学习模式的转变。值得强调的是,法学院校要自觉承担服务社会的功能,通过着力打造一批适合网络传播、教学内容质量高、教学实际效果好的法学在线开放课程,将能够体现自身特色及学科优势、具有完整的教学活动的法律精品课程推向大规模在线开放平台运行,面向其他高校学习者及社会学习者开放修读。[3]

---

[1] 梅哲、王志:《创新法治人才培养机制》,载于《红旗文稿》2017 年第 5 期,第 30~32 页。
[2] Rogelio Lasso. From the Paper Chase to the Digital Chase: Technology and the Challenge of Teaching 21st Century Law Students. Santa Clara Law Review, 2002, 43: 59.
[3] 胡明:《探索中国特色法学教育新路径新模式》,载于《光明日报》2018 年 5 月 3 日,第 7 版。

三、新趋势

在当下全面依法治国的新时代，高等学校的法学教育既承担着培养治国理政和从事法律职业的法治精英的重任，又肩负着为国家、社会和公民提供良好法律服务的服务型法治人才的使命。"伴随经济全球化、文化多样化、治理多元化、信息现代化的迅猛发展，法学教育正呈现普及化、职业化、正规化、精英化、政治化、国际化的趋势，必须以国家和社会需求为第一信号，以交叉学科深度融合为第一取向，以适应全面深化改革新形势新任务，以加快建设社会主义法治体系、建设'法治中国'为第一导向，以培养具备适应国际化要求的高端人才为第一视野，对当代中国法学教育的发展大势清醒预判、审时度势，科学回答当代中国法学教育的时代命题，进一步明确中国法学教育的发展道路和根本目标，加快推进法学教育体系与教育能力现代化。"[①] 由此可见，法学教育未来发展的新趋势，事关建设中国特色社会主义法治国家的进程和发展，与中华民族伟大复兴的前途命运息息相关。未来法学教育改革与法治人才培养机制的创新，需要准确把握我国法学教育基本规律和未来发展趋势，积极稳妥地推进法治人才培养模式改革。

（一）强调法律职业伦理教育

新时代中国特色社会主义法治共同体，即所有从事法律职业的人，不仅要具有相同的法学知识体系、法律推理能力与法治实践技能，而且应当具备相同的法治理念、法治思维和法治精神。孙晓楼先生认为，法治人才至少要具备三个条件："（1）要有法律学问，（2）要有社会常识，（3）要有法律道德。……有了法律学问，社会常识，而缺少了法律道德，那就不免流为腐化恶化的官僚政客，亦不能算做法律人才；一定要有法律学问、法律道德和社会常识，三者具备，然后可称为法律人才。"[②] 简言之，法学教育应当培育德才兼备的法治人才。但是，法学教育对"才"的方面，即法律知识和法律技能的掌握方面一般强调较多，而对于法学教育中的"德"之教育，却关注重视不够。甚至有学者指出："在不久之前，职业道德教育（包括更广泛地与法律职业相关的道德原则）不仅是法学教育中的薄弱环节，而且更像是一场闹剧。""在学生眼中，职业道德课就是一则笑

[①] 徐汉明：《创新法治人才培养机制》，载于《学习时报》2017年3月29日，第7版。
[②] 孙晓楼：《法律教育》，中国政法大学出版社1997年版，第10页。

话。对很多人来说，它充其量是可有可无的，即使逃课也不会产生负罪感。"①由于我国法学教育长期忽视法律职业道德和法律职业伦理教育，由此导致广大师生对职业道德、职业伦理存在模糊认识，没有形成稳定的、体系化的职业操守信仰。其实，职业伦理教育的一个重要方面是培养法科学生的正义感，即是让广大师生在其从事法律职业行为时能有愉悦感，而不是说要用思想政治来解读法律。②

2017年5月3日，习近平总书记在中国政法大学考察时指出，"全面推进依法治国是一项长期而重大的历史任务，要坚持中国特色社会主义法治道路，坚持以马克思主义法学思想和中国特色社会主义法治理论为指导，立德树人，德法兼修，培养大批高素质法治人才。"③ 2018年5月2日，习近平总书记在北京大学考察时再次强调，"要把立德树人的成效作为检验学校一切工作的根本标准，真正做到以文化人、以德育人，不断提高学生思想水平、政治觉悟、道德品质、文化素养，做到明大德、守公德、严私德。要把立德树人内化到大学建设和管理各领域、各方面、各环节，做到以树人为核心，以立德为根本。"④ 习近平总书记的重要讲话为法学教育改革与全面推进依法治国、加强法治人才培养指明了方向，新时代的法学教育改革必须坚持正确的政治方向，大力培养德法兼修、政治素质过硬的社会主义法治人才。

"依法治国"与"以德治国"相结合是新时代中国法治最鲜明的特色，内在要求法学教育与法治人才培养也应在依法治国与以德治国的背景下进行。法治人才不仅要懂法学专业知识、理论、技能，还必须要有高尚的品德；法学教育，不仅要加强法学专业教育，而且要加强思想政治教育和法律职业伦理教育，让学生先学会做人，然后再成为一个全面发展的高素质法治人才。总而言之，法学教育要坚持立德树人、德法兼修，培养德法兼修、全面发展的高素质法治人才，为法治国家建设培养建设者和接班人。

（二）培养目标多元化

在以全球化多元世界并存发展、合作共赢、彼此共享为主题的21世纪，法学教育与法治人才培养亦呈现出与时代共通的多元化趋势。"法学教育作为一种职业教育具有实践性、社会性和应用性等特性，这些特性决定了法学教育必然走

---

① 杨欣欣：《法学教育与诊所式教学方法》，法律出版社2002年版，第168~169页。
② 曹文泽：《司法体制改革背景下高校法治人才培养机制的创新》，载于《法学》2017年第7期，第3~10页。
③ 《习近平在中国政法大学考察时强调 立德树人 德法兼修 抓好法治人才培养 励志勤学 刻苦磨炼 促进青年成长进步》，载于《北京人大》2017年第5期，第62~63页。
④ 习近平：《在北京大学师生座谈会上的讲话》，载于《人民日报》2018年5月3日，第2版。

上多元化的道路。"① 法学教育作为一种职业教育，具有实践性、社会性和应用性等特性，这些特性决定了法学教育日趋多元，以满足社会不同行业不同群体的需求。从当前社会对法治人才的需求来看，单一的法学教育模式已经不能适应多元化社会要求，"一方面国家发展需要更多的卓越法律人才，另一方面法学毕业生又遭遇就业市场上的严冬；一方面法治随着全面推进和深化改革的步伐要进入诸如社会保障、医疗服务、公司治理、政府法治、国际法律服务等所有主要社会领域，另一方面法学教育培养出的大批毕业生又捉襟见肘，无用武之力或进入这些行业的机会；一方面社会多元化、多层化和多样化的发展需要大量不同类型的高层次法律人才，另一方面千篇一律和千人一面的培养和考核模式又无法满足社会的多样化需求；一方面社会结构、经济形势、政治环境和全球格局处于急剧变化的新常态，另一方面法学教育固步自封和闭关锁地而拒绝多学科和职业交叉融合的态势却毫无松动"②。造成这一现象的主要原因是，当前的法学教育模式基本上是以诉讼活动为中心开展教学，即主要是以培养诉讼法治人才为中心，忽略了其他行业的法治工作者参与国家法治建设和社会治理的事实。这就要求法学教育不仅要注重形式理性，而且还要注重批判理性；不仅要注重制度的结构和功能，而且还要注重文本背后的各种价值含义。③ 由此可见，多元行业法治化需要培养多元法治人才，以适应社会对法治人才的多样化要求。

法学教育的多元化走向是我国法学教育下一步发展和改革的主导方向。需要指出的是，法学教育追求形成法律职业共同体，但并不妨碍多元化这一发展方向，多元化趋势要求法学教育分层分类并富有特色。"多元化是法学教育的表象，其内涵是不同的法学院办出自己的特色，多元化趋势就是特色化趋势。每一所法学院今后的发展，要体现出不同于其他法学院的独特品格或不可替代性与独有魅力，没有特色就没有多元化。从这个意义上来说，没有特色的法学院就是缺乏存在价值的法学院，也就是质量无法体现的法学院。但是需要注意的是，适应多元化趋势与追求自身发展特色，不能成为低水平的借口和遮羞布。"④ 为了适应全面依法治国新时代的要求，"法学教育还应开拓进取、求新求变。全国 600 多所法学院校不能都是按一个模板去培养学生，要积极探索各具特色的教育模式。当前'一带一路'建设如火如荼，迫切需要更多具有国际视野的法治人才投身其中，为我们打造富有特色的法学教育提供了方向。如果一些法学院校能针对'一

---

① 王军、杨贝：《论我国法学教育的多元化走向》，载于《暨南学报》（哲学社会科学版）2012 年第 2 期，第 150~156 页。
② 王晨光：《法学教育改革现状与宏观制度设计》，载于《法学》2016 年第 8 期，第 58~73 页。
③ 曹文泽：《司法体制改革背景下高校法治人才培养机制的创新》，载于《法学》2017 年第 7 期，第 3~10 页。
④ 徐显明：《中国法学教育的五大发展趋势》，载于《法制日报》2013 年 6 月 19 日，第 9 版。

带一路'国家量身定做，培养一些精通当地法律法规的人才，这本身就是一种特色。法学院校可以和外语院校合作，将法学教育和外语教育结合。"① 根据全面依法治国所需法治人才的要求，至少需要立法、执法、司法、法律服务、法学教育与研究五种领域的法治人才，法学教育应当为法律职业共同体培养和输送法治人才：不仅要为大城市、发达地区、沿海地区培养高素质法治人才，而且还要为中西部地区、少数民族地区和基层培养一批能够下得去、留得住、干得好的优秀法治人才，从而保障建设一支强有力的社会主义法治工作队伍适应社会主义法治国家建设。

（三）法学教育职业化

法学教育的职业性具有鲜明的专业导向特征。新中国成立以来，我国法学教育取得了巨大的成就，成为世界上发展速度快、规模最大的法学教育大国，② 建立了以学位教育为主、其他教育为辅、学历教育和在职培训相互衔接的法治人才培养体系，有中国特色的社会主义法学教育体系基本形成。③ 从规模上看，法学教育在整个高等教育中占有很大比重，但从目前法科毕业生的就业形势来看却并不尽如人意。"在建设法治中国的背景下，……中国法学教育理应进入真正的'黄金时代'，但实际上却面临着'饱和危机'和巨大的竞争压力。"④ 如何化解我国法学教育面临的困境，使法治人才培养能够符合全面依法治国的需求，法学教育职业化是未来法学教育改革的发展路径之一，"法学教育的主流应当转向定位于法律职业主义，已经基本上达成共识。"⑤ 法治国家的法律职业共同体不仅应当具有共同的教育背景、知识构成，还应当具有充分的职业训练和娴熟的职业技能。纵观世界其他各国，法学教育的职业化培养方向十分明确，如美国法学教育明确地以培养律师为目标；德国法学教育重在培养法官、检察官及高级行政官员；日本法学教育强调培养以司法人员等为中心。"法学院作为法学教育的机构主要职能是为法律职业培养人才，其中主要是实务型的法律人才（如律师、政府的法律官员、法官、检察官、公司法律顾问），而不是理论型的人才（如法律教授、学者和法哲学家）。"⑥ 世界各国在法学教育的目的设定上之所以大多以培养

---

① 徐隽、倪弋：《改进法学教育　助力法治建设》，载于《人民日报》2017年6月7日，第18版。
② 王健：《法学教育改革与发展的新动向》，载于《中国大学教学》2009年第12期，第18~21页。
③ 何勤华：《全面推进依法治国视野下的法学教育改革》，载于《中国高等教育》2015年第6期，第14~17页。
④ 季卫东：《中国法学教育改革与行业需求》，载于《学习与探索》2014年第9期，第83~87页。
⑤ 杨力：《法学教育的职业主义路线修正》，载于《法律和社会科学》2014年第1期，第13卷第1辑，第83~116页。
⑥ 张利宾：《关于中国法学教育的一些思考》，载于《研究生法学》2009年第2期，第83~97页。

法律职业人员为主,就是因为法学教育本身具有实践性、应用性特点,法治人才培养应根据社会各行业的需要与要求,设计相应的培养目标与方案,以满足培养社会各行业所需要的法治人才。

法学教育,一方面必须有法律的基本知识性;另一方面还有法律职业的特别要求。所谓法律职业的基本要求,就是通过法学教育使法治人才掌握法学学科和法学专业的基本知识体系、拥有法律职业的基本技能、职业伦理和基本职业素养。在全面依法治国的新时代,法律职业者不仅应当精通法律专业知识,而且能够熟练操作和运用法律原理和法律规范分析问题并解决问题。法律职业的实践性特质要求法治人才培养应当考虑到知识教学和实践教学的结合,以法律职业的具体要求为导向设计法治人才培养方案和培养模式。因此,法学教育"职业化这个趋势的基本形成,是法学理论界与法律实务界共同的期待。当然,这个大趋势并不排除保留或者说由其自己形成以学术为主并以思想创新为追求的学术型法学院的存在,也不排除以培养司法实务人才为主导目标的职业型法学院。"[1]

(四)法学教育精英化

在当前我国的国情下,法学教育需要大众化,这是中国经济社会发展的客观要求。面对大量法律事务和法律纠纷,急切需要大量能够为基层民众服务的法治人才是法学教育的直接目标。"法学教育大众化的结果,将是法学的贫困和危机。法学处于'粗放式'发展中,量的增长快,但质的增长不足。我们耳熟能详的一个常识是,数量与质量总是呈反比例关系的,'少而精'者有,'多而精'者鲜为见也。规模越大质量一定越低,而且引发严重的就业危机,目前,法学毕业生的就业率是各个专业中最低的,这一信息必然会很快传导至法学教育环节本身。"[2] 但是,面对法学教育的大众化,特别是面对"教育产业化""教育市场化"等情形,法学院和法学教育工作者必须保持清醒的认识,理解高等教育大众化是为适应工业化、分工迅速扩展而对技能的需求出现的,法学教育的主要功能是为了培养社会精英,法学教育必须保持精英教育的内容和特点。精英的作用不再是为了维护精英的统治和服务于精英自身利益,而是服务于大众利益;精英的选择有了更多的民主的成分;精英的活动有了更多的社会监督。法律职业是社会精英担任的职业,由此,法律工作者应当是社会的精英,这是由法治社会中法律

---

[1] 徐显明:《中国法学教育的五大发展趋势》,载于《法制日报》2013年6月19日,第9版。
[2] 徐显明:《中国法学教育的发展趋势与改革任务》,载于《中国大学教学》2009年第12期,第4~6页。

职业的地位和作用决定的。①

"作为精英教育的法学教育主要培养的是学生的正义感、正义信念和对法的敬仰与敬畏心理。"② 一般说来，法学教育的精英教育，其主要内容包括法律工作者所应当具备的法律职业共同体的基本品质、基本技能和基本素养。其中，法律职业共同体的基本品质要求法治人才培养首要是精英法治人才：第一，在专业方面，法学教育要培养学生对法的价值的正确理解和认识，培养学生的正义感和正义的信念，进而形成法律信仰和法治思维；第二，在对国家和社会的责任感和使命感方面，法学教育应使学生认识到，他们作为法律工作者应当有更高的对国家和社会的奉献精神；第三，在个人的修养方面，法学教育应当培养学生自觉加强思想政治学习、法律职业伦理修养和道德素养。法学院进行的精英教育，应当是一种法治人才的全面教育。虽然不能说学校教育出来的每一个人都是精英，但精英的绝大多数素质源于学校教育。因此，学校应当具备精英培养的意识和责任。特别是如果社会还没有形成正常的精英锻造和选择机制的条件时，法学院的精英塑造和培养作用就显得更为重要。③

但也有学者认为，法学院培养法治精英与大众化法治人才并不矛盾。"其实，法学教育大众化与法学教育精英化之间并不存在必然的矛盾。我们不妨从两个方面予以观察。一方面，从世界高等教育的发展趋势来看，从传统的精英教育主导模式向大众教育模式的发展已经是世界大势所趋。其原因在于，高等教育大众化有利于普遍提高社会公民的智力水平，增进个人的创造力。增强高等教育的开放性和大众化，也有利于实现教育的公平。法学教育作为高等教育的一项重要内容，也应当向大众化教育方向发展。另一方面，法学院培养精英人才与法学教育大众化并不矛盾。法学院培养的人才要能够熟练掌握法律知识、掌握处理各种社会和法律问题的能力。这本身就是社会需要的精英人才。但法律人才培养必须要坚持以大众教育为主、兼顾精英教育的改革理念。从我国当前的法治建设进程来看，我们现在需要的仍然是大量的面向大众，扎根基层的法律人才。"④ 再者，高等院校培养的法治人才理所当然应该熟练掌握法律知识、掌握处理各种社会和法律问题的能力。这本身就是社会需要的精英人才。如果法学院培养的人才都是领军人才，对国家和社会来说无疑是一件好事。⑤ 在"职业化精英化培养"成为

---

①③ 黄建武：《中国法学教育中的精英模式与大众模式》，载于《学术研究》2002 年第 10 期，第 60～62 页。
② 赵万一：《法科学生应具备的基本知识》，载于《法制日报》2007 年 4 月 1 日，第 13 版。
④ 王利明：《卓越法律人才培养的思考》，载于《中国高等教育》2013 年第 12 期，第 27～30 页。
⑤ 王利明：《法学教育的使命》，载于《中国法学教育研究》2017 年第 1 期，第 3～11 页。

创新法治人才培养机制的成才方向的背景下,[①] 如何改革法学教育模式、创新法治人才培养机制以持续吸引精英人士参与法律职业共同体建设,如何将法学院的学子培养成为法治精英、如何使精英成长为建设社会主义法治国家的中流砥柱,是法学教育精英化趋势必须思考的问题。

(五) 法学教育国际化

我国成为世界贸易组织(WTO)的正式成员后,WTO 的一系列基本原则及其争端解决机制对我国的法律服务市场和法学教育模式带来了巨大挑战。2013年9月和10月,国家主席习近平分别提出建设"新丝绸之路经济带"和"21世纪海上丝绸之路"的构想,即"一带一路"倡议。"一带一路"是合作发展的理念和倡议,它借助区域合作平台以发展中国与沿线国家的经济合作伙伴关系。"一带一路"的主要内容与法治人才培养存在密切关联,同时对我国法学教育的国际化也提出了新的要求,为中国法学教育的国际化带来了新的挑战和新的机遇。面对"一带一路"所带来的机遇和挑战,法学教育的国际化发展趋势是未来法治人才培养的重要议题。

"毋庸置疑,法治力量的竞争是全球化时代下国际竞争的主要表现,而各国法治力量的核心在于法治人才的培养;此外,全球化的'整体性'要求一国的法学教育不能仅局限于狭小的国家利益,还必须意识到超国界的'世界公民'之需求,使法学院之法律人才有'全球概念'与'服务全球'之意识,使法学教育成为全球共享共建之教育。"[②] 随着我国对外开放步伐的加快,我国与国外的合作和贸易摩擦会越来越多,急需一大批能够代表中国从事国际法律规则制定、实施以及解决国际法律纠纷的国际性卓越法治人才。而且,在经济全球化和"一带一路"倡议推进的背景下,多元开放的国际法律服务市场将促进我国法律服务市场发生以下变化:第一,提供法律服务的主体将从国内扩展至国际,特别是跨国公司;第二,需要提供法律服务的领域将从国内法拓展至国际法和他国法,特别是国际商事法律;第三,提供法律服务的形式将从诉讼型转向服务型,特别是为跨国性商事法律行为提供咨询和顾问服务;第四,提供法律服务的程度将从综合型向专业型发展,专业服务分工越来越精细化;第五,法律服务的方式将从传统的"面对面"的直接服务延伸为以计算机为工具的网络法律服务。这将使我国法学教育面临着两方面的挑战:一是传统职能的挑战,即我国法律教育传统的政治

---

① 刘艳红、欧阳本祺:《创新法治人才培养机制的目标、理念与方法——以法律人个体成长规律为中心》,载于《法学教育研究》2016 年第 1 期,第 101~114 页。

② 袁利平、刘晓艳:《全球化背景下法学教育发展的国际趋势与中国选择》,载于《法学教育研究》2017 年第 2 期,第 115~131 页。

职能、人才培养的职能领域,是否能培养出适应我国社会发展需要的、经得起改革开放冲击的、学贯中西的法律人才;二是新型职能的挑战,即我国的法学教育在开放教育服务市场的情况下,如何与在硬件、经验和投入方面都具有优势的外国教育机构竞争,并在教育服务市场上发挥自己的专长,拥有自己的席位。① 因此,法学教育改革与法治人才培养在适应国际化趋势的同时,需要进一步创新法治人才培养机制,不仅包括提高法科学生外语能力、优化知识结构,而且培养目标、培养方式、培养机制等多方面也应进行变革,还需要在改善教育管理体制、师资知识结构、评价机制等方面做出积极的努力。②

第二节 法治人才培养的新使命、新标准与新要求

一、新使命

(一) 培养中国特色社会主义所需法治人才

"法学教育的首要任务是要针对中国的社会发展需求,培养更多的合格的法律人。"③ 法治人才培养是全面依法治国系统工程的基本组成,是我国法治事业的中流砥柱和重要智力支持,也是实现民族复兴和应对未来挑战的重要方式。中共十九大报告指出,经过长期努力,中国特色社会主义进入了新时代。因此,法治人才培养首先应当认清中国特色社会主义建设所需法治人才的时代需求,培养真正能够适应社会主义法治建设与社会发展的卓越法治人才。"伴随着社会主要矛盾发生的新变化,满足人民群众对优质高等教育的迫切需求成为中国大学的重要历史使命。"④ 根据《普通高等学校法学类本科专业教学质量国家标准》的要求,全面依法治国新时代法治人才应具有的基本素质包括:一是要热爱社会主义祖国和拥护党的领导,牢固树立正确的世界观、人生观、价值观;二是要掌握法学类专业的思维方法和研究方法,能够运用法治思维和分析方法解决社会实践中

---

① 王淑霞、梁小尹:《我国法学教育面临国际化挑战的思考》,载于《国际商法论丛》(第6卷)2004年第1期,第588~613页。
② 徐显明:《中国法学教育的五大发展趋势》,载于《法制日报》2013年6月19日,第9版。
③ 朱苏力:《追问法学教育承担的历史使命》,载于《法制日报》2011年5月4日,第11版。
④ 胡明:《培养新时代高素质法治人才》,载于《光明日报》2018年1月1日,第7版。

的法律问题；三是要养成良好的道德品格、健全的职业人格和忠诚的职业认同感，具有为国家和人民服务的责任感和使命感，既要有家国情怀，也心怀天下。因此，在新时代培养中国特色社会主义事业所需法治人才，要主动把握新时代中国特色社会主义法治理论与实践的基本特征、深刻内涵和发展规律，深入研究新时代、新思想、新征程对法治人才的新要求、新标准和新期待，始终坚持以人民为中心的发展理念，立德树人、德法兼修，培养适合国家、社会法治建设的应用型、复合型、创新型高素质法治人才。一言概之，新时代法治人才培养目的在于以德法兼修为路径，培养中国特色社会主义法治事业的建设者和接班人，以适应全面依法治国对行业法治人才的多元需求。

（二）培养全面依法治国所需多元法治人才

习近平总书记曾经指出，改革开放以来，我们深刻总结我国社会主义法治建设的成功经验和深刻教训，把依法治国确定为党领导人民治理国家的基本方略，把依法执政确定为党治国理政的基本方式，走出了一条中国特色社会主义法治道路。这条道路的一个鲜明特点，就是坚持依法治国和以德治国相结合。[①] 新时代中国特色社会主义法治事业最鲜明的特色是，"依法治国"与"以德治国"相结合。认清新时代中国法治最鲜明的特色，认清法治人才培养的新时代、新使命，是建设中国特色社会主义法治新时代的重要内容。"首先要认清我国社会对多样化法律人才的需求。法学教育的根本出发点是为社会提供所需要的法律职业人才。这既是社会职业分工的要求，也是法学教育自身必须承担的使命。而法律职业人才的需求是多层次、多方面的，除了诉讼业务方面的法律人才需求，也有非诉讼商业律师的需求；既有面向基层大众的法律服务需求，也有面向高端的金融、兼并等法律服务需求；既有公检法领域的传统法律需求，也有行政和社会管理领域的新型法律需求；既有国内法律业务的需求，也有国际法律业务的需求。总之，全面推进法治进一步拓展了法律需求的范围，也提出了法学教育培养目标多样化和教育项目多元化的要求。"[②] 无论是国内经济社会发展的需要，还是我国参与国际法律事务需要大量涉外法治人才的现实，都表明当前法治人才培养应当具备更为多元的视野，树立起多元法治人才的培养理念和培养目标，在此基础上再结合高校自身特色和具体情况制定适宜的培养方案和培养机制。

中共十八届四中全会通过的《中共中央关于全面推进依法治国若干重大问题

---

① 《习近平在中共中央政治局第三十七次集体学习时强调　坚持依法治国和以德治国相结合　推进国家治理体系和治理现代化》，载于《人民日报》2016年12月11日，第1版。
② 王晨光：《法学教育改革现状与宏观制度设计》，载于《法学》2016年第8期，第58~73页。

的决定》提出,"加强法治工作队伍建设""创新法治人才培养机制"。推进法学教育改革,必须先要明确法学教育改革的根本出发点,这就是我国当前的基本国情和法治发展现状,为了适应当前国家经济社会发展的新形势,法治人才培养应当在数量和质量上都有较大提升,不仅要满足城市地区飞速发展的行业经济所需要的高素质行业法治人才,而且需要吃苦耐劳、愿意在农村基层地区奉献的服务型基层法治人才。"中国法学院要培养合格和优秀的法律人,那么在侧重法律和职业技能训练的同时,必须把法律教育同中国社会发展的需要结合起来,应当引导学生更多了解和真切感受我们面对的这个具体社会,更多了解中国和世界,更多了解经济、政治和社会,不仅要在法律层面,技能层面,微观层面和知识层面,而且要在中国和世界层面,经济政治层面,宏观层面和判断层面;不仅要理解,能说,而且要能做事,会做事,做成事,无论是大事还是小事。"[1] 实践表明,只有从我国当前的基本国情和社会现实需求出发,才能明确法学教育的时代使命,明确法学教育人才培养的目标定位和改革路径。"人才培养的目标设计应根据全面依法治国的新要求,从国情和实际出发,并充分考虑不同层次、类型、所处地域、面向行业、生源质量、教学资源等具体情况,在区别的基础上形成标准化、规范化、稳定化的培养目标。"[2] 因此,法学教育改革首要应当认清全面依法治国对多元化法治人才需求的现实,知晓法治国家、法治政府、法治社会一体建设对不同层次和不同类型法治人才的多样化需求,这样才能逐步构建起符合法治国家建设所需的法治人才培养体系和培养模式,在此基础上形成既符合一般法学教育基本规律,又能够适应中国特色社会主义法治国家建设需求的法学教育体制,从而为实现中华民族的伟大复兴提供有力的法治人才保障。

二、新标准

按照习近平总书记在考察中国政法大学时的讲话精神,站在实现"两个一百年"奋斗目标和中华民族伟大复兴的中国梦的战略高度,中国特色社会主义新时代德法兼修法治人才的新标准至少应包括以下四个方面的内容。

(一) 思想政治标准

法治人才培养要坚持思想政治标准,不仅要提高学生的法学知识水平,而且

---

[1] 朱苏力:《追问法学教育承担的历史使命》,载于《法制日报》2011 年 5 月 4 日,第 11 版。
[2] 蒋新苗:《加快构建中国特色法学人才体系》,载于《中国大学教学》2017 年第 5 期,第 32~37 页。

要培养学生的思想政治素养。因此,法学教育要坚持把正确的政治方向、价值导向贯穿教学育人全过程。中共十九大报告指出,"意识形态决定文化前进方向和发展道路。""社会主义核心价值观是当代中国精神的集中体现,凝结着全体人民共同的价值追求。""要以培养担当民族复兴大任的时代新人为着眼点,强化教育引导、实践养成、制度保障"。发挥社会主义核心价值观对国民教育、精神文明创建、精神文化产品创作生产传播的引领作用,把社会主义核心价值观融入社会发展各方面,转化为人们的情感认同和行为习惯。长期以来,我国法学教育贯彻社会主义核心价值观和社会主义法治理念,在人才培养方面取得了长足进步。但同时也应清楚地意识到,我们对社会主义核心价值观和社会主义法治理念教育还不够深入,存在着重专业知识学习、轻职业伦理教育;重专业素质教育、轻理想信念教育;重外国法律移植、轻本土经验总结等倾向。特别是由于诸多复杂因素的影响,我们还存在着理论与实践的"落差"、高校与司法部门的链接"不能",使得高校法治人才培养与司法机关对接不力、互动程度不高。这样,就导致社会主义法治理念与职业伦理教育未能融合扎根的情况发生,出现了机制性错位。[①]因此,坚持法治人才培养的思想政治标准,就要坚持用马克思主义法学思想和中国特色社会主义法学理论全方位占领高校、科研机构法学教育和法学研究基地,把相关内容转化为法治人才内化的情感认同、行为模式和思维习惯,切实增强法治人才的综合技能和专业技能。为确保法治人才培养的正确政治方向,应与时俱进改革教学内容,将中国特色社会主义法治理论的最新成果写进教材,确保法治人才培养正确的政治方向。

(二) 职业伦理标准

伦理是任何人都应该遵循的行为规范,或者说任何人都应该成为伦理的规范对象。任何社会都有所有人应该遵守的底线伦理。[②] 法律职业伦理教育在法治人才培养中占据重要位置。但一般说来,法律职业共同体更为强调法律人的职业技能,这使得当前我国法治人才培养中更注重系统的法学知识及法律实务技能的培养,而对与法律职业伦理道德相关的法律价值及法律信仰的培养则不够重视。中共十九大报告指出,"要全面贯彻党的教育方针,落实立德树人根本任务,发展素质教育,推进教育公平,培养德智体美全面发展的社会主义建设者和接班人。"

---

① 曹文泽:《司法体制改革背景下高校法治人才培养机制的创新》,载于《法学》2017 年第 7 期,第 3~10 页。

② 马唯杰:《底线伦理还是美德伦理——兼论高校德育的价值取向》,载于《现代大学教育》2005 年第 3 期,第 18~22 页。

法律是成文的道德，道德是内心的法律。"才者，德之资也；德者，才之帅也。"① 德法兼修的法治人才不仅要具备系统的法学专业知识和娴熟的法律职业技能，还应当以实际行动为榜样的效果带动全社会崇德向善、尊法守法，将"法律职业共同体道德伦理教育"贯穿于法治人才培养全过程。

法治人才培养应当重视和坚持职业道德要求，确保法治人才培养的职业伦理道德符合国家法治建设的要求。而且，在我国法学教育的实践中，在一定程度上存在着注重法律专业知识教育轻视法律职业伦理教育、重视教学授课轻视人格培养的偏差。"法律院校对法科生的培养目标是使其成为德才兼备的法治人才，这里的'才'是指职业技能，'德'是指良好的职业伦理。法律职业伦理课程对法科生职业伦理养成的作用显然是至关重要的，因此，强化法律职业伦理课程建设势在必行。"② 因此，法治人才培养不仅要授业解惑，更要正确引导法治人才认识和明辨各种社会现象和是非，积极参与中国特色社会主义法治建设进程和社会法律实践，积极参加法律援助等社会公益活动，着力培养法治人才的职业伦理素养和责任意识，使法科生逐步养成良好的"道"，即法律职业伦理意识，从而更好地建设法律职业共同体。

（三）职业技能标准

法律的生命在于实践，法治人才基本素质的核心就是法律职业技能和法治实践能力。法学教育既要重理论，又要重实践，而法律实践严重不足、法科学生实践能力不强是目前我国法学教育存在的主要问题。而要学会分析问题、解决实践当中的法律问题是法治人才培养的基本内容，这仰赖于通过法学教育培养学生良好的法治思维和批判分析能力。因此，法学教育全过程应凸显鲜明的实践特质，将实践技能的培养融入理论教学的方方面面，强调以问题为中心展开教学，在课堂上老师应当正确引导学生们灵活运用法律原理、法律规范和法律规制解决实践中的各种社会矛盾和纠纷问题。与此同时，应当让学生积极参与法治实践，养成运用法治思维和法治方式分析问题和解决问题的习惯。唯有如此，才能让学生在知识教学和实践教学中打好法律知识系统和专业技能的基础，为服务法治国家、法治政府和法治社会的一体建设学好扎实的本领。

因此，法治人才培养和法学教育改革应积极回应法治人才法治实践能力不足的问题。法学是应用学科，法学知识应源于实践、服务实践，接受实践检验，并在实践中不断丰富和发展。但传统法学知识相对比较注重借鉴域外经验、相对比

---

① 《资治通鉴·周纪威烈王二十三年论》。
② 许身健：《认真对待法律职业伦理教育》，载于《检察日报》2018年2月28日，第7版。

较关注从概念体系出发进行逻辑推演，忽视了法学教育对法律实践的有效回应。在未来的法学教育改革中，应重点以提升法治人才法治实践能力为着力点，围绕创新法治人才培养机制，吸收理论界和实务界的共同力量和智慧推进协同育人、合作育人，建立健全高校与法治实务部门等常态化、制度化、规范化的法治人才培养机制。为此，要让法学专业学生走进社会大课堂，多参与公益法律援助、法律服务等社会实践，协同育人方面的典型经验和示范做法应当在全国范围内积极推广，把法治人才培养的积极探索和有效措施通过资源共享、合作共赢的方式进行广泛宣传，互相汲取成功经验，共同研究法治人才培养、法治实践技能方面的短板和问题，从而最大限度地确保法治人才的实务技能和实践素养得到全方位的提升。

（四）中国立场标准

法治人才培养还应当坚持中国立场的标准，坚持中国特色社会主义的法治道路自信，确保法治人才培养的文化自觉和文化自信。法治人才应当有"家国情怀"，有对国家法治建设的坚实的中国立场和责任感、使命感，将"自我"融入国家法治建设事业的伟大进程。"家国情怀"有着丰富内涵，在法治人才培养中倡导和培育家国情怀尤其要把握以下几个方面："第一，正确认识和准确把握世界与国家发展的大势，掌握马克思主义理论，具备宽广的视野，自觉践行社会主义核心价值观，坚定道路自信、理论自信、制度自信、文化自信；第二，勇于担当历史使命和国家大任，牢固树立为共产主义远大理想和中国特色社会主义共同理想而奋斗的信念和信心，正确把握国家的重大需求，把个人发展与国家发展紧密联系起来，把自身价值的实现同党和人民事业的发展紧密结合起来；第三，严谨笃实、脚踏实地，学以致用、知行合一，把远大的理想抱负和所学所思落实到报效国家的实际行动中。"[①]

根据法治人才培养应当坚持中国立场、关注中国现实、理解中国国情、解决中国问题的要求，"法学教育要逐步建立起与培养中国立场法治人才培养目标相适应的，具有鲜明中国特色的法学课程体系。法学课程体系要与中国特色社会主义法学理论体系、学科体系相衔接，反映中国特色社会主义法学理论的最新研究成果，推动中国特色社会主义法治理论进教材、进课堂、进头脑。"[②] 一方面，在课堂教学中老师应当以中国现实问题和现有实践为中心，在法学专业课程的学习中，能够运用中国特色的法学理论知识和原理分析中国特有的法律现象、法律

---

① 钟登华：《培养具有家国情怀的一流人才》，载于《人民日报》2017年4月14日，第8版。
② 黄进：《志存高远　培养卓越法治人才》，载于《光明日报》2017年5月26日，第11版。

事件和法律问题，培养学生以建设性的心态而不是抱怨、指责的态度对待中国法治发展，养成良好的、中立的、客观的、理性的法治思维分析问题、思考问题、解决问题的能力。另一方面，在法治实践中应多宣传优秀典型的法律工作者事例，让学生们在榜样的力量中汲取对"家国情怀"的深刻理解，并转化为自身的实际行动参与国家法治建设进程，真正为法治国家建设添砖加瓦。

三、新要求

法治人才培养在全面推进依法治国系统工程中占据着重要地位，法学教育改革应适应中国特色社会主义新时代与全面依法治国的新要求，把握新形势，面对新机遇，在深刻理解当前法学教育的新征程、新使命与法治人才培养新方向、新趋势的基础上，将依法治国、建设社会主义法治国家的治国方略与新时代对法治人才培养的新要求紧密结合起来。

（一）实现法学教育内涵式发展

我国当今社会的主要矛盾在高等教育发展领域的表现，要求法学教育改革必须以内涵发展为指导。为此，党中央更加具体地提出了"加快一流大学和一流学科建设，实现高等教育内涵式发展"的新任务和新目标，故而，以提升法治人才培养质量为中心的法学教育内涵式发展成为新时代创新法治人才培养机制的基本要求。

"坚持走以提高质量为核心的内涵式发展道路，是建设世界一流大学和一流学科的必然要求，也是培养高素质法治人才的必由之路。"[①] 根据中共十九大提出的"实现高等教育内涵式发展"要求，法学一流学科建设要求"走内涵式发展道路，要求高等学校切实转变发展观念，树立科学的质量观，把人才培养作为根本任务和首要职责，把人才队伍作为持续发展的第一资源，把质量特色作为竞争取胜的发展主线，把国家战略需求和区域经济社会发展需要作为创新发展的动力源泉，把学科交叉融合作为品质提升的战略选择，把产学研结合作为服务社会的必然要求""所谓内涵式发展，也就是要从形式转到内涵，不再单纯、盲目地追求 GDP 各项指标，尤其是要实现从规模扩张向质量提升的综合转型发展。"[②] 法学教育与法治人才培养的内涵式发展，也应以提高人才培养质量为中心、为制

[①] 胡明：《培养新时代高素质法治人才》，载于《光明日报》2018 年 1 月 1 日，第 7 版。
[②] 周佑勇：《高等法学教育如何实现内涵式发展》，载于《北京航空航天大学学报》（社会科学版）2018 年第 2 期，第 6~8 页。

度路径，最终实现人的自我全面发展。

具体说来，实现法学教育内涵式发展的基础是在理解中国特色社会主义新时代法学教育的理念、目标、人才培养模式和机制的基础上，明确中国特色社会主义新时代法学教育内涵式发展的构成要素和实现条件。第一，实现法学教育内涵式发展，必须坚持人民为主体的教育理念。我们的教育是为人民的，人民对美好生活的向往就是教育的奋斗目标。人民希望有更高质量、更加公平的教育，这就是我们的努力方向。《教育部关于全面提高高等教育质量的若干意见》指出，"牢固确立人才培养的中心地位，树立科学的高等教育发展观，坚持稳定规模、优化结构、强化特色、注重创新，走以质量提升为核心的内涵式发展道路。"第二，实现法学教育内涵式发展，必须坚持以人的全面发展作为法治人才培养的最终目标。"人的全面发展、社会全面进步，既是中国共产党和国家一切工作的出发点和落脚点，又是我们法治建设和法学教育的出发点和落脚点。"① 通过改革法学教育，实现对法科学生全面发展的培养，从而实现社会的全面进步，这是新时代实现法学教育内涵式发展的基本目标。"法学学科教育作为法律教育的科学模式，应当秉承以人为本的法理精义。在法学学科教育备感迷惘的今日中国，我们一定要依以人为本的法理精义科学构建高境界法律人才培养的目标模式。具体而言，研究中国问题、作中国文章是新理念，高素质法学人才和高素质法务人才的整合性法律英才是新目标；个性化、多样化、自主化、实践化是新方法。"② 其中，实现人的全面自由发展是法学教育的核心。要使每一个学生在接受法学教育的过程中能够得到知识、能力和素质的全面提高，实现自我价值和自由全面发展。第三，实现法学教育内涵式发展必须牢牢抓住全面提高人才培养质量这个核心，这也是法学教育改革和发展的根本任务。既要培养更多拔尖创新人才，又要让广大学生都能够发挥自身的潜力，实现自己的人生观、价值观。要通过分层次类型化的法学教育质量标准，引领法学教育以多样化、多元化的教育路径满足社会多样的、行业化的法律需要。第四，实现法学教育内涵式发展，必须把培养高素质法学教师队伍作为立教之本，与时俱进完善法学师资队伍建设，适时进行教师队伍培训工作。高素质教师是培养出高水平法治人才队伍的关键，建设一支高素质、高水平的法学师资队伍是实现法治人才培养质量提升的前提条件和基础工程。优化法学师资队伍，首要是坚定师资队伍的理想信念，让所有法学专业的教师成为马克思主义法学思想和中国特色社会主义法治理论的坚定信仰者、积极传播者和模范践行者。唯有如此，才能形成实现法学教育内涵式发展的巨大合力，

---

① 张文显：《以人民为中心：法治体系的指导理念》，载于《北京日报》2018年4月23日，第16版。
② 李龙、廖奕：《人本法学教育观论要——高境界法律人才培养目标模式》，载于《中国法学》2005年第2期，第15~23页。

促进法治人才培养质量不断提升。

（二）高尚的思想道德伦理要求

我国传统文化历来重视道德的作用，强调"格物致知、诚意正心、修身齐家、治国平天下"的修身路径。坚持立德树人，就必须加强中国特色社会主义法治理念教育，加强思想道德教育，努力使学生具有高尚的思想品质和道德情操、良好的法律职业道德素养、坚定的社会主义法治信仰和实现中华民族伟大复兴的使命感和责任感。"目前，我国的法学教育重在掌握知识和技能，对'德'关注不够，缺乏德育的法学教育，犹如失去了灵魂，也失去了法律的信仰和尊重。"[1] 为培养法治人才高尚的思想道德素养，就要坚持中国特色社会主义法治道路，立德树人，德法兼修，既有高尚的思想道德素养，又有扎实的法学专业知识和职业技能。对法治人才培养而言，"立德树人"中的"德"，至少有四个层面的要求。

1. 高尚的思想品质

法学教育应当培育德法兼修的法治人才，其中的"德"，首先是一般意义上的高尚的思想品质和道德情操，这是让学生首先学会做人的关键环节。相比法律职业伦理教育，法律人的思想道德教育要求法律人不仅要具备构筑法律共同体所需要的一般法律职业伦理，更要具备社会一般道德人格与道德认知；不仅要掌握法律共同体内部的共同伦理准则，更要理解社会一般民众所普遍认同的常识、常理、常情。[2] 如果法律人的思想品质不好，在社会中的消极作用是非常大的，不仅会引发民众对法治的不信任，而且会出现反面作用，阻碍国家法治建设的进程。"现在中国律师风纪的不好，就是种因于此，所以关于法律伦理的科目，是法律学校课程中所不可缺少的。我们虽不敢说学校里有了这一科，学生的人格或道德就一定会怎样的改善，但是课程结果之好坏，视乎教授的方法适当与否；若是教授得法，那么关于法律伦理的课程，于培养学生的人格，却是大有帮助的；即使不能收完全的效果，至少总比没有这种课程好得多。然而我们环顾中国的法律学校，觉得设有这门功课的，简直很少；恐怕十个里面难得有一个吧！这种现象，若是继续存在，那真是危险万分。因为中国现代教育之通病，就是忽视人格之培养，一般学校，对于学生之德育，可算完全麻木。……对于学法律的学生，倘再不顾到他们道德的修养，那无异替国家社会造就一班饿虎。所以对于这一

---

[1] 刘晓红：《立德树人为本 德法兼修为要——以上海政法学院探索法治人才培养为例》，载于《法学教育研究》2017 年第 4 期，第 73~84 页。

[2] 付子堂：《探索政法高校法治人才培养新机制》，载于《中国高校社会科学》2017 年第 4 期，第 2~16 页。

点,应该特别注意。"① 因此,法律人不应只是掌握了专业知识和原理,还应对自我有更高的思想道德要求和职业伦理要求。作为品德的道德或意识的道德,主要存在于个人内心,所以可以叫道德心或良心。② 在全面依法治国新时代,高素质法治人才不仅要具备全面系统的法律专业知识和娴熟的法律职业技能,还必须做到以实际行动带动全社会崇德向善、尊法守法,拥有高尚的思想品质和道德情操。

一般说来,高尚的思想品质和道德情操并非与生俱来,而是来自后天的教育和专门培养。换言之,法学教育对于法律人高尚的思想品质和职业道德的培养非常重要。既然良好的品德需要在实践中养成,法学教育在不断提高学生专业水平的同时,就应将思想道德教育提升到与法律知识教育同等重要的位置,改变一直以来重视知识传授而忽视道德教育的倾向,将学生的思想道德教育作为法学教学的目标之一,时刻关注学生高洁的操行和品质的培养,把思想政治教育贯穿于法学教育教学活动全过程,积极引导学生担当社会责任,提升学生道德水平,从而让学生形成良好的思想道德品质。

2. 良好的职业道德素养

拥有良好的法律职业道德素养是对法律人内心德行的基本要求。"作为一种素养,法律职业伦理属于行为准则而没有层次之分,它是对构成法律职业共同体的每一个人的内在要求。"③ 职业道德是指从事一定职业的人们,在开展本职工作的职业活动过程中,应当遵循符合自身职业特点的基本道德要求和道德准则。"法律职业不仅是一项实践性极强的活动,更是一种现代性的道德实践。"④ 这种道德实践意味着,法律职业具有区别于其他职业的所特殊的道德特质。首先,法律职业具体有鲜明的政治属性,属于政治文明的范畴;其次,法律职业的本质属性是其法律属性,法律职业是运用法律和适用法律解决社会问题的工作,法律职业的内容与法律本身存在千丝万缕的联系;最后,法律职业还具有行业属性,不同法律职业人员之间的道德界限是存在差异的,体现在职业道德上的具体要求是不同的。例如,对法官和检察官的职业道德要求,就和对律师的职业道德要求是不一样的。而且,从法律职业共同体文化素养出发,"立身明德"要求每一位法

---

① 杨兆龙:《中国法律教育之弱点及其补救之方略》,载于《苏州大学学报》(法学版)2015 年第 3 期,第 134~145 页。

② 严存生:《道德性:法律的人性之维》,载于《法律科学》2007 年第 1 期,第 3~14 页。

③ 屈茂辉、李勤通:《法律职业伦理教育的知识性与素养性》,载于《中国法学教育研究》2017 年第 3 期,第 148~163 页。

④ 王允武:《法律职业伦理培养——不应忽视的法学素质教育》,载于《法学家》2003 年第 6 期,第 31~35 页。

律人要明确并保持良好的品行，实现高尚的价值追求。① 由此可见，良好的法律职业道德素养是法律共同体的共同道德底线，每一个法律人都应当以此为最低标准加强自我道德建设，法学教育和法治人才培养应当以培养法律人良好的法律职业道德素养为基本目标之一。

培养法治人才良好的法律职业道德，目的就在于树立优秀的法律职业道德典范，培养法律人自觉遵守职业道德规范的良好习惯和共同以法律为最高规则的社会氛围。"法律人才，……有了法律学问，社会常识，而缺少了法律道德，那就不免流为腐化恶化的官僚政客，亦不能算做法律人才；一定要有法律学问、法律道德和社会常识，三者具备，然后可称为法律人才。"② 对于法律职业道德的内涵，有学者认为，"法律道德，不仅是研究法律的在执行律务时所应当注意的，在平时亦当有道德的修养：第一点应当有守正不阿的精神，有孟子所谓'富贵不能淫，贫贱不能移，威武不能屈'。不徇情面不畏疆御，抱有不屈不挠的大无畏的精神。第二点是牺牲小己的精神，所谓牺牲小己，便是什么议案或法律，既经合法的手续以产生，那么无论如何应当牺牲个人的意见，来拥护这法案之实行，不应固执己见，做出阳奉阴违的事来。这两点是最重要的法律道德，不单是做律师法官应当特别注意，无论在什么地方，凡事关于法律的运用上，都应当特别注意着。"③ 在当下中国特色社会主义新时代，法治人才以服务于中国法治建设为志业，法治人才培养必须注重法律职业伦理的教育，这不仅因为法律职业伦理教育是法学教育的重要环节，同时也是培养德法兼修高素质法治人才的思想基础。

3. 实现民族复兴的使命感和责任感

中共十九大报告指出，实现中华民族伟大复兴是近代以来中华民族最伟大的梦想。围绕实现中华民族伟大复兴的历史使命，法治人才的培养更为强调法科学生较之一般社会成员更强的正义感、使命感和责任感，才不会仅仅把法律作为谋生之"器"，才不会斤斤计较个人得失，而是以实现社会公平和社会正义为价值旨趣。"法律是一个非常庞大、复杂并且不断变化的职业，它要求它的学生不但要具有专业知识、专业技巧和技能，还必须要拥有共同的价值观并承担应有的责任，以此来证明这一职业持续地享有参与法律事务的唯一权利的正确性。"④ 实践表明，法律职业以及法律职业人的思想道德品质，尤其是法律人具有实现民族复兴的使命感和责任感时，更有利于凝聚建设中国特色社会主义法治国家的精神

---

① 唐守东：《提升法律职业共同体文化素养的三个维度》，载于《人民法院报》2016 年 8 月 5 日，第 7 版。
② 孙晓楼：《法律教育》，中国政法大学出版社 1997 年版，第 10 页。
③ 孙晓楼：《法律教育》，中国政法大学出版社 1997 年版，第 12 页。
④ 杨欣欣主编：《法学教育与诊所式教学方法》，法律出版社 2002 年版，第 67 页。

动力,这同时也是决定和推动中华民族伟大复兴的重要因素和国家进步、社会文明、人民幸福的重要标志。当法律人都具备了良好的思想道德品质时,民众幸福感和民族自豪感将成为凝聚社会共识的重要力量,社会中的每个成员都将致力于公平正义的维护,自觉成为国家法治秩序的维护者和捍卫者。"法学的理想和价值就是让法律成为保障人们过上良善生活的公器,实现社会的公平正义。因此,全面发展的法治人才不仅应该具有法律从业者的综合素质,还应该具有从事法律职业所必备的知识能力,更为重要的是应该具有社会主义法治信念和社会责任感。为实现这一人才培养目标,在法学教育中既要重视法律知识、法律条文的讲授和掌握,还要关注知识、条文所隐含的价值观的讲授和掌握。"①

对法学专业的学生而言,更应充满自信和期待,同时必须要有社会担当意识和民族伟大复兴的使命感、责任感。尽管当前社会发展进程中还存在某些腐败和消极现象,但我们必须要有正确的立场、坚定的信念,"法学教育还一定要注重学生的人格培养,包括对于中国社会、中华民族的责任感和使命感。即使在今天,仍然需要对事业和民族的忠诚,需要献身精神,而不仅仅是知识和技能——想想那些在青藏高原跋涉的法官,想想在人民法庭为民众排忧解难的法官!"②对于高等学校而言,为培养法科学生的使命感和责任感,法学教育应立足于我国法治实践,在教学中始终关注国情、民情和社情,培养学生的"中国问题"意识和"本土法治"意识;同时不断提升法学教育的国际视野、国际眼光、国际交往力和国际竞争力,正确处理好传统与现代、本土和世界的关系,让学生树立起无论将来从事何种法律职业,都应当把自我命运和国家前程紧密联系起来,将实现自己未来事业的愿景融入中国特色社会主义伟大事业建设的进程当中去的远大理想。

(三)知识教育与实践教育并重

立德树人、德法兼修,是中国特色社会主义法治人才培养的基本路径。在立德树人方面,要着重提升法治人才培养的道德伦理水平;在德法兼修方面,除了要将思想政治建设摆在法治人才培养的首位,把社会主义核心价值观融入法治人才教育教学全过程外,还应当适应全面依法治国各行业各领域依法治理的要求,培养既有法学专业知识体系又有创新精神、实践能力的复合型、应用型的高素质法治人才。

---

① 何勤华:《全面推进依法治国视野下的法学教育改革》,载于《中国高等教育》2015年第6期,第14~17页。
② 朱苏力:《追问法学教育承担的历史使命》,载于《法制日报》2011年5月4日,第11版。

一方面，法治人才应当掌握系统完整的法学专业知识结构，为参与全面依法治国打下坚实的法学理论基础和深厚的法学功底。结合当前法学教育的发展实际，在创新法治人才培养机制以适应全面依法治国所需法治人才方面，"同加快建设社会主义法治国家的新形势新要求相比，法治人才培养质量和机制还存在一些不足和问题，主要表现在：学科结构不尽合理；法学类学科体系、课程体系不尽完善；社会急需的新兴学科、交叉学科供给不足；法学学科和其他学科交叉融合还不够深入；教材编写和教学实施偏重于西方法学理论，缺乏鉴别和批判；法学教育重形式、轻实效，法治人才培养重专业教育、轻思想政治教育的现象还存在，等等。"① 因此，要培养适合中国特色社会主义新时代的法治人才，就要加强知识教育，以开放和编写反映新时代特点的法学课程教材为着力点，深入开展法学基础理论研究，吸收各方力量形成法治人才培养共同体，加强法学学科与其他学科的交融。深厚扎实的法学专业知识体系对于法治人才从事各行业的法律工作和法律服务非常重要，这是法治人才从事特定行业的法律工作的前提和基础。在当今国家的法治建设当中，没有任何行业发展可以游离于法治之外，都需要通过规则的治理，方能不断提升行业的发展能力和业务水平。因此，在法治人才培养过程中应当以知识教学为本，为法治人才今后从事法治实践奠定良好的专业知识背景。

另一方面，法治人才应当具备娴熟的法律实务技能和良好的法治实践能力。成为一名优秀的法律人，既要有良好的对法律的直觉和敏感，又要有法律人的良知和法治精神、法治信仰，尤其重要的是，要通过积极参与社会实践加强自我对法律职业技能和判断力的训练，提升作为法律职业共同体成员的法治素养，"法律的生命力在于实施，法治人才必须具备对社会生活的敏锐观察力、逻辑思维能力、口头表达能力和文字写作能力，除此之外，在大数据时代，法律理性与技术理性的高度融合，使得传统司法优势与现代技术优势的碰撞与交融日益凸显，加之法律本身天然的滞后性、原则性，这就要求法律人还必须具有较强的将理论运用到实践中的能力，即将'纸面的法变成生活的法'的能力。"② 但目前法学教育的法治实践教学效果不太理想，虽然大多数学校都有模拟法庭、法律诊所、法律谈判、法律调解、基层公共法律服务等体验式、操作式、交互式教学等实践教学环节，但往往流于形式，达不到实践教学的预期目标和要求。

要培养适应新时代需求的高素质法治人才，就要将实务工作部门的优质实践教学资源引进高校，形成高等学校与法治实务部门的共同合力，将培养中国特色

---

① 黄进：《志存高远培养卓越法治人才》，载于《光明日报》2017年5月26日，第11版。
② 叶青：《高等政法院校的责任与担当》，载于《光明日报》2017年9月19日，第13版。

社会主义德法兼修的法治人才作为法律职业共同体的共同事业。有调研数据表明,"长久以来,依靠传统的、法学教育部门单独承担的法治人才培养机制,其所培养的学生,偏重理论知识,缺乏应有的法治实践能力、社会担当意识和法律职业道德,难以达到建设高素质法治工作队伍的要求。"[①] 因此,要不断推进高校与法治实务部门人员的定期合作交流,并通过制定规范性文件的方式将交流合作、协同育人的机制和方式固定下来,成为制度化、常态化、长效化的工作机制,并建立起充分的保障机制和科学的评价机制,确保法治实务部门能够真正、切实参与法治人才培养的全过程,落实每一个培养主体在法治人才培养中的基本职责。

(四) 养成法治思维和法治信仰

养成法治思维和法治信仰是现代法治国家对法治人才培养的基本要求之一。一方面,法治人才的行为模式离不开法治思维的指引。法治思维,是指将法治的理念、原则和精神运用于认识、分析、解决问题的思维方式,其本质是一种规则至上、理性思考问题和解决问题的思维方式。有学者认为,"所谓'法治思维',是指公权力执掌者依其法治理念,运用法律规范、法律原则、法律精神和法律逻辑对所遇到和所要处理的问题(包括涉及改革、发展、解纷、维稳等各领域、各方面的相关问题)进行分析、综合、判断、推理和形成结论、决定的思想认识活动与过程。"[②] 还有学者认为,"法治思维说到底是将法律作为判断是非和处理事务的准绳,它要求崇尚法治、尊重法律,善于运用法律手段解决问题和推进工作。"[③] 大致说来,法治方式是运用法治思维处理、分析和解决问题的外在的行为方式。如果说法治思维是内在的思考问题的方式,那么法治方式主要体现为外在的行为模式。在建设社会主义法治国家的过程中,培养法治人才运用法治思维和法治方式思考问题、分析问题和解决问题的能力,有助于法治人才在参与与国家政治、外交、经济、文化和社会管理相关的各方面事务中,能够妥善应对各种问题,"法学教育还需要培养法律人浓厚的法律意识、法律思维,以及敏锐地观察、分析和反思各种社会现象的能力。法律思维要求依循法律规范,运用法律逻辑,秉持公平正义等价值观念,去思考问题、处理问题、解决矛盾。法律思维不仅需要符合法律,更需要符合法治,即要符合现代法治理念。法律思维需要从权利与义务这个特定的角度来认识和处理各种社会关系。在个案的裁判中,法律人

---

① 刘文韬:《培养高素质法治人才》,载于《湖南日报》2015年3月14日,第4版。
② 姜明安:《运用法治思维和法治方式治国理政》,载于《中国司法》2013年第1期,第14~15页。
③ 杨永加:《习近平总书记强调的六大思维方法》,载于《学习时报》2014年9月1日,第3版。

在得出结论之前，应当按照法定的、严密的程序进行分析和论证。"① 在今后的法学教育改革中，为了加强法治人才运用法治思维和法治方式思考问题、分析问题、解决问题的能力，应当促进法科学生积极参与社会实践，这可以让学生们更好地认识到，法治国家建设的过程就是法律人运用法治思维努力建设社会主义法治国家，实现自我责任和历史使命的过程，国家法治建设的成败与法律人的法治思维之养成不可分割。

另一方面，坚定的法治信仰是法治人才的基本素养。法治信仰，是国家的公民对作为国家治理方略的法治的认可、赞同、崇拜与尊重，并以服从法律的统治作为自我行为的最高准则。法治国家的首要特征就是法律在国家治理的各种方式之中居于最高的地位，拥有最高的权威，任何组织或个人都不能凌驾于法律之上，任何违反法律的行为都应当受到追究。"理想、对美好事物的信任、充实生活的乐趣、希望、温柔、慈爱、自我克制以及一切'好'的东西仍然是驱使人在内心做到公正守法的最有力、最本能的感情因素。"② 法治信仰，就是这样一种"美好的事物"，能够唤起社会普通民众对法律的认知力和理解力，是法律共同体内在的精神纽带，理应成为法律人的基本品质和重要素养。全面依法治国，加快建设社会主义法治国家，必须牢固树立社会主义法治信仰，把宪法和法律作为最高行为准则。"一切法律之中最重要的法律既不是铭刻在大理石上，也不是铭刻在铜表上，而是铭刻在公民的内心里，它形成了国家真正的宪法，它每天都在获得新的力量，当其他法律衰老或消亡的时候，它可以保持一个民族的精神。"③ 要让法律在社会生活的方方面面都发挥作用，首先全社会的全体民众都要对法律有真诚的信仰，将法律作为自我行动的最高规则。实践表明，一个国家的法治理念和法治信仰与这个国家法治建设的进程密切相关，因此，培养法治人才的法治信仰，是建立中国特色社会主义法治体系和社会主义法治国家的精神底蕴。

为此，通过改革法学教育，"将法治思维和法治信仰的培养作为法治人才的基本素养，通过知识教学和实践教学的途径内化于每一个法律人心中的坚定信仰，这样才能筑牢中国特色社会主义法治的观念根基，使社会主义法治成为凝聚全面深化改革共识的最大公约数，才能充分发挥法治对协调推进'四个全面'战略布局的重要保障作用，使社会主义法治信仰成为实现'两个一百年'和中华民族伟大复兴中国梦的重要精神力量。"④ 具体说来，在知识教学方面，法学课程的讲授应当与法治思维的培养统一起来，通过运用法学原理和法律规则分析问题

---

① 王利明：《法学教育的使命》，载于《中国法学教育研究》2017年第1期，第3~11页。
② [美] 约翰·麦·赞恩著，刘昕等译：《法律的故事》，江苏人民出版社1998年版，第411页。
③ [法] 卢梭著，何兆武译：《社会契约论》，商务印书馆1981年版，第73页。
④ 张鸣起：《牢固树立社会主义法治信仰》，载于《吉林人大》2016年第1期，第19~21页。

解决问题的授课方式,逐步培养起学生的法治思维;在实践教学方面,学生应当在教师的指导下,积极参与法治实践,以法治信仰的力量树立起对社会主义法治国家建设的决心和信心,坚定对中国特色社会主义法治道路的自觉与自信,从而更好地融入法治国家建设的共同体。

第三节 德才兼备的多元行业法治人才: 法治人才的时代需求

一、从"法学人才""法律人才"到"法治人才"

(一) 法学教育的性质之辩

要培养什么样的法治人才,是法学教育的基本定位,也是推进法学教育改革首当其冲必须解决的问题。关于法学教育的目标定位,分歧和争论由来已久。法学教育究竟是精英教育还是大众教育,是职业教育还是通识教育,还是二者的兼容或结合,理论界和实务界一直难以达成共识。[1]

有学者认为,法学教育应具有通识教育和公民教育的性质,"法学教育的首要任务乃培育高素质公民。"[2] 也有学者认为,法学教育主要是职业教育和精英教育,"培养理论功底深厚且实践技能丰富的法律专业人才,是我国高等法学教育的一个明确的目标。"[3] "法学教育的核心,应在于培养学生对于我国主要的实体法、程序法具备全面的知识,以及进行法律解释与适用的能力。这些知识和能

---

[1] 曾宪义、张文显:《法学本科教育属于素质教育——关于我国现阶段法学本科教育之属性和功能的认识》,载于《法学家》2003年第6期,第1~7页;徐显明:《法学教育的基础矛盾与根本性缺陷》,载于《法学家》2003年第6期,第12~14页;吴汉东:《试论法律专业教育与素质教育的关系》,载于《法学家》2003年第6期,第14~19页;黄进等:《中国法学教育向何处去》,载于《中国法律评论》2014年第3期,第2~23页;冯玉军:《我国法学教育的现状与面临的挑战刍议》,载于《中国大学教学》2013年第12期,第47~51页;公丕祥:《变革时代的司法需求与卓越法律人才教育培养计划》,引自王瀚主编:《法学教育研究》(第八卷),法律出版社2013年版,第56页;韩大元:《法学教育改革的理念与发展趋势》,载于《人民法院报》2010年9月17日,第7版。

[2] 张文显:《法理学》,高等教育出版社、北京大学出版社2007年版,第14~15页。

[3] 钱锦宇:《国际模拟法庭竞赛参赛队伍建设研究》,引自王瀚主编:《法学教育研究》(第八卷),法律出版社2013年版,第256页。

力应足以胜任法院的民事（包括商事）、刑事、行政审判的基本工作，将来经过短期学习即可胜任全部类型的审判工作。"① "从事法律职业的人员应当掌握法学学科体系的基本知识，具备法律职业的基本素养，具备从事这一职业的基本技能。"② 还有学者认为，法学教育的目标是造就具有健全人格的大批的法律职业者、培育职业法律家群体，培养大量高素质的法律人。"法学教育具有内在的二重性，从法学在大学教育中的地位上看，它表现为职业教育和人文学科的理论教育的二重性；从其培养目的上看，它表现为实践性人才的训练的培养和学者型人才的二重性；从其教学内容上看，它表现为法律职业的特定技巧、道德和思维与法学的知识体系和人文理论培养的二重性。"③ 在我国当前的国情之下，开展法学教育应兼顾职业教育与素质教育，实现精英教育与大众教育相结合。④ 随着依法治国实践的不断深化，法学类专业要求学生对社会有更深刻的认知和体会，因此，它不能仅仅是法学理论部分的知识教授，而是要统摄人文社会甚至自然科学范围内的一定知识体系。但同时，法学并不仅仅是教授学生如何做人和如何学习，而是更注重培养出专业知识扎实、专业技能过硬的法律工作者及其后备队伍。从这个意义而言，它更具有职业教育的特色属性。⑤

（二）法学教育面临的挑战

在全球化、信息化和国内外形势发生深刻复杂变化的情况下，我国法学教育正面临着几个重大挑战：第一，教育规模的扩大与人才培养质量的下滑。如何控制教育规模并有效保障法治人才的培养质量，能够符合全面依法治国对法治人才的需求，是当前法学教育应当解决的首要问题。第二，培养目标的雷同与培养路径的单一。现有各高等学校的法学专业在培养目标的设定上大多大同小异，难以实现以社会需求为导向的分类培养，特别是不同地域之间对法治人才的具体要求可能差异较大，如少数民族地区和西部基层地区对法治人才培养都有语言层面的要求。第三，中国特色法学知识体系的单薄与中国特色法治理论体系的欠缺。这将导致法治人才在法治理论基础方面的沉淀不够，在今后的工作中可能难以应对来自社会实践中的疑难案件与深层次的法律问题。第四，法学专业课程体系的滞后性与授课方式的单一性。大多数高校的法学专业课程体系设置单一，各门课程

---

① 葛云松：《法学教育的理想》，载于《中外法学》2014 年第 2 期，第 285 ~ 381 页。
② 霍宪丹：《法律职业与法律人才培养》，载于《法学研究》2003 年第 4 期，第 80 ~ 89 页。
③ 王晨光：《法学教育的宗旨》，载于《法制与社会发展》2002 年第 6 期，第 33 ~ 44 页。
④ 韩大元：《全球化与法学院的社会责任》，载于《中国高等教育》2012 年第 Z2 期，第 27 ~ 30 页。
⑤ 李树忠：《坚持改革调整创新立中国法学教育　德法兼修明法笃行塑世界法治文明》，载于《中国大学教学》2018 年第 4 期，第 12 ~ 16 页。

之间逻辑性不强,学生的法学基础理论掌握不系统、不全面,对于法治人才的多元化、差异化发展不利。第五,各地域之间师资水平差异较大,特别是西部民族地区与东部经济发达地区的法学师资队伍差异较大,西部民族地区难以留住优秀法治人才。第六,法治人才协同育人培养机制实施效果不佳,大多数合作培养机制形同虚设,由于缺乏强有力的保障机制和配套机制,导致实务部门难以持续性参与到法治人才培养的过程中,如何落实法治人才培养共同体的各方责任需要加强顶层设计和配套机制建设,将具体责任落实到法治人才培养的每一主体。

(三)法治人才的多元培养

2011年,《教育部 中央政法委员会关于实施卓越法律人才教育培养计划的若干意见》提出,"培养造就一批信念执著、品德优良、知识丰富、本领过硬的高素质法律人才",2014年《中共中央关于全面推进依法治国若干重大问题的决定》提出,"加强法治工作队伍建设""创新法治人才培养机制",法学教育的培养目标从培养"法律人才"转向培养"法治人才"。诚如有学者所言,"我们在确定培养目标时,要求所有法学专业的培养目标最后都要落在培养法治人才上,法治人才比法律人才的适应性更强,要求实践性更强。"[①] 因此,"在条件成熟时也可将'卓越法律人才培养计划'更名为'卓越法治人才培养计划',更加科学合理地实施'卓越法治人才培养计划',社会主义法治建设不仅需要一大批法治人才,更需要卓越的法治人才。但是,卓越不是单一的,而是多元的,做过首席大法官的属于卓越;能文明司法、公正司法的属于卓越;在基层法院能定纷止争的、解决群众的疾苦、实现权力救济的属于卓越;能在老百姓中树立法律权威,让其在信法、守法中有收获感,真实体会到公平正义的是卓越的;在首都从事法律工作是卓越的、在喜马拉雅山下从事法律工作也是卓越的。总之,在'卓越法治人才计划'的实施过程中,既要注重复合型创新法治人才的培养,又要注重高素质的涉外法治人才的培养,还要特别注重面向基层扎根基层的法治人才的培养。"[②]

2018年,教育部 中央政法委发布《关于坚持德法兼修实施卓越法治人才教育培养计划2.0的意见》,这就明确提出了新时代实施卓越法治人才的培养计划,全面实现了从"法律人才"到"法治人才"的培养目标的转变。全面依法治国需要高素质的法治人才,本科法学教育担当着全面依法治国法治人才培养

---

① 徐显明:《改革开放四十年中国的法学教育》,载于《中国法律评论》2018年第3期,第2~27页。
② 蒋新苗:《加快构建中国特色法学人才体系》,载于《中国大学教学》2017年第5期,第32~37页。

的基础性、关键性重任。当前我国一些综合性大学、专业类政法院校的法学本科培养目标的常见表述是："培养系统掌握法学理论知识和法律实务技能，熟悉我国法律和相关政策，能在……单位从事法律工作的高级专门人才。"这样面面俱到、千校一面、大同小异的关于法治人才培养目标的表述，没有在学术性和职业性之间进行选择，没有对法学本科教育在法学教育宏观体系中的位置和功能做出全速界定，对实证性和经验性习得成果提出过于理想化的要求，实际上并没有对法学本科的培养目标做出清晰定位，自然也导致实际培养效果的差强人意。"法律人才与法学人才、法律实践（在日本，称为法务）人才在我国许多法科院系的培养简章中都没有明确界定和区别。在法律商业主义严重腐蚀法学院教育的今天，无论是经济最发达的美国，还是潜能最巨大的中国，法学教育界都不得不努力将法学人才和法务人才有效地整合为一种高境界的法科英才，建立一个高效且公正的高境界法律人才市场。"① 全面依法治国需要的不仅仅是掌握法律知识的人才，而且是具备良好的法治实践技能的人才。"过去我们各个学校法学专业培养目标，一开始是培养法学人才，即理论人才，后来有的改为培养法律人才，既包括理论又包括应用，现在就要一律培养法治人才，……我们在确定培养目标时，要求所有法学专业的培养目标最后都要落在培养法治人才上，法治人才比法律人才的适应性更强，要求实践性更强。"②

因此，培养全面依法治国所需德才兼备的多元法治人才，是当前法学教育的重要使命。社会主义法治建设不仅需要一大批法治人才，更需要高素质卓越法治人才。提高法治人才培养质量已经成为我国高等法学教育改革发展最核心最紧迫的任务，要把培养应用型、复合型法治人才作为实施卓越法治人才教育培养计划的重点，把培养涉外法治人才作为培养应用型、复合型法治人才的突破口，把培养西部基层法治人才作为培养应用型、复合型法治人才的基础工程。③ 换言之，适应国家法治建设事业全面推进的需求，对法治人才进行分层次、分类别的差异化培养，更能够有针对性地解决某些行业和某些领域的特定问题，也更有利于深化全面依法治国实践，实现全社会各行各业的依法治理和公民权利的最大保障。

由此可见，"法学人才""法律人才""法治人才"是我国法学教育发展在不同阶段的历史产物，顺应了当时的时代要求。"法学人才"产生于改革开放之初的法学独立为单独学科、法学教育刚起步的时期，根据当时我国的情况，法学教育亟须大量高素质理论研究人才，因此将人才培养目标定位为"法学人才"。

---

① 李龙、廖奕：《人本法学教育观论要》，载于《中国法学》2005 年第 2 期，第 15～23 页。
② 王利明、黄进、潘剑锋、韩大元、申卫星：《改革开放四十年的中国法学教育》，载于《中国法律评论》2018 年第 3 期，第 2～27 页。
③ 张文显：《大力加强法治工作队伍建设》，载于《人民法院报》2014 年 11 月 19 日，第 5 版。

1999 年宪法修改，将"中华人民共和国实行依法治国，建设社会主义法治国家"写入宪法，根据法治国家的建设需要，亟须大量专业性的实践人才，因此将法学教育的人才培养目标调整为既具扎实法学理论功底又有良好法律职业技能的"法律人才"。进入 21 世纪后，国家法治建设取得了长足进步，将法学教育的人才培养目标又逐步调整为"培养德才兼备高素质法治人才"。"法学人才""法律人才""法治人才"的培养目标是法学教育针对我国不同历史时期面对不同的问题，结合国家法治建设实践提出的，对人才培养的要求逐步从法学理论知识的掌握转向法律实务技能及二者兼具并拥有良好的职业伦理道德，适应了我国不同历史时期对法律职业共同体的客观要求和内在需求。

二、出台法学类专业国家标准的战略价值

（一）国家标准是人才培养的基本依据

2018 年 4 月初，教育部高等学校法学类专业教学指导委员会发布《普通高等学校法学类本科专业教学质量国家标准》，这是我国法学类专业开展人才培养的基本依据和基本标准，也是我国法学类专业准入、建设和评价的标准，是我国关于法学类本科专业教学质量的首个国家标准，是全国各高等学校法学专业人才培养都应当遵循的基本底线。"法学类专业教学质量国家标准共分十个部分，分别为：概述、适用专业范围、培养目标、培养规格、课程体系、教学规范、教师队伍、教学条件、教学效果和质量保障体系。这十个部分的内容是经过充分调研、充分论证，认真总结听取我国法学类专业教学的经验，恰当借鉴国际通行做法，通盘考虑国家全面推进依法治国战略需要，充分吸取实务部门意见的基础上形成的。可以说，法学类专业教学国家标准的制定做到了字字有依据，句句含目标，标准本身具有相当高的水准。"[①] 根据法学类专业教学质量国家标准设定的培养目标，法学类专业人才培养一方面要坚持立德树人、德法兼修，另一方面要具备知识、能力与素质三个方面的基本要求。法治人才既是掌握了静态的文本的法律知识体系的人才，又是养成了良好的思想政治素养和法律职业伦理、法律职业技能的人才，既有"家国情怀"，又具备了世界眼光和国际视野，能够参与到各行各业及国际事务的法律事业和法律服务之中。

[①] 李树忠：《坚持改革调整创新立中国法学教育　德法兼修明法笃行塑世界法治文明》，载于《中国大学教学》2018 年第 4 期，第 12～16 页。

（二）法学类专业国家标准的重大意义

对于新时代法治人才培养而言，法学类专业教学质量国家标准的出台具有如下重要意义：首先，法学类专业国家标准为培养全面推进依法治国所需法治人才提供了最低限度的规范要求。随着我国经济实力不断加强，国际责任不断加大，依法治国方略逐步推进，社会对法治环境和法治人才质量提出了更高要求。法学类专业教学质量国家标准立足新时代，面对新形势，站在新起点，将依法治国、建设社会主义法治国家的治国方略与创新型治国理政的人才培养紧密结合起来，是对全面依法治国新时期如何培养法治人才的顶层设计，从国家层面对法学教育改革和新时代法治人才培养提出了具体要求，是在结合当前法治国家建设面临的各种新问题、新形势对法治人才培养提出的新任务和新要求的具体体现。

其次，法学类专业教学质量国家标准集中体现了"立德树人、德法兼修"的新时代法治人才培养标准。新时代法治人才培养既要坚持立德树人，以培养法治人才的理想信念教育和法律职业伦理教育为核心，以法治人才的知识教学和实践教学为路径，以高等学校法学院系与法治实务部门的精诚合作、协同育人为着力点，倡导法治人才培养的知识、能力和素养维度，从而为社会主义法治事业提供具有优秀思想品质的人才保障。

最后，法学类专业教学质量国家标准的出台将有效提高法治人才的培养质量。"法学类专业国家标准的制定过程，体现了国家对待这一专业的基本态度和评价。因此，法学专业国家质量标准的出台标志着法学教育的标准和法律职业门槛的提高，是提高法治人才培养质量的基本保证。"[①] 为此，各校在制订法治人才培养方案时，应在严格执行《普通高等学校法学类本科专业教学质量国家标准》的前提下进行，应切实把《普通高等学校法学类本科专业教学质量国家标准》中对人才培养的知识要求、能力要求、素质要求融入改革后的人才培养方案中，细化国家标准中的各项具体要求，特别是要将具有各自办学特色及相关创新创业课程和实践教学课程融入修改后的法治人才培养方案中，以符合全面依法治国对法治人才的要求。

---

① 李树忠：《坚持改革调整创新立中国法学教育 德法兼修明法笃行塑世界法治文明》，载于《中国大学教学》2018 年第 4 期，第 12~16 页。

三、"法治人才"培养目标的时代意涵

(一) "法治人才" 的特殊性

法治人才是具有丰富的法律基础知识、知晓深厚法学原理、具有娴熟的法律职业技能,符合法律职业道德标准,从事立法、执法、司法、法律服务等法律工作的专门人才。"与其他类型的人才相比较,法治人才的最大特点是,法治人才是活动于'法治'领域,从事立法、执法、司法、法律服务、法学教育研究的专门人才。"[①] "全面发展的法治人才不仅应该具有法律从业者的综合素质,更为重要的是应该具有社会主义法治信念和社会责任感。"[②] "法治人才"既要熟悉和坚守中国特色社会主义法治体系,又应具备良好的法学知识体系和法治实践技能。对于法治人才的基本素养,有学者认为主要有两个方面: "第一,要熟悉和坚守中国特色社会主义法治体系;第二,要德法兼修。因为,如果不熟悉我国的法治体系,专业性不够,当然不能算'人才';如果不能坚守中国特色社会主义法治体系,不能从中国实际出发,用正确的法治理论武装头脑,不能用法治思维和法治方式有效解决问题,就不能算'法治'人才;同时,仅有法律和法治的维度,而缺少道德和德治的维度,做不到德才兼备,也不能算法治人才。"[③]

那么,"法治人才"到底应具有哪些基本素养呢?有学者认为,对"法治人才"内涵的理解,需要兼顾普遍性与特殊性,可分别从作为一名公民,到一名公务员,再到一名法治人才的三个层次来把握。结合全面依法治国、深化法治实践对法治国家法治建设队伍的具体要求,法治人才不同于一般人才的特殊性主要体现在三个方面:第一,法治人才的思想道德素养和职业伦理要求比一般行业的普通人才更高。法治人才代表着国家建设实施基本方略的价值取向,因此法治人才的道德水平和政治素养应当比一般行业的普通人才要求更高。第二,法治人才的专业技能和实践能力比一般人才更强。由于法学学科所具有的实践性和实用性特点,法治人才的法律专业技能和法治实践能力应当比其他行业的能力更强,方能体现法治作为国家治理基本方式的特征,彰显法治国家的治理方略的现代性。第三,法治人才的批判意识和思维方式比一般行业的普通人才更成熟。法治人才要

---

① 刘风景:《法治人才的定位与培养》,载于《南开学报》2017年第5期,第1~8页。
② 何勤华:《全面推进依法治国视野下的法学教育改革》,载于《中国高等教育》2015年第6期,第14~17页。
③ 张守文:《法治人才培养的目标与路径》,载于《中国高校社会科学》2017年第4期,第16~20页。

求有不同于一般人才所独有的批判意识和法治思维,是因为处理社会实践中的法律事务和矛盾纠纷更需要法律人具有理性、客观、中立的品质,这样才能不断推动法治文明向前发展。

(二)"法治人才"的时代性

在中国特色社会主义新时代全面依法治国的背景下,"法治人才"具有以下时代意涵。

首先,"法治人才"的培养目标集中体现了全面依法治国新时代所要求的各行业各领域都应实现法治化的治理目标,与建设中国特色社会主义法治国家、实现中华民族伟大复兴的目标更为契合。"法律人才"的培养目标非常鲜明地体现出法律职业的独特性,法学教育的人才培养目标更多集中在专门从事法律行业的法官、检察官、律师等法律专门行业。但随着全面依法治国成为新时代的主旋律,法学教育必须立足法治国家、法治政府、法治社会一体建设的全局,培养全面依法治国所需的各行业法治人才。中国特色社会主义法治国家建设需要全体社会成员共同参与,特别是分工日渐精细化、专业化的行业领域的法治建设需要更多法治人才的参与。而且,从全面依法治国所要求的法治国家、法治政府和法治社会一体建设来看,法治人才不仅仅为司法领域所大量需求,立法领域、行政领域及社会各行业的依法治理也需要大量法治人才。尤其是随着信息技术的持续快速发展,信息经济繁荣程度成为国家经济实力增长的重要标志;新兴行业投资发展亟须法律规范,部分行业国际化拓展加速,整个新兴行业体系渐趋完备。在"一带一路"倡议和经济全球化发展契机下,推进国际交流、促进新兴行业发展、促进行业间的交叉融合、对话合作,都需要大量既懂战略性新兴产业技术技能,又了解本行业法律规范制度运作的应用型、复合型、创新型法治人才。

概而言之,各行业的依法治理是建设中国特色社会主义法治国家的基础条件和重要内容,各行业的法治化水平是中国特色社会主义法治国家建设的基本标尺。在实现国家治理现代化的过程中,发挥重要作用的除了国家制定的法律法规,还有各行业的自治规范,通过培养多元行业法治人才,制定行业自治规范是实现行业依法治理的前提,也是建设中国特色社会主义法治国家的客观要求。因此,"在确定法治人才培养目标时,不能仅仅强调职业化教育的一元性,不可局限于司法中心主义的人才培养导向,而是需要从法律职业共同体主体的复杂性、法科人才培养社会需求的多元化上和法学职业教育目标的多层次的维度来综合考虑,科学地确定法治人才的多元化培养目标。各校的法学专业也可相应地按照学科优势、历史传统、师资特点、地域环境、发展规模等因素,依据人才的不同类型、各行业的不同需求、多元化法治人才的走势、国家和社会及地方经济的具体需要，科学合理地确定多元化的法治人才培养方案和人才培养模式。"① 为了适应全面依法治国新时代的需要，国家法治建设需要多元行业化法治人才的共同参与，不同地域、不同领域需要不同层次的法治人才，各高等学校只有在清楚认知当前社会对法治人才的现实需求、深刻分析自身法治人才培养优势和资源特点的基础上，才能恰当地确定适合的法治人才培养目标，制订科学合理的培养方案，创新法治人才培养机制，使培养的法治人才更适合国家法治建设的要求。

其次，"法治人才"的培养目标反映了法治的应用性特质和实践性特征，要求各行业的法治工作者具备良好的法治实践能力和素养。在以往的法学教育中，人才培养目标更为强调"法律人才"的培养，主要侧重人才培养的静态的法律文本和法律知识层面；而"法治人才"培养目标的提出，更为强调人才培养的动态的法治实践能力和思维方式层面。② 法学的实践性学科特点决定了法学教育所具有的深刻的法律职业背景，也决定了法学教育的应用性特点。法治人才培养应服务于法治实践，法治实践技能是法治人才基本素质的重要内容，培养法学专业学生的法治实践能力是解决应用型法治人才短缺问题的根本措施。

故而，法学教育应以学生法治实践能力的培养为着力点，特别是强调应以解决中国法治实践问题为出发点，通过研究中国法治实践，培养起学生的中国立场和问题意识。"中国特色社会主义法治道路是中国特色社会主义道路不可或缺的重要组成部分，是全面推进依法治国、建设社会主义法治国家的根本道路。它是我们党带领中国人民在改革开放、建设社会主义法治国家实践中走出来的，符合中国国情和中国人民意愿，并将在实践中继续发展完善。"③ 法治人才的中国立场和问题意识对于法治人才能够有效参与法治实践、解决社会生活中的法律问题至为关键，是法治人才培养的基本原则，在法学教育的过程中应当时刻把握这一要求。因此，参与中国特色社会主义法治事业的建设者都应当具体参与到法治人才培养的各方面和全过程中，培养法治人才的职业技能应加大实践课程设置的比例，应当在所有的课堂讲授中都贯彻实践教学的基本目标，通过长效化的工作机制使法治实务部门的法律工作者能够真正参与到法治人才培养的各环节，同时增强其法治实践技能。

最后，"法治人才"的培养目标彰显了法治国家建设对法律职业共同体应具备的法治精神和法治信仰的品格要求。"'法治'是法律和法学的灵魂，其本身

---

① 蒋新苗：《加快构建中国特色法学人才体系》，载于《中国大学教学》2017年第5期，第32~37、41页。
② 也有学者认为，"法律人才"与"法治人才"不必区分。参见刘艳红、欧阳本祺：《创新法治人才培养机制的目标、理念与方法——以法律人个体成长规律为中心》，载于《法学教育研究》2016年第1期，第105页。
③ 李龙：《中国法治道路更加自信》，载于《政府法制》2018年第4期，第21页。

就具有重大的社会价值。坚持法治，是法律人能够为社会做出的最大贡献！"① 法治精神是法治的灵魂，一切制度的实施、一切思想理论的实践都有赖于法治精神的弘扬。法治精神是法治观念、法治素养、法治信仰等内容的综合形态，它渗透于法律制度，表现于人们的行为，沉淀于一个国家的文化之中。法律的权威来自人民的真诚信仰，法治只有成为信仰，成为自觉，才能彰显力量。法治人才应当"是价值共同体。无论是法治实践中的何种角色，他们都把法律等同为正义，把司法的过程理解为实现公平正义的艺术，把实现公平正义作为共同的追求。他们间的争执、对立，不是为了远离公正，而是为了向对方表明自己更接近公正。公正是他们的共同修养、共同境界。"② 因此，从法治人才培养开始，通过法学教育让法律职业共同体的每一个成员都能够树立法治信仰，运用法治思维，全面认识和深刻理解我国社会主义法治体系，以扎实的法学知识和理论为基础，以提高全民法治意识为己任，努力传播、弘扬和实践社会主义法治精神，积极参与全面依法治国和建设社会主义法治国家进程中去，形成全社会尊法崇法、遵法守法的良好氛围。

人类社会发展的历史表明，人民群众对法治的信仰是全面依法治国的动力源泉，是法治中国建设的精神支撑。法治信仰，是对法治的内心确认，是真诚地认同法治价值、弘扬法治精神、遵守法治规则、崇尚法治权威和捍卫法治尊严。习近平总书记强调，"宪法的根基在于人民发自内心的拥护，宪法的伟力在于人民出自真诚的信仰""法律要发挥作用，首先全社会要信仰法律""做到严格执法、公正司法，就要信仰法治、坚守法治""我们要在全社会加强宪法宣传教育，提高全体人民特别是各级领导干部和国家机关工作人员的宪法意识和法制观念，弘扬社会主义法治精神，努力培育社会主义法治文化，让宪法家喻户晓，在全社会形成学法尊法守法用法的良好氛围。我们要通过不懈努力，在全社会牢固树立宪法和法律的权威，让广大人民群众充分相信法律、自觉运用法律，使广大人民群众认识到宪法不仅是全体公民必须遵循的行为规范，而且是保障公民权利的法律武器。"③ 法治人才在接受法学专业的系统教育后，对社会主义法律体系的内容以及实施过程、结果产生信任和肯定，发自内心地认可、崇尚、遵守和服从，把法治作为处理问题、维护权益的手段，成为社会主义法治的忠实崇尚者、自觉遵守者、坚定捍卫者。因此，在法学教育过程中让全体法科学生养成牢固的法治观念和坚定的法治信仰，是未来法学教育改革的基本内容和重要面向。

---

① 葛云松：《法学教育的理想》，载于《中外法学》2014 年第 2 期，第 285~318 页。
② 徐显明：《构建法律职业共同体》，载于《人民日报》2014 年 9 月 23 日，第 5 版。
③ 习近平：《在首都各界纪念现行宪法公布施行 30 周年大会上的讲话》，载于《人民日报》2012 年 12 月 5 日，第 2 版。

第四节 德法兼修：多元法治人才培养的基本要求

一、传统法学教育以培养司法人才为中心

（一）传统培养模式的变迁

自改革开放以来，我国法学教育取得的成就令人欣慰，"从法学院校毕业的学生已有数百万，他们很多都投身于立法、司法和行政执法等各领域，为中国的法治建设奉献了青春和汗水。许多工作岗位上的杰出代表，都曾接受过专业法学教育的培养和熏陶。应该说，法学教育为我国法治建设作出了应有贡献，也基本上适应了法治建设的需要。"[①] 我国早期的法学教育主要以培养司法人才为中心，围绕司法职业能力的培养进行课程设置和培养模式创新。从法学教育传统培养模式的发展变迁可见，早期的以培养司法职业人才为中心的培养模式是适应当时社会需要的，也是当时历史发展的产物，符合特定历史时期对法治人才的培养要求。

（二）传统培养模式的困境

法治人才的培养模式，是指由法治人才培养理念、法学专业设置模式、法学课程设置方式、法学教学制度体系、教学组织形式、教学管理模式与评价考核方式等要素构成的有关法治人才培养过程的理论模型与运行机制。目前，全国的法学院至少有650家，累计培养博士3万余人，硕士46万余人，这个规模非常庞大。与此同时，法学专业毕业生的就业状况不容乐观，多年被亮红牌。[②] 在实践中，由于当前我国法学教育的目标定位及人才培养模式尚未明确，大多数高校都将培养以法官、检察官、律师为代表的具有法律专业知识的法律职业人才作为法学教育的基本目标，认为让学生获得从事法律职业所必须具备的专业知识、基本素养和基本技能是法学教育的主要内容。在教学过程中，都比较注重以法律的司

[①] 徐隽、倪弋：《改进法学教育 助力法治建设》，载于《人民日报》2017年6月7日，第18版。
[②] 张守文：《法治人才培养的目标与路径》，载于《中国高校社会科学》2017年第4期，第16~20页。

法适用为中心开展教学，以法庭诉讼技能的掌握为中心进行人才培养。在这种教育理念的指导下，导致各校人才培养的同质化现象严重，"尽管一些重点大学法学院的学生就业率依然在 90% 以上，但从全国范围看，法科学生在相当一个时期内都将面临总量供给过剩以及因法学职业化不足而导致的人才供应结构性失衡局面（即法院、检察院等用人单位想要的无法供应、供应的却不适合岗位）都将存在，高校培养的法律人才与法院、检察院等单位的要求有较大差距，不能'适销对路'。"[①] 由于各方面的因素，导致现行法学教育人才培养机制和培养模式很难适应我国当前全面依法治国的需求，法学教育人才培养的现状与法治建设对法治人才的需求难以有效衔接，法学教育难以满足当前中国特色社会主义法治国家建设中各行业领域、各地域法治发展不均衡对法治人才的多样化要求。

事实上，尽管我国法学教育的规模较大，但法学本科毕业生中只有一部分人从事律师、检察官和法官等职业，更多的是到政府部门、企事业单位或其他社会组织等机构就业。"特别是司法考试改革前，非法科专业毕业生一旦通过国家统一司法考试，与法科毕业生相比，显然更具'复合型人才'的优势，更易为用人单位所青睐；而法科毕业生则相对显现出知识和实践能力上的劣势。"[②] 因此，当前法学教育的人才培养目标如果仅仅强调司法职业人才的培养，无疑难以适应全面推进依法治国时期对社会各行业所需大量法治人才的现实要求。加之传统的法学教育还存在培养方案千篇一律、低水平重复建设严重；法学课程体系设置雷同僵化、法学各专业教学大同小异等问题，导致培养的法科学生在毕业后难以胜任工作单位的要求，从而引发建设法治国家日益增长的法治人才需求与法学教育发展滞后的现状之间的矛盾，通过该途径培养的法治人才难以适应法治国家、法治社会和法治政府建设的需求。

（三）传统培养模式的局限

在全面依法治国背景下，法治人才培养目标应考虑当前社会多元行业对法治人才的需求，以适应中国特色社会主义法治国家建设的需求，而传统法学教育以司法职业人才为中心的培养模式存在以下局限：

一方面，从全面依法治国所要求的法治国家、法治政府和法治社会一体建设来看，以培养司法职业人才为中心的法学教育模式难以满足建设法治国家和法治政府所需大量法治人才的要求，导致法治人才培养的"产出"和"供给"之间

---

① 冯玉军：《略论当前我国法学教育体制存在的问题》，载于《政法论丛》2014 年第 1 期，第 83 ~ 90 页。

② 申欣旺：《法科生就业率低折射法学教育体制问题》，载于《检察日报》2008 年 4 月 17 日，第 1 版。

出现矛盾。"在改革开放之初,由中央教育主管机构提出的法学教育多形式、多层次、多渠道发展的办学方针,与目前全面依法治国所需的多元化、高素质复合型应用型创新型法治人才的要求已经完全不相适应,以培养司法职业人才为中心的培养模式也正遭遇着前所未有的尴尬境地;司法职业需求的模糊性给法学教育带来盲目性,而法学教育供给的虚胀性又给司法职业带来负面感导致法学教育与司法职业互动性欠缺。"[1] 根据有关统计,"大多数法学专业的本科生和硕士生毕业以后将从事法律实务工作,而非理论研究,并不仅仅是进入法院、检察院或者从事律师职业。"[2] 根据本课题组的调查数据和访谈结果,既具有专业知识,又具备相关行业领域基础的复合型法治人才更容易满足社会对各行业分工精细化的要求,全面依法治国更需要既具法律专业知识又有行业基层知识的复合型、应用型、创新型法治人才。另外,从建设法治社会而言,以培养司法职业人才为中心的法学教育可能存在视野的狭隘性,而全社会普遍的法治思维和法治信仰的树立、全社会尊法守法的法治理念的养成、全社会崇法敬法的法治文化的培养需要更为高远的法治人才培养视野,"在人类社会文明发展史上,法律教育的本质理念即核心价值就是维护社会的公平正义,法律教育除了培养适合国家、社会乃至民众生活需求的各类专业人才、契合实际并服务于社会以外,还担当着培养人性、铸造法律信仰、传承法律文明的历史重任。"[3] 在全面依法治国新时代,法治教育应当纳入精神文明创建内容,法治社会公平正义理念与法治思维的形成需要全民参与,尊法守法应通过普遍的法学教育成为全体人民的共同追求和自觉行动。唯有如此,才能实现法治国家各行业的依法治理目标。

另一方面,从全面依法治国所要求的建设一支忠于党、忠于国家、忠于人民、忠于法律的社会主义法治工作队伍来看,以培养司法职业人才为中心的法学教育模式难以满足各高校法学教育的自身发展和法治人才培养的办学特色,也不利于学生自主学习、独立学习及探究精神的培养。"教育理念的滞后,最直接的表现即是培养目标的整齐、划一。不管办学的历史长短、生源的优劣、基础的强弱及教育资源的好坏,一律强调高级专门法律人才的培养目标,人云亦云,不考虑办学特色,不考虑市场经济的需要。"[4] 一般而言,"高等院校的法学教育在课

---

[1] 徐清宇:《法学教育供给与司法职业需求的不对称及其校正——中国大学法学本科教育改革的基本出发点》,载于《政法论坛》2008年第2期,第155~163页。
[2] 杜晓:《法学大类毕业生就业率倒数第二引反思:中国法科毕业生就业之路为何越走越窄?》,载于《法制日报》2009年6月19日,第4版。
[3] 魏琼:《法律教育的起源:兼议对当下中国法律教育改革的启示》,载于《中国法学》2014年第2期,第205~221页。
[4] 焦富民:《地方综合性大学法学素质教育的目标与法学教育的改革》,载于《法学家》2003年第6期,第35~38页。

堂讲授时多采取传统法学教育的讲授法形式,偏重背诵条文、标准答案以应试,缺乏专业素养和技能的严格训练。科目设置、教学方法等比较因循守旧,与法律实务和社会需求脱节,与国际标准相比更是相去甚远。在法学院剧增的过程中,重数量、轻质量的风气很浓厚,导致低成本扩大再生产的同一化模式普及。"①根据《教育部关于全面提高高等教育质量的若干意见》的要求,提高高等教育质量、发挥学生学习自主性,突出高校办学特色已经成为提高高等教育质量的关键。

因此,在遵循国家法学教育教学质量基本标准的前提下,各高校应当充分发挥自主性和积极性,结合各学校的优势学科资源,凸显自身的办学特色,不断创新法治人才培养机制。对于法学教育本身而言,以学生为本、从学生的未来发展着眼,是法学教育的根本。以培养司法职业人才为中心的法学教育可能会禁锢学生的职业意向,影响学生自主学习的积极性,不利于多样化和特色化法治人才成长。在全面推进依法治国的新时期,法学教育应以更开放、更包容、更多元的视野来迎接全球化挑战,单一的司法职业人才培养目标并不符合学生就业多元化的趋势,在一定程度上可能影响学生的学习自主性和积极性,不利于学生自我价值的实现和未来发展。质言之,法学教育不仅要为法律职业培养后备人才,而且还要面向全社会培养法治国家的建设者与管理者,培养各行业所需的高素质法治人才。

总的说来,在传统的"司法中心主义"法学教育观的导向下,各高校开展法学教育主要是以司法职业人才培养为目标,从狭义上对法律职业人才进行理解,认为法律职业者主要包括法官、检察官、律师、公证员、基层法律服务工作者。而广义的法律职业人才除包含上述职业外,还包括人民代表大会(以下简称"人大")和政府工作部门的立法工作者及执法工作者与企事业单位中从事法律事务的职业岗位,如法务专员、法务主管、法务部门的其他人员。全面依法治国要求从广义上理解法律职业人才,我国法律职业的从业人员不仅包括法官、检察官、律师,而且应包括在政府、机关、企事业单位及社会各行业中从事与法律相关工作的人员。但迄今为止,由于我国法学本科生与法律专业硕士生的培养目标、课程设置、培养模式及评估机制等并未进行非常清晰明确的界定,这就导致了实践中培养目标、课程设置、培养模式及考核评估机制等的千篇一律与运作混乱的结果。这些问题的成因比较复杂,有历史原因也有现实原因,既有数量、质量和结构上的原因,也有机制体制方面等深层次的原因。因此,在深刻理解传统法治人才培养模式面临的困境及局限性的基础上,首先需要明确法治人才培养理念,其

---

① 季卫东:《中国法学教育改革与行业需求》,载于《学习与探索》2014年第9期,第83~87页。

次才是创新法治人才培养模式和具体的培养机制。

(四) 传统培养模式的问题

有学者认为,"当前法学教育存在的问题主要体现为'八个滞后':法学教育滞后于治国理政、治党治军、内政外交的精英人才总规模要求;法学教育提供的通用人才滞后于基层社会治理法治化的人才总需求;法学教育滞后于善于运用法治思维法治方式的战略企业家、职业经理人人才的总量需求;法学教育提供的综合人才滞后于具有创新能力的高素质综合性人才的急迫需求;法学教育提供的人才滞后于公职律师、公司律师、社会律师等法律服务的庞大人才总量需求;法学教育提供的专门人才滞后于与大数据时代涉外法律人才总需求;法学教育滞后于立法、执法、司法,法学研究、法学教育对综合型、创新型、能力型人才的需求;以学科导向形成的导师专业教学科研能力滞后于对卓越人才培养的高要求。"[①] 为了更好地了解社会各行业对法治人才培养的具体要求,本课题组在全国范围内展开了问卷调查,根据问卷的统计结果,可以发现法律工作者群体对传统法治人才培养模式存在问题形成的共识有:一方面,法学教育改革存在体制壁垒,导致实践中法治人才培养与社会各行业的实际需求脱节。法学教育自20世纪70年代末恢复以来,一直是以培养司法职业人才为目标的。至今没有注意到社会对行业法人才的迫切需求,麻木甚至盲目,如果再保持现状,法律人才培养也就失去重要的目标和机会。循环往复,则对法学教育、人才培养以及对法治建设都将构成极大的危害。[②] 由于法治人才培养难以适应社会多元化职业需求,导致法学教育的"产出"不能够满足法治国家建设的现实需求。根据相关统计,"到2010年,设置法学本科的高等院校数达640所、在校生大约35万人,加上各类研究生就是近50万之众,但平均就业率却在文科各类专业中排在末位。据悉法科毕业生的年平均司法考试合格率设定在大约10%,但司法合格者中却只有半数从事律师、法官、检察官工作;法务低端市场的人才供应严重过剩,但法务高端市场的人才却极其匮乏。不得不承认,法学教育的投入、产出以及需求之间关系是显著失衡的。"[③] 在全面依法治国新时期,法治正成为国家治理的基本方略和价值导向,使社会生活的各领域各行业有了基本的价值引领。同时,法学教育也正面临着前所未有的良好发展契机,时代的变革和转型带来了前所未有的挑战和机遇,但现实中的法治人才培养依然面临着巨大压力,这就是法治人才的

[①] 徐汉明:《创新法治人才培养机制》,载于《学习时报》2017年3月29日,第7版。
[②] 孙笑侠:《论行业法》,载于《中国法学》2013年第1期,第46~59页。
[③] 季卫东:《我国法学教育改革的理念和路径》,载于《中国高等教育》2013年第12期,第31~34页。

基本素养难以符合社会提出的各种要求，因此从法治人才培养的目标开始，到法治人才的具体培养模式和方式方法等都需要进行重新审视并找到症结，使培养出来的法治人才能够适应社会发展的要求。因此，法学教育的全面改革势在必行。

另一方面，实践教学是法治人才培养的重要环节，培养行业法治人才所需的法律专业技能和行业业务能力应当提高实践教学比例。根据调查结果，大多数法律工作者均认为当前法学本科课程体系设置中实务课程所占比例过低，应当加大实务课程比例，将高校理论资源与法院、检察院、律师事务所、金融机构、公司企业等实务部门的实践资源进行充分整合，围绕提高法治人才培养质量的核心任务不断创新法治人才培养机制，如通过签订合作协议共同制定培养目标，共同设计课程体系，共同开发优质教材，共同组织教学团队，共同建设实践基地，共同完成专业考核的形式，探索形成常态化、规范化的法治人才培养机制，实现学校与实务部门的协同育人目标。

此外，现有法治人才培养特别是区域法治人才培养的数量和质量难以适应国家的重大发展战略，如"一带一路"倡议和粤港澳大湾区发展战略等。区域性法治人才培养不仅要考虑新时代对法治人才培养的新挑战和新要求，还要考虑本区域内的国家战略对法治人才培养的特殊要求，如粤港澳大湾区法治人才就应当具备三地的法律知识基础和职业技能，这是与其他法治人才相比最大的特殊性所在。由于传统法治人才培养模式导致的同质化培养结果，使现有的法治人才培养模式难以培育出个性化、特色化的人才，难以适应全面依法治国所要求的各领域、各层次、各行业的法治人才需求。因此，应时而需、应势而需及时更新法治人才培养理念、创新法治人才培养机制，是适应中国特色社会主义新时代对法治人才需求的应有之义。

二、以社会需求为导向培养多元法治人才

（一）德法兼修：法治人才培养的中国模式

有学者认为，当前法学教育中面临的一个重要问题是，法学教育者如何看待和处理"中国特色"的问题。一方面，不能仅仅因为中国经验独特就简单接受，为之辩解，但另一方面，甚至更需要警惕的是，不能因为中国某些实践经验独特就一定不伦不类，就一定可疑，就应当批评指责。特别是在法学教育中，这种教育的结果很可能导致毕业生只会比较异同、挑刺和批判，不会做事、不想做事、做不成事。若长此以往，不仅我们自己，而且学生都可能变成某种文化或意识形态的奴隶。这会非常危险，不仅对法学教育和研究不利，更可能对中国的法治、

政治、社会和国际政治不利,不利于中国的稳定发展,不利于中国作为大国的崛起,不利于中国的软实力的增长。① 因此,只有立足中国国情与实践才能形成法治人才培养的中国特色和中国模式,法治人才培养在价值观层面应坚持中国立场,关注中国问题;在方法层面应"兼收并蓄",吸收借鉴世界上的优秀法治成果,加以甄别、吸收和转化,使其为中国法治建设服务,既需要充分吸收全球法学教育的先进理念,又立足国情总结中国法学教育的本土经验;既关注关乎人类命运和发展的重大前沿法治问题,又关注中国当下社会急需解决的和人民美好生活所关注的法律事件和社会问题。这样才能培养起具有高尚道德情操、过硬专业本领、丰富实践经验和开阔国际化视野的多元高素质法治人才。

实践证明,任何脱离国情、无视社会现实的改革都是难以成功的,法学教育改革必须以当前全面依法治国对法治人才培养提出的新要求为导向。特别是伴随着经济全球化、政治多极化、文化多元化、信息现代化的迅速发展,法学教育改革既要符合教育的一般规律和法学学科建设、法治人才培养的普遍性要求,又要适应社会不同行业对多元行业法治人才培养提出的专门性、特殊性要求,这就要求法学教育改革应根据全面依法治国的多元化法治人才培养要求,高瞻远瞩全方位设计法学教育改革路径,逐步建立起符合全面依法治国要求的法治人才培养模式。其实,早在 2011 年《教育部 中央政法委员会关于实施卓越法律人才教育培养计划的若干意见》就提出,法学教育应"适应多样化法律职业要求""培养造就一批信念执著、品德优良、知识丰富、本领过硬的高素质法律人才"。具体说来,在全面依法治国新时代,法学教育改革应当以法治中国建设和社会实际需求为导向,即以培养复合型、应用型、创新型的多元行业法治人才为中心,以培养具有奉献精神、强烈责任感和使命感的西部基层法治人才为重点,以培养通晓国际法律规则的高端涉外法治人才为着力点,通过知识教学和实践教学的统一,强化协同育人的制度路径和实施成效,建立健全法治人才培养的保障机制,使法学教育培养出的法治人才能够真正适应社会的多样化需要,在社会各行业中都能够参与建设法治中国,为中国法治建设做出贡献。

首先,全面依法治国要求加强重点领域立法,促进各行业依法治理,这就内在要求加快行业法治人才培养。建设中国特色社会主义现代化强国,实现中华民族伟大复兴的中国梦的奋斗目标,离不开法治的规范和保障。事实上,全面依法治国涉及国家政治、经济、社会和文化生活的方方面面,各行各业都要按照法律规定来规范运作。尤其是在"一带一路"倡议和粤港澳大湾区的建设契机下,推进国际重要行业间的对话合作,构建起开放型创新体系,鼓励技术引进与合作研

---

① 朱苏力:《追问法学教育承担的历史使命》,载于《法制资讯》2011 年第 5 期,第 65~68 页。

发，促进引进消化吸收与再创新，都需要大量既懂战略性新兴产业技术技能的人才，又知晓行业法律知识的复合型法治人才。众所周知，人才是社会经济发展的第一资源，是发展壮大战略性新兴行业的中流砥柱。培养符合国家经济发展特别是新兴行业发展所需的法治人才必须加快推进人才发展的政策和体制创新，整合各种力量和资源为新兴行业培养高素质专门法治人才。

其次，深入推进依法行政，建设法治政府客观要求培养大量行业法治人才。建设法治政府要求政企分开、政资分开、政事分开、政社分开，在法治框架下理顺政府与市场、政府与社会的基本关系，切实转变政府职能，依法全面履行政府的宏观调控、市场监管、社会管理、公共服务、环境保护等职责，这就内在要求行政执法人员应具有依法行政、合理行政及正当法律程序等基本法治理念，从而保证公共利益和民众福祉。同时，全面依法治国所要求的法治政府建设必须在法治轨道上开展各项工作，建设一支知晓法律专业知识与行业领域技能的法治工作队伍，以有效开展行业管理工作非常重要。一方面，懂法律专业知识的政府法治工作队伍可以促进政府管理行业严格规范公正文明执法，推进政府机构的职能法定化和责任法定化，促进行政机关法定职责必须为、法无授权不可为，有利于纠正行政机关不作为、乱作为的现象，消除权力设租寻租空间。为此，政府工作人员特别是领导干部要系统学习中国特色社会主义法治理论，认真学习宪法以及与自己所承担的行业领域工作密切相关的法律法规。另一方面，懂行业技能的政府法治工作队伍有利于帮助行业协会建立健全行业规章制度，有助于促进政府行业规范执法，加强行业领域的行政立法，促进行业自治，特别是在食品药品安全、工商质检、公共卫生、安全生产、文化旅游、资源环境、农林水利、交通运输、城乡建设、海洋渔业、商务等领域内推行的综合执法及跨部门综合执法也需要大量行业法治人才。同时，政府部门的执法人员如果知晓行业领域知识，也有助于提高执法和服务水平，促进行业的依法治理。

最后，建设法治社会，传承法治文明，提高社会治理的法治化水平需要培养大量行业法治人才。"法律教育必须始终贯彻理论联系实际并以社会实践需求为导向，以及由此推演出的法律教育的课程设置、学制年限划分、师资队伍建设、教学方法改良、招生就业的取舍、学位授予，等等，都是人类数千年法律文明发展的结果，都是获得古今中外有识人士一致认可的法律教育之基本内涵，都是契合社会发展与时代需求的内在规律，应该受到尊重，获得坚守。"[1] 行业依法治理是实现法治社会的必备条件和重要内容，各行业领域的法治化水平是法治社会

---

[1] 魏琼：《法律教育的起源：兼议对当下中国法律教育改革的启示》，载于《中国法学》2014年第2期，第205~221页。

建设的基本标尺。在社会治理中，发挥重要作用的除了国家制定的法律法规，还有各行各业的自治规范，制定行业自治规范是实现行业依法治理的前提，但从目前行业发展的现状来看，许多行业协会尚难以有效承担起制定本行业自治规范的职责，粗糙简单的行业自治规范又较易引发各种争议和纠纷。"在市场经济条件之下，行业协会制定行业自治规范的行为也是'国家立法、行业立规、社会立德'的多元化秩序建设中的重要环节之一。"①

在建设法治社会的过程中，无论是推进行业的依法治理，还是建设完备的行业法律服务机制；无论是处理和化解行业间的纠纷和矛盾，还是依法维护民众权益，保障民众合理合法的利益诉求，都需要培养大量高素质行业法治人才作为保障各种依法维权和化解纠纷机制的良好运转。为此，在法治人才培养过程中，老师需要发展基于分类培养的精确和公开的策略，教会学生各种分析技能，使他们精通"法治思维"和相关写作技能。学生们应学会对复杂信息和规则进行灵活解释和妥当适用，同时探索以更合乎逻辑的理性方式处理、综合和评估这些信息和规则。② 唯有社会各行业从业人员都能自觉运用法治思维和法治方式依法处理和解决各种社会问题，才能有效营造起办事依法、遇事找法、解决问题用法、化解矛盾靠法的良好法治环境。此外，人类的行为非常复杂，法律要规范人类行为，应对不断变化的复杂社会，还需要有创新思维，以不断推进有效的国家治理，促进社会进步。在此过程中，整体系统的创新、协调、开放、共享、永续，都非常重要，其中的许多问题都需要辩证分析。③ 在行业法治人才的培养中，通过法学与其他学科的交融互促实现教学设计、教学方法、教学过程、教学管理及评价的与时俱进非常重要，大致而言，通过学科交融培养德法兼修行业法治人才具有以下重要价值。

一方面，学科交融有助于优化和重构行业法治人才培养的课程体系和学科体系，实现对行业法治人才的课程思政、价值塑造、知识传授与能力培养。毋庸置疑，任何学科在当下的互联网世界不可能孤立存在，法学作为"经世致用"之学，以"定纷止争"和"权利保障"为职志追求，必然与其他学科发生各种联系，也必须获取其他的学科资源与智慧才能更好地解决问题。人类文明史亦表明，理论界的重大突破和创新成果大多都是学科交融的结果。从我国的现实情况来看，分析和解决任何社会问题都应首先将问题置于多学科的背景下进行分析和

---

① 黎军：《基于法治的自治——行业自治规范的实证研究》，载于《法商研究》2006年第4期，第47~54页。

② Christine M. Venter. Analyze This：Using Taxonomies to Scaffold Student's Legal Thinking and Writing Skills. Mercer Law Review，2006，57：621－644.

③ 张守文：《法治人才培养的目标与路径》，载于《中国高校社会科学》2017年第4期，第16~20页。

探讨，其次在结合多学科原理的基础上综合运用各科知识、方法和技能形成最优解决方案，最后通过多学科的融通合作来解决问题。"法学与其它知识，以及法学内部的知识融合，不仅会给法学研究带来新的生命力，也将对我国法学教育产生深远的影响。"① 经由法学与其他学科在法治人才培养中的交融互促，不仅有助于实现法学与其他学科的资源共享、优势互补，为培养全面依法治国所需多元卓越法治人才整合教学资源，而且有助于提升法学学科的建设水平与发展空间，优化法治人才培养的知识框架与理论体系，拓展法治人才培养的学科视域与思维范式。另一方面，学科交融有助于新文科建设背景下法学教育的内涵式发展，通过学科间的资源融合、课程整合、师资联合等途径促进学生学习能力的全面提升，从而提高行业法治人才的培养质量。实践表明，"分离的学科领域会使学习者与现实世界的经验疏远，从而限制学习者学习能力的发展。"② 学科交融不仅是应对当前科技革命的颠覆式技术创新带来巨大挑战的重要方式，而且是适应经济和社会发展变革对新时代多元卓越法治人才的必然选择，这可以从域外高校的课程改革中专业设置的跨领域性、知识教学的复合性、实训课程的多样性、考核评价体制的灵活性得到证明。再者，法学教育的内涵式发展要求提高法治人才培养质量，这就要求法治人才培养的特色化、差异化、多元化并具有标志性成果，因此，各高校在设定法治人才培养目标和培养方案时，应结合自身定位、办学目标和学科资源优势，培养符合社会需求的多层次、特色化、类型化的卓越法治人才。而且，根据全面依法治国各行业依法治理的要求，法学教育的多元化趋势必然要求法治人才培养的特色化、精英化与多元化。特色化、精英化与多元化的法治人才培养目标也必然要求法学与其他学科间的知识融合、资源共享、方法互用与思维互换，从而促进特色鲜明的"新兴交叉法学学科"与跨专业、跨领域的"复合型、应用型、创新型"多元卓越法治人才培养，推动部门法、行业法与领域法的跨学科研究，实现类型化培养全面依法治国各行业依法治理所需多元卓越法治人才之目标。

一言以蔽之，法治国家、法治政府和法治社会的一体建设需要大量既懂行业领域知识，又具备法治思维的复合型、应用型、创新型法治人才。不仅如此，在全社会培养起普遍的法治观念和法治思维，树立起法律至上、公平正义的普世价值，都内在要求高素质法治人才必须既是通才又是专才，必须具备以公平正义为世界观、价值观，拥有法治思维和对法律的至上信仰。由此可见，全面依法治国内在要求推动新一轮中国法学教育改革，培养高素质行业法治人才。

---

① 王利明：《法学应当步入知识融合时代》，载于《北京日报》2019年9月2日。
② Hui-Hui Wang, Tamara J. Moore, Gillian H. Roehrig, Mi Sun Park. STEM Integration: Teacher Perceptions and Practice. Journal of Pre-College Engineering Education Research (J-PEER), 2011, 1 (2): 3.

（二）超越司法中心主义：法学教育改革新思维

我国正处于社会主义初级阶段，法治水平处于较低层次，需要大量行业法治人才，如"在医疗服务行业，虽然在大数据的信息技术支持下，各种健康数据、各种生命体征的指标可以存入每个人的数据库和电子健康档案中，但对于个人的隐私权保障及与国外企业进行合作时还面临挑战，特别是在法律法规配套、法治人才培养等方面仍有瓶颈制约，亟须大量既懂法律又懂医学、既会大数据应用又懂金融业务技能专门行业法治人才。"[①] 由于社会经济的快速发展，行业化分工越来越精细，需要法治人才在为各行业提供法律服务时，必须具有复合型的知识结构和理论框架。然而，我国目前的法学教育显然不能满足上述各行业法治化所需的法治人才需要，具体表现如下：尚未建成一支高素质的立法、行政、司法专门队伍；难以提供全面依法治国要求的推进多层次多领域依法治理所需的高素质复合型法治人才；难以提供善于运用法治思维和法治方式进行企业管理和基层社会治理的法治人才；难以提供边疆地区、民族地区和欠发达地区的法治专门人才和法律服务人才；难以提供大数据时代通晓国际法律规则、善于处理涉外法律事务的法治人才。在我国当前全面推进依法治国的新时期，对行业法治人才的需求无疑是多方面、多层次的，法学教育改革必须考虑多元行业法治化所需的多样化法治人才需求，适应全面推进依法治国的各行业依法治理的实际需要。"作为国家与个人在经济、教育、家庭甚或宗教方面的中介的各种制度，它们之间需要沟通，这样才不致被禁锢在一种与国家的奇特的和不平衡的关系中。……教育制度如果与职业的需要无关，那有什么用呢？"[②] 这要求我国法学教育改革一定要联系中国的实际，联系中国法治发展的实际，法学教育应当与法科学生今后的职业密切相关，根据法律职业的具体需求设计人才培养目标和培养方案，联系全面依法治国所需大量基层法治人才尤其是行业法治人才的实际。

按照人才的不同类型、不同行业的不同需求层次，多元行业法治人才的培养应当以国家、社会、行业、不同地方和社会法治实践的多元需求为导向，结合法学教育机构和法治人才培养单位的自身特色、办学定位来制定精英型法治人才培养、高层次专门法治人才的培养，以及特定地域如少数民族地区和基层法治人才的培养模式。有学者认为，基于当前社会对多层次法治人才的需求，仅以职业方向作为考量因素，法治人才至少有三个方面的差异化需求：一是传统的合格司法

---

① 汪军：《健康医疗大数据助力医改培育新业态》，载于《经济参考报》2017年2月10日，第7版。
② ［法］阿兰·图海纳著，狄玉明、李平沤译：《我们能否共同生存？——既彼此平等又互有差异》，商务印书馆2003年版，第356~357页。

人才。主要是从事法官、检察官、律师三类职业的法律人才，这是当前政法院校人才培养的绝对主流。二是与法律直接相关的非司法人才。主要包括供职立法机关、司法行政机关、公安机关、政府法制部门、公证处、企业法务、与法律相关的社会组织的人员，当前政法院校一般不考虑此类人才的专门培养。三是政府部门、企业、各类组织当中不从事法律事务，但能在相当程度上决定、影响所属法律部门、法律岗位的定位和职能发挥，或是起到很大支撑作用的人员。当前政法院校并不把这一类人员看作法治人才的范畴，也没有相应的人才培养成功范式。[①]只有从当前全面依法治国的最大国情出发，才能明确我国法治人才培养的目标，即培养坚持和发展中国特色社会主义法治道路所需的德法兼修之法治人才，培养能为建设社会主义法治国家做贡献的法治人才，培养促进行业依法治理和法治社会建设所需的多元法治人才。

（三）面向社会需求培养多元行业法治人才

根据《教育部关于全面提高高等教育质量的若干意见》，为落实《国家中长期教育改革和发展规划纲要（2010－2020年）》，应"实施基础学科拔尖学生培养试验计划，建设一批国家青年英才培养基地，探索拔尖创新人才培养模式。"从全面依法治国所要求的多元化应用型、复合型、创新型行业法治人才培养目标出发，行业法治人才的培养除了符合法治人才培养的一般要求，还应适应各行业具体的职业素养要求，如新闻传媒行业的法治人才培养，既要有丰富的法律知识和娴熟的法律技能，更要对新闻传媒的行业特点和发展趋势有广泛的了解，特别是对著作权等知识产权相关领域有相当的知识储备，这样才能在解决新闻专业问题时，由新闻行业法治人才对此提供专业法律服务进行分析处理，高效解决问题。为此，需要结合新闻出版广电领域的行业知识、领域特色、人才需求的发展趋势，有针对性地培养专门服务于新闻出版广电领域的行业性法治人才。这就要求各高等学校在培养行业法治人才时，应尤其注意法学学科与其他学科之间的交融整合与改革创新，通过法学学科与其他学科的交叉融合可以加快学科之间的优势资源重组与学科的优化配置，如新闻学、知识产权、经济学、金融学、会计学、工商管理、行政管理等，可以与法学学科进行整合式创新，以发展新兴学科和交叉学科、跨学科项目研究、建设特色学科和跨学科教学团队等形式促进行业法治人才培养，以适应社会不同行业对法治人才的不同需求。

一方面，以社会需求为导向培养多元行业法治人才，应符合全面依法治国对

---

① 杨灿明：《基于培养高素质法治人才视野下的法学分层分类教育研究》，载于《法学教育研究》2017年第4期，第37~47页。

建设社会主义法治工作队伍所提出的普遍性要求。立德树人、德法兼修，是全面依法治国对建设社会主义法治工作队伍提出的一般性要求。为此，全面依法治国新形势下的法治人才培养，一是必须将培养学生的思想道德素养摆在行业法治人才培养的首位，在行业法治人才培养中应加强理想信念教育，深入开展社会主义核心价值观和社会主义法治理念教育；二是行业法治人才必须有过硬的法律职业技能和高尚的思想道德水准，忠于党、忠于国家、忠于人民、忠于法律是法治人才培养的根本要求；三是在行业法治人才培养中应坚持知识教学与实践教学的统一，既有坚实的理论基础又能够将理论知识运用于社会主义法治实践；四是新时期行业法治人才培养应重视法治思维和法治信仰的培养。法律职业共同体的法治思维和法治信仰将有助于全社会法治思维和法治信仰的养成，当全社会都能够养成基于法治的共识和理念，形成良好的法治文化和法治氛围，那么法治国家、法治政府和法治社会的一体建设也就有了深厚的民众基础。

具体说来，全面依法治国所需的高素质行业法治人才首要就是必须有坚定的理想信念，无论是诉讼业务方面的法治人才，还是非讼事务的法治人才；无论是高端金融、投资法律服务方面的法治人才，还是基层治理方面的法治人才；无论是传统领域的立法、执法和司法职业人才，还是新兴的医疗服务与信息技术服务方面的法治人才；无论是法学教育与法学研究方面的法治人才，还是国际法律服务方面的法治人才，都必须认同并自觉践行社会主义核心价值观和社会主义法治理念，坚持党的事业、人民利益、宪法法律至上。这就要求在行业法治人才培养过程中，必须把理想信念教育放在首位，时刻牢记建设中国特色社会主义法治国家的历史使命，在充分了解中国当下国情、深刻理解马克思主义法学思想和中国特色社会主义法治理论的基础上，明确法治人才培养的总目标和总要求。

另一方面，以社会需求为导向培养高素质行业法治人才，应符合全面依法治国为实现"行业依法治理""提升行业治理法治化水平"对法治人才培养提出的具体行业领域的差异化职业素养要求。多元社会的职业分工必然会对法治人才有多元需求，对行业法治人才多元化的需求是当前法学教育改革必须面对的基本现实。因此，面对多元行业法治人才的现实需求建立起与全面依法治国相适应的多元化、差异化行业法治人才培养模式是高等学校法学教育的发展趋势。在各行各业依法治理的法治国家建设要求下，行业法治人才的培养目标决定了法学教育改革应当依据多元行业的不同需求进行分类培养，根据行业领域的不同需求、不同特点重新审视和设计法学教育的各个环节，科学合理地设置行业法律课程体系，使法学教育的目标定位和教学内容与行业法治的客观要求一致，逐步建构起符合全面依法治国的行业法治人才培养模式，造就和培养建设社会主义法治国家所需的各类法治人才。从实践层面而言，法治人才培养机制的改革和创新应与全面依法治国所需法治人才的现实需求充分对接,在明确中国特色社会主义新时代法治人才培养目标和根据多元化法治人才培养方案的基础上,改革教学方式、丰富教学方法和教学手段,为学生的自主学习和独立学习提供更加灵活的学习空间、更丰富的教学资源和更高效实用的教学内容。特别是对行业法治人才培养模式要重点强化行业特色的知识教学与实践教学的结合,突出高校与实务部门在联合培养人才过程中的常态化、规范化、制度化的体制机制建设,促进法学教育与行业组织之间的良性互动,最大限度地保障高校与实务部门之间协同育人的成效。

第五节 本章小结

在全面依法治国背景下,法学教育面临着经济发展的新常态、法治建设的新发展、科学技术的新突破等新形势。法学教育和法治人才培养应当体现以人民为中心的新发展理念、法治人才培养的类型化、高校与实务部门的制度化、规范化合作机制的建构以促进协同育人成效的落实、智慧教学等新特点。新时代的法治人才培养呈现出注重法律职业伦理教育、法治人才培养目标的多元化、职业化、精英化、国际化的发展趋势。根据《普通高等学校法学类本科专业教学质量国家标准》,法学类专业人才培养要坚持立德树人、德法兼修,适应建设中国特色社会主义法治体系,建设社会主义法治国家的实际需要。传统的法学教育以培养司法人才为中心,人才培养模式单一,难以满足各行业依法治理对多元法治人才的需求,尤其是应用型、复合型高素质法治人才严重不足;法学教育与法治实践严重脱节,高校实践教学资源严重不足,学生法治实务能力较弱;学生考评机制不合理,学习动力不足,难以对接国家"一带一路"倡议及京津冀协同发展、粤港澳大湾区建设等重大战略。新时代法学教育应立足中国国情和中国问题,超越传统的以培养司法人才为中心的固有思维,适应社会多元化法律职业的要求,培养中国特色"德法兼修"的多元行业法治人才。也就是说,面对全面依法治国各行业依法治理的要求,培养高素质应用型、复合型、创新型多元行业法治人才是当前法治人才培养的重心。要培养"德法兼修"的多元行业法治人才,一方面应坚持"立德树人",以马克思主义法学思想和中国特色社会主义法治理论为指导,加强中国特色社会主义理想信念教育和社会主义核心价值观教育,重点加强法治人才培养的法律职业伦理、道德、操守的教育,掌握法学类专业的思维方法和研究方法,牢固掌握法学专业的基本知识和基本理论,形成合理的整体性知识结构,具备良好的人文素养和科学素养。另一方面,应结合各行业、各领域的具体要求和行业发展趋势，加强对学生的法律知识体系的构建与法律职业技能的联合培养，对各行业的基础知识和理论框架等进行全面系统学习。唯有如此，才能为全面依法治国与行业法治化治理的实现提供法治人才保障，有效解决各行业发展中出现的法律问题和矛盾纠纷，为中国特色社会主义法治国家建设构筑起坚实的人才支撑和智力支持。

第二章

德法兼修多元法治人才的培养模式

超越司法中心主义的法治人才培养理念决定了法治人才培养目标的多元化，传统司法中心主义单一的法律人才培养目标决定了实现这种目标的方式的一元化，千校一面的法律人才培养模式是这种一元化的必然结果。在法治人才的培养上，要立足于中国社会转型期和中国特色社会主义法治的多元需求，重新审视和设计法学教育的各个环节，设计和建构新时代中国特色的多元法治人才培养模式，造就和培养符合转型期社会和新时代全面依法治国所需要的各类法治人才。超越司法中心主义法治人才观带来的多元的法治人才培养目标的转变也必然需要设计和建构多元的法律人才培养模式，改革完善现有的教学方式方法，为德法兼修多元法治人才的培养提供全方位、立体式的保障体制机制。

第一节 德法兼修多元法治人才培养的理论基础

广义的"人才培养模式"，是指由人才培养理念、专业设置模式、课程设置方式、教学制度体系、教学组织形式、教学管理模式与教育考核评价方式等要素构成的涉及人才培养全过程的理论模型与运作机制。狭义的"人才培养模式"，是指依据人才培养目标建构人才培养的方案与机制，重点在于按照既有目标设计人才培养的制度建构。德法兼修多元法治人才培养，首要应遵循人才培养的一般规律与基本原则。

一、人才培养的一般规律与基本原则

（一）一般规律

一般说来，人才是指具有一定的专业知识或专门技能，进行创造性劳动，并对社会做出贡献的人。人才主要是通过教育活动培养的，"我们生来是虚弱的，所以需要力量；我们生来是一无所有的，所以需要帮助；我们生来是愚昧的，所以需要判断的能力。我们在出生的时候所没有的东西，我们在长大的时候所需要的东西，全部要由教育赐予我们。"[1] 教育在文明传承和发展优良历史传统方面做出了重要贡献，史学家认为，人类社会特有的教育活动起源于人类参与社会生活的需要和人类自身身心发展的需要。[2] 在现代立宪国家，"一个真正以保障人权为核心的宪法文化实践，只能透过人民，运用民主的机制，以其理智的判断与抉择，来维持和落实公义、和平以及自由民主法治。然而，人民的每一个赞成或反对的思想与行动，都是经由社会共同生活中的教育而学习的产物。"[3] 教育对于人才培养的重要作用和价值不言而喻，那么，什么是教育，教育又有哪些基本规律呢？

教育的规范功能和社会功能对于国家的发展和社会的进步意义重大。"教育具有神圣的价值和功能，起着国家、政府、社会、个体达成某种目的的重要作用，但所有这些目的最终都指向人的生存方式本身。人的全面发展，则是人的生存方式内涵的应有之意。教育在其本质上就是人的生存方式的体现。"[4] 如果从个体的角度来理解教育，教育往往被定义为个体的学习或发展过程，教育是"成功地学习知识、技能与正确态度的过程。这里所学的应是值得学习者为之花费精力与时间，学习方式则一般应使学习者能通过所学的知识表现自己的个性，并将所学的知识灵活地运用到学习时自己从未考虑过的境遇和问题中去。"[5] 教育是人才培养的基本途径和主要方式。人才培养主要通过教育的方式实现，教育是社会进步和社会改革的基本方法，有其一般的发展规律和普遍适用的基本特点。这

---

[1] ［法］卢梭著，李平沤译：《爱弥儿》，商务印书馆2011年版，第8页。
[2] 孙培青主编：《中国教育史》，华东师范大学出版社2000年版，第3页。
[3] 许育典：《教育宪法的建构》，引自苏永钦主编《部门宪法》，元照出版有限公司2005年版，第548页。
[4] 李小鲁：《教育作为人的生存方式》，高等教育出版社2007年版，第81页。
[5] 劳凯声：《教育学》，南开大学出版社2001年版，第36页。

个一般的发展规律和普遍适应的特点,就是人才培养必须通过教育的方式实现。因此,法治人才培养首要应符合教育的基本原理和人才培养的一般规律。教育的发展规律"揭示了教育系统变革中连续性与间断性、继承性与革新性的内在统一性,揭示了教育系统进化中的规律性联系和进化动力、发展方向、运动趋势、结果实现及它们之间的相互联系。"① 古希腊思想家亚里士多德曾经指出,"人类的欲望比他的财产更须使它平均;这就必须用法律来订立有效的教育,人欲没有止境,除了教育,别无节制的方法。""少年的教育为立法家最应关心的事业。邦国如果忽视教育,其政制必将毁损。一个城邦应常常教导公民们使能适应本邦的政治体系。同某些目的相符的性格(情操)原来为当初建立政体的动因,亦即为随后维护这个政体的实力。"② 通过从个人和国家两个维度进行分析,亚里士多德得出结论:对于个人而言,教育可以培养良善的习惯、理性与节制的美德,使个人养成一国公民所需的基本素养;对于国家而言,只有通过立法建立统一的教育制度,遵循宪法的意志制定教育施行规程,方能使其国民被教育成符合政体构成原则的公民。换言之,现代国家人才培养也应当从国家教育原理的高度出发,符合国家教育制度和人才培养的一般规律。

首先,人才培养必须符合教育的生活性特点,尊重教育的时间规律与实践规律。教育是广泛存在于人类生活中的社会现象,教育是从事人的智力发展的工作,是有目的地培养社会人的活动。教育有其自身的客观规律,并不为人们的主观意志所转移,教育工作者只有按照教育规律办事,才能做好教育工作。教育规律是教育、社会、人之间和教育内部各因素之间内在的本质的联系和关系,具有客观性、必然性、稳定性、重复性。人才培养并非一蹴而就,需要一个过程,因此人才培养不可急功近利,应尊重教育的时间规律。而且,教育是生活的需要,教育与社会实践密切相关,"教育的真谛不但是使新生一代适应当前的环境,还要养成他们继续不停地适应那向着未来而迅速发展的广大世界和日新月异的民主社会。"③

根据杜威的民主主义教育理念,"一切良好的教育目的"应具备以下几个基本特征:"一个教育目的必须根据受教育者的特定个人的固有活动和需要;一个教育目的必须能转化为受教育者的活动进行合作的方法;教育者必须警惕所谓一般的和终极的目的。"④ 人才培养当然也应注意和尊重教育的实践规律,特别是在学生的思想教育方面,一方面要教导学生正确认识新时代的世情、国情、社

---

① 扈中平:《现代教育学》,高等教育出版社2005年版,第89页。
② [古希腊]亚里士多德著,吴寿彭译:《政治学》,商务印书馆2011年版,第71、412页。
③ [美]约翰·杜威著,王承绪译:《民主主义与教育》,人民教育出版社2001年版,第16页。
④ [美]约翰·杜威著,王承绪译:《民主主义与教育》,人民教育出版社2001年版,第119~121页。

情、党情,加强学生对外部世界认知,同时结合新时代的新情况、新思想、新矛盾、新目标,不断优化思想教育内容和教育方法手段;另一方面要遵循学生成长规律,新时代的青年学生更具可塑性、需求性、差异性、主体性、敏锐性、叛逆性等特点,因此在人才培养过程中应当结合当下学生的特点,遵循学生的成长规律因材施教。

其次,人才培养必须符合教育的外部关系规律,即教育应与国家和社会发展相适应,符合国家法律的规定与社会发展对人才的需求。"现代国家透过在文化领域的活动中使国家孕育了精神文明,提供市民良好教育机会以及创造学术与艺术活动优越条件已成为福利国家之重要内涵。……国家为达到教育文化的目的,亦往往采取保护与扶助而非属干涉和统制的手段,此乃因为精神文化端赖个人之创作力量,思索力与研究精神,始能发达,故宜赋予个人较大学习、研究自由与自主空间。"[①] 教育当然要为国家和社会的文明进步服务和培养人才,这一点为现代国家的宪法所明确规定。因此,中国特色社会主义建设的法治人才也必须符合我国宪法的规定,符合高等教育培养目标和培养规格的一般性要求。如果当人才培养不能很好地适应社会的需要,即不能很好地为国家和社会的经济、政治、文化的发展服务时,这样的人才培养模式应当进行反思和改革。

最后,人才培养必须符合教育的内部规律,尊重人的发展与教育的辩证关系原理,以受教育者为中心,致力于作为受教育主体的人的全面发展与自我实现。教育应培养和加强个人主体的自由;教育应通过培养每个人独立的思考和行动能力;教育应促使每个人能够自由地充分发挥其主观能动性和创造性。早在2000多年前的亚里士多德看来,为优良的政体训练好公民的基本方式和重要途径就是教育,实施公民教育是保全政体长治久安和社会和谐稳定的重要方法,"即使是完善的法制,而且为全体公民所赞同,要是公民们的情操尚未经习俗和教化陶冶而符合政体的基本精神(宗旨)——要是城邦订立了平民法制,而公民却缺乏平民情绪,或城邦订立了寡头法制而公民却缺乏寡头情绪——这终究是不行的。"[②]而且,训练公民使之成为城邦良好运转的积极主体,也需要教育,"人要运用每一种机能或每一种技术,必须先行训练并经过相当的复习,使各各为之适应。那么,他们在作为一个城邦的分子以前,也必须先行训练和适应而后才能从事公民所应实践的善业。"[③] 在我国,"由于强调知识内容的通贯性与整合性,所以传统中国的教育展现出诸多特质,其中较为重要现象有二:一是知识内容与生活整合

[①] 董保成:《德国教育行政"法律保留"之探讨》,引自翁岳生教授六秩诞辰祝寿论文集编辑委员会编:《当代公法理论——翁岳生教授六秩诞辰祝寿论文集》,台北月旦出版有限公司2003年版,第519页。
[②] [古希腊]亚里士多德著,吴寿彭译:《政治学》,商务印书馆2011年版,第280~281页。
[③] [古希腊]亚里士多德著,吴寿彭译:《政治学》,商务印书馆2011年版,第412页。

为一体；二是知识的传授以服务社会国家为目的。"① 进入现代社会后，教育的基本目的是培养合格公民，使其具有独立思考能力、理性批判能力与自由创新精神，并能及时、有效回应和解决国家和社会发展变迁中的各种问题。对于法学教育而言，法治人才培养的基本目标也是，为国家的法治建设事业培养适格的、具有独立思考能力的公民，并能够参与法治国家建设和社会发展，积极为公众福祉和民众权益提供法律服务的法律职业共同体。

（二）基本原则

所谓人才培养的基本原则，是指人们在总结人才培养实践的基础上，根据一定的人才培养目的和对人才培养规律的认识，而制定的贯穿于整个人才培养过程、指导人才培养的根本精神和基本准则。人类历史发展的教育实践表明，人才培养的基本原则主要受到以下几方面的影响和制约：一是人才培养的基本原则要受到人才培养目的的制约。任何人才培养原则或人才培养原则体系的提出，必须服从于一定的人才培养目的，为实现教育目的服务。二是人才培养的基本原则要正确反映人才培养的客观规律。人才培养的基本原则是人才培养规律的反映，规律决定人才培养原则。三是人才培养基本原则也是人才培养实践经验的概括和总结。人才培养实践经验越丰富，对人才培养规律的认识也就会越全面，从而也就更有助于制定科学的人才培养原则。具体说来，人才培养的基本原则包括以下内容：

第一，人道主义原则。法学教育和法治人才培养中的人道主义原则是指，教师应当基于人的本性和人的尊严，在教育过程中始终将学生作为主体而不是客体，充分发挥学生在教育过程中的主动性和积极性。为此，在人才培养的过程中，教师应爱护学生的生命、学生的幸福，尊重学生的人格、尊严的权利，使教育过程和教育目的充满仁爱和人道精神。人道主义原则要求教师满足学生作为人的正常而合理的需要；在教学过程中应尊重学生的人格尊严和基本权利；创造旨在培养人性的富有自主性和创造性的学校生活；有意识地培育学生的人道主义意识和精神；向学生提出严格而合理的要求。

第二，个性原则。人才培养的个性原则，主要指教育过程中应尊重学生的差异性、独立性和自主性，并有意识地培育每个学生的独立的个性。共性寓于个性之中，个性又受共性的制约。创新人才培养机制的关键是塑造学生的创造个性，表现在具体的教学活动中，就是尊重学生的主体性，做到因材施教。正因为教育的目的是帮助学生认识自己、发展自己和成为最好的自己，既然每个学生都是富

---

① 黄俊杰：《大学通识教育的理念与实践》，中山大学出版社2001年版，第58页。

于个性的存在，尊重学生的个性归根到底就是尊重每个学生的差异性和自主性。为此，学校要以学生为本，尊重个性，让学生充分认识自我价值，树立自信。尊重个性既是创造教育的基本追求，也是培养创造性人才的需要。结合我国人才个性化培养的实践和探索，实行个性化的人才培养模式应结合行业发展趋势和专业特点实行类型化培养，力争让每一个学生都能够选择自己合适的专业，培养起学生独立的兴趣爱好，为学生今后的自由全面发展提供充足的教育资源和保障机制。

第三，创造性原则。人才培养的创造性原则，主要指教育者在充分尊重受教育者主体性和个性的基础上，将培养受教育者的创造性放在极其重要的位置。为此，在教育过程中要充分尊重学生的主体地位和学习的积极性和主动性，爱护学生的好奇心，鼓励学生对于问题的不同层面、不同维度的发现和研究，肯定学生的探索和尝试；培养学生的自信心；鼓励多样性和个性的表达。教育过程应以学生为中心，把教师的主导和学生的主体地位结合起来；提倡因材施教，根据学生的不同特点设置不同的教育方式。

第四，民主性原则。人才培养的民主性原则是指，受教育者权利平等、机会均等，在受教育的过程中应受到同样的对待。教师的主导和学生的主体地位应结合起来，并提倡启发式教育。具体说来，一是受教育者教育权利平等、机会均等。每个社会成员都享有平等的受教育的权利和机会。二是教育管理民主化。这是人才培养教育管理活动必须遵循的基本主导性原则之一，民主原则应当贯穿学校教育管理活动的始终。三是教学过程的民主化。在教师的教学过程中，应当将教学资源平等地为每个受教育者所享有，每个学生的学习权利和资源获得的权利应当是平等的。值得注意的是，人才培养民主原则所追求的平等，与任何其他人类活动所遵循的平等原则一样，是"相对平等"而非"绝对的平等"。正因为个体差异不可避免，因此在教学过程中应最大限度地保持平等原则，实现每个独立个体的自由全面发展。

二、法治人才培养的基本规律

《高等法学教育贯彻十八届四中全会精神的教学指导意见》指出，高等法学教育要坚持遵循规律、有机融入。要遵循教育教学规律和法治人才培养规律，把中共十八届四中全会审议通过的《决定》精神特别是《决定》提出的新思想、新观点、新论断、新要求进行科学有机的学理转化，调整教学大纲，更新教学内容，完善知识体系；根据教学内容，改革教学方法，调动学生学习的积极性、主动性，提高课堂教学水平和法治人才培养质量。实践证明，法治人才并非自然而然长成的，需要各培养单位按照一定的目的有计划、有步骤地进行教育和训练。由于法治人才和其他人才相比，是活动于特定"法治"领域，从事立法、执法、司法、法治实践服务、法学教育研究等领域的专门人才，具有特定的专业技能要求和职业伦理标准。因此，法学教育要遵循法律职业人才特殊的职业素养、职业能力、职业操守要求，按照中国特色社会主义法治建设队伍正规化、专门化、专业化、规范化标准，分层次、分类别进行法治人才培养。

（一）尊重国家社会发展的时代规律

既然法治人才培养与中国特色社会主义法治国家建设及全面依法治国战略目标的实现紧密相关，那么，法治人才培养首要应尊重国家和社会发展的时代规律。在法治已经成为治国理政基本方略的当下，法治人才培养是国家长治久安的内在动力，是壮大创新型人才队伍的资源保障，承担着中华民族伟大复兴的时代使命与历史责任。如何适应中国特色社会主义法治事业的发展趋势，培养出一大批始终能够忠于党，能够坚定不移地坚持中国特色社会主义法治道路，坚持把我国的根本政治制度、基本政治制度同基本经济制度以及各方面体制机制结合起来，坚持把党的领导、人民当家作主、依法治国结合起来的法治人才队伍，是当前面临的一个重大挑战。要加强法治人才队伍建设，要把培养合格的法治人才放在首位，把法治人才资源转化为社会资源的生产力，学校要完善法学理论体系、学科体系、课程体系等，建立符合法治人才队伍特点的管理制度，为实现全面依法治国战略目标打造一支高素质的创新型法治人才队伍。

高校作为法治人才培养的第一阵地，要充分利用学科齐全、人才密集的优势，加强法治及其相关领域基础性问题的研究，对复杂现实进行深入分析、做出科学总结，提炼规律性认识，为完善中国特色社会主义法治体系、建设社会主义法治国家提供理论支撑。在法治人才培养工作中，要时刻牢记法治人才培养工作中的中国立场和中国意识，推动中国特色法学学科体系的构建，推动中国特色法学教材体系的完善。在明确时代发展中国家和社会面临的新形势、新问题的基础上，继承我国法治人才培养工作的既有成绩和先进经验，与时俱进地回应中国特色社会主义法治建设中的中国问题，将我国的法治人才培养办出中国特色、中国风格和中国气派，并能够切实回应法治国家建设对法治人才的需求。

（二）尊重法治人才培养的德育规律

法治人才培养应特别强调法治人才道德品质的养成规律，尊重法学教育的德育规律。法学教育和任何教育一样，首要注重的是人的品德的培养，对社会和国家的责任感、使命感和紧迫感,树立正确的人生观、世界观和价值观,是法科学生的首要素质。新时代法治人才除了上述品德外,鉴于其专业性质与国家法律制度、法治实践联系密切,还必须具有忠于国家和人民、维护法律的权威和尊严、追求正义、维护公正的品德,这是合格法治人才必须具备的基本素质。而且,与其他一般性人才相比,法治人才崇高的思想政治理念和道德品质素养至为关键。由于法治作为治国理政的重要战略意义,法科学生唯有较之一般社会成员更强的正义感、法治意识、法治观念和法治信仰,才不会仅仅把法律知识作为职业工具,而是作为事业奋斗的价值旨趣和崇高志向。这就有赖于法学教育中的德育之重视和普及。法学教育应当帮助学生明辨是非、认清事物的本质,积极向上、胸怀宽广。在法学教育的过程中,要时刻提醒法治人才成为尊法学法守法用法的模范,应积极参与法治实践,以实际行动带动全社会崇德向善,尊法守法,从而培养起整个社会的良好法治文化氛围。

为此,法学教育应坚持立德树人,注重培养学生的思想道德素养和法律职业伦理。高等学校应通过课程体系的设置、实践教学体系、参与社会法律公益活动等方式,不断提高法治人才思想道德素养和法治精神,培养法治人才的法治思维和规则意识,将思想道德建设和法律职业伦理的养成贯彻到法治人才的整个培养过程之中。通过加强法治人才思想政治教育、理想信念教育、职业伦理教育和法治信仰教育,深入开展社会主义核心价值观和社会主义法治理念教育,坚持党的领导、人民当家作主、依法治国的有机统一,建设兼具知识、能力与素养的法治工作队伍服务。法科学生要树立与中国特色社会主义时代主题高度一致的理想信念,胸怀祖国和人民,勇于担当时代赋予的历史责任,努力成长为担负中国特色社会主义法治国家建设职责的中流砥柱。

(三) 尊重法治工作队伍的形成规律

法治人才培养应遵循法治工作队伍形成的行业规律,培养法治人才的职业伦理与社会责任。在当前全面依法治国新时代,法学教育应适应社会多元行业发展的需要,面向全社会培养大批既具有全面系统的法律专业知识,又具有本行业专业知识能力的复合型、应用型、创新型法治人才,满足各级执法部门和管理部门在实施依法治国基本方略中对各级各类执法人员、管理人员提出的必须具备法律素质的职业要求,开展专门培训。为此,法治人才培养应加强法律职业伦理教育,培养法治人才队伍对法律的拥护、忠诚和真诚信仰。在人才培养方案的具体设置中,应将中国特色社会主义法治理论的学习和掌握放在首位,将法律职业伦理教学贯彻到教学过程的各个环节之中。在法律职业准入方面,要明确法律职业伦理的要求,明确将法律职业伦理的考核作为法律职业的准入门槛。

尊重法治工作队伍的形成规律，在法学教育的过程中就应强调法律职业的特殊性特别是法律职业伦理的重要性。法律工作者即法律从业人员，是指具有共同的思想政治素质、法律职业能力、法律职业伦理和法律从业资格要求，专门从事立法、执法、司法、法律服务和法律教育研究等工作的职业群体的总称。对于国家而言，尊重法治人才培养的行业发展规律，就要高度重视法治人才的职业发展，统筹职前教育和职后教育，推进从业人员在职进修培训、攻读学历学位的学习成果累计、认可、转换等制度的规范化，构建起符合我国国情的法治人才的教育体系。特别要重视和大力加强少数民族地区双语法治人才培养，加大少数民族法治人才培养力度，加强广大基层地区的法治人才培养，着力解决好法学教育发展与法治人才培养地区不平衡问题，不断促进各地区的法学教育资源的平衡配置与法治人才培养的均衡发展。

（四）尊重法学教育的教学过程规律

法治人才培养应注重法学教育的独特规律，将法学知识教学与法治实践教学结合起来。法治人才不仅应当具备良好的专业知识素养，而且应当拥有娴熟的法治实践技能，这就需要在法学教育过程中处理好知识教学和实践教学的关系，让学生具有扎实的理论知识和较强的法治实践能力。法学专业知识的学习是法治人才培养的基本途径。目前，法治人才培养中存在的一个较大问题是，知识教学与实践教学的疏离与脱节。法学理论是法学的根基所在，没有深厚的法学理论基础，就没有法治人才良好的法治能力。因此，新时期的法治人才应该通过加强法学专业基础的学习，尤其是通过法学核心课程的学习，牢牢掌握法学的基本原理、基础知识和专业体系，夯实理论基础。为此，必须优化法治人才培养师资队伍，建设一支高素质的法治人才培养专家和教师队伍。中共十八届四中全会审议通过的《决定》指出，"健全政法部门和法学院校、法学研究机构人员双向交流机制，实施高校和法治工作部门人员互聘计划，重点打造一支政治立场坚定、理论功底深厚、熟悉中国国情的高水平法学家和专家团队，建设高素质学术带头人、骨干教师、专兼职教师队伍"。法学师资队伍是法治人才培养的宝贵资源。习近平总书记多次强调，教师是人类灵魂的工程师，承担着神圣使命。传道者自己首先要明道、信道。高校教师要坚持教育者先受教育，努力成为先进思想文化的传播者、党执政的坚定支持者，更好担起学生健康成长指导者和引路人的责任。要加强师德师风建设，坚持教书和育人相统一，坚持言传和身教相统一，坚持潜心问道和关注社会相统一，坚持学术自由和学术规范相统一，引导广大教师以德立身、以德立学、以德施教。

同时，法学是应用性学科，具有非常鲜明的实践性特点。但长期以来，传统法学教育相对而言更重视知识教学，对解决生活中法治问题的能力培养不太重视。法治人才的法治实践能力包括综合分析能力、解决具体问题的能力、沟通合作能力、书面表达能力、口头表达能力等，其中最基本和最核心的是运用法学理论与法律知识分析和处理实际问题的能力。为培养学生的法治实践技能，必须充分发挥法治人才培养共同体的作用，落实法治实务部门在法治人才培养中的具体职责。通过充分发挥各法治实践部门在协同育人中的作用，不断提升学生的法治实践技能，加强各高等学校法学院系与法治工作部门之间紧密合作和联合培养，有助于提升法科学生的法治实践能力，推动法学知识教学与法治实践教学的有机衔接，从而不断提高法治人才的基本素养和培养质量。

（五）尊重法治人才的成长发展规律

法治人才培养应尊重人才培养的基本规律，在人才培养过程中将法学与其他学科交叉融合起来，培养起学生的综合素养、家国情怀和社会关怀。随着科学技术的飞速发展和知识经济时代的到来，各行业的依法治理要求法治人才具有良好的知识基础和专业技能、行业专门知识和技能、批判思维能力和规则意识，这些都需要法治人才具备良好的综合素质，具体包括良好的政治思想素质、扎实的业务素质、全面的文化素质和健康的身体心理素质。为担负起建设中国特色社会主义法治国家的重任，法治人才不仅要具有扎实的法学专业知识基础，还应掌握法学学科以外的其他相关学科知识，才能更好地适应社会多元发展的需要。而且，法学本身发展的历史也表明，法学与其他学科如政治学、经济学、历史性、哲学、社会学、管理学、自然科学等都有千丝万缕的内在联系。因此，有意识地选择学习一些其他学科的知识与交叉课程，是当今时代对复合型人才的客观要求。此外，外语、计算机原理与运用技能等也是必不可少的基本素养。总而言之，面对当前经济社会变革带来的挑战，法治人才培养应紧扣全球与中国法治重大前沿问题，以跨学科创新团队建设等为基础，系统开展前沿科技与法律的交叉研究，发展新兴交叉学科建设，从而在未来的国家与社会发展中更好地发挥法治人才的重要作用，推动中国法学教育不断向前发展。

第二节 德法兼修多元法治人才培养的理念、目标与路径

一、理念：立德树人、德法兼修

（一）"立德树人"及其重要价值

任何一个概念都可以从狭义和广义来理解，我们理解"立德树人"中的"德"时，应当从广义的层面来理解其含义，即通过法学教育将社会主义核心价值观等要求贯穿于受教育者从事法律职业的始终。法学教育中的"立德树人"之"德"，既有一般意义上德育的含义，又有自身特别强调的内容。因为，法学教育中的德育一方面必须教会法治人才如何为"人"；另一方面必须教会法治人才如何成长为"有德之才"。也就是说，法治人才在一般人之中，应当如何持己，又如何待人？他们究竟处于什么样的地位，扮演什么样的角色，有什么样的责任？他们的行为应该遵循一些什么道德准则？对社会民众又能有怎样的贡献？由此可见，法学教育中的"立德树人"之"德"不仅包括一般意义上的道德教育，如尊老爱幼、诚实信用等道德教育的基本内容，而且包括法律职业道德中所特有的道德要求，如崇尚正义、维护公平、信仰法律、司法公正等内容，这是法学教育中"立德树人"之"德"所特有的内涵。之所以需要特别强调"立德树人"作为中国特色社会主义多元法治人才的培养理念，是因为法学教育中的德育在法治人才培养过程中占据着极其重要的地位：

第一，法学教育中的德育是整个法学教育体系的心理支撑。将法学教育中的道德教育作为整个法学教育体系内在的心理支撑，这是由法学教育中的道德教育与法学教育之间共同的价值理念与旨趣追求所决定的。一方面，道德教育和法学教育都是以人为本的教育。毫无疑问，道德教育和法学教育都是基于"人"的教育，二者都以"人的尊严和价值"的实现为目标。因此，培养法治人才崇尚正义、追求真理、宪法至上、法律权威等基本理念和法律职业道德是法学教育中的德育的重要内容。所有这些，均是在法学教育中的道德教育的支撑下进行的。由是观之，法学教育中的道德教育是法学教育得以继续的基础性工作，是法学教育顺利进行的前提。另一方面，加强法学教育中的德育有助于实现法学教育的

"德"之培养目标。法学教育中的道德教育能够更好地实现法治人才特殊的职业伦理的培养。法学教育本身就包含着思想道德教育,思想道德教育和职业伦理本身就是法学教育的重要组成部分。法律职业区别于其他职业的显著特征就是法律工作者应当具备比其他职业的工作人员更高层次的思想道德素养和职业伦理,法学教育的整个过程都应当贯穿思想道德教育。法学教育家孙晓楼先生曾经指出:"法律学的理论大多认为法律是道德的一部分,而道德为法律的全部分;法律所跨及的领域,是在道德范围之内,而道德所跨及的领域,确非法律所能穷其末。……法律和道德既是相关的,当然我们不可不看着道德来研究伦理学这一课,况且高尚的道德,是法律人才的一个要件;有了法律学问,而没有法律道德,那是不合乎法律的本质上的意义,也不合乎法律教育的目的。"[①] 这就鲜明地指出了德育在法学教育和法治人才培养过程中的战略性价值和基础性地位。

第二,法学教育中的德育是法学教育内容的基本组成部分。域外法治人才的培养实践同样表明,法学教育中的德育与高素质法治人才的培养存在密切关系。法学教育中的道德教育对于作为系统工程的法学教育而言,其本身就是法学教育和法律职业的一个基本的构成要素。虽然西方发达国家将法学教育中的道德教育称之为道德,归之为道德范畴,但实际上法学教育中的德育规范却是由极为严格、非常详尽而具体的法律职业法规构成。而且,即便这些规则主要不是由国家的强制力保证实施,由职业团体强制实行的,但实际上是具有法律效力的。而且,这些法律职业道德规范也并非仅仅是对专门从事法律职业的限制,同时也是对所有涉及法律工作相关职业的一种建设性支持,使得法律工作者懂得他们可以如何规范执业和从事职业行为,从而保护他们的利益。这些法律职业道德规范不仅保护法律工作者的利益,在一定程度上也可以促进司法公正和社会公平的实现,而且促进了法律职业行为的规范化,因而是培育法治人才,乃至形成法律职业共同体,维护法律工作者的利益所不可缺少的。

道德教育应当是教育体系的基本组成部分,毫无疑问也应成为法学教育中不可或缺的组成部分。但在我国的法学教育实践中,由于各种原因,法律职业伦理教育在教学过程中不太受到关注。法律道德的培育往往依赖于一般教育过程中的政治和道德教育。其实,道德教育应当是法学教育内容的基本组成部分。一般而言,法学教育包括法律知识和法律技能两个方面的教育,而法律道德教育并不是与法学课程截然相分立的课程,而恰恰是融入其中的。如民法中的代理、合同以及侵权的相关内容,诚实信用原则、公平交易、等价有偿原则等就都牵涉道德的因素,是道德在法律职业中的延伸。因此,通过法学教育中道德教育的学习,也

---

① 孙晓楼:《法律教育》,中国政法大学出版社1997年版,第25页。

是对民法的强化；同时法学教育中的道德教育，也可以对其他的职业道德规则，起到一定的示范作用。故而，法学教育中的德育应当是法学教育的基本组成部分，在法学教育过程中应特别重视。特别是面对当前道德失范、伦理失调的各种社会现实问题，如何发挥不同行业法治人才和法律职业共同体的道德引领作用和价值示范作用，是当前法学教育应当关注的重要内容。

　　第三，法学教育中的德育铸造法律职业共同体的精神纽带。法学教育中的德育在法治社会实践中可以维系全体法治人才的职业道德情感，成为法治国家法律职业共同体的精神纽带。"法律是一个非常庞大、复杂并且不断变化的职业，它要求它的学生不但要具有专业知识、专业技巧和技能，还必须要拥有共同的价值观并承担应有的责任，以此来证明这一职业持续地享有参与法律事务的唯一权利的正确性"[1]。通过在法学教育中实施德育，有助于培育法律人的法律职业素养，从而构筑起中国特色社会主义法治国家法律职业共同体的情感基础和价值共识。法律职业素养的要求是职业语言、法律知识、法律原理、职业思维、职业技术和职业道德六种素养，因而，法学教育的内容应当体现这六个方面。[2] 由于法律职业共同体必须经过专门的法律职业训练，是具有统一的法律知识背景、定式思维方式、规范法律语言的知识共同体和行为共同体；其成员间通过长期对法治事业的参与和投入，达成了职业伦理共识，是精神上高度统一、致力于维护公平正义的行为共同体与信仰共同体。"如果法律仍旧是一项职业的话，必须采取一些手段向学生灌输责任和义务的意识，这是一种职业的精髓。"（Sidney P. Simpson，1936）法律职业共同体的法律职业伦理对于全社会法治意识和法治观念的普遍形成具有重要的示范意义，以法学教育中德育铸造法律共同体的精神纽带为契机，能够促进中国特色社会主义法治国家的道德建设。在全面推进依法治国的同时，切实加强社会主义道德建设，加强法律职业共同体的道德建设，这就有赖于加大法学教育中的德育力度。因此，重视法律职业共同体的职业道德伦理建设，并将此作为凝聚法律职业共同体精神内核的连接点，有助于弘扬民族精神和时代精神，从而全面推进法治国家的建设和中国特色社会主义伟大事业的建成，最终形成全社会普遍的法治观念和公民意识，助力法治中国建设。

　　第四，法学教育中的德育推动法治国家建设进程。法学教育应该与中国特色社会主义法治人才培养相对应，对法学教育的时代使命的理解应当与新时代法治人才的培养目标相对接，法学教育改革中至关重要的一项内容就是加强法学教育中的道德教育，也就是通常所说的法律职业道德的教育。因此，加强法学教育中

---

[1] 杨欣欣：《法学教育与诊所式教学方法》，法律出版社2002年版，第67页。
[2] 孙笑侠：《法学教育的制度困境与突破》，载于《法学》2012年第9期，第108~116页。

的德育,既是新时代法学教育迎接新挑战的应有之义,也是形成法治观念共同体、法治实践共同体,推动社会主义国家法治实践的重要力量,"徒法不能自行,必须依靠具有渊博的法学知识和高洁的职业道德的人去实施。"[①] 由此可见,具有高尚道德品行、深厚法学基础知识、娴熟法律技能和忠诚法律信仰的法律职业者对于法治国家建设的重要意义。

之所以说法学教育中的德育是推动社会主义法治实践的重要力量,是因为:一是法学教育中的德育为法治实践提供了道德评价。二是法学教育中的德育有助于法治人才认知法治社会的道德准则。一旦因为违反法律职业道德准则,被认为丧失了职业道德性,就很难再具有法律职业的从业资格。三是法学教育中的德育有助于法律工作者更好地扮演其在法治实践中的角色,承担起法治建设共同体的各项职责。法学教育中的德育为法律工作者在从事法律工作和参与法治实践时提供了分析社会问题的价值工具,这是社会制度的价值根基和道德判断的基本标尺。法学教育中的德育在提供了道德根据的理由的基础上,有力推动了法治实践的前行。四是法学教育中的德育为法律工作者提供了在法治实践中解决道德冲突的道德理论。要解决法治实践中的道德冲突,有赖于通过法学教育中的德育为法律工作者在法治实践中提供道德评价、道德准则、道德理论及解决道德冲突的方式等,从而解决法治社会实践中的各种问题和矛盾纠纷。

(二) 德育的一般内容与特定内涵

德育内容是指按照德育目标要求确立的,用于教育受教育者的一定的道德规范和政治、思想观点及其思想的总称。对德育的基本内容,一般认为,作为一种综合性的道德文化,道德品质建设在法学教育中应当予以继承、发扬和创新,因此,法学教育中的德育包括作为一般内容的道德教育和作为特殊教育的法律职业道德教育。

1. 一般内容

法学教育中德育的一般内容,理所当然包括道德教育的基本内容,即公民道德教育、思想品格教育和思想政治教育。第一,道德教育是对学生进行个人品德、家庭美德、社会公德、环境道德等基本道德原则和道德规范的教育,培养起学生具有正确的、高尚的、坚强的道德意志、情感和良好的道德行为习惯。其中,个人品德包括对基本社会道德规范和传统美德理念的理解认识和行为遵循;家庭美德教育倡导尊老爱幼、男女平等、夫妻和睦、勤俭持家、邻里团结,鼓励

---

① 张伟仁:《清代的法学教育》,引自贺卫方编:《中国法律教育之路》,中国政法大学出版社1997年版,第246~247页。

法律人成为一个好的家庭成员；社会公德教育帮助法律人在社会交往和公共生活中维护公众利益和公共秩序，不断加强个人道德修养和举止文明素养。环境道德是全人类的社会公德，要求法律人通过了解和认识环境，掌握相关环境知识，学会保护环境的技能，恪守保护环境的规范、准则，是人类命运共同体所必须遵守的共同准则和最高公德，体现了人类的人道主义思想。第二，思想教育是对学生进行辩证唯物主义的世界观和方法论的教育。思想教育包含了为人民服务的人生观教育、集体主义的价值观教育，要求学生坚持实践第一的观点，敢于坚持真理，改正错误，养成正确的世界观和方法论，从而能够正确处理个人与集体、个人与国家的关系；正确对待社会上的各种消极现象，提高辨别善恶的能力。第三，政治教育是对学生进行爱国主义教育、社会主义教育和国家教育的方针政策，使学生对中国特色社会主义法治国家建设具有历史使命感和责任感。第四，爱国主义教育，即热爱祖国、忠于祖国的思想、行为和情感。在我国现阶段爱国主义教育的主要内容是教育学生了解祖国、热爱祖国，维护世界和平。第五，社会主义教育，即政治方向教育。我国选择社会主义道路是历史的选择，是中国历史发展规律的体现，对于我国目前在实行社会主义制度中所产生的问题和弊病，必须通过深化改革去克服，使学生养成对中国特色社会主义法治理论和法治道路的自觉和自信。第六，党的方针、路线、政策和形势教育。主要包括党的基本路线与重大方针政策教育；国内外形势、时事政治与政策教育；政治、经济改革的理论与实践的教育。由此可见，法学教育中的德育内容是一个有机的系统工程，每个部分和环节都存在密切的逻辑关联，每个部分的教育都不可或缺。

2. 特定内涵

法学教育中德育的特定内涵，是指法学教育为培育法律职业者所必须进行的道德伦理教育。众所周知，整个法律职业共同体有着共同的法律理性，有着共同的法律信仰、法律理想和对法律职业的崇尚。这种崇尚表现为内在的对法律的科学认知、理解和对正义的遵循，并外在的表现为特定的职业道德要求，表现为科学精神与职业伦理的统一。"法律是善良公正的艺术"，整个法律职业共同体便是善良公正艺术的实施者和践行者。具体说来，法律人必须具备高尚的思想道德品格和良好的法律伦理道德，主要包括法治信仰和法律职业道德两大方面。

第一，法治信仰。法治信仰是一国公民对国家法治的认可、接受、尊敬与拥护，并指导自我行为的最高准则。法治国家的标志之一是法律至上和法律权威，全社会普遍遵守法律并将之作为彼此行动的最高准则。守法精神要求的是主体不仅遵守法律，更重要的是把守法内化为道义上的一种责任和义务，从而在日常生活中能够以法律规则为行为模式的价值指引。"理想、对美好事物的信任、充实生活的乐趣、希望、温柔、慈爱、自我克制以及一切'好'的东西仍然是驱使人在内心做到公正守法的最有力、最本能的感情因素。"① 法治信仰，就是这样一种精神力量，也是法律人理所当然首要具备的品质。康德对道德的尊崇令人敬叹，"有两样东西，我们愈经常持久地加以思索，它们就愈使心灵充满日新月异的景仰和敬畏：在我头上的星空和在我心中的道德律。"比照康德对待道德的坚持不渝，法律人应养成法治信仰，这是法治国家建设的精神根基，法治国家的标准是，"已经成立的法律获得普遍的服从"和"大家所服从的法律又应该本身是制定得良好的法律"。② 由此可见，法治信仰的普遍形成是法治的关键，法律必须被普遍地服从。而这种服从，在现代社会，不再应当主要借助于国家强制力通过外在的制约和强迫使社会公众被动地服从，因为"一个只靠武力使人们服从其法律的政府，必然会迅速毁灭"③；而只能是自觉自愿地遵从，对法治发自内心的真诚地尊重和信仰，法律学人尤应如此。

　　法治信仰对于法治人才的法治人格形成而言，具有十分重要的意义。法学教育需要培养具有高尚道德和对法律尊重忠诚的法治人才，法治信仰是法治人才法治人格形成的关键。不仅如此，法治人才的法治信仰对于法律的实施和法治的实现均有着深刻的影响。"没有信仰的法律将退化为僵死的教条""而没有法律的信仰……将蜕变成为狂信"。因此，"法律必须被信仰，否则它将形同虚设"，"它将是死法"。"所有法律制度都不仅要求我们在理智上承认——社会所倡导的合法美德，而且要求我们以我们的全部生命献身于它们。所以，正是由于宗教激情，信仰的飞跃，我们才能使法律的理想与原则具有普遍性。"实际上，"在任何一个社会，法律本身都促成对其自身神圣性的信念。它以各种方式要求人们的服从，不但诉诸他们物质的、客观的、有限的和合理的利益，而且还向他们对超越社会功利的真理、正义的信仰呼吁，也就是说，以一种不同于流行的现世主义和工具主义理论的方式确立法的神圣性。""法律不应只图方便；它应当致力于培养所有有关人员——当事人，旁观者和公众——的法律情感。"④ 对于法治国家建设而言，最重要的法治信仰就是全体公民对法治的虔诚信仰，"一切法律之中最重要的法律既不是铭刻在大理石上，也不是铭刻在铜表上，而是铭刻在公民的内心里，它形成了国家真正的宪法，它每天都在获得新的力量，当其他法律衰老或消亡的时候，它可以保持一个民族的精神。"⑤ 从法律人养成法治信仰开始，带动全体社会公民都能够养成法治信仰，就能够为法治国家建设奠定法治的精神底

---

① ［美］约翰·麦·赞恩著，刘昕、胡凝译：《法律的故事》，江苏人民出版社1998年版，第411页。
② ［古希腊］亚里士多德著，吴寿彭译：《政治学》，商务印书馆1997年版，第199页。
③ ［法］托克维尔著，董果良译：《论美国的民主》（上），商务印书馆1991年版，第156页。
④ ［美］哈罗德·J. 伯尔曼著，梁治平译：《法律与宗教》，生活·读书·新知三联书店1991年版，第28、44、47、54、59页。
⑤ ［法］卢梭著，何兆武译：《社会契约论》，商务印书馆1981年版，第73页。

蕴,法治共同体的法律情感和法治忠诚随之形成,这就是法治国家建设的精神动力源泉。

第二,法律职业道德。法律职业道德即法律职业伦理,是法律职业者为社会提供法律服务的职业精神的集中体现,也是法律职业实现自我管理和拥有良好社会地位的前提条件。法律职业道德教育作为法学教育的基本组成内容,应当告诉法科学生在今后从事法律职业的过程中如何以事实为依据,以法律为准绳判断是非善恶,"从事法律职务的人批判和处决事情的机会更多,虽有法律可以依据,若是缺乏相当程度之剖辨能力,就不能为适当处置。"[①] 再者,法律职业道德彰显了法律职业的高尚的伦理精神。法律人从事法律职业必须具备职业道德伦理,这种职业道德伦理和法律职业精神的核心,就是为实现公平正义提供优质高效的法律服务。"律师,人民的天然而正当的领袖……他们应率先阻止堕落并维护美德。他们应凭其娴熟的技艺和公正的智慧,机敏地辨识社会公害,并迅速而果敢地抵制之。而当成为人民的法律顾问和法庭上的辩护人,他们应采取这样的行动准则,即无论站在何方立场,其唯一目的即要为当事人和法庭提供尽其所能之帮助,以求达于公正而确当的判决。"[②] 此外,法律职业道德还是法律职业共同体的自治途径,从而能够保证法律职业工作者良好的社会地位。通过沟通遵守的法律职业道德,法律职业共同体有了共同的行为基准,这些道德规范不仅有利于共同体成员彼此监督实现自治,而且是作为整体的法律人的外在道德形象的体现及社会评判标准,也能够在整个社会中起到典型示范作用,推动社会公德的形成。

有学者认为,"法律职业道德内容至少包括五个方面:第一方面是教授关于条例、规章、司法决定以及道德委员会的意见等法律原则,这些原则在代表当事人的利益、利益的冲突、信息的保密以及管理当事人财产等方面规制着律师的执业。第二方面包括对律师实务和相关的管理机构的考察,这些机构一方面负责处理律师具体的法律义务,另一方面负责界定律师的角色道德。第三方面是关于律师的角色和律师的个人意识间的关系,以及律师的道德角色给律师个人带来的进退两难的局面。第四方面是当法律处于不清晰的、开放的状态或争议中的时候,相对于当事人而言,律师所拥有的,有时候非常重要的'道德上的判断力',此外还包括在上述的情况下,律师如何根据当事人的请求在业务或个人的目标、方法以及法律等方面做出建议。职业道德训练的第五方面则涉及作为一个整体的法律体系建立基准的问题,包括了法律系统的规则、它的对抗性运作和它在为社会

[①] 燕树棠:《法律教育之目的》,引自孙晓楼:《法律教育》,中国政法大学出版社1997年版,第154页。

[②] [美]康雅信著,王健译:《培养中国的近代法律家:东吴大学法学院》,引自贺卫方编:《中国法律教育之路》,中国政法大学出版社1997年版,第268页。

各个阶层提供有效率的服务方面的效能和无能。"[1] 从一定程度上来说，正是法律职业道德的内在约束力，使法律人在从事法律职业时能够时刻坚守对于自身的伦理道德标准，代表了法律职业共同体的整体道德水平，也是法律人能够拥有更好社会地位和群众认可度的重要原因。

（三）"德法兼修"及其基本要求

按照教育部《普通高等学校法学类本科专业教学质量国家标准》，法学专业人才培养要坚持立德树人、德法兼修，适应建设中国特色社会主义法治体系，建设社会主义法治国家的实际需要。由此可见，德法兼修是中国特色社会主义新时代对法治人才的基本要求。法学教育当然要教授法律知识、法律技能及养成法治思维，但如果法治人才仅仅关注法律知识的传授而忽视道德的培育，将会非常危险，可能会给社会带来极坏的影响并摧毁了公序良俗和社会道德。习总书记指出"德法兼修"，就是在告诫法律人，练技别忘修身、立身先要立德，培育德行和教授专业知识要同步进行。[2] 根据学者们的研究，法学专业教育应该提供知识传授、专业技能训练和思维技能的培育，具体包括："对实体法的足够知识；认定法律问题和就法律问题构建有效和中肯切题的论证的能力；明智地运用一切资料进行研究的能力；理解任何法律的基础政策以及社会环境的能力；分析和阐明抽象概念的能力；识别简单的逻辑上和统计上的错误的能力；书写和讲述清楚简明的汉语的能力；积极学习的能力；认定和核实任何与法律问题相关的事实的能力；分析事实和就被争议的事实构建或批评某论证的能力；对法律实务和程序的足够知识；高效适用法律分析问题、解决问题的能力。"[3] 对于法学教育而言，法科学生经过专业的理论学习和法律职业训练后，应当既具有良好的法律职业道德和素养，又能够以自身的法律学识和职业技能为社会提供优质的法律服务。通过接受系统的法学教育，法学院的学生应当具备以下基础技能："理性思考问题及问题解决的能力、法律分析和推理、法律研究、事实调查、沟通交流、专业咨询、协商谈判、诉讼及其他纠纷解决程序、法律工作的组织管理、伦理道德的辨认及困境解决能力。"[4] 根据新时代中国特色社会主义法治国家建设的要求及法律职业的特点，可以把中国特色社会主义法治人才的专业技能和基本素质的培养要求概

---

[1] 杨欣欣：《法学教育与诊所式教学方法》，法律出版社 2002 年版，第 51 页。
[2] 付子堂：《探索政法高校法治人才培养新机制》，载于《中国高校社会科学》2017 年第 4 期，第 2~16 页。
[3] 何美欢：《理想的专业法学教育》，载于《清华法学》2006 年第 3 期，第 110~140 页。
[4] American Bar Association. Legal Education and Professional Development – An Educational Continuum. ABA Press: Washington, D. C., 1992: 138 – 140.

括为以下几个方面。

1. 扎实的理论基础

实践的最佳指导是理论。法律执业内容越是纷繁复杂特别是出现了疑难案件，法律理论在其中的指导作用就越重要。扎实的法学专业理论基础是法治人才参与法治实践的前提和基础，它一方面要通过学校的授课和理论学习来掌握，另一方面要通过法治人才自身参与社会实践、从事法律活动来积累。扎实的法学专业知识和理论基础表现为，法治人才具有良好的法治观念、系统全面的法律知识、宽厚的人文社会科学功底和知识素养、秉持公平正义的法律精神，灵活的法治思维和忠诚的法治信仰。其中，最为核心是掌握系统的法律知识，运用法律原理和法律规范正确认定事实、分析问题、正确适用法律并解决问题的基本技能。此外，优秀法治人才不仅应当通晓法律知识和法律技能，而且还必须具有广泛的其他学科知识，如哲学、历史学、政治学、教育学等其他相关的社会科学和自然科学知识，这些对于法治人才及时高效地解决社会法律问题也极为重要。

2. 批判性思维

法律工作的基本要求是，法律人通过运用法律规则和法律原理，基于法治思维解决复杂的社会纠纷和矛盾，这就内在要求法律工作者具有批判性思维。批判性思维，强调法律人用严谨的法治思维，理性分析问题的前因后果，在提出问题的解决方案中反对情感因素、个人偏好等影响法律判断，从而维护法律的正义和尊严，确保法律得以正确适用。批判性思维不同于其他思维方式的基本特点是，法律是理性严谨的逻辑，主张通过充分的说理和辩论明确事实真相，分清权利义务的承担。这就要求法律工作者应当充分参与法治实践，在实践中积累相关经验，从而掌握法治思维运用的方式方法和特点。这种思维能力具体包括法律规范及法律原理的适用经验与技巧、法律方法的适用经验与技巧、法律事实的判断和分析检验及技巧、法律辩论的逻辑经验及运用技巧，以及对紧急情况和突发事件的应变能力和处理经验及技巧，等等。而这一系列思维能力的养成，都需要经过法治实践的打磨与锻造，从这个意义而言，法学实践教学在法治人才批判性思维的养成过程中就显得非常必要。

3. 娴熟的法律职业技能

目前，各行业的法律工作者普遍反映有些法学毕业生法律专业技能较为缺乏，处理具体案件时能力不够，特别是应对突发事件、疑难复杂案件的能力较为欠缺。为解决这一问题，课题组通过调研发现，通过让学生参与公益性法律服务和法律援助等活动有助于增强法科学生娴熟的法律运用能力和相关职业技能，更好地应对新时代法律职业过程中的各种挑战。"公益性法律服务可以为法学院的教师和学生提供一系列的实践益处，比如实现实务培训，丰富庭审经验和撰写专业合同等等。对于许多参与者而言，这项工作仅仅是他们为贫穷者提供了所谓实现正义的途径及推动司法改革的需要。事实上，参与公共法律援助是拓展其视野、提升其信誉、培养其解决问题的技能的有效方式。"① 此外，娴熟的法律职业技能，即法律运用能力与良好的法律分析能力不可分割。根据学者的研究，实践中法律工作者的实务技能至少应当包括："草拟法律文件的能力；在不同场合发表有力的口头或书面论证的能力；对专业及道德标准有足够的知识；在不同场合与法律服务对象进行有效沟通的能力，以及使用现代信息技术的能力。"② 一般说来，法律人的法律职业技能的养成更多需要参与法治社会实践，而不是课堂讲授就能培养出来的，因此对法学实践教学的师资和法治实务部门的协同育人机制提出了较高要求。

4. 良好的人文素养

法学并不是一门孤立的学科，它与文化、历史、哲学、逻辑学等学科关系密切。"周鲠生认为，法律是社会科学的一部分，同时又构成一种专门职业教育。完整的法律教育，需要有外国文的素养，高等普通科学的准备，包括伦理、论理、心理、历史等方面，并且要有其他社会科学，如社会学、经济学、政治学、史学等的知识。"③ 人文素养是指法治人才除专业技能之外的一种素质，涵盖了道德修养、个性人格、理想追求、人际关系等方面的内容，是法治人才在人文方面所具有的基本素养。法律职业素养的养成需要多方面学科知识的滋养，法治人才应当对各种学科，特别是哲学、社会学、心理学有相当的学习，由此养成严谨、求真、和谐的知识结构框架。法律人应当有平等、公正的观念，反对凌驾于法律之上的任何特权、任何主义、任何意识形态，法律人应用法律技术时不能破坏人伦，不能破坏共通的道德律，不能利用法律规则破坏法律原则，不能屈服于威权、专制而摒弃自由平等和公平正义。从目前法学教育的实践而言，在课程体系设置中比较偏重法学本科的专业知识教育，在学生的综合素质与人文素养方面的培养不够重视，导致部分法治人才知识体系欠缺、视野狭窄，导致法治人才不能实现自由全面发展，特别是综合素养和心理素质等方面的抗压能力、调适能力、解决疑难案件的能力等难以适应中国特色社会主义法治国家建设对于法治人才人文素养和综合素质的实际需要。

---

① Deborah L. Rhode. Legal Education：Professionals Interests and Public Value. Indiana Law Review，2000，34：43.
② 何美欢：《理想的专业法学教育》，载于《清华法学》2006年第3期，第110~140页。
③ 王健：《中国近代的法律教育》，中国政法大学出版社2001年版，第320页。

5. 优秀的法律服务能力

自改革开放以来，我国大力推动依法治国，法律服务的市场需求大幅增长。尽管在法学教育和法治人才培养方面取得了显著成效，但与法治发达国家相比，我国法律服务行业整体水平偏低，市场需求主要集中在经济发达地区，少数民族地区和广大偏远的经济不发达及农村地区的法律服务极为薄弱。这不仅是由于我国的法律服务行业分工不够细致，源于很多新兴领域如知识产权领域等才刚刚起步，竞争力不足的原因，而且在于法治人才去到基层地区和民族地区的保障机制不完善。尤其是国际化的法律服务行业，特别是涉及较复杂高端的法律业务，一般都需要多个领域的专业人才方能完成。对于法治人才培养而言，加强法律服务能力培养是提升法治人才培养质量的重要内容。法律服务能力包括诉讼业务服务和非诉讼业务服务，是指律师、非律师法律工作者、法律专业人士或相关机构以其法律知识和技能为法人或自然人实现其正当权益、提高经济效益、排除不法侵害、防范法律风险、维护自身合法权益而提供的专业活动。结合我国当前的具体国情而言，一方面要适应中西部地区法治发展的实际需要，着力培养一批具有奉献精神、较强实践能力，"下得去、用得上、留得住、干得好"的基层法治人才。另一方面，要借鉴国际法治人才培养的先进理念和经验措施，充分利用国内外优质法学教育资源，培养一批具有国际视野、通晓国际法律规则，善于处理涉外法律事务、对人文社科知识和相关专业都能够较好掌握的全面发展的涉外法治人才。

二、目标：德法兼修多元法治人才

（一）德育目标：法治人格之养成

在认识了法学教育中德育的重要战略地位后，应当进一步明确的是，法学教育中的道德教育要达到什么样的目标呢？换言之，进行法学教育是为了把学生培养成什么样的人呢？法学教育中的德育目的是什么呢？实践表明，明确法学教育中德育的目标，对于改革法学教育，促进法学教育体制机制的进一步完善，是非常重要且必要的。然而，"教授职业道德的目标和方法多种多样，而对这些目标和方法的选择也是有争议的。争议最少的目标是，让学生意识到职业道德问题并提高他们的分析技巧以应付这些问题，特别是在这些问题涉及律师考试中考到的法律道德方面的成文法规时。更具争议性也更复杂的目标是提高学生'进行反思性的道德判断的能力'，在道德推理方面提供系统的教育，并尝试间接地影响律师在职业道德方面的态度和行为。"① 那么，法学教育中德育目标究竟应当是什么呢？

"法学教育是现代高等教育的一大类别，其首先应当具有现代高等教育的一般特征，因此，法学教育应当注重培育青年人的公民基本素质。应培养一个优秀公民应当具有的素质，或者说是一个国民表率的素质。法学教育除培养学生热爱祖国、关爱他人、服务社会等基本公民素质外，还要培养学生强烈的正义感和人文关怀的理念，对法科学生而言，应当有严格的道德自律，其人性应当达到一种更高的境界。"② 因此，法学教育中的德育目的在于培养德法兼修的法治人才，使接受法学教育的法律人成为具有良好的职业伦理道德的个体，使法律职业成为以品德高尚为精神纽带的群体，法律职业共同体的人文底蕴和共同伦理道德准则得以形成。

如前所述，法学教育中德育的目标在于通过促进法律人对法律道德的认知，从而树立法治信仰，具备基本的法律职业素养。"法学教育的终极目标就是培育法律信仰。在全面依法治国的今天，法律人自身对于法律的信仰是推动国家法治建设的重要动力。"③ 这样，能够避免将法学教育中德育的作用泛化，以致将法学教育中德育建设的复杂性和丰富内涵简单地归结为"道德教化"，误以为法学教育中的德育就是法律职业道德建设的全部。其实，法学教育中的德育目标并非简单的道德教化，而是通过促进法律人对法律职业道德的全面理解和深刻认知，更好地树立法治信仰，养成法治思维，恪守法律伦理道德，追求社会正义，具备敬法、崇法、尚法、护法之法律人必备的法治人格。

人格是一种相对稳定的社会价值心理事实，它是人们在将一定时期的社会主流价值理念转换成经验效果后的一种心理信念上的表现。因此，法学教育也是要在把学生培养成人的基础上进而培养出符合建设社会主义法治国家所需的法治人才。只有通过德育把学生培养成厚重自尊、文明正直、品德高尚、充满爱心、富有责任感的人，才完成了树人的使命，才能够满足民族进步、国家建设、社会发展的基本需要。法学教育中的德育目标引领着整个法学教育体系的顶层设计，直接关系着法学教育中德育的确定方向、统一认识、规划内容、选择方法、建设队伍、有效管理与科学评价等一系列问题。它既是法学教育的起点，又是法学教育中德育的归宿，是法学教育中德育的首要问题。

---

① 杨欣欣：《法学教育与诊所式教学方法》，法律出版社 2002 年版，第 51 页。
② 王利明：《卓越法律人才培养的思考》，载于《中国高等教育》2013 年第 12 期，第 27~30 页。
③ 黄进：《坚持立德树人　德法兼修　培育高素质法治人才》，载于《中国高等教育》2017 年第 10 期，第 8~11 页。

法学教育中的德育过程,正是开展法学教育的同时,在知、情、行的统一、交融、递进、发展的流程中,实现既定的法学教育的德育目标,包括一般的德育目标和法律职业所要求的特殊德育目标。一般的德育目标,包括法律人自觉接受诚实守信、公序良俗等基本道德规范等;法律职业所要求的德育特殊目标,包括追求自由平等、维护公平正义的良好品格;法治信仰和养成法律职业伦理,恪守法律职业道德。我国的宪法和相关法律,也对德育的基本目标有着明确规定,《中华人民共和国宪法》第四十六条规定:"中华人民共和国公民有受教育的权利和义务。国家培养青年、少年、儿童在品德、智力、体质等方面全面发展。"《中华人民共和国义务教育法》第三条规定:"义务教育必须贯彻国家的教育方针,实施素质教育,提高教育质量,使适龄儿童、少年在品德、智力、体质等方面全面发展,为培养有理想、有道德、有文化、有纪律的社会主义建设者和接班人奠定基础。"

与此同时,中国特色法学教育中的德育除了应当实现德育的一般目标,还有自己所特定的目标。"不管使用哪种教学计划,法律职业道德教学无疑是更高且更难达到的目标;这个目标被描述为传授'品质'、'正直'、'美德'和'价值观',不论如何描述这个目标,并非所有的人都认为它是可以达到的。"[①] 法律职业共同体由法学院的学者和教授、执业律师、检察官、法官和其他法律职业工作者组成,既是一个实在的团体,同时,也是一个观念上的团体,法律职业共同体具有对法律和法治的共同认知,遵循共同的标准和规范,有统一的知识体系和职业思维,规范的法律职业语言和行为模式、法治信仰及法律职业伦理的统一。法律职业共同体对于统一法律职业道德的认知主要是靠法学教育中的德育。法学教育中德育的特定目标分为诸多层次,有赖于系统的法律专业学习才得以理解和培养。以法律职业共同体中的核心成员,即法官群体为例,法官应公正独立、清正廉洁、具有良好的专业素养,对越高层次法院的法官,要求越高,最高法院的法官都应是业务精深的法学家和道德楷模。汪辉祖先生也早就论述过法学教育中德育的目标,他甚至认为具备良好道德品格者,即"心术纯正"者方可研习法律。其中,心术纯正最重要的是立志"造福于人";立心立品、修身持家、敬业爱民、清洁自守是法律人的行为准则;"周于虑、勤于力、广于守、安于分"是法律人的基本修为。[②] 通过系统的专业学习和法律职业道德的培养,使学生具备法律职业思维及职业伦理,更好地服务于中国法治建设。

[①] 杨欣欣:《法学教育与诊所式教学方法》,法律出版社2002年版,第179页。
[②] 张伟仁:《清代的法学教育》,引自贺卫方编:《中国法律教育之路》,中国政法大学出版社1997年版,第225~238页。

由此可见，法学教育中德育的特定目标是：通过法学教育中的德育，为建设中国特色社会主义法治国家培养德法兼修的高素质法治人才，促进法律职业共同体对法律职业道德的认知，帮助法律人树立法治信仰，形成恪守法律伦理道德，追求正义、公正和美德，具备法律人之敬法、崇法、尚法、护法等法治人格。从个人层面看，法治人格的养成会使个人相信：法是实现人生目标和自我价值的根本保障。在法治之下，个人生活会获得期望的安宁和幸福。如果法的实施能够满足个人对上述价值的追求，从而使个人形成对法治的经验确信，那么法治就能成为个人实现自我自由全面发展的信念准则和人生指南。从社会层面看，法治人格的养成会使人们相信：每一个人都遵从法律而生活，人们之间有了基本的社会信任的共识底线，这样就会引导人们去形成社会认同感和凝聚力，形成对社会主义核心价值观的认同和践行。从国家治理层面看，法治人格的养成会使人们相信：国家的一切权力属于人民，来源于人民，服务于人民，并应受到人民的监督。经由法治人格形成的对法治的确信，并以之指导行为，正是落实全面依法治国方略的重要精神力量。

（二）分类培养：行业法治之需求

如前所述，尽管我国法学教育的规模较大，但法学本科毕业生中只有极少一部分人从事律师、检察官和法官等职业，更多的是到政府部门、企事业单位或其他社会组织等机构就业。因此，当前法学教育的人才培养目标如果仅仅强调以司法为中心的法治专业队伍的培养，难以适应全面推进依法治国时期对社会各行业所需多元化法治人才的现实要求。"由于中国的国情，社会发展对法律人的需求是多样的。从功能主义而不是本质主义的视角来看，至少在今天以及未来很长一段时间内，中国法律人不可能统一规格。……而目前中国的法学教育，一方面造成了法律毕业生在东部地区相对过剩，而另一方面，许多西部地区都出现了法律人才的严重短缺，甚至法官出现了断层。如果中国，而不是北京、上海甚或中国东部，要建成法治，我们就必须根据中国社会的需要，培养包括中国社会基层需要并能消费得起的法律人。这个任务不是哪一个法学院能够完成的，需要所有的法学院的共同努力，分工配合。"[①] 加之传统的法学教育还存在培养目标和培养方案千篇一律、千校一面的现象，低水平重复建设严重；法学课程体系设置雷同僵化、法学各专业教学方式方法严重滞后等问题，导致培养的法科学生在毕业后难以胜任工作单位的要求，从而引发建设法治国家日益增长的巨大的法治人才需求与法学教育发展滞后的现状之间的矛盾。

---

① 朱苏力：《追问法学教育承担的历史使命》，载于《法制日报》2011年5月4日，第11版。

那么，在新时代中国特色社会主义法治国家建设进程中，尤其应强调行业法治人才的培养，因为只有行业法治人才的极大丰富才能满足国家治理现代化背景下对多元化法治人才的需求，行业法治人才与人民群众利益的保障息息相关。一言以蔽之，无论法学教育如何开展，其最终目的都应积极回应时代与人民的要求，培养为国家、为社会、为人民服务的法治人才。因此，法学教育改革应当以深化依法治国实践和法治发展对法治人才的现实需求为导向，即以培养高素质行业法治人才为主要目标，使法学教育培养出的法治人才能够真正适应社会的多样化需要，在社会各行业中都能够为建设法治中国添砖加瓦。实践证明，任何脱离国情、无视社会现实的改革都是难以成功的，法学教育改革必须以当前全面依法治国对法治人才培养提出的新要求为导向。特别是伴随着经济全球化、政治多极化、文化多元化、信息现代化的迅速发展，法学教育改革既要符合中国特色社会主义法治队伍建设所提出的普遍性要求，又要适应社会不同行业对多元行业法治人才培养提出的专门性、特殊性要求，这就要求法学教育改革应根据全面依法治国提出的法治人才培养的新任务和新要求，高瞻远瞩全方位设计法学教育改革路径，创新法治人才培养机制，逐步建立起符合全面依法治国要求的法治人才培养目标、培养方案和培养路径。

从全面依法治国所要求的高素质行业法治人才培养目标出发，行业法治人才的培养除了符合法治人才培养的一般要求，还应适应各行业具体的职业素养要求。因此，各高等院校在培养行业法治人才时，应尤其注意法学学科与其他学科之间的资源共享、互惠合作，通过法学学科与其他学科的交叉融合，促进学科之间的资源共享、机制重组与专业优化，以发展新兴学科和交叉学科等方式，建设特色专业、特色学科和跨学科项目研究等形式，联合不同学科的共同力量，促进法学知识与行业技能相结合的专门行业法治人才培养，以适应社会不同行业对法治人才的不同需求。

三、培养路径：多元协同的合作方式

根据教育部《普通高等学校法学类本科专业教学质量国家标准》，按照中国特色社会主义多元法治人才培养要求，在分类别、分层次进行的法治人才培养过程中，需要把握好四个层面的人才培养路径，以更好地符合社会主义法治国家建设对法治人才的需要：一是以国家和社会各行业依法治理的具体要求为切入点，吸收行业组织和相关机构参与到行业法治人才培养的过程中来，如财经行业法治人才、会计行业法治人才、金融行业法治人才、管理行业法治人才等专门性法治人才培养。在这个过程中，还要注意行业法教材的编写与行业法实训和实践教学基地的建设。二是以国家倡议和重大发展战略的实施为背景，培养区域性法治人才。比如"一带一路"法治人才和粤港澳大湾区法治人才，这就需要联合区域内的各高校和实务部门进行协同合作，处理好不同法域和法律传统、法治文化之间的关系，根据区域性法治人才的复合型、应用型特点进行培养。三是以涉外法治人才的培养为突破口，重点培养高素质法治人才，特别是在语言类的高校，充分发挥语言基础的优势，创新"法律＋外语"的法治人才培养机制。四是坚持最广泛的西部基层法治人才培养的理念，使广大法治人才能够坚持为西部地区法治建设服务，理解西部地区的民族文化和语言特点，创新"法律＋地方民族特色"的课程系列和培养机制，促进西部地区的法治化建设。

有学者认为，法治人才的培养面临着一系列路径选择，需要把握好十个方面的重要关系。"一是把握好职业伦理与职业技能的关系；二是把握好合法性与合目的性的关系；三是把握好形式正义与实质正义的关系；四是把握好个案正义与制度正义的关系；五是把握好法律价值与社会价值的关系；六是把握好个人智识与社会共识的关系；七是把握好典型与非典型（即抽象的法律规范与具体个案）的关系；八是把握好经验与逻辑的关系；九是把握好司法被动性与能动性的关系；十是把握好司法裁判的合法性与可接受性的关系。他进一步强调，创新法治人才培养机制，要注重理论与实践的互动，注重品德与法学的互进，注重知识与能力的互长，注重资源与优势的互补，注重实务与教学的互助，注重交流与合作的互往。"① 毫无疑问，中国特色社会主义多元法治人才培养作为一个系统工程，当然涉及培养方案、培养模式、培养机制和考核评价等方方面面的内容，要以全面依法治国新时期的新要求对这个系统过程进行改革，可以引入"三位一体"的培养路径："三位"主要是指完善课程体系与教学内容、师资队伍建设与教学方法改革、行业法治人才培养评估与保障三个层面的改革；一体主要是以创新法治人才培养机制为中心，实现三个层面齐头并进的改革，从而逐步形成适应我国全面依法治国行业法治化需求的人才培养体系。②

（一）优化核心课程体系

优化法学核心课程体系是培养中国特色社会主义高素质多元法治人才的关

---

① 娄银生、藏震：《坚持正确的法治理论引领 推动理论联系实际 创新法治人才培养机制》，载于《人民法院报》2017年5月21日，第1版。

② 有学者认为，基于全球化对我国法学教育的影响，我们不仅要培养懂得主权的中国公民，也应该培养具有全球化意识的，关注人类生存与发展，不以某一个国家、民族或国家利益作为优先的世界公民，体现在法治人才培养上应促进从统一模式向"分类培养"的差异化行业法治人才培养模式转变。如上海交通大学原法学院就根据行业需求推出了人才培养模式的创新举措"三三制（3＋3）"法科特班。参见季卫东：《中国法学教育改革与行业需求》，载于《学习与探索》2014年第9期，第83～87页。

键。"逐步建立与高素质法治人才培养目标相适应，具有鲜明中国特色、完整知识结构、适度学分要求、丰富选择空间的法学课程体系。首先，法学课程体系要与中国特色社会主义法学理论体系、学科体系相衔接，反映中国特色社会主义法学理论最新研究成果。其次，遵循教育教学基本规律，压缩必修课程学分要求，形成精炼的核心必修课程体系，保证法学专业知识结构的完整性。最后，形成丰富的选修课程模块，为法治人才成长创造自主学习与个性发展空间，重点开发建设一批实务技能选修课程模块供学生修读。"① 因此，要培养符合全面依法治国需求的、熟悉和坚持中国特色社会主义法治体系的多元法治人才，需要结合本校法治人才培养的特色和优势整合相关学科资源，不断优化法学课程体系。

首先，强化高等院校在优化法学核心课程体系中的主体责任。法治人才培养方案的设计必须坚定不移地以马克思主义和中国特色社会主义法治理论为指导，以坚持和发展中国特色社会主义为主题、主线，实现全面依法治国与各方面的国家战略需求紧密对接，科学合理民主制定法治人才培养方案。为此，要以推进中央政法委、教育部批准的"全国卓越法律人才教育培养基地"为载体，建设好国家级应用型、复合型法律职业人才教育培养、涉外法律人才教育培养、西部基层法律人才教育培养等多个平台。目前，已有部分高校根据自己的专业特色自主设计课程，如邮电大学法学院开设邮政法、矿业大学法学院开设矿业法、农业大学开设农业法，为了满足毕业生能够适应社会发展对各行业法治人才的需求，培养行业法治人才需要法学教育紧跟行业发展的要求。② 由于法学本身具有非常强的实践性，合理的课程编制对于培养学生掌握必需的法律职业技能及素养、促进未来就业中的自我实现和全面发展具有非常重要的战略性价值。③

其次，促进法治实务部门有效承担起培养社会主义法治人才队伍的主体责任，明确法治实务部门在协同育人中的基本职责。法治实务教育是创新法治人才培养机制的重要手段，实务部门应当共同参与法学课程体系设计，共同参与实践教学，共同参与评价考核。培养德法兼修的高素质法治人才，要"进一步加强法

---

① 黄进：《创新法治人才培养机制》，载于《人民日报》2014年11月12日，第7版。
② 孙笑侠：《论行业法》，载于《中国法学》2013年第1期，第46~59页。
③ 根据本课题组的调研，发现大部分法学院校的毕业生除在公安局、检察院、法院和司法局等传统法律职能部门和律师事务所工作外，从事行政管理、公司法务、公共管理、商务管理及其他部门和机构的人数也非常多，但是法学院的课程设置中很少有针对性地对这种需求进行有计划、有体系的设计。因此，按照法治国家、法治政府和法治社会一体化建设的要求去满足多元化的法治人才需求，应当调整法学课程设置，特别应与本校的优势学科、特色专业等进行联合，共同开设行业必修课或行业选修课。时机成熟时，可制定院系之间甚至跨校合作的行业法治人才培养的教学方案和教学模式。

律行业对法学教育的参与力度。中国法学会、最高人民法院、最高人民检察院和司法部应通过参与新设法学教育的审批、法学教育质量标准的制定、法学研究成果的鉴定、法学教育质量的评估等过程，真正实质地践行'行业参与高等教育'。在中央政法委协调下，建立教育部、最高人民法院、最高人民检察院、司法部、中国法学会等多部门共同参与的法学教育宏观管理部际协调机制，统筹法学教育改革与发展，促进人才培养与使用的紧密结合。"① 为此，应加强对法治实务部门支持法学教育实践教学的顶层设计，推动法治实务部门深度介入法治人才培养的各方面和全过程。

最后，法学课程体系设置首要应有一个共同的规范标准，法学课程体系设置的规范化意味着法学教育应当将培养法律职业共同体所必备的法律知识、法律技能、批判思维和法律信仰贯穿到法学课程体系的设置之中，形成统一的法治人才培养的基本认同和基础共识。早在21世纪初，教育部高校法学教学指导委员会、中国法学教育研究会共同制定了《法学专业设置标准》《法学专业本科教学合格评价方案》《法学专业教育优秀评价方案》等文件，为法学本科教育设置了基本的规范标准。2015年12月20日，中共中央办公厅、国务院办公厅印发《关于完善国家统一法律职业资格制度的意见》，提出了完善国家统一法律职业资格制度的目标任务和重要举措。2018年4月，为创新法治人才培养机制，深化法学专业类教学改革，教育部依据《法学学科门专业类教学质量国家标准参考框架》及制定要求，设置了《普通高等学校法学类本科专业教学质量国家标准》，从而为法治人才培养提供了国家标准，明确了基本的规范要求和制度运作。

以行业需求为导向进行法治人才培养，在进行课程体系改革时，要遵循教育教学的基本规律，形成精炼的法学核心必修课程体系，保证法学专业知识结构的完整性，为多元化、个性化法治人才培养创造自由学习与独立探究的空间，这要求一方面要优化核心课程体系，以《普通高等学校法学类本科专业教学质量国家标准》保障法律职业共同体具有共同的法律知识背景、职业技能、批判思维及行为模式，这也是保障法学专业教学质量的内在要求。因此，各部门法的教材编写都应吸收实务部门的人员参加，并实行相关评估之后再具体适用；基础理论的教材编写应吸收相关理论研究的专家学者和专门研究人员参加。另一方面，在建立完善的行业法课程体系时，应突出行业法课程设置的交叉性和综合性，同时引入行业发展指标为行业法课程设置提供规范性标准，这就要求各法学院校充分发挥

---

① 汪后继：《培养德法兼修的高素质法治人才》，载于《中国教育报》2018年5月21日，转引自光明网，https://theory.gmw.cn/2018-05/21/content_z8889304.htm。

其自主性，突出自身办学特色，改变千校一面的现状，结合自身的优势学科资源根据行业需求进行整合创新，在传统法学课程与新兴行业课程设置之间进行平衡，以问题式教学、启发式教学、探究式教学为导向，以社会各行业依法治理中出现的典型问题为中心，不断丰富授课方式和方法，促进各高校之间就法治人才培养的体制机制进行合作交流，从而更好地适应全面依法治国所要求的"促进行业依法治理"所需大量高素质行业法治人才的需要。①

（二）完善协同育人机制

由于法学专业教育具有鲜明的应用性和实践性特点，这就内在要求法治人才培养必须充分考虑法学专业的特点，建立起高校与法治实务部门的协同育人机制。协同育人机制的理论基础在于，应当尽可能地吸收多元主体进行共同参与，培养全面依法治国所需的法治人才可以从政府、法治实务部门及高等学校的育人理念、合作机制、组织方式、实现路径上进行集成创新，从实施原理和运作机理上对法治人才培养共同体的协同责任进行明确规定，不断创新实践教学组织体系和实践教学实施机制。

从课题组的调查数据资料可知，高等院校在法治人才培养方面与法治实务部门的协同性不够，协同育人的效果不明显。首先，表现在高校对法治人才培养的主体作用发挥得不足。其次，相关教育科研单位法治教育的责任不够明确。最后，各种法治实务部门没有充分发挥人才培养的作用。正因为对培养法治人才的职责定位模糊不清，缺乏明确的规范依据进行具体规定，造成法治人才实践教学的重要环节缺失，导致法治人才培养过程中职业技能和方法适用不能满足用人单位的要求、难以适应法律职业的各种突发状况等问题非常突出。②

一方面，应改善师资队伍，引入行业精英，改革教学方法，建立高等学校与行业部门的资源共享与交流机制。即通过行业法律实务寻找法律适用的路径，以满足多样化法律职业的要求。改革开放以后，尽管从整体上我国法学教育师资队伍发展很快，但结构较为单一，基本上是纯理论的学术型人才，具有丰富行业实践经验的教师较少。在教学内容上也偏重理论传授和概念分析，实践教学部分所占比例较低。法律的生命在于实践，培养高素质的行业法治人才要注意法学理论与行业实践的结合。尽管在近些年各法学院与法院、检察院及律师事务所等实务部门在课程设置、法律诊所、案例库建设、实训基地建设等方面已经开始了资源

---

① 例如，地方高校的法学院系大多具有依托行业、立足企业需要培养应用型人才的传统，为此可邀请行业企业专家参与行业性法治人才培养方案调研、论证、修订全过程，充分吸纳行业企业专家意见，使课程体系和教学内容充分反映社会实际需要，使人才培养方案充分体现行业依法治理的实际需要。

② 梅哲、王志：《创新法治人才培养机制》，载于《红旗文稿》2017年第5期，第30~32页。

整合，但总的说来，由于各种原因，效果并不是非常理想。有些学校也实行了"校内理论导师+校外实践导师"双导师制度，并且制定了相关的规范性文件进行保障，但由于现有人事制度的限制及实践导师授课经验及自身工作的繁杂等原因，效果非常有限。目前高校中行业精英对学生的引导主要是通过座谈及学术讲座的方式来实现，时间有限，也难以形成长久的制度化安排，因此，如何建立健全高等学校与法治实务部门的协同育人长效机制仍然任重道远。

另一方面，在法治人才培养过程中应有效整合高校与法治实务部门的力量。协同推进育人机制的程序化、制度化、规范化建设。强化法治实务部门作为实习单位的重要培养责任，建立法学专业学生担任实习法官、检察官助理和书记员制度，支持高校法学骨干教师到政法机关挂职、研修，深度融入执法司法实践。此外，还要改善法学教育的师资队伍，引入具有丰富实践经验的行业精英参与法学教育，非常必要。这可能需要打破现有的人事制度与师资评价体系，构建起配套的考核评价与保障机制。特别是在实践教学方面，高等学校与行业组织也应建立起规范化的协同育人机制，将行业组织等法治实务部门对法治人才培养所应承担的义务明确以立法形式进行规定，切实让行业组织等法治实务部门成为法治人才培养的责任主体，承担起分类培养多元化行业法治人才的应有责任。[①] 质言之，法治人才培养共同体不仅需要形式上的多元主体的共同参与，以实现人才培养的各个环节都有法治实务部门的责任落实，而且在协同育人机制的实效层面，需要配套的政策措施与规范性文件的具体要求予以明确，真正打造实质意义上的法治人才培养共同体。

（三）健全评价保障机制

建立合适的评价体系和条件保障，是创新法治人才培养机制得以顺利运转和有效实施的基础性前提。考核评价是教育主管部门对高校办学定位和人才培养目标的审核验收，是对高校教学资源和教学质量保障的审核评价，是对高校本科人才培养质量的审核认定。根据中共十八届四中全会《决定》要求，必须健全党委统一领导和各方分工负责、齐抓共管的责任落实机制，为创新法治人才培养机制提供坚强可靠的师资基础和制度保障，多方配合、增强合力，多措并举、协同攻关，采取"融通式"法治人才培养保障体系，稳健、合理、科学地逐步推动这项工作。建立健全法治人才培养的评价机制与保障体系，是实现建设社会主义法治国家、全面推进依法治国新时期法治人才培养目标的重要条件。目前高校的评价

---

① 黄进：《坚持立德树人、德法兼修 培养高素质法治人才》，载于《中国高等教育》2017年第10期，第8~11页。

体系指标非常单一，常见的包括生源质量、师资水平、软硬件建设的评价指标等。其中，生源质量主要考察招生分数线的高低；师资水平主要考察教师的学历、职称、科研成果；软硬件建设则主要看办公设施、图书资料数量、专业设置、硕士博士学位点数目、重点学科和基地建设等。不难发现，这些评价指标都归属于静态的"能"的因素，而对教学实施效果的"效"的评价，则鲜有覆盖；指标设置显现出极强的数量崇拜导向，而对质量控制则关注不足；主要指标来源于行政权力的配给和认定，而非更具专业性和可信度的同行评议；侧重于科研业绩，而对教学业绩则干脆置若罔闻。

为此，可将行业评价引入法治人才培养质量评价体系，建立起科学的行业法治人才评价机制与完备的行业法治人才培养保障体系。根据全面依法治国的总体要求，必须健全党委统一领导和各方分工负责、齐抓共管的责任落实机制，建立科学合理的法治人才评价机制与坚实完备的法治人才培养保障体系，为创新法治人才培养机制提供科学规范的评价机制和坚实可靠的制度保障。具体到行业法治人才培养质量评价体系的建构上而言，科学的行业法治人才评价机制，应通过一定形式对行业法治人才的法律专业知识及行业业务能力、理论水平、职业技能、执业效果等因素做出客观、公正、理性、科学的评估。深化依法治国实践要求通过改革法学教育培养大量不同类型的高素质行业法治人才，迫切要求突破传统的、狭隘的、机械的单一法治人才评价模式，从宏观体制上建立与行业发展与法治化治理相配套的、科学规范的行业法治人才评价机制。

在建立完备的行业法治人才培养保障体系方面，要整合行业法治人才培养多方合作资源，努力建设高等学校与国家行业组织之间的规范化联合培养机制，着力增强行业法治人才的实践能力，推动专业学位与行业执业资格的有机衔接，逐步提高行业法治人才的培养质量和使用效益。同时，加强行业法治人才培养的机制保障和政策措施配套建设，也是完善行业法治人才培养保障机制和评价体系的重要内容。唯有如此，才能切实将行业优质的实践教学资源和丰富成果引进高校，促进法学教育、法学研究工作者和行业法治工作者之间的合作交流。从技术层面而言，改善现有的测评机制，在职称评定等环节应将参加"双千计划"和社会实践活动纳入考评指标，加强对教师队伍的政治思想教育，加强对于各种各样的社会实践活动的评估，对协作培养法治人才的评估，对各项配套的整治措施的评估，以便推陈出新，提出更多更好的措施，更有力地推动法治人才培养机制的改革创新。

第三节 全面依法治国与行业法治人才培养

一、全面依法治国亟须多元行业法治人才

（一）领域法学、部门法学与行业法学

领域法学概念最早由刘剑文教授于 21 世纪初在财税法学研究过程中提出，领域法学是以问题为导向，以特定经济社会领域全部与法律有关的现象为研究对象，融经济学、政治学和社会学等多种研究范式于一体的交叉性、开放性、应用性和整合性的新型法学学科体系、学术体系和话语体系。领域法学融合部门法学研究方法、工具和手段在内的全要素，但又在方法论上突出体现以问题意识为中心的鲜明特征，是新兴交叉领域的最新发展成果。领域法学提出的时代背景是，近现代以来，经济社会生活开始日益复杂化，一些新的社会现象可能无法简单地归纳入某一个具体的部门法范围，如金融领域和互联网领域，都无法纳入单一的行政法或民法的调整范围。此种情形下，以具体的法律现象为基准，依托复合性的特质并辅之以类型化区分，而廓之以相应的统摄范围，并在此基础上进行法律规制，开始成为一种方法论上的选择模式。如果说，类型化是指法律现象的基础和微观视角，复合化是指法律现象的局部和中观面向，领域化则是指法律现象的整体和宏观立场。领域化的法律现象是从实证的、类型化的角度来具象认识和因应反馈的法律的调整对象。[①]

部门法学，是根据调整社会关系的不同领域和不同方法，对同类法学学科进行的划分。部门法学有以下特点：既是法学概念，也是组成法律体系的一种客观的基本要素；可以分为若干个子部门；是构成法律体系的基本要素。根据其调整对象或调整方法，相同性质的法律规范被聚合在一起，形成不同的法律部门或部门法。还有学者对"行业法"进行了系统研究，认为行业法在我国法律体系中具有重要的意义，行业法是跨部门法，它具有部门法所没有的优势和作用。特别是中国经过改革开放，法律的发展出现了许多趋势，其中一个趋势是行业法的细密

[①] 刘剑文：《论领域法学：一种立足新兴交叉领域的法学研究范式》，载于《政法论丛》2016 年第 5 期，第 3～16 页。

化。因而，行业法应运而生，如农业法、自然资源法、能源法、建筑法、交通运输法、邮政法、商业法、旅游法、食品法、金融法、会计法、房地产法、科技法、服务业法、教育法、医事法、公共卫生法、新闻与传媒法、体育法，等等以行业为领域的法律制度。行业法具有知识交叉与复合的特征，其所调整的社会关系也具有复合性特征，其所调整的法律关系具有特殊性。①"行业法与部门法的不同在于：其一，部门法强调社会关系的性质，行业法强调社会关系的空间领域；其二，部门法强调国家属性和计划属性，行业法强调社会属性和市场属性；其三，部门法的实践意义在于立法与司法的专业化工作，行业法的实践意义在于国民经济与社会发展中的产业与行政的法治化工作；其四，部门法的划分是以法律所调整的法律关系为主要标准，行业法相对于法律专业，是外部性的分类。"②

　　根据全面依法治国要求各领域、各行业都应纳入法治轨道的要求，通过建立和完善行业法治人才培养模式可以满足国家社会法治普遍需求，这不仅是法学教育担负的中国特色社会主义法治建设的使命，而且是法治国家与法治社会建设的需要。在全面依法治国背景下，所有行业都需要专门法治人才，基于全面推进依法治国的要求，培养行业法治人才理所当然、势在必行。基于行业法治人才的培养是多方面、多层次、多领域的，法学教育改革必须考虑多元行业法治化所需的多元化、多层次、多样态的法治人才需求，以适应依法治国在各行业推进的实际需要。

（二）培养模式："行业法知识 + 职业技能 + 法治思维"

　　早在2011年，《教育部　中央政法委员会关于实施卓越法律人才教育培养计划的若干意见》就提出，法学教育应"适应多样化法律职业要求"。在全面依法治国的新时期，法学教育改革应当以深化依法治国实践和建设中国特色社会主义法治国家的实际需求为导向，以培养高素质行业法治人才为主要目标，其培养模式和培养机制离不开行业法律基础知识体系的形成、行业法律职业技能和法治思维训练三个方面。

---

① 孙笑侠：《论行业法》，载于《中国法学》2013年第1期，第46～59页。
② 刘剑文：《论领域法学：一种立足新兴交叉领域的法学研究范式》，载于《政法论丛》2016年第5期，第3～16页。其他学者对于领域法学的分析和探讨可参见王桦宇：《论领域法学作为法学研究的新思维——兼论财税法学研究范式转型》，载于《政法论丛》2016年第6期，第62～68页；熊伟：《问题导向、规范集成与领域法学之精神》，载于《政法论丛》2016年第6期，第54～61页；梁文永：《一场静悄悄的革命：从部门法学到领域法学》，载于《政法论丛》2017年第1期，第64～76页；吴凯：《论领域法学研究的动态演化与功能拓展——以美国"领域法"现象为镜鉴》，载于《政法论丛》2017年第1期，第77～86页。

第一，深厚的行业知识是高素质行业法治人才服务中国特色社会主义法治国家建设的基础和前提。这首先要求行业法治人才牢固掌握本行业所涉及的部门法的基本知识和基本理论，具备独立自主地获取和更新本行业法相关知识的学习能力；并能够灵活地综合应用于本行业所涉及的法律实务之中的基本技能；具备利用法治思维方法开展相关研究和创新创业实践的能力；准确把握中国特色社会主义各行业的理论最新成果和本学科领域的最新进展，提高行业法治人才服务于社会各领域各行业的应用能力。其次，还要注重人文底蕴和社科知识的培养，注重健全人格、公民素养、自律自制、终身学习、团队协作的培养，不断提高行业法治人才的综合素质和复合能力。

第二，娴熟的行业法专业技能是高素质行业法治人才服务中国特色社会主义法治国家建设的重要保障。这内在要求行业法治人才应掌握行业专门技能和专门研究方法，具备良好的人文素养和科学素养。为此，一要强化行业法的实践教学与仿真实训。在行业法的理论教学课程中应设置行业法实践教学环节，强化行业法案例教学，增加行业法理论教学中模拟训练和法律方法训练环节，挖掘充实各类行业法的专业课程的学术资源。二要根据行业法所涉部门法教学的实际需要，利用模拟法庭、法律诊所、专业实验室、实训基地和校外实习基地，组织行业法实训和实习。三要结合依法治国对行业法治人才的实际需求，组织各种形式的法治宣传教育活动，让学生了解行业法在具体生活中的适用，培养其行业法职业技能和职业素养，更好地服务于各行业的依法治理。

第三，行业法治人才应当加强法治思维的训练。法治思维对于指导行业法治人才的行为模式具有非常重要的意义。基于行业法治人才的复合型、应用型特点，在培养行业法治人才的过程中不仅需要将行业法律知识的传授系统化、条理化、逻辑化，以便使行业法治人才打下扎实的知识框架；而且要求行业法治人才通过多参与行业化的仿真实训养成良好的职业技能，在这个过程中，法治思维的训练也非常重要。思维方式的养成并非朝夕可成，只有在长期的耳濡目染和法治实践中才能养成，不仅需要教师在课堂中有意识地对学生进行训练，而且需要多鼓励学生积极参与社会实践，多将法治思维运用于具体事件和社会问题的分析解决之中，需要在法治实务的处理之中慢慢形成，再指导行业法治人才在具体的行业实践中思考和解决法律实务，实现各行业的依法治理目标，促进社会和谐、维护公平正义。

二、典型行业法治人才培养模式及分析

(一) 模式概览

1. 财经法治人才

模式一：中国人民大学"法学—工商管理"实验班

中国人民大学法学院自成立以来，为社会主义法治建设培养了大批优秀的法治人才，并为法学事业的振兴和繁荣做出了重大贡献。在"法学—工商管理"的复合型、应用型法治人才培养方面，中国人民大学以创办实验班的形式，通过与商学院的制度化合作，致力于培养工商管理行业法治人才。自2009年以来，人大法学院与商学院合作推出"法学—工商管理"本科实验班，旨在联合培养通晓法学、管理学知识的复合型卓越人才。法学院与商学院分别遴选出15名优秀本科新生组成实验班，按独立培养方案授课，学制四年，修读课业学分比普通班级多15%。毕业时授予法学学士学位兼工商管理专业辅修证书。"法学—工商管理"实验班的核心课程包括：中国法制史、外国法制史、法理学、宪法学、民法总论、民法分论、刑法总论、刑法分论、经济法学、行政法学、商法、金融法、国际经济法、税法、管理学原理、宏观经济学、微观经济学、统计学、会计学原理、反垄断与市场管制经济、组织行为、企业战略管理、财务管理、市场营销、运营管理、人力资源管理、产业组织学等。此外，法学院和商学院开设的80余门选修课都可供实验班的同学选修。[①]

模式二：南开大学经济、管理和法律复合型人才培养实验班

南开大学经济、管理和法律复合型人才培养实验班自2001年9月开办，其人才培养目标是："经济、管理、法律复合型人才培养实验班"，旨在探索经济全球化与教育国际化条件下培养高层次、国际化、复合型，主要从事经贸、金融、管理、法律等管理工作的优秀人才的新模式。南开大学经济、管理和法律复合型人才培养实验班每两年调整一次教学方案，现在已经形成比较成熟、特色鲜明的教学方案。实验班共开设63门课程，课程体系覆盖了经济学、管理学和法学专业的主要基础课程和专业课程。课程体系中既有基础性课程，又有应用和技能性课程；既有法律史类的课程，也有理论类的课程。所开设课程均为相关专业建设水平比较高的课程。该实验班的主要创新点是，对经济类专业、管理类专业和法

---

① 参见中国人民大学法学院网站，http：//www.law.ruc.edu.cn/xygk/? unit = % D1% A7% D4% BA% BC% F2% BD% E9。

学类专业的相关课程进行了有机整合并形成新的课程体系,具体包括三个课程系列:(1)公共基础课程系列;(2)基础理论课程系列;(3)应用课程系列。该类课程的开设有助于学生个性的培养,有利于培养学生的创新能力和实践能力。在教材的选用上,做到使用近三年出版新教材的比例达70%以上;注意引进先进的、能反映学科发展前沿的原版教材,外文教材的比例逐渐增加至30%。在授课方式上,加强教师使用外语授课的比例。实验班师资队伍以创新精神开展教学,积极探索实验班教学的新方法,保证了实验班教学水平的不断提高。实验班形成了规范的管理制度和质量监控体系。实验班每学期都对任课教师的教学活动进行考核,由学生对教学活动进行打分。同时还组织经验丰富的教师听课,对教学活动进行评估。①

模式三:中国政法大学法商型人才创新实验区

中国政法大学是教育部直属的"211工程"重点建设大学、"985工程优势学科创新平台"高校,为全面依法治国、建设社会主义法治国家培养了大量优秀法治人才。2007年,教育部在中国政法大学设立"法商型人才培养模式创新实验区"。中国政法大学法商型人才培养模式创新实验区致力于培养兼通企业管理与商务法律的复合型高级专业人才,理论专长与实务能力兼顾,开创中国法商管理教育,推进我国法商管理学科的深入研究,开拓中国商学院培养高级法务人才的复合型教育模式。该实验区依托中国政法大学雄厚的法律教育资源,突出在具备经济学、管理学的深厚知识基础之上,培养真正具有操作能力的法务管理、合规管理、风险控制管理的高级实务人才。按照中国政法大学商学院"一主两翼"的学科特色架构,"主"是指经济学、管理学的基本功底,"两翼"中的一翼就是指法商管理,这是政法大学商学院的主要特色所在。法商人才培养实验区的教学强调实务性,同时对教师有严格的科研水平要求。法商系的全职教师以法学教授为主、管理学教授为辅。所有教师全部具有博士学位,多数具有海外学习、教学经历,在民商法学、经济法学、经济刑法学等领域教学、科研成就卓著。同时,还聘请大型企业高级法务官员、资深律师、高级法官等法商高级实务界人士担任兼职教授。② 本着"开放、务实、高效"的方针,中国政法大学法商型人才培养模式创新实验区大力开拓研究中心的研究和应用领域,凸显法商多学科融合发展的优势,与国内各级政府、知名研究机构、行业管理机构、管理顾问公司、大型企业的管理部门结成战略联盟,实现了学院智力资源与校外各类机构资金和

---

① 何自力、沈亚平:《探索复合型人才培养的新模式——南开大学经济、管理、法学跨专业人才培养试验》,载于《中国高教研究》2006年第9期,第55~57页。

② 参见中国政法大学商学院网站,http://sxy.cupl.edu.cn/xxgk/zzjg/fsx.htm。

市场资源的优势互补,为培养法商复合型人才提供智力支持。①

模式四:中央财经大学"财经法律"高层次复合型人才

中央财经大学是教育部直属的国家"双一流"建设、"211 工程"建设和首批"优势学科创新平台"项目建设高校。中央财经大学法学院在培养"财经法律"高层次复合型人才过程中,主要依托学校财经、管理学科的优势、学术资源,以及和金融界、法律界的紧密联系,坚持法学和经济学、管理学相结合,理论和实务相贯通,造就了一批高素质的法学专业教师队伍,致力于培养通法律、懂经济、国际化、复合型的应用性财经法治人才,体现出鲜明的财经院校法学院特色。中央财经大学法学院的法学教育在培养具有复合知识结构的本科生、研究生方面形成了鲜明的财经法律特色。其中法学本科专业分成涉外型和应用型复合型两个方向,两个方向分别制定不同的培养方案和教学计划。为优化师资结构,加强实践教学环节,更好地利用社会资源协助办学,学院聘请了著名高校和最高人民法院、最高人民检察院、司法部、中国银保监会、中国证监会等单位的一批资深法律专家为法学院兼职教授,聘请了中国工商银行、中国建设银行等金融机构的法律实务专家担任兼职法律硕士导师。②

模式五:江西财经大学"多向融通式"财经法律人才创新班

江西财经大学法学院努力培养具有"信敏廉毅"素质的卓越法律人才,通过不断探索,牢固树立以法律职业教育为主体,逐渐形成以"宽口径、厚基础、强能力、重实践"为特征的财经法律人才培养模式。应用型财经法律人才培养模式和创新实验区法务会计专业方向的人才培养目标是:重视法科与财经学科对接,重视学生的法律和会计实务能力,培养系统掌握法学、会计学基本理论知识,能灵活运用审计方法,熟知证据规则和法定程序,洞悉国内外财务准则和会计实务操作流程,能够综合运用法律、会计知识和技能的人才。其中,法务会计专业培养具备扎实法学理论知识和实务技能,熟悉财务制度和会计实务操作流程,能胜任银行、保险、基金、信托、证券等金融法务工作或者司法会计、舞弊审计、经济犯罪侦查、会计鉴证等法务工作,具有"信敏廉毅"素质,具备"法律信仰、法治思维、法学素养和创新精神"的法律人才。"多向融通式"财经法律人才创新班开设的法学专业课程包括:法理学、宪法学、民法学、刑法学等法学类核心基础课程,对学生进行厚实的基础理论、基本知识和基本方法的教育,培养学生整体的法律修养。会计基础课程包括:会计学原理、财务管理、中级财务会计、成本管理会计、审计学、财务报表分析等基础课程,同时开设政治经济学、管理

---

① 参见中国政法大学网站,http://www.cupl.edu.cn/info/1081/4320.htm。
② 参见中央财经大学法学院网站,http://law.cufe.edu.cn/xygk/xygk.htm。

学原理等公共课程。法务会计特色课程包括：会计法规导读、法务会计、经济犯罪侦查、舞弊审计等特色课程。[①]

以上各校财经行业法治人才培养机制等情况如表 2-1 所示。

表 2-1　　　各校财经行业法治人才的培养机制及探索

培养单位	培养目标	创新机制	课程设置	保障机制
中国人民大学	通晓法学、管理学知识的复合型卓越人才	"法学—工商管理"实验班	法学、经济学、管理学等复合型课程体系	法学、经济学及管理学等多学科融合机制、学院合作机制
南开大学	高层次、国际化、复合型的优秀法治人才	经济、管理和法律复合型人才培养实验班	课程体系覆盖经济学、管理学和法学专业的主要基础课程和专业课程	规范的管理制度和质量监控体系
中国政法大学	法商复合型人才	法商型人才培养模式创新实验区	"法科＋商科"复合型课程体系	法商多学科融合发展、与多部门结成战略联盟
中央财经大学	"财经法律"高层次复合型人才	通法律、懂经济、国际化、复合型的高级应用型人才培养机制	鲜明的财经法律特色；法学本科专业分成涉外型和应用型复合型两个方向	优化师资结构，加强实践教学环节，利用社会资源协助办学
江西财经大学	"多向融通式"应用型财经法律人才	系统掌握法学、会计学基本理论知识和运用审计方法技能的培养机制	法学专业课程＋会计专业课程复合型应用型课程体系	重视法科与财经学科对接，重视学生的法律和会计实务能力

2. 知识产权法治人才培养模式

模式一：安徽大学法学院知识产权专业

安徽大学法学院拥有办学层次齐全的人才培养体系。设有法学本科专业，2006 年获安徽省首批示范专业，2007 年获教育部、财政部批准建设的国家特色

---

① 参见江西财经大学法学院网站，http：//law.jxufe.cn/news-show-17.html。

专业。该专业的培养目标是：适应国家对知识产权行业法治人才大量需求的时代背景，培养具备知识产权和法学基础知识，具有一定自然科学和人文社会科学知识背景的社会责任感较强、富有创新精神和实践能力的知识产权法律人才和管理人才。毕业生应当具有系统的知识产权法律基础理论；具有较强的知识产权法律实务能力；能够为技术创新、技术咨询、技术贸易等提供有效的知识产权管理和服务；胜任司法机关、行政机关、科技创新型企业、研究机构、律师事务所及知识产权中介机构等专门工作。该专业的主要课程有：法理学、宪法学、民法学、刑法学、行政法学、民事诉讼法学、行政诉讼法学、国际贸易法学、国际私法学、知识产权法总论、著作权法、专利法、商标法、企业知识产权管理、知识产权代理、知识产权评估、国际知识产权法、科技文献检索等。学生的就业去向有：司法机关、行政机关、科技创新型企业、研究机构、律师事务所及知识产权中介机构等单位。[①]

模式二：苏州大学王健法学院知识产权专业

苏州大学王健法学院自2010年起，开始在法学本科专业下设立知识产权方向。2012年开始独立设置知识产权本科专业，2013年起正式招生。知识产权专业应适应社会主义现代化建设和创新驱动经济发展的需要，强化知识产权理论与实务，培养法律基础扎实，知识面丰富，具有知识产权司法、服务、管理及运用能力的复合型专业应用人才。知识产权专业的核心课程和学位课程包括：（1）专业核心课程有法理学、行政法学、民法总论、商标法、物权法、刑法总论、债权法（含合同法）、知识产权原理、著作权法、专利法；（2）学位课程有法理学、中国法制史、宪法学、行政法学、民法学（含总论、物权法、债权法）、知识产权法学（含知识产权原理、专利法、商标法、著作权法）、商法学、刑法学（含刑法总论、刑法分论）、经济法学、环境法、民事诉讼法学、刑事诉讼法学、行政诉讼法学、国际经济法学（双语）、国际公法学（双语）、国际私法学（双语）、劳动与社会保障法。培养知识产权法治人才的主要实践环节有：第一，模拟法庭。模拟法庭通过案情分析、角色划分、法律文书准备、预演、正式开庭等环节模拟知识产权刑事、民事、行政等审判及仲裁的过程，是知识产权专业实践性教学的重要方式。第二，专业实习。专业实习是最重要的实践性教学环节，不仅能够帮助学生更好地理论结合实践，强化知识产权专业知识，而且还能有效地发挥学生的主观能动性，培养良好的实践探索精神和创新能力，进而提高学生从事知识产权工作的实践能力。第三，参与研究院承担项目的调研和统计分析等。通过参与知识产权研究院的知识产权实践工作，如承担项目的调研和统计分析

---

① 参见安徽大学法学院，http：//law.ahu.edu.cn/a9/b7/c4828a43447/page.htm。

等，学生提高了开展知识产权文献检索、资料查询以及项目的科研能力。此外，苏州大学王健法学院还开设了知识产权双学位专业，依托于法学院的知识产权专业和法学专业，以及苏州大学知识产权研究院，该双学位专业着眼于创新型国家建设对复合型知识产权实务人才的需求，在知识产权理论教学的同时，特别注重实践教学。着力培养学生进一步学习知识产权的兴趣以及从事知识产权事务的实践能力和实际操作技能。毕业生主要应获得以下几方面的知识与能力：具有较扎实的理工科、知识产权和相关法律的基本理论知识，具有较强的语言、文字表达能力和逻辑思维能力；较系统地掌握知识产权代理、知识产权创造、知识产权管理、知识产权运用、知识产权保护与诉讼、知识产权文献检索与分析等基础知识；能将知识产权和原专业知识密切结合，具有分析和解决主修专业领域相关知识产权问题的能力；具有从事知识产权工作所必需的相关实践知识，掌握相关实务操作技能，尤其是与主修专业相关的知识产权实务能力。相关职业内容主要包括：一是知识产权激励：项目申报、资质辅导；二是知识产权创造：申请、异议、专利布局、导航、预警；三是知识产权运用：转让、评估、质押、投资、融资；四是知识产权保护：行政保护、民事诉讼；五是知识产权管理：权利维持、分析评议。①

模式三：烟台大学法学院知识产权专业

烟台大学法学院开设知识产权专业的培养目标是，具有一定理工知识和经济、管理知识，系统掌握普通高校法律专业基础知识，具有较高的知识产权专门学科知识，能在行政机关、司法机关、咨询服务机构及其他企事业单位从事知识产权行政管理、知识产权司法审判、知识产权法律服务和企业知识产权管理工作的专业人才。毕业生应获得以下方面的知识和能力：第一，掌握法学尤其是知识产权法学领域的基本理论知识和基本分析方法及技能；第二，具有扎实的专业知识基础，具有处理知识产权事务、从事知识产权管理、运用与保护的基本能力；第三，掌握文献检索、资料查询的基本方法，具有一定的科学研究和实际工作的能力；第四，具有较强的文字表达能力、口头表达能力，有较强的外语听、说、读、写、译基本技能；第五，掌握较强的分析问题和解决问题能力，具有独立处理专业事务和社会事务的能力；第六，具有较强的学习能力，把握时代脉搏，具有较强的适应社会的能力。②

模式四：华南理工大学法学院知识产权专业

华南理工大学法学院知识产权专业依托四个优势创办：一是联合办学优势；

---

① 参见苏州大学王健法学院网站，http：//law.suda.edu.cn/6b/09/c5147a158473/page.htm。
② 参见烟台大学法学院网站，http：//www.law.ytu.edu.cn/index.php? m = content&c = index&a = show&catid = 59&id = 89。

二是地缘优势；三是学校背景优势；四是办学经验优势，这些优势，为知识产权学院跨越式发展提供了良好的基础和必要的条件。本专业人才培养的重点方向是：知识产权理论与实务方向、网络知识产权方向、知识产权国际保护三个方向。具体培养目标是：系统掌握法学和知识产权基本概念、基本原理，熟悉我国法律、法规和相关政策，能够运用法学理论知识来分析、解决实际法律问题，具有较高外语水平、计算机操作能力和较好语言表达能力的创新型复合型人才。学生在低年级修完学科基础课程后，大学三年级开始分流，符合规定条件的学生可自主选择进入法学专业或者知识产权专业。目前，华南理工大学法学院已形成了较为科学合理的知识产权人才培养体系，实现了知识产权学历人才培养层次的全覆盖。包括知识产权本科专业；本科知识产权双学位（面向非法学专业）；知识产权专业辅修（面向非法学专业）；知识产权通识课程（面向非法学专业）；知识产权法学硕士（二级学科独立招生）；法律硕士（知识产权方向）；民商法学硕士（知识产权方向周末班）；民商法学博士（知识产权方向）。其中，知识产权本科专业的培养目标是，旨在为社会培养能系统掌握法学基础知识、具有较强的知识产权理论素养和实务操作能力的复合型人才。学生在系统学习法学专业核心课程基础上，重点学习的课程有知识产权总论、著作权法、专利法、商标法、竞争法、专利文献检索与代理、知识产权管理、网络法、科技法、电子商务法等。此外，本专业学生还需选修相理工科、经济和管理类课程。知识产权专业的毕业生适合在国家立法机关、审判机关、检察机关、大型企业、律师事务所以及专利商标事务等知识产权中介服务机构中从事与知识产权相关的工作。知识产权行业法治人才的基本素质有：（1）扎实的基础知识——培养学生掌握扎实的专业基本原理、方法和手段等方面的基础知识，通过法律理论核心课程的学习，使学生具备法律的基本原理、思维，为深化课程的学习奠定基础。（2）解决问题能力——培养学生能够运用法律、知识产权、管理知识，解决实际问题的能力，在职业过程中，将所学知识运用于法律实践，能准确判断和思维，找到解决问题的方法。（3）团队合作与领导能力——培养学生在团队中的沟通与合作能力，通过实践性教学、实践性活动培养学生的团队合作与领导能力。（4）服务认知能力——让学生认识到法律、知识产权是一门服务于社会的工具，法律人是权利实现、公平、正义的维护者，培养学生系统学习和掌握知识体系，并使之服务于社会、服务于世界。（5）专业的社会影响评价能力——实现依法治国，提高整个社会的执法、守法水平，实现创新型社会，法律、知识产权对人生、社会产生的潜在影响。（6）全球意识能力——培养学生能够在全球化的环境里保持清晰意识，有竞争力地、负责任地行使自己的职责。（7）终身学习能力——知识产权专业毕业生能够胜任在企事业单位从事知识产权管理、知识产权咨询和代理等中介服务、知识产权法律服务等工作，并具备终身学习的能力。①

模式五：重庆大学法学院知识产权专业

重庆大学法学院坚持社会主义办学方向，围绕"立德树人"根本任务，秉持"行列精英、国家栋梁"的教育使命，紧密结合社会需求，坚持社会主义核心价值观，培养综合素质良好、基础扎实、熟悉实务、具有创新意识和创新精神的应用型和复合型卓越法律人才。为了适应我国创新驱动发展战略的需求，满足《国家知识产权战略纲要》《国家中长期人才发展规划纲要》等重要文件中关于加大对知识产权人才的培养的要求，重庆大学法学院增设的知识产权本科专业着重培养宽口径、厚基础的掌握系统法学知识，具备知识产权理论和实务能力，拥有管理、代理、运营、诉讼等技能的知识产权复合型人才。重庆大学法学院知识产权专业开设的主干课程包括：专利法、商标法、著作权法、电子商务法、数据法、知识产权管理、知识产权代理、知识产权法前沿专题、国际知识产权、知识产权评估等。主要实践性教学环节包括知识产权会谈、著作权管理实务、专利与商标代理实务、专利文献检索、企业知识产权管理案例与实践、知识产权诉讼等实践课程。学院大力推进专业教育和通识教育的融合，深化教育教学改革，将社会主义法治理念通过法学教育转化为受教育者的内在素质和价值追求，建立和实施与时代需求一致的、正确的法学教育观，以培养追求法律公正理念的法律人品质为核心，在培养方案、教学内容、课程体系、教学方法、教学手段等方面创新实践且富有成效。教学方式多样化、不拘一格。高端法学论坛、法学沙龙、学术讲座、小组案例分析、双语教学等让学生在学习中实践，在实践中提升，在提升中成才。培养途径多管齐下、全面升级。真实庭审进校园、到实务部门实践、法律直通车、法律援助小分队等让学生学以致用，切身体会法律学习的魅力与价值。②

以上各校知识产权行业法治人才培养机制等情况如表2-2所示。

表2-2　　各校知识产权行业法治人才的培养机制及探索

培养单位	培养目标	创新机制	课程设置	保障机制
安徽大学	具备自然科学和人文社会科学知识背景的社会责任感较强、富有创新精神和实践能力的知识产权法治人才和管理人才	法学与知识产权的专业交叉、学科融合	法学+知识产权课程体系	系统的知识产权法律理论体系与实践能力的融合

---

① 参见华南理工大学法学院网站，http://www.scut.edu.cn/law/index.htm。
② 参见重庆大学法学院网站，http://law.cqu.edu.cn/info/1042/3134.htm。

续表

培养单位	培养目标	创新机制	课程设置	保障机制
苏州大学	法律基础扎实，知识面丰富，具有知识产权司法、服务、管理及运用能力的复合型专业应用人才	法学与知识产权的专业交叉与学科融合	法学+知识产权课程体系	注重知识产权理论教学和实践教学的结合
烟台大学	具有一定理工知识和经济、管理知识，系统掌握普通高校法律专业基础知识的法治人才	法学与知识产权的专业交叉与学科融合	法学+知识产权课程体系	注重自然科学和社会科学的多学科融合
华南理工大学	为社会培养能系统掌握法学基础知识、具有较强的知识产权理论素养和实务操作能力的复合型人才	法学与知识产权的专业交叉与学科融合	法学、理工科、经济和管理类课程	强调知识产权理论素养和实务操作能力的结合，同时还注重外语水平、计算机操作能力的培养
重庆大学	具备知识产权理论和实务能力，拥有管理、代理、运营、诉讼等技能的知识产权法治人才	法学与知识产权的专业交叉与学科融合	法学+知识产权课程体系	专业教育和通识教育的系统结合

3. 新闻法治人才培养模式

模式一：中国人民大学的"法学—新闻"实验班

中国人民大学法学院与新闻学院自 2011 年开始合作推出"法学—新闻"本科实验班，旨在联合培养通晓法学、新闻传播学知识的复合型卓越人才。法学院与新闻学院分别遴选出 15 名优秀本科新生组班，按独立培养方案授课，学制四年，修读课业学分比普通班级多 10%。毕业时授予法学学士学位兼新闻学专业辅修证书。要求学生通过系统学习法学和新闻学专业知识，能够独立分析、解决新闻传播中涉及的法律问题；熟悉国家方针政策；具有强烈社会责任感；恪守职业道德准则。实验班的学生应具有比较深厚的文化基础知识，具有较强的文字表达能力、口头表达能力；新闻学、法学基本功比较扎实，能够熟练运用现代传播技术从事法治新闻传播工作；能够熟练运用和掌握一门外语；具有健全的体魄。"法学—新闻"实验班的核心课程包括：中国法制史、外国法制史、法理学、宪法学、民法总论、民法分论、刑法总论、刑法分论、经济法学、行政法学、知识产权法、商法、新闻实务基础、新闻与传播理论、公共关系与广告、数字传播技术应用、新闻编辑、新闻评论、新闻采访写作、音频视频内容制作、新闻摄影、中外新闻传播史等。此外，法学院和新闻学院开设的 80 余门选修课可供选修。在就业方面，"法学—新闻"实验班毕业生适宜在新闻媒体从事法治新闻报道，在党政机关、企事业单位从事公共传播与宣传管理工作及立法、司法与法律服务工作，也可以在相关行业领域从事新闻法方面的教育与科研工作，等等。①

模式二：华东政法大学新闻学卓越人才实验班

根据教育部、中共中央宣传部《关于加强高校新闻传播院系师资队伍建设实施卓越新闻传播人才教育培养计划的意见》文件精神，为提高新闻传播本科人才培养水平，华东政法大学自 2015 年起开展新闻学（卓越新闻人才实验班）的招生培养工作。该班日常教学和管理由人文学院负责开展。该实验班以"法制新闻"为特色，对学生进行新闻传播实务技能的系统培训，培养具有全媒体业务技能的应用型、复合型、国际化、高层次新闻传播人才。华东政法大学新闻学卓越人才实验班的培养特色在于：（1）站位高远，秉承志存高远、脚踏实地的专业发展理念。卓越人才实验班重视学生深厚人文底蕴与社会发展责任共担意识的养成，强调法律素养与全媒体业务技能的有机结合，培养勇于担当、技能全面的应用型、复合式、国际化、高层次新闻传播人才。（2）以人为本，构筑多重联合培养机制。一方面，实行"高校—业界联合"培养模式，采用"三师制"培养方式。校内除新闻学专业、法学专业师资外，聘有业界知名专家、记者、管理者、策划人担任学生导师，从多维度视角拓展学生综合素养。另一方面，采用"新闻传播—法学联合"培养模式。依托华东政法大学雄厚的法学师资，突出新闻学和法学学科融合，强调学生社会责任共担意识和专业技能培养。紧密围绕"法制新闻传播"和"法制宣传"两个方向，加强学生基本业务能力习得，鼓励学生在校期间修读法律二专。（3）强调实操，打造全方位互动实训平台。打造全方位实践教学体系，设有课内校外互动实训平台。电视摄像、报刊编辑、节目主持实务、纪录片实务等多门实务类课程外，学院邀请校外专家讲授新闻前沿实务讯息。设有国内领先的全媒体实训中心，与《法制日报》社、上海文广互动电视有限公司等业界知名企事业单位建立实习合作，为学生能力发展提供广阔平台。（4）精心培养，建立科学流动机制。严格校内专业考核机制，学生应按照培养计划要求完成规定学业，达到既定培养目标要求。未在规定时间达到相应培养要求

---

① 参见中国人民大学法学院网站，http://www.law.ruc.edu.cn/rcpy/?unit=%CA%B5%D1%E9%B0%E0。

者，将分流至平行普通班级就读。①

模式三：上海政法学院卓越新闻传播人才试点班

2014年，上海市教委批准上海政法学院为"上海卓越新闻传播人才培养基地"。为贯彻教育部和市教委"卓越新闻传播人才教育培养计划"，上海政法学院从2015年开始探索培养对接社会需求的应用型卓越新闻传播人才。该专业是法学和新闻传播学在相互融合、渗透的基础上产生的一门新兴的（交叉性）综合性、应用性学科。该试点班突出"复合型、应用型和多层次"的人才培养要求，有关写作、摄影、摄像、多媒体制作报告等传播技能的课程占有较大比例，应用型的专业定位更为明确。经过严格的本科学习、实践，使学生具有新闻传播、法律、政治、文学、信息技术、新闻实践操作能力融为一体的知识结构，既有新闻传播学的博闻灵动，又有法学的严谨周密，更有社会学、政治学的宏阔深刻；使学生具备较强的理性分析问题、动手解决问题的能力以及踏实勤奋、严谨理性、爱岗敬业、廉洁自律等优秀素质。卓越新闻传播人才培养试点班主要培养法制新闻交叉型、复合型人才。课程设置包括：大众传播学、新闻学概论、新闻业务、中外新闻史、电视摄像与编辑制作、网络与新媒体、专业实训课、西方新闻写作与分析、新闻传播研究方法、大众传播与社会、广告学、国际传播与跨文化交流、比较媒介研究以及法学概论、宪法学等复合交叉类法学课程。卓越新闻传播人才试点班培养模式与机制主要有：一是"理论与实务并重"的培养模式；二是竞争分流机制和中期选拔机制。建立面向全校各专业同一年级学生的中期选拔机制。根据学生自愿申请以及学生平均学分绩点等条件，学校通过面试遴选方式进行二次选拔录取，合格者编入试点班学习，已获学分可以计入总学分。最高选拔率原则上不超过试点班人数的30%。②

模式四：广东财经大学政法新闻班

广东财经大学的政法新闻行业法治人才培养是通过人文学院和法学院的合作培养实现的。政法新闻专业的人才培养目标是：培养具备系统的新闻理论知识与技能、宽广的科学与文化知识，熟悉我国新闻、宣传政策法规，能在新闻、出版与宣传部门从事编辑、记者与管理等工作的新闻法治专门人才。毕业生应掌握新闻学基本理论与基本知识；掌握新闻采访、写作、编辑、评论、摄影等业务知识与技能；具有调查研究和社会活动能力；了解新闻工作的方针、政策和法规；了解中国新闻工作现状与发展趋势，了解外国新闻工作发展动态；了解我国法律体系的基本内容和法治精神。政法新闻班开设的主要课程除了法理学、宪法学、民

---

① 参见华东政法大学网站，http：//zsb.ecupl.edu.cn/3062/list.htm。
② 参见上海政法学院网站，http：//www.shupl.edu.cn/1244/list.htm。

法学、刑法学等法学专业课程,还有新闻学概论、中国新闻事业史、外国新闻事业史、新闻采访与写作、新闻编辑与评论等新闻学专业的必修课程。人才培养设置的主要实践性教学环节:新闻采访、新闻写作、报刊新闻编辑、新闻摄影、电视采访、广播电视新闻摄像、广播电视新闻编辑,等等。学生在毕业后的主要去向为:在党政机关、企事业单位从事新闻宣传管理工作、新闻立法、司法与法律服务工作及相关行业领域的新闻传播工作等。①

以上各校新闻行业法治人才培养机制等情况如表2-3所示。

表2-3　　　　各校新闻行业法治人才的培养机制及探索

培养单位	培养目标	创新机制	课程设置	保障机制
中国人民大学	通晓法学、新闻传播学知识的复合型卓越人才	法学院"法学—新闻"本科实验班	法学专业+新闻专业核心课程	法学院与新闻学院分别遴选,按独立培养方案授课
华东政法大学	具有全媒体业务技能的应用型、复合型、国际化、高层次法治新闻传播人才	新闻学卓越人才实验班	法治新闻理论课程+实践课程体系	以人为本,构筑新闻学卓越人才多重联合培养机制
上海政法大学	法制新闻交叉型复合型人才	卓越新闻传播人才培养试点班	新闻学+法学复合交叉类课程体系	"理论与实务并重"的培养模式;竞争分流机制和中期选拔机制
广东财经大学	政法新闻复合型人才	人文学院下设政法新闻班	新闻学+法学复合型课程体系	人文传播学院与法学院联合培养

4. 金融法治人才培养模式

模式一:对外经济贸易大学"法律+金融"双学位实验班

对外经济贸易大学法学院是教育部和中央政法委特批的"应用型复合型法律职业人才教育培养基地"和"涉外法律职业人才教育培养基地"所在地,是教育部"本科综合改革"试点单位,拥有30余年的高端国际化法律人才培养经验。"法律+金融"双学位实验班的开设是法学院进一步提高办学质量和特色的重要举措。参加该实验班的学生将从新入学的学生中选拔,人数为25~30人。法律与金融实验班的学生要求掌握法学和金融学基本理论,具有扎实的理论素养;掌

---

① 参见广东财经大学网站,http://rwycb.gdufe.edu.cn/2012/0507/c1186a34181/page.htm。

握法学和金融学的分析方法，了解法学和金融学交叉领域前沿理论及其研究发展动态，具备用所学理论和方法进行较深入学术研究的能力；通过系统辅修，熟练掌握金融领域的基本知识和法律规范，能将法学知识与金融学知识相结合，能从事金融衍生交易、金融监管等境内外金融和法律领域的实务工作；熟练运用一门外国语，能用外语进行国际学术研究和工作交流；具有实践创新精神，并具有初步独立处理涉金融法律问题的基本素质、知识和技能。经过该实验班的培养，原本是法律专业的学生具备了"法律+金融"的交叉知识结构，综合素质得到了显著提高，在就业过程中可进行多种选择，既可以到法律岗位工作，也可以到金融岗位工作，在就业市场上的竞争优势得到了大幅度提高。在课程设置方面，配备的课程无论是法律课还是金融课，均与法律专业或金融专业的学生一起上课，而不是参加二线的公共课程。该实验班还将安排专项资金为学生提供为期半年的海外学习机会；将专门聘请外国专家为学生开设成系列的纯英语法律和金融课程；为学生开辟赴国际组织、海外政府机构、知名国际律师事务所和世界500强企业实习的渠道，等等。①

模式二：华东政法大学涉外卓越国际金融法律人才实验班

华东政法大学国际金融法律学院自2013年起承担涉外型卓越法律人才的培养重任，创办了法学（涉外型卓越法律人才培养班），该专业旨在培养一批具有国际视野、通晓国际规则，能够参与国际法律事务和维护国家利益的涉外杰出法律人才。该实验班的特色有：（1）学术型人才培养的强大优势：学院依托强大的师资队伍和科研实力，提出了"以学术引领学生成长"的人才培养战略。通过学院推出的"公司+金融+法律""法律与金融"系列经典译丛以及学院教师的学术作品，将科研优势转化为教学优势，并通过开展大量学术活动，引导学生积极参与科研、投身学术。（2）应用型人才培养的双导师制：学院实行学生校内外双导师制，以形成实务资源对理论教学的补充效应。学院聘请国内外知名教授、金融监管部门的官员、法官及市场人士为学院兼职教授，由教授与金融法律实务人士共同开设《国际金融法律理论与实务》等课程。学院承接来自法院、检察院、金融监管部门的疑难案件研讨任务，每年假期均安排学生到金融审判、金融监管与市场部门、律师事务所进行实习。特别是在国际化人才培养方面，实行"送出去"与"请进来"的双轨战略：在"送出去"方面，学院相继开辟了美国纽约、德国法兰克福等海外实习基地，与美国埃默里大学、英国斯特拉斯克莱德大学签署合作协议，为学生提供海外实习及继续深造的平台。在"请进来"方面，学院

---

① 参见对外经济贸易大学法学院网站，http://law.uibe.edu.cn/OutListContent/index.aspx? nodeid = 35&page = ContentPage&contentid = 3131。

邀请美国耶鲁大学、宾夕法尼亚大学、加拿大约克大学等教授来校讲学,邀请哈佛大学、剑桥大学等世界顶级学府的教授的讲学计划正在积极筹划之中,以增加学生与国外教授的接触机会,为其出国创造条件。同时,学院专门为卓越班同学安排了5位专业老师,每位教师对口10位同学,对同学的日常生活、学习等进行关心和指导。师生沟通不限于课堂、office hour,还包括邮箱、微信、腾讯QQ等多种渠道,提高学生与老师之间的亲密度,也使老师真正了解学生的生活、学习状态。①

模式三:西南财经大学"法学—金融"光华实验班

西南财经大学"法学—金融"光华实验班的人才培养理念秉承"经世济民、孜孜以求"的西南财经大学精神,实践"育人为本,理论为基,应用为重,创新为魂"的人才培养理念,从根本上转换传统过于偏重专业教育的本科人才培养模式,基于"定位经管复合、强化通识基础、突出专业特色"三个特点,全面创新经管类人才培养思路与培养方式。学校将着力把实验班打造成培养卓越人才的摇篮和基地,使学生的潜力在这里尽可能得到挖掘,才华得到充分而全面的发展。学校将在实验班进行人才培养模式创新的综合改革,探索全新的教育理念、培养体系和管理方式,并以人才的高品质优势赢得卓越的社会声誉。"法学—金融"光华实验班的人才培养目标是,努力构建经济管理复合型拔尖创新人才培养新体系和新模式,致力于培养基础宽厚、业务精湛、素质全面、富有创新意识和创造能力、具有远大抱负和人生理想、在经济管理相关领域知识结构复合型的拔尖创新人才。实验班的人才培养特色是:实施小班教学;实施"通识教育+跨学科(专业)培养"模式;推行双学位制;建立本硕连读制;实行专业导师制;发展国际合作培养制;强化学生实践能力培养。

以上各校金融行业法治人才培养机制等情况如表2-4所示。

表2-4　　　　各校金融行业法治人才的培养机制及探索

培养单位	培养目标	创新机制	课程设置	保障机制
对外经济贸易大学	培养具有扎实的法学和金融学复合理论功底,掌握法学的经济分析和金融的法律分析技能,具有国际视野,解决高端金融和法律交叉领域问题能力的创新型高端复合人才	"法律+金融"双学位实验班	"法律+金融"的课程体系	实验班将安排专项资金为学生提供为期半年的海外学习机会

---

① 参见华东政法大学网站,http://zsb.ecupl.edu.cn/3060/list.htm。

续表

培养单位	培养目标	创新机制	课程设置	保障机制
华东政法大学	培养拥有法律、金融财会、数理统计等复合型知识结构、娴熟的外语能力、具有本科、硕士、博士学位的高起点、国际化、应用型金融法律人才	"通识教育+专业教育"	理论课程与实践课程的融合	"送出去"与"请进来"的双轨战略
西南财经大学	培养基础宽厚、业务精湛、素质全面、富有创新意识和创造能力、具有远大抱负和人生理想、在经济管理相关领域知识结构复合型的拔尖创新人才	通识教育+跨学科（专业）培养	法学与经济管理复合型课程体系	定位经管复合、强化通识基础、突出专业特色

5. 公司会计法治人才培养模式

模式一：西南政法大学"资本市场法务"与"企业法务"实验班

西南政法大学民商法学院在企业法务、市场法务人才培养过程中引入"预防式"法学教育理念，教会学生如何防范风险。如果学生要自主创业，必然面临各式风险，"预防式"法学教育培育的风险预测与防范能力，可为其自主创业提供保障，使其在工作岗位上仍可发挥法律专业优势。从 2015 年开始，西南政法大学民商法学院与经济学院、管理学院合作，每年分别选拔 50 人，开设"资本市场法务"与"企业法务"实验班，培养市场法务和企业法务专门人才。[①]"这样做都是为了培养具有牢固的相关法律及经济管理知识基础，具有较强自主学习能力、思维创新能力以及良好职业素养，高水平应用型、复合型法律人才。"有学者认为，西南政法大学教学团队的"预防式"法学教育实践具有很强的示范性和推广价值。对应"治疗式"法学教育的是"预防式"法学教育，它强调法律人不仅要处理和应对现实的法律问题，更要在充分了解客户需求和运营环境的基础上，主动对可能产生的法律问题提前做出预测和研判，并在危机爆发前对相关的法律风险做出安排，从而避免法律纠纷的出现。这是企业法务主要的职责，上述的问题采用预防式法学教育理念可以得到解决。[②]

---

① 参见西南政法大学民商法学院，http://ccls.swupl.edu.cn/xygk/xyjj/239405.htm。
② 黄军：《为企业培养卓越法律人才 西政民商法学院力推"预防式"法学教育改革》，华龙网，http://news.163.com/17/0221/10/CDPSKO8O00018AOP.html。

模式二：浙江工商大学法学院公司法学专业

浙江工商大学法学院以培养卓越法律人才为目标，不断提升教学水平，增强毕业生的综合素质和专业能力，为社会输送了大批高质量的法律人才。浙江工商大学法学院公司法学专业以培养既有扎实法学理论基础知识，又有良好的法学实践应用能力和外语能力的，能适应现代经济社会发展需要的法律专门人才为目的。法学专业学生主要学习法学基本理论及应用技能。经过四年系统的法学专业训练，使学生具有分析和解决法律问题的能力。在公司法务人才培养方面，开设公司企业法治人才班，主要专业课程包括：法理学、宪法学、刑法学、民法学、商法学、经济法学、刑事诉讼法学、民事诉讼法学、公司法、证券法、金融法、保险法、劳动与社会保障法、环境资源法、合同管理等。要求学生热爱法学，并有志于从事公司企业法务。同时，要有较好的心理素质、口头表达能力、写作能力和较强的社会活动能力。择业去向主要是各类公司企业（包括跨国公司企业）、经济管理部门、律师事务所。①

模式三：江西财经大学法学院法务会计特色专业

江西财经大学法学院努力培养具有"信敏廉毅"素质的卓越法律人才，通过不断探索，牢固树立以法律职业教育为主体，寓素质教育于职业教育之中的教育理念，逐渐形成以"宽口径、厚基础、强能力、重实践"为特征的财经法律人才培养模式。法务会计专业方向重视法科与财经学科对接，重视学生的法律和会计实务能力，培养系统掌握法学、会计学基本理论知识，能灵活运用审计方法，熟知证据规则和法定程序，洞悉国内外财务准则和会计实务操作流程，能够综合运用法律、会计知识和技能的人才。具体说来，法务会计专业培养具备扎实法学理论知识和实务技能，熟悉财务制度和会计实务操作流程，能胜任银行、保险、基金、信托、证券等金融法务工作或者司法会计、舞弊审计、经济犯罪侦查、会计鉴证等法务工作，具有"信敏廉毅"素质，具备"法律信仰、法治思维、法学素养和创新精神"的法律人才。要求学生掌握：一是法学专业知识。熟悉法学基本理论和应用方法：系统深入地掌握法律知识体系。二是财会管理知识。掌握会计学原理、财务管理、中级财务会计、高级财务会计、审计学、公司财务学、财务报表分析、会计信息系统等基础课程知识。三是人文社会科学知识。掌握哲学、经济学、社会学、政治学和历史等社会科学知识；社会、经济和自然界的可持续发展知识。四是工具性知识。熟练掌握英语，具有一定的英文写作和表达能力；了解信息科学基础知识，掌握文献检索的一般方法；掌握计算机基本知识及其相关软件应用技术。在能力要求方面，要求学生具备的能力：（1）法学理论学

---

① 参见浙江工商大学法学院网站，http://law.zjgsu.edu.cn/View-130.html。

习能力。要求具有独立自主学习并获取本专业知识、更新知识和应用知识的能力。(2) 应用法学知识和财务知识的能力。要求在获得相关基础知识与思维方式的基础上,具备应用所学法律知识和财经知识发现实践中的财经法律问题的能力、分析法律文本的能力,对财务信息的辨析以及财经法律事务处置等能力。(3) 法律理论与法律实践创新能力。要求具有一定的科学研究和实际工作能力,具有一定的批判思维能力。掌握进行创造活动的思维方法,具有一定的创新思维和探索能力。(4) 外语读写能力。法学专业核心课程包括法理学、中国法制史、宪法、行政法与行政诉讼法、刑法、刑事诉讼法、民法、民事诉讼法、经济法、商法(公司企业法方向)、知识产权法、国际法、国际私法、国际经济法(双语)、环境资源法、劳动与社会保障法。会计基础核心课程包括开设会计学原理、财务管理、中级财务会计、高级财务会计、审计学、公司财务学、财务报表分析、会计信息系统等。法务会计核心课程:开设法务会计、经济犯罪侦查、舞弊审计等。①

模式四:南京审计大学法学院法务会计方向

南京审计大学法学院以培养法务会计人才为特色,意在培养适应社会主义法治体系和市场经济建设需要,德、智、体、美全面发展的"法学+会计学"的复合型、职业型、创新型法治人才及后备力量。学生需系统掌握法学、会计学等学科的基本理论知识,熟知经济活动中的证据规则和法定程序,熟悉国内外会计、财务相关政策、法律法规以及相应的国际惯例,并通过法律、会计以及两者结合部分的实务训练,能够综合运用法律、会计、审计的知识、方法和技能,具有较强的语言和文字表达、人际沟通、信息获取与分析以及解决法务会计问题的能力,具备会计、税务、审计、鉴证等法务会计职业技能,能适应国家立法、行政、司法机关、社会中介组织及企事业单位等行业和部门的需求。法务会计方向的主干课程包括:法理学、宪法学、行政法与行政诉讼法学、刑法学、刑事诉讼法学、民法学、民事诉讼法学、商法学、知识产权法学、经济法学、劳动与社会保障法学、合同法学、会计学基础、财务会计、经济学原理、会计信息系统、财务管理、法务会计学、审计学、经济犯罪调查、证据法学等。法务会计的就业方向与趋势是:人大、政法机关、审计监察部门、律师事务所、会计师事务所、企事业单位。就业趋势越来越倾向于高层次。该校首届法务会计方向毕业生就业率为100%,其中部分毕业生就职于全球四大会计师事务所。②

以上各校公司会计行业法治人才培养机制等情况如表2 - 5所示。

---

① 参见江西财经大学法学院网站,http://law.jxufe.cn/news - list - fawuhuiji.html。
② 参见南京审计大学法学院网站,http://law.nau.edu.cn/s/111/t/478/p/1/c/2824/d/2831/list.htm。

表2-5　　　各校公司会计行业法治人才的培养机制及探索

培养单位	培养目标	创新机制	课程设置	保障机制
西南政法大学	培养市场法务和企业法务专门人才	"资本市场法务"与"企业法务"实验班	法学课程与经济学、管理学、会计学课程的融合	"预防式"法学教育理念加强学生对可能产生的法律问题提前作出预测研判的能力
浙江工商大学	既有扎实法学理论基础知识,又有良好的法学实践应用能力和外语能力的法治人才	法学院开设公司法务专业	法学专业课程与经济学、管理学课程体系的融合	法学院与知识产权学院联合培养
江西财经大学	培养系统掌握法学、会计学基本理论知识,能灵活运用审计方法,熟知证据规则和法定程序,洞悉国内外财务准则和会计实务操作流程,能够综合运用法律、会计知识和技能的人才	"法律信仰、法治思维、法学素养和创新精神"的法学会计复合型、应用型人才培养模式	会计基础核心课程、法务会计课程体系	"宽口径、厚基础、强能力、重实践"人才培养的保障机制
南京审计大学	德、智、体、美全面发展的"法学+会计学"的复合型、职业型、创新型法治人才	以培养法务会计人才为特色	法学与会计学等学科交叉	依托丰富的会计学、审计学、法学专业资源;对学生的数学成绩要求相对较好

6. 其他行业法治人才培养模式

模式一:中国政法大学网络法治人才

中国政法大学是国内网络法治人才培养的开创者,完成了成体系的网络法治人才培养的学科、专业体系的布局、建设。2012年,在全国率先将侦查学专业改造建设为"网络犯罪侦查专业",同时为该本科专业建立全国第一家"网络犯罪侦查实验室";2013年,在全国率先在"刑法学"学科之下,设置三级学科方向"网络法学",招收博士、硕士研究生;2016年,在全国率先设置法学二级学科"网络法学",独立招收博士、硕士研究生;2017年,和最高人民法院共建"法治信息管理学院"和"法治信息管理专业",培养兼通法学、计算机科学和管理学的本科复合型人才。为了实现网络法治领域人才辈出,实现依法治网,建设法治网络,中国政法大学作为世界上最大的法学院、中国法学教育的最高学府与作为世界顶级互联网公司的腾讯公司,以共同的社会责任感和历史使命感,于2017年决定共建"中国政法大学网络法学研究院"。"中国政法大学网络法学研究院"既是高水平的科研机构和智库,也是"网络法治人才"的培养基地。研究院充分结合中国政法大学的网络法学学科优势、学术研究优势和腾讯公司的网络法治实务经验优势,协同创新,致力于将"中国政法大学网络法学研究院"建成"中国特色、世界一流"的网络法研究智库,为中国从网络大国成为网络强国贡献智慧,为建设法治网络和"网络空间命运共同体"提供智力支持。[1]

模式二:西南政法大学人工智能法治人才

为响应中共十九大提出的"推动互联网、大数据、人工智能和实体经济深度融合""提高社会治理社会化、法治化、智能化、专业化水平"要求,力图实现为国家社会治理格局的智能化、法治化、专业化提供强大的软件和技术支持,西南政法大学于2017年率先成立人工智能法学院(包括原有的应用法学院、仲裁学院),以"立足国家战略、坚持错位发展"为指导思想,以"教学立院、科研强院、人才兴院"为发展思路,以打造"应用法学前沿、实务教育高地"为发展目标,主动适应全球法律职业教育发展的时代需求,逐步在全国率先建成一支专司法律职业思维、法律职业能力、法律职业伦理研究与教学的"双师型"师资队伍,逐步凝练形成特色鲜明、优势突出的法律实务教育教学体系和日臻完善的应用法学科研创新体系,逐步发展成为引领国家法治人才培养模式变革的协同创新实验区和中国特色社会主义法治实践研究的前沿阵地。同时,西南政法大学人工智能法学院联合科大讯飞等人工智能企业,成立讯飞语音语言联合实验室和3D视觉识别联合实验室,对人工智能时代法律人才的培养模式和新的技术问题等进行研究,该人工智能法学院对人工智能法治人才的培养以及深入到垂直领域研究,都将有非常大的价值。[2]

模式三:西南医科大学法学院"应用—复合—创新型"卓越医事法律人才

西南医科大学法学院秉承"办出优势、办出特色"的办学理念,特别注重学生的医学、法学比较优势和复合型特色,寻求差异化的发展道路。培养适应中国特色社会主义建设需要,德、智、体等方面全面发展,具有从事医事法律工作所

---

[1] 参见中国政法大学网络法学研究院网站,http://wlfxyjy.cupl.edu.cn/yjygk/yjyjj.htm。
[2] 参见西南政法大学人工智能法学院网站,http://alc.swupl.edu.cn/xygl/xygk/174967.htm。

必需的理论知识、创新精神和实务能力，能在国家机关、企事业单位和社会团体从事医事法律实务工作的应用型、复合型专门人才。毕业生需掌握本专业实际工作所必需的基本理论、基本知识和基本技能，掌握医学、法学职业道德要求，掌握医学、法学的科学思维方法和研究方法，熟悉医药卫生、法律等领域实务工作，具有运用医事法学专业理论和思维方法发现、分析、解决专业问题的综合能力，具有一定的创新思维和探索能力。学制为五年，文、理兼收。开设的主要课程包括：法理学、宪法学、民法学、民事诉讼法学、刑法学、刑事诉讼法学、行政法与行政诉讼法学、证据学、合同法学、医事法学、医事争议处理法学、医患沟通学、医院管理、法医学、系统解剖学、组织胚胎学、生理学、病理学与病理生理学、药理学、诊断学、内科学、外科学、妇产科学、儿科学等。学生的就业去向有：毕业生以医学、法学的复合型专业优势，能在各级各类医药卫生机构、医药卫生行政机关、司法机关、法律服务机构、医药卫生教学科研院所、保险公司等从事医药卫生管理、医患纠纷的预防与处理等相关工作。①

模式四：中国政法大学"法学—西班牙语"特色人才培养实验班

中国政法大学法学专业西班牙语特色人才培养实验班的培养目标是，具有厚基础、宽口径、高素质、强能力的复合型、应用型、创新型高级法律职业人才。学生具有广泛的人文社会科学与自然科学领域的知识基础；具有较坚实的法学理论基础，系统地掌握法学知识和法律规定，了解国内外法学理论发展及国内立法信息；具有国际视野，通晓西语国家和特定区域规则，能够参与国别化和区域化法律事务，维护我国在西语国家和特定区域中的利益；具有较高的政治理论素质、较强的分析能力、判断能力和实际操作能力；能较熟练地应用有关法律知识和法律规定办理各类法律事务，解决各类法律纠纷，并具有从事法学教育和研究工作的基本能力和素质。根据中国政法大学法学专业西班牙语特色人才培养实验班培养目标的要求，结合社会需要，本专业课堂教学课程体系由通识课、专业课、国际课程和创新创业类课程构成，通识课和专业课均分别由必修课和选修课组成。通识必修课共43学分；专业必修课由18门课程组成，共58学分；专业选修课应修满22学分，具体要求为基础专业选修课组应修5学分、案例课组应修4学分、研讨课组应修2学分、实务技能课组应修2学分、西班牙语法律类课组应修9学分；全校通识选修课应修满22学分，具体要求是通识主干课4学分，一般通识课7学分，西班牙语语言类课组应修11学分；任选至少1学分。国际课程应修满2学分，创新创业类课程应修满2学分。同时，还有社会实践与专业实习。社会实践旨在引导学生了解社会，掌握社会调查的基本方法，共4周，安

---

① 参见西南医科大学法学院网站，http://fxy.swmu.edu.cn/info/1069/2292.htm。

排在第五学期期末；专业实习共 10 周，安排在第七学期。此外，为培养学生研究与分析问题的能力，本培养方案所列社会实践、专业实习须撰写调查报告、实习报告。课堂教学学分修满后学生均需撰写毕业论文。①

（二）财经法治人才培养实践及探索

2012 年，教育部遴选并确定建设的 58 个应用型、复合型法律职业人才教育培养基地中，共有对外经济贸易大学、中央财经大学、吉林财经大学、上海财经大学、浙江工商大学、江西财经大学、中南财经政法大学、广东财经大学和西南财经大学 9 所财经院校。根据《教育部　中央政法委员会关于实施卓越法律人才教育培养计划的若干意见》提出的"培养造就一批信念执著、品德优良、知识丰富、本领过硬的高素质法律人才"目标，上述财经院校积极创新法治人才培养体制机制，形成了特色鲜明的财经法治人才培养模式。

在培养目标方面，各财经院校法治人才培养目标大致相同，都是为财经行业培养专门法治人才。对于卓越财经法治人才应当具备的基本素质，各学校均要求毕业生拥有扎实的法学基本理论、专业知识和基本技能，熟悉财经行业的法律法规，毕业后主要在企事业单位、金融机构、政府部门、司法机关、律师事务所等相关机构从事财经法律实务工作。为了实现上述培养目标，财经院校主要通过整合法学和财经类学科资源，重点打造与财经行业密切相关的品牌学科和特色学科体系。表 2-6 是 9 所财经院校制定的法治人才培养目标、学科融合及特色专业建设举措。②

表 2-6　　各财经院校的法治人才培养目标及学科建设举措

学校名称	培养目标	与法学学科融合的其他学科	特色专业与创新措施
对外经济贸易大学	培养符合社会主义现代化建设需要，德智体美全面发展，系统掌握法学专业知识、金融、经贸等专门知识，英语水平突出，能够从事涉外经贸法律工作，具有创新精神和法律实践能力的国际化、复合型的卓越人才	金融学、经济学、投资学、数学、国际贸易、英语、法语、西班牙语等	设立国际化特色人才实验班，开设法律与金融实验班与涉外型卓越经贸法律人才实验班

---

① 参见中国政法大学法学院网站，http：//fxy.cupl.edu.cn/info/1074/1113.htm。
② 所有资料来源于各学校的官方网站。

续表

学校名称	培养目标	与法学学科融合的其他学科	特色专业与创新措施
中央财经大学	培养通法律、懂经济、懂管理、懂外语的高层次复合型、应用型人才	经济学、管理学、英语等	开设涉外型法学专业与应用型复合型法学专业
吉林财经大学	培养德、智、体、美全面发展，职业道德好，经济法学专业基础扎实，政策水平高，善于调查研究，具有较强的实践能力、创新能力、交流能力和社会适应能力，能够在政府、司法部门和企事业单位从事法律工作和相关工作的高素质应用型法律专业人才	经济学、管理学等	开设卓越法律人才实验班
上海财经大学	培养具有财经底蕴的高素质法律人才与具有法律素养的高素质财经人才，具有国际视野的比较法人才	金融学、会计学、英语等	开设英美法证书班
浙江工商大学	培养系统掌握法学专业知识和专业技能，能够胜任国家机关、企事业单位和社会团体的工作，特别是能够在国家立法、行政、审判、检察机关和仲裁机构以及法律服务机构从事法律工作的高级法学专门人才	知识产权、经济学等	卓越法律人才试验区开设公司法务、司法实务和涉外法律三个方向
江西财经大学	培养具备扎实法学理论知识和实务技能，熟悉财务制度和会计实务操作流程，能胜任银行、保险、基金、信托、证券等金融法务工作或者司法会计、舞弊审计、经济犯罪侦查、会计鉴证等与法务工作，具有"信敏廉毅"素质，具备"法律信仰、法治思维、法学素养和创新精神"的法律人才	会计学、经济学、管理学、英语等	开设"多向融通式"应用型财经法律人才培养模式创新实验区和法务会计方向

续表

学校名称	培养目标	与法学学科融合的其他学科	特色专业与创新措施
中南财经政法大学	培养具备扎实法学理论基础与系统法学知识,具有经济学、管理学等方面的知识和能力,具有良好政治素质和职业道德,富有创新意识和开拓精神,能在国家立法机关、司法机关、行政机关及高等院校、科研机构和各类企事业单位从事相应工作的法学专门人才	经济学、国际贸易、政治学、管理学、人文学科等	开设民商法、涉外经贸法、政府法制三个特色方向
广东财经大学	培养适应多样化法律职业需求,德、智、体等方面全面发展,系统掌握法学基本理论和专业知识,具有较强的创新精神和实践能力,特别是能在国家立法机关、审判机关、检察机关、司法行政机关、仲裁机构、法律服务机构和涉外活动机构从事法律工作,具有高度政治觉悟、社会责任感、具有扎实的法学理论功底和实务操作技能的应用型、复合型高级专门法律人才	经济学、金融学、管理学等	卓越法律人才实验区分别开设司法法务和企业法务两个方向
西南财经大学	培养具有优良政治思想素质和心理素质,深厚人文底蕴和综合修养,扎实法学理论基础,良好实践应用能力和创新精神,能适应社会主义市场经济和现代法治的需要,适应依法治国的目标,适应经济、法律全球化趋势要求,具备学习能力、概括能力、分析和解决问题能力,忠诚法律、维护正义、刚正不阿、清廉执法等修养的高素质法律人才	经济学、金融学、管理学、统计学等	开设金融实验班、"法学—会计"双学位班

从上述财经院校的法治人才培养目标及建设措施可见,财经院校在培养具有复合知识体系的财经法治人才方面,形成了特色鲜明的行业法治人才培养模式。由于每个学校的财经类优势学科并不相同,所以每个学校培养的财经行业专门法治人才也不一样,有些主要培养涉外经贸法治人才,有些专注于企业法务、会计法务、金融法务、审计法务或知识产权法务等财经行业法治人才培养,也有的侧重培养高层次理论研究型法治人才。总的说来,"财经院校的法学教育有一个共同的特点,那就是财经学科在学校的总体性学科设置中居于优势地位,如果要实现法学学科的特色发展,就必须借助财经院校的其他优势学科的优势资源,进行交叉研究与资源整合"[1],在此基础上形成规范化、常态化、长效化的学科融合机制,从而为培养具有财经特色的卓越法治人才提供坚实的学科基础。

在培养财经法治人才的专业素养和行业技能方面,各校的主要措施和基本途径也大致相同,主要仰赖于通过行业实训的实践教学和专业实习,实践教学体现了鲜明的财经行业特点。实践教学是培养法治人才的实务技能、职业道德、法治思维和法治信仰的重要途径。对于财经法治人才培养而言,由于财经行业与社会生活密切相关,实践教学就更为重要。各财经院校在法治人才培养方案中,都非常重视实践教学。表2-7是各校与实务部门协同育人,开展实践教学的主要做法。[2]

表 2-7　　各财经院校开展"高校—实务部门联合培养"法治人才的主要做法

学校名称	参与实践教学的实务部门	主要做法
对外经济贸易大学	北京市第三中级人民法院、商务部、国家开发银行、中航科工集团、华为等国企和民企,美迈斯、仲达等国内外顶尖律师事务所,等等	通过共建实习基地,与实务部门的课题合作及设立奖学金等方式给学生提供实习机会;聘请国外著名法学院和律师事务所的知名人士担任外教、荣誉或客座教授

---

[1] 杜承铭、戴激涛:《整合式创新:多元法治人才分类培养的实践与探索》,载于《中国大学教学》2016年第10期,第31~36页。

[2] 所有资料来源于各学校的官方网站。

续表

学校名称	参与实践教学的实务部门	主要做法
中央财经大学	最高人民法院、最高人民检察院、司法部、建设部、中国银保监会、中国证监会、国家国有资产监督管理委员会、中国工商银行、中国建设银行、中国银行、中国农业银行等金融机构	与中国石油天然气集团创建了"中国环境金融法研究中心",与银保监会联合设立"保险法研究中心",与住房和城乡建设部联合成立"房地产法研究中心";联合具有社会责任感的机构设立奖学金;与有关法院、金融机构、公司企业、律师事务所合作建立了30多个专业性的社会实践基地
上海财经大学	上海市有关法院、检察院、律师事务所、证券交易所等	与多家法院、检察院、律师事务所、证券交易所等签署校外实践教学基地合作协议
浙江工商大学	浙江省人民检察院、杭州市人民检察院、杭州市中级人民法院、杭州市西湖区人民法院、杭州市萧山区司法局、绍兴市人民检察院、温州市中级人民法院、浙江泽厚律师事务所等	建立分类培养的实践教学基地体系;为学生配备学业实务导师;开展"实务精英"进课堂、"实务精英论坛""庭审进校园"、学业实务导师面对面活动;与杭州和达高科技发展集团签订《关于开展创业服务的战略合作构架协议》
江西财经大学	抚州市中级人民法院、南昌市人民检察院、律师事务所等	与法律实务部门签订校内外联合培养卓越法律人才机制协议;推行"菜单式"实习实践模式
中南财经政法大学	武汉东湖新技术开发区人民法院、湖北忠三律师事务所等	以"培养环节的提前介入"为切入点,通过课堂教学合作与实习实践合作,加强律协、律所与法学院的交流合作;探索建立具备"知识整合应用能力、知识迁移转化能力和知识持续更新能力"法律人才的新型培养模式
广东财经大学	广州市花都区检察院、佛山市三水区法院、揭阳市中级人民法院、广东永华知识产权管理有限公司和部分律师事务所等	与法院、检察院及多家企事业单位签订共建实习基地合作协议,强调协同育人,实现优势互补
西南财经大学	法院、检察院、公安机关等	与多个实务部门共建"法学教学、法学研究"基地;与双流法院共建示范性实践教学基地等

从财经院校与实务部门协同育人的做法可见，财经院校的实践教学主要有两个方面的特点，体现了浓厚的财经行业特色。一方面，参与实践教学的主体更多元，金融机构、企事业单位等实务部门成为实践教学的主力军。与财经院校合作开展协同育人的单位除了法院、检察院、律师事务所、公安机关等传统法律实务部门，还有金融机构、政府部门、企事业单位、财经行业组织等其他实务部门；另一方面，财经院校组织实践教学的形式更开放灵活，教学内容与财经行业结合紧密。财经院校组织实践教学的形式不仅有案例教学、模拟法庭、法律诊所、法律援助、项目合作等传统形式，而且还包括行业法律咨询、社会公益服务、行业法务仿真实训和创业大赛等。实践教学内容大多与财经行业的特点和未来发展密切相关，反映了当前财经行业对法治人才的真实需求，不仅有助于培养学生的财经法务技能和解决实际问题的能力，而且有助于促进法治人才培养与财经行业需求的高度衔接。

在培养财经法治人才的国际化视野方面，加强与国外高校的合作交流与联合培养，致力于培养涉外财经法治人才也是各财经院校法治人才培养的共同趋势。在经济全球化时代，参与全球治理、有效处理国际法律事务和法律纠纷必须清楚知晓和准确适用相关国际、国内法律规则。英语是国际社会的通用语言，所以财经院校在培养涉外财经法治人才时，非常强调学生英语能力的培养，采取了聘请高水平的外国专家为学生开设特色课程、全英语教学、要求学生通过托福或雅思考试、资助学生出国深造等方式提高学生英文水平。同时，各财经院校还积极引入海外优秀学术资源，探索财经法治人才的"国内—海外合作培养"机制。表 2-8 是各财经院校与海外联合培养法治人才的探索与实践。[1]

表 2-8　　各财经院校与海外联合培养法治人才的探索与实践

学校名称	海外合作培养的参与主体	主要措施与做法
对外经济贸易大学	美国哥伦比亚大学、杜克大学、乔治城大学、威斯康星大学、康涅狄格大学、劳约拉大学、西东大学法学院及意大利、西班牙、以色列等国家的大学和科研院所	设立"国际化特色人才实验班""优秀本科生国际交流项目"，资助学生赴世界贸易组织农业司、美国密歇根州法院、海因希里·伯尔基金会柬埔寨办公室等海外单位实习等

---

[1] 所有资料来源于各学校的官方网站。

续表

学校名称	海外合作培养的参与主体	主要措施与做法
中央财经大学	美国芝加哥大学肯特法学院、美国马里兰大学法学院、荷兰马斯特里赫特大学法学院、挪威奥斯陆大学法学院等20多所国外大学及知名跨国公司、公益机构等	与美国马里兰大学、荷兰马斯特里赫特大学合作举办"中美欧国际学生交换项目";与"国际司法桥梁""亚洲基金会"等国际组织开展合作;举办"域外法学论坛"活动等
上海财经大学	日本近畿大学法学部、美国休斯敦大学法学院、意大利特伦托大学、瑞典斯德哥尔摩大学、澳大利亚迪肯大学等	开设30门以上的全英文法学课程;建立中外合作本科教育项目;学生交换、教师交流;博士联合培养等
浙江工商大学	韩国朝鲜大学校法科大学、韩国东亚大学校法科大学、美国美利坚大学华盛顿法学院、美国太平洋大学麦克乔治法学院等	MCEP美国法院暑期实习项目、美国圣约翰大学交流项目、德国威尔道大学交换生项目、中美国际法律诊所教育和抗辩技巧项目等
江西财经大学	美国北科罗拉多大学、圣玛丽大学法学院、密苏里州大学堪萨斯城分校法学院、日本久留米大学等	举办学术讲座、采取多种措施鼓励学生出国深造
中南财经政法大学	美国托莱多大学法学院、福特汉姆大学法学院、托马斯杰弗逊法学院、华盛顿大学、英国利兹大学、荷兰海牙应用科技大学、韩国济州大学等	分别与美国、德国、意大利等10多个国家的法律院校和研究机构建立了交流与合作关系
广东财经大学	美国佩斯大学、澳大利亚西澳大学、加拿大舍布鲁克大学等	举办学术讲座,共建学术交流机制、互派访问学者、学生互派留学机制
西南财经大学	美国威斯康星大学麦迪逊分校、亚利桑那大学、德国法兰克福大学、纽约城市大学、英国格拉斯哥大学等	威斯康星大学麦迪逊分校LLM项目;亚利桑那大学JD项目;德国法兰克福大学金融法LLM项目;英国格拉斯哥大学LLM项目等

同时,各财经类院校在财经法治人才培养过程中,也面临着某些共同难题:在学科整合时,如何合理把握法治人才培养的专业标准和行业特色,确立财经法治人才培养的国家标准;如何开发和编写更具应用性的实践教材,积极回应当前

财经行业发展面临的问题;在开展校内的跨学科合作及跨校合作时,如何建立起长期战略合作伙伴关系,促进优质教学资源的共享共用;在与实务部门协同育人过程中,如何建立起规范化合作机制,落实实务部门的培养责任;在与海外联合培养法治人才时,如何更多考虑"中国国情、中国特色、中国问题、中国立场";特别是面对"一带一路"倡议的需求,如何加强对沿线国家复杂多变的财经法律制度及社会文化等问题进行研究;在财经法治人才培养过程中如何创新人才培养机制、提高人才培养质量,等等,依然是各校需要进一步思考和解决的问题。①

(三) 行业法治人才培养模式的特点

第一,各高校通过"行业法知识+法律职业技能"的培养模式培养复合型、应用型高素质法治人才是适应对全面依法治国所需多层次、多类型的法治人才的需要而建立的。根据全面依法治国新时代培养德法兼修卓越法治人才的基本目标,面对社会转型的利益分化、国家治理现代化及各行业依法治理对法治人才的大量需求,各高等院校在行业法治人才教学培养过程中都比较注重法学与行业知识、行业技能的交叉融合,"许多研究发现,传统的说教式学科教学法可能会导致学习仅是记忆知识信息,但经常不能引出对有意义问题的理解及追问。"② 而提出对有意义问题的理解及追问,是法科学生养成规范性法治思维和创新能力的基本训练途径。事实上,学科交融本身就是新文科建设的核心内容。这一方面体现在法治人才的专业知识、行业技能与综合素质的培养离不开学科交融,且良好的专业素养,要求在法学教育过程中,既要看到法学作为独立学科的学科特点和基本属性,又应及时了解法学及其他学科的最新发展态势,准确把握各学科的前沿问题,才能根据社会现实需求有效解决问题并提供最佳方案。另一方面,在法律职业分工日益专业化、精细化的当下,法治人才培养不仅应当注重法律职业伦理、专业知识、行业技能与人文素质,而且需要通过学科交融培养学生的跨学科知识背景与融通式思维范式,这同样离不开建立在学科交融基础上的资源共享与协同合作。为了应对全面依法治国对高素质复合型、应用型多元法治人才的需求,多元化法治人才必须具有三个基本素质:一是具有扎实的法学知识体系和理论基础,具有运用法治思维分析和解决问题的能力;二是具有良好的行业知识体系和基本技能,能够在各行各业中充分发挥法律人的独特价值和明显优势;三是具有良好的创新素质和实践能力,能够适应社会发展中出现的各种挑战。在各校

---

① 戴激涛:《"一带一路"倡议下财经法治人才培养初探——基于首批入选全国卓越法律人才教育培养基地的九所财经院校实践的考察》,载于《法学教育研究》2017年第3期,第17~31页。
② Hui-Hui Wang, Tamara J. Moore, Gillian H. Roehrig, Mi Sun Park. STEM Integration: Teacher Perceptions and Practice. Journal of Pre-College Engineering Education Research, 2011, 1 (2): 3.

行业法治人才培养过程中,形成的一个共同特点是:各校对于所培养的行业法治人才培养目标明确具体,建设措施系统相对完整,经过多年的实践,形成了特色鲜明的行业法治人才培养模式。由于每个学校的办学特色、自身定位、优势学科资源不同,所以每个学校的特色行业法治人才也不一样,既有企业法务、会计法务、金融法务、审计法务或知识产权法务等技术性非常强的行业法治人才,也有与宏观行业领域融合较强的如管理学、工程学、医学、交通、新闻传播等行业法治人才。

第二,高素质行业法治人才培养模式以复合型和应用型法治人才培养为主要目标,以举办基于学科交融和资源整合基础上的行业法治人才培养实验区为主要创新机制,以培养具有扎实的行业基础知识和娴熟的法律专业技能的高素质复合型法治人才,以适应快速发展的交叉行业、新兴行业对多元行业法治人才的需要。面对现代科学技术的飞速发展,各行业各领域呈现出既不断分化又不断整合的趋势,这就要求人才培养过程中应及时进行学科和专业调整,促进学科和专业交叉融合,创建多学科、跨学科、跨专业的复合型、创新型人才培养模式。作为创新法治人才培养机制的基本要求与构成要素,学科交融是指在当前新文科建设背景下,以现实问题的研究和解决为导向,通过多元规范化平台与多样建制化途径促进法学与其他学科在理论、知识、观念、资源、方法等层面的有机融合,培养学生高尚的思想道德品行、复合型知识结构体系、融通型法治思维方式、娴熟的法律职业技能与良好的综合素质的教育方式方法。"学科融合和具有广泛不同背景的研究团队的参与是21世纪的科学研究的显著特点,世界范围内的学术发展和经济进步反映了我们对自然复杂性的认识,学科间的界限也被不断打破。在过去的十年中,深入发展的多学科知识合作应用的规模越来越大,这促进了多学科前沿领域的不断创新。科学研究需要学科融合,这带来了重大挑战和机遇:扩展人类命运共同体事业的规模和范围,多学科融合的组织和技术方法非常必要。"[1] 故此,行业法治人才培养模式就是一种跨学科、跨专业的复合型应用型人才培养机制的创新,有助于适应社会需要培养高素质多元行业法治人才的目标。

第三,行业法治人才培养非常注重实践教学的应用。从各高等院校与实务部门协同培养行业法治人才的做法可见,各校设计行业法治人才培养的实践教学主要有两个方面的特点,体现了浓厚的行业特色:一方面,参与行业法治人才培养的实践教学的主体更多元、更丰富,各种形式的法治实践机构、企事业单位等实

---

[1] John C. Wooley. Interdisciplinary Innovation in International Initiatives. Transactions on Computational Systems Biology Ⅳ, 2006: 14.

务部门成为实践教学的重要参与者。与各高校合作开展协同育人的单位既有法院、检察院、律师事务所、公安机关等传统法律实务部门，又有金融机构、政府部门、企事业单位、医院、会计师事务所等其他行业组织和实务部门。另一方面，各高等院校组织实践教学的形式更开放、更多样、更灵活，教学内容与社会各领域各行业特色结合紧密。各高校在培养行业法治人才的过程中，组织实践教学的形式不仅有案例教学、模拟法庭、法律诊所、法律援助、项目合作等传统形式，而且还包括行业法律咨询、社会公益服务、行业法务仿真实训和创业大赛等。实践教学内容反映了行业法治人才的特点和行业发展趋势密切相关，这显然有助于培养学生的行业法务技能和解决实际问题的能力，促进了行业法治人才与行业需求度的高度衔接，也有助于人才培养质量的提升和学生就业度的提高。

三、创新行业法治人才培养机制：问题与建议

（一）行业法治人才培养面临的问题与挑战

中共十八大以来，高校法学教育全面贯彻党的教育方针，坚持专业教育与通识教育并重、大众化教育兼顾精英教育，初步实现了法学教育、司法考试与法律职业之间的良性互动，高等法学教育为法治国家建设输送了数以百万计的专业人才。但同加快建设社会主义法治国家的新形势、新要求相比，法治人才培养质量和机制还存在一些不足和问题，主要表现在：学科结构不尽合理；法学类学科体系、课程体系不尽完善；社会急需的新兴学科、交叉学科供给不足；法学学科和其他学科交叉融合还不够深入；教材编写和教学实施偏重于西方法学理论，缺乏鉴别和批判；法学教育重形式、轻实效，法治人才培养重专业教育、轻思想政治教育的现象还存在，等等。[①] 特别是在考察各高等院校培养行业法治人才的过程中，可以发现，各高校面临着某些共同难题：

第一，在进行学科整合时，如何合理把握法治人才培养的专业标准和行业特色，确立行业法治人才培养的国家标准。众所周知，法学教育是一门兼具理论教学和实践养成的事业。法律工作的专业性很强，作为一名合格的行业法治人才，原则上应该具备扎实的行业基础知识和良好的法律技能。同时，在人才培养的课程体系设计中，大部分的课程教学应该以行业实践技能的培养为指向，有效培育学生运用所学到的法学理论来解决行业领域实际问题的能力。如华东政法大学开设的"涉外卓越国际金融法律人才实验班"，主要课程模块有：通识教育模块

---

① 黄进：《志存高远　培养卓越法治人才》，载于《光明日报》2017年5月26日，第11版。

（经济学通论、管理学通论、政治学通论、社会学通论）；法学模块（法理学、普通法学、宪法学、行政法学、民法总论、物权法学、债权法学、知识产权法学、诉讼法学、法律史学、刑法学、国际公法学、国际经济法学、国际私法学、司法文书、竞争法学、经济法学、税法学、公司法学、比较公司法学、证券法学、银行法学、保险法学、信托法学、票据法学、国际金融法学、商法总论）；金融财会模块（金融市场学、国际金融、会计学、公司财务、货币金融学）；数理统计模块（经济数学、应用统计学）；金融法律实务模块（商事法律实务、法律与金融发展、金融犯罪研究、法与经济学）。总体而言，对于同样的行业法治人才培养，各高等学校所设置的课程体系并不一致，大多建立在与本校优势学科资源融合的基础上，因此缺乏规范层面的行业法治人才培养的国家统一标准。如何确立各行业法治人才培养的统一标准，是今后行业法治人才培养的基础性工作。

　　第二，如何开发和编写更具应用性的法学行业教材，积极回应当前本行业发展面临的突出法律问题。对于行业法治人才培养的专业课程体系而言，不仅要与中国特色社会主义法学理论体系、学科体系相衔接，反映中国特色社会主义法学理论的最新研究成果，而且应当充分考虑行业领域的特点，在行业法治人才培养中应当切实加强行业法学教材建设工作，最好能够组织编写国家统一的行业法治人才培养的核心教材，避免囫囵吞枣、照搬照抄，从而为行业法治人才培养提供能够贯彻中国特色社会主义法治理论的优质教材。教材编写应对接最新职业标准、行业标准和岗位规范，紧贴岗位实际工作过程，调整课程结构，更新课程内容，深化多种模式的课程改革。同时，要加强与行业技能鉴定机构、行业企业的合作，把行业岗位所需要的法律知识、法律技能和法律素养融入相关专业教学中，将法学课程考试考核与行业技能鉴定合并进行。

　　第三，以规范化的制度建设保障跨学科行业法治人才培养合作及跨校行业法治人才培养合作，从而建立起长期战略合作伙伴关系，促进优质教学资源的共享共用。在与行业组织及实务部门协同育人过程中，应当建立起规范化制度化的合作机制，落实行业组织和实务部门的培养责任。要运用各种措施将行业工作部门的优质实践教学资源引进高校，加强法学教育、法学研究工作者和法治实际工作者之间的交流。为此，首先要继续加强法律行业对行业法治人才培养的参与力度。从顶层设计的高度统筹法学教育改革与发展，促进行业人才培养与使用的紧密结合；其次要创新行业法治人才实践教学模式，建设专业实习仿真培训和虚拟教学平台，培养具有创新精神和实践能力的高素质行业法治人才。在制定行业法治人才培养方案时，应提高实践教学学分比例，提高行业法治人才培养中的实践教学要求。最后要不断创新高等院校与行业组织合作育人的途径与方式，充分发挥行业实务部门的重要主体作用。注重发挥行业群的作用，推动行业法治人才培养与岗位需求衔接，人才培养链和行业发展链相融合，以制度化建设推进行业实务机构和各部门参与行业法治人才培养全过程，全方位保障高等院校和行业组织协同育人的落实。

第四，吸收多元行业评价主体的智慧和力量，共同参与行业法治人才的培养与考核。在全面系统地构建行业法治人才培养模式过程中，如何更多考虑"中国国情、中国特色、中国问题、中国立场"，特别是面对"一带一路"倡议和粤港澳大湾区发展的国家战略需求，如何加强对区域性法律制度、社会热点问题、重大社会事件等进行研究。同时，在行业法治人才培养过程中如何创新人才培养机制、提高人才培养质量，等等，依然是各校需要进一步思考和解决的问题。此外，还应进一步尊重法学教育规律，完善行业法治人才培养的管理和评价体制。"由于人才的职业、岗位、层次不同，德、智、能、绩所包含的具体内容也不同。要全面准确地反映不同行业、不同岗位被评价对象的状况，必须根据实际合理设置和使用论文等评价指标，克服唯学历、唯资历、唯论文等倾向，解决评价标准'一刀切'的问题。"[①] 为此，一是要充分发挥法治人才的多元评价主体作用，加快建立科学化、社会化、市场化的行业法治人才评价制度及第三方评价机制等。二是引入国际同行评价，以国际视野和方法确保人才评价的客观公正。三是遴选国内外各学科领域和行业领域的优秀学者专家，吸收各行业的专家学者共同参与行业法治人才培养的评价，形成法治人才培养机制全社会的合力，确保行业法治人才的培养质量。

（二）分类培养行业法治人才的途径与方式

1. 目标："德法兼修"的行业法治人才

行业法治人才首要应符合中国特色社会主义法治队伍建设的基本要求，即首要应当是"德法兼修"的法治人才。"德法兼修"，要求法治人才既要有高尚的思想道德与良好的职业伦理道德，又要有扎实的法学知识体系与行业技能，"法学教育必须坚持德法并举，不仅要提高学生的法学知识水平，更要培养学生的思想道德素养。"[②] 要培养"德才兼备"的高素质行业法治人才，就要立德树人，加强中国特色社会主义理想信念教育和社会主义核心价值观教育、法律职业伦理、道德、操守的教育。同时，还应结合各行业领域的要求培养学生的法律知识

[①] 郑其绪：《发挥好"指挥棒"作用 进一步完善人才评价机制》，载于《人民日报》2018年5月27日，第5版。

[②] 付子堂：《社会主义法治人才应德法兼修》，载于《人民日报》2017年6月14日，第18版。

体系与行业技能，使培养的学生具备有效解决行业发展中出现的法律问题和矛盾纠纷的素养，积极为中国特色社会主义法治国家建设做出应有贡献。

2. 途径：复合型知识教学和行业性实践教学并重

对于培养既具复合型、应用型、创新型行业法治人才而言，行业法的知识教学和实践教学缺一不可，这对于形成行业法治人才的行业知识体系和法律职业技能至为关键。"提升法科生的实践能力是卓越法治人才的核心要求"[①]，尤其是对于行业法治人才培养而言，加强法学实践教学至为重要，"法学教育不同于其他教育关起门来在实验室里面就能培养出人才来，卓越法律人才必须由学校和实务部门共同培养。"[②] 为了应对当前实现行业依法治理所面对的行业法治人才缺乏的"短板"，各高校应加大力度引入行业法教育资源和师资队伍，让学生对行业法的基本规则进行充分了解；同时加强校内的各学科各专业的合作，建立健全相关机制保障学科之间的交融，重点培养学生的行业法知识和行业职业技能，不断提升学生在行业依法治理中的法治实践能力、分析解决问题的能力和交流合作能力。

3. 方式：传统课堂与网络课堂的互补融合

在当前的法学教育中，传统以面授为主的课堂教学方式依然占据主导地位。近年来，由于信息技术的迅速发展，通过网络平台进行授课和交流成为各校法学教育的重要方式。网络课堂的灵活性、实用性、便捷性以及更为强调人才培养的复合性和应用性，使其优势较之传统课堂得到了充分体现。通过传统课堂与网络课堂的互补融合，可以促进法治人才培养方式的多元化。在各校的信息化网络课堂建设中，可以看到精品资源共享课程、大规模在线开放课程（MOOC）、微课、翻转课堂等丰富的教学形式，有助于完善行业法治人才培养的方式方法。尤其是日益发展的信息技术，从事行业法教学的教师更应根据不同行业不同领域的具体要求，对行业法治人才实行特色化、个性化的分层、分类培养，不断提高行业法治人才的培养质量，使行业法治人才的知识、能力、素养都能够符合社会对行业依法治理的人才需求。

总而言之，面对全面依法治国背景下高素质行业法治人才缺失的短板，培养符合全面依法治国需求的行业法治人才对于国家治理法治至为关键。由于行业法治人才培养是个庞大的系统工程，涉及不同学科之间的资源整合和交叉融合，而每个受教育者又有其独特性，因此各校在设计行业法治人才的具体培养方案和机

---

① 刘同君：《新时代卓越法治人才培养的三个基本问题》，载于《法学》2019 年第 10 期，第 137 ~ 148 页。

② 贾宇：《坚持社会主义法治道路 创新卓越法律人才培养》，载于《中国高等教育》2015 年第 6 期，第 18 ~ 21 页。

制时,在保证法学专业教学质量国家标准的前提下,应允许、提倡、鼓励和支持不同地域、不同层次、不同类型的高校按照自身优势和办学特点分类培养行业法治人才,以适应全面依法治国对不同层次、不同行业、不同地域的行业法治人才的多元化需求,从而使行业法治人才在建设法治国家中发挥出应有价值。

第四节 全面依法治国与涉外法治人才培养

一、全面依法治国需要大量涉外法治人才

(一) 涉外法治人才的时代需求

中共十八届四中全会《决定》明确提出,"建设通晓国际法律规则、善于处理涉外法律事务的涉外法治人才队伍"。2017年初,司法部提出建立一支通晓国际规则、具有世界眼光和国际视野的高素质涉外法律服务队伍,为"一带一路"倡议提供法律服务。第一,培养涉外法治人才有助于参与国际规则制定、推进国际法治建设。目前国内企业在对外业务交往或涉外诉讼中经常处于被动局面,国内律师、法务人员等难以胜任国际法律事务的分析处理工作。第二,与国际司法实践接轨离不开涉外法治人才。随着中国改革开放的持续推进,可以预见未来将有更多的外国人来华学习、工作及开展贸易活动,涉外民商事纠纷和刑事案件将越来越多。而涉外法治人才服务对于打击跨国犯罪、毒品、洗钱和反腐、反恐等领域的当事人权益保障意义重大。第三,发展涉外法律服务业离不开涉外法治人才,他们对于维护我国公民、法人在海外及外国公民、法人在我国的正当权益具有重要作用。第四,开展国际法律交流离不开法律外语人才。法治人才培养的国际化要求通过国际交流与合作,着力培养师生的国际视野、世界眼光、国际交往能力和国际竞争能力;推进优秀学术成果和优秀人才走向世界,不断提升大学的人才培养和科学研究在国际上的影响力和话语权。培养涉外法治人才需要从多方面进行努力,从而更好地提供涉外法律服务和参与国际规则的制定。[①]

---

① 屈文生:《建设涉外法治工作队伍需要法律外语人才》,载于《中国高等教育》2017年第7期,第42~44页。

(二) 涉外法治人才的基本要求

涉外法治人才需要具备两方面的能力：具有国际视野，能熟练运用外语进行沟通交流，能在国际事务中发出自己的声音，并进行有效的交流与谈判；通晓国际规则，精通国际谈判，能够参与国际法律事务，维护国家利益。[①] 具体来说，涉外法治人才应当具备娴熟运用法律英语进行沟通交流、处理涉外法律实务的能力。作为法律与英语的交叉学科，法律英语运用能力是涉外法治人才的基本能力。法律英语学科的目标是要适应国家社会发展的需要，培养具有国际视野、通晓国际规则、能够参与国际事务的精通外语、通晓涉外法律知识、具有涉外法律技能、能够与外方进行良好沟通合作的高素质涉外法治人才。众所周知，涉外法律工作是涉外经济活动的组成部分，法律英语则是完成涉外法律工作的重要工具。此外，涉外法治人才应当具有家国情怀、多元知识结构和良好的世界人文素养。首先，涉外法治人才对于中国国情和中国特色社会主义法治建设，有着深刻的认知、深度的认同，并具有充分的解释能力，应当是具有深厚家国情怀的法治人才。家国情怀是中华民族的优秀文化传统，是我国知识分子爱国报国的朴素表达，也是我国法治人才培养过程中的重要文化传承。因此，涉外法治人才要更多关注国家、关心民生、了解当下，要有大胸怀、大气度、大格局，不仅把法律理解成一门技术，应要站在更高层面和格局上理解和学习法律，理解法的精神和原则，知晓法律背后的价值理念。其次，涉外法治人才还要对世界形势、世界规则、世界变化有着足够的理解、认识、适应和赶超能力。最后，涉外法治人才应当具有良好的世界人文素养，知晓世界各国的人文地理和基本法律常识，通晓一般国际规则、能够参与国际法律事务和国际竞争，既要精通外语，也要明晰国际法律规则。

二、涉外法治人才培养的实证研究

(一) 培养目标和理念

根据中央政法委、教育部实施的《卓越法律人才教育培养计划》，培养涉外法律人才是培养应用型、复合型法律职业人才的突破口。之所以将培养涉外法律人才作为培养应用型、复合型法律职业人才的突破口，是因为在世界多极化、经

[①] 张法连：《"一带一路"背景下涉外法律人才培养问题探究》，载于《法制日报》2017年12月6日。

济全球化深入发展和国家对外开放的背景下,我国迫切需要一批高素质涉外法治人才。随着全面依法治国的不断推进,法学教育人才培养的目标逐渐从"法律人才"到"法治人才"转变,法律工作者不仅要具备扎实的专业基础,而且要有娴熟的法律执业技能和法治实践能力,因此,涉外法治人才既需要具备一般法治人才的基本职业素养和能力要求,又需要具有良好的外语沟通和应用能力,能够处理国际法律实务纠纷、提供国际法律服务和维护国家利益。概而言之,涉外人才培养应秉承"中国立场、国际视野"的培养理念,以先进的教学方式培养一批能适应经济全球化发展需要、法律职业技能和基础理论全面发展、具备扎实基础理论和丰富实践能力,能够参与国际法律事务和维护国家利益,并凸显卓越创新能力的高素质卓越法治人才。

第一,涉外法治人才应自觉坚持中国立场,具有扎根中国、融通中外,立足时代、面向未来的基本素质,主动将个人理想融入国家和民族的法治事业中去。因此,在涉外法治人才的培养过程中,应坚持以中国立场为主线,通过多学科交叉、涉外法律模块的课程设置、海内外合作培养、涉外法律实践能力的养成等综合培养方法,使人才培养达到以下基本标准:自觉并坚定地坚持社会主义法治理念,拥有深厚的职业意识、高尚的职业伦理,拥有为社会主义法治国家建设服务的责任感和使命感。

第二,涉外法治人才应拥有世界视野,通晓国际法律规则,能够参与和处理国际法律事务。"重要的一点是要让学生认清目前面临的国内外形势。只有在认清形势基础上,他们才可能去树立卓越的目标。"① 涉外法治人才较之其他法治人才而言,将面临更多来自世界各地的高水平国际法治人才的竞争,所以特别强调按照国际通行的学术规范、专业规范、教学核心内容来提升学生的思想和能力,使学生有信心、有实力参与国际竞争,在国内各理论研究和实务操作部门以及国际组织机构的相关岗位为促进中国发展、国际治理做出有益的贡献。在法律专业技能上,应达到以下标准:精通外语与外国文化;善于与国际友人就相关法律事务进行沟通合作;熟练掌握中国涉外法律法规及中国法治理念;精通各主要发达国家经贸投资相关法律法规和案例;具备良好的涉外法律专业知识、外语应用能力及法治实践技能。

第三,涉外法治人才应具备较强的法治实践能力。因此,在涉外法治人才培养的课程模块的设计和实施过程中应特别注重运用经典研读、专题论辩、信息处理训练、论文写作、模拟法庭、专业竞赛、法律机构实习等多元教学方式方法,

---

① 石静霞:《涉外型法学教育的特殊定位和新机遇》,载于《北京航空航天大学学报》(社会科学版)2018年第2期,第14~15页。

以中国所面临的国际法前沿问题或者国际社会的热点事例为素材，以教师指导与学生直接参与并自主研发解决方案为过程，甚至直接参与为外交部、商务部、党政军部门提出对策建议，由此培养学生形成知识、理论、文字、技术、制度、政策、社会实效融会贯通的应用型、复合型能力结构。

第四，涉外法治人才应拥有较好的外语运用和沟通能力。在涉外法治人才培养的过程中，应通过双语教学以及全程强化英语听、说、读、写能力的培训。通过训练，使学生能熟练地运用一门外语阅读外文专业资料并准确透彻地理解其内容，能用外文起草、书写和翻译法律文本，并能流畅地进行口语上的交流和翻译，能运用所学的知识和技能胜任各种高层次的涉外法律工作，具备运用国际法律有效维护国家权益、处理和裁判涉外法律案件，提供优质涉外法律服务的基本专业能力，以更好地维护国家利益。

（二）主要模式及分析

模式一：中国政法大学涉外法律人才培养模式实验班

2012年，教育部批准中国政法大学成为全国首批涉外法律人才教育培养基地。2013年，中国政法大学决定开办涉外法律人才培养模式实验班。该实验班的培养目标是：培养厚基础、宽口径、高素质、强能力的国际化法律英才。通过特色鲜明的课程设置与人才培养模式，经过4年左右的系统学习，本专业毕业生应当具有扎实的法律理论基础、突出的外语能力，既通晓我国法律（尤其是涉外法律），又通晓国际法律规则，并具备良好的国际交往能力与过硬的文化与心理素质，成为能够适应全球化的具备国际视野与国际竞争力的新世纪法律人才。学生通过学习应掌握法学的基本理论和基础知识，具备涉外法律工作的专业知识和技能；能够熟练使用所学法律知识解决涉外法律实务问题；具有较强的分析问题和解决问题的能力；熟练掌握一门外语，具有较好的外语沟通能力和跨文化交流能力；拥有诚实守信的职业道德和健康的身心。在培养涉外法律事务的处理能力方面，主要的创新机制有：一是强化外语课程和双语教学课程；二是强化国际化学习，支持符合条件的学生赴国外院校访问游学、参与国际学科竞赛、赴国际机构或者国际组织以及涉外机构进行专业实习等；三是积极参与社会实践。法学院将学生的社会实践分别安排在第2学期期末和第4学期期末，各2周。学生应充分利用暑期进入国际组织分支机构、跨国公司以及涉外法律部门进行社会实践，了解社会、掌握社会调查方法、扩宽视野，并分别撰写社会实践报告；专业实习共10周，安排在第7学期，学生应利用专业实习机会充分了解法律职业并进行法律实务实践，撰写实习报告。学生在毕业后的就业方向主要有：国际组织、国际司法机关、外国和涉外律师事务所、跨国公司、国内司法机关、政府机关以及其他涉外机构。①

模式二：西南政法大学涉外法律人才实验班

西南政法大学"涉外法律人才实验班"是国际法学院重要的人才分类培养的改革举措，属于西南政法大学"涉外法律人才培养基地"建设计划的重要组成部分。"涉外法律人才实验班"培养目标是，培养一批具有国际视野、通晓国际规则并能够参与国际法律事务和维护国家利益的涉外法律人才。实验班学生系通过学院选拔产生。从研究生入学阶段选拔10人左右，实行3+2+1模式：3个学期学习专业知识，课程教学以案例为主，实务操作为辅，除涉外法务专业知识外，紧密结合实践教学环节，开展以培养涉外法务素质为目标的法律谈判、辩论和其他法律技能竞赛的活动；2个学期实习，包括在涉外法务部门实习或海外短期学习（3个月内）；1个学期进行毕业论文（WTO案例及涉外法务领域）写作及职业选择。具体培养措施方面，实行多导师制，充分利用与实务部门之间的合作平台，采取校内导师与实务专家共同培养的制度；利用与海外合作关系，采取校内导师与海外老师共同指导的制度，通过各种远程和面授等相结合的授课方式进行指导。实行双语培养，双语使用覆盖1/4课程，以WTO案例和其他涉外案例为主，每学期聘请至少1名外教从事专业法律课程的教学；举办法律英语类的活动。法律英文辩论赛、法律英语文书写作赛等多种形式的竞赛，培养学生的专业英语应用能力。推行实践教学，切实加大实践教学比重，加强国内法学院校与海外高水平法学院校的交流与合作，积极推进双方的教师互派、学生互换、学分互认和学位互授、联授。实行订单式培养，争取国际型企业和涉外律所参与其中，针对特定单位进行委托式的人才培养。在协同育人方面，西南政法大学涉外法律人才教育培养基地协同商务部条法司、外交部条法司和中国法学会外联部等实务部门，协同美国、英国以及东盟等国家的海外高校，构建人才培养协同创新体，推进涉外法律人才培养的新机制和新模式，培养学生具有能够以法律解决国家和企业在世界多极化、经济全球化深入发展和国家对外开放中面临的挑战和问题的国际竞争力，为加快国家实施自由贸易区战略、参与全球和区域经济治理特别是"中国—东盟自由贸易区"建设提供强有力的法治人才支持。②

模式三：华东政法大学"开放型国际法律人才创新实验区"

根据《教育部　中央政法委员会关于实施卓越法律人才教育培养计划的若干意见》精神，华东政法大学自2016年起开展法学专业（沪港交流涉外卓越法律人才实验班）的招生。早在2005年，国际法学院与香港城市大学合作举办法学

---

① 参见中国政法大学法学院网站，http://fxy.cupl.edu.cn/info/1074/1113.htm。
② 参见西南政法大学国际法学院网站，http://soil.swupl.edu.cn/rcpy/swflrcsyb/203324.htm。

本科项目,是华东政法大学对外交流和学生教育的最新尝试,也是该校与境外大学强强联手培养高素质涉外法律专门人才的创新模式。该项目以教育国际化发展为指向,通过境内外培养阶段的有机结合,培养了一批具有不同文化背景、极具国际意识和国际竞争力的优秀人才,受到了良好的社会评价。2016年,华东政法大学在该本科合作项目的基础上探索开展涉外卓越法律人才培养模式,旨在培养具有宽广国际视野,系统并扎实掌握国内外法学各学科的基本理论、基本知识,具有创新精神和实践应用能力,具有扎实的涉外法律实务应用技能并能通晓国际规则、从事国际法律事务并能捍卫国家利益的涉外法律专业卓越人才,特别是国内各类外资机构及在境外机构中从事国际经济、国际贸易、国际金融、国际航运等方面的高素质法治人才。该实验班的学制实行四年制本科,其中7个学期在华东政法大学学习,1个学期在香港城市大学学习。毕业后获得华东政法大学颁发的本科学历证书及法学学士学位证书;香港城市大学的英美法证书。主要培养特色有:(1)英美法主干课程由外籍教师主讲;(2)部分法律主干课程采用全英语和双语方式讲授;(3)1个学期在香港学习;(4)学习成绩优良者,可优先攻读香港城市大学法学硕士研究生(LLM);(5)学院优先推荐攻读海外名校;(6)优秀学生可获在香港城市大学奖学金;(7)赴港学习前英文水平应达到雅思6.5分或托福100分以上;(8)须选学掌握第二外语,法语和德语优先;(9)优先入选海外实训项目。该实验班的课程设置主要有:普通教育课类,包括马克思主义哲学原理、当代世界经济与政治、汉语与写作、大学英语、计算机应用基础等11门课程;专业课类,包括法理学、民法学、刑法学、诉讼法学、经济法学、公司法学、国际公法学、国际私法学、国际经济法学等21门课程,其中部分课程采取双语或全英语教学方式;专业方向类课,包括国际商法学、国际投资法学、国际金融法学、国际商事仲裁法学等8门课程。此外,香港城市大学授课内容为英美合同法、英美侵权法等4门课程(英语授课);海外实训课程,主要为学生提供海外实训机会。学生毕业后的就业方向为:跨国公司、三资企业、金融证券机构、商务部外交部及公检法等国家机关、外资及中资律师事务所、会计师事务所等社会中介机构、企事业单位涉外法律事务部门等。[①]

模式四:中央财经大学法学院双语教学式培养模式

中央财经大学法学院作为卓越涉外法治人才培养基地,在培养涉外法治人才方面所积累的经验和进行的探索包括:(1)开发不同层级的双语教学课程。学院在汇集各类教学资源的基础上,致力于开发不同层级的双语教学课程,包括知识产权法、公司法、比较法、比较政府采购法、英美法律导读等。(2)与法治实务

[①] 参见华东政法大学国际法学院网站,http://www.gjf.ecupl.edu.cn/shewaizhuoyuefalvrencais/。

部门协同育人,共建实践教学基地。学院联合具有社会责任感的机构在法学院设立了总额为 300 万元的奖学金;与有关法院、金融机构、公司企业、律师事务所合作建立了 30 多个专业性的社会实践基地。(3)高度重视国际交流合作,注重提升学院办学的国际化水平,积极向国际化方向迈进。学院与美国芝加哥大学肯特法学院、美国马里兰大学法学院、荷兰马斯特里赫特大学法学院、挪威奥斯陆大学法学院等 20 多所国外大学及我国港澳台地区的大学法学院、知名跨国公司及公益机构签署合作交流协议,构建了国际学术合作的基本平台和关系框架,内容涵盖学术交流、科研合作、教材编写、交换学生、攻读学位等方面。与"国际司法桥梁""亚洲基金会"等国际组织开展合作,推动"法律诊所教育"和学生实践活动;接待美国、日本暑期学生交流班;为学生学习并提高英语听说能力创造了良好的条件和氛围。(4)优化师资队伍,鼓励教师境外学术交流访问。通过做访问学者,参加国际会议,开展不同领域、不同形式的学术访问和交流等形式,有效提升了师资水平和教学团队建设。[①]

模式五:对外经济贸易大学涉外型卓越经贸法律人才实验班

对外经济贸易大学法学院是 2012 年入选全国首批"涉外法律人才教育培养基地"的单位,法学院于 2015 年 9 月与本校英语学院合作,共同推出并组建了面向本科入学新生的首届"涉外型卓越经贸法律人才实验班"。该涉外型卓越经贸法律人才实验班旨在培养符合社会主义现代化建设需要,德智体美全面发展,系统掌握法学专业知识和国际经贸知识,英语水平突出,能够从事涉外经贸法律工作,具有创新精神和法律实践能力的国际化、复合型的卓越法治人才。涉外型卓越经贸法律人才实验班对于法治人才的基本要求包括:牢固掌握法学基本理论和基础专业知识,具有一定的理论素养;通晓国际经贸政策、国际贸易、国际商务基本原理和知识,扎实掌握与之密切相关的国际法专业知识;具有不逊于母语的英文能力,熟练运用英语进行学术研究和工作交流;国际化视野宽广,跨文化专业交流沟通能力出色;实践创新精神突出,能够在涉外经贸领域初步独立运用法律技能解决实际问题;能够胜任在国际组织、跨国企业、国际律所、国内高端涉外部门的初级法律相关工作。[②]

模式六:北京师范大学法学院瀚德实验班

法学院高度重视国际交流,与美国、德国、法国、英国、意大利、西班牙、葡萄牙、加拿大等国的 40 多所高校、机构签订了合作协议。其中与英国牛津大学、阿伯丁大学、美国埃默里大学、法国图卢兹大学等 10 余所欧美高校开展交

---

① 参见中央财经大学法学院网站,http://law.cufe.edu.cn/xygk/xygk.htm。
② 参见对外经济贸易大学法学院网站,http://law.uibe.edu.cn/OutListContent/index.aspx?nodeid=34&page=ContentPage&contentid=3445。

换生和暑期项目。学院开设有中国法硕士项目，并与联合国国际贸易法委员会共同发起了国际电子商务法联合认证项目，招收和培养外国留学生，为学院营造了多元的文化交流环境。处于跨越式发展阶段的法学院依托北京师范大学这一享誉海内外的著名学府，秉承"德育英才，法行天下"的院训精神，将继续坚持高起点、研究型、国际化的发展特色，着力培养一流的法律实务人才和法学高端研究人才，致力于把学院建设成为国内一流、国际知名的法学教学科研机构。[①] 自2013年起，北京师范大学组建瀚德法学/国际经济与贸易实验班，主要培养具有较强多语种交流能力的涉外法律和经济贸易应用人才。瀚德实验班的特色是：（1）必须学习第二外语。专业课有很多是英语，同时要学第二外语，为学生今后出国交流创造条件。（2）国外学者授课模式。在本科学习期间不仅要请国外学者到中国来传授课程，还要让学生出国学习，提升学生处理涉外事务和自我管理的能力。（3）实验班实行双学位制。学生修满规定学分后，获得法学/经济学学士学位和北京师范大学双学士学位。（4）开设新的课程体系以强化学生的专业与外语能力。自本科二年级起，学院安排部分外籍法学专家教授外国法课程。除英语之外，学生还需按要求修读第二外语（法语/西班牙语/德语/葡萄牙语之一）。学院资助选派60%左右的优秀学生将赴国外高水平大学留学一年。[②]

三、完善涉外法治人才培养机制的思考

（一）各校涉外法治人才培养的创新措施

第一，以国际化视野培养涉外法治人才。在作为涉外法治人才培养基地的各高等学校，以国际化视野培养学生宽广的国际视野和世界眼光是各校人才培养的共同理念。在经济全球化背景下，各校都以国际化发展战略实施为契机，将提高法治人才培养的国际化水平作为重要抓手。遵照国际化视野的涉外法治人才培养理念，各校把高端国际合作转化为人才培养特色，充分利用国际优质教育资源，提高人才培养质量，积极探索创新涉外法治人才培养机制，探索课程、项目、专业建设的国际合作与双学位联合培养模式等多种国际合作与交流模式。同时，引进优质国际化教学资源，拓展法治人才的国际视野，全面提升学生国际交流水平和参与国际法律事务的能力。例如，中国政法大学为提高学生国际化学习水平，解决缺乏专业外籍教师的问题，学校开设了暑期国际小学期。通过各种方式加大学校国际化课程的建设力度。国际化要求指通过国际交流与合作，着力培养涉外

---

①② 参见北京师范大学法学院，http://law.bnu.edu.cn/xygk/xyjj/index.htm。

法治人才的国际视野、世界眼光、国际交往能力和国际竞争能力；方能不断提升大学的人才培养和科学研究在国际上的影响力和话语权。在涉外法治人才培养中强调国际化发展战略，是要通过国际化来提升教学水平，创新人才培养机制，提高人才培养质量，在国际竞争中求生存、求发展、求贡献。

第二，"互联网+"思维在教学过程中得到普遍运用。运用新媒体新技术开展法学教育，推动法学教学的传统优势同信息技术高度融合，有助于增强法学教育的时代性和实践性，提升人才培养质量。尤其在涉外法治人才培养的过程中，利用互联网的优势开展国际合作交流，是提升涉外法治人才培养质量的重要途径。因此，各校在培养涉外法治人才的过程中，非常注重"互联网+"的教育教学理念，在教学过程中充分利用现代信息和社交媒体技术，探索并推广利用信息技术的多样化教学模式和教学方法，如推动小班教学，鼓励教师采用参与式、讨论式、交互式教学方法；推广案例教学法，强调参与体验，培养自主学习能力和创造能力，极大地提升了学生的国际法律事务的分析处理技能。如中国政法大学在运用"互联网+"思维进行教学过程中，突破既有学制、学时、学分等制度性限制，强化学生在学业修读过程中的主动性与能动性，探索建立了开放、多维、高效的学生自主学习新模式，开创和完善了"虚拟第三学期"课程运行平台建设工作，成为学校现有的课堂教学课程体系的补充与延伸，是集网络课程、学分修读、辅学资源、师生互动等多功能为一体的运行模式与平台系统，为国内首创，对于法治人才培养方式方法的创新具有典型的示范价值和推广意义，"该网络课程属于学校培养方案中的内容，学生完成课程网络学习，参加网络统一考试成绩合格可获得相应的学分。每门课程总课时在36学时以下。目前中国政法大学要求学生累计修读虚拟第三学期课程学分应在总学分的5%以内。"①

第三，与国外高校开展联合办学成为涉外法治人才培养的重要方式。开展国际联合办学是各高校开展国际合作育人的又一有效途径，通过与国外高校在人才培养目标、课程体系设计、教学团队等方面进行合作，有助于加强国际化课程建设，将法律学习和外语能力的培养良好结合起来，提高涉外法治人才的英语运用能力，进而提升我国在国际事务中的话语权。多渠道拓展学生的国际交流合作，建立各种有效机制保障学生的国际交流项目顺利实施。各涉外法治人才培养基地逐步加大与世界知名高校之间的交流与合作，建立多个校际之间的常规学生交流项目，拓展学生到国外学习和进修的平台，并通过学生项目交流带动其他领域的深入合作。

第四，非常注重法律英语的课程教学，以提升学生的法律英语运用能力。各

---

① 李玉兰：《"虚拟第三学期"：大学课堂新维度》，载于《光明日报》2013年7月24日，第14版。

校在开展涉外法治人才的培养过程中，始终强调从国际化人才培养内涵出发，不断推进外语教学改革，如在开设法律英语课程群方面，就包括了系列课程：法律英语视听说、法律英语阅读、法律英语写作、法律英语翻译及涉外法务谈判、涉外律师实务、审判实务与庭辩技巧、涉外诉辩文书应用、WTO 法律制度与中国、ADR 实务、双语模拟法庭等实务性课程，也包括到涉外业务的律所及涉外企业进行社会实践和专业实习。创新法律英语课程体系、提供涉外法律事务的实习实践机会，这就极大地提升了学生运用法律英语进行涉外法律事务处理的能力，有助于学生毕业后从事与国际法律事务相关的工作。

（二）创新涉外法治人才培养机制之思考

第一，各涉外法治人才培养基地应进一步结合本校的办学特色和自身情况，走差异化、特色化、内涵式高素质涉外法治人才培养之路。各校应在依托教育部"卓越法律人才教育培养计划"的基础上，以提高人才培养质量为动力，优化培养方案、改进教学方法、强化实践教学，倡导鼓励法律实务部门的广泛参与，在涉外法律事务的不同领域打造不同的特色化人才培养模式，从而形成各具特色的涉外卓越法治人才培养模式。例如，对外经济贸易大学法学院在其办学特色和人才培养目标方面就鲜明提出，"中国在国际经贸舞台上的崛起，激发了对涉外经贸法律精英的迫切需求。面对这一历史使命，作为引领我国国际经济法学科建设的翘楚之一，对外经济贸易大学法学院在人才培养上理应担当重责。"这就表明，对外经济贸易大学作为涉外法治人才培养的重镇，主要致力于对外经贸法治人才的培养。

第二，在涉外法治人才培养过程中应树立跨专业、跨学科、跨地域的培养人才的理念。学科是学术系统化分类的结果，是相对独立的知识体系，在某种意义上可以说，学科是表达学术、分类培养学生的载体。而国际法律事务的处理和解决常常需要从多学科角度去研究、分析和解决。因此，涉外法治人才培养应打破常规思维，跨越传统的学科专业界限，运用跨学科方法，培养学生形成跨学科知识结构、跨学科思维能力、跨学科的综合素质，形成涉外法治人才全面的知识系统和良好的综合素质，以适应涉外法律事务处理的需要。

第三，涉外法治人才培养既要侧重法律英语应用能力的培养，又应加强通识教育。通识教育与专业教育并重既是对狭窄的专业教育思想的矫正，也是高等教育自身发展的规律和涉外法治人才应具备的综合素养的基本内容。通识教育的目的是，把受教育者作为一个主体性的、完整的人而施以全面的教育，其核心在于培养学生的人文情怀、科学理性、健全人格和社会责任。针对目前大学缺乏对学生展开有效的社会责任感、健全人格、创新精神的培养，涉外法治人才培养更应强调通识教育,这将有助于促进学生养成家国情怀,更好地为国家服务,在涉外事务的处理中维护国家利益。

第四,在与国外高校开展合作办学的同时,应进一步加强涉外政府部门、涉外企业、涉外律所和行业机构等组织之间的交流合作,邀请有涉外实务经验的律师及其他相关人员到高校任教或讲座,由相关机构的一线工作者和专门从业者分享行业经验。另外,相关涉外部门也应积极向高校学生提供实务机会和实践平台,为学生提供更多的国际交流机会。如鼓励学生积极到国际组织、国际机构和涉外机构实习,鼓励学生到联合国各机构、各国际法院、国际仲裁机构实习,同时还要推进各种联合学位培养、短期交流交换、国际圆桌会议、暑期国际游学等活动,并积极推进双方的教师互派、学生互换、学分互认和学位互授联授,通过中外合作办学,积极利用海外优质法学教育资源,探索形成灵活多样、优势互补的涉外卓越法治人才培养机制,努力为学生具备跨文化沟通能力和交往能力提供条件,使其毕业后能尽快适应相关工作,熟悉涉外法律事务的分析和处理,成为具备良好实践技能的高素质涉外法治人才。

第五节 全面依法治国与西部基层法治人才培养

一、西部地区法治建设要求加强西部基层法治人才培养

(一) 西部地区法治建设需要大量基层法治人才

长久以来,由于东西部地区经济差距明显,如何缩短东西部地区差距是一个长期困扰中国经济和社会健康发展的全局性问题。2000年10月,国务院正式提出西部大开发战略以加快西部地区发展,经过多年建设,取得了非常明显的效果,在经济增长、社会发展、法治建设及环境改善等各方面均取得显著成效。特别是中共十八大以来,面对国内外错综复杂的宏观环境,西部地区根据党中央、国务院决策部署,有效应对国际金融危机的持续影响和各种风险挑战,主动适应经济发展新常态,积极融入"一带一路"倡议;社会公共事业取得较大进步,人民生活质量明显提升。与此同时,西部地区经济社会发展也存在一些不容忽视的问题,如市场主体活力不足、资源环境约束加剧、外向型经济发展滞后,脱贫任务繁重,等等。"十三五"时期,是全面建成小康社会的决胜阶段,西部地区仍

处于大有作为的重要战略机遇期,将继续深入实施西部大开发战略,更好发挥"一带一路"倡议的带动开放作用。西部地区总体可能呈现经济增长稳中向好;固定资产投资增速稳定,民间投资需要持续关注;工业生产增速有所回落,结构调整步伐加快;开放水平持续提升;新型城镇化深入推进;物价保持稳定,消费对经济增长拉动作用得到增强。[1] 中共十九大报告指出,实施区域协调发展战略。那么,面对西部地区法治化建设较为滞后的现状,如何加强西部地区法治建设,是当前西部地区建设的重要课题。在全面依法治国背景下推进西部大开发,关键在人才,特别是基层法治人才。目前,国内外的人才大多扎根东部发达地区,西部地区培养出来的人才也大多愿意在东部地区谋求发展,这给西部地区的发展带来了很大的难题。人才意味着先进的理念和技术,是经济发展软环境的重要体现,因此人才的匮乏制约了西部地区经济的发展。从目前来看,西部地区艰苦的生活、工作环境以及远不如东部地区的收入水平、发展空间是制约人才前往西部地区发展的主要原因,因此,如何在加强西部大开发法治建设和组织领导的基础上,结合西部地区的实际情况创新法治人才培养机制,是进一步推进西部地区经济发展和社会进步的基本保障。要借鉴世界发达国家开发欠发达地区的经验,结合我国西部地区社会发展的实践,本着注重实效、突出重点、逐步完善的原则,加快西部地区法治建设步伐,为西部地区经济社会发展提供法律保障,逐步建立和完善西部地区发展的社会环境。"法治中国建设需要的更多的是基层的法律人才。"[2] 为此,进一步推进西部大开发,实现区域协调发展需要培养大量高素质基层法治人才。根据西部地区经济社会发展的特点,西部基层法治人才应以培养应用型、复合型法治人才为着力点,适应西部地区经济发展和社会发展的需要,培养一批具有奉献精神和优良法律素养,能够"下得去、用得上、留得住"的基层法治人才。

(二) 法治人才培养对西部地区法治建设的意义

首先,培养西部基层法治人才有助于促进全面依法治国目标的实现。建设社会主义法治国家是历史发展的大趋势。纵观世界近现代史,顺利实现现代化的国家,没有一个不是从法治中获得制度的力量。中国的法治事业既与世界同向而行,又扎根于自身独特的文明传统和本土资源。务实而开放的中国法治实践已经开创出一条走向国家治理体系和治理能力现代化的新路。中共十八届四中全会提出全面推进依法治国,应当提高法治工作队伍的法律职业伦理、法治实践能力、

---

[1] 徐璋勇、任保平:《中国西部发展报告(2017)》(西部蓝皮书),社会科学文献出版社2017年版。
[2] 王晨光:《法学教育改革现状与宏观制度设计》,载于《法学》2016年第8期,第58~73页。

法律职业素养，全面推进依法治国要求从内部建设上加强法治人才工作队伍建设，大力培养具有较高法律职业技能和伦理道德素养的西部基层卓越法治人才，提高西部地区乃至全国法治实施者的综合水平，是全面推进依法治国的重要任务，更是西部地区法治发展的基本保障。

其次，培养西部基层法治人才有助于提高社会主义法治国家的建设效率，促进中西部区域法治均衡发展。推进西部大开发，应建立更加有效的区域协调发展新机制。目前，我国经济发展不平衡不充分问题仍然较为突出，发展质量和效益还不高，创新能力不够强，实体经济水平有待提高，生态环境保护任重道远；民生领域还有不少短板，脱贫攻坚任务艰巨，城乡区域发展和收入分配差距依然较大，群众在就业、教育、医疗、居住、养老等方面面临不少难题；社会文明水平尚需提高；整个中国法治建设呈现出东西部地区发展不均衡的状态。毫无疑问，中国特色社会主义法治是服务型法治，法律服务效率很大程度依靠法律职业者的服务来提升，加强西部地区法治人才的职业素质和职业伦理建设，指引其通过充分发挥法律服务作用，解决西部民族地区多民族聚居、杂居带来的复杂社会问题，维护社会公平正义，服务西部地区法治建设，使西部民族地区具有良好、稳固的法律秩序和社会秩序，促进西部民族地区经济社会稳定发展。

最后，培养西部基层法治人才有助于提高保障和改善民生水平，加强和创新社会治理。要提高西部地区的经济发展水平，完成深度贫困地区脱贫任务，就要按照新时代法治人才培养的新要求新任务提升西部地区法治人才的综合素质，提高我国西部地区民生水平和现代化治理水平。一般说来，西部基层法治人才应具备知识、能力、道德伦理三个维度的基本素质。知识维度的基本素质包括法学专业知识和与法律职业相关的人文、社会、自然科学，如政治学、经济学、民族学、地理学等；能力维度的基本素质包括法律职业的基本技能和与之相关联的其他基本素养，如辩论、逻辑、写作；道德伦理维度的基本素质包括思想道德、职业伦理和家国情怀。因此，培养高素质西部基层法治人才，提高西部法治人才的知识水平、职业技能及伦理道德水平，是实现西部地区治理能力现代化的重要任务，更是保障和改善西部地区民生水平的基本保障。

（三）西部地区法治建设对法治人才的特殊要求

西部地区社会治理有其特殊性，而法治人才在西部地区社会治理中扮演着特殊的角色。卓越法律人才培养计划要求分类培养国家需要的应用型、复合型法律职业人才，且明确指出以培养西部基层法律人才为着力点。在这种分类培养模式下，西部基层法治人才与分类培养的其他法治人才相比，其内涵应有其特殊性，而这种特殊性是由西部基层法治人才服务地方法治建设决定的。例如，内蒙古大学在特色培养人才方面也进行了实践，开创了蒙汉双语的法学课程以及基于本地特色的课程。同时，法治的地方性也深深影响着西部地区法治法律人才的培养理念与培养机制。作为地方性知识的法律实施对西部基层法律人才提出了特殊要求：西部基层卓越法治人才不仅要具有复合性、社会性、应用性、创新性和高尚性等卓越法治人才的共性特征，还要具有地方性和基层性等个性特征。

而且，西部基层与较为发达的东部沿海城市相比，其更多属于传统的熟人社会、人情社会，传统宗法制度在西部乡村还具有一定影响，加之不同的宗教派别导致政治权威之外的民间权威还具有一定的力量。这虽然是法治建设的劣势，但运用得当，也有可能成为走出有中国特色的社会主义法治建设之路的优势。基于此，西部基层法治人才培养应结合西部地区法治的实际制定法治人才培养方案、创新西部基层法治人才培养机制、建立西部基层实务部门协作培养机制、完善高等院校及高校教师评价体系、健全西部基层法治人才培养的保障机制等途径，来保障西部基层法治人才培养目标的实现。具体而言，根据国家对西部基层法治人才培养目标的基本定位，西部地区法治建设对于法治人才的特殊要求包括：

第一，"下得去"。"下得去"是培养西部基层法治人才的前提，是基层法治人才培养的"源头活水"。基层环境条件艰苦，提供的待遇有限，优秀人才难引进。要有效改变这一局面，必须强化有关政策措施的激励引导作用，通过建立有效吸引机制和保障机制，引导优秀法治人才向基层流动，在基层建功立业。因此，创新法治人才培养机制要把加强基层法治人才队伍建设放在战略高度进行谋划，通过广泛引才、待遇倾斜和制度机制创新等措施，引导优秀人才回归、向基层流动，为基层法治人才队伍建设注入"源头活水"。就法治人才培养而言，"下得去"要求法学院校的毕业生首要就是树立社会主义法治理念和法律职业伦理，法学院校大都集中在大城市，毕业生们要从繁华的大城市到比较偏僻落后的地方去扎根生活，不仅需要高度奉献精神，而且需要学校培养学生良好的就业观。

第二，"用得上"。"用得上"是培养西部基层法治人才的目标，是基层法治人才培养的基本要求。西部地区法治人才应当具有良好的法学专业实践能力和对西部基层的社会认知能力。法律的生命在于实践，西部法治的发展也必须与西部地区社会实践紧密结合起来。美国文化人类学学者吉尔兹提出的著名论断"法律是一种地方性知识"可谓耳熟能详，西部法律有其自身的特点和运作机理，因此在培养法治人才的过程中，需要特别强调西部地区法治的特殊性及其发展规律。此外，鼓励法治人才到西部地区去，到基层和艰苦地区去经受磨炼，健康成长，是我们党和政府的一贯方针。让法治人才到祖国和人民最需要的地方去建功立业,对于促进西部贫困地区教育、卫生、农技、扶贫等社会事业的发展,拓展大学生的就业、创业渠道,帮助有工作热情和社会责任感的优秀青年,秉持"奉献、友爱、互助、进步"的志愿精神,为西部地区的法治化贡献力量。只有通过法学教育改革,培养起西部地区法治人才对西部地区的良好认知力和理解力,不断提高学生的法律推理能力、法律论证能力和法治思维运用能力,才能在西部地区发挥其独特优势。

第三,"留得住"。"留得住"是培养西部基层法治人才的关键,是基层法治人才培养的重要保障。西部基层地区应该努力为法治人才提供用武之地、展示才华的平台,法治人才也能够迅速融入当时当地的社会土壤。"今天的中国是市场经济的社会,教育虽然还没有完全但也已日益产业化了,因此,没有一个准确的定位,没有自己的产品优势,就很难在这个市场上站稳脚跟。国内的情况确实不容乐观。就法律教育和法学研究而言,国内尤其是西部地区的法律院校(含系、所)还没有这样的自觉意识,从而陷入了一个共同的误区:法律人才培养市场定位的唯城市取向和法律学术生产市场定位的唯城市取向。而这对西部地区的法律院校来说恰恰是'扬短避长'。"① 由于西部地区经济发展缓慢,大多数还是贫困地区,法院、检察院工作条件差,收入待遇低,发展迫切,建设法治社会需要人力、物力、财力的支持,更需要大量优秀的法治人才能够去西部地区扎根发展。质言之,西部基层法治人才培养的两个立足点,一个是"西部",另一个是"基层",而这两者都离不开西部地区的法律文化地域特色和基层地区的法治发展规律。因此,承担西部基层法治人才培养的高等院校,应当扎扎实实地与西部基层司法机关和法律实务部门开展合作育人,建立真实、长效的联合培养机制,将西部基层法治人才培养与法学教育的实践教学基地建设融合起来。如何在法治人才培养过程中创设激励机制,让优秀法治人才能够"留下来"致力于服务西部地区法治建设,是西部基层法治人才培养的关键和难题,需要在西部基层法治人才培养中进行深度研究。

第四,如何适应"一带一路"倡议目标培养符合当前西部地区经济社会发展需要的特殊法治人才,是今后西部基层法治人才培养应当考虑的重要课题。"一带一路"合作国的地缘特征意味着有国际视野、会多国语言、熟悉不同法系法律的法治人才成为中国西部地区的急需专才。这对中国西部地区培养新一代法治专业人才也提出了全新的要求和挑战。因此,西部地区必须发挥自身地缘优势,从自身的实际出发,创新法治人才培养机制,培养适合西部地区法治现代化发展的

---

① 王勇、李玉璧:《中国西部地区法律教育和法学研究的比较优势》,载于《甘肃政法学院学报》2003年第5期,第101~108页。

基层法治人才。

二、西部基层法治人才培养的实证研究

（一）目标和理念

教育部、中央政法委员会联合实施的卓越法律人才教育培养计划总体目标是努力形成科学先进、具有中国特色的法学教育理念，形成开放多样、符合中国国情的法律人才培养体制，培养造就一批信念执着、品德优良、知识丰富、本领过硬的高素质法律人才。就"西部基层法治人才"而言，其人才培养目标定位，既离不开西部地区经济社会发展的地域情况，也离不开基层的层级特色。在全面依法治国背景下，西部基层法治人才培养应全面贯彻依法治国实施方略，以服务西部民族地区的经济社会发展为理念，明确西部基层法治人才培养的基本目标：(1) 将社会主义法治理念教育贯穿教学始终，引导师生树立社会主义法治理念；(2) 服务国家战略、"一带一路"倡议、西部民族地区经济社会全面可持续发展目标；(3) 充分考虑西部民族地区基层政法工作的难度、广度和特殊性，针对基层司法实践的特点和要求设计适宜的、专门的西部地区法治人才培养机制；(4) 坚持职业品德高尚与教学能力系统全面的教师培养观，建设符合西部地区法治人才培养的法学教师队伍；(5) 坚持高标准、严要求，追求西部基层法治人才培养质量的卓越性。

大致说来，西部基层法治人才应当具有为少数民族和民族地区的服务志向，具有少数民族地区地方性知识，有一定的少数民族语言交流能力和文字基础，能在西部基层政法机关从事法律工作。西部基层法治人才的基本职业素养包括：忠于国家、忠于人民、服从党的领导；忠于法律、忠于事实、追求公平正义；人格健全、心理健康、艰苦奋斗、敬业奉献；心系基层、面向实际、面向未来、全心全意服务群众。知识结构与理论素养方面，必须掌握教育部确定的法学专业核心课程；熟悉民族区域自治法、民族地区社会组织与管理法等符合西部基层法律工作特点的内容；加强实务锻炼，全面了解法律实务部门的工作环节和程序，掌握处理各类民商事、刑事、行政、涉诉信访案件、公证事务、证据规则、法律文书、非诉纠纷解决机制的技能。综合能力与人文素养方面，必须具备以下能力：了解基本国情、社情民意、熟悉政策的把握大局能力；头脑灵活、融会贯通、批判思维的逻辑思辨能力；依法履职、灵活办案、服务大局的能动司法能力；善解人意、求真务实、善于沟通的群众工作本领；自主学习、勤于思考、勇于创新的科学研究能力。

（二）主要模式及分析

模式一：西南政法大学基层卓越法治人才实验班

西南政法大学基层卓越法治人才实验班的主要培养特色在于，旨在围绕加强基层政法工作、政法干部建设和服务社会的大局，适应初任法官、检察官任职任选应优先从具有基层工作经历的人员中选拔的现实需求，课程体系强化基层法律工作的法学课程，增设心理学、社会学相关课程及基层法治专题、民族地区纠纷化解、民族法治与政策等特色课程，并组织学生前往基层进行法治调研，更好地适应基层工作。具体说来，基层卓越法治人才实验班的定位是一本培养，开设一个教学班实行小班教学，单独制定培养方案，基层卓越法治人才实验班选拔40人。在报考条件中，明确要求学生应具备法学专业学习所需的基本素质和能力、综合素质全面、奉献精神强、立志从事基层法律实务工作。基层卓越法治人才实验班是西南政法大学分类培养法治人才的重要举措，培养西部基层卓越法律人才，在应届高中毕业生、普通高校在校生和西部基层法律职业在职人员中选拔优秀人才进行专门化培养，为西部基层特别是少数民族和经济欠发达地区培养合格的法律人才。面向西部基层政法机关招收法学第二学士学位本科生，提升基层干警的学历结构和知识水平。以政法干警招录培养体制改革试点为基础，继续做好西部基层政法干警定向招录工作。目前已累计为西部地区培养各级各类法律人才逾8万人。[①]

模式二：西南民族大学法学院西部基层法治人才培养基地

西南民族大学于2012年8月获批为教育部首批西部基层法律人才教育培养基地。西南民族大学法学院兴办于1952年，专为民族地区培养司法干部、1986年招收法学本科学生的法学专业，培养的法治人才主要是为少数民族和民族地区提供法律服务，以民族平等和民族团结为教育重点，突出民族地区法治建设和民族法学教学与研究，注重实践教学，致力于学生创新能力和实践能力培养。学院除专门设立刑侦与物证技术、模拟法庭、模拟仲裁庭等实验（实践）机构为学生搭建校内实践平台外，还在四川、云南、贵州、内蒙古、青海等省份的司法实务部门设立31个"教学实践基地"，聘请了51位实务部门的法律专家为客座（兼职）教授，强化学生实践能力培养；并通过诊所法律教育、社区法律咨询和法制宣传、学生法律援助、暑期社会实践及其他社会服务活动，增强学生创新实践能力。自西南民族大学西部基层法律人才教育培养基地建立以来，学校紧紧围绕拟

---

① 参见《西南政法大学扎实提高法治人才培养质量》，中华人民共和国教育部网站，http://www.moe.edu.cn/jyb_xwfb/s6192/s222/moe_1754/201608/t20160830_277043.html。

订的建设方案，在赴基层实务部门和相关院校开展实地调研和广泛论证的基础上，积极探索和改革符合西部基层法律人才成长的教育培养模式，坚持贯彻"为少数民族和民族地区服务，为国家发展战略服务"的办学宗旨，确立了面向西部基层立法、行政、司法和法律服务机关，培养少数民族和民族地区所需的政治业务素质高、适应西部地区跨越式发展与长治久安需要，了解西部地区传统文化、熟悉党的民族政策，有良好法律职业素养和法律职业技能，具有服务西部地区意识和奉献精神、实践能力强，"下得去、用得上、留得住"的基层法治人才培养目标，进一步加快教学改革，加强教育创新，实施了以提升学生综合素质与就业力为出发点，以深化办学特色为导向，特别是设置了藏汉双语和英汉双语法学专业方向，以教研室建设和青年教师培养为载体，以课程建设为突破，以课堂教学为切入点，以强化专业建设和拓展学科发展为目标的新的教育教学质量提升计划，在培养方案制定、课程体系建设、教学内容调整、教学方法改革及实践基地建设、"双千计划"实施等方面加强建设。着重引导学生确立服务基层理念和乡土情怀，强化学生服务民族地区和少数民族意识与技能的培养，加强对少数民族学生公民意识和国家认同教育；针对不同类型学生，提供相应的实践机会，提升学生实践素养和综合能力；全面提高人才培养质量以适应西部地区跨越式发展和长治久安的需要，各方面工作按计划有序开展。①

为此，西南民族大学法学院制定的相关改革措施有：

（1）合理制定西部基层法治人才培养方案。西南民族大学长期为民族地区的社会经济发展培养相关人才，学生中约60%以上来自全国的各少数民族，又以西部民族地区的少数民族学生为主，针对卓越法律人才教育计划，在保证学生奠定扎实的法学专业基础、引导学生提升实践能力、强化法律职业伦理和责任意识教育的前提下，将服务民族地区和少数民族所需的专业技能与地方性知识培养放在突出位置。在2013级法学本科专业培养方案中，将模拟法庭审判活动作为实践必修环节安排学时并授学分，在第2~6学期开设，增加部门法学中的实践教学学时，实践必修学分增加至26学分，实践必修学分达到总学分的15%；在2013级政法干警体改班培养方案中，将《中华人民共和国民族区域自治法》和民族语言学习作为必修课程开设，共计4门10学分，还开设了少数民族文化与习俗、少语翻译理论与实践等课程，并将政法干警体改班学生的专业实习和毕业论文撰写时间调整确定为半年。

（2）明确西部基层法治人才培养标准。以民族地区经济社会发展的需求为导向，确立适应"下得去、用得上、留得住"的基层法律人才培养目标的培养标

---

① 参见西南民族大学法学院网站，http://fxy.swun.edu.cn/info/1255/4407.htm。

准。在培养规格上,既按照法学教育的一般规律,使学生掌握面向未来、面向现代化的通用型法学及相关知识,又适应西部边远和欠发达地区基层法治建设实际,满足学生工作后对边远和欠发达地区特色类、地方性知识的需求。具体标准为:政治立场坚定,拥护和熟悉党的民族政策,具有服务民族地区意识,具备少数民族地方性知识;具有较为扎实的法学专业基础知识,良好的法律职业素养和法律职业技能;具有一定的少数民族语言交流能力和文字基础。

(3)合理设置西部基层法治人才培养课程体系。第一,根据西部基层法律人才培养目标和培养标准的要求,开设拓展学生地方性知识的相关课程:民族传统文化与习俗、西部区情教育、民族语言等;为强化社会主义法治理念和职业伦理教育,开设了法律职业伦理教育课程。第二,开设新生研讨课,探索专业教育新模式。法学院专门为2013级新生开设了"新生研讨课",如《法学入门》系列讲座,安排学院有相关专长的专家教授分专题进行讲授。系列讲座包括"法学专业课程设置及修读要求""认识法学专业""司法公信力与法律人职业素养的养成""法科学生怎样读书""法律职业的特点与法律思维的培养"等多个专题,在相关专题中突出民族类、地方性知识的传授。第三,有系统、有针对性地开展西部基层法律实务系列讲座。结合法学专业培养方案的修读要求和社会服务的需要,曾经邀请了西部民族地区的检察院、法院等实务部门的法律专家举办"检察业务与检察官素质""法院业务与法官素质""从入职应试看法科学生的知识积累""细节决定成败——职务犯罪侦查细节纵横"等既能增强学生综合素质又能提升学生"就业力",增进学生了解民族地区法治建设实际需要的实用性强的专题讲座。充分运用各种法治实践资源拓宽法学专业实践教学渠道,丰富实践教学形式,将服务社会活动、培养学生创新能力与推进实践教学改革相结合。通过采取"庭审进校园",赴法院旁听案件审理,结合社会实践、志愿服务、法律宣传、法律咨询活动,充分提高实验室、模拟法庭、实践教学基地的利用率,丰富教学手段。例如,强化实验室建设,引进LETS数字化法学实验教学系统,完善实践教学手段;进一步规范本科生毕业实习工作,加强与实习单位联系交流,强化指导教师职责;加大"大学生创新创业训练项目"的申报立项动员宣传工作,强化指导教师的指导责任,突出西部民族地区相关问题的研究;在支持学生参加全国、省级、校级大学生创新创业训练计划项目立项的同时,坚持院级立项,扩大学生参与面,增强学生创新能力;依托学科竞赛项目开展模拟法庭竞赛;积极组织师生以多种形式为成都市提供各类法律咨询及服务,仅2013年就组织了500余名法学专业志愿者参与成都市的各项法律服务活动;定期开展"315消费维权"和"大学生维权"及"12.4"法制宣传活动等,加强法制宣传教育活动;

等等。①

模式三：新疆大学法学院西部基层法律人才教育培养基地

新疆大学法学专业始建于 1924 年成立的新疆俄文法政专门学校，1930 年 9 月新疆俄文法政学院成立，设立法政系和经济系，1948 年法政系更名为法律系。新疆大学成立后于 1979 年请示新疆维吾尔自治区人民政府、教育部申请成立法律系设置法律专业，1980 年 7 月经教育部批准新疆大学设置法律系，1981 年 8 月开始招收法学普通本科生。2012 年 11 月新疆大学获批为西部基层法律人才教育培养基地。基地建设以全面实施素质教育为主题，以提高法治人才培养质量为核心，通过创新法治人才培养机制，充分发挥法学教育的基础性、先导性作用，为加快建设社会主义法治国家提供强有力的人才保证和智力支撑。在培养西部基层法治人才方面，法学院培养立足新疆实际，紧盯新疆社会稳定和长治久安总目标，根据"双一流"建设要求和一级博士学位点建设需要，以为国家和西部地区，特别是新疆维吾尔自治区培养符合现实需要的卓越法律人才为目标。培养能够适应新疆维吾尔自治区多民族、宗教信仰复杂区情和政治、专业素质过硬的政法干部队伍以及新疆维吾尔自治区司法部门高素质的法律实务人才；培养民族学生，为新疆维吾尔自治区法治工作队伍输送更多优秀的民族干部；培养熟悉中亚国家法律制度的特色人才，为丝绸之路经济带建设和促进与中亚国家的合作与交流做出贡献。根据"全面依法治国"的要求，学院以培养应用型、复合型专门法治人才为目标。立德树人、德法兼修，培养德、智、体、美全面发展，系统掌握法学基础知识和基本技能，具备较高文化素养和较强的中、外文表达能力，达到毕业要求规定的计算机等级水平，能从事各种法律实务及其他相关职业，适应社会主义现代化建设事业要求的、具有创新精神和实践能力的高素质应用型专门人才。新疆大学法学院是新疆维吾尔自治区历史最悠久，整体实力最为雄厚的法学教学及科研单位，在新疆维吾尔自治区法学高等教育中具有特殊的地位和影响。历经 80 多年的发展，已经成为新疆维吾尔自治区培养法律专门人才的重要基地，为促进新疆维吾尔自治区地方经济发展和法治建设做出了重要贡献。

在培养西部基层法治人才方面，新疆大学法学院形成的经验有：（1）始终坚持以教学为中心，以人才培养为根本任务，高质量地培养高素质人才。立足新疆维吾尔自治区实际和法治工作队伍需要，着重培养基础厚、能力强、素质高、具有创新精神的应用型高级专门人才，努力构建适应新疆民族地区经济发展和社会实际需要的新型法治人才培养机制。具体说来，通过加强学科建设，合理调整专业设置，完善人才培养方案，以服务社会需求构建课程体系，突出综合性、应用

---

① 参见西南民族大学法学院网站，http://fxy.swun.edu.cn/info/1255/4407.htm。

性、实践性内容，积极探索"学校—实务部门联合培养"模式，与新疆维吾尔自治区的诸多司法实务部门建立了合作关系，为学生的实习、实践提供了良好的条件，形成了学院人才培养的应用型特色。（2）高度重视教学与科研的联动、互动，建立教学科研的联动机制，引导教师紧紧围绕教学从事科研活动，在提高人才培养质量的同时，也激发教师在教学中发现问题、在科研中解决问题的积极性和自觉性，最终形成科研反哺教学的良性教学科研运行机制。学院大力推动教学改革和研究，对在实际教学工作中发现的问题，鼓励教师积极申报各级各类教研项目，在项目的研究中解决问题，提高教育教学质量。（3）立足新疆维吾尔自治区实际，以"三进两联一交友"为抓手，大力加强学风建设。紧紧抓住教师与学生两个教育教学活动主体，通过严把课堂教学质量关，以提升学生就业率为导向，坚持立德树人，通过"开学第一课""主题团日活动""专题讲座"等形式，充分发挥班主任在学生日常管理中的重要作用，将开学第一课贯穿教学全过程，形成以德育人、以德化人的良好人才培养氛围，达到"立德树人、德法兼修"的人才培养目标，形成了良好的学风、教风和考风。（4）改革教学方法，倡导现代化教学理念与方式的应用。充分利用不断完善的技术手段和已有的实践教学基地，通过增加案例教学和实践教学比重，将法学理论研究的最新成果通过理论教学体现出来，强化实践教学环节，与法治实务部门共同合作完善实践教学体系，鼓励学生参加法庭观摩、诊所教育、模拟法庭、法律咨询、法律援助、法治宣传等多种形式的实践教学活动，最终形成以数字化教学和实践教学为中心的多种教学方式构成的立体化综合教学体系。（5）强化法学专业课程建设，建立以培养学生知识、能力、素质为中心的一体式课程体系，努力形成"省级精品课程—校级优质课程"的序列化精品课程体系；按照教育部提出的西部卓越法治人才的培养要求，加强教材建设，出版能够反映法学院学术水平、具有较强地域和学科特色的精品教材。（6）通过各种方式提升学生的法治实践能力，积极组织和有效引导学生积极参加疆内外各种法治实践，如参加"理律杯""全国环境模拟法庭大赛""挑战杯"在内的法学专业各种竞赛活动，增强学生在国内法类高等院校中的竞争力与影响力。同时，加大资金投入，进一步强化图书资料和数字化资源建设，为学生创造便利的学习条件。此外，法学院还尝试创建与中亚各国法学类高校联合培养学生的跨境培养机制，借鉴其他地区成立反恐学院的做法，以中亚法律研究中心为基础，充分利用学校的区位优势，积极培养能够为丝绸之路经济带提供法律服务的理论与实务型兼具的人才。新疆大学法学院在西部基层法治人才培养方面，主要依托"西部基层卓越法律人才基地"，在教学模式和教学方式上不断创新卓越法治人才培养机制。经过多年实践，新疆大学法学院在法治人才培养方面，能够较好地适应西部地区跨越式发展和长治久安的需要，结合西部地区法治发展的实际情况，为西部地区法治建设培养了一批具有思想道德修养高、责任意识强、奉献精神强、实践能力强，能够"下得去、用得上、留得住"的基层法治人才。①

模式四：青海民族大学法学院卓越法律人才教育培养基地

青海民族大学于1982年开始招收法学本科生，1983年建立法学系，2005年改建为法学院。法学学科为省级重点学科，法学（藏汉双语诉讼方向）专业为省级特色专业。青海民族大学法学院是中国诊所法律教育专业委员会单位委员、政法干警招录培养体制改革试点单位、首批卓越法律人才教育培养基地。经过30多年的发展，青海民族大学法学院已经发展成为集本科生、研究生多层次教学的优势学科，是青海省乃至西部地区培养法学高级专门人才的重要基地。学院现有在校硕士研究生、本科生800余名。办学30多年来，已培养和输送了4 000余名本专科学生、硕士研究生，毕业生遍及全国各地，大多已成为公检法司系统和律师界的骨干和中坚力量。尤其是学院拥有的省级特色专业——法学（藏汉双语诉讼方向）专业，学制四年，其特色培养目标是，系统掌握法学基本理论、基本知识和基本技能，同时又能熟练运用藏语，具备藏语交际能力和翻译技巧等双语使用技能，熟悉藏区传统、习惯，风土人情，具有较强法律意识，具备从事法律工作及法律服务的基本技能，有浓厚科学素养和人文素质的法学专门人才。②

模式五：甘肃政法大学西部基层法治人才培养基地

甘肃政法大学法学院前身为甘肃政法学院法律系，成立于1985年，是学校建校前五年的唯一教学单位。在此基础上曾先后组建了公安系、经济法系。为适应国家专业调整的需要，2001年，学校将法律系和经济法系合并成立了法学院。2010年底，为落实学校"十二五"学科建设思路，合理、有效配置办学资源，将民商法与经济法从法学院分出组建了民商经济法学院。法学是甘肃政法大学的主体骨干学科，也是甘肃省一流（优势）学科。2007年经教育部、财政部批准为"法学特色专业"建设点；2009年经教育部批准成为"法学应用性人才培养模式创新实验区"；2012年经教育部、中央政法委批准为全国首批卓越法律人才教育培养基地；2013年经教育部批准为法学专业大学生校外实践教育基地建设院校；同年经教育部批准为"法学专业综合改革试点"项目单位，也是中央政法委政法干警招录体制改革试点院校。法学院形成了厚重严谨的教风和踏实上进的学风。在新时期，法学院全体教师将立足西部，秉承"务实创新"的人才培养传统，以规范化的法学教育为主导，以各类实践实训平台为载体，突出学生综合能

---

① 参见新疆大学法学院网站，http://fxy.xju.edu.cn/info/1056/1555.htm。
② 参见青海民族大学法学院网站，http://fxy.qhmu.edu.cn/show/5264.html。

力的养成,为社会培养政治素质过硬、法学素养扎实、法治信仰坚定、具有人文情怀的应用型、复合型法治人才;以地方法治建设实践中的问题为学术研究的突破口,在族群文化和地方法治建设、刑事法治理论与实务等几个学科方向上形成一批有特色的学术成果。①

三、创新西部基层法治人才培养机制的思考

(一)现有的探索

第一,在人才培养目标设定上以国家和西部地区经济社会发展的战略需求为导向,坚持教学实践并重,加强法学教育的内涵式发展,强调人才培养应和西部地区社会的法治实践相结合,注重培养法治人才立足于西部基层社会中来思考和分析法律现象、法律事件和法治问题。基于教育部卓越法治人才计划对西部地区法治人才培养的目标定位,西部基层卓越法治人才培养的基本目标是:培养西部地区法治建设所需的基层卓越法治人才。在全面推进依法治国的背景下,如何将培养西部基层卓越法治人才的办学目标服务于西部地区的经济发展与社会发展;如何建立"下得去、用得上、留得住"的法治人才激励和保障机制;如何找准西部基层卓越法治人才培养与西部地区经济发展和社会需求的最佳结合点;如何建立适合西部地区卓越法治人才培养的教师队伍,这些问题都有待于通过实践去解决。围绕西部基层卓越法治人才的培养目标,西部地区法治人才培养单位应明确办学目标,根据自身特色制定西部地区卓越法治人才培养计划,以服务西部地区法治建设为宗旨,培养更具献身精神和责任感的法治人才,他们要既能够理解西部地区独特的民族文化,又能够积极投身西部地区法治建设,为西部地区社会经济发展努力做出贡献。

第二,打造西部地区卓越法治人才的协同育人共同体。各西部地区高校在培养西部基层法治人才的过程中,非常强调法治实务部门在协同育人方面的重要作用,致力于打造西部基层法治人才的协同育人共同体。例如,西南政法大学在培养西部基层法治人才的过程中,多次与最高人民法院、最高人民检察院、多个律师事务所等法治实务部门合作,通过举办"中国大法官讲坛""中国大检察官讲坛"和"西南实务大讲坛之律师讲坛"等活动,推动法治实践与理论教学的有机结合。此外,还与政府的相关部门、律师事务所建立长期合作关系,定期开展

---

① 参见甘肃政法大学法学院网站,http://fxy.gsli.edu.cn/xygk1/xyjj.htm。

培训和案例指导，提升学生法律文书写作、诉讼策略、法庭辩论等实践技能。[①]又如西北政法大学坚持"送出去""请进来"和"携起手"的工作思路，把全面深入实施高校与法治实务部门人员互聘"双千计划"作为推进卓越法治人才教育培养计划的切入点和着力点，建立健全与人民法院、人民检察院及相关法治实务部门的定期合作交流机制，促进法学教育与法律职业的深度融合，培养造就高素质的基层卓越法治人才，为西部基层法治建设提供优质法律服务。[②]

第三，西部基层法治人才培养非常注重结合学校特点，适应党和国家政法工作在西部地区开展的特殊需求，结合本地要求、突出人才培养特色，研究制定科学合理的西部基层法治人才质量标准。如西南政法大学专门成立"法学专业人才培养与评价协同研究中心"，与有关单位进行深度合作，研制法学专业人才培养质量标准，力图建立科学合理的政法院校人才培养监测体系，定期发布法学专业培养质量报告。在各类用人单位和有关行业组织机构分别设立观测点，追踪了解、分析研判法学专业毕业生就业率、就业分布、岗位适应情况等信息，建立法学专业毕业生就业情况的大数据库，动态反映法治人才的培养情况和培养质量，形成国家、社会、个人需求三位一体的质量评价和监测体系。目前已研发质量标准体系1.0版本，包含7个一级指标、20个二级指标。[③] 上述改革措施和相关做法，为未来西部基层卓越法治人才的培养提供了极其重要的信息和参考借鉴。

（二）问题与挑战

我国西部地区的主要特点是，少数民族人口集聚，地广人稀，经济不发达，法治建设水平不高。目前，我国西部12省、自治区、直辖市全日制本科院校有189所，其中开设法学四年制本科专业的高校有93所。西部地区高校在法治人才培养方面已经形成了"专—本—硕—博"四个层次，表明了西部地区法治人才培养取得了长足进步。但是与中东部地区法学院系相比，西部地区法治人才培养仍存在着诸多差距与不足[④]，具体表现在：西部基层单位高素质的优秀法治人才奇缺，专门培养法治人才的相关院校的学生却面临就业困境，多数学生并没有从事相关法治工作；国家出台很多提升法学专业教育教学水平和增强法科学生综合素质的措施，学校及老师也都采取多种办法培养学生的适应性和实践能力，但基层用人单位还是觉得学生专业知识不牢固、实践能力不强、社会交往能力差，而实

[①③] 参见《西南政法大学扎实提高法治人才培养质量》，中华人民共和国教育部网站，http://www.moe.gov.cn/jyb_xwfb/s6192/s222/moe_1754/201608/t20160830_277043.html。
[②] 参见《全面落实"双千计划"培养卓越法治人才》，载于《检察日报》2016年7月7日，第4版。
[④] 宋丽弘：《西部基层少数民族法律人才培养模式探究——以"卓越法律人才计划"为背景》，载于《民族高等教育研究》2016年第1期，第90~92页。

务部门参与人才培养又存在许多制约；尤其是法治人才培养模式单一，导致同质性低水平重复建设，民族地区双语法治人才严重不足，且双语法治人才培养机制缺乏整体规划及长效机制，等等。①

首先，在西部基层法治人才的培养目标方面，有待进一步适应经济社会实际发展的要求。西部地区高校虽然大多在人才培养方面考虑到结合本地实际情况，实行"特色办学"，但在基层卓越法治人才培养上，还是与实际需求有较大脱节。例如，少数民族双语法治人才非常欠缺。如内蒙古自治区现有法官 5 600 多人，蒙汉双语兼通的法官 421 人，仅占全部法官人数的 7.52%。蒙汉双语法官奇缺，常常不能组成合议庭。而青海、贵州、西藏地区更是出现了法检、律师断层现象。2007 年青海省的法官统计数据显示，全省 58% 的法官集中在经济相对发达的西宁和海东地区，青南地区仅占 17%，87% 的基层法院法官人数仅为 3~4 人。2007 年贵州省统计数据显示，在贵州全省有 6 个县没有 1 名律师，有 36 个县没有达到"三人一所"的法定要求。② 无论是在法律职业技能培养还是在法学专业课程体系设置，西部地区大多数院校仍旧沿用着传统的讲授式教学方式，法学教学过程中也未能体现法学理论研究的最新发展。因此，如何在明确西部基层法治人才具体培养目标的基础上，设计科学合理的人才培养模式与培养机制，对于建设西部地区法治人才队伍非常重要。

其次，法学教育资源分布不均、师资队伍水平参差不齐，相关配套机制不健全使法治人才的培养质量难以尽如人意。与许多发展中国家相似，我国高素质法治人才主要集中在大城市，法律工作者分布极不均衡。据相关报道，目前新疆维吾尔自治区少数民族法官占全区法官总数的 42%，但能够熟练运用双语办案的少之又少。少数民族法官中既精通法律又通晓双语的人才短缺，而南疆地区汉族法官运用维吾尔语办案能力不强。③ 按律师数量计算，排在前 5 名的北京市、广东省、山东省、上海市、江苏省平均值为 16 891.4 人；最少的 5 个省份西藏自治区、青海省、海南省、宁夏回族自治区、甘肃省的平均值为 966 人。前者是后者的 17.49 倍。按每 10 万人口律师数量计算，排在前 5 名的省市平均值为 46.7 人；最少的 5 个省份平均值为 7 人。前者是后者的 6.67 倍。④ 尤其是在利益驱动

---

① 王允武：《法治人才培养机制创新与法学教育协同推进——以改进民汉双语法治人才培养机制为视角》，载于《西南民族大学学报》（人文社会科学版）2016 年第 1 期，第 98~104 页。
② 宋丽弘：《西部基层少数民族法律人才培养模式探究——以"卓越法律人才计划"为背景》，载于《民族高等教育研究》2016 年第 1 期，第 90~92 页。
③ 王书林、张中英：《新疆双语法官培训增设新内容》，载于《人民法院报》2016 年 3 月 29 日，第 1 版。
④ 朱景文：《中国法律职业：成就、问题和反思——数据分析的视角》，载于《中国高校社会科学》2013 年第 4 期，第 117~134 页。

下，西部地区某些高校在法学教育资源配置严重不足的情况下，也纷纷开设法学院系，虽然在表面上造成了西部地区高校法学教育的繁荣，但培养法治人才的质量堪忧。特别是与东部经济发达地区的高等院校相比，如何在生源质量、硬件设施、配套机制等方面提高，使法治人才能够适应西部地区法治建设的需求是当前西部地区法学教育改革面临的头等大事。如何克服经济社会发展的不平衡性和区域的差异性，使法治人才能够留在西部地区工作，服务于西部地区法治建设，需要更多力量的参与。因为法治如果仅仅只是在经济发达地区推进，对西部民族地区的法治建设需求视而不见，那么全面推进依法治国无异于一句空话。

最后，法律职业技能训练较为薄弱，法学实践教学缺乏，难以适应全面推进依法治国对于建设一支高素质基层法治工作队伍的要求。一方面，由于西部地区的地缘特点及经济劣势，以及受经济收入和工作环境等因素的制约，西部地区高校优秀的法学师资队伍比较欠缺。加之多数法学院系缺乏资金支持，学术交流合作机会较少，学术环境较弱，直接导致了法学院的师资力量薄弱，法治人才培养质量难以保障。另一方面，法律职业技能教育较为缺乏，与司法实务部门的协同育人机制没有充分落到实处，法学实践教学有待增强。鉴于实践教学基地建设是实践教学体系的重要组成部分，建设高质量的实践教学基地是培养西部高素质基层法治人才的必备条件。因此，需要建立健全相关制度和机制对高校与实务部门的协同育人进行保障，同时对实务部门参与协同育人进行规范化、制度化，促进实务部门对法治人才培养的实质性参与。通过建立相关配套机制，通过西部地区高校与实务部门共建实践教学基地，可以为西部基层法治人才培养的实践教学环节提供良好的实践场所与训练机会，因此，在遵循高等教育普遍规律和西部地区法治人才培养特殊规律的前提下，加强西部地区高校法学实践教学非常必要且重要。

（三）思考与建议

"卓越法律人才计划"为西部基层法治人才培养指明了改革方向，但如何具体实施，实现西部卓越法治人才的培养目标，需要整个法治人才培养共同体的共同努力。一方面，东部发达地区应建立具体措施实现法学优质教育资源的共享，联合各高校形成西部基层法治人才的法学知识教学资源；另一方面，由于西部基层法治人才主要面向西部基层地区，因此立足于西部地区社会发展的实际情况创新法治人才培养机制非常关键。总结西部地区高校法治人才培养的相关经验，可在以下方面进行努力：

（1）与时俱进更新西部基层卓越法治人才培养理念，树立起西部基层卓越法治人才培养共同体的理念。从国家扶持教育的角度来说，"一带一路"倡议的实施也要求国家对西部地区法律院校方面重新定位,改变国家政策重视的不足,加大对区域核心级法律专业院校在国家政策、教育经费投入、人才引进和人才培养计划上的支持,树立起西部地区法治人才培养的共同体理念。一是东西部地区高校应共同承担起西部基层法治人才培养的共同体理念。法治是治国理政的基本方略,法学可为社会共同体成员提供共享知识,由共享知识催生的共享思想、共享概念体现了共建社会主义法治国家的命运共同体理念。东、西部地区法学教育存在各自的比较优势,应共同探索建立适应西部基层法治人才培养的各种主客观条件。二是落实实务部门真正参与西部法治人才培养的整个过程,明确相关法治实务部门的协同育人责任。例如,实务部门应结合西部地区法治发展的实际情况,根据地域性、针对性、需求性、实用性和可靠性等人才需求特点,实质性参与西部地区法治人才培养方案的制定、共同完善法学专业课程体系设置、共同编写适合西部地区法治建设的专门法学教材、共同参与知识教学与实践教学团队建设、共同建设实训实习平台,特别是"涉及相关政府部门特别是主管部门的统筹协调和通力配合支持,是一项复杂的系统工程,不能一蹴而就,需要不断在改革中探索,在探索中完善"[1]。三是东西部地区法学教育资源应共同分享、互惠合作、均衡发展。首要就是从理念、制度、资金分配上改变教育资源分配不均的情况,建立专项经费确保高校法学教育的软硬件建设。此外,东西部地区法学院校可建立长效的合作交流机制,共同为西部基层法治人才的培养出谋献策,以全面推进依法治国方略在西部的深入实践。

(2)改革教学课程设置,强化法学实践教学。一方面,西部基层法治人才的课程设置应面向西部、面向基层。如在制定培养方案时,应在充分了解西部地区的发展情况和特殊需要基础上,结合西部地区法治建设的实际需要设立特色专业和特色学科,可以结合西部地区独有的社会知识、人文传统、民族关系、风俗习惯、村规民约、地方语言等开设相关课程,合理设置相关民族法知识的课程,帮助学生理解西部地区法治建设的人文环境和社会风俗。在法治人才培养的课程设置方面,各法学院校应结合自身的特点和办学宗旨,制定适合西部地区法治建设的个体化、差异化的培养方案和培养机制。另一方面,大力加强法学实践教学。西部地区高校应当与当地的法院、检察院、律师事务所等法治实践部门协同合作,创办实践教学基地,并通过制度化的方式,确保实践教学的成效落到实处,从而不断提升西部基层法治人才的职业技能,提高西部基层法治人才培养质量。特别是对于西部卓越法治人才的培养而言,更需要注重法治实践能力和法治思维

---

[1] 武晓红:《试论高校与实务部门共同培养机制——基于西部基层法律人才培养的思考》,载于《兰州交通大学学报》2014年第2期,第44~47页。

的培养,通过实践教学是基本途径。唯有如此,才能更好地发挥卓越法治人才在法律工作和法律服务中的典范价值和示范效应,做好西部地区法治建设的推动者和排头兵。

(3) 改革法学理论课程的教学方式方法。基于"下得去、用得上、留得住"的培养目标,应当改变传统的讲授式方法,而辅之以案例教学、实践教学、互动教学、体验教学、诊所式教学等方法。与经济较为发达的城市地区相比,西部基层更多属于传统的熟人社会、人情社会,传统宗法制度和习惯法的作用较强,因此西部地区法治人才培养应当注意各种社会规范对于西部地区法治建设的影响。这就要求承担西部基层法治人才培养任务的法学院校就西部地区法治建设的专门问题建设案例教学库,尤其是西部基层地区的典型案例,以培养学生针对西部地区的特点,更好地掌握相关地域法知识,同时能够适应西部基层的文化传统,熟练运用西部地区法律与政策思考分析问题和解决问题,处理好西部地区法治建设中的特有问题。

总之,西部基层卓越法治人才培养应立足西部地区实际,以西部民族地区的法治建设、经济发展和社会需求为导向,采取分类培养机制,具有鲜明的实用型特征,创新人才培养机制应以此为出发点。故此,西部地区法学院校应继续发挥各校在基层法治人才培养方面的资源优势,以培养法治人才的法律职业技能为核心,加大复合型、应用型法治人才培养的力度,不断推动"高校—实务部门"协同育人机制,与实务部门共同设计人才培养方案、共同组建教学团队、共同编写实践性教材、共同评估法治人才培养质量的机制和体制,并从制度层面做好保障法治实务部门在人才培养方面的深度融合,立足于西部地区社会实际结合西部地区法治发展的特点创新法治人才培养机制,提高法治人才培养质量。

第六节 本章小结

中国特色社会主义德法兼修法治人才培养既需要尊重人才培养的一般规律和原则,又需要尊重法治人才培养的一般规律和原则,具体包括:尊重国家和社会发展的时代规律、尊重法治人才培养的德育规律、尊重法治工作队伍形成的行业规律、尊重法学教育的教学规律、尊重法治人才培养的成长规律。中国特色多元法治人才培养应从理念、目标与路径三个层面进行顶层设计。其中,法治人才培养的基本理念是"立德树人、德法兼修",基本目标是培养兼具法学理论知识和法律职业技能的多元法治人才;培养路径是多元协同的联合育人机制。基于全面依法治国对行业法治人才的需求,培养"行业知识+法律技能"的复合型、应用型、创新型法治人才成为当前法治人才培养的重点培养方向。各校为培养行业法治人才均进行了积极探索和有益尝试,形成的共同经验是:注重行业基础知识和法律专业技能的结合;注重行业法治人才培养机制的创新;强调实践教学和协同育人;强调多元化教学方式和方法的综合运用。面临的共同问题是:如何合理把握行业法治人才培养的专业标准与行业基准;如何开发和编写更具实用性、及时反映当前行业发展的新特点新趋势的法学教材;如何促进校内跨学科及校外行业法治人才的合作培养;如何实现高校与各行业法治实践部门协同育人的规范化、制度化和长效化;如何科学制定行业法治人才培养的具体考核标准和科学评价机制,以法治人才培养质量为中心建立健全各项配套机制和保障措施。

此外,涉外法治人才和基层法治人才也是未来法治人才培养的重要内容。涉外人才培养应秉承"中国立场、国际视野"的培养理念,以先进的教学方式培养一批能适应经济全球化发展需要、具备扎实法律基础理论和丰富法治实践能力,具有良好的外语基础和域外国家文化知识背景、能够参与国际法律事务和维护国家利益,并凸显卓越创新能力的高素质涉外法治人才。创新涉外法治人才的培养机制,一方面应进一步结合本校的办学特色和自身情况,走差异化、特色化、内涵式高素质涉外法治人才培养之路;另一方面应进一步促进法学教育资源共享,加强与涉外政府部门、涉外企业、涉外律师事务所及域外高校之间的交流合作。基层法治人才应当具有为基层地区特别是少数民族和西部地区的服务志向,具有一定地方性知识和当地语言交流能力与文字基础,能在基层政法机关和相关部门从事法律工作。创新基层法治人才培养机制,一方面应改革基层法治人才的培养理念,树立起基层法治人才培养的共同体理念;另一方面应继续完善"高校—实务部门"协同育人机制,建立健全基层法治人才培养的配套机制和保障措施,以全面推进依法治国方略在广大基层地区的实践。

第三章

德法兼修多元法治人才培养课程体系

法治人才培养课程体系研究是创新法治人才培养机制，推进法学教育改革的关键所在和核心要素。法治人才培养必须加强法学基础理论研究，形成完善的中国特色社会主义法学理论体系、学科体系、课程体系。三大体系的建设是法治人才培养机制的有力保障，理论体系是基础、学科体系是中心、课程体系则是理论体系和学科体系改革成败的关键。改革开放后，虽然经过多年努力，但具有中国特色、中国风格、中国气派的法学学科体系和课程体系仍然有待优化，并且各高等学校还可以根据自身定位及办学特色对课程设置进行具体规定。在中国特色社会主义新时代，以面向职业、面向社会、面向未来为指导思想，以培养全面依法治国所需的德法兼修多元法治人才为目标，构建起科学合理、丰富多元、内容深厚的法学课程体系，对于提高法学人才培养质量至关重要。因此，改革和优化法学课程体系，逐步建立与中国特色多元法治人才培养目标相适应的课程体系，是我国法学教育改革的关键，也是创新法治人才培养机制的重要内容。

第一节　法学课程体系改革的重要意义与基本要求

一、法学课程体系改革的重要意义

（一）全面提高人才培养质量的核心要素

"在现代高等教学体系中，课程是所有知识传递的载体，是高等教育提升质量的关键抓手。"[①] 在法治人才培养模式各要素中，课程体系构建是一个核心要素，它关系到法治人才的知识结构与能力水平，关涉在深化全面依法治国实践中高校应当向社会培养和供给什么样的法治人才的大事。我国传统的法学教育形成了以法学专业知识传授为主的理论教学课程体系。其主要的构建依据是部门法的划分，具体表现为理论法体系与应用法体系、实体法体系与程序法体系的课程模块，课程目标非常直接，即帮助学生掌握法学专业的基本理论知识。但是，在以知识传授为主导的课程体系的授课过程中，教师在教学中容易偏重知识讲解而忽视实践技能的培养。因此，要适应全面依法治国的要求，需要培养德法兼修的多元法治人才，首要就是对课程体系进行改革，逐步构建起符合全面依法治国德法兼修多元法治人才培养要求的法学课程体系。在法治人才培养的系统工程中，法学课程体系是实现人才培养规格、人才培养目标和人才素质结构的基本环节，它贯穿于法治人才培养的全过程，是全面提高人才培养质量的前提条件。因此，创新法治人才培养机制，全面提高法治人才培养质量，首要就是优化法学专业课程体系。

（二）深化法学教学改革的前提条件

法学教育改革涉及法学教育理念、教学模式、教学方法、教学手段等诸多方面，其中课程体系的改革是深化法学教学改革的前提和基础。因为，法学专业课程体系重构，可以实现法学教育各要素如目的、课程、教学、评价等教育模式的优化和重构，进而推动法学教育改革的深化。特别是在法学实验教学方面，根据

[①] 李树忠：《坚持改革调整创新立中国法学教育　德法兼修明法笃行塑世界法治文明》，载于《中国大学教学》2018年第4期，第12~16页。

全面实施依法治国的需要创新法治人才培养的课程体系，具有战略性意义。法学实验教学是指在我国法学教育过程中开展的旨在训练学生法律实践技能的教学模式，它是与理论教学互相衔接、互相支撑的法学教学体系的一个重要组成部分。从性质来说，法学实验教学具有实务训练的性质，体现了法学教育与法律实务的内在联系。从教学目的上来说，法学实验教学的核心目标是训练、提升学生的法律实务技能，是法学教育中的实践性教学。从其在法学教学体系中的地位来说，法学实验教学是法学教学不可或缺的组成部分，它是与法学理论教学密切相连的教学任务的延续。法学实验教学意味着法学教育由单一的知识型教育评价标准向全面素质型评价标准的转变，其目标的具体实现，应当根据法学实验课程的特点对课程目标、课程要素、教学环节设计、教学方法等方面进行设计。

（三）创新法治人才培养机制的关键

课程体系是法治人才培养方案的核心，培养什么规格、什么素质的法治人才，最终都要落实到课程体系之中，法治人才培养方案的创新也主要体现在课程体系的创新方面。基于全面依法治国所需德法兼修多元法治人才的培养目标，法学类专业人才培养要坚持立德树人、德法兼修，法科学生不仅要具有扎实的专业理论基础和熟练的职业技能、合理的知识结构，而且通过学习应当具备从事法律工作的良好职业技能、高效高质的法律服务能力与创新创业能力，这显然离不开与之相适应的课程体系建设。改革现有的法学课程体系，一方面需要与时俱进的理念，将法治理论和实践的最新成果融入法学课程体系之中；另一方面需要完善的配套机制的建设。基于多元化法治人才的培养目标，教材的开发编写与实践教学环节的设计都需要相关配套的机制，以保证课程体系的改革效果。换言之，学生通过系统地学习法学专业课程，可以掌握法治思维和批判性思考的方法，养成良好的道德品格、健全的职业人格、强烈的法律职业认同感和维护公平正义的责任感，方能更好地建设中国特色社会主义法治国家。

二、法治人才培养课程体系改革的基本要求

（一）符合"立德树人""德法兼修"的价值导向

培养什么人，如何培养人，历来是法学教育的根本问题。因此，在法学课程体系改革中也应思考这个问题，并将之作为课程体系改革的问题意识和行动指南。

一方面，法学课程体系改革应以社会主义核心价值观作为价值导向。社会主义核心价值观在法治人才培养的道德标准上提出了明确的要求，也为培养"德法兼修"的社会主义多元法治人才指明了方向、明确了目标。"立德树人"，即通过法学教育中的道德教育，实现对法治人才的社会公德、职业道德和个人品德的培养。同时，法学课程体系改革应以促进"立德树人、德法兼修"法治人才培养的实现为目标，逐步树立起法治人才的法治观念、法治信仰和法治思维。因此，在课程体系设置中，既要重视教材编写中"立德树人"的相关内容，强调社会主义核心价值观在教材中的指引和向导作用，培养全面依法治国所需法治人才的法律职业道德；又要在课程设置中突出"德法兼修"的意涵，加强法治理论及法治建设的原理性问题研究，对复杂中国问题和现实情况进行深入分析，并逐步形成具有中国特色、中国气派、中国风格的中国特色社会主义德法兼修的多元法治人才培养的专业课程体系。

另一方面，法学课程体系改革应立足于我国国情与法治实践，共同致力于德法兼修的中国特色社会主义多元法治人才培养目标的实现。历史发展的经验表明，法学课程体系的中国化是创新法治人才培养机制中特别关键的环节。这既要求探索社会主义核心价值观融入现有法学学科体系的可能方式和可行路径，对法学各分支学科中应体现、能体现中国特色社会主义的部分加以归纳、提炼和总结。在原理、制度、规则的层面，立法、执法、司法、守法各环节贯彻落实中国特色社会主义核心价值观。同时，课程体系改革还应结合社会生活发展及当下中国的实际需要，更新并形成有中国特色的社会主义法学课程体系，保持课程体系的开放性和适应性，使中国特色社会主义在各学科和课程体系间全面贯穿，又能与其各自的专业知识体系实现有机融合。这一任务也有待各部门法的学者在深刻掌握本学科、课程内容的前提下，结合中国特色社会主义法治理论和实践，予以具体化。因此，在法学课程体系改革的过程中，对世界上的优秀法治文明成果既要积极吸收借鉴，也要选择地吸收和转化，摒弃空洞化、教条式的法学教育，将世界法治文明发展的有益经验和优秀成果进行借鉴吸收，实现与中国特色社会主义法学理论体系、学科体系的良好衔接。

（二）符合全面依法治国所需多元法治人才培养目标

法治人才培养课程体系建设必须怀有"立足本国法律，面向本国实际，解决本国问题"的人文情怀和家国意识，在法学专业各课程中贯彻和体现"中国化"。要突破西方古典六法体系，结合中国具体情况和时代需要，改革法学课程体系，解决本国问题。

第一，以人的自由全面发展为目标，法学课程体系改革应贯彻"以人为本"

的理念。这就要求在法学教材编写和法学课程设置的时候应贯彻以人为本原则，应以人的全面发展为核心，以人的权利、人的属性、人的尊严、人的价值为重心，而不是限制人、束缚人，其终极目的就是通过改革法学课程体系，实现多元法治人才培养的基本目标，尊重法治人才的特殊性和独特性，不断提升法治人才的主体意识，使法治人才获得自由全面的发展。

第二，法学课程体系改革应尊重法学教育和法治人才培养的基本规律，在形成精炼的法学核心必修课程体系的基础上，根据多元法治人才的培养目标设计课程体系，保证法学专业知识结构的完整性。法律职业共同体首先是一个知识共同体，是经过专门法学教育和职业训练，具有共同的法律专业理论知识、法治思维方式和共同法律语言的知识共同体。这个知识共同体的构建基础就是法学专业课程体系，其中最重要的就是法学核心课程体系。在全面依法治国的背景下，社会所需多元法治人才对法学知识结构的完整性提出了更高的要求。因此，遵循法学教育和法治人才培养的基本规律，以法学专业核心必修课程为基本框架，保证多元法治人才培养的法学专业知识结构的完整性，有助于学生系统掌握法学专业基础知识体系，为形成法律知识共同体奠定起良好的理论基础。

第三，法学课程系统改革应积极回应时代需求，以开放性、多元化法治人才培养为指导，更好地适应国家治理现代化对法治人才的需求。改革前的法学核心课程体系设置在中国法学教育发展初期发挥了重要的指导作用，对依法治国和建设社会主义法治国家起到了积极推动作用，但由于现阶段社会经济的迅速发展，在国家治理现代化的新形势下，原有的课程体系设置已经难以适应四个全面的战略布局，无法满足全面依法治国所需的多元化法治人才的需求。各培养单位应结合自身的办学特色和人才培养目标，对优势学科进行资源整合，形成丰富多元的法学选修课程模块供学生自主选择性修读，为法治人才的成长成才提供足够的自主空间，同时重点开发建设一批提升学生法治实践技能的选修课程模块，注意平衡传统法学科目和新兴法学科目的设置，在选修课程体系设置中发展新兴学科和交叉学科，体现各校的自主性与法治人才培养特色。在此基础上，鼓励各高校结合自身定位根据法治人才的具体培养目标，编写适合多元法治人才培养需要的多样化教材。

第四，在课程体系建设上坚持"立德树人、德育为先"导向，做到"高等法学教育坚持专业教育与通识教育并重、大众化教育兼顾精英教育"，科学合理设置学科和专业。同时应当充分利用信息技术和网络技术改进教学方式方法，增加案例课和实习调研课的比例，最终建构起中国特色多元法治人才培养的多元化法学课程体系。教辅材料编写应以国家统一的法律核心教材为基础，针对不同地区、不同院校对学生的教育模式、培养目标因时因地制宜，为不同层次的多元化法治人才提供共享的教学平台和个性化的选择菜单，实现与社会要求的法治队伍建设的现实需求充分对接。

（三）法学专业课程设置的基本要求

根据《普通高等学校法学类本科专业教学质量国家标准》，法学类专业课程总体上包括理论教学课程和实践教学课程。理论教学课程体系包括思想政治理论课、通识课、专业课；实践教学课程体系包括实验和实训课、专业实习、社会实践与毕业论文。法学类专业培养方案总学分应控制在 160 学分左右，其中实践教学累计学分不少于总学分的 15%。

法学类专业课程设置大体包括以下几个方面。

1. 理论教学课程

具体包括思想政治理论课；通识课（应当涵盖外语、体育、计算机）课程；专业课（法学专业核心课程采取"10 + X"分类设置模式，"10"指法学专业学生必须完成的 10 门专业必修课，即法理学、宪法学、中国法律史、刑法、民法、刑事诉讼法、民事诉讼法、行政法与行政诉讼法、国际法和法律职业伦理。"X"指各院校根据办学特色开设的其他专业必修课，包括经济法、知识产权法、商法、国际私法、国际经济法、环境资源法、劳动与社会保障法、证据法和财税法，"X"选择设置门数原则上不低于 5 门。各专业可根据自身培养目标与特色，设置专业必修课程学分）。专业选修课程应当与专业必修课程形成逻辑上的拓展与延续关系，并形成课程模块（课程组）供学生选择性修读。各专业可以自主设置专业选修课程体系。鼓励开发跨学科、跨专业的新兴交叉课程与创新创业类课程。

2. 实践教学课程

一是各专业应注重强化实践教学。二是实验、实训和专业实习。三是社会实践。各专业应根据本专业实际需要，组织各种形式的法制宣传教育活动，让学生了解社会生活，培养其社会责任感，增强其社会活动能力。社会实践时长不得低于 4 周。四是毕业论文（设计）。法学类专业毕业论文（设计）可采取学术论文、案例分析、毕业设计、调研报告等多种体裁形式完成。论文选题应加强问题导向。学生应根据自身兴趣进行选题，结合社会实践以及经济、社会现实的热点和难点问题，在指导教师的指导下进行毕业论文（设计）的撰写。

（四）法学专业课程体系的主要模块

在法学课程设置上，既应设置开放型理论体系（法理学、民商法、刑法、经济法、三大诉讼法等必修课），又应构建实务型综合学科课程体系（物证技术、合同操作实务、律师实务等），在当前法治人才培养计划下显得尤为重要。结合《普通高等学校法学类本科专业教学质量国家标准》对法治人才培养的要求，法学专业课程体系主要由三个模块组成。

1. 法学核心课程体系

有学者认为，当前中国法学专业核心课程体系旨在培育学生法律理论素养与塑造其专业思维能力，但当前中国法学教育大多沉浸于技术和技巧教育之中，法学专业理论学习被忽视，法学课程缺乏高层次的精神理念。一方面，法治人才培养毫无疑问需要深化专业理论的传授，真正造就高素质的法律职业群体；另一方面，法治人才应注重核心课程与法律职业资格考试的良性互动，也不应忽视对除了法律知识和技能外的学生法治精神和理念的培养。① 还有学者认为，在中国目前的国情之下，从教育的一般逻辑来说，法学教育也不能走片面法律职业化的单行道，因为法学院不仅承担着培养法律专业精英和法律职业人才的任务，同时还肩负普及和提高国民的知识水平、文化素质，改变国民教育的一般文化素质状况，提高全民普遍文化水平的基本任务。就法治人才来说，单一具备法律职业知识和技能的人，并不意味着就能达到法律从业的应有效果，故在核心课程设置的时候需要摒弃以法律职业化为中心的传统观念。② 因此，教育部高等学校教学指导委员会在制定法学类专业教学质量国家标准时，认为课程体系，尤其是核心课程体系是整个法学教育的灵魂所在。故而，法学类专业核心课程体系调整坚持原则、勇于创新。法学类专业核心课程调整的原则是坚持原有核心课程性质不变的原则，做增量调整的原则和重基础、出特色的原则。法学类专业核心课程调整的具体方法是采取分类设置的方法，这一创新将法学类专业核心课程分为两类，第一类为法学专业学生必须完成的10门专业必修课，第二类为各院校根据办学特色开设的其他专业必修课，原则上不低于5门。③

2. 法律职业技能课程体系

法律职业技能课程体系包括法律推理技能、法律解释技能、法律诉讼技能等，是法律职业的理论学习与职业实践联系的重要桥梁。综观中国法律院系的课程设置，主要以传授系统科学知识为目的，对学生法律实际操作能力的培养比较欠缺。尽管多数法学院校均开设了职业技能课程，但并未起到系统的职业教育和专业技能训练的作用，因此，对于职业技能课程设置进行变革势在必行。

---

① 郭广辉、武建敏：《理论与实践：中国法学教育的困境与希望》，载于《河北法学》2014年第3期，第38~44页。
② 韩大元：《全球化与法学院的社会责任》，载于《中国高等教育》2012年第Z2期，第27~30页。
③ 李树忠：《坚持改革调整创新立中国法学教育　德法兼修明法笃行塑世界法治文明》，载于《中国大学教学》2018年第4期，第12~16页。

3. 法律职业伦理课程体系

现代法律职业精英群体，在面对纷繁的法律关系、复杂的法律现象和日益完善的法律制度时，不仅需要夯实法律专业知识，掌握法律职业技能，且需要匹配相应的职业伦理，并通过职业伦理来抑制其职业技术理性中的非道德性成分，使之控制在最低限度。但长期以来，中国法律职业伦理教育在法学课程设置中近乎空白。法律职业伦理既是一种内心认知，更是一种职业能力，其养成需要知识的积累和职业伦理教育的熏陶。因而在法学教育改革实践中，应在法学专业课程中全面渗透法律职业伦理教育，通过课程体系设计的调整与教授让学生感悟法律人格的光辉，自觉践行并塑造法律职业伦理。

迄今为止，我国法学院的课程教学体系始终偏重于法学基础知识的传授，培养应用型人才与研究型人才的区别在课程设置和课程体系上没有充分体系出来。尽管成文法系国家需要注重原理以及概念、命题之间的逻辑关系，但过分强调知识层面的学习，较容易忽视理论与实践之间的关联，难以在社会实践层面较好地运用法律技能分析解决社会问题。因此，法学课程体系改革要实现法学课程核心体系、法律职业技能和法律职业伦理三大模块之间的兼顾和平衡，积极拓展法学课程改革的新平台与新渠道，鼓励学生参与法律援助活动，建立法学公益教学体系，开设法律诊所课程，培养法科学生的社会责任感和对弱势群体的关注，积极为社会主义法治国家建设贡献力量。

第二节　近代以来我国法学课程设置的回顾与反思

一、近代以来我国法学课程设置的回顾

（一）新中国成立前我国法学课程设置发展变迁

中国法学教育源远流长，独树一帜，历经了漫长的演进过程。据现有史籍记载，早在春秋时期，便有著名讼师邓析开设私塾，传授法律知识。但作为国家兴

办的法学教育来讲，则始于三国时期的魏明帝。① 据《三国志·魏志·卫觊传》记载：明帝即位，卫觊奏曰："请置律博士，相传教授。"换言之，自魏明帝设置"律博士"一职起，中国便有了较正规的法学教育。按《册府元龟》的说法，北齐有律博士4人，隋有律博士8人，有名字可查的有侯坚固、杨衡之、司马锐、傅霖等。受法学教育的称之为"律学生"。到唐代时，法学教育的内容比较明确，形成了专业的雏形。《唐六典》里讲："律学生以律令为专业，格式、法例亦兼习之。"律学生已有一定数量，对年龄有明确要求，《新唐书·选举志》有这样的记载："律学生五十人……律学生十八以上，二十五以下。"②

近代意义上的法学教育始于清末，至少经历了清末改制、北洋政府和国民政府三个时期。清末新式法学教育最早可追溯到19世纪60年代清政府设立的京师同文馆时期。以奕䜣、曾国藩、李鸿章等为代表的洋务派在办外交过程中深感培养新型人才已成为当务之急。他们认为，与外国人打交道，"今语言不通，文字难辨，一切隔膜"。为"不受人欺蒙""必先谙其语言文字"，所以清政府着手培养通译，设立专门的教育机构，聘请洋人为教员，以造就自己可靠的翻译人才。

1862年7月11日，京师同文馆正式开馆教习，时有学生10人。该馆作为我国第一所具有近代意义的高校，在后来的教学中，科目设置由最初的教授外国语言文字，发展到开设自然科学、包括法学在内的社会科学课程，不过类似于今天意义上的法学专业还不存在。③ 自近代以来，我国法学教育就存在着法政学堂与综合性大学并立的法学教育格局。1904年，直隶法政学堂的设立，标志着我国近代高等法学教育的开端。我国当时的法学教育是在职文官的法律培训。当时，法学教育出现综合性大学法律系与法政学堂并存的格局，基本上是模仿日本的。不过当时的法政学堂，并非学历教育，而承担在职文官培训的使命。④ 加之受"中体西用"思想的影响，法学教育一直没能够突破"交涉公法"的范围，长期处于幼嫩的萌芽状态。从1861年京师同文馆设立到1911年的辛亥革命是中国法学教育的近代化时期，是中国的法学教育一步步突破传统，开启创新的思想和方法来培育法治人才的特定的历史阶段。对这些经验进行回顾、反思和总结对于完善我国当前的法学教育课程体系，培养出符合社会主义法治国家需要的中国特色多元法治人才具有一定的历史借鉴意义。

---

① 也有学者认为，中国古代没有近代意义上的法学教育。中国近代的法学教育是在19世纪后期随着西方的法律和教育制度的传入而出现的，是中国近代法律制度发生变革和近代学制确立后的产物。参见王健：《中国近代的法律教育》，中国政法大学出版社2001年版，第5页。
② 李龙、邝少明：《中国法学教育百年回眸》，载于《当代法学》1999年第6期，第3~8页。
③ 徐彪：《论清末新式法学教育对中国近代法学的影响》，载于《环球法律评论》2005年第3期，第362~371页。
④ 李龙、邝少明：《中国法学教育百年回眸》，载于《当代法学》1999年第6期，第3~8页。

在北洋政府时期，法学是比较热门的专业，法科学生的数量无论是在全国大专院校的学生总数中，还是在综合性大学的总数中，所占的比例一般均为50%左右。法科设置和法科学生人数激增，达大学半数左右，引起有识之士的忧虑。这一时期法政学堂毕业生可免试取得司法官或律师资格，是法学教育与法律职业直接结合的象征。民国时期的法学教育，重视法治理念的熏陶，真正开启了中国现代法学教育的先河，也是中国法制走向现代化的重要途径之一。南京国民党政府进一步把法学教育与法律职业联系在一起，强化法律职业的资格考试。按1933年的《考试法》和1935年的《法院组织法》规定，将司法官的考试列为十三类高等考试之一。与此同时，国民党政府对法学教育直接控制，司法院有权审批法学院系，规定统一的必修课程，审定年度教育计划，颁发毕业证书。这种直接控制，使法学几乎成了"官学"。后来竟限制法学专业的招生人数，从而导致了法学院系数量的下降，由1931年的29所下降为1940年的27所。另外，它们又调整和优化法学专业的课程结构，既模仿日本，也模仿欧美，逐步形成以"六法全书"为核心的课程体系，并出现两种模式：一种是以朝阳大学、北京大学、武汉大学法学院为代表的以法律实务为重点的院系；另一种是以东吴大学、中央大学、湖南大学法学院为代表的以理论研究为重点的法学院系。由此可见，国民政府时司法院直接控制法学院系的设置、必修课程、年度教育计划审定等事宜，在学习日本的同时兼顾欧美，课程设置和课程体系得到进一步调整和优化。①

由此可见，自清末开始的法学教育，虽然较为幼稚，颇显急功近利而不可避免地导致法学教育"质低量微"，在课程设置方面也大多是模仿和借鉴西方法学教育课程设置，但在一定程度上还是培养和造就了一批新式法律人才，并不断推动着近代法学教育课程体系的发展与完善，同时也促进了法学学科体系的建立与完善。

（二）新中国成立后法学课程设置的发展变迁

1949年2月22日，中共中央发出《中共中央关于废除国民党〈六法全书〉与确定解放区的司法原则的指示》（以下简称《指示》），宣布废除六法全书，摧毁旧法制。《指示》从马克思列宁主义国家观、法律观的角度，阐明了法律的阶级性质和本质："法律是统治阶级公开以武装强制执行的所谓国家意识形态。法律和国家一样，只是保护一定统治阶级利益的工具。"这种对法律本质阶级性和作用工具论的理解，奠定了新中国法制建设的理论基础和出发点，造成了新旧法律的绝对对立，成为新中国成立后研究法律、认识法律和学习法律的指导思想，

---

① 李龙、邝少明：《中国法学教育百年回眸》，载于《当代法学》1999年第6期，第3~8页。

对新中国的法制建设及法学研究产生了极其深远的影响。根据《指示》，1949～1951年各大学法学院系进行了课程改革。1949年10月，华北高等教育委员会颁发了《各大学专科学校文法学院各系课程暂行规定》，添设辩证唯物论与历史唯物论、新民主主义论和政治经济学为文法学院公共必修课程。1950年7月，政务院批准教育部《关于实施高等学校课程改革的决定》，8月印发了文、法、理、工、农5个学院中24个主要系的课程草案，作为各有关学校拟订课程的参考。在着手进行旧大学法学院系课程改革的同时，以老解放区政法教育模式为基础，在很短时间内相继成立了中国政法大学、中国新法学研究院、中央政法干部学校、中国人民大学法律系及各级司法干部培训班，发展政法教育，培养新中国掌握马列主义、毛泽东思想的新司法人才。这一时期所推行的教育改革在新民主主义教育思想的指导下，贯穿着"改造"与"立新"两条主线，采取了"循序渐进"的策略，总体上值得肯定。当经历了课程改革，新民主主义的法学教育有望逐步完善与走向正规之时，但1952年发生的司法改革运动与高等学校大规模的院系调整，却使法学教育由和风细雨的课程改革转变为疾风骤雨的整顿与重构。院系调整后，政法干部培训模式全面取代了正规大学法学教育，成为法学教育的唯一模式。[①]

此后，由于受"左"的思想的严重干扰和法律虚无主义的深刻影响，处于上层建筑的法学教育亦遭到极大的损害。"文化大革命"结束后，尤其是中共十一届三中全会后，国家不再以阶级斗争为纲，提出"以经济建设为中心"的口号，教育也迎来了春天。邓小平同志自告奋勇亲自管教育、抓教育，教育的规格、质量开始发生深刻变化。法学教育开始复苏。1977年5月27日，中央批准复办西南政法学院，紧接着又恢复了北京政法学院、华东政法学院、西北政法学院，最后恢复了中南政法学院。尤其是1994年中国开始建立社会主义市场经济体制、中共十五大提出依法治国、建设法治国家的治国方略后，法学教育的发展更是驶上了"快车道"。由此可见，中共十一届三中全会是中国法学教育复苏的春天，而社会主义市场经济的建立和依法治国方略的确立，为法学教育的进一步发展迎来了新契机，并取得了令人瞩目的成绩。在法学课程设置上，也日趋完善。1997年，国家教委设立高等学校法学学科教学指导委员会（以下简称"教指委"），教指委在中国法学教育史上发挥了巨大作用，其中的重要作用之一是逐步确立了法学教育的核心课程，从10门到16门，再到《普通高等学校法学类本科专业教学质量国家标准》所确定的"10＋X"，即以10门课程为核心课程，其中包括法

---

① 董节英：《1952：新中国法学教育的整顿与重构》，载于《中共中央党校学报》2007年第2期，第107～112页。

律职业伦理，其他再增 9 门，各校在这 9 门课程中自主选择数门作为自主的核心课，核心课制度保证了法学教育的最低质量标准。①

（三）近代以来法学课程体系设置的内容

在课程设置方面，清末法政学堂与综合性大学法律系所开之课程均仿照日本，教学内容基本上是一致的。"日本近代以来的法律体系是效仿西法的产物，且是学习西方成功的典范，而西方的法治精神和理念通过便利的语言途径，被中国的留日学生所接受，回国后再传授给更多的中国学生，从而丰富了中国法治文化的内涵。"② 据统计，当时中国法学院校，除开设两门中国法律课程，即"大清律例"和"大清会典"外，其余全系日本法学课程；甚至教师也聘请不少日本人，至 1909 年，全国共聘任 58 名日本教授。课程内容大多与中国实际脱节，主要都是西方法律的内容。在此特定的历史阶段，中国法学教育逐步突破传统模式，开始运用西方先进的法学教育思想、方法来培育法律人才。如 1907 年北洋大学堂法律科设置的科目有：国文国史、英文（兼习法文或德文）、西史、生理、天文、大清律例要义、中国近世外交史、宪法史、法律总义、法律学原理、罗马法律史、合同律例、刑法、交涉法、罗马法、商法、损伤赔偿法、田产法、成案比较、船法、诉讼法则、约章及交涉法参考、理财学、兵学、兵操。③ 又如京师大学堂的法律本科主课程有 11 种：法律原理学、大清律例要义、中国历代刑律考、中国古今历代法制考、东西各国法制比较、各国宪法、各国民法及民事诉讼法、各国刑法及刑事诉讼法、各国商法、交涉法、泰西各国法；补助课 3 种：各国行政机关学、全国人民财用学、国家财政学。从课程设置看，除了现行的大清律例职务，基本法律部门均以讲授外国法为主。另外，法律学门的课程与同科政治学门的课程有一定程度的交叉。④

在梁启超为湖南时务学堂制定的《第一年读书分月课程表》中，有"公法门"和"掌故门"两大类，虽有一定的交叉，但"公法门"主要涉及西方的政治法律及历史知识，"掌故门"则略为倾向本国传统的法律与典章制度。其中，"公法学"又可分为"内公法"与"外公法"，"宪法、民律、刑律之类为内公法，交涉公法、约章之类为外公法。"这样的学堂门类与课程结构的设计，是

---

① 徐显明、黄进、潘剑锋、韩大元、申卫星：《改革开放四十年的中国法学教育》，载于《中国法律评论》2018 年第 3 期，第 2~27 页。
② 谢冬慧：《试论民国时期以法治为重心的法学教育理念》，载于《云南大学学报》（法学版）2014 年第 3 期，第 27~31 页。
③ 《学部官报》，第 21 期，"京外学务报告"，第 157~158 页；转引自王健：《中国近代的法律教育》，中国政法大学出版社 2001 年版，第 156 页。
④ 王健：《中国近代的法律教育》，中国政法大学出版社 2001 年版，第 175 页。

梁启超自强兴学思想的反映。在梁启超看来，中国变法自强的根本在于改革现行的教育制度，培养沟通中西的新式人才。而要实现这个目标，必须引入并大力推行西方的政法教育，"以六经诸子为经，而以西人公理公法之书辅之，以求治天之道；以历朝掌故为纬，而以希腊罗马古史辅之，以求古人治天下之法；以按切当今时势为用，而以各国近政近事辅之，以求治今日之天下所当有事。"① 由此可见，梁启超在法学教育方面开启了近代中国之新民教育，为国民思想之开化做出了巨大贡献。

北洋政府时期，中国法学教育在课程结构体现了法学教育与法律职业的结合。按当时有关规定，法政学堂毕业的学生，可以免试取得司法官、律师资格。这一事实表明，法政学堂本身拥有法律职业资格的许可权。鉴于这一情况，课程结构与教学内容偏重于部门法，注重应用法学。由于当时的需要，再加上1912年北洋政府颁布的《法政专门学校规程》对课程、师资规定的标准很低，从而使法学教育过滥，一直在低水平上运行。

南京国民政府时期进一步把法学教育与法律职业联系在一起，强化法律职业的资格考试。按1933年的《考试法》和1935年的《法院组织法》规定，将司法官的考试列为十三类高等考试之一。与此同时，国民党政府对法学教育直接控制，司法院有权审批法学院系，规定统一的必修课程，审定年度教育计划，颁发毕业证书。这种直接控制，使法学几乎成了"官学"。后来竟限制法学专业的招生人数，从而导致了法学院系数量的下降，由1931年的29所下降为1940年的27所。另外，它们又调整和优化法学专业的课程结构，既模仿日本，也模仿欧美，逐步形成以"六法全书"为核心的课程体系，并出现两种模式：一种是以朝阳大学、北京大学、武汉大学法学院为代表的以法律实务为重点的院系；另一种是以东吴大学、中央大学、湖南大学法学院为代表的以理论研究为重点的法学院系。以东吴大学法学院为例，它是以培养律师为任的法学专门教育机构，它是在东吴大学创建后10年，即1915年成立的，又称之为"中华比较法律学院"，规模不断扩大，质量也不断提高；到1934年时，应届毕业生已达84人，并招收硕士研究生。其本科课程结构涵盖英美法、大陆法和中国法。如1934年的课程有：(1) 中国法（包括宪法、民法、刑法、商法和诉讼法）；(2) 大陆法（包括法国、德国、日本和苏俄的民法）；(3) 英美法（包括侵权法、契约法等）；(4) 罗马法；(5) 国际法（包括国际公法与国际私法）；选修课中有各国法制史和刑法的比较。其中英美法课程用英语讲授，并一直保持比较法讲授的优势。东

---

① 《饮冰室合集》（第一册），第104~106页；转引自王健：《中国近代的法律教育》，中国政法大学出版社2001年版，第167页。

吴大学法学院著名教授兼教务长孙晓楼,曾专门撰写《法律教育》(1935年出版)一书,并拟订了一个"新课程表"。该课程结构参照了英美一些著名法学院的课程,又结合了当时中国的实际。第一学年的课程大都为基础课,如"国文""外国语""政治学""社会学""近代史""伦理学概要"以及"军训";但"法理学"放在第五学年。第二学年的课程均为专业基础课,如"中国法制史""法律伦理""民法总则""刑法总则""比较法""罗马法""会计常识",以及持续课,如"外国语"。第三学年的课程为"民法债编""刑法各论""国际公法""民事诉讼法""比较法""外国民法""英美法""契约法"。第四学年的课程为"民法物权""刑事诉讼法""比较法""国际私法""公司法""票据法""侵权行为""外国刑法"。第五学年的课程为"法理学""行政法""民法亲属编""民法继承编""劳动法""证据法""保险法""海商法""破产法""土地法"。上列课程均为必修课,同时还列举了一定数量的选修课。很显然,该课程结构有三个特点:第一,重视实体法教学,偏重应用法学;第二,突出比较法的优势,几乎每一学年都开比较法,涉及英美法与大陆法的比较,也涉及实体法的比较和程序法的比较;第三,对"法理学""法律哲学"要求高。为了加强法学教育为其政权服务,还特地聘请了美国著名法学家、社会法学派的代表人物庞德为教育部和司法行政部顾问。在整个南京国民政府时期,中国法学教育有所发展,出现了一些法学家并出版了一些有影响的教材与专著,如王世杰、钱端升的《比较宪法》①。1949年以后,我国模仿苏联的法学教学课程体系,强调法是规范的总和,是阶级和阶级斗争的工具。这种情况一直到中共十一届三中全会改革开放后才逐渐改变。

二、近代以来法学课程体系设置的反思

(一)近代以来法学课程体系设置的特点

1. 法学课程体系设置的目的鲜明,即为了培养适合国家当时亟须的法治人才

从1862年开始的北京同文馆的万国公法教育到天津中西学堂(1895年),再到京师大学堂(1898年)、京师法律学堂(1906年)以及各地蜂拥而起的法政学堂(1909年前后)的法学教育,以及各国立和私立(包括教会所办)综合性大学中的法律教育,通过各种法学课程的设置,法学专业教师的讲授,西方法学教材与参考读物的印刷发行,都鲜明体现了当时国家对法治人才的迫切需求。

---

① 李龙、邝少明:《中国法学教育百年回眸》,载于《当代法学》1999年第6期,第3~8页。

在西学东渐、法治社会思潮之下，人们迫切需要学习法律知识，各种法政学堂纷纷建立，带来了清末和民国时期法学教育的繁荣。

2. 在课程设置的内容方面，主要受西方法学教育课程体系设置的影响

中国近代第一所大学——北洋大学的法律科作为第一个法律教育机构，自开办时起即以英美法为教学基础，在课程编排、讲授内容、授课进度、教科用书，均与美国哈佛大学和耶鲁大学相同。后来又不断聘用美国的法律专家为教师，毕业生也大多赴美留学，美国法对中国法学教育产生的影响显而易见。当然，北洋大学的法科也不纯然为英美法所独占，具有重视大陆法的趋向。如《学部奏筹设京师法政学堂酌拟章程折（附章程）》，其中所反映的直隶法政学堂的正科法律课程有：大清律例、大清会典、交涉约章、政治学、宪法、行政法、刑法、民法、商法、国际公法、国际私法、刑事诉讼法、民事诉讼法、裁判所构成法、警察学、监狱学、演习裁判等；京师法政学堂正科的法律课程有：皇朝掌故、大清律例、政治学、政法史、宪法、行政法、刑法、民法、商法、国际公法、国际私法、刑事诉讼法、民事诉讼法、监狱学、中外法制史等。① 又如在东吴法学院的课程设置里面，"在五年的学习时间里，学生们除了要学习中国宪法、中国司法组织、中国民法总则、中国刑事诉讼法、中国公司法、中国票据法、中国劳工法、中国继承法等中国法学理论外，还要学习罗马法、英美刑法总则、英美民法总则、英美诉讼法等西方法学理论。教师在教学中注意既介绍英美等国的案例，也注重分析中国的案例，避免了照搬欧美教学模式的弊端"，体现了"课程设置的先进性和适用性"。② 无论是英美法还是大陆法，都体现了西方法治契约精神，将它作为中国法学教育内容的一部分，甚至由西方的教师去教授，其对中国学生形成初步的法治思想产生了深刻影响。在民国政府时期，法学教育课程设置已经走上移植西方的道路，无论立法抑或司法均以大陆法系为蓝本，同时也吸纳了英美法的优秀成果。民国新的法律体系的运行，需要有与其相适应的人才法学教育承载重任。到了新中国成立后，课程设置多受苏联法学教育的影响。

3. 在法学课程体系设置上，初步体现了理论与实践、法学教育与法律职业的互动

北京政府时期的《立法院编制法》规定，法政学堂毕业的学生，可免试取得司法官、律师资格。燕京大学法律学系课程计划的宗旨是："造就法学人才及司

---

① 《直隶总督袁奏拟定法政学堂章程规则折（附章程）》，载于《东方杂志》1906 年第 9 期；《学部奏筹设京师法政学堂酌拟章程折（附章程）》，载于《东方杂志》1907 年第 11 期；均转引自徐彪：《论清末新式法学教育对中国近代法学的影响》，载于《环球法律评论》2005 年第 3 期，第 362~371 页。

② 黄新宪：《论教会大学对中国高等教育早期现代化的促进》，引自顾学稼等编：《中国教会大学史论丛》，成都科技大学出版社 1994 年版，第 89~90 页。

法实务人才，以应国家之需要，内以完成司法独立；外以准备法权回收，所用讲授方法，学理与实用并重，先就现行各种重要法律之内容加以有系统之讲述，并讨论其得失利弊，使学者对于本国法律有深切之认识，然后进而研究中外法律源流、比较法学及法律哲学，期于解决现代立法、司法各种问题有所贡献焉。"①南京国民政府时期先后颁布了《考试法》（1933 年）和《法院组织法》（1935 年），使司法官考试成为一项固定的、全国性的制度。司法官考试是当时的十三类"高等考试"之一，分初试、再试两道程序，初试合格者在司法院法官训练所接受一年培训之后，参加再试。由此，通过司法官考试这一纽带，大学法学教育在课程设置上与法律职业紧密联系在一起，实现了良性互动。

（二）近代以来法学课程体系设置之反思

第一，近代以来的法学课程体系设置目标急功近利，对法治人才的法治信仰和法律职业伦理的培养不够重视。法政学堂作为清末民初以开启官智为目的而开办，是密切配合于当时的社会危机和政治现实的，如顺直咨议局"扩充法政学堂"的预备议案认为，"预备法政人才，为国家根本救治之法，亦一省根本图治之方也"，把储备法政人才提升到国家和一省根本救治之法的地步。因此沦为官吏教育的一部分，并没有真正的独立，更不要说是培养法治专业人才。"到了清朝末年的时候，因为和英、法、日等国接连吃了几次的败仗，于是朝野上下，都认为非立新法不足以致国于富强，于是变法之声，闹得甚嚣尘上，乃一变以前雪兔式的法律教育，而为学校式的法律教育。"② 如在英、法两国逼迫清政府签订《北京条约》的过程中，"在谈判几份不同的天津和北京条约时""中国代表由于缺乏合格的翻译，只得依靠外国人来充当翻译，这使大清帝国处于屈辱的处境，这种情况不能再出现了。将来中国的外交关系在语言知识方面，应该在更平等的基础上展开"。③ 因此，最初开设法政学堂的原因主要是为了培养自己可靠的翻译人才，以实现国家富强的目的。晚清京师法律学堂在《奏定学堂章程》中只有一个总的立学宗旨："端正趋向，造就通才"。虽然《奏定学堂章程》第一次提出了一套完整的法科学制设计，但存在培养目标含糊不清、且缺乏现实依据。课程比照大学堂章程内法律学门所列科目酌量损益，并多加授课钟点。三年课程包括：大清律例及唐明律、现行法制及历代法制沿革、法学通论、经济通论、国法学、罗马法、刑法、民法、宪法、商法、民事诉讼法、刑事诉讼法、裁判所编制

---

① 王健：《中国近代的法律教育》，中国政法大学出版社 2001 年版，第 234 页。
② 孙晓楼：《法律教育》，中国政法大学出版社 1998 年版，第 14～15 页。
③ ［英］魏特尔著，陈敖才、陈琢成译：《赫德与中国海关》，厦门大学出版社 1993 年版，第 436 页。

法、国际公法、诉讼实习、行政法、监狱法、大清公司律、国际私法、财经通论、大清破产律、外国文、体操、卒业论文。此外，还有一年半期限的速成科，课程内容全部是法律，包括大清律例及唐明律、现行法制及历代法制沿革、法学通论、宪法大意、刑法、民法要论、商法要论、刑事民事诉讼法、大清公司律、大清破产律、裁判所编制法、监狱法、国际法要论、诉讼实习。① 从这些课程设置的具体内容来看，也鲜明地体现了当时法学教育的局限性与功利性特点。②

第二，法学课程的体系设置大多模仿西方，对我国本土法治实践的总结和反思较少。这主要是因为当时学术和师资水平十分有限，法律体系和法治实践也非常落后，"应当看到的是，在本国的法律体系尚未完备起来以前，法学院中讲授外国法是早期法律教育中的普遍情形。"③ 在这种情况下，许多法律学堂只有采取延聘外教的方法，在课程设置上模仿西方做法，使用国外翻译教材，对于本国法治理论和实践的内容在课程设置中涉及较少。例如，当时承担京师法律学堂大部分课程讲授任务的教员都由修订法律馆的日本法律顾问担任，如冈田朝太郎、松冈义正、志田钾太郎等。"这些日本法学家，大体来讲，水平的确都是相当高的。他们大多获有高级的法学学位，并且是本国某一法学领域中的佼佼者，在华期间，也都配合了法典的起草和法律学堂的教学工作"，"可以使法典制定过程中遇到的各种专业问题直接反映到课堂的教学当中" 也正是在这样的条件下，中国通过日本，第一次完整地输入了近代西方（主要是民法法系）的法学知识。根据他们的课堂讲义编辑而成的法律书籍很快就传播开来。④ 1911 年前后，安徽法学社出版了熊元楷、熊元翰、熊元襄编辑整理的 20 册冈田朝太郎等人的京师法律学堂的授课笔记，涉及除法律史以外的法学的各个分支学科。而大批的海归派留学生（主要是留日生）一方面在充任法学教员的同时，另一方面又通过大量译书的形式来满足教材建设上的缺陷。所编的这些书籍，基本上是根据他们自己在日本学校上某门课时所作的笔记，或根据任课老师的著作、讲义，再参合同类的其

---

① "京师法律学堂章程"，《东方杂志》，1906 年第 10 期。转引自王健：《中国近代的法律教育》，中国政法大学出版社 2001 年版，第 188、192 页。

② 有学者认为，根据1878 年京师同文馆法律课的公法考试题《光绪四年各科岁试题》来看，也体现当时法学教育的浅薄性与功利性。公法学岁试题是："遣使之权自主之国皆有之，何以辨之？此国遣使彼国，有拒而不接者，其故何也？使臣有四等，试言其序。遇更易国主，驻京使臣位次何以定之，其定法不一，而各有成案，试言之。头等公使得邀破格优待之礼，试言其概。公使权利之尤要者，试言之。公使职守，其尤重者在何事？各国设立条约，所论可事居多？公使偶不安分，有遣之出疆者，系因何事？并引以成案。公使停职其故有七，试述之。"参见朱有瓛：《中国近代学制史料》，第 1 辑（上），华东师范大学出版社 1983 年版，第 90 页；转引自徐彪：《论清末新式法学教育对中国近代法学的影响》，载于《环球法律评论》2005 年第 3 期，第 362~371 页。

③ 王健：《中国近代的法律教育》，中国政法大学出版社 2001 年版，第 158 页。

④ 王健：《中国近代的法律教育》，中国政法大学出版社 2001 年版，第 197 页。

他著作，或附以己意翻译编辑而成的，实际上就是日本法学家的著作、讲义的编译性作品，其内容完全是按照日本当时的法律体系构造的近代西方法学，体现了鲜明的西方特色。①

由此可见，法学课程体系的设置与国家当时发展的经济社会文化背景密切相关，深受"经世致用""救亡图存"的影响，这首先表现在法学课程设置的理念和目的与当时国家和社会所要解决的问题及所需法治人才的类别密切相关，大多是需要什么课程就开设什么课程。其次，由于当时各种主客观条件的限制，法学课程设置大多是模仿和借鉴西方法治国家的课程设置，较少考虑本国的现实情况和法治实践。最后，法学课程设置从整体而言，缺乏系统性和高瞻远瞩，对于法治人才的法律信仰和法律伦理课程的考虑，缺乏对法学教育究竟要培养什么样的法治人才的深谋远虑。

第三节 域外法学教育课程体系的变革：特点与经验

一、适应社会需求：域外法治人才培养目标的转变

基于全球化时代对法学教育的新要求，各国的法治人才培养目标也在顺时而变，根据本国的经济与社会发展需求情况来确定相应的法学教育目标，进而符合当前国家和社会对法治人才的特殊要求。

（一）英美法系国家的法学教育与法治人才培养目标

现代美国法学院以培养法律职业的专门人才为使命。美国的法学教育采用法律博士（Juris Doctor，JD）培养模式，可以视为是一种后本科、硕士层次的教育，主要指大学后的法律专业教育，与人文教育相分离，学生进入法学院学习之前必须拥有一个非法学专业学士学位，后通过极其严格的考试后进入法学院，经过 2~3 年专门的法学教育后，再授予法学学士学位。美国的法学教育目标是培养律师，让学生如律师一般思考。美国的检察官、法官及法学院教授等多数是从律师中挑选，美国最初级的 JD 法律博士便是以律师的标准进行培养的，因此，

---

① 王健：《中国近代的法律教育》，中国政法大学出版社 2001 年版，第 207 页；徐彪：《论清末新式法学教育对中国近代法学的影响》，载于《环球法律评论》2005 年第 3 期，第 362~371 页。

美国法学教育的职业性特征决定了该国法治人才培养主要以律师为培养目标。学生们需要学习如何推导出法律规则，并将其应用到新的事实环境中。为了培养这种技能，在法学教育的过程中，学生们要学习如何分析和辩论案件以及形成案件结论的技术，在此基础上，如何去评判案件，不管案例的判决是否正确；学生们需要探求在不同的事实环境中如何区分同一类型的案件，这种以培养学生的法律分析能力为中心的教学方法通常被称为"苏格拉底教学法"。①

英国法学教育目标主要也是培养律师从业者。英国早期的法学教育采用的是学徒制的方式进行，是在律师公会完成的。步入现代社会后，英国的大学成为法学教育的基地，律师公会的职前培训功能却保留下来。公会的主要职能提供出庭律师培训，培训的内容包括口头训练、会谈技巧、谈判技能等一些侧重实务方面的训练。现今，越来越多的法学院与律师公会联合开设一些法律技术训练课程。如口头论说技术、询问技术、调解与协商的技巧、辩护的技术，这些技术的传授都是以小组为单位，达到师生之间的即时的和大量的相互交流。这也是受到英国高等教育中寄宿学院制度的影响。其他课程则提供一些更为传统的各种法律文件起草的写作技巧，如合同、法规和条例等的起草。② 在英国要成为律师必须经历法律学术教育、法律实务教育和律师事务所实习三个阶段，其中法律学术教育主要学习法律基础知识，可以通过英国法学三年本科（LLB）来完成；法律实务教育阶段需要完成1年的法律实务课程（legal practice course，LPC），学习商法、民事、刑事程序法等课程，选修课程可以根据日后的职业规划在广泛的实务领域内选择，如融资、婚姻、继承、劳动合同、诉讼等方向；律师事务所实习阶段需要与一家律师事务所签订实习合同，完成两年的专业实践，两年中每半年要换一个岗位，其中至少要涉及三个完全不相关的领域。依次完成上述三个阶段后，会被英国非出庭律师协会纳为正式成员，成为注册执业的事务律师。但是，全球化带来的严峻就业形势迫使英国的法学教育目标有所改变，目前，培养法律从业者已不是英国法学教育的唯一目标，为了应对全球化对人才全面性的要求也适当地施予本科阶段法学院学生其他教育。所以，顺时而变是英国法学教育在培养目标上实现转型的重要特征。

（二）大陆法系国家的法学教育与法治人才培养目标

德国法学教育的职业训练色彩较之其他专业教育更为明显。学生不仅要在大

---

① ［美］Judith A. McMorrow：《美国法学教育和法律职业养成》，载于《法学家》2009年第6期，第20～30页。

② 张丽英：《英国的法律职业与法学教育及其借鉴》，载于《西安电子科技大学学报》（社会科学版）2007年第6期，第103～109页。

学校园里研习书本上的法律，还要到司法、行政部门去练习运用法律的能力。最终检测学生是否合格的方式不仅有学校的考试，而且还有由法官、高级行政官员等主持的法律工作者资格专门考试。伴随全球化使德国的就业形势变得严峻，2003 年法学教育改革后培养目标从单一的"法官"培养转向律师培养。德国作为大陆法系的集大成者，其将法学教育分为大学理论教育和实践培训两个阶段。第一阶段为高中毕业生进入大学接受正规的法学教育，最短期限为 3 年，但由于德国注重学术能力的培养，实际平均学习年限为 5 年。大学阶段以法学理论为主，以实体法为主。这一阶段的学习成果由第一次国家司法考试来检验，其既是大学教育的结业考试，又是能否参加第二次实践培训阶段考试的前提。第一次司法考试合格后，随之是实务性的时间培训阶段，一般为 2 年，分别在五个站点进行，即民法站，跟随民事法官进行；刑法站，跟随刑事法官或检察官进行；行政站，跟随行政法官或行政官员进行；律师站，在律师事务所进行；自由选择站，实习生可以自由选择实习机构，这一机构既可以是以上四个站点之一，也可以是该四站以外的其他机构，也可以申请到国外某家机构进行实习，以上五个站点的实习缺一不可。实习阶段以实践能力为主，以程序法为主，其考核以第二次国家司法考试为准。①

  2004 年日本开始推行法科大学院制度，仿照美国法学院的 JD 学位增设了专门职业学位。日本的法学教育历经变革，形成了特色鲜明的"三三制"法学教育模式，即法学部、法学研究科、法科大学院三种不同层次、不同目标定位的法学教育模式。"法科大学院旨在培养以具有多样化知识背景、丰富的社会经验、高超的法律职业技能的法官、检察官和律师为主的法曹人士。"② 由此可见，日本的法科大学院参照了美国的法学教育并深受其影响。为了给学生提供双向的、多向的、高密度的教育内容，日本法学教育在授课方式上采取多种形式，法律基本科目和基础法学科目一般采用讲授式，对于法律实务基础科目，一般则采用判例研究、调查、讨论等方式，由教师负责主持，学生相互讨论，旨在培养学生运用法律知识分析及处理具体问题的能力。③ 近年来，日本的一些法学家提出了培养"企业家型法曹"的新概念。所谓"企业家型法曹"，即具有企业家精神的新法律人。为了实现这一新的培养目标，不仅要求提升文书制作、法律诊所教学等课程的水平，而且要求加强与宪法、行政法、

---

  ① 郑永流：《知行合一 经世致用——德国法学教育再述》，载于《比较法研究》2007 年第 1 期，第 88~101 页。
  ② 李昊：《日本法科大学院改革的启示》，载于《法制日报》2016 年 8 月 24 日，第 9 版。
  ③ 江利红：《论新世纪日本的法律教育改革及其问题》，载于《浙江社会科学》2014 年第 1 期，第 46~58 页。

民商法、刑法、诉讼法等基本科目相关的发现和解决问题能力的法理学或法哲学教学。①

二、与时俱进：各国法学课程体系设置的比较分析及特点

全球化对各国法学教育影响最深最广的当属法学课程的变革。各国法学教育课程从时间安排到内容划分都进行了大幅度的调整，以期培养出适应时代需要的法学人才。这既是当今世界现状的客观需要，也是法学教育自身能否可持续发展的关键所在。

（一）各国法学课程设置的比较分析

美国的法学教育在于培养学生的法学思维方式、法律实践能力及搜索法律信息等，所以该国法学教育内容涉及基础理论与实践判断两方面。鉴于美国法学院的认证标准要求法学院能够证明其教学与符合开展充分的法学教育的原则相一致，要得到认证，法学院必须能够开设教学课程以确保学生获取法律职业资格，并能够高效和负责地参与法律职业的课程。这项标准可以解释为，允许法学院强调法律领域和法律职业的某些特定方面的培养。美国律师协会（ABA）的法学教育和职业准入委员会提出的《2008～2009年美国律师协会认定法学院标准》其中第302条（课程标准）规定："1.一个法学院应该要求每个学生在以下方面接受实质性的教育：（1）能够有效而负责地从事法律职业所必需的实体法律；（2）法律分析和推理、法律查找、解决问题和口头表达的技能；（3）法律写作，包括第一学年中至少一次严格的写作经历，以及在第一学年后至少另外一次写作经历；（4）其他能够有效而负责地从事法律职业所必需的职业技能；（5）法律职业及其从业人员的历史、目标、结构、价值、规则和责任。2.法学院应该为学生提供如下充足的机会：（1）真实的客户或其他建构在现实生活之上的实践体验，适当地督促和鼓励学生对其实践经验和法律职业的价值和责任做出反馈，以及发展个人对自己的表现和能力水平做出自我评估的能力；（2）学生参与志愿者活动；（3）小规模的团队工作。"② 美国法学院在教学过程中，课程体系设置及教学侧重点都有比较大的差别，以上不过是

---

① 陈根发：《日本法学教育的探索与困境》，110法律咨询网，http：//www.110.com/ziliao/article - 212876.html。

② 转引自［美］Judith A. McMorrow：《美国法学教育和法律职业养成》，载于《法学家》2009年第6期，第20～30页。

委员会提出的最低标准。从这些要求可以看出，这些标准完全是依照培养律师为目标提出来的。这对于参加法学院入学考试的学生们来说，有能够满足他们要求的众多法学院可供选择，以满足社会多元行业对法治人才的不同需求。例如，作为美国法学院的基础教育，法律博士（Juris Doctor）学位教育的学习时间是三年。就法律博士的三年学习内容而言，第一年以必修课（required course）为主，包括宪法、合同法、侵权法、财产法、刑法、民事诉讼法和法律文书写作等英美法系中最基本的知识和技能；第二年和第三年则以选修课（elective course）为主，学生可以根据自己的兴趣和意愿从几十门法律专业课程中选修若干门，但要达到学校规定的学分标准。选修课程的内容非常广泛，既包括法哲学、法社会学、法经济学、法制史等理论色彩较浓的课程，也包括行政法、司法程序、证据规则等涉及具体法律部门和带有实践性的课程。随着社会的发展和法律领域的拓宽，一些法学院还开设了关于环境保护、住房和城市发展、社会福利、妇女权益保护、消费者权益保护等方面的课程，以及法律心理学、法医学等交叉学科的课程。①

  英国的法律课程主要是让准备进入法律领域的从业学生拥有律师的思维方式，同时可以运用、驾驭各种法律资源，所以英国的法律课程既重理论又重实践。其中，法律学术教育是在英国成为律师的第一步，要求完成三年法律本科课程（LLB Law），如果本科不是法律专业，则需再上一年的法律专业转换课程（PgDL）来补足基本知识。第二阶段即英国法律实务教育阶段，必须完成LPC课程。当完成法律研究生（GDL）课程或者获得英国法学（LLB或者MA）学位之后即可申请去读，长度为一年。课程内容包括：（1）入门课程：学科知识入门、职业技能入门、法律调研、职业道德、法律补救。（2）必修课：辩护；民事诉讼、证据以及补救；刑事诉讼、证据以及判决；讨论会；文件起草；法律调研与案件准备；意见书写；职业道德；庭外纠纷解决办法。（3）选修课（至少选修两门）：高级刑事诉讼；公司法；劳工法；家庭法；知识产权；国际贸易；司法审查；人身伤害及医疗事故；财产与平衡法院。律师执业培训课程（bar practice training course，BPTC）是英国成为出庭律师必需的执业培训课程。主要课程内容包括：（1）入门课程：科目知识简介；技能简介；法律研究；职业道德；补救措施。（2）必修课：辩护；民事诉讼、证据和补救措施；刑事诉讼、证据和判决；讨论会；法律起草；法律研究和案例准

---

① 《美国法学专业课程设置及教学方法》，https://www.liuxue86.com/a/2385256.html。

备；书面意见；职业道德；庭外解决争端。[①]

在德国，法学院的学习通常为九个学期，被分配为三个阶段（4:4:1）。前四个学期被称为基础学习阶段，学生主要学习民法、公法和刑法等基础部门法课程，并且必须通过相应考试（统称为中期考试）。后四个学期被称为强化学习阶段，学生一方面需要选择自己的"重点研究方向"，在该领域内系统学习通常约16学分的相关课程，并完成相应考试；另一方面仍继续参加旨在复习和深化前四个学期内容的课程。剩下的一个学期则用于全力准备第一次国家司法考试，其内容是民法、公法和刑法。第一次国家司法考试的成绩包括两部分：一部分是由各大学自行组织的所谓"重点研究方向考试"，占总成绩的30%；另一部分则是国家层面的、由各州组织的所谓"必修科目考试"，通常包括3门民法、2门公法、1门刑法（均为5个小时）的笔试以及综合涉及三个领域的1门口试，这占总成绩的70%。由此可见基础部门法课程在德国法学教育中的核心地位。[②] 德国法学理论课程主要有两种：一是权威教授的授课，即主课（vorlesung）。法学中的每门专业课程都是由教授授课，而且同一门专业课会由不同教授来讲授，他们会系统地讲述该课的理论知识，并辅以案例帮助学生理解。二是案例分析课，主要以案例的形式展开，学生可以通过该课程系统学习分析案例的方法，熟练掌握作为德国法学教育核心的鉴定式分析模式。比较核心的课程都会有相应的案例分析课，如民法总论、债法总论等。德国法学院每门课的期末考试，以及最后的国家考试，都是建立在鉴定式结构基础上的考试。通过了国家考试的人员，自然就已经具有很强的实际操作案例和分析问题的能力。案例在德国法学教育中起着举足轻重的作用，无论是教授写教材，还是授课，都会通过引用大量的案例来阐述问题。学生学习中也始终贯穿案例分析，对案例的重视与对法律条文的重视密不可分。[③] 由于受到全球化的影响，其课程也新增了"斡旋""合同起草"等实践科目。

---

① 英国律师分为事务律师（solicitor）和出庭律师（barrister）两种，两者的培训模式、职业路径和执业的事务所是分离的。其中 solicitor（事务律师）可以直接接受当事人委托，主要从事各类非诉讼业务，多以合伙制形式参与法律服务。而 barrister（出庭律师）或称辩护律师，相当于国内诉讼律师。他们能够接受事务律师的委托代表客户在英国高等以上法院出庭，或向事务律师提供专项法律意见，一般是精于法庭辩护，而且是精通某门法律或某类案件的专家。此外，出庭律师还有更多的机会被任命为高等法院法官和上诉法院法官。在第二阶段法律实务教育的过程中，选择 solicitor 在此阶段需要完成 LPC 课程（legal practice course，一年制），学习商法、民事、刑事程序法、文书写作，律师职业道德等，选修课程可以根据日后的职业规划在广泛的实务领域内选择，如融资、婚姻、继承、劳动合同、诉讼等方向。而 barrister 在此阶段需要参加1年律师专业培训课程（Bar Professional Training Course，BPTC），学习逻辑、辩论技巧、提升法律研究能力等。参见 http://liuxue.xdf.cn/blog/zhangli393/blog/927611.shtml。
② 转引自葛云松：《法学教育的理想》，载于《中外法学》2014年第2期，第285~318页。
③ 李运杨：《一位博士生亲历的德国法学教育》，载于《中国教育报》2017年3月31日，第7版。

在日本，大学法学部的教育重视专业基础教育，目的是培养学生具有坚实的基本法学理论基础和较宽厚的专业理论基础。老师在授课过程中不仅强调课堂讲授，而且强调学生的自主参与；不仅教授学生学习具体的法学理论，而且强调法律实务能力，特别是法律文书的撰写、法庭辩论能力的提高等；不仅强调理论教学，而且强调学生的实践能力。因此，在专业课程设置上，法科大学院所开设的课程体现出明显的体系性，并形成不同的"学科群"。主要包括法律基础课程、法律实务基础课程、相邻法学课程和前沿性扩展课程，具体的课程由各法科大学院根据自身情况设置。日本的法科大学院主要是培养法律职业人才，故其课程设置更多偏向于实践性知识。[①]

根据学者们的研究，在全球化的趋势之下，美国法学课程设置的主要内容包括：（1）必修课程：诉讼法、法律写作、合同法、宪法、律师职业道德；（2）选修课（高级课程）：行政法、银行法、破产法、反垄断法等几百门课程，并提供综合知识的普法课程；（3）新型特色课程：环境法、医疗保护法等；（4）"立法与规则"：国会立法、行政法规、政府运用与结构等；（5）国际法与比较法课程：国际公法、国际经济法、比较法；（6）问题和理论课程：法条和案例分析方法。

英国法学课程设置的主要内容包括：（1）学术基础课程：必修课程包括公法、合同法、房地产法、民事侵权法、信用法等；选修课程包括劳动法、家庭法、继承法、公司法等；（2）职业培训课程：谈判技巧、辩护方法等实用课程。

德国法学课程设置的主要内容包括：（1）必修课程：诉讼法、刑法、公法、欧洲法、民法、历史、哲学及社会基础知识等；（2）选修课程：国际经济法、法学外语课程、国际税法、国际信息法和媒体法、国际劳动及社会法、欧洲法和人权保护等；（3）2003年改革后新增课程：调解、引导磋商及提出解决方案、起草合同等。

日本法学课程设置的主要内容包括：（1）主干课程：起草合同、宪法、商法、行政法、刑事诉讼法、民法、刑法等；（2）实务基础课程（比重最大）：法律信息检索、法曹职业伦理与道德、司法文书写作、法律谈判、法律诊所等课程；（3）基础性法律课程：法理学、法史学；（4）法律尖端课程：相关的、前沿法律领域及其他有关实体法分多种科目。

从上述各国的课程设置可见，在全球化发展趋势下，各国都对法治人才培养的课程设置进行了相应调整，如美国哈佛法学院压缩一年级的传统法学课程，给

---

① 丁相顺：《日本法科大学院教育制度及其特征》，载于《法制与社会发展》2006年第3期，第99~104页；丁相顺：《日本法科大学院制度与"临床法学教育"比较研究》，载于《比较法研究》2013年第3期，第12~25页。

予学生学习国际法与比较法等新开课程的时间，开阔学生的国际视野为其进入高年级做准备，此外还新开设"立法与规则""国际法与比较法""问题与理论课程"，以增强其法学生的国际视野与文化底蕴。同时，美国在基础课程之上新增部分法学课程，这些课程开阔了法学生的国际视野，让学生对世界法学形势有整体把握。美国各法学院还鼓励学生跨学科选课，运用其他学科的最新研究方法来探究法学问题。

德国的法律课程设置在对传统课程进行适当调节与充实外，在 2003 年改革之后又新增了调节、斡旋等实用课程，还强调对国际法及外语课程的研修。所以德国现今的法学课程内容着眼于行政管理、司法裁判及法律咨询等职业需求。这主要因为，德国因其众多法学毕业生在国际机构、国际组织及国际法庭工作，所以在其原有的课程内容基础之上新增法律外语课，同时也新增"调节、起草合同"等实用课程。

英国的法学教育课程在基础学术阶段重视课程的基础性，对于法律人才的培养主要在后面的两个阶段，第二个职业训练阶段主要对学生进行法律技能训练，第三个学徒式阶段则由经验丰富的律师如传统的学徒制一般对学生进行指导。

日本的法科大学院强调法学课程的设置应倾向于对法律实际问题的解决方面，所以新增"法律尖端课程"，同时日本法科大学尤为重视法律实务课程。随着法律界的现状要求，美国式的法律诊所教育也被法科大学院纳入实务课程之列，让学生接触实际的法律问题和真实的案件，在真实的案件中进行法律咨询和交涉、制作法律文书、受理案件等司法实务。总之，两大法系的代表国均在全球化趋势到来之际对本国的法学课程做了相应的调整。[1]

（二）各国法学课程体系设置的特点

德国法学教育的一个重要特点是，法学教育有着系统的法律基础和规范依据。德国法学教育受到德国联邦法、州法和大学自治法的规制，法律体制较为完整，法学教育全过程均受法律规制，实现了法治人才的法治化培养。[2] 根据《德意志联邦共和国基本法》所确立的联邦制和法治国两项基本原则，体现在联邦法，如《高等学校框架法》《德国法官法》《联邦律师条例》以及各州的《法学教育法》及其实施条例中。另外，各设有法律专业的大学根据州法制定有相应的法学专业研习规则。第一次国家司法考试采用书面和口头两种形式，其中书面又

---

[1] 袁利平、刘晓艳：《全球化背景下法学教育发展的国际趋势与中国选择》，载于《法学教育研究》2017 年第 2 期，第 115~131 页。

[2] 田士永：《法治人才法治化培养的德国经验》，载于《中国政法大学学报》2017 年第 4 期，第 117~130 页。

分为当场论文（aufsichtsarbeit）和家庭论文（hausarbeit）两种，各州规定不一，有的只有前者，有的还包括后者。萨尔州的书面考试的内容为6门规定的必修课（当场论文）：(1) 私法基本结构；民法总则，债法和物法；家庭法和继承法原理。(2) 商法和公司法原理。(3) 劳动法原理。(4) 刑法基本结构包括犯罪学；刑法典总则和分则。(5) 公法基本结构及与此有关的一般国家学说，欧洲法和国际法；国家法；一般行政法和行政诉讼法原理；特别行政治选，警察和治安法；地方自治法，经济行政法和建筑法原理。(6) 诉讼法原理包括法院组织法。在大学校园研习阶段，根据规定，学生还应在第4学期结束之前，在无课期间，自己联系基层或州法院、律师事务所、政府办公机构或企业做为期3个月的实习，以了解司法或行政实际工作。实习结束，由有关部门开具证明，供日后使用。第二次国家司法考试同样以笔试和口试的方式进行。与第一次口试不同的是，考生首先要当场口述一个判决报告（aktenvortrag），其次与考官进行以民法、刑法、国家法和行政法为内容的对谈。①

美国法学教育的实用主义特点也深刻体现在其课程设置上。为了适应更高职业实践的要求，美国法学院增加了三类非常重要的直接训练实践能力的实践性课程。第一类为法律实习课程（也有译为临床诊断课程的），有的采取讨论课形式，有的采取其他形式，但最典型的采取了专门的实习学习形式，都着重学生动手能力，从实习角度消化知识。覆盖面非常广泛，有日常性的家庭法、移民法、行政法、雇佣法等，但也有许多距离传统日常生活观念比较远，但当下正在提高其重要性的法律，如人权法和国际法等。第二类为非实习性的法律实践课程。比较多地采取了讨论形式，覆盖的主要是与学生日后从事法律实践有关的基本职业技巧，如法律写作或研究（培养迅速检索法律资料和整理法律问题的能力，也培养开展实务的职业规范能力）、民事程序课堂实践训练、争议解决的选择方式学习训练、多方协商训练、法律教学思考、证据研习等。第三类为法律职业规范和伦理课程，主要训练学生的职业意识。在美国法学院看来，这类课程是非常重要的，是培养法律职业人士承继律师业敬业意识和自律意识的基础，可以有效地在一开始就使新手与律师职业阶层契合在一起。其中最主要的课程，有一般性的法律职业介绍课，也有具体的如法律和律师执业道德、刑事诉讼的策略和法律道德等专题性课程。②

就课程内容而言，在这里尤其值得重视的是美国哈佛大学法学院在经过3年

---

① 郑永流：《知行合一　经世致用——德国法学教育再述》，载于《比较法研究》2007年第1期，第88~101页。

② Harvard Law School Catalog 1998-1999，第61~66页。转引自龙卫球：《美国实用法律教育的基础》，载于《北大法律评论》2001年第1期，第200~215页。

调查研究和参照医学院、商学院、公共政策学院的改革经验的基础上，从2006年开始启动的比较根本性的课程体系改革，被认为是自兰德尔判例教学法以来的第二次法学教育大革命。哈佛法学教育首先确立了改革的目标："让学生能够处理复杂和事件密集型的问题，……形成并评估解决办法、反思整个法律事业和法律研究与当代美国法律的前提和方法假设"，充分吸收其他学科所提供的视角，以及设计高效和公正的法律制度有关的共同的理念与方法。其中一年级课程设置上最重要的变化包括：一是把国际法、比较法作为必修科目。目的在于使法科学生在一开始就对世界的法律格局有清晰的认识，并在国际社会的框架里正确定位本国法。这一必修科目可以从已经开设的国际公法、法与国际经济、宪法与国际秩序、比较私法学说与制度、中国法（或其他外国法）等课程中自由选择。二是鉴于立法权和行政权不断伸张的现实，"立法与管制"（legislation and regulation）也确定为必修科目。这一课程讲授的重点是职业法律人如何正确处理与成文法、行政规则之间的关系，特别是司法机关和法律执行机关解释和适用规则的方法。三是开设必修科目"解决个案作坊"（problem solving workshop）。这是法学教育史上没有先例的创新，彻底改变了低年级教室的景观，得到教授和学生们的高度评价，势必对美国乃至其他国家也产生深远的影响。"解决个案作坊"是指参加者在有一定实务经验的专职教师的指导下处理某个案件或问题的授业方式，是把理论与实践密切结合起来的核心课程。在哈佛大学法学院2010年的课程设置中，"解决个案工作坊"共分为行政法与合同法、金融监管与国际金融、财产法与冲突法、网络法、法与经济学、纠纷解决制度、法律职业的制度与伦理7个专题。在每个专题之下再分为四五人组成的作业团队。此外，哈佛大学法学院高年级课程设置改革对原有的必修科目增加了更多的选择余地，使学生在选课表的确定上享有非常大的自主权。为了防止学生自由选课导致知识结构的失衡，学院发布的指导手册通过不同类型课程的学分策划来进行调整。选课向导的方法主要有两种。一种是对所有科目和研讨班进行区分，归为18种类型，每一类型都有独自的选课菜单；另一种是确立高年级研究项目，对特定领域各种科目的学习顺序提供建议。此外，"问题和理论"（problems and theories）课程在法学教育改革中最具特色，旨在让学生对已学知识进行"反刍"，包括一个或多个跨学科复杂问题进行研究，借由系统地学习法条和案例分析方法，检讨不同的法律理论，在这一课程中学生将始终以团队或模拟的形式进行学习。为配合这一课程，哈佛法学院在第一学期结束后还开辟了一个特别的学习时段，名为"一月学期"（january term）。在改革方案中，通过在学制上开辟了"问题解决"学习区间，实现研究性学习的专门化和制度化以示坚持法科教育的研究性学习方式；在教学方式上坚持创新，不再依赖案例教学法，而是注意一个循序渐进的学习过程，即零散的规则学习——全面系统的制度规范与法律知识的学习——实际操作能力方面的培训,其中讲授式课程和非讲授式课程几乎各占一半;坚持实践性、职业性与学术性、精英化结合的基本价值取向,在开设法律研究、律师分析方法、谈判、实务课、法律职业课强调作为哈佛法科教育特色的职业能力训练的同时,新增加拥有国际视野、以"研究—创新"为价值取向且结合理论与实务的课程。尽管这些课程改革举措固然是立足于美国条件,未必符合其他国家的法学教育的情形,但对于我国培养卓越法治人才的课程体系改革还是有一定借鉴意义的。①

当然,各国的法治人才培养也有其不足之处,如日本为应对全球化的趋势而将具有大陆法系基础的法学教育嫁接上英美法系的职业培训制度,而且将诊所法等广泛应用于日本的各大法学院,即使对其进行一定程度的本土化,但美国的法学教育完全趋于市场需求,是否一定丢失其学科的独立性与知识传授的人文价值?英国、德国的法学教育同样面临这些现实问题。反思各国法学教育在全球化形式中的利弊之处可以给我国法学教育一些借鉴。②

三、改革目标:法律技能与法治素养的一体化培养

"改善课程体系是推行法律职业教育的关键"③。课程体系作为法治人才培养的指导思想,是培养目标的具体化。新时代中国特色社会主义法治人才培养的课程体系应当在科学合理的培养理念的指导下,将法学课程的各个构成要素进行优化组合,使各个课程要素在动态过程中实现法治人才培养目标,尊重受教育者的人格尊严和基本权利,同时还应考虑"以问题为导向"的社会需求。因此,在中国特色社会主义新时代根据社会对法治人才培养的多元化需求改革和优化法学课程体系,既是实现法治人才培养目标的客观要求,又是保障和提高法治人才培养质量的关键所在。

(一) 加强能力素质培养

从西方国家近些年对法学课程改革的实践可以看出,法学教育中的课程设置

---

① 汪习根:《美国法学教育的最新改革及其启示——以哈佛大学法学院为样本》,载于《法学杂志》2010年第1期,第33~37页;冯玉军:《论国外法学教育改革的经验与借鉴》,载于《中国大学教学》2013年第6期,第92~96页;季卫东:《我国法学教育改革的理念和路径》,载于《中国高等教育》2013年第12期,第31~34页。

② 袁利平、刘晓艳:《全球化背景下法学教育发展的国际趋势与中国选择》,载于《法学教育研究》2017年第2期,第115~131页。

③ 王晨光:《法学教育改革现状与宏观制度设计》,载于《法学》2016年第8期,第58~73页。

事关法治人才培养的质量和法治国家建设的前景,法学专业课程设置应当与国家社会当前对法治人才的要求结合起来。例如,美国法学教育一直就极为强调法学课程设置的实用性特点,并致力于在提高理论思维和法律适用方法的意义上追求更深刻的法律实用。有学者通过哈佛大学法学院1998~1999年对JD项目所作的课程设置,说明当前美国的法学教育是如何将理论学习和实用目标很好地有层次地结合在一起的:(1)一年级的课程:必修课程有民事诉讼、合同、刑法、法律推理和争辩,财产、侵权;选修课程有:宪法、公司、联邦诉讼、国际法、律师、谈判、法律辩论的哲学分析。(2)二年级的基础课程:〔秋季〕:会计、宪法、公司、税收;〔春季〕:宪法、公司、税收。(3)二年级和三年级的选修课程:〔秋季〕:行政法、争议解决的选择方式、美国法律传统(仅供LLM学生选修)、反垄断法、银行法规、商业组织、教会和国家、商法(担保交易)、比较法、比较税政、消费者财政学、版权、公司财务、刑事程序、法律经济分析、雇佣歧视、地产和信托、证据、家庭法、联邦法律管辖、联邦法院和联邦制度、移民法、国际法、国际法(国际环境法和组织)、知识产权、网络和社会、劳工法、国际冲突管理的法律和政治、电脑空间法(社会草案)、法律职业(律师法律和道德)、法律职业(刑事诉讼中的策略和道德)、法律职业(国际交易时间)、法律研究(美国和国际法律研究导论)、高级调解和家庭法实践、高级协商形式(多方协商)、美国法透视、种族关系和种族关系法、担保法规、税收:公司交易、税收(地产和赠与)、审判辩护技巧、审判证据实务(刑事);〔秋季/冬季〕:共同体经济发展,刑事审判,刑事起诉;〔秋季/春季〕:家庭法、住房法律和政策、人权和国际法、法律职业(法律服务的交付)、高级调解和家庭法实践;〔秋季/冬季/春季〕:律师业进程(实习学习);〔冬季〕:共同体经济发展、宪法精学(宗教和第一修正案)、公司证券、刑事程序精学、雇佣法、欧盟(在欧洲及与欧洲贸易)、证据、联邦印第安人法、食物和药品法、阿拉伯世界的人权、国际法(国际商事仲裁)、法律和政治程序、精神病学和法律、地产交易、审判辩护技巧、税收(增值税);〔冬季/春季〕:共同体经济发展、复杂诉讼和大众侵权、刑事程序精学、雇佣法、协商形式;〔春季〕:行政法、反歧视法、收容和难民法、破产、商业计划、商法——担保交易、比较收入税、比较法(伊斯兰合同法)、法律冲突、公司财务、制度经济学和反垄断法、雇佣法、娱乐法、媒体和法律、环境法、证据、家庭法、联邦司法、政府律师(白领刑事起诉和辩护)、健康保障法、住房法律和政策、人权和国际法、国际金融、国际法和国际关系、国际法(国际交易法律问题)、国际贸易(基本规定、争议解决和贸易救济)、日本法介绍、公司法理论和政策专题、法理学、劳工法、法律史(宪法史、早期共和国的殖民期)、法律史(英国法律史)、法律职业(法律服务的交付)、法律职业、法律研究（高级）、法律理论（国籍）、法律职业（律师法和道德）、法律研究（国际、外国和比较）、地方政府法、调解、兼并和收购、金钱和政治、北美自由贸易区和全球经济的法律制定、谈判、专利法、法律执行的问题（政策、政治、领导阶层和机构）、贫穷专题研究座谈、税收（公司交易）、税收（美国收入税的国际部分）、税收（合伙人和合伙）、税收（税收与非利组织的规范）、就业机会困境中成年人的福利（一种实践形式）。①

除了上述课程之外，法学院还为高年级学生开设以下供选修的讨论研究课：[秋季]：死刑、比较法——伊斯兰法（阿拉伯国家选读）、宪法精学（当代宪法实践和理论）、圣经和其他圣书中的司法观念、投资操作、公司控制、公司理论的当下专题、联邦预算政策、犹太法（犹太法法学研究成果检索）、土地利用计划和环境、法律和经济、法律和文学（律师精神卫生学）、市场及道德和法律、太平洋法律共同体、隐私法律理论、公共法和公共选择理论、种族及价值观念和美国法律进程、体育运动和法律；[秋季/春季]：民事程序精学、课堂诉讼及课堂律师和法院、民权研究和实务、日本经济法规、人权研究、制度改革诉讼、法律和发展、法律和经济学研究、协商和争议解决交叉研究、国际水道分享；[冬季]：比较法（过渡经济中企业管理和金融的法律框架建构）；[春季]：生物医学法律和道德专题、儿童照顾及发展政策和妇女的工作（比较透视）、比较法（伊斯兰宪法制度）、比较法（韩国法律和法律历史以及主要研究选读）、宪法精学（信守与内战修正）、公司法（修正的模范法和它的发展）、刑事司法管理、雇佣歧视和反歧视行动透视、健康法精学、妇女和法律的历史透视、国际法中的土著人、国际贸易法和国家备忘录与边境管理、金融工具税收专题、法律和经济、法律和道德判决、法律及心理学和道德（通过电影的一种揭示）、法律史（英国法律史）、法律史（美国法律教育）、法律史（法律、政治和早期宪法时期的盛行的主权）、哲学和法律、政治的正当性及政治哲学和宪法争端、公共律师业、风险规制及其改革、郊区化、税收（税收政策和退休收入）、税收（公司税收政策）、法律教学思考、第三世界的国际法道路、法庭中科学证据的处理。从这份课程表可以看出，美国法学教育所贯彻的实用主义路线，已经发展到非常精细复杂的阶段。② 此外，在全球化背景下，哈佛法学院还通过增设制定法课程来弥补案例教学的不足；德国的法学院则将实训部分加入教学中，以加强学生法治实践能力的培养。

对比我国法学教育的课程设置，一直以知识的系统性和科学性为目的，虽然也考虑到实际操作能力的培养，但很少将当前社会的实际需求与实践课程的开设

①② 龙卫球：《美国实用法律教育的基础》，载于《北大法律评论》2001年第1期，第200~215页。

密切结合在一起,如法律专业课程的开设主要以法律部门和法学科目的划分或国家颁布的主要法律(基本法律)为标准,以培养和训练学生适应当前社会各行各业所需的法律实用技能为主要目的的课程很少开设,大多数教师在课堂上所讲述的主要是对现有法律体系和法律条文的解释,以及对这门课程的体系和基本理论的详细阐述。虽然这种课程设置的目的有助于引导学生掌握系统的知识体系,学会通过分析条文和逻辑推理进行分析,但这种课程设置的结果是,尽管学生掌握了一定的理论知识,但缺乏社会各行各业对不同法律行业工作者不同能力和素质的培养,导致法治人才培养与社会需要的严重脱节。因此,法学专业课程的设置应面向市场经济和法律职业实务的实际要求,针对社会对多元法治人才的需求,开设相关法律实践课程,并聘请适当人数的资深法律实务部门人士为客座或兼职教授,切实解决好师资配备的问题。

(二) 重视国际视野培养

"在信息化、国际化的时代,一个国家法学教育所承担的功能并不限于为主权国家的利益服务,它必须考虑经济全球化背景下超越国家利益的'世界公民'的需求,使法学院培养的法律人才具有成熟的'全球化意识',要适应未来法学教育的发展趋势。"[①] 现实需要各国拥有熟悉国际法律规则,具有较强外语交往能力,具有国际视野与竞争力,能为国家在国际舞台上征战的法治人才。这在各国法学院的课程设置中都可以得到鲜明的体现。因此,在全球化的背景下,我国法学课程体系改革应拥有国际视野,促进课程体系和课程内容的国际化,如在法学课程中可以适当增设国际商事仲裁、国际经济法、世界贸易组织法律制度等课程。目前,我国已有多所高校在法治人才培养尤其是涉外法治人才培养的课程设置中通过双语教学及全英文教学的方式提升法治人才的国际视野,在以后创新多元法治人才培养机制的过程中,通过建设双语法学课程、推进法学课程的国际化亦是养成学生具有国际视野的重要途径。实践表明,对法学知识进行明确分层,对分类培养学生非常有益。教学的主要内容还是国内法,但可以加入国际化的课程。在完成本专业理论教学的基础上,增加比较法内容,如教授合同法时。同时,可以增设其他国家法律制度选修课,使学生更多了解投资国法律制度,培养学生对法学国际化的兴趣,培养学生世界公民的情怀与较强的跨文化工作能力,为未来助力我国各领域国际化发展奠定基础。事实上,无论是借鉴英美法系的实践教学方式还是进行双语教学,让法学生将理论与实践结合,具有全球视野,将

---

① 韩大元:《全球化背景下中国法学教育面临的挑战》,载于《法学杂志》2011年第3期,第17~20页。

法学知识与法治实践结合起来,是未来法学教育改革的重要方面。

(三) 加强法律职业伦理

从西方国家法学教育的课程体系设置中可以发现,法律职业伦理一直是非常重要的组成部分。法治人才首要必须具备合格公民的道德底线,必须具有其他公民所不具备的职业道德素养。在法治人才培养过程中开展法律职业伦理教育,无论从法律教育的职业属性,还是从职业伦理教育在培养对象、培养主体、法律职业共同体和法治社会等的内在要求来看,都十分必要且重要。每个学院在设置核心基础必修课程之外,根据法律职业发展的需要,在配套系列选修课程的设置上拥有很大的自主性和灵活性。学生在第一年完成宪法、刑法、合同法、侵权法、诉讼法、法律写作等课程外,可以根据自己的兴趣、爱好选择更深更细的课程或者程度更高的专题讲座。但法律职业伦理课程是当然的必修课程。美国律师协会指定在所有的法学院内,增设伦理课程,要求所有的学生接受法律职业及其成员之历史、目标、结构、义务、价值观的教育,包括《美国律师协会职业行为规则》的教育,并要求法学院在任课教师的遴选范围上,包括法院和律师协会的成员。美国大部分州都要求学生在参加律师职业资格考试之前必须通过全国统一的法律职业伦理考试——美国跨州职业伦理联考(MPRE)。[1] 从实践来看,美国的法律职业伦理教育已经达到了相对成熟的状态,各个法学院形成了各具特色的课程设计方案。这些方案包括贯穿性教学课程设置、单独的课程设置、诊所式教学、仿真实践教学等。为了让学生切实感受法律伦理,采取案例教学法、问题导向教学法、苏格拉底教学法、影像展示、合作课程、专家协同、讨论教学等多种方式综合开展的方式。同时,美国通过让学生参与社会公益事业促进学生养成法律职业素养。美国律师协会规定,美国的法学院都有为社会提供公共服务的义务。而2012年纽约州的律师协会甚至规定自2015年起,法律毕业生必须完成50个小时的法律服务方可考取律师资格。自此,各法学院纷纷效仿,制定自己的法律公众服务标准和课程体系。如哥伦比亚大学法学院明确规定,40个小时的法律公益服务是法学必修课程。在课程体系上,除了专题讲座、社区服务外,学生还可以参加依托学院设立的公益法律中心所开设的法律援助项目完成课业。我国目前已将法律职业伦理列为法学10门A类必修课之一。

(四) 提升法律信息素养

"在信息时代,仅仅像律师一样思考远远不够,法律人还必须像信息处理程

---

[1] 许身健:《认真对待法律职业伦理教育》,载于《检察日报》2018年2月28日,第7版。

序那样思考。"① 面对现代信息技术对法学院传统的课堂教学模式带来的巨大冲击，未来的法学课堂教学模式如何发展正拷问着每一个教师对于未来课堂教学的组织和设计。"由于法学院正在成为更多的'以知识为基础'的机构，这正是网络信息技术成为法律人必须掌握的专业技能和基本素养的重要原因。"② 毫无疑问，信息技术为法律教育的发展和变革同样提供了强有力的工具，信息技术不仅突破了传统教学、科研、管理等活动的时空限制，而且正在突破学科壁垒、学校围墙、国家疆界，促进全球知识网络共同体的形成。在未来的法学教育改革中，应学会运用信息技术所提供的动力、资源和发展可能，特别是云计算、移动互联技术等，使之为推动法学教育课堂的创新与发展提供重要技术支持。美国许多法学院的课程体系中，都开设了"计算机与法律""网络法"或其他类似的课程。这些课程的主要内容是，信息技术是如何改变法律的作用，以及在实践中信息技术是如何影响法律适用的。在授课过程中，美国法学院的教师们除了会应用信息技术进行课堂互动及提升教学效果外，他们还经常强调，面对全球化迅猛发展的信息时代，法学院除了教给学生基本的法学原理外，更重要的是要教给学生掌握分析、判断、解决问题的能力，以及查找学术文献信息的方法和驾驭、运用数据库资源的能力，使其能在浩瀚复杂的案例库及学术文献信息中自己检索信息、自己学习知识和寻找答案，从而培养学生的法律信息素养及鼓励学生在检索中不断挑战自我、实现自我价值。由此可见，探索适应数字化信息社会发展需要的法学课程的教学模式，加强法学专业学生的信息检索能力、信息运用能力和信息处理能力，培养多元化复合型法学人才，已是法科学生在专业学习中提升信息检索能力的客观要求。③

此外，全球化的显著特点是综合性，对法学教育的要求之一便是知识体系的综合化。在此种形势下，知识结构单一的法学人才是难以在 21 世纪生存与发展的，由于目前我国法学课程体系的综合化程度并不高，整体性能差，因此我们应该借鉴西方各国法学院通过设置交叉科目及跨学院选修课程的做法，力图打破法学单一的课程体系，将人文、经济等渗透于法学课程之中以提高法学课程综合性、培养学生综合素质。2019 年 9 月，教育部印发《教育部关于深化本科教育教学改革全面提高人才培养质量的意见》强调，"加强课程体系整体设计，通过实施国家级和省级一流课程建设'双万计划'提高课程建设高阶性、创新性和挑

---

① Kenneth J. Hirsh & Wayne Miller, Law School Education In the 21st Century, Adding Information Technology Instruction to the Curriculum, William & Mary Bill of Rights Journal, 2004, 12: 884.
② R. Muruga Permual, The Costs and Benefits of Information Technology Networking: A Contrast and Comparison of Networking in Business and Law Schools, Educational Media International, 1998, 35: 253 - 263.
③ 戴激涛：《优秀法律人如何养成？——以美国佩斯大学伊丽莎白·霍伯法学院为例》，载于《政法论丛》2016 年第 5 期，第 153~160 页。

战度。"① 这就为提高法学课程建设质量、优化法学专业课程体系明确了改革方向，通过加强法学学科与其他学科的知识融合促进法治人才培养的课程体系建设，能够帮助学生形成适应社会需求的整体性复合型知识结构，从而应对全面依法治国对法治人才的多样化、层次化、类型化需求。这一方面是因为法学作为人文社会学科，在教学过程中必然与其他学科产生各种关联，如作为法学专业核心必修课程的"法律职业伦理"，在授课过程中就会涉及运用伦理学、社会学等其他学科知识方法来分析社会现象，从多维度的学科层面思考问题的解决方法；另一方面，法学以解决社会生活中的权利义务问题为旨趣，法律的生命在于实践，这就要求授课教师在授课过程中应关注社会实践、结合真实案例和社会现实问题阐释法学原理、联系法律规范，以开放式教学理念、兼容并蓄的教学设计精准把握其他学科的发展态势，合理灵活地运用多学科知识方法及优秀成果去思考分析解决问题，帮助学生养成良好的职业伦理与法治思维。而且，在新文科建设背景下，通过学科交叉融合促进法学与其他学科的交融有助于培养具有复合型知识结构、应用型实务技能和创新型思维模式的卓越法治人才。"新文科新在交叉融合。它包括三个方面的交叉：最大层面是文理层面的交叉，其次是人文科学和社会科学之间的交叉，还有社会科学内部的交叉。"② 因此，各校结合自身特色开设学科交叉课程、综合应用课程、知识前沿课程是今后法学教育课程改革的重要方向。总之，全球化给我国法学教育带来的是挑战也是机遇，我国积极应对新的时代变化，从入学制度、培养目标、课程设置及教学方式等方面做出相应的调整与变革，使我国法学人才具备新时代的素养，满足社会的新需求，努力以中国智慧、中国实践为世界法治文明建设作出贡献。

第四节 法治人才培养课程体系改革的实证研究

一、特色法学院课程体系改革概览

有学者认为，由于卓越法治人才要采取特色培养模式和开设实验班的方式，

---

① 参见《教育部关于深化本科教育教学改革全面提高人才培养质量的意见》，中华人民共和国教育部网站，http://www.moe.gov.cn/srcsite/A08/s7056/201910/t20191011_402759.html。

② 刘小兵：《对新文科的思考和看法》，载于《中国高教研究》2019年第10期，第13页。

因此必须为他们开设特色课程。这些课程应当在大三、大四开设，根据学生的不同兴趣和规划，注重对学生实践能力的培养，开设法学中实践性较强和其他学科实践较强的科目。而且，针对不同的培养目标，在特色课程的开设上也应当有所区别。例如，对于应用型复合型人才，主要应当开设一些法律应用类课程或培养解决纠纷的实际能力的课程，如法律诊所、律师实务、仲裁实务等方面的课程，各类案例分析课程以及法律文书写作等课程，组织学生参与模拟法庭、模拟仲裁、法律协商等活动。还要开设一些讲授法学方法的课程，如证据法学、法律解释学等，应当采取灵活多样的方式，增加实践性、应用性环节，增强学生的法律概括能力、分析能力、辩论能力以及文字表达能力。而对于涉外型法律人才，主要应当开设用全外语讲授的课程和比较法、国际法课程，尤其是应该以加强双语教学为重点，为学生提供更多具有国际水平的法学教育资源，在必要时也应当开设介绍外国法律文化的课程。注重聘请在涉外仲裁、海事、知识产权等部门具有丰富经验的实务专家，讲述相关课程。同时应当注重案例库建设，提高案例教学水平，改进教学方法，促进学生将学习与实践相结合。[①] 这里试以部分高校在课程体系改革方面所进行的探索为例进行分析，进而归纳当前法治人才培养的课程改革的主要内容和特点。

（一）中国人民大学"一体多维　二元融合"课程设置

中国人民大学法学院以法学知识更新为基础，以课程体系改革为核心，以实践项目创新为依托，建设"一体多维"的人才培养支撑机制，着力开发满足个性化需求的特色培养项目、产出立足重大现实问题的教学素材、搭建科研与教学的畅通转化平台，通过法学知识教育与实践教育的二元融合，探索"一体多维　二元融合"新型社会主义法治人才培养机制。其中，"一体多维"指以法学专业教育为主体，将法学专业教师、专业课堂和专业教学作为育人主阵地、主战场，通过通识教育与人格教育夯实基础、跨学科交叉学科培养拓展思维、国际交往能力提升开阔视野等多维度构建德法兼修社会主义法治人才培养机制；"二元融合"指通过搭建法学教育院内外融合的产学研协同育人平台，建立健全法学教师与实务部门专家双向交流机制，以课程体系改革为抓手，以"一揽子"人才培养专项计划为依托，实现法学知识教育与实践教育的同频共振、法治人才培养的知行合一。在课程改革中，中国人民大学法学院坚持马克思主义法学教育理念的中国化，坚持马克思主义进头脑、进课堂、进教材。注重人格品德教育，融通通识教育与人格教育，建立课堂教学、职业体验为一体的教育体系，培育德法兼修的新

[①] 王利明：《卓越法律人才培养的思考》，载于《中国高等教育》2013 年第 12 期，第 27~30 页。

型法治人才。[①] 紧扣全球与中国法治重大前沿问题，启动制度化、常态化的法学课程体系更新工程。成立未来法治研究院，以跨学科创新团队与工作坊等为基础，系统开展前沿科技与法律的交叉研究，以积极的姿态回应互联网、大数据、人工智能、区块链等新技术发展对法律制度的挑战。此外，还制定了《关于进一步加强和改进法学院本科教学工作的若干意见》《本科交叉融合创新课程促进与奖励办法》《本科精品课程建设与管理办法》《诊所课程开发与实施意见》《卓越法律人才与模拟法庭教学项目建设方案》《关于鼓励学生创新创业的实施意见》等一系列规章制度，保障法治人才培养措施的有效落实。[②]

以课程体系改革为例，2018年春季学期，中国人民大学法学院新开大数据、金融科技与法律监管、电子商务法、人工智能与法律规制3门前沿专业选修课，以回应新一轮科技革命和产业革命提出的新要求；新开民商法务前沿、公司法务前沿、刑事法务前沿3门实务专业选修课，邀请优秀法官、检察官和律师共同主讲，实施理论界与实务界"双师同堂"的教学模式；课程内容按照一案一课的形式，就具体案例展开深入分析。"物权法"教学班将试行本科与法律硕士同堂上课，并以此为试点启动本科—硕士—博士联动课程体系改革。同时，做到"大课要大、小课要小"，对讲授型的基础课、主干课打通本硕博授课，对研讨型的案例分析课程以及经典研读课程以小班教学为主。[③]

中国人民大学法学院"一体多维 二元融合"新型法治人才培养机制是对中国特色法学教育的理论探索，是中国特色社会主义道路自信、理论自信、制度自信、文化自信在法学教育领域的具体展现，成为建设中国法治自信的基础工程样本。新型法治人才培养机制既充分吸收了全球法学教育的先进理念，又立足国情总结中国法学教育的本土经验；既关乎人类命运和发展的重大前沿法治问题，又关乎中国当下社会急需解决的和人民美好生活所需要的法治问题。坚持马克思主义法学教育理念的中国化，坚持马克思主义进头脑、进课堂、进教材，注重人格品德教育，融通通识教育与人格教育，建立课堂教学、职业体验为一体的教育体系，培育德法兼修的新型法治人才，成为中国法学教育"变轨超车"的排头兵。这些理念，在课程设置中得到了充分体现，成为中央政法委、教育部"卓越法律人才教育培养计划"制定《教育部 中央政法委员会关于实施卓越法律人才教

[①] 徐隽：《中国人民大学法学院：改革课程体系 推动迭代升级》，载于《人民日报》2018年5月2日，第17版。

[②] 卢俊宇：《中国人民大学探索实践新型社会主义法治人才培养模式》，新华网，http://www.xinhuanet.com/legal/2018-04/20/c_129853353.htm。

[③] 王轶：《建设面向未来的世界一流法学学科》，人民网，http://legal.people.com.cn/n1/2018/0419/c42510-29937355.html。

育培养计划的若干意见》和卓越法律人才教育培养基地评审指标体系的重要参考。[①]

（二）中国政法大学六年制实验班课程设置

2008年，教育部批准中国政法大学进行法学教育模式改革试点，实施"六年制法学人才培养模式"改革。2010年以"六年制法学人才培养模式"为基准模式的"高级法律职业人才培养体制改革"被确定为国家教育体制改革试点项目。"六年制法学人才培养模式改革实验班"（简称法学实验班）以培养高级法律职业人才为目标。法学实验班的专业课程设置是根据实验班培养目标，遵循法学教育教学规律，参照教育部高等学校法学学科教学指导委员会核心课程确定的。法学实验班培养方案设置专业必修课程30门，其中包括借鉴国外著名大学开展案例教学的成功经验开设的宪法案例研习等12门案例研习课；专业选修课78门，实验班学生在基础学习阶段修满18学分专业选修课，应用学习阶段修满8学分专业方向讲座课程。实验班基础学习阶段课堂教学课程体系由通识课和专业课构成，通识课和专业课均分别由必修课和选修课组成。通识必修课共31学分；专业必修课由30门课程组成，共80学分；专业选修课应修满18学分，其中研讨课应修满8学分；全校通识选修课应修满16学分，具体要求是通识主干课10学分，一般通识课6学分。实验班应用学习阶段课堂教学课程体系由专业方向讲座构成，应当修读达到8学分。实践教学课程包括：军训、公益劳动和志愿服务、社会实践、学年论文、专业实习、毕业/学位论文。

其中，法学实验班基础学习阶段必修课程包括：（1）通识必修课：外语（公共外语和法律外语）、体育、计算机基础、中华文明通论、文科高等数学、中国特色社会主义理论体系、西方文明通论、思想道德修养；（2）专业必修课：法理学导论、宪法学、宪法案例研习、民法总论、民法总则案例研习、中国法制史、债法、债法案例研习、刑法学总论、刑法总则案例研习、物权法、物权法案例研习、商法、商法案例研习、刑法学分论、刑法分则案例研习、民事诉讼法学、民事诉讼法案例研习、知识产权法、知识产权法案例研习、行政法与行政诉讼法、行政法案例研习、刑事诉讼法学、刑事诉讼法案例研习、国际法（英语教学）、国际私法（英语教学）、经济法原理、国际经济法概论（英语教学）、经济法案例研习、法律职业行为规则与法律职业伦理。此外，还有基本专业选修课

[①] 蒋安杰：《人大法学院探索"一体多维二元融合"新型社会主义法治人才培养模式》，载于《法制日报》2018年5月16日，第9版。

组、专题课组和通识课组。① 从法学实验班的课程设置可见，实验班更多强调的是强化学生法律实务技能的培养，培养学生具备较强动手能力和操作能力，同时要求学生更应有多种知识的复合。同时，法学实验班也非常重视在日常的教学中培养和塑造学生的创新能力与创新精神，并通过国际暑期班、交流生等形式不断推进培养学生的国际化。

（三）上海交通大学"法科特班"课程设置

上海交通大学凯原法学院自2010年起试办法学本科背景的全日制法律硕士特班（以下简称"法科特班"），为法学本科背景的法律硕士教育的专精化探索新的模式。"法科特班"旨在以通识教育和专业教育并重的理念办好法学本科教育的基础上，建立高层次法学学术人才与高层次法律职业人才的分类培养模式。②"法科特班"的授课主要由凯原法学院内专业知识渊博、富有实务经验、职业教育能力强的教师担任，某些课程可邀请校外一定数量的知名专家担任，特别是司法机关的学者型法官、检察官和律师担任。特班实行双导师制，除本院的教师担任导师外，还挑选一定数量的相关实务部门的专家担任导师，并成建制地安排到法院、检察院、高端律师事务所和跨国公司法务部门进行为期半年的一对一指导的专业实习。此外，还适度安排与境内外名校之间的交换培养，或者提供到世界一流法学院留学的机会。"法科特班"的教学着重培养学生的法律职业能力。对主要专业课程采取专题研究、比较分析、逐步深化法律思维的教学方式，并加强对话式教育、判例研究、分组攻读切磋以及有计划、有步骤的实务训练，充分调动自主钻研和比赛绩效的积极性，着重于基本法律理论知识的提升和实务能力的培养。在课程教学上有更好的规范化要求，每门课的授课教师都按照统一的格式撰写课程概要（主要包括讲义要旨、授课内容、教科书和参考书、考试方法和评分标准、面谈时间、给学生的赠言等）和编制教学资料。

在经过法学本科三年比较系统的基础课程学习后，"法科特班"的课程设置比较独特。其要点是：（1）缩减概说性的或者纯理论性的课程，一些已经在本科阶段开设、与实务关联不大的课程在硕士阶段就不再涉及，相应地增设法律操作技巧课程和法学前沿领域课程；（2）选修课结合上海交通大学的通选课改革，学生可以跨专业、年级修课，部分采用外语授课的专业课和研讨课可以与国际班学生共同开班；（3）不分设专业，如果学生对某一艰深领域特别感兴趣，可以采取由导师单独指导，跨院系选修课程的方式完成学习过程，或者在论文写作阶段通

---

① 中国政法大学法学院网站，http://fxy.cupl.edu.cn/info/1074/1106.htm。
② 季卫东：《中国法学教育改革与行业需求》，载于《学习与探索》2014年第9期，第83~87页。

过文献研究的方式予以解决；（4）课程教学的整体学分控制，为学生留下足够的课外时间进行阅读、思考、讨论、预习和复习以及在特定专业方向上拓展自我发展空间；（5）专业实习为期6个月，主要为法院、检察院、高端律师事务所和跨国公司法务部门，在带教老师指导下，对主要的法律业务都有涉及；（6）在模块课程的定位上，民法、刑法、诉讼法构成课程设置的核心，经济法、商法强调与其他学科知识的交叉，基础理论法学课程强调学生法律人格的完善、对法律运行的总体把握和法律思维方式的训练、熏陶，法律职业技能课程强调全面性、实用性，促使学生积极参与，并在这一过程中进行自我职业规划。① 这种专业课程设置的特色：一是本科阶段已经进行过初步教育的专业基础课程，采取提高水平，加强国际比较以及学理的深入探讨特色，专业提高课程是主要的板块；二是打通不同的科目，导入综合应用课程这个板块，如民法、民事诉讼法以及其他相关学科以贯通方式进行教育；三是采取适应于专业技能培训的教学方法，主要是苏格拉底式教学法、判例教学法以及模拟教学法。②

（四）华东政法大学本硕贯通实验班课程设置

华东政法大学自2012年起，设置法学专业本硕贯通卓越法律人才实验班。本硕贯通卓越法律人才实验班旨在培养具有扎实法学功底、体系法治思维、较高人文社科素养、宽广国际视野、良好法律职业道德的一流法学人才。通过本科阶段的培养奠定基础，在研究生阶段，分为法律硕士（法学）专业学位与法学硕士学位两个类别培养。法律硕士（法学）专业学位将培养具有运用法律知识和法学方法解决复杂法律问题的能力、能适应上海市经济社会发展和多样化法律职业要求的一流法律职业人才。法学硕士学位将培养能够掌握和纯熟运用法学研究方法，具备较为全面的法学研究能力，能够敏锐发掘或跟踪我国法治建设和法学研究中的重大问题，在重点、难点、热点问题上做出原创研究的一流法学研究人才。在学制上实行"4+2"（法律硕士）/"4+3"（法学硕士）一贯制人才培养模式，整合法学本科教育和研究生教育，实施六年制/七年制三阶段培养。其中，第一阶段主要是通识教育和专业基础学习阶段（第1+X年）：主要包括通识教育和专业基础教育，其中专业基础教育强调掌握法学基础知识和基本理论，坚定社会主义法治理念，初步形成法治思维。第二阶段主要是专业核心课程深化学习阶段（第2~4年）：主要包括专业方向核心课、案例研习课、专题研讨课、横向拓展课。通过配置优质教学资源的专业方向核心课学习，打下扎实的法学功底；

---

① 参见上海交通大学凯原法学院网站，http://law.sjtu.edu.cn/Article0407.aspx。
② 季卫东：《顺势而为 适应变化》，载于《法制日报》2010年12月8日，第9版。

通过小班化的案例研习课系列，深化对法学知识的体系性理解，熟练掌握法学方法，具备法律论证能力，能够分析复杂法律问题；通过专题研讨课的研习，学习和掌握展开法学研究的方法，与研究生教育初步衔接。学生在该阶段第 4 年可安排实习。第三阶段主要是专业方向深入发展阶段（第 5～6 年/第 5～7 年）：主要包括专业方向的研究性学习、实践、毕业论文写作和答辩等。经过前 4 年的学习，正常毕业的学生将获得学士学位和本科毕业证书并继续进入研究生阶段学习，没有进入研究生阶段学习的学生将转到本科普通班学习，正常毕业。

在课程设置方面，课程总体划分为通识教育必修课、专业课、案例研习课、选修课（专题研讨课、横向拓展课、通识选修课）以及实践课程五个模块，通识教育必修课形成学生人文社科素养、专业课确立学生专业知识基础、案例研习课培养学生法学体系思维、运用法学方法和法律论证能力，选修课深化和扩展学生专业发展、实践课提升学生专业实践能力。该实验班的课程体系分为思想政治理论课、文化基础课、外语类模块课、学科基础课、专业主干课、案例研习课、专业方向类限制性选修课、通识主干课、一般通识课、全校通选课和实训课程十一个部分。① 华东政法大学法学专业本硕贯通卓越法律人才实验班在课程体系改革方面的主要措施是实现了法学本科课程和研究生课程的有效衔接：对于学术型学位学生，在保证法学知识结构完整、基础扎实的前提下，通过导师个人研究指导等方式对于专业领域的研究方法做系统训练，通过专业课选修方式深化、扩展其研究领域的深度与广度。

华东政法大学"法学+"的复合式课程体系改革主要体现在：（1）在专业设置中体现复合交叉。通过专业共建、师资共用、课程共享等举措，建设了金融法律（法学＋经济学/金融学）、法律英语、法律翻译（法学＋英语/翻译）、法治新闻（法学＋新闻学）、网络与信息安全（法学＋计算机科学与技术）等若干个特色鲜明的复合型专业（方向），形成学科间的相互支撑，提高了学科交叉度，加大了复合型人才的培养力度。（2）在课程内容设置上体现复合交叉。深化法学"学科群"和"课程群"建设，以法学、政治学、管理学、新闻学等一批主干课程为龙头，以优质专业课和综合素养课程为抓手，开展核心课程群、跨学科课程群、交叉复合课程群建设，率先建成"中国特色社会主义法治"系列核心课程体系，创建起"法学本科"一流教学品牌。国际金融法律学院致力于培养拥有法律、金融、财会、数理统计等综合知识背景、娴熟外语水平的高起点、国际化、应用型金融法律人才。在师资配置上注重专业背景多元化，在教学上要求教师集体备课，形成教学内容上的交叉融合。（3）在不同类型的法治人才培养方案中体

---

① 参见华东政法大学法律学院网站，http://www.flxy.ecupl.edu.cn/56/3c/c3443a87612/page.htm。

现复合交叉。计算机科学与技术（网络与信息安全）专业培养方案的课程设置中形成了三大模块：一是计算机专业课程模块，如编程、软件工程等；二是交叉课程模块，如信息犯罪与计算机取证、网络犯罪侦查之类的复合课程；三是法学课程模块，将民法学、知识产权法等法学课程列为专业课，形成了独特的课程特色。[①]

二、法学课程体系改革的特点与趋势

（一）课程体系多样化

众所周知，由于高校法学类专业扩张过快、法学教育资源分布不均衡，法治人才培养模式"千人一面"现象较为突出，与建设中国特色社会主义法治国家、适应国家治理体系和治理能力现代化要求差距较大，高素质多元化法治人才培养格局尚未完全形成，难以有效满足各行业、各领域、各层次的法治人才需求。"法学的人文化特点，决定了法学学科与其他学科的相互交融和关联性。诸如政治学、哲学、社会学、经济学等学科都与法学学科存在着一定的交叉和联系。法学教育应当关注其他学科的发展，及时地借鉴吸收其他学科的研究成果，使学生的知识体系更加丰富和完善。但目前法学教育总体对此反应较为迟钝，其他学科如经济学、社会学的一些新近研究成果，未被恰当地引入法学教育，使得法经济学、法社会学等法学新兴学科的教学停滞不前，学生缺乏交叉学科知识的运用能力。"[②] 不少高校已经意识到这一问题，并积极进行学科建设和课程改革，以适应当前社会对高素质多元法治人才的需求。

在全面依法治国的背景下，社会各行各业都将纳入依法治理的范畴，而各高校为应对全面依法治国对多元法治人才的需求，慢慢由原来的单一培养模式逐步向分类培养转变，并在此基础上制定了不同的培养方案，开设了不同的课程体系，突出强调了不同培养方向的课程设置特点。因此，法学教育也必须在社会主义事业主要矛盾已经发生改变、重大发展战略不断实施、经济社会持续发展对法治人才提出的多样化需求基础上，确定多元化的人才培养目标，并根据培养目标对法学课程体系进行改革和完善。如清华大学法学院的法治人才培养目标是，

---

① 熊颖杰：《以人为本　德学兼修　深化教育教学改革》，华东政法大学网站，http://news.ecupl.edu.cn/61/85/c672a90501/page.htm。

② 徐清宇：《法学教育供给与司法职业需求的不对称及其校正——中国大学法学本科教育改革的基本出发点》，载于《政法论坛》2008年第2期，第155~163页。

"培养具有扎实的法学理论功底和较强的法律应用能力,具备深厚的人文素养和必要的自然科学知识、管理知识,适应国家建设所需要的德智体全面发展的高素质的法律人才。""本科毕业生应达到如下知识、能力与素质的要求:(1)具有坚定的法律信仰、崇高的道德品质、较强的团队协作意识和良好的文化修养、心理素质和身体素质;(2)较好地掌握法学的基本理论知识和相关法律法规,了解法治建设的基本动态;(3)具备运用法学知识发现问题、分析问题和处理问题的能力;(4)具备应对现代社会的发展所需要的自然科学、管理科学以及人文社科知识和外语能力。"[1]

对外经济贸易大学法学院涉外型卓越经贸法律人才实验班的培养目标是:"本专业旨在培养符合社会主义现代化建设需要,德智体美全面发展,系统掌握法学专业知识和国际经贸知识,英语水平突出,能够从事涉外经贸法律工作,具有创新精神和法律实践能力的国际化、复合型的卓越人才。"学生在毕业时,应当"掌握法学基本理论,具有一定的理论素养;掌握教育部颁布的14门主干课所包含的法学基础专业知识;掌握国际贸易、国际商务基本原理和知识以及与之密切相关的国际法学专业知识;掌握扎实的英语知识与技能;具备良好的跨文化交流与沟通能力;具有实践创新精神和初步独立处理法律事务的能力。"[2]

又如,中国政法大学突破既有学制、学时、学分等制度性限制,强化学生在学业修读过程中的主动性与能动性,探索建立了开放、多维、高效的学生自主学习新模式,开创和完善了"虚拟第三学期"课程运行平台建设工作。"虚拟第三学期"进一步丰富了培养方案中的教学内容和教学资源,极大延展了教学运行的周期,形成了各类培养模式之间多维互补的格局,进一步强化了学生的自主学习、个性化成长的主体性地位。"虚拟第三学期"是以网络课程教学为主要载体,以"循环开课、自主修读、统一考核"为修读模式的人才培养模式。这一课程运行平台是学校现有的课堂教学课程体系的补充与延伸,是集网络课程、学分修读、辅学资源、师生互动等多功能为一体的运行模式与平台系统,为国内首创。在课程资源方面,"虚拟第三学期"提供包括学分修读课程资源与网络辅学课程资源两部分。学分课程资源是指该网络课程进入培养方案,学生完成课程网络学习,参加网络统一考试成绩合格可获得相应的学分,但累计修读学分不超过培养方案要求总学分的5%。目前学校学分课程资源有15门,迄今修读学生已经超过13 000人次。辅学课程资源是指该课程不进入培养方案,仅作为学生学习相关课

---

[1] 参见清华大学法学院网站,http://www.law.tsinghua.edu.cn/publish/law/3376/2017/20170424135910897272354/20170424135910897272354_.html。

[2] 参见对外经济贸易大学法学院网站,http://law.uibe.edu.cn/OutListContent/index.aspx?nodeid=35&page=ContentPage&contentid=3131。

程的辅助资料。目前网上辅学课程资源为72门。自2014年起，学校开始制作数字化的"法大微课"，通过录制短视频，重点讲授某专业的单个知识点，让学生更灵活地自由学习。目前已经完成10门课程，对帮助学生学习专业课程起到明显的辅助作用。①

在西部基层法治人才培养的各高校，也针对各自特色化的培养目标开设了多元的课程体系，如西南民族大学的法学（藏汉双语）本科培养方案的课程设置中，为达到学生具备运用法学专业知识和民族地区地方性知识分析问题和解决问题的能力，其专业核心课程除了法理学、宪法学、民法学、商法学、知识产权法、刑法学、民事诉讼法学、刑事诉讼法学、行政法与行政诉讼法、环境资源法、劳动与社会保障法、中国法制史、经济法学，还专门开设了民族法学、藏文文法、藏文阅读与写作、藏汉法律翻译理论与实践。在法学（彝汉双语）本科培养方案的课程设置中，则专门开设了民族法学、彝族传统文化概论、彝文阅读与写作、彝汉法律翻译理论与实践等课程。这对于学生掌握从事西部基层法律工作的基本能力是必要且重要的。②

（二）本科教育与研究生教育的结合

各高校法学院系的课程体系改革体现了对本科法学教育的定位以及与研究生教育衔接问题的探讨。如上海交通大学凯原法学院"法科特班"的课程设置，有助于进一步探讨大学本科法学教育的定位以及与研究生教育的衔接问题。又如，试办"法科特班"要求在教学手法上进行大的改革，强调通过对话式教学、判例教学、实务培训、商务谈判、成建制实习以及项目式教学，加强学生独立思考的能力、解决实际问题的能力、表达沟通的能力、知识整合的能力以及团队合作的能力，这也必然会带动法学本科和其他层次的法律教育教学方法的变革，其成效将具有辐射和扩散效应。③

（三）国际化趋势

国际化既不是"全盘西化"，也不是简单的"与国际接轨"。它是指通过国际交流与合作，着力培养全面依法治国所需法治人才的国际视野、世界眼光、国际交往能力和国际竞争能力；推进优秀学术成果和优秀人才走向世界，不断提升

---

① 黄进：《世界一流大学建设与一流本科教学的创新——中国政法大学的理念与实践》，载于《中国高教研究》2016年第6期，第11~16页。
② 参见西南民族大学法学院网站，http：//fxy.swun.edu.cn/info/1223/3864.htm。
③ 参见上海交通大学凯原法学院网站，http：//law.sjtu.edu.cn/Article0407.aspx。

高等院校的法治人才培养在国际社会的竞争力和影响力。当前，各高校法学院系课程体系的改革鲜明反映出法治人才培养的国际化趋势。如清华大学法学院对学生外语能力的要求是：一外英语，必修8＋2学分，一外小语种必修6学分；一外英语学生大学英语课程要求8学分，英语实践环节2学分（学分计入实践学分）。英语分级为1级、2级的同学需在大二结束前修满8学分的公共英语和英语通识课程（每学期2学分）；英语分级为3级、4级的同学要在大二结束前修满8学分的英语通识课程或外文系英语专业课程（每学期2学分）。选修4门外文系认定、其他院系开设的英文授课课程，可申请4学分大学英语课程免课。外语课程开课目录可参考每学期选课手册。设清华大学英语水平考试，必修，不设学分，学生进入大三后报名参加。一外日语、德语、法语、俄语等小语种学生入学后直接进入课程学习，必修6学分。①

又如，华东政法大学国际法学院沪港交流涉外卓越法律人才实验班的课程设置分为：（1）普通教育课：马克思主义哲学原理、当代世界经济与政治、汉语与写作、大学英语、计算机应用基础等11门课程。（2）专业课：法理学、民法学、刑法学、诉讼法学、经济法学、公司法学、国际公法学、国际私法学、国际经济法学等21门课程，其中部分课程采取双语或全英语教学方式。（3）专业方向类课：国际商法学、国际投资法学、国际金融法学、国际商事仲裁法学等8门课程；香港城市大学授课内容为：英美合同法、英美侵权法等4门（英语授课）。（4）海外实训课程：为优秀学生提供海外实训机会。② 由此可见，课程体系改革的国际化趋势一方面与建设社会主义法治国家所需大量涉外法治人才密切相关；另一方面也是国内高校与境外相关高校及法律部门合作培养高素质法治人才的重要举措与基本途径。

（四）多学科融合趋势

法学教育应当确保专业课程体系编制合理，促进法治人才法治思维能力、法律表达能力和探知法律事实的能力的培养。这离不开多学科知识的学习与讲授，如何在法学课程的专业教学中将科学文化与人文文化、科学历程与人文历史、科学思维与人文思想、科学方法与人文方法进行融合，是目前各高校法学院系课程体系改革的重要内容。有学者建议，"要以多学科理论交叉融通为切入点，建构同社会主义法治体系相符合、相协调、相匹配的国家治理法学、法哲学、立法

---

① 参见清华大学法学院网站，http：//www.law.tsinghua.edu.cn/publish/law/3376/2017/20170424135910897272354/20170424135910897272354_.html。

② 参见华东政法大学国际法学院网站，http：//www.gjf.ecupl.edu.cn/shewaizhuoyuefalvrencais/。

学、执法学、司法学、法治监督学的新型法学学科体系；优化宪法学、行政法学、刑法学、民商法学、诉讼法学等传统部门法学科建设；拓展国家空间主权安全法学、法经济学、生态空间治理法学、社会治理法学、网络社会治理法治学、法治文化学、中外法治比较学等新型交叉学科体系。要进一步创新师资管理模式和运行机制，形成一支政治立场坚定、理论功底深厚、熟悉中国国情的高水平法学家、高素质学术带头人、骨干教师、专兼职教师队伍。要适应司法体系和司法能力现代化要求，探索法官、检察官推行员额制改革后司法辅助人员职业教育体系建设，尽快制定法官、检察官招录入职后两年期的理论体系、教材体系、课程体系设置，以适应司法队伍正规化、职业化、专业化建设的需求。"①

例如，对于特殊法治人才的培养，促进多学科间的融通教育是非常重要的一个方面。中南财经政法大学在这方面做了两项积极的尝试：一是设立三通课程。本科阶段无论修读哪个专业，都将《法学通论》《经济学通论》《管理学通论》作为必修课程，也就意味着本科专业是金融、会计抑或哲学、外语，无论将来是政府决策者、银行高管、社会组织负责人还是企业经营者，在本科学习阶段都接受了基础的法学专业教育。二是建立文澜人才特区，设立文澜学院。对大一、大二学生实行宽口径、重基础的通识教育培养，进入大三后学生可在学院已有专业的基础上自由选择专业方向，这也保证了多个专业方向、未来多个职业方向的人才都接受了必要的法治素养教育。② 又如，各财经院校法学院在特色法治人才的培养方案中，大多会依托本校的优势学科设置特色专业，借助经济学、金融学、财政学、会计学、管理学及外语等其他学科资源，凸显特色化法治人才培养目标，以创办卓越法律人才实验区、专门实验班或特色专业等形式，培养"法科＋财经类学科"的复合型法治人才。特别是在培养金融行业的专门法治人才方面，有的学院要求学生必须系统辅修金融学、经济学、投资学、财政学、管理学等财经类基础课程，熟练掌握金融领域的基本知识和法律规范，并能将法学知识与金融学知识相结合，为从事金融衍生交易、金融监管等境内外金融和法律领域的实务工作做好充分准备。如果要培养会计法治人才，学校就非常重视学生的法律和会计实务能力，要求学生能灵活运用审计方法，熟知证据规则和法定程序，洞悉国内外财务准则和会计实务操作流程。在涉外经贸法治人才的培养方案中，学校要求学生必须学习国际经济贸易、国际商务等课程，有的还要求学生必须通过托福或雅思考试，具备较强的英语应用能力和良好的跨文化交流与沟通能力，能够胜任涉外经贸法律工作，以适应经济全球化背景下对涉外财经法治人才的特殊需

---

① 徐汉明：《创新法治人才培养机制》，载于《学习时报》2017年3月29日，第7版。
② 杨灿明：《基于培养高素质法治人才视野下的法学分层分类教育研究》，载于《法学教育研究》2017年第4期，第37~47页。

求。还有不少高校的法学实验班人才培养方案中加入了社会学、哲学、法学研究方法、法治思维训练等课程,旨在培养学生的人文情怀和社会公共意识;有的学校还根据不同的人才培养方向,在专业知识方面着力于法学专业知识与外语、经贸、政治、历史、管理、宗教等学科的交叉融合。

第五节 德法兼修的法学课程体系设计: 理念、特点与内容

一、德法兼修的法学课程体系设计的理念

(一)以中国特色社会主义法治理论为指导

法学课程体系设计必须从我国基本国情出发,发展符合中国实际、具有中国特色、体现社会发展规律的社会主义法治理论,"中国特色社会主义法治理论,是一套包括法治指导思想、法治的本质特征、法治建设总目标、法治的根本价值、法治基本原则,以及法治的推进方式等内容在内的科学的法治理论体系。其中,法治的指导思想、本质特征、总体目标和法治推进方式等是最基本的命题。"[1] 从理论渊源来看,中国特色社会主义法治理论是马克思主义法学理论体系的重要组成部分。只有对马克思主义法学理论体系的整个发展历程有一个全面、系统的研究分析,才能总结、吸取马克思主义法律思想中国化的基本经验,坚持中国特色社会主义法治建设的方向,坚持走中国特色社会主义法治发展道路。建设和完善中国特色社会主义法治理论,必须遵循现代法治文明,体现法治的一般规律、普适精神和普遍要求,反映人类社会法治文明的共同成果。[2]

新时代的法学教育和法治人才培养必须坚持社会主义办学方向,全面贯彻党的教育方针,坚持以马克思主义为指导,把法学教育发展方向自觉同我国发展的现实目标和未来方向紧密联系在一起,自觉为人民服务,为中国共产党治国理政服务,为巩固和发展中国特色社会主义制度服务,为改革开放和社会主义现代化

---

[1] 胡明:《用中国特色社会主义法治理论引领法治体系建设》,载于《中国法学》2018 年第 3 期,第 5~26 页。
[2] 龚廷泰:《准确理解中国特色社会主义法治理论》,载于《检察日报》2014 年 12 月 14 日,第 3 版。

建设服务，不断增强道路自信、理论自信、制度自信、文化自信，真正阐发好中国的法治理论、构建好中国学术，努力以中国智慧、中国实践为世界法治文明建设做出贡献。因此，在建设中国特色社会主义法学课程体系的过程中，一方面要坚持马克思主义法学的基本立场、基本观点和基本方法，并对马克思主义法学理论体系有一个全面清晰的认识；另一方面又要对各国先进的法治理念和实践经验进行审慎地识别和选择。新时期的法学教育要充分认识中国特色社会主义法治理论研究与建设任务的紧迫性、艰巨性，在法学课程体系改革中要把丰富和发展中国特色社会主义法治理论作为重大使命，最大限度地把各方面力量汇聚起来，在法学课程体系改革中不断推进中国特色社会主义法治理论创新。法学专业教材编写者要以解决当代中国现实问题为己任，扎根中国实践、解决中国问题、总结中国经验，推进法学教育与法治实践更加紧密地结合。

（二）全面贯彻社会主义核心价值观

中共十八大以来，中央在国家层面提倡富强、民主、文明、和谐，在社会层面提倡自由、平等、公正、法治，在个人层面提倡爱国、敬业、诚信、友善，这三个层面不同层次的社会主义核心价值观，在各法学课程中的体现方式是不一样的。例如，作为民法典开篇之作的《中华人民共和国民法总则》（以下简称《民法总则》），就是将社会主义核心价值观融入民法学课程的鲜明写照。社会主义核心价值观在民法课程中的体现主要表现为社会主义核心价值观与民法基本原则之间的关系。民法总则确立了平等、自愿、诚信、公序良俗、绿色环保等基本原则，从不同层面体现了社会主义核心价值观的内涵；而社会主义核心价值观中的"自由""平等""公正"等内容，也是现代法律精神在法治实施过程中的具体呈现。此外，社会主义核心价值观的和谐价值观，一方面体现为人与人之间的人际关系和谐，另一方面还体现为人与自然之间的和谐。从人与自然之间和谐的角度来讲，《民法总则》第九条规定的绿色原则也可以说是人与自然之间和谐发展原则的一个民法表达。而像民主友善这些核心价值观，是通过民法的具体规则来体现的。[①] 因此，在法学教材编写和课程体系改革过程中，应积极引导法学专业的师生不断提高思想水平、政治觉悟、道德品质、文化素养，使之德才兼备、全面发展，成为社会主义核心价值观的坚定信仰者、积极传播者、模范践行者。

[①] 侯磊：《法安天下　德润人心——专家解析〈民法总则〉中的社会主义核心价值观要素》，载于《解放军报》2017年4月26日，第10版。

（三）加强法律职业伦理的系统教育

法律职业伦理课程一直以来都是法学专业课程体系中较为薄弱的方面，这与法学院校对法学教育的职业教育属性的认识有一定关系，这种认知上的缺位直接导致的后果是，对于法律职业伦理教育的实施没有系统规划，并在执行过程中缺乏有效保障。目前，在国家层面上，相关部门已经认识到对法律职业伦理教育的重要性与紧迫性，随着"法学专业核心课程"的改革和调整，采取"10＋X"的课程设置，法律职业伦理课程成为法学专业学生必须完成的10门专业必修课程之一，法律职业伦理课程日渐受到重视，并促进了法学教育由封闭性教学转向开放性教学，鼓励学生自主学习，倡导各法学院特色化发展，以提升法学专业人才培养质量。加强行业法治人才法律职业伦理的培养，一方面可借鉴域外法律职业伦理在考试制度方面形成的经验，提高法律职业伦理课程在国家法律职业资格考试中的比重，或者将通过法律职业伦理的考试作为进入法律职业的资格条件。美国的大部分州要求学生在获得律师职业资格之前必须通过律师职业道德考试，澳大利亚、加拿大、日本、韩国等国家也将法律职业伦理作为进入法律职业的重要条件。[①] 另一方面，为促进行业法治人才的法律职业伦理的培养，可以将法律职业伦理进一步细化，与具体的行业要求结合起来，以提升全面依法治国各行各业法治人才的职业伦理道德。

（四）促进知识教学与实践教学的结合

法学教育中的知识教学与实践教学之间的紧张关系和矛盾冲突，一直以来备受关注。目前，"重理论，轻实践"的传统法学教育模式已经在一定程度上得到改变，法学教育界对知识教学和实践教学之间的关系问题所达成的共识是，要培养高素质的多元法治人才，知识教学与实践教学相辅相成，同等重要。一方面，知识教学指导实践教学。作为高等法学教育的核心环节，知识教学在法治人才培养过程中发挥着坚定理想信念、夯实理论基础、培养法治思维、训练法治方法的重要作用。知识教学让学生理解和掌握了法律关系、法律规则和法律制度，以及在规则和制度背后的法律意识、法律价值和法律精神，这些为实践教学的顺利开展明确了方向。另一方面，实践教学是对知识教学的实践和深化。实践教学在培养学生的实践能力和职业道德的同时，也巩固了学生所学的法学专业知识，提升了法学知识水平。法治人才的培养，首先离不开知识教学，并且要用好知识教学这个主渠道。在法学教育的知识教学方面，应当立足中国实际，努力以中国智

[①] 刘坤轮：《加强法律职业伦理教育》，载于《中国社会科学报》2014年8月15日，第A08版。

慧、中国实践为世界法治文明建设做出贡献。正如习近平总书记所说，高校要充分利用学科齐全、人才密集的优势，加强法治及其相关领域基础性问题的研究，对复杂现实进行深入分析、做出科学总结，提炼规律性认识，为完善中国特色社会主义法治体系、建设社会主义法治国家提供理论支撑。"实践的最佳指导是理论。法学院的任务是保证当学生离开母校时，他对法律的主要范畴的结构有扎实的基础，他有能力在这个基础上按照他执业的要求继续发展。因此，基础知识比任何'前沿性的'东西更重要。在实务上，碰到新问题时，最重要的是对它进行基本结构分析，即回到最原始、最古老的基本原则。当然，有时新问题要求将目前的法律解构，然后再重构新规则，即制造新知识，但这种工作要求律师对原有的法律，特别是基本原则有透彻的认识。关键仍然是扎实的基础知识。就自学目的而言，最好的法学教育就是培养扎实的知识基础和技能基础。"①尽管自清末民初以来，我国的法学教育是在借鉴中成长的，但经过长期法治实践，我们已经积累了一定的法治经验，因此在知识教学过程中，必须立足中国国情，面向中国现实，解决中国问题，构建具有中国特色的法学课程体系和学科体系。

  与此同时，法学教育也必须重视实践环节教学，如模拟法庭、法律诊所、法律谈判、法律调解、基层公共法律服务等体验式、操作式、交互式教学。目前在这方面存在的问题是，思想上重视不足，在实践中也往往流于形式，达不到实践教学应有的要求。"长期以来，在法学教育课堂上，教师讲授的多是法律构成和法律效果的理论阐述，缺乏对实践经验的介绍。即使是案例教学，也比较抽象，没有充分展示实践中的法律关系，缺乏法律思维的实际运用。在今后的教学中，应思考如何把新鲜的司法经验和生动的案例实践带进课堂，缩小书本知识与法律实际运行的差距，增强学生回应和解决实践问题的能力。"②

  如中国政法大学为了适应培养"职业化、应用型"卓越法律人才的需要而创新的实践教学模式——"同步实践教学模式"。这种教学模式在人才培养中与"理论学习"的关系从传统的"先后关系"跃升为"同步进行"关系，从一种学生"检验"理论知识的手段提升为人才培养的核心抓手，从人才培养的末端环节提升为贯穿人才培养的全过程。③ 主要做法是：通过引进原始案例卷宗副本，创设动态庭审过程的同步直播观摩体系，建立了"即时共享"司法资源汇聚平台，突破了优质司法资源分散于全国各地、无法汇聚于校园和转化为优质教学资源的

---

① 何美欢：《理想的专业法学教育》，载于《清华法学》2006年第3期，第110~140页。
② 申卫星：《让法治领域人才辈出　积极推进法学教育改革创新》，载于《人民日报》2017年6月9日。
③ 黄进：《新时代高素质法治人才培养的路径》，载于《中国大学教学》2019年第6期，第20~26页。

瓶颈：让最优质的司法资源能够在第一时间进入高校、进入课堂；让全国各地的优质司法资源，能够突破空间距离限制，汇集到高校，转化为优质教育资源。在课程体系设置上，坚持"理论教学—模拟教学—仿真教学—全真教学"的递进式课堂实践教学思路，设置了实践教学的五大传统课程模块：（1）实务技能课程（10门）：由检察官、法官、公证员、律师等为主讲教师，以研讨和案例分析为主要教学形式，训练学生案例分析能力和收集、整理、分析信息和表达等方面的能力。（2）双师授课课程（19门）：由"法官、检察官、律师等实务专家主讲、专职教师理论补充"的"双教师制"，将理论教学与最前沿的司法动态结合，让学生接触到最新的办案思索和理论成果。（3）模拟法庭课程（9门）：模拟法庭从一个简短活动发展为一门课程，让学生熟悉庭审业务，掌握基本诉讼技巧，受到多学科的综合训练。中国政法大学所有法学学生在校期间均参加模拟法庭教学，80%的学生参加过各种类国内或国际模拟法庭竞赛。（4）角色体验课程（7门）：让学生扮演争议双方的代理人，在课堂内完成以角色体验为形式的法庭技能训练，在角色准备、体验、冲突、转换中互动学习。（5）法律诊所课程（6门）：学生通过代理真实案件，从实践和经验中学习法律实战技能。中国政法大学现有六大法律诊所，是国内设有法律诊所最多的法科院校，诊所学生累计接待法律咨询16 000多人次，受理案件2 800多件。这就将"实践教学"贯穿于整个法学人才培养的全过程，同步完成"知识学习"和"职业技能"的培养，同步完成法律"职业意识"和"职业素养"的培养，同步完成"国际视野"和"国情意识"的培养。① 目前，中国政法大学已经将"同步实践教学"模式从"1.0"版升级到"2.0"版，这就让每一位学生从一起案件的诉讼起点即"立案"开始参与其中，到最后的法庭判决，学生在校期间全程演练、全程参与、全程体验所有诉讼环节。实现法治人才培养、法学同步实践教学由点向线、由线向面的量与质的内涵式提升，全面助力符合新时代需求的卓越法治人才培养。② 有学者认为，中国政法大学同步实践教学模式、理念的提出和坚持，同时解决了当前法治人才培养中的三个核心问题：一是法治人才培养共同体的建立和运行；二是法学教育中知识教学和实践教学的关系重新定位；三是从一个侧面回答法治人才培养中"教什么"和"怎么教"的问题。③ 这种同步实践教学模式值得在全国范围内推广。

---

① 黄进：《创建"即时共享 协同融合 学训一体"同步实践教学模式，培养卓越法律人才》，载于《法学教育研究》2015年第1期，第3~17页。

② 朱宁宁：《中国政法大学"同步实践教学"全面升级》，中国政法大学新闻网，http://news.cupl.edu.cn/info/1015/26613.htm。

③ 于志刚：《法治人才培养中实践教学模式的中国探索："同步实践教学"》，载于《中国政法大学学报》2017年第5期，第38~51页。

又如，苏州大学王健法学院法学专业的主要实践环节主要包括：（1）模拟法庭。法学院积极组织学生参加国际和国内的各项模拟法庭竞赛，通过案情分析、角色划分、法律文书准备、预演、正式开庭等环节模拟司法审判及仲裁的过程。（2）暑期社会实践。在每年暑假，法学院积极组织和支持学生就各类法学热点和难点问题进行广泛的社会调查和实践，从而拓宽学生的学术视野和理论联系实践的能力。（3）学生科研项目。法学院通过多种途径支持学生就自己感兴趣的问题展开学术研究和调研，尤其鼓励学生结合司法实践研究具有针对性的问题。（4）专业实习。法学院积极拓展和公检法司、著名律师事务所的合作，为学生的毕业实习提供广泛的实习基地，帮助学生更好地理论结合实践，强化对法学专业知识的理解，从而提高学生从事知识产权工作的实践能力。[①]

根据卓越法治人才培养基地的相关经验，加强法学教育的实践教学，第一，要改变教学理念，深刻认识到法学是实践性很强的学科这一特点，将法学实践教学纳入法学专业教学课程，并明确规定所占课程体系的比例，形成良好的法治教学氛围和校园环境。第二，积极打造法学实践教学基地。充分利用高校现有资源，开办模拟法庭，将实际工作部门的优质实践教学资源引进高校，让法学大学生、法学研究工作者等面对面模拟实践。合理整合校园资源和社会资源，加强与检察院、法院、司法、律师事务所等法务机构的合作，打造集实战观摩、模拟演练、实战锻炼于一体的法学实践教学基地。第三，优化实践教学的师资队伍，引进法治实际工作经验丰富的师资。坚持理论研究和法治实践并重原则，根据各高校法学教学师资队伍实际，合理制定方案，积极引进一些法治实际工作经验丰富又有志从事法学实践教学的高端人才，补齐师资短板，充实教学力量。第四，应充分发挥教师带头实践示范作用。研究制定激励和目标导向机制，鼓励和督促法学专业教师在做好理论研究和教学的同时，积极带领学生深入社会法务实践，多与法治实际工作者沟通交流，从各行业、各领域全方位了解法治实际工作，促进理论和实践相结合。

二、德法兼修法学课程体系的特点

（一）将"立德树人"理念贯穿全部课程之中

全面依法治国的实现离不开德法兼修的法治人才队伍的建设。法治理论主要通过以知识教学为主要途径的法学教育得以实现，因此法学课程体系改革必须坚

[①] 参见苏州大学王健法学院网站，http://law.suda.edu.cn/d4/e3/c4954a54499/page.htm。

持中国特色社会主义法治道路,坚持以中国特色社会主义法治理论为指导。以法学专业课程体系改革为切入点,培养德法兼修的高素质法治人才,就要加强法学专业课程体系建设,将"立德树人"理念贯穿全部课程之中,不断提升法学统编教材的质量。有学者建议,"在现有基础上,应进一步压缩法学本科与法律硕士的必修课课程量,探索采用灵活的必修课与必修学分相结合的方式,努力推进二级学科设置与专业必修课程设置脱钩、法学教育与学术研究相区分的工作,积极改革现有课程设置机制。各部门法的统一教材编写都应有实务部门的人员参加,并采取科学而有效的方式,接受实务部门的评估之后再进行;基础理论的统一教材编写应有从事马克思主义理论研究的专家学者参加。"①

例如,中国政法大学为推动习近平新时代中国特色社会主义思想"进教材、进课堂、进头脑",学校新开设了本科生通识主干课——"习近平新时代中国特色社会主义思想与当代中国",深受本科生欢迎。学校还开设了研究生公共学位课——"习近平新时代中国特色社会主义法治思想"。同时,中国政法大学还有针对性地加强彰显中国特色社会主义法治理论与实践成果的法学教材体系建设,本科教学新建两套系列教材,即"中国特色社会主义法治理论"系列教材、"中国特色法学教材·法学方法与能力素养"系列教材;研究生教学新建法学二级学科"前沿问题"系列教材;并积极推进法学立体教材建设、案例研习课教材建设与司法案例电子资源库建设。在教材使用方面则坚持首选马克思主义理论研究和建设工程教材,并以加强建设和统筹使用自编特色优质教材为补充,慎重引进和选用国外先进优质教材。② 此外,中国政法大学在法学专业选修课组中,除基本选修课之外,专门设置了案例课组、研讨课组、实务技能课组。以法学实验班为例,每门法学专业必修课都搭配了 1 门对应的案例课和研讨课。目前,案例课、研讨课、实务技能课课程平均每学期均超过 100 个课堂。这些课程均采用小班教学模式,大幅度增加了师生之间、生生之间的交流互动和研讨。③ 中国政法大学在培养德法兼修的高素质法治人才方面对中国特色社会主义法治课程改革方面所进行的积极探索,值得其他高等法学院校借鉴和学习。

(二) 着重培养法治人才的法治实践能力

根据教育部新发布的《普通高等学校法学类本科专业教学质量国家标准》,

---

① 汪后继:《培养德法兼修的高素质法治人才》,载于《中国教育报》2018 年 5 月 21 日。
② 黄进:《培养德法兼修的高素质法治人才 引领中国法学教育进入新时代》,载于《中国高等教育》2018 年第 9 期,第 29~31 页。
③ 黄进:《世界一流大学建设与一流本科教学的创新——中国政法大学的理念与实践》,载于《中国高教研究》2016 年第 6 期,第 11~16 页。

法学教育的培养目标是,"法学类专业人才培养要坚持立德树人、德法兼修,适应建设中国特色社会主义法治体系,建设社会主义法治国家的实际需要。培养德才兼备,具有扎实的专业理论基础和熟练的职业技能、合理的知识结构,具备依法执政、科学立法、依法行政、公正司法、高效高质量法律服务能力与创新创业能力,熟悉和坚持中国特色社会主义法治体系的复合型、应用型、创新型法治人才及后备力量。"由此可见,培养法治人才的法治实践能力是新时代中国特色社会主义法治队伍的客观要求,其中,"将所学的专业理论与知识融会贯通,灵活地综合应用于专业实务之中的基本技能"是法治实践能力的重要内容。

传统法学专业学生的实习实践,主要是在完成理论知识学习之后通过实习实践去检验理论知识,检验学习效果,培养学生的实践动手能力。主要功能:一是向经验丰富的一线司法人员学习;二是熟悉文书和整个办案流程;三是动态参与案件办理,掌握相关技能。中国政法大学围绕这三个基本功能,创建了"同步实践教学"模式,创设了校内常态化的现场同步实践教学平台。(1)建立检察案件原始案卷副本档案阅览室、审判案件原始案卷副本档案阅览室、公益法律援助原始案卷副本档案阅览室,受赠原始案例卷宗副本超过 60 000 套,实现了使用真实案例进行教学。(2)实施实况转播庭审。建设多功能墙幕式教室,和多家全国各级法院签署协议,周一至周五每天都有法院庭审直播,全校学生观摩学习。(3)建设实况庭审录像资料库。积极争取法律实务部门捐赠实况庭审录像,建设实况庭审录像资料库,目前录像副本已达 3 000 余盘。通过以上举措,实现了国内优质司法资源,包括动态的庭审过程、司法卷宗等大批量汇集进校园、进课堂,逐渐创造"教室≈法庭"的教学氛围,让学生在司法动态氛围中完成四年法学专业学习,实现知识学习与实践能力培养的同步完成,"教室≈法庭"的"同步实践教学"已成为中国政法大学法治人才培养的一个亮点。[①]

三、德法兼修法学课程体系的基本内容

教育部新发布的《普通高等学校法学类本科专业教学质量国家标准》提出,其中实践教学累计学分不少于总学分的15%。那么,如何将德法兼修的理念全面贯彻于法学专业课程体系的设置呢?围绕"立德树人、德法兼修"的法治人才培养目标,法学专业课程体系设置改革应当从以下几个方面进行。

---

① 黄进:《世界一流大学建设与一流本科教学的创新——中国政法大学的理念与实践》,载于《中国高教研究》2016 年第 6 期,第 11~16 页。

（一）理论教学课程体系

理论教学课程体系建设一直是法学课程建设的重要方面。从法学核心课程的教学安排来看，理论法学课程主要由"导论+主体内容"组成，应用法学课程由"分论+主题章节"构成。一般来说，"导论"与"分论"的教学任务一般安排在第1、第2学期，"主体内容"与主题章节的教学任务，则根据每门核心课程的内容特点安排在第3~7学期。这种教学安排主要是从法学知识传授的教学效果出发的，符合教育规律的递增式效应。[①] 根据中国特色社会主义法治人才培养的新要求，法学课程体系要与中国特色社会主义法学理论体系、学科体系相衔接，反映中国特色社会主义法学理论最新研究成果。这就对理论教学课程体系提出了新要求：第一，理论教学课程体系应遵循课程内容的理论逻辑，对课程体系进行合理设置、周密安排。第二，遵循理论课程内容的历史逻辑，做到课程设置清晰明确。遵循课程内容的历史逻辑，即按照理论内容的历史发展顺序设置课程。在理论课程设置中，应努力做到遵循历史逻辑，按照理论发展的历史脉络，让法科学生清晰而全面地把握法学理论发展变迁的历史过程，力图做到历史逻辑与理论逻辑的相互证成，进而培养起学生正确的历史观和价值观。第三，理论课程设置应遵循学生的认知逻辑，做到课程设置的有效性和针对性。遵循学生的认知逻辑，指的是在对学生进行法学教育之前，要根据不同学生的不同特点进行分类培养，在遵循法治人才培养总体目标、原则要求的基础上按照全面依法治国所需多元法治人才的不同类别开展课程体系建设。具体而言，在课程教学中需要重点关注两点：一是课程设置要关注一般意义上的认知逻辑；二是课程设置要关注不同学生的认知特点，使课程设置能够结合本校的优势资源和办学特色进行分类培养，以符合不同行业对法治人才的不同需求。

1. 思想政治理论课程

为深入贯彻落实习近平新时代中国特色社会主义思想和中共十九大精神，进一步巩固马克思主义在高校意识形态领域的指导地位，2018年4月，教育部印发《新时代高校思想政治理论课教学工作基本要求》，要求思想政治理论在法学课程体系设置中应遵循以下基本要求：（1）明确指导思想。高举中国特色社会主义伟大旗帜，以马克思列宁主义、毛泽东思想、邓小平理论、"三个代表"重要思想、科学发展观、习近平新时代中国特色社会主义思想为指导，全面贯彻党的教育方针，落实立德树人根本任务，把高校思想政治理论课教学工作摆在更加突出的位

---

① 刘同君：《新时代卓越法治人才培养的三个基本问题》，载于《法学》2019年第10期，第137~148页。

置。（2）坚持基本原则：坚持正确政治方向，强化思想政治理论课价值引领功能；坚持全流程管理，贯穿思想政治理论课课前、课中、课后各环节；坚持规范化建设，不断健全思想政治理论课教学工作制度；坚持增强获得感，促进思想政治理论课教学有虚有实、有棱有角、有情有义、有滋有味。（3）严格落实学分。从本科思想政治理论课现有学分中划出 2 个学分、从专科思想政治理论课现有学分中划出 1 个学分，开展本专科思想政治理论课实践教学。（4）合理安排教务。思想政治理论课各门课程应有序衔接，原则上本科生先学习"基础"课、"纲要"课，再学习"原理"课、"概论"课；本专科生每学期必修"形势与政策"课。如清华大学法学院开设的思想政治理论课共有 14 学分，具体包括思想道德修养与法律基础（3 学分）、中国近现代史纲要（3 学分）、马克思主义基本原理（4 学分）和毛泽东思想和中国特色社会主义理论体系概论（4 学分）。①

  具体说来，地方层面思想政治的课程设置应强化统筹管理。各地党委教育工作部门要加强对属地高校思想政治理论课教学工作的统筹管理，结合实际制定政策、创造条件，从整体上提升思想政治理论课教学质量。要及时总结属地高校思想政治理论课教学工作经验，宣传推广教学工作先进典型，为加强和改进思想政治理论课教学工作、提升教学质量营造良好环境和氛围。国家层面的思想政治课程设置应加强宏观指导。教育部高校思想政治理论课教学指导委员会要发挥好咨询、研判、督查、评估、培训、示范、指导、引领等作用，组织专家建好"全国高校思想政治理论课教师网络集体备课平台"，研制发布各门课程专题教学指南，加强对教学重点难点问题研究解答，开展精品课程教学展示活动，及时发布各门课程教学建议。② 这是新时代高校思想政治理论课教学工作的基本要求，为新时代高校思想政治理论课教学工作的展开提供了重要依据。

2. 通识课程

  "通识教育"目前尚未形成一个规范性的表述，"通"是通晓、通达、贯通、沟通之义；"识"是辨别、学问、智慧、见识之义。"通识"顾名思义就是"通达不同领域的知识"，不仅着眼于知识的获得，还注重全面人格的培养，"通识教育是运用人文学、社会科学、生物科学及物理科学四大方面的概念、思想、知识及方法，重新设计一套融会贯通的课程，让每一位修习这套课程的大学生，都有可能使自己内在的各种禀赋、潜能、情操、需求及意志，获得高度的发展与实现，并进而体认启蒙及开发的自我如何与他人、社会、自然及超自然相关联，从

---

  ① 参见清华大学法学院网站，http：//www.tsinghua.edu.cn/publish/law/3376/2017/20170424135910897272354/20170424135910897272354_.html。
  ② 教育部印发《新时代高校思想政治理论课教学工作基本要求》，新华网，http：//education.news.cn/2018-04/26/c_129859868.htm。

而使个人之社会的、自然的及超自然的意义获得最大的拓展。大学通识教育可以形成个人对自然、人生、生命及价值之更开阔的看法，可以说是一种自我启蒙、自我开发、自我提升及自我扩展的全人教育。"① 根据《普通高等学校法学类本科专业教学质量国家标准》，法学专业应根据本专业的特点和社会实际需要，设置一定数量的通识课程学分。通识课程应当涵盖外语、体育、计算机课程，并从人文、社会科学、自然科学等方面均衡设置。对于新时代德法兼修多元法治人才培养而言，通识课程设置应具有以下三个特点：

（1）人文性。这是由通识教育的性质决定的。《普通高等学校法学类本科专业教学质量国家标准》对法治人才的知识要求是，了解人文社会科学和自然科学的基础知识，牢固掌握本专业的基本知识和基本理论，并形成合理的整体性知识结构。作为所有大学生应普遍接受的教育，通识教育的主要目的在于实现受教育者的自由全面发展。通识课程以人为起点，重视对人的培养、塑造、完善，具有广泛而深厚的人文关怀内涵，人文性是构建通识教育课程的原则。再者，教育的终极目标包含了使个体的人转化成为具有民族精神、爱国情感和世界视野的人，成为尊重人性尊严与遵从人道主义的人。以培养健全的个人和自由社会中的公民为目标的通识教育，是一种"建立人的主体性，并使人与他所处的客体世界达到互为主体性之教育"②。

（2）知识性。知识是人类历史文明发展的集中体现，包括人文社会科学和自然科学的基础知识。教育的目的是传授这些知识，实现学生的综合素质和理论素养的提高。因此，通识课程的体系是多元而复杂的，应涵盖人文艺术、社会科学和自然科学等几乎所有基础学科的相关知识。如何保证通识课程设置的知识性，首要应对通识教育的目的和性质有清晰的认识。例如，哈佛通识教育的目标本质上是要为学生毕业之后在社会中能够好好生活而服务，一个学生在毕业之后要好好地在社会中生活，需要什么样的素质和能力？其实，最主要的并非专业的学问和知识，而是通识性的知识。故而，哈佛大学本科生的课程体系被划分为三大模块：专业课程（约占总课程量的50%）、核心课程（约占总课程量的25%）、共同必修课程（约占总课程量的25%）。其中的核心课程模块即为常说的通识教育课程，这类课程又被划分为11个领域：外国文化、历史研究A、历史研究B、文学艺术A、文学艺术B、文学艺术C、道德推理、量化推理、科学A、科学B、社会分析。上述11个领域到底开设什么课程，并不是固定不变的，因为按照哈佛大学的规定，核心课程每隔三年要调整一次，重新设置一个新的核心课程计

---

① 刘安之、黄俊杰：《大学理念与实践》，台湾通识教育学会1999年版，第10页。
② 黄俊杰：《大学通识教育的理念与实践》，中山大学出版社2001年版，第47页。

划。上述 11 个领域的特定内涵在校方制定的课程手册中都有详细说明，学生被要求至少在上述 11 个领域中的 7 个领域里自由选修 8~10 门课程，其他 4 个领域的课程可以免修，所有这些核心课程的学习必须在大学二年级之前全部修完。① 在国内不少法学院的法治人才培养目标中也可以看到，法治人才应当具有"较高人文社科素养""学习掌握一门或多门其他相关学科知识"等人文社会科学和自然科学的基础知识。如清华大学法学院的"培养目标"中就要求学生应当"具备深厚的人文素养和必要的自然科学知识、管理知识""具备应对现代社会的发展所需要的自然科学、管理科学以及人文社科知识和外语能力"②，这些能力和素质的培养，大多是通过通识课程中的知识讲授得以实现的。

（3）系统性。系统性直接反映了高等学校法治人才培养的教学理念和教学目的，也展示了不同院校的办学定位和人才培养特色。首先，课程教学目标要有系统性。国内多数高校一般只对通识课程做总体的要求，没有与之对应的课程具体要求，因此，应当加强通识课程的系统性建设。其次，课程的规划要有系统性。高校应将通识课程和专业课程同等对待，通过有效整合，建立起专业课程和通识课程、通识课程和通识课程之间的逻辑关系。最后，通识课程设置的系统性，客观要求所有院系都应共同参与通识课程体系的规划建设，由学校教务管理部门进行统筹规划。例如，通识课程体系中的人文学科课程主要涵盖文学、历史学、哲学和艺术学等学科领域，培养学生对文学艺术作品的理解能力和审美情趣。社会科学课程主要涵盖政治、经济、法学、管理学等学科领域，使学生熟悉社会科学的一些主要概念和方法。教学方法上，则借助于某个学科的某些片段，通过短暂的学术探索，让学生接触到这个学科的研究方法，而不是让学生学习经过简化的、较为完整的学科概论或常识。自然科学与工程技术课程主要涵盖物理、化学、生物等自然科学学科和众多的工程技术领域，通过通识课程的方式可以使学生对所涉领域有总体上的宏观理解。数学或逻辑学课程主要包括数学和逻辑学等系列课程，数学教学的重点是数学思想和思想方法，重点是培养学生的数学思维能力。逻辑学课程则是让学生学会如何正确地进行推理和论证，并能够识别和反驳错误的推理和论证，提高思辨能力。例如，北京大学的通识教育独具特色，其"元培计划"，实际是通识教育和专业教育的融合。自 2007 年起，元培学院整合利用全校教学资源，开设了一些特有的交叉学科专业，给学生提供更多选择。为拓展学生综合素质，元培学院还开设了平台课"学术规范与论文写作"作为学院

---

① 吴坚：《哈佛大学与复旦大学通识教育课程设置比较研究》，载于《高教探索》2016 年第 2 期，第 28～33 页。

② 参见清华大学法学院网站，http://www.tsinghua.edu.cn/publish/law/3376/2017/20170424135910897272354/20170424135910897272354_.html。

必修课程，以及英文写作课"批判性思维与写作"供全院学生选修。①

华东政法大学于 2017 年 5 月成立文伯书院，成为我国第一个尝试书院制教育改革的政法院校。法学类 2017 级新生将全部进入文伯书院进行 1 年的通识教育培养，大一学业结束后结合学生高考成绩、大一阶段成绩、个人综合表现情况，进行专业分流。文伯书院的成立，标志着华东政法大学书院制教育改革计划的正式实施和以人才培养为中心的高等教育综合改革的全面启动。书院制教育改革以"一切为了培养人"为基本教育理念，旨在通过全方位组织、全过程实施的博雅教育和养成教育，融合学生全面发展与专业教育两大领域，实施大类培养、基础培养、综合培养、个性化培养等创新举措，提升学生人文综合素养，强化创新思维训练，增强可持续发展能力。同时与高校招生制度改革有机衔接，协同推动学校高等教育事业发展。开展书院制教育改革的初衷在于探索通识教育、养成教育、专业基础教育与专业提升教育一体化培养模式，提升学生综合素养。文伯书院以实体化书院、通识课程体系、导师制和书院社区四大要素为特色，着力解决学生的全面发展与专业养成之间的平衡问题，旨在培养既博又专、越博越专的复合型法治人才。② 书院采取"1+0.5+X"即"1 年书院新生学习+0.5 年衔接专业学院学习+多形式、多时段的全程书院教育"的衔接教育方案和通识教育体系。作为实体教学机构，所有新生将在文伯书院接受为期 1 年的集中学习，为以后的专业学习和未来的职业生涯、人生选择打下基础。同时，基于分科教育与专业教育，从大二开始，根据专业要求和本人意愿，学生进入专业学院开始专业学习。为学生提供更多自主成长的空间，形成良好的大学氛围。

中国政法大学"六年制法学人才培养模式改革实验班"的基础学习阶段课堂教学课程体系的通识课、专业课、国际课程和创新创业类课程构成，其中通识课也包括必修课和选修课。通识必修课共 31 学分；全校通识选修课应修满 16 学分，具体要求是通识主干课 10 学分，一般通识课 6 学分。通识必修课包括：外语（公共外语和法律外语）、体育、计算机基础、中华文明通论、文科高等数学、中国特色社会主义理论体系、西方文明通论和思想道德修养。清华大学法学院则要求学生选修的文化素质课程（文科类）应包括文化素质教育核心课及新生研讨课和一般文化素质教育课。要求在本科学习阶段修满 13 学分，其中文化素质教育核心课程及新生研讨课为限选课，至少 8 学分，要求其中必须有 1 门基础理工（STEM）认证课；一般文化素质课程为任选课。

---

① 参见陈向明等：《大学通识教育模式的探索：以北京大学元培计划为例》，教育科学出版社 2008 年版。

② 华东政法大学文伯书院网站，http://wbcollege.ecupl.edu.cn/a/about/jianjie/。

3. 专业课程

根据《普通高等学校法学类本科专业教学质量国家标准》，法学专业核心课程采取"10＋X"分类设置模式。"10"指法学专业学生必须完成的10门专业必修课，包括：法理学、宪法学、中国法律史、刑法、民法、刑事诉讼法、民事诉讼法、行政法与行政诉讼法、国际法和法律职业伦理。"X"指各院校根据办学特色开设的其他专业必修课，包括：经济法、知识产权法、商法、国际私法、国际经济法、环境资源法、劳动与社会保障法、证据法和财税法，"X"选择设置门数原则上不低于5门。各专业可根据自身培养目标与特色，设置专业必修课程学分。专业选修课程应当与专业必修课程形成逻辑上的拓展与延续关系，并形成课程模块（课程组）供学生选择性修读。各专业可以自主设置专业选修课程体系。鼓励开发跨学科、跨专业的新兴交叉课程与创新创业类课程。

根据《高等法学教育贯彻十八届四中全会精神的教学指导意见》，高等学校法学教育各专业课程应重点围绕以下十个方面更新理论教学内容：

（1）关于全面推进依法治国的重大意义。全面推进依法治国，是党总结历史经验、顺应人民愿望和时代发展要求做出的重大战略抉择。在相关课程教学中，要使学生深入领会全面推进依法治国的重大意义。要结合法的本质、法的作用、法的价值、法的实施以及法治国家的构成要素等内容，深化学生对全面依法治国在"四个全面"战略布局中重要地位和重大意义的理解与认知。加强对法与经济、政治、社会、科技、道德、文化、生态等社会现象的关系的理论讲授，帮助学生认识到全面推进依法治国是提升国家治理水平、全面建成小康社会、提高党执政能力的迫切要求。

（2）关于新中国法治建设的历史成就。目前，中国特色社会主义法律体系已经形成，法治政府建设稳步推进，司法体制不断完善，全社会法治观念明显增强，人权保障水平不断提升。具体来讲，改革开放以来的法治成就主要体现在以下几个方面：依法治国基本方略和依法执政基本方式已经确立；中国特色社会主义法律体系已经形成；法治政府建设稳步推进；司法体制不断完善；全社会法治观念明显增强；人权保障水平不断提升。

（3）关于全面推进依法治国的总目标和基本原则。具体内容包括：准确把握全面推进依法治国总目标的科学内涵；始终坚持全面推进依法治国基本原则。在相关课程教学中，要重点讲授全面推进依法治国的总目标和基本原则，使学生深入理解中国特色社会主义法治的基本属性和发展方向；要结合法治的含义、法治国家的构成要素、法治国家的实现途径等内容，强化社会主义法治理念教育，培育社会主义法治精神；要结合法与政策、法与道德、法律权利与法律义务、我国的政党制度与人民代表大会制度等内容，使学生认识到坚持党的领导、坚持人民主体地位、坚持法律面前人人平等、坚持依法治国与以德治国相结合、坚持从中国实际出发的必要性和重要性。

（4）关于树立宪法权威，加强宪法的实施与监督。《中共中央关于全面推进依法治国若干重大问题的决定》对维护宪法权威、加强宪法实施、弘扬宪法精神做出了精辟阐述，并提出了明确要求：宪法是国家的根本法，具有最高法律权威；健全宪法监督机制和程序，加强宪法实施；加强宪法教育，培育宪法信仰。因此，在相关课程教学中，要强化宪法权威教育，使学生充分认识到宪法作为国家根本法的重要地位；要准确阐释依法治国首先要坚持依宪治国，依法执政首先要坚持依宪执政的科学内涵及重要意义；要结合宪法监督与解释的机构、程序、效力等，准确阐明宪法监督对于保障宪法实施的重要意义；要准确阐明设立国家宪法日及宪法宣誓制度对树立宪法权威、弘扬宪法精神、增强宪法意识、培育宪法信仰的重要意义。

（5）关于科学立法，完善中国特色社会主义法律体系。建设中国特色社会主义法治体系，必须立法先行，提高立法质量。在相关课程教学中，要重点阐明我国立法体制的特点，使学生了解和把握完善立法体制的重要举措；要围绕提高立法质量，阐明科学立法、民主立法的科学内涵；要围绕完善中国特色社会主义法律体系讲解重点领域立法，使学生掌握国家立法发展的基本态势；要围绕立法和改革的关系，阐明实现立法和改革决策相衔接，做到重大改革于法有据、立法主动适应改革和经济社会发展需要的重大意义、基本要求。

（6）关于严格执法，加快建设法治政府。政府是执法主体。《中共中央关于全面推进依法治国若干重大问题的决定》提出，各级政府必须坚持在党的领导下、在法治轨道上开展工作，创新执法体制，完善执法程序，严格执法责任，建立权责统一、权威高效的依法行政体制，加快建设职能科学、权责法定、执法严明、公开公正、廉洁高效、守法诚信的法治政府。在相关课程教学中，要全面讲授法治政府的基本理论，阐明建设法治政府对全面推进依法治国的重要意义；深化学生对行政执法实践的理论认知。

（7）关于公正司法，提高司法公信力。具体内容包括：完善确保依法独立公正行使审判权和检察权的制度；健全司法权力运行机制；加强人权司法保障；完善司法权力监督机制。在相关课程教学中，要阐明司法公正、司法公信力的基本内涵，强调公正司法对提高司法公信力的重要意义，阐释公正高效权威的社会主义司法制度的基本特征。在讲授司法的概念、体系、基本原则等问题时，要解读好依法独立行使司法权与西方司法独立的本质区别，正确理解司法公正、司法为民、保障人权、司法公开、司法责任的内涵。要把完善确保依法独立公正行使司法权、优化司法职权配置、推进严格司法、保障人民群众参与司法、加强人权司法保障、加强对司法活动的监督等内容,有机融入有关章节进行讲授,让学生详细了解新一轮司法改革的内容,深入把握中国诉讼制度改革的方向。

(8)关于全民守法,推进法治社会建设。建设法治社会,核心是要让守法成为民族精神,让法治成为全民信仰。《中共中央关于全面推进依法治国若干重大问题的决定》指出,法律的权威源自人民的内心拥护和真诚信仰。如果宪法和法律得不到人民的尊崇和信仰,必将沦为一纸空文。要界定法治社会的内涵、构成要素,分析法治社会建设在法治国家、法治政府、法治社会三位一体建设格局中的重要地位,阐明我国法治社会建设的基本思路和主要内容,使学生理解和把握法治社会的基本理论。在讲授守法、法与文化等问题时,要讲授法律权威、法律信仰、社会主义法治精神、社会主义法治文化等概念,促进学生养成法治思维,成为社会主义法治的忠实崇尚者、自觉遵守者、坚定捍卫者。

(9)关于加强法治工作队伍建设,为社会主义法治国家建设提供强有力的组织和人才保障。在相关课程教学中,要系统讲授法律职业共同体的基本内涵,讲授典型法律职业的职业伦理与行为规则,讲授典型法律职业之间的关系规则,讲授法治工作队伍中法官与法院组织、检察官与检察院组织、律师执业、公证员与公证处组织等典型法律职业及其组织,引导学生认识德才兼备的高素质法治工作队伍在全面推进依法治国进程中至关重要的作用,树立正确的法学观、法治观、职业观。使学生深刻认识到创新法治人才培养机制对培养造就熟悉和坚持中国特色社会主义法治体系的法治人才及后备力量的重要意义。

(10)关于坚持党的领导,把党的领导贯彻到全面推进依法治国全过程。党和法治的关系是法治建设的核心问题。课程学习时要对党的领导和依法治国的关系进行科学阐述,深入阐释坚持党的领导、人民当家作主、依法治国有机统一的科学性、必然性与必要性;阐明党内法规与国家法律的区别和联系,解析"三统一""四善于"的理论内涵与实践特色。①

在教材选用方面,根据《高等法学教育贯彻十八届四中全会精神的教学指导意见》的要求,法律类专业核心课程要全面采用马克思主义理论研究和建设工程重点教材,使马克思主义法学思想和中国特色社会主义法治理论全方位占领法治人才培养主阵地。其他教材的选用应符合法治人才培养目标及课程教学的要求,体现科学性、政治性、学术性的有机统一。如修订后的《法理学》(第五版)教材的特点是:马克思主义法学思想与中国法治建设实践和中国传统法律文化相结合,产生了中国化的马克思主义法理学理论,并经历了三次伟大飞跃。第三次伟

---

① 参见《高等法学教育贯彻十八届四中全会精神的教学指导意见》,http://www.sxdtdx.edu.cn/dt-dxjwc/show.asp?id=1170。

大飞跃中形成的习近平法治思想是中国特色社会主义法治理论体系的内核，是中国特色社会主义法学理论体系的重要组成部分。精准、系统、全面地将习近平新时代中国特色社会主义思想特别是其中的法治思想全面融入教材之中，充分体现中共十八大以来中国特色社会主义法治理论的最新成果和法治建设的最新经验，是贯穿《法理学》（第五版）始终的一条主线。要用好这部教材，就要紧紧抓住这根主线，向学生们精准传授使其牢固树立马克思主义法理学的根本立场，特别是要立足新时代，阐释好习近平法治思想。马克思主义法理学中国化的实践进程和理论成果遍布在教材各个章节，在教材中发现提炼并向学生们准确阐释我国在全面依法治国、建设法治中国、推进国家治理现代化的伟大实践中所提出的新理念、新概念、新判断、新命题、新观点、新思想，是培养合格法律人才的基本要求。[①]

目前，在各校陆续进行的课程体系改革中，法学专业课程包括核心课程和选修课程的设置都在进行修订和调整。例如，中国政法大学"六年制法学人才培养模式改革实验班"的基础学习阶段课堂教学课程体系由通识课、专业课、国际课程和创新创业类课程构成，专业课分别由必修课和选修课组成。专业必修课由30门课程组成，共80学分；专业选修课应修满18学分，其中研讨课修8学分。国际课程应修满2学分，创新创业类课程应修满2学分。此外，还有学者建议，为了培养卓越法治人才参与国际交往、国际竞争的能力，法学类专业课程体系设置应适时增加国际法律规则、国际法律前沿动向等方面的内容，强化涉外和国际性课程在整个课程体系中的地位。[②]

（二）实践教学课程体系

法学是一门实践性很强的应用性学科，法学实践实训教学课程体系在整个法学专业人才培养方案中具有十分重要的支撑作用，是整个法学专业人才培养体系的重要组成部分。

1. 实验课和实训课

目前，法学教育课程的授课方式主要是以传统的讲授式为主，学生缺乏训练，而且法学基础课程讲授时以理论阐述为主，与实践中发生的案例、包括法律逻辑分析的训练相对来说结合是不够的，尤其是民法、刑法、行政法等课程，学时虽已较多，但因课程内容庞杂，往往基础理论都讲授不完，更不用说在课时之

[①] 丰霏：《以学习为中心，打造教学相长新格局——如何用好〈法理学〉第五版教材》，载于《中国大学教学》2018年第7期，第86~90页。

[②] 包振宇：《基于卓越法律人才培养的法学专业类课程设置初探》，载于《大学教育》2015年第2期，第100~101页。

内运用较多案例训练学生的法律逻辑思维能力。因此,《普通高等学校法学类本科专业教学质量国家标准》要求,法学各专业应注重强化实践教学。在理论教学课程中应设置实践教学环节,改革教学方法,强化案例教学,增加理论教学中模拟训练和法律方法训练环节,挖掘充实各类专业课程的创新创业教育资源。各专业应根据专业教学的实际需要,利用模拟法庭、法律诊所、专业实验室、实训基地和校外实习基地,独立设置实验、实训课程。

各高等学校在推进法学实践课程体系改革中,探索出不少有益方法。如北京大学法学院首先在法学实践教学基地建设中建设发展案例研习课程,该课程的目标主要是推进课程改革,培养高层次的法律职业实践应用型人才。在基地建设过程中,拟配套开设4门法学基础课程案例研习课,即民法案例研习课、刑法案例研习课、行政法案例研习课和诉讼法案例研习课。在夯实学生法学基础理论的同时,增加学生的业务实务经验,训练学生的法律逻辑思维、提升学生理论运用分析能力并提高学生口头表达能力等。相较于基础的案例研习课程,法律实务类课程则更注重法学各学科知识的综合运用,是更深一层的实务类课程。考虑到课程设置的完整性、体系性,拟在原有实务课程的基础上新增以下5门法律实务课程,即法律实务课程为金融法律实务、专利法律实务、诉讼实务与模拟法庭、公司并购法律实务、亲属法实务。此类课程开设的预期目标在于:让学生们依据各自兴趣选择专业方向后能够修读更加具有针对性的实务课程。在更为精细化的专业方向划分基础及导师指导下,学生能够接触到更前沿、更多包含实战操作内容的课程内容,并在学习过程中提升学生法律专业理论素养及实践操作的能力。此外,还开设了法律实务课程,该课程的基本要求是:让学生们依据各自兴趣选择学业目标后能够修读更加具有针对性的实务课程。此类实务课程均拟在高年级开设。通过以上课程的新设及调整,要求能够更有针对性地培养与提升学生们的法律职业实践应用能力,切实保障并提高研究生培养质量,真正让学生们能够学以致用。①

中国人民大学法学院则在法学实验实践教学中心成立了实验实践教学课程建设和优化小组,在实验实践课程的结构设计中,围绕现代化、综合性、高层次、创新型卓越法律人才的培养目标,依据三大教学部门的自身特点,把课程体系分解为多个模块,有针对性地设置专业特色课程,通过配套培养方案的改革,逐步提高实验实践课程的比例,规范教学活动和管理,突出法学实验实践课程整体的基础性、综合性、应用性和开放性,主要包括立法实验教学课程体系、司法实践

---

① 参见《北京大学法学教育实践基地建设方案》,中华人民共和国教育部网站,http://www.moe.gov.cn/s78/A08/gjs_left/moe_739/s6549/s7721/201206/t20120618_159457.html。

教学体系和法律实践教学体系。①

2. 专业实习

根据《普通高等学校法学类本科专业教学质量国家标准》要求，专业实习课程应当制定教学大纲，明确教学目的与基本要求，明确专业实习的主要内容以及学时分配。专业实习时长不得低于 10 周。此外，建设实习基地在实践教学中举足轻重，占据了重要的地位，主要体现在两个方面：一方面，实习基地是法学专业学生实践教学的基本保障；另一方面，实习基地是法科学生实习的基本载体。法科学生实习是有目的、有要求、有计划的专业性较强的活动，活动本身就要求具有系统性和有效性。因此，如何将实习基地建设成为实施素质教育、培养学生实践创新能力的基地，是新时代创新法治人才培养机制的重要课题。

北京大学法学院在建设学生实习基地方面积累了诸多有益经验，既为法学院学生提供了丰富可靠的实习机会，在理论和实践有机结合的基础上，又有效地提高了学生的法律实务操作能力和职业素养，从而促进了培养既有扎实的理论功底又有高超法治实践操作能力的高素质法治人才之培养目标。实习基地建设工作，一方面是要寻求一定数量的实习基地，另一方面是要不断提升校外实习基地的档次和质量，使学生在实习基地真正能学到实际的本领，接触到实际业务。学校通过实习基地培养学生的综合素质，企业通过学生实习寻求单位的储备人才，学生通过锻炼提高自己的动手能力，达到"三赢"的局面。具体说来，北京大学法学院在建设实习基地项目中形成的主要经验有：

（1）有重点、分行业建设一批高质量、高水平的示范性实习基地。衡量高质量、高水平的标准主要在于两个方面：一是实习单位是否在行业内部具有代表性；二是法学院与实习单位合作的紧密程度。北京大学法学院拟规划建设的示范性实习基地如下：法院类：北京市第一中级人民法院、北京市第二中级人民法院、北京市海淀区人民法院、北京市朝阳区人民法院、北京市东城区人民法院、上海市第一中级人民法院、上海市第二中级人民法院、天津市第一中级人民法院、河北省石家庄市中级人民法院、邢台市中级人民法院、深圳市中级人民法院等；检察院类：北京市检察院第二分院、北京市海淀区人民检察院、北京市西城区人民检察院、北京昌平区人民检察院；律师事务所类：金杜律师事务所、中伦律师事务所、天元律师事务所、方达律师事务所、海问律师事务所、毅弘律师事务所、金诚同达律师事务所、英国史密夫律师事务所、英国高伟绅律师事务所、英国年利达律师事务所、美国伟凯律师事务所、美国奥睿律师事务所等；公司

---

① 参见中国人民大学法学实验实践教学中心网站，http://www.law.ruc.edu.cn/lab/ShowClass.asp?unit=%BD%CC%D1%A7%CD%C5%B6%D3。

类：中石化、中海油、阿尔斯通公司、中兴通讯、华为、中国银联、国家电网等。

（2）示范基地建设：有选择、分层次深化已建立的实习基地的关系。为了充分利用这些已经建立的实习基地，北京大学法学院有选择、分层次的深化法学院与这些基地的关系。主要措施如下：第一，与实习基地建立稳定的联系机制。第二，为实习基地提供专业服务，使实习基地单位感到双方的合作是真正的双赢。第三，聘请实习基地专家担任兼职教授。实习基地专家不仅为学生做学术报告，参加学生毕业论文、实习论文答辩，还组织学生进行各种讨论交流，不断巩固双方合作的基础。

（3）分步骤、有体系的构建法学院学生实习制度体系。实习是学校教学工作的重要组成部分，是理论教学的延伸和拓展，为了规范实习行为，提高实习效率和实习效果，北京大学法学院制定了一整套有关学生实习的制度并有效执行。主要包括《学生教学实习管理规定》《学生实习带队教师工作职责》《学生实习考核标准》《学生实习基地建设项目流程指引》《学生实习基地工作运转要点指引》等规范性文件。同时，进一步完善实习考核管理制度，明确学生实习的具体内容、标准要求和考评办法，未通过实习考核的不得毕业。海外实习是涉外法治人才培养的一个重要途径。[①]

3. 社会实践

根据《普通高等学校法学类本科专业教学质量国家标准》要求，各专业应根据本专业实际需要，组织各种形式的法制宣传教育活动，让学生了解社会生活，培养其社会责任感，增强其社会活动能力。社会实践时长不得低于4周。结合新时代中国特色社会主义法治人才培养的新要求，法治人才应当具备独立自主地获取和更新本专业相关知识的学习能力；具备将所学的专业理论与知识融会贯通，灵活地综合应用于专业实务之中的基本技能；具备利用创造性思维方法开展科学研究工作和创新创业实践的能力；具备较高的计算机操作能力和外语能力。这些能力都需要通过社会实践得以培养。在社会实践过程中，应注意法科学生的法治思维和法学研究方法的培养，促进学生养成良好的道德品格、健全的职业人格、强烈的法律职业认同感，具有服务于建设社会主义法治国家的责任感和使命感。

4. 毕业论文

根据《普通高等学校法学类本科专业教学质量国家标准》要求，法学类专业毕业论文（设计）可采取学术论文、案例分析、毕业设计、调研报告等多种体裁

[①] 参见《北京大学法学教育实践基地建设方案》，中华人民共和国教育部网站，http：//www.moe.gov.cn/s78/A08/gjs_left/moe_739/s6549/s7721/201206/t20120618_159457.html。

形式完成。论文选题应加强问题导向，鼓励学生根据自身兴趣，结合社会实践以及经济、社会现实的热点和难点问题，在指导教师的指导下进行毕业论文（设计）的撰写。毕业论文（设计）内容应综合运用所学的理论与专业知识，撰写应遵守学术道德和学术规范。各专业应为本科生确定毕业论文（设计）指导教师。指导教师应加强毕业论文（设计）在选题、开题、撰写等各个环节的指导和检查，强化学术规范。由此可见，毕业论文写作中也应当注重学生的知识素养和实践技能，使学生在论文写作过程中不仅能够关注现实的社会问题，而且会根据现实的条件去思考和践行解决问题的方法，从而在思想、能力和道德等多方面全方位培养学生的法律职业伦理，培养有理想、有价值、高素质的法治人才，以适合全面依法治国所需法治人才的要求。

第六节　本章小结

"德法兼修"多元法治人才培养的课程体系是创新法治人才培养机制、提高法治人才培养质量、推进法学教育改革的核心要素之一。实现德法兼修高素质多元法治人才培养应当以优化课程体系为中心，法学课程体系改革应符合"立德树人""德法兼修"的价值导向，符合全面依法治国所需多元法治人才的培养目标，遵循学术研究和人才培养规律，以培养法律职业共同体的语言体系和法治思维为核心，尊重受教育者的人格尊严和基本权利，同时还应考虑"以问题为导向"的社会需求。目前的法学课程体系改革呈现出多样化、行业化、国际化、多学科融合化的趋势，各高校均围绕各自的法治人才培养目标对课程设置进行了改革和探索。法学课程体系改革必须坚持以中国特色社会主义法治理论为指导，全面贯彻社会主义核心价值观，将"立德树人"理念贯穿于法学专业课程体系之中；加强法律职业伦理的系统教育；促进知识教学和实践教学的结合；着重于培养法治人才的法治实践能力，注意学生的法治思维和法学研究方法的培养，促进学生养成良好的道德品格、健全的职业人格、强烈的法律职业认同感，具有服务于建设社会主义法治国家的责任感和使命感；在教材编写时应注意将中国法治实践的最新经验和生动案例、中国特色社会主义法治理论研究的最新成果写进去，及时转化为教学资源。法学类专业课程总体上包括理论教学课程和实践教学课程。理论教学课程体系改革一是遵循理论课程内容的内在逻辑，对课程体系进行合理设置、周密安排；二是遵循理论课程内容的历史逻辑，做到课程设置根据历史发展的线索清晰明确；三是遵循学生的认知逻辑，做到课程设置的有效性和针对性;四是鼓励开发跨学科、跨专业的新兴交叉课程与创新创业类课程体系,建构多样化的实践教学新机制。实践教学课程体系改革一要在理论教学课程中设置实践教学环节;二要改革教学方法,强化案例教学,增加理论教学中模拟训练和法律方法训练环节;三要根据各专业教学的实际需要,利用模拟法庭、法律诊所、专业实验室、实训基地和校外实习基地,为多元行业法治人才培养提供多样化实验实训课程。唯有如此,才能不断提升法治人才培养质量,为法治国家建设提供坚实有力的法治人才保障。

第四章

德法兼修的多元协同法治人才培养方式

创新法治人才培养机制要求以立德树人、德法兼修为导向，以超越司法中心主义为培养理念，以行业法治人才为定位，以培养满足全面依法治国所需要的多元法治人才为目标，传统单一化的人才培养方式已显现出种种弊端，必须采用"多元协同"的法治人才培养方式。一方面，目的决定方法，创新法治人才的培养目标直接指导、制约培养方式的确立；另一方面，方法服务目的，创新法治人才的培养方式是培养目标顺利实现的重要措施。创新法治人才的培养目标无疑对培养方式的创新提出了更高要求。创新法治人才的培养目标应定位为超越司法中心主义的行业法治人才观，即法律人才培养目标应该多元化。

为适应全面实施依法治国的法治人才需求，创新人才培养机制，真正将多元化的法治人才培养模式落到实处，必须构建起以学生为本，满足学生多样化个性发展需要和社会对人才的多样化需求的多元化人才培养方式。所谓多元，指的是以高校、政府和社会共同作为法治人才培养的主体，不仅仅体现在对法治人才培养某一个环节或者某一项工作的参与或者介入，更要体现为共同的责任和担当，无论是高校、政府教育行政部门还是法院、检察院等法律实务部门、用人单位和行业组织等社会组织，都应当获得相应的权力，并树立起主体意识，以能动的姿态成为法治人才培养的主体。同时，应当构建相应的责任机制，督促相关主体认真履行其在法治人才培养中的义务，避免美好的制度流于形式。此外，多元协同的培养方式还要求破除培养机制壁垒，使各培养主体之间形成良好的互动，既各司其职，又相互衔接，彼此促进，共同推动多元法治人才培养目标的实现。

第一节　传统法学教育中人才培养方式的困境及突围

人才培养方式是在现代的教育理论和教育思想的指引下，按照特定的培养目标，采用相对平稳的教学内容和课程体系，运用科学的管理制度和评估方式，用以进行人才教育与培养的总和。当今世界社会和经济发展日新月异，以知识为主导的新兴产业成为各国经济发展的主要推动力，社会对人才的需求不再局限于某一个专业特长，而是要求一专多能，拥有多重融合的知识结构和能力结构，符合不同行业需求的复合型、创新型人才。因此，在高等教育普及率已经达到一定程度的情况下，现代高等教育的发展方向也逐渐由扩大高等教育覆盖范围转变为提高人才培养质量，2010年5月2~4日举办的第四届中外大学校长论坛的主题就是"提高大学人才培养质量"，这一主题得到了参会代表的广泛认同。反观中国的高等学校教育，虽然培养方式已经向世界潮流看齐，采用多元化的方式培育高等人才，但是单一式的培养方式仍然占据较大部分。

一、传统法学教育人才培养方式面临的双重矛盾

高校培养人才，在某种意义上与企业生产产品具备一定的可类比性。众多高校犹如遍布全国的生产企业，毕业生则好似投向市场的产品。要判断"法治人才"这个行业的整体制造水平状况如何，必须从两个方面来考察：一是外部，即市场对产品的态度；二是内部，即企业的生产和管理模式。按照这一思路，经调查发现，我国高校法治人才培养正面临着外部和内部的双重矛盾。[①]

（一）外部矛盾：结构性失衡

自20世纪90年代起，我国经历了一轮法学热潮，法学专业被普遍视为热门专业，每年高考报考者众多，竞争非常激烈，法学专业一度成为高分数线的代名词。正是在这股热潮的裹挟下，众多高校纷纷成立法学院或者开设法律专业。

---

① 为了研究创新法治人才培养机制相关问题，课题组针对高校法学专业在校学生、高校法学专业教师和法律工作者进行了一次广泛的问卷调查，受访者遍布于全国多个省（自治区、直辖市）、多个高校和多个行业，问卷内容针对三个类型的受访者分别设计。其中学生版回收有效问卷960份，教师版回收有效问卷209份，法律工作者回收有效问卷597份。本书正是以问卷调查的数据为依托而进行的实证分析。

1999年，在教育产业化的政策号召下，全国高校开始了持续多年的、大规模的扩招，法学专业的招生规模也随之进一步扩大。根据西南政法大学校长付子堂教授所做的调研和统计数据显示，2015年全国有718所高校开设了法学专业。① 然而，根据中国法学会副会长张文显提供的资料，在2013年这个数量是637所。短短两年就增加了81所。每年在校的法学本科生数量为46万人左右。按照通常的四年制本科计算，年均招生人数为10万人左右。中南财经政法大学校长杨灿明给出的数据证明，法学专业毕业生规模排在各专业前10位。② 可见，我国无论是法学院校的数量还是学生人数，其规模都不容小觑。

但是，与之同时存在的另一个尴尬的现实就是，法学专业毕业生的就业率连续多年被亮"红牌"。从2010年开始，麦可思研究院每年都会在进行大范围调查统计的基础上发布"中国大学生就业报告"，把各专业分为红牌、黄牌和绿牌专业。红牌专业指的是失业量较大，就业率、薪资和就业满意度综合评分较低的专业，为高失业风险型专业。法学专业连续六年上榜，2014年和2015年更是连续两年就业率最低。③ 红牌专业反映的并非个别高校毕业生的就业情况，其统计依据是前三年全国高校的综合就业数据。因此，它是全国法学专业就业总体状况的反映。如果我们把大学培养学生比作企业生产产品，那么现状就是生产和销售出现了严重的矛盾。

朱苏力教授曾经指出，就毕业生而言，中国法学院的产品还不能满足社会的急迫需求，同时表现为产品的紧缺和过剩。紧缺的是两端，过剩的是中间产品。④ 一方面应届毕业生就业率长期低下，另一方面高端法律人才严重紧缺。这一矛盾在现实中的反映就是法学专业毕业生求职难和用人单位招聘难并存。在针对法律工作者的调查问卷中有一道题目为"您认为当前应届法学本科毕业生能否胜任本职工作?"调查结果显示，除了4.4%的受访者因所在单位近三年来没有新进应届法学本科生而无法判断外，仅有16.2%的人认为"完全胜任"，42%的人认为"基本胜任"，认为"有欠缺"的达32.8%，还有4.6%的人认为"严重欠缺"。可见，就能否胜任本职工作这一点，用人单位对法学毕业生的满意度并不高。这也就不难理解为什么很多用人单位不愿意招聘和接收国内高校的应届毕业生，而是宁愿付出更高的成本去招聘具有海外留学背景的"海归"、具有一定年限的特定行业从业经验的人员或者从法院、检察院等法律实务部门"挖人"。站在用人单位的立场上，能够迅速独立开展工作是对毕业生较为基本的要求，能够处理和

---

①② 《规模扩张遭遇结构失调，与实践脱节导致就业率滑坡，在依法治国大背景下——法治人才培养如何应对挑战》，载于《中国教育报》2015年7月20日。

③ 参见《2015年中国大学生就业报告》。

④ 朱苏力:《中国法学教育面临挑战》，载于《法制日报》2007年6月3日，第15版。

解决复杂的法律问题则是更高层次的要求。能够满足前者，则算得上基本胜任本职工作，能够满足后者的才是市场紧缺的法治人才。

法治人才结构性过剩的另一个体现是地域矛盾。由于我国幅员辽阔，区域经济发展不平衡，这一矛盾广泛存在于社会生活的诸多方面。就法治人才需求而言，不仅仅存在欠发达地区留不住人、发达地区竞争激烈的矛盾，还存在特定区域的人才不适应问题。具体而言，许多欠发达地区，尤其是边疆地区和民族地区，具有鲜明的区域、民族法治特色，脱离地域文化背景的法律观念和法治行为在当地难以实施。因此，按照统一模式和标准培养出来的毕业生未必能够适应当地的法治文化。

（二）内部矛盾：教与学的误解与冲突

现行主流的课程体系设置让师生均有怨言。我国高校法学专业传统的课程体系基本都是以教育部确定的 16 门核心课程为必修课，再加上公共课和专业选修课构成。[1] 核心课程要求面面俱到，公共课必须开设，而学生的学习时间恒定且有限，于是常常出现课程和课时的矛盾。一方面，教师觉得课时不够用，内容讲不完；另一方面，学生觉得课程太多，想学的内容没时间选。课时之争背后隐藏的主要问题是课程体系设置的不科学，但也有教学方式的不合理。

长时间以来，大学课堂法学教育以"填鸭式"讲授为主，主要是教师在讲台上照本宣科，灌输相关法学知识，而学生们则是被动接受，单项输入，师生之间大多缺少互动和交流，甚至是教师上课时走进教室，下课匆忙离开，一门课程结束，和学生对话和交流也没有多少次。法学传统教育方式具有"单向性"和"封闭性"特点，学生则面对学习"被动性""消极性"等问题。如此，教师难以获得对自己教学的准确反馈，而学生的学习效果也会大打折扣。而且，一些法学教师讲授的知识，主要围绕课程体系和基本原理，更多是从学术理论角度授课，导致学生毕业后，所学的知识显得苍白无力，与社会需求脱节严重。传统教育侧重于理论教学和课堂教育，而忽视实践教学，忽略法律实用能力培养，很大程度上影响法治人才培养效果。"法律实用能力，是一种思维能力和经验分析能力，其培养离不开艰苦的理论学习和材料积累。……中国法学院的学生要成为实用人才，首先要受到严格的法律理论和方法训练，学习法律背后的精深原理，学习法律规则创造性应用的方法，学习法律发展演化的历史以及法律与社会的互动

---

[1] 根据教育部印发的《普通高等学校本科专业目录和专业介绍（2012 年）》，目前我国高校法学专业核心课程总共有 16 门：法理学、中国法制史、宪法、行政法与行政诉讼法、刑法、刑事诉讼法、民法、民事诉讼法、经济法、商法、知识产权法、国际法、国际私法、国际经济法、环境资源法、劳动与社会保障法。

关系等等。"[1]

对待实习，学生的态度更多是叶公好龙。在问卷调查中，面对"您认为创新法治人才培养机制，目前高校法学教育最需要做什么工作"这一问题，在校学生选择最多的是"重视对学生法律实践能力的培养"，比例高达80.3%的。排名第二的选项是"从实际出发，切实加强与法律实务部门的多方位合作"，占比74%。[2] 从这一结果看，学生显然对实习非常重视和向往。关于大学生实习相关问题，也对法律工作者进行了问卷调查。接受问卷调查的法律工作者遍布于全国多个省份的法院、检察院、人大、仲裁委、企业、律师事务所以及其他行政机关等众多类型的单位，80%的受访者明确表示其所在单位接受实习生，3.1%表示"以前没有，但以后可以接受"，选择"不接受"的仅占8.1%，选择"以前有，但以后不再接受"的更是只占2.4%。在个人是否愿意带教实习生的问题上，60.2%的人表示"愿意带教"，31.3%的人表示"视实习生的能力素质而定"，5.3%的人表示"无所谓"，仅有3.2%的人明确表示"不愿意"。由此可见，无论是实务部门还是法律工作者自身，对待大学生实习都是持欢迎态度的。既然学生认为实习很重要，实务部门乐意接受大学生实习，那么按照常理推断，大学生实习率应该很高。但是，调查结果并非如此。在受访的学生中，完全没有过实习经历的占51.9%，而曾经带教过法学专业实习生的法律工作者也只有46.7%。面对广泛的实习单位和众多愿意带教实习生的法律工作者，超过一半的学生从未到实务部门实习过，其主要原因恐怕不是"不能"，而是"不愿"。事实上，不少法院、律师事务所曾经到高校招募实习生，往往应者寥寥。而且，另一个现实是，那些有过实习经历的学生也有相当一部分只是混了一纸实习证明以便充实求职简历，并未认真投入法律实践。

二、传统法学教育的人才培养方式的成因

（一）人才培养目标模糊

何勤华教授认为，法学教育存在问题的主要症结之一是"人才培养目标定位模糊"。[3] 根据1998年教育部制定的《普通高等学校本科专业目录和专业介绍》，

---

[1] 龙卫球：《美国实用法律教育的基础》，载于《北大法律评论》2001年第4卷第1辑，第200~215页。
[2] 该题为多选题，因此各选项选择结果占比相加总和超过100%。
[3] 何勤华：《深化法学教育改革培养法治人才》，载于《探索与争鸣》2015年第1期，第22~23页。

我国法学本科学生的培养目标是"培养系统掌握法学知识、熟悉我国法律和党的相关政策、能在国家机关、企事业单位和社会团体、特别是在立法机关、行政机关、检察机关、审判机关、仲裁机构和法律服务机构从事法律专业工作的高级专门人才。"修订后的2012年版《普通高等学校本科专业目录和专业介绍》中明确了法学本科专业培养的是"应用型、复合型"人才，但其中又要求"同时兼顾培养能够在各高等、中等学校从事法学教学的教师"，表明法学本科教育具有学术人才培养的目标，可以看出法学本科人才培养目标和定位的模糊性和不确定性。

自从改革开放以来，在相当长一段时间内，素质教育成为一个时髦的词汇，占据了从基础教育到高等教育的统治地位。在基础教育领域，素质教育作为应试教育的对立面被大力宣扬。在高等教育领域，素质教育作为通识教育的代名词，用于批判和取代专才教育。在这种价值导向的支配下，素质教育或者通识教育也一度成为高等学校法学教育的核心培养目标，其表述也基本是套用高等教育的共同目标，即简单地表述为"培养德、智、体全面发展的，从事政法实际工作的法律专门人才"。[①] 这一培养目标完全没有体现出对法律人才在专业能力、知识结构和职业伦理方面的要求，这也就大大降低了法学专业的办学门槛，各类高校纷纷设立法学院或者开设法律专业，水平参差不齐的法学院系培养的学生质量自然难以保证。

近些年来，大家已经逐步意识到了这个问题，于是大学法学教育的目标成为法学教育改革讨论的热点，也产生了大学法学教育究竟应该是素质教育还是职业教育、是精英教育还是大众教育、是学术型教育还是应用型教育、是复合性教育还是专业性教育的争议。从问卷调查的结果来看，55.4%的学生和48.1%的教师认为法学教育应当是"精英教育与大众教育、职业教育与素质（通识）教育结合"，选择比例远远高于其他选项。事实上，这个结果恰恰反映了在教师和学生心目中法学教育目标的模糊。固然优秀的法律人才应当具备深厚的专业素养和广博的知识背景，但是，目标体现的应当是教育的大方向和侧重点，是对接受教育者整体性的要求。不分主次、没有侧重的目标，其实质就是目标不明。

（二）法学院校自身定位不明

法学专业人才结构性过剩，从另一个侧面来表述就是结构性紧缺，导致这

---

① 蒋悟真、黄越：《依法治国与法治人才培养机制的创新》，载于《江西财经大学学报》2015年第1期，第121~128页。

一状况的主要原因在于法学院校自身定位不明，人才培养千篇一律。在课题组对高校教师所做的调查中，面对"贵校是否开设适应地方法治及经济社会发展需求和体现贵校（院）专业特色的课"这一问题，51.8%的人选择"没有"，25.9%选择"不知道"，只有22.3%的人明确回答"开设"。从受访者所在学校的分布情况来看，综合院校开设体现自身专业特色课程的比例最低，财经类院校相对较高，但即便如此也仅占三成左右。高校定位不明所导致的直接后果就是法学教育毫无特色，综合实力相对较弱的院校只能生产出大量低水平趋同性"产品"，这些"产品"流向人才市场，直接导致了法学专业就业率低下的后果。

2016年8月31日教育部部长陈宝生在第十二届全国人民代表大会常务委员会第二十二次会议上，受国务院委托向全国人大常委会报告高等教育改革与发展工作情况，他指出："高校办学特色还不够鲜明。对高校分类管理、精准施策不够，部分高校办学盲目求大求全攀高、定位不准、缺乏特色，办学同质化现象比较严重。"具体到法学院校，在课程设置方面，法学教育基本是大一统的教育模式，由司法部确定了16门主干课程：法理学、宪法、中国法制史、民法、刑法、民事诉讼法、刑事诉讼法、行政法与行政诉讼法、商法、知识产权法、经济法、国际法、国际私法、国际经济法、劳动与社会保障法、环境与资源法学等。法学院校学科设置全而不专，缺乏特色，同质化严重。《国家中长期教育改革和发展规划纲要（2010－2020年）》指出，要探索适应不同类型教育和人才成长的学校管理模式，避免千校一面。

（三）中国传统教学方式的影响

在绝大多数中国人的印象里，最经典的课堂场景就是老师站在讲台上讲述，辅之以板书（现在很多被PPT课件所取代），学生端坐在课桌前一边聆听、一边记录，有时还会穿插老师的提问和学生的回答。教师是课堂的主导者，属于输出者的角色，学生处于被动地位，属于输入者的角色。教师教什么，学生学什么，学生的主体地位被忽视，学习的积极性、主动性得不到调动和发挥，学生没有机会表现自己，施展自己的能力，根本没有做到教学相长。固定的教学方式和严格的课堂氛围无法调动学生学习的积极性，也无法激发学生的兴趣，这与欧美国家的学生相差甚远。2009年清华大学《本科教育学情调查报告2009》中显示，清华大学的学生与美国大学生在课堂上的表现有着明显的差异，从数据中可以看出，清华学生自己报告从未在课程上发言或参与讨论者为33.6%，美国大学生仅为5%。近60%的美国大学生自我报告"经常"甚至"非常经常"提问或参与讨论,而这个比例在清华大学仅为12.3%。① 耶鲁大学校长理查德·莱文在第四届中外大学校长论坛上的演讲中提到,"中国的教学法是一种生搬硬套的模式,学生总是很被动的倾听者、接受者,不愿意挑战学术权威,缺乏批判性思维。这样一种传统的亚洲模式,对于培养一些流水线上的工程师或者是中层管理干部可能是有用的,但是如果培养领导力和创新人才就显得过时了。"② 这种传统的授课方式延续了千百年,无论是教师还是学生,都已经习惯了此种灌输式的教学方式。因此,在实践中许多所谓的教学创新,诸如案例教学法等,其实质只是给灌输式教育披上了一层新式的外衣。传统教育方式的影响至深至远,乃至备受师生推崇的"案例教学"都未能摆脱灌输式教学的窠臼。可见,真正的教学方法创新需要老师和学生共同摆脱习惯力量的束缚。

在学生实践方面,实践基地的建设一直处于落后的状态,学校轻实践重理论的观念没有发生较大的转变,在学生实践过程中,没有给学生提供完备的实践组织和充足的实践机会,很多实践仍然是纸上谈兵,流于形式。法学专业本身就运用于实践,实践是法学专业不断前进的动力,将法学理论与法学实践紧密联系在一起,才能够促进法学生的综合发展,培养出合格的法律人才。在我国目前的高校教学中,理论与实务脱节的情况很严重,这种培养方式阻碍了法治人才培养的前进道路。轻视实践教学的后果就是使学生缺乏实践操作能力,实务部门对于高校毕业生的实务工作能力普遍评价不高。探究原因,在于传统的大学法学教育方式阻碍了人才的进一步发展和成长,实务操作能力匮乏。

(四) 教师队伍结构缺陷

2016年9月1日,教育部部长陈宝生受国务院委托,首次向全国人大常委会报告高等教育改革与发展工作情况。报告指出了我国高等教育领域存在的突出问题,其中包括教师队伍能力素质不够高,结构不尽合理。卓泽渊教授早在10年前就指出,在中国法学教育的高速发展过程中产生了众多问题,师资的问题无疑是最首要的,早年一些不是太合格的人员随着法学院系的快速扩张进入法学教师的行列,而优秀法学师资的缺乏更是至为严重的问题。③ 在法治人才培养体系中,教师是不可或缺的一个环节。中国法学领域内部存在相当精细的学科划分,为法学教师教学和科研水平的提高制造了一定的障碍。每一位法学教师和科研人员,

---

① 王玫、岳峰、仇洪冰:《生师互动是提升高校人才培养质量的关键——对〈清华大学本科教育学情调查报告2009〉的思考》,载于《柳州职业技术学院学报》2010年第1期,第25~27、49页。
② 范明:《关于提高大学人才培养质量的思考》,载于《江苏高教》2011年第1期,第90~92页。
③ 卓泽渊:《法学教育的问题与出路》,法制网,http://www.legaldaily.com.cn/jdwt/content/2007-06/03/content_630810.htm,2017年5月21日访问。

都耕作于某一法学领域,而很少涉猎其他"专业"。各法律院系的教师绝大多数以理论知识见长,而对法律的实际运行所知甚少:一是偏重于抽象性的理论,而不注重具体的操作;二是偏重于国外的法律原理和制度,而不了解中国自身的问题。随着实践性教学和职业教育呼声的日渐强烈,法学教师在知识结构上的弊端越来越多地被暴露出来。① 此外,教师们为了应付评职称,在写论文、忙课题方面投入较多,对于现实社会的法律问题关注较少,参与法律实践较少,不了解法律实务,也就难以培养出了解法律实务、掌握法律实务知识的法治人才。法学教师的知识结构更新滞后,也在一定程度上影响法治人才培养效果,如对新兴法律学科知识和相关专业领域知识的掌握相对不足。

问卷调查显示,72.8%的在校学生认为现行法学专业课程体系存在的问题是"法律理论课程过多,法律实务课程过少",该项选择排名第一。关于高校里法学实务课程的任课老师主要来源,12.1%的教师选择了"校内1位教师承担课程",46.7%选择了"校内2位以上教师共同承担课程",36.4%选择了"校内教师与校外实务专家共建"。可见,教师是法学院校中实务课程的主要承担者。那么教师的实务教学能力就显得至关重要,因此,问卷中专门设计了相关问题。41.9%的学生认为"法学教育资源特别是教师实务教学能力不够"是当前高等学校法学教育中存在的主要问题之一。71.4%的教师认为在法治人才培养中高校教师最需要在"法律实践教学能力"方面实现素质提升,在各选项中位居首位。调查结果说明,教师实务教学能力的欠缺已成为影响高校法学教育质量的重要因素之一。

正因如此,教育部、中央政法委员会、最高人民法院、最高人民检察院、公安部和司法部于2013年联合推出了高等学校与法律实务部门人员互聘的"双千计划",旨在加强高校与法律实务部门的合作,提高法律人才培养质量。为了了解该计划的实施效果,我们通过问卷询问教师、法律工作者和学生"当前政法部门和法学院校、法学研究机构人员双向交流机制实施的效果"。结果显示,5.3%的教师称所在学校尚未开始该计划,68.5%的教师认为"效果一般",14.6%的教师认为"没有效果",认为"效果明显"的仅占11.6%。法律工作者中,9.6%的受访者所在单位尚未开始该计划,60.2%认为"效果一般",10.7%认为"没有效果",19.5%认为"效果明显"。学生中,8.2%的受访者所在单位尚未开始该计划,71.7%认为"效果一般",5.3%认为"没有效果",14.8%认为"效果明显"。

对于"双千计划"感受最深切、最直观的显然应当是教师和法律实务部门的工作者,但调查显示,这两个群体对双向交流机制的实施效果总体都不太满意。

---

① 冀祥德:《对中国法学教育全面反思与展望》,载于《中国政法大学学报》2010年第4期,第52页。

尤其值得注意的是,将教师和法律工作者进行比较可以发现,法律工作者认为双向交流机制实施"效果明显"的比例显著高于教师,而教师认为"没有效果"的比例明显高于法律工作者。这组差异反映出一个容易被忽视的现实,即高校教师在双向交流中的获益感不如法律工作者,相比而言该计划对高校教师的提升效果不佳。

(五) 高校考核评价忽视教与学

高校教师管理制度,对教师的教学科研考核有着固定的指标要求,在进行教学评价时,过多注重教师的科研成果,使教师把精力过度用在科研上而忽视了教学工作。对学生的要求缺乏灵活性和宽容度。对学生评价以考试、考核为主,唯分数论,没有考虑到学生实习的因素,忽视学生在实习中的表现。[①]

(六) 育人与用人衔接不力

当前,高等法学院校培养人才与社会用人单位接收、使用人才,未能建立科学的衔接机制和合理的联动机制。接受法学教育与从事法律职业之间脱节,教育资源和人才遴选的市场机制尚未建立。由于缺乏有效和完备的价格信号指引,大量的法学专业本科生、硕士研究生毕业后并不从事法律职业,而是"四面出击",从事各类与法律相去甚远的行当,造成法学教育资源的极大浪费。[②] 在一些地区或岗位上,法科毕业生的需求接近饱和,且法学教育与公务员考试、司法考试等职业资格考试无法有效衔接等原因,造成了许多法科毕业生出现了就业"用非所学""学非所用"的现象。[③]

三、从"单一"向"多元"的突围

(一) 确立多元培养目标

法治人才培养是一个宏大的命题,涉及培养模式、培养主体、培养方式、课程体系、评价标准等众多方面,但是,最首要和最基本的问题是要明确培养目

[①] 于新颖:《高校创新创业人才培养存在问题及原因分析》,载于《科学与财富》2017 年第 9 期,第 212~213 页。

[②] 冯玉军:《略论当前我国法学教育体制存在的问题》,载于《政法论丛》2014 年第 1 期,第 83~90 页。

[③] 韩大元:《全球化背景下中国法学教育面临的挑战》,载于《法学杂志》2011 年第 3 期,第 18 页。

标。一切具体的制度设计和措施安排都是围绕着培养目标进行的，高校法学教育目标有误或者不明确，其后果就是法学教育的事倍功半。从过往的情况来看，许多高校将法学教育定位为通识教育或者素质教育，或者试图将通识教育与职业教育并重共同作为法学教育的培养目标。前者导致的后果是培养了大量具备初级法律知识的万金油式的毕业生，不仅造成法科学生的专业素质和职业技能无法满足法律工作实践的需要，更是破坏和降低了社会对大学法学教育的认知和期许，反过来又对教学质量和生源质量产生负面影响。在这一点上，日本和我们一样曾经走过很长一段时间的弯路，后来才痛下决心改换法学教育培养目标。[1] 后者则导致了法学教育主次不分，重点不明，各类型教育之间缺乏科学、合理的设计分工，培养出来的学生千篇一律，缺乏就业竞争力。

《中共中央关于全面推进依法治国若干重大问题的决定》确立了建设"法治国家、法治政府、法治社会一体建设"的宏伟目标，并提出"建设高素质法治专门队伍"的时代要求，还进一步指出高素质的法治专门队伍应当实现"正规化、专业化、职业化"，具备较高的"职业素养和专业水平"。这就要求法治人才培养应当着眼于建设社会主义法治国家对法治人才的现实需要，也是进一步明确了高校法学教育应定为职业教育。"职业教育是法学自身属性的客观反映，法学教育的存在价值在于为法律职业群体提供基本的教育和训练，其功能是生产直接或间接地为司法实务部门所用的'产品'（法学专业人才）。"[2]

法治人才培养应以职业教育为方向，即高校应着眼于培养具备"法律专业知识、法律职业素养和法律职业技能"的高素质的法律人才[3]，职业化和精英化应当成为我国法学教育的发展趋势[4]。多年以来，我国高等学校法学教育始终奉行"司法中心主义"，进而造成了人才培养目标的单一化。然而，在全面实施依法治国的时代背景下，创新法治人才培养机制必须超越司法中心主义，确立多元化的培养目标。[5] 一方面，针对全面建设法治国家的多元需求，以行业为导向，分门别类地对立法人才、行政执法人才、司法人才、法律服务队伍[6]、法学教育与研究人才等设置不同的培养目标；另一方面，结合高校自身的特点和优势，根据不

---

[1] 李响：《日本法学教育改革之得失与经验借鉴》，载于《上海政法学院学报（法治论丛）》2014年第5期，第69~76页。
[2] 易继明：《中国法学教育的三次转型》，载于《环球法律评论》2011年第3期，第33~48页。
[3] 霍宪丹：《中国法学教育反思》，中国政法大学出版社2007年版，第69页。
[4] 徐显明：《中国法学教育的五大发展趋势》，载于《法制资讯》2013年第Z1期，第49~51页。
[5] 邓世豹：《超越司法中心主义——面向全面实施依法治国的法治人才培养》，载于《法学评论》2016年第4期，第34~40页。
[6] 按照《中共中央关于全面推进依法治国若干重大问题的决定》的要求，法律服务队伍包括由社会律师、公职律师和公司律师构成的律师队伍，公证员、基层法律服务工作者、人民调解员队伍，以及法律服务志愿者队伍。

同的层次、类型、所处的地域、生源质量、教学资源等具体情况，在区别的基础上形成标准化、规范化、稳定化的培养目标。

（二）构建多元培养模式

广义的"人才培养模式"，是指由人才培养理念、专业设置模式、课程设置方式、教学制度体系、教学组织形式、教学管理模式与教育评价方式等要素构成的有关人才培养过程的理论模型与操作样式。狭义的"人才培养模式"，主要指的是人才培养目标的实现方式，表现为对于培养过程的设计与建构，即"按照什么样子"去实现人才培养目标，强调的是认识与实践活动的过程形态，如教师主体在课程教学、学术活动与实践活动中究竟采取何种形式，按照怎样的程序和进行怎样的配置等问题。在问卷调查中，66.9%的法律工作者和73.1%的教师认为"人才培养模式单一，难以满足社会对多样化法治人才的需求"是"当前法治人才培养中存在的主要问题"之一。在法律工作者和教师两个受访群体中，选择该选项的人数比例均位居第二。

多元法治人才培养目标必然需要设计和建构多元的法律人才培养模式。这样才能真正"培养造就熟悉和坚持中国特色社会主义法治体系的法治人才及后备力量。建设通晓国际法律规则、善于处理涉外法律事务的涉外法治人才队伍"[①]。

首先，构建不同行业面向的人才培养模式。尽管要摆脱司法中心主义的桎梏，但是，不可否认的是司法行业仍然是法律人才的核心需求，法官、检察官和律师是法律职业共同体的主体部分。因此，司法人才培养模式依然是高校法学教育的核心组成部分。此外，企业法务、政府法务、立法事务、社会管理法务以及行政执法等均对从业人员知识结构、职业素质和专业技能有着不同的要求。越来越多的涉外法律事务、知识产权等综合性法律事务又对法律人才提出了外语水平、学科背景等特殊要求。因此，唯有以行业为面向的法律人才培养模式才能适应社会的多元需求。

其次，构建不同地域面向的人才培养模式。我国是幅员辽阔的多民族国家，不仅国家法治与地方法治存在差异，地方法治之间也存在差异，这些差异体现在法律文化、法律规定和法治理念等诸多方面。无视差异必将导致法律人才的水土不服和法律工作的窒碍难行。因此，应基于地方法治人才的特殊性与需求，构建区域性地方法治人才培养模式，包括人才目标理念、特殊课程体系、特殊实践平台与机制、教学组织与管理模式、人才质量与教学质量评价体系等内容。

---

① 《中共中央关于全面推进依法治国若干重大问题的决定》。

最后，构建不同层次面向的人才培养模式。由于职业需求的不同，法律人才是分层次的，包括精英法律人才、职业法律人才和大众法律人才。由于师资水平和办学力量的差别，作为法律人才培养主体的高等学校也是分层次的，学位授予能力从本科到硕士、博士，专业覆盖能力从部分到全面。因此，结合高校自身实际，构建不同层次的法治人才培养模式是创新法治人才培养模式的重要内容。

（三）引入多元培养主体

目前，高校是我国法治人才培养的主体和第一阵地，现行主流法学教育和培养方式则基本以教师为中心。这就产生了两个弊端：一是极大地抑制了学生学习的积极性和主动性，容易使学生产生厌倦和疲惫的感觉，同时又不利于学习能力的培养和提高。二是学生所能习得的知识和技能将受限于教师的水平和能力，事实上，教师实务教学能力不足已是普遍性问题，在这种情况下，要培养出实践能力较强的学生实在有些强人所难。

2015年，时任教育部部长袁贵仁在谈到创新法治人才培养机制问题时指出"法学院校与法治实务部门协同育人机制不够完善"是现阶段亟待解决的问题之一。[1] 问卷调查的结果也印证了这一判断，55.8%的学生认为"法学院校与法治实务部门协同育人机制不完善"是当前高等学校法学教育中存在的主要问题，比例居首。前文已经通过调查数据说明了当前政法部门和法学院校、法学研究机构人员双向交流机制对提升高校法学教育水平的效果并不尽如人意，其主要原因在于实务部门并未真正成为法治人才培养的主体，而仅仅是被动的参与者。真正的协同培养应当是由实务部门和高校共同充当培养主体，实现培养方式的革新。

实务部门从法律人才培养的参与者到培养主体的转变主要体现在两个方面。一是联合制订人才培养方案。由学校和实务部门共同研究制定法律人才的培养方案，针对法律实务工作的素质需求，找准人才培养和行业需求的结合点，明确专业教育和职业资格的关联性，建立科学、合理的课程体系和课程实施方案。改革法律人才培养方式，提高学生的实践能力，实现培养与使用的结合。二是加大"双师结构"法学师资队伍的联合培养。改变由校内教师单独培养模式，建立由理论功底扎、实践经验丰富的法官、检察官、律师和企业法务工作人员和校内专职教师共同组成的教师队伍，实现多元化法律人才的协同培养目标。

---

[1] 袁贵仁：《创新法治人才培养机制》，载于《人民日报》2014年12月12日，第7版。

从问卷调查的结果来看，实务部门的法律工作者对建立多元协同培养机制表示出了极大的认可。就"您认为目前法学本科课程体系设置中是否有必要设置校内教师与校外实务'双'导师队伍，共制人才培养与课程方案、教学计划，共拟教学内容，共同参与专业技能竞赛与考核，共同指导实训实习与毕业设计，共同举行就业培训、协助就业推荐"这一问题，42.7%的人认为"非常必要"，51.9%的人认为"有必要"，仅有5.4%的人认为"没必要"。这一结果至少可以在一定程度上反映出创新多元协同培养机制具备现实的土壤。

（四）探索多元培养方式和方法

葛云松教授认为，"法学教育的真正进步，也是改革中最困难的部分，是每一门课程的具体授课内容与教学方法。如果不能对课程内容和教学方法作出重大变革，再漂亮的框架设计也只是画饼充饥。"[①] 多元的法治人才培养目标决定了必须采用多元的培养方式和方法。在不同的目标指引下，高校法学教育所应覆盖的知识体系、对学生的能力和素质要求都不相同。因此，创新法治人才培养的方式也应多元化，构建满足各类法律人才培养要求的课程模块，设计科学合理的课程体系，改革教学内容、教学方法和教学手段，为学生提供更大的学习空间、更丰富的教学资源和更高效实用的教学内容。

一方面，整合校内优势资源，实行法学专业和学校主干专业相结合的培养方式改革，形成有各自学校特点的人才培养方式。应改变以校内第一课堂为主、以老师为中心的传统方式，充分利用现代信息化教学平台，建立全方位、多层次、网络状的自主性学习机制，从而建立有助于学生个性与能力发展的多元化人才培养机制。另一方面，应加强校内外实践教学平台的共建。这主要通过搭建与法律实务紧密衔接的校内实践教学平台，拓展校内实验教学平台的功能。同时通过完善校外实践教学基地，拓展校外实践教学基地的功能。并且，可以借鉴医科学生实习教学的模式，将实践教学设为高年级学生的主要学习方式，学生必须通过至少一学期的实习考核方可毕业。而且，还可以考虑将实践教学与进行中的法官助理、检察官助理制度相结合，探索实践教学与就业衔接制度，优秀实习生可以直接进入法院或者检察院成为法官助理或检察官助理，同时赋予负责带教实习生的法官和检察官较大程度的考核决定权，如此可以充分调动教与学双方的积极性和主动性。

---

① 葛云松：《法学教育的理想》，载于《中外法学》2014年第2期，第285~381页。

第二节　协同确定多元的培养目标

一、新时代社会主义法治人才的中国特色

习近平总书记一贯非常重视法治在治国理政中的关键性作用。中共十八大以来，他提出了一系列关于依法治国、人才培养、法治与人才关系以及法治人才培养目标与途径的重要观点，具有鲜明的时代特征和中国特色，为我们建立起符合全面依法治国需要的法治人才培养体系提供了方向和指引。

习近平总书记指出，"全面依法治国是中国特色社会主义的本质要求和重要保障"[1]，"办好中国的事情，关键在党，关键在人，关键在人才"[2]。2017年5月3日，习近平主席视察中国政法大学时指出："建设法治国家、法治政府、法治社会，实现科学立法、严格执法、公正司法、全民守法，都离不开一支高素质的法治工作队伍。法治人才培养上不去，法治领域不能人才辈出，全面依法治国就不可能做好。"凸显时代特征、体现中国特色的法治人才培养体系应当以培养德法兼修、专业扎实、实践能力强的行业法治人才为目标。

（一）德行为首

习近平同志在中国政法大学讲话时指出，中国特色社会主义法治道路的一个鲜明特点，就是坚持依法治国和以德治国相结合，强调法治和德治两手抓、两手都要硬。法学教育要坚持立德树人，不仅要提高学生的法学知识水平，而且要培养学生的思想道德素养。坚持把思想政治建设放在法治人才培养的首位，建设一支忠于党、忠于国家、忠于人民、忠于法律的法治人才队伍，对于法治人才培养具有重要意义。在法治人才培养过程中，要立足于中国的具体国情，建设具有中国特色的人才队伍，归纳总结人才培养经验，全面贯彻落实党的指导方针，坚持以德育人、立德树人导向，把社会主义核心价值观融入教育教学全过程，做到内

---

[1] 习近平：《决胜全面建成小康社会夺取新时代中国特色社会主义伟大胜利——在中国共产党第十九次全国代表大会上的报告》，载于《人民日报》2017年10月28日，第5版。
[2] 张健：《加大改革落实工作力度　让人才创新创造活力充分迸发》，载于《人民日报》2016年5月7日，第1版。

化于心、外化于行，切实增强道路自信、理论自信、制度自信。①《中共中央关于全面推进依法治国若干重大问题的决定》中要求"坚持用马克思主义法学思想和中国特色社会主义法学理论全方位占领高校、科研机构法学教育和法学研究基地"。把社会主义核心价值观融入法治人才培养机制中，增强人才的道路自信和制度自信以及理论自信，提升法治人才的职业道德和社会责任感，更好地为依法治国的推进提供源源不断的动力。要加强大学生社会主义法治理念教育和法治精神培养。要通过课堂教学、社会实践、校园文化建设等教育教学环节，从法律文化熏陶、法律知识学习、法律意识培养、法律思维方式训练、法律行为方式规范等不同层面，培育学生的法治精神，塑造学生的法律人格，提升法学专业学生的道德素养。②

在培养中国特色法治人才的道路上，要注重对中华传统法律文化的研究，从传统法律文化中探寻新的时代精神，而且要向世界各国学习，学习借鉴其优秀的法治人才培养方式，将中国特色与外国经验有机结合，发展出一种具有中国特色的法治人才培养道路。中国是具有深远法律历史的国家，依法治国必须立足于优秀的中华传统文化，去粗取精，将传统法治文化之精华融入新时代有中国特色的社会主义法治人才的思想深处。

（二）专业为本

优秀的法治人才要求具有坚实的专业基础知识，以便在日后的执业过程中能够从容应对各种专业问题，这就要求在大学时期认真学习各种专业知识，不仅包括法律条文，更重要的是养成良好的法律思维方式。

专业的法治人才无论在毕业后从事什么样的职业，法官、检察官或者是律师，所要处理的不单单是法律问题，更多的是隐藏在法律问题背后的社会问题、文化问题等，这些具有复合性质的法律问题会随着社会的发展越来越多。③因此，法学专业的学生除了要熟知法学知识之外，还需要对政治、经济、文化等方面有所涉猎。而且，随着经济全球化和我国市场经济的不断发展，出现的法律问题越来越复杂，一个普通的民商事纠纷可能会和市场营销、企业管理和财务会计等专业结合起来，这就需要大量的专业化、复合型的法律人才，这种人才可以更好地适应工作的要求，满足国际交往和国内经济和社会发展的需要。

---

① 袁贵仁：《创新法治人才培养机制》，载于《人民日报》2014 年 12 月 12 日，第 7 版。
② 何勤华：《全面推进依法治国视野下的法学教育改革》，载于《中国高等教育》2015 年第 6 期，第 14～17 页。
③ 李蕊：《法学教育的历史使命与法律人才培养方式的变革》，载于《教育探索》2012 年第 7 期，第 32～35 页。

一名优秀的法治人才，除了具备过硬的专业素质之外，还需要拥有严密的法律思维方式，法律思维是法律职业者的基准性思维①，他要求法律职业者对于法律问题有着自己的判断标准，而不是人云亦云，对于法律条文应该是能动地进行解释，不是被动地接受。拥有严谨的逻辑思维能力和说理能力，对于社会问题有着质疑和批判的精神，勇于质疑权威，这些都要求法学人才在校期间认真学习专业知识，掌握坚实的法律基础。

（三）实践为要

为适应法治国家建设、经济社会发展的必然需求，中国法学教育应该明确实务型法律人才的培养目标。为了确保这一目标的实现，科学的设置法学实践教学课程，拓宽法学实践教学途径，丰富法学实践教学形式，使法学实践教学在培养实务型法律人才中发挥最大作用。② 由于法学专业是一门实践性很强的社会学科，只有将理论与实践统一起来，才能促进法学专业学生的长远发展。目前我国国内的高校法学教学活动依然是以课堂讲授为主，其他方式为辅，重理论教学，轻实践教学。③ 这种教学方式未能充分认识到实践教学对于法治人才培养的重要意义，加之部分高校法学实践教学课程安排不足，实习时间较少，对于实践的保障力度仍需要进一步强化，这些不足之处都导致学生在毕业后对于专业问题感到无从下手，缺乏操作能力，多年来实务部门对高校毕业生缺乏实务操作能力的情况也感到些许不满。究其原因，在于包括法学教育在内的大学教育，大多数仍然停留在单纯传授知识的层面，一直缺乏对学生实践能力的训练和培养。虽然各个高等院校都与当地的一些实务部门签订了实习协议，但是在实际履行过程中却疏于管理，使得实习工作最后流于形式，学生在实习工作中没有真正学到知识，实务部门也对于学校不负责任的管理颇有微词，从而产生矛盾。

针对这一情况，应当及时转变学校态度，进一步强化实践教学，充分认识到理论知识与实践教学之间的关系，树立理论教学与实践教学并重的观念，通过各种实践活动帮助学生掌握法律的具体应用，锻炼和培养法律逻辑思维和实务处理能力。④ 加快法学实践基地建设步伐，加大对实践基地的经费投入力度，对实践教育活动进行严格的规范，减少学生逃避实习情况的出现。

---

① 郑成良：《论法律思维的基本规则》，http：//www.Zwmscp.com/a/caipanfangfa/20100709/5614.html。
② 张晓萍、沈泰：《实务性人才培养目标下的法学实践教学研究》，载于《经济研究导刊》2014年第3期，第37~38、49页。
③ 曾殷志、刘放鸣、魏昕：《法学实践教学中的问题与思考》，载于《当代教育理论与实践》2014年第2期，第97~98页。
④ 卢石梅：《法学实践教学的困境与改革路径探析》，载于《法制与社会》2015年第21期，第242~243页。

(四) 行业为纲

　　培养法治人才以行业为纲，用社会需要作为培养法治人才的方向之一，根据社会现在的发展情况来培养法治人才，使得法治人才在毕业后无论从事何种行业都能够运用已经掌握的法学知识解决相关的法律问题。由于不同的岗位、不同的层级、不同的分类对于法学专业的要求也不一样，就目前社会情况而言，随着"一带一路"的实施，我国对外开放的程度不断扩大，社会不仅需要精通法律的人才，更需要能将法律与外语、金融贸易、经济相结合的人才；与此同时，社会也需要大量可以扎根基层、全心全意为人民服务的人才。

　　在大学时期培养的良好的法律思维能力以及逻辑思考能力是终身受用的，甚至在普通的学习过程中，老师所传授的法律文书写作方法和法律文献检索方法在工作中也有着极大的应用。社会上有各种各样的行业，每一行业都需要专门为自己服务的法律人才。而且在法律已经融入我国社会生活方方面面的过程中，新的法律部门和领域不断出现，更加需要大量的优秀法治人才[①]，以行业为纲进行人才培养恰好契合了这样一种趋势。

二、高校结合自身特色选准目标定位

　　中国社会的迅速发展，对于法学人才的需求量也迅速上升，在推动法律人才市场走向繁荣的同时，也反映出法治人才培养过程中的弊端。许多高校在法治人才培养过程中，培养目标抽象、雷同，含糊不清，难以实现有效、分类培养。培养模式千篇一律，过于单一，没有很好地结合学校自身情况和市场需求，培育自己的特色专业，提升自身的影响力，导致毕业生竞争优势不足。

　　中国目前的法律人才市场存在三个方面的供需失衡。一是两极分化严重，低端法律人才市场近乎饱和，而高端法律人才市场需求量远高于供给量，高端法律人才严重短缺。二是单一型法律人才供过于求，能够满足不同行业需求的复合型行业法律人才供不应求。三是一线城市以及东南沿海等发达城市法律人才市场竞争激烈，而西部地区及边疆等欠发达地区法律人才全面短缺，甚至不能满足社会法治建设的基本需要。同时，我国的高等法学院校一方面数量众多，另一方面综合实力参差不齐，不同院校之间差别巨大。当众多法学院校基于同样的定位、相似的目标，培养千篇一律的法律人才时，必然会进一步加重人才需求端和人才供

---

① 王春业、任佳佳：《论人才需要的多样性与法学教育的特色化》，载于《高等教育研究学报》2012年6月第2期，第112～115页。

给端的矛盾。要解决上述矛盾，必须实现法治人才的分层分类培养。就高校而言，首要应当结合自身的层次属性、学科优势、地域特点以及行业特色等特点，找准自身的定位，并在此基础上选择一两个最能体现自身优势或者最能满足社会某一方面需求的重点培养方向，有针对性地确定本校的法治人才培养目标。

（一）根据综合实力找准层次定位

我国的高校，按照出资人可以分为公立高校和民办高校；按照管理者层级可以分为中央部属院校、省属院校和市属院校；按照办学层次可以分为本科院校和高职（高专）院校；按照学校的综合实力可以分为"985 工程"院校、"211 工程"院校、"双一流"院校和其他普通院校；按照办学侧重点可以分为研究型大学、研究教学型大学、教学研究型大学、教学型大学、应用型大学和高等专科学校。从现实情况来看，几乎所有类型的高校都有开设法学院或者法律系。但是，无论是从学校的软硬件资源，还是科研实力和教学水平，上述不同类型的高校都有着天壤之别。因此，不同高校应当根据自身的层次定位选择适合自己的法治人才培养目标。

例如，北京大学、中国人民大学、武汉大学、吉林大学这类老牌名校，不仅是知名综合性研究型大学，其各自的法学院也是法学教育系统中最著名的"五院四系"中的"四系"成员。因此，这类高校往往着眼于培养理论水平深厚、科研能力和综合素质强的法治人才，并且其培养的本科生多数选择继续读研、读博或者出国留学继续深造。这类高校的法治人才培养定位匹配的社会对高端法律人才的需求。政法类高校中，传统"五院"的中国政法大学、中南财经政法大学、西南政法大学、华东政法大学和西北政法大学则更加注重法学学科的细分，其人才培养目标是覆盖更全面、更广泛和更具体的法律工作领域。有些研究型大学，例如，中国社会科学院大学，是以中国社会科学院研究生院为基础，整合中国青年政治学院本科教育及部分研究生教育资源组建而成的，其定位主要集中于科研型人才，因此，其人才培养定位以研究生为主。基于该培养目标定位，中国社会科学院大学采取了一系列特色培养方式，包括"师徒制"指导模式，设立本科生学业导师，每位导师指导 2~5 名学生；"本—硕—博"一体化培养，在某些基础学科和重点学科开展连续培养试点；国际联合培养，赴海外继续攻读学位；教学与科研结合，鼓励本科生参与学校和导师的科研活动等。至于数量众多的普通地方高校，则应自我定位于培养主要满足本地法律实务工作需要的应用型法律人才，专注于本科教学，关注学生司法考试通过率，更加注重对学生实践能力的培养。

（二）根据区域特点明确地域定位

法治人才结构性过剩的另一个体现是地域矛盾。由于我国幅员辽阔，区域经济发展不平衡，这一矛盾广泛存在于社会生活的诸多方面。就法治人才需求而言，不仅仅存在欠发达地区留不住人，发达地区竞争激烈的矛盾，还存在特定区域的人才不适应问题。具体而言，许多欠发达地区，尤其是边疆地区和民族地区，具有鲜明的区域、民族法治特色，脱离地域文化背景的法律观念和法治行为在当地难以实施。正因如此，我国的法律体系中都有专门的民族自治地方自治条例和单行条例，反映的是民族自治地方特殊的政治、经济、文化，以及其他社会生活领域的特殊矛盾，以及由此而生的对法律、法治文化和法治人才的特殊需求。因此，按照统一模式和标准培养出来的毕业生未必能够适应当地的法治文化。笔者建议，要进一步优化法治人才培养格局。北京、上海、武汉等传统的法治人才培养重镇要进一步强化人才的培养、集散、传输机制，同时鼓励中西部地区具有潜力的高校结合自身办学特点、地域需求，走差异化、特色化、内涵式培养之路。不搞大而全，侧重小而精，注重法律职业人才、涉外法律人才、中西部基层法律人才的培养，形成满足多类型多层次需求、特色突出的"日月星辰"培养格局。[①] 此外，我国正在大力实施和推进粤港澳大湾区、京津冀协同发展、长江经济带等重大战略和"一带一路"倡议，这些战略和倡议的实施都离不开法治的保障，因此，从国家到社会都需要大量职业化、复合型、应用性的多层次法治人才。这类人才不仅应当掌握基本的国内法律知识和技能，能够满足区域法律治理的需要，还应当具备相应的国际法知识，熟悉国际法律规则，熟练掌握相关外语，能够处理相应的涉外法律事务。在粤港澳大湾区建设中，更是急需通晓不同法域的法律规则，能够参与大湾区法律体系构建的高层次法治人才。

1. 西部基层法治人才

西部地区社会治理有其特殊性，而法治人才在西部地区社会治理中扮演着特殊的角色。正因如此，《教育部　中央政法委员会关于实施卓越法律人才教育培养计划的若干意见》中专门提出"把培养西部基层法律人才作为培养应用型、复合型法律职业人才的着力点。适应西部跨越式发展和长治久安的需要，结合政法人才培养体制改革，面向西部基层政法机关，培养一批具有奉献精神、较强实践能力，能够'下得去、用得上、留得住'的基层法律人才。"

位于西部的高校在培养西部基层法律人才方面则具有天然的优势和便利，应当充分发挥和利用。例如，云南大学法学院就进行了成功的尝试，他们以服务国

[①] 梅哲、王志：《创新法治人才培养机制》，载于《红旗文摘》2017年第5期，第30~32页。

家战略和区域、地方发展需求为导向，在夯实法学基础学科基础上，着力建设边疆民族地区法治、南亚东南亚法律制度、禁毒防艾法律问题等特色优势学科方向，重点培育反恐法学、法律社会学与法律人类学、公共卫生法学、南亚东南亚法律制度、法律人工智能等为新的学科生长点。建有两个省级重点学科，四个省级科研平台，以及四个省级法学会的专业研究会，集中了代表云南省最高的法学研究资源，也获得了相当的区域性影响力。在第四轮全国高校学科评估中，云南大学法学学科被评估为 B - 等级，位列全国高校排名第 40 余名。①

又如西南民族大学法学院是教育部"卓越法律人才（西部基层法律人才）教育培养基地"和"大学生校外（法学）教育实践基地"。长期坚持"为少数民族和民族地区服务、为国家发展战略服务"的办学宗旨，以民族平等和民族团结为教育重点，突出民族地区法治建设和民族法学教学与研究，注重实践教学，致力于学生创新能力和实践能力培养。在四川、云南、贵州、内蒙古、青海等省份的司法实务部门设立 31 个"教学实践基地"，在培养少数民族地区的法治人才方面做出了贡献。②

在法治人才培养过程中，应注重培养高校的特色专业，充分利用本校的行业优势和地域优势，例如，处于西北地区的高校可以借助"一带一路"倡议学习中东国家的法学专业；西南地区的高校可以与东盟进行合作，对东南亚国家的法律进行研究；沿海地区高校的法学专业凭借沿海的地区优势，发展海洋法律研究，更好地维护国家的海洋权利。从已经具有规模的特色法学专业院校成功的办学经验中可以知道，拥有特色的法学专业更有助于高校自身的发展。

2. 粤港澳大湾区创新型法治人才

建设粤港澳大湾区，是习近平总书记亲自谋划、亲自部署、亲自推动的国家战略，是新时代推动形成全面开放新格局的新举措，也是推动"一国两制"事业发展的新实践。粤港澳大湾区建设已经写入中共十九大报告和政府工作报告，提升到国家发展战略层面。推进建设粤港澳大湾区，有利于深化内地和港澳交流合作，对港澳参与国家发展战略，提升竞争力，保持长期繁荣稳定具有重要意义。粤港澳大湾区的经济繁荣和政治稳定必然离不开法治，然而，粤港澳大湾区面临着"一国两制三法系"这样一个特殊的现实，这在全世界都没有先例。在没有任何成功的经验以资借鉴，甚至连失败的教训都无从吸取的情况下，如何解决这个复杂法治背景中经济、政治、文化和社会生活各方面的问题，对国家和所有人来说都是无比巨大的挑战和考验。人才的重要性再一次凸显出来。能够满足粤港澳

---

① 参见云南大学法学院网站，http://www.law.ynu.edu.cn/xygk/xyjj.htm。
② 参见西南民族大学法学院网站，http://fxy.swun.edu.cn/xygk/xyjj.htm。

大湾区建设和发展需要的法治人才绝非普通的人才，必须熟知至少两种法系的法律原则、规定以及适用，还应当具备足够的创新精神和较高的外语水平。显然，粤港澳大湾区创新型法治人才是时代对高校提出的新要求和高要求。科研实力、教学水平和学科建设都比较强的大学，尤其是位于粤港澳大湾区的综合性高水平大学可以以此作为自己培养法治人才的目标。目前，中山大学、华南理工大学和广东财经大学等高校的法学院均已成立了粤港澳大湾区法治相关研究机构，相关研究工作已经在进行之中。广东财经大学在 2018 年已经开设了法学（粤港澳大湾区法务）本科专业，并制定了详细的培养方案，首届本科生已经进入培养阶段。

（三）结合专业优势确定行业定位

以学科设置为标准，我国的高校可分为综合性大学和专业性大学。专业性大学主要包括理工类、师范类、农林类、政法类、医药类、财经类、民族类、语言类、艺术类、体育类、军事类、旅游类院校。专业性大学往往直接对应某种行业，甚至是某种职业，因此，其学科建设和人才培养必然以满足特定行业的需求为核心和重点。基本上每种类型的专业院校中都有设置法学院或者开设法律相关专业，对这类院校而言，结合自身行业定位，培养适应该行业需要的法治人才则是正确的选择。实践中也有了不少颇具特色的尝试，不失为非法学名校、非综合性强校在人才培养竞争中突出重围的有效方式。

1. 上海海关学院法学专业

上海海关学院法律系于 1997 年经海关总署批准成立。开始招收国际经济法专业（海关法律方向），遵照上海海关学院"立足海关，服务社会，面向国际"的办学定位，法律系结合海关行业特色开展专业建设，以培养应用型、复合型、涉外型的高素质法律人才为目标，主要开设宪法、法理学、民法、刑法、行政法等 16 门法学核心课程；同时开设海关法、比较海关法、海关国际法等海关特色课程。法律系下设海关法教研室、国际海关法教研室和海关缉私教研室，开展海关法律与国际法律教学科研工作。[①]

2. 北京物资学院法学院

北京物资学院法学院现有法学本科专业、法律经济学二级学科硕士点、法律与政策研究中心及劳动关系研究中心等研究机构、创新创业中心、法律援助中心等。法学专业是国家唯一以流通法为特色方向，流通法方向也是北京物资学院优

---

① 参见上海海关学院法律系网站，http://flx.shcc.edu.cn/xbjs/list.htm。

势研究方向,"流通法制论坛"是法学院的学术品牌。①

3. 大连海洋大学法学院(海警学院)

大连海洋大学法学院、海警学院为适应新形势下国家对海洋执法人才的需求,2014年批准设立海警学院。海警学院与法学院合署办公,主要负责开展全日制海洋安全与执法人才培养、在职海洋执法人员教育培训及海洋执法理论与实务研究等工作。学院现有三个专业:法学专业,设有海洋安全与执法、海洋行政法两个方向;行政管理专业,设有渔政与渔港监督管理、邮轮游艇管理两个方向;人力资源管理专业,设有海洋人力资源管理特色方向。六个研究中心,即教育部海洋法律与政策东北亚研究中心、海洋安全与执法研究中心、海洋维权与综合执法研究中心、海洋行政法研究中心、海洋法律文化研究中心、国际税法研究中心。三个研究会,即中国太平洋学会海洋维权与执法研究分会、辽宁省法学会海洋法学研究会、大连市国际法学会。五个研究实践基地,即辽宁海洋发展法律与政策研究基地、卓越海洋渔业法律人才培养与研究实践基地、大连海事法院法学实践教育基地、大连市人民政府行政服务中心实践教育基地、中国海警定点培训单位。②

4. 西南医科大学法学院

西南医科大学法学院秉承"办出优势、办出特色"的办学理念,特别注重学生的医学、法学比较优势和复合型特色,寻求差异化的发展道路。培养适应中国特色社会主义建设需要,德、智、体等方面全面发展,具有从事医事法律工作所必需的理论知识、创新精神和实务能力,能在国家机关、企事业单位和社会团体从事医事法律实务工作的应用型、复合型、创新型卓越医事法律人才。③

(四) 依托优势学科选择交叉学科定位

每所高校都有自己比较优势的学科,拥有相对丰富的资源、较为强大的师资力量和较为厚实的科研基础,这些都是培养人才必不可少的条件。即便这些优势学科并非法学,也可以充分利用,将法学教学和研究与优势学科相结合,走交叉学科之路,更有利于行业法治人才培养目标的实现。

1. 打造特色专业,培养特殊部门法治人才

东南大学充分发挥自身以理工为主、多学科协调发展的学科优势,实施相应的教学改革,探索出工程法律人才应用型的培养模式,创立了工程法学交叉学

---

① 参见北京物资学院法学院网站,http://fxy.bwu.edu.cn/xygk/xyjj.htm。
② 参见大连海洋大学法学院(海警学院)网站,http://fxy.dlou.edu.cn/4058/list.htm。
③ 参见西南医科大学法学院网站,http://fxy.swmu.edu.cn/info/1069/2292.htm。

科，并且同时设立"东南大学工程法研究所""东南大学交通法制与发展研究中心"和"新型建筑工业化协同创新中心"等研究中心，率先开展工程法学的跨学科研究。同时，东南大学抓住机遇积极实施卓越法律人才教育培养计划，结合自身特色优势设立了工程法专业，做到了在教育改革中突出专业特色，培养出了其他高校没有、并且适应社会发展紧迫需要的复合型、应用型人才。[1]

2. 发挥外语优势，培养涉外法治人才

《教育部 中央政法委员会关于实施卓越法律人才教育培养计划的若干意见》在法律人才培养主要任务中提出，"把培养涉外法律人才作为培养应用型、复合型法律职业人才的突破口。适应世界多极化、经济全球化深入发展和国家对外开放的需要，培养一批具有国际视野、通晓国际规则、能够参与国际法律事务和维护国家利益的涉外法律人才。"语言类高校和涉外类高校则应借此契机，充分发挥自身的语言优势，走差异化、特色化、内涵式高素质涉外法治人才培养之路。例如，对外经济贸易大学法学院在其办学特色和人才培养目标方面就鲜明提出，"中国在国际经贸舞台上的崛起，激发了对涉外经贸法律精英的迫切需求。面对这一历史使命，作为引领我国国际经济法学科建设的翘楚之一，对外经济贸易大学法学院在人才培养上理应担当重责。"这就表明，对外经济贸易大学作为涉外法治人才培养的重镇，主要致力于对外经贸法治人才的培养。而西南政法大学国际法学院所建设的"涉外法律人才培养基地"中，专门设置了"中国—东盟高端法律人才培养基地"，主要是开展对中国与东盟法律、中国—东盟自由贸易区规则的系统性培训，并为中国与东盟各国相关法律研究提供高端学术交流平台。该培养基地对于增进中国与东盟面向和平与繁荣的战略伙伴关系、优化本地区法治环境具有积极的促进作用，要建立并完善相应的工作机制，充分利用各种资源，培养通晓中国—东盟自由贸易区法律及相关领域的专业法律人才，为中国与东盟全方位合作提供法律服务和智力支持。[2]

三、国家规范指引高校法治人才培养定位

事实上，国家对于高校法学院建设一直高度重视，随着依法治国政策的不断施行，国家对于法律人才的需求量会不断加大，但数量的上升并不意味着质量的下降，国家要求保质保量的进行法治人才培养工作。国家长期以来颁布了一系列

---

[1] 黄喆：《工程法律人才培养若干问题之探讨——基于东南大学工程法教育之实践》，载于《法学教育研究》2017年第1期，第97~108页。

[2] 参见西南政法大学国际法学院网站，http://soil.swupl.edu.cn/rcpy/pyjd/203323.htm。

的政策来保障法治人才，从《教育部　中央政法委员会关于实施卓越法律人才教育培养计划的若干意见》（以下简称"卓越法律人才培养计划1.0"）到2018年颁布的《教育部　中央政法委关于坚持德法兼修实施卓越法治人才教育培养计划2.0的意见》（以下简称"卓越法治人才培养计划2.0"），"双千计划""普通高校法学本科专业教学质量国家标准"等，国家对于法律人才培养的要求逐渐细化，标准不断提高，卓越法治人才所需要掌握的知识范围也不断扩大。但是，要彻底改变目前法治人才培养方式单一，法治人才结构性失衡的状况，国家还应当站在管理者的角度加大对高校的规范，指引高校结合自身特色选择法治人才培养目标和定位。

中国政法大学校长黄进教授认为：办大学最核心的问题就是两个：第一个问题是要办什么样的大学，怎么办这个大学，为谁来办这个大学；第二个问题是要培养什么样的人，怎么来培养人，为谁培养人。这不仅仅是高校应当思考的问题，国家更应当在宏观的层面进行思考，并通过法律和政策对高校进行指引和规范。

（一）明确法学教育的定位

关于高等学校法学教育的定位，法学教育家黄进教授的概况非常精准。首先，法学教育不是通识教育，而是专业教育。现在法学界有一种错误的说法，认为法学教育是通识教育，这是没有弄明白什么是通识教育、什么是专业教育。法学教育是专业教育，因为大学之所以为大学，就是大学有专业教育。高等教育不同于基础教育，不同于中小学教育的地方之一，就是设有专业。中小学教育没有专业，但大学有专业。法学教育就像大学有哲学、文学、物理学、化学、生物学专业一样，是专业教育。其次，法学教育不是普通的专业教育，也不是一般的专业教育，而是专门职业教育。法学专业教育跟一般的文学、历史学、哲学、生物学专业有区别，它在社会上对应的有一个法律职业、行业。比如说学物理学、历史学专业，社会上没有专门的物理职业或行业，没有专门的历史职业或行业，而法学专业教育在社会上有一个专门的法律职业、行业对应。最后，法学教育不是高等教育在大众化教育阶段和普及化教育阶段的一般化教育，而是精英教育。因为法学教育要致力于培养经国纬政、经世济民的卓越拔尖创新人才。总而言之，法学教育是专业教育、法学教育是专门职业教育、法学教育是精英教育。国家应当明确法学教育的定位，消除高校对法学教育理解的误区，才能指引高校走上正确的法治人才培养道路。

（二）完善法治人才培养规范体系

目前，我国高等学校法学教育相关法律规范存在较大的缺陷与不足，主要表现在两个方面。一方面，法学教育法律规范体系零散。我国很多法律规范涉及了法学教育。其一是《中华人民共和国法官法》《中华人民共和国检察官法》《中华人民共和国律师法》《中华人民共和国公证法》等关于法律职业资格方面的法律规定中都包含了必需的法学教育条件；其二是有关教育的法律，例如，《中华人民共和国高等教育法》等涉及高等教育的一般规则，法学教育也应当受其规制；其三是司法部、最高人民法院、最高人民检察院等国家机关制定的《国家司法考试实施办法》等规范性法律文件，对高校的法学教育工作产生很大的影响；其四是中国共产党的文件，例如，2014年10月23日中国共产党第十八届中央委员会第四次全体会议通过的《中共中央关于全面推进依法治国若干重大问题的决定》、中共中央办公厅印发的《关于完善国家统一法律职业资格制度的意见》、教育部和中央政法委先后联合发布的"卓越法律人才培养计划1.0"和"卓越法治人才培养计划2.0"等，都对全国高等学校法学教育的定位和人才培养方式产生了非常重要的影响。但是，目前这些规范性法律文件相互之间缺乏关联性，整体缺乏统一性，因此，高校和其他法治人才培养主体的法学教育工作难于协调。

另一方面，我国法学教育法律规范效力层级较低。在现有的法律规范中，法律层面的规范较少，专门针对法律教育的规范更少。很多直接影响法学教育的内容并不体现为法律。例如，法学教育的教学内容和课程，《国家司法考试实施办法》第八条规定，"国家司法考试主要测试应试人员所应具备的法律专业知识和从事法律职业的能力。国家司法考试的内容包括：理论法学、应用法学、现行法律规定、法律实务和法律职业道德。"这种规定似乎略显笼统，对此予以具体化的文件是司法部关于司法考试的公告和《司法考试大纲》，但司法部公告和《司法考试大纲》是按年发布的，虽然内容相对稳定，但其形式却缺乏严肃性。教育部关于法学专业的教学内容的规定，体现为教育部高等教育司"关于法学专业核心课程的说明"（2012年12月18日）以及《普通高等学校本科专业目录和专业介绍（2012年）》。这些规范性文件的效力层级非常低，直接影响到其实施效力和强制力。[①]

基于上述状况，国家应当及时修订和完善有关法治人才培养的法律规范，在提升规范效力层级的同时，尤其要注意法律规范之间的衔接和协调，使之形成体系。

[①] 田士永：《法治人才法治化培养的德国经验》，载于《中国政法大学学报》2017年第4期，第117~130页。

（三）实施法学院校分类准入制度

如前所述，我国高等法学教育整体水平参差不齐的重要原因之一就是法学院系准入门槛过低，导致任何院校都能轻易开设法学专业。2002年，《21世纪中国法学教育改革与发展战略研究》课题组针对法学专业评价，草拟了《高等学校法学专业设置标准》，该标准应当算是最基础的准入标准，它以国家教育主管部门对普通高等学校的设置要求为基础，专门为新设法学专业而制定，涵盖建立法学专业的最基本硬件要求，其主要内容包括课程设置、师资配备、图书资料和教学设备配备三个方面。[1] 2006年，时任教育部法学教指委主任委员曾宪义在中国法学会第五届二次理事会上提出，国家对法学院的调控和管理应坚持两方面的标准，即设立法学院的最低标准和考核法学院的基本标准，如果达不到最低标准，原则上不允许设立法学院。2007年，张文显教授在教育部高等学校法学学科教学指导委员会、中国法学会法学教育研究会上做工作报告时提出，希望在2010年以前尽快制定出法学专业规范；继续研讨示范性法学院标准以及确定示范性法学院的工作程序、示范性法学院建设的指导思想和总体规划等。[2] 2009年，徐显明教授则提出了更为细化的专业教育准入制度，他建议把法学教育的资质制度分为A和B两个等级。少量的法学院可以被评为A级，A级法学院可开展法学的博士与职业硕士教育，B级只开展法律职业硕士教育。只有具备相应资质的法学毕业生方可参加司法考试。[3] 尽管专家学者早已意识到了国家对高等法学教育实施分类准入的重要性，并提出了相关建议，但是现实情况是上述设置标准迄今为止并未得以实施，法学教育分类准入制度也尚未建立。正如曹义孙等专家学者所说，中国法学教育的根本问题之一就是缺乏统一的法学院（法律专业）设置标准，准入门槛过低导致法学院系良莠不齐，质量堪忧，重视法学教育必须首先统一法学院系和法律专业的设立标准，这样才能从源头上控制法学教育质量。[4]

因此，要解决法治人才培养质量问题，首要做的就是通过制定法学专业开设标准来提高法学教育准入门槛。并且，高校法学专业开设标准不宜"一刀切"，

---

[1] 曾宪义、张文显：《中国法学专业教育教学改革与发展战略研究》，高等教育出版社2002年版，第249～256页。

[2] 何志鹏：《规范管理改革创新全面提高法学教育质量——教育部高等学校法学学科教学指导委员会、中国法学会法学教育研究会2007年年会暨中国法学教育论坛侧记》，载于《中国大学教学》2008年第2期，第30～31页。

[3] 徐显明：《中国法学教育的发展趋势与改革任务》，载于《中国大学教学》2009年第12期，第4～6页。

[4] 曹义孙：《中国法学教育三十年：成就、问题与出路》，载于《中央社会主义学院学报》2009年第5期，第132～136页。

对不同性质、不同类型的高校应当制定不同的标准，实行分类准入。这样才能够引导不同的高校根据自身的实际情况选择合适的目标定位，有针对性的培养特定方向或者类型的法治人才。

第三节 协同制订多元的培养方案

一、多元主体共建法治人才培养共同体

（一）高校——法治人才培养的第一阵地

习近平总书记在考察中国政法大学时指出："高校作为法治人才培养的第一阵地"这句话清楚明确地指出了高校是法治人才培养的第一责任主体，在服务全面依法治国方略方面肩负着重要历史使命。高校法治人才培养要坚持以我为主、兼收并蓄、突出特色，坚持立德树人、德法兼修，深入研究和解决好"为谁教""教什么""教给谁""怎么教"的重大问题。同时，各类人才培养都要按照这一要求，坚持育人为本、德育为先，培养中国特色社会主义事业合格建设者和可靠接班人。教育系统要努力成为尊法学法守法用法的示范领域，各地各高校要大力推进依法行政和依法治校的意识和能力建设，以法治思维和法治方式深入推进教育领域综合改革。确保正确的法治理论引领；构建中国特色法学学科体系；抓好法学卓越人才培养；加强法学教师队伍建设；深化全面依法治教。

习近平强调，没有正确的法治理论引领，就不可能有正确的法治实践。高校作为法治人才培养的第一阵地，要充分利用学科齐全、人才密集的优势，加强法治及其相关领域基础性问题的研究，对复杂现实进行深入分析、做出科学总结，提炼规律性认识，为完善中国特色社会主义法治体系、建设社会主义法治国家提供理论支撑。①

（二）法律实务部门——法治人才培养共同体

"法律的生命不在于逻辑，而在于经验"，美国实用主义法学派代表人物霍姆

---

① 《习近平在中国政法大学考察时强调立德树人德法兼修抓好法治人才培养励志勤学刻苦磨炼促进青年成长进步》，新华网，http://www.xinhuanet.com/2017-05/03/c_1120913310.htm。

斯大法官的这句名言深刻地揭示了法律的实践性特征。但是，我国高等学校法学教育与法治实践脱节已经成为法治人才培养中被诟病已久的顽疾。具体表现在两个方面：首先，法治人才培养的"产品"不具备基本的法律职业技能，无法满足法治实践部门的工作需要；其次，则是法学理论与法治实践之间的紧张关系。① 法律能否成功地从理论迈向实践，取决于法律实践的真实内容是否被纳入了法律教育的框架。② 法学教育部门与法律职业相对分离，缺乏有效的沟通路径，一定程度上形成了学术法律人与职业法律人之间的分化，弱化了法学教育与法律职业的联系。③ 可见，高等法学院校与法律实务部门的过度分离正是造成上述问题的深层次原因。

2018 年颁布的"卓越法治人才培养计划 2.0"提出了"构建法治人才培养共同体"这一概念，并将完善协同育人机制，打造中国特色法治人才培养共同体作为建立凸显时代特征、体现中国特色的法治人才培养体系的 5 年目标。所谓法治人才培养共同体，是指"以高校为核心、法治实务部门深度参与法学教育全过程所形成的优势互补、资源整合、开放共享的法治人才培养工作体系"。④ 以法院、检察院和司法行政机关为主体的法律实务部门在法治人才的培养过程中占据相当重要的地位，要实现高校与法律实务部门在法治人才培养方面的深度融合，很重要的一点是实务部门应当将自己对法治人才在知识、能力和素质的需求通过各种方式融入高校的法学教育之中。西南政法大学校长付子堂认为，法律实务部门是法治人才培养的主体之一，是进行法学教育的共同体，而非仅仅提供实践平台。因此，付子堂校长建议在制度设计层面增加实务部门对实践教学的制度支持，如专项财政投入与学校实践经费共同构成对实践教学的保障。甘肃政法大学校长李玉基提出"学校+法律实务部门+政府部门"联合培养人才的改革，使人才培养模式多样化。⑤

因此，应当强化高等院校法治人才培养的主体责任，以推进中央政法委、教育部批准的"全国卓越法律人才教育培养基地"为载体，建设好应用型、复合型法律职业人才培训、涉外法律人才培训以及西部基层法律人才培养等多个平台。要整合好其他各个主体力量，如明确高等院校以外的法治教育研究机构及法治实务部门的培养责任，做好与党校（行政学院）、社科管理部门、各地方法学会、

---

① 杨翔、廖永安：《论法治实践部门在法治人才培养中的责任主体地位》，载于《政法论丛》2015年第6期，第117~122页。
② 叶必丰：《行政法与行政诉讼法》，高等教育出版社2007年版，第12页。
③ 苏力：《当代中国法学教育的挑战与机遇》，载于《法学》2006年第2期，第3~21页。
④ 张佐国：《法治人才培养共同体的"中国范儿"》，载于《中国教育报》2019年1月3日，第6版。
⑤ 郑赫南：《八所政法高校问诊法治人才培养》，载于《检察日报》2015年8月13日，第3版。

律师协会等社会组织的衔接，引入党委部门、政府部门、法院、检察院、律师事务所和企业等实务部门参与法治人才培养，构建多层次的法治人才师资共建机制和保障机制。强化法治实务部门作为实习单位的重要培养责任，建立法学专业学生担任实习法官、检察官助理和书记员制度，支持高校法学骨干教师和研究人员到政法机关挂职、研修，深度融入执法司法实践活动。

二、高校主导

高校作为法治人才培养的第一阵地，是法治人才培养共同体的核心和主体，是法治人才培养方案的主要制定者以及法治人才培养计划的主要实施者和落实者，在协同培养法治人才方面起着基础性的作用。

（一）打造复合型人才培养方案

首先，现在用人单位招聘法学人才时越来越强调其知识体系的多元化和复合型。普通企业在招收法务人员的时候，通常要求企业法务人员能既懂法律又懂企业管理以及会计审计等经济学、管理学知识；金融企业则希望所招收的法务人员能既懂法律又懂金融；律师事务所随着传统的诉讼业务比重逐渐降低，需要多种专业法律知识和交叉学科知识支撑的非诉业务逐渐增加，也开始重视新招收律师所掌握知识的多元化。

其次，突破单纯法学科局限性本身也需要加强法学教育的复合性特点。相对于其他国家而言，我国的法学教育在复合性上尤显不足，如美国法学专业教有要求法学专业的学生在攻读法学学位之前大都已经通过其他专业的本科教育，法学学生一般都具有经济学、管理学、政治学等其他学科的基础，但我国法学本科教育在知识结构上单一化严重，法学的16门核心课程无一例外全部是法学学科的课程，这也是导致法学本科学生就业应用面狭窄的原因之一。

最后，各个法学院系应充分利用本地区、本校优势资源强化复合型人才培养。所谓复合，并非是诸多不同专业知识的混合，学校培养复合型法学人才，不是将不同学科的课程不加选择、没有侧重地全部融入一个培养方案。各个法学院系应充分思考和利用自身具备的各种优势资源，有侧重地进行复合。一方面，要通过对自身毕业生主要去向进行考察，发现用人单位的需求，按照需求进行培养；另一方面要充分利用本校的优势学科，发展本校的优势资源。

（二）根据行业需求调整人才培养计划

高校办学要根据社会发展情况，围绕社会对法治人才的需求来制定人才培养的方案,并且要从实际出发,灵活设置专业,使得课程设置、教学内容、实践训练都要围绕职业发展的需要。[①] 实践中,可以大胆探索和尝试校企联合培养的模式,根据高校的学科或者专业优势以及企业对人才的特定需求,由学校与企业共同制定法治人才培养目标和培养方案,设计符合企业需求的课程,特定课程还可以由企业管理人员和高校教师共同授课,学习结束后学生定点到该企业实习,达到预定标准的毕业生可以直接进入该企业工作。这种校企合作培养模式可被称为"订单式"培养,有助于使高校培养人才的目标更加明确、具体和有针对性,并且可以在更大程度上促进就业率的提升。"订单式"人才培养模式还可以从高校与企业的合作扩大到高校与行业协会的合作,这样能满足更大用人需求,也能更多的解决毕业生就业问题。由于受到公务员考录制度的限制,国家机关的用人需求无法像企业或者律师事务所一样,可以先下"订单",高校照"订单"培养出合格"产品"后直接"收货"。但是,国家机关仍然可以与高校实施联合培养,对于按照联合培养机关的需求培养出来的学生,国家机关可以在招考时设置相对优先的录取条件,而这类学生因为更加熟悉和了解国家机关的工作内容和方式,参加相应的公务员考试也会有一定的比较优势。这也不失为一种双赢的合作方式。

在此基础上,根据不同行业的不同需求,有针对性地培养学生的实践运用能力。各个单位在招收相关法律人才时都会考虑其实践运用能力。法学是应用性很强的学科,法学人才不仅要能了解法律,更应当学会运用法律知识去解决各种社会矛盾,处理各种法律问题。不少单位不愿接受应届毕业生,究其原因就在于认为现行法学教育所培养的法学人才实践能力较弱,应届毕业生往往需要经过数年的实际工作锻炼才能适应需要,与其花数年时间培养,不如直接招聘有工作经验的人员。这就导致了法学专业毕业生的就业率一直保持在较低水平。从高校层面来看,法学专业目前的实践教育环节存在诸多问题,无法满足社会需求。一方面,从法学教育最初,教育理念上就存在重理论、轻实践,重知识、轻运用的误区,直到近几年才逐渐开始重视学生的实践能力的训练和培养。另一方面,所适用的人才培养方案中实践学分所占比重较低,仅有的实践教学环节因为多种原因不能达到预期效果。教师缺乏实践经验,从而也无法真正把实践所需要的知识传授给学生;各个高等院校都与当地的一些实务部门签订有实习协议,但是在实际履行过程中却疏于管理,使得实习工作最后流于形式,学生在实习工作中没有真正学到知识,实务部门也对于学校不负责任的管理颇有微词,从而产生矛盾,不

[①] 何勤华:《推进法治中国建设中的法律人才培养》,载于《中国高等教育》2014年第21期,第37~39页。

利于与学校的继续合作。

强化实践应用能力的培养首要就是构建科学合理的实践教学体系。具体而言，要充分保证实践教学学分和时间；要把实践课程落实到每个学期，从课内到课外、校内到校外的全方位的实践教学环节；应依托自身优势资源，突出特色，提升毕业生在就业市场上的竞争力。① 因此，在法学专业大学生就业难的现状下，法学院校作为培养人才的主体，不能消极地被动接受，不能完全指望借助外界力量改善就业环境，而应该积极主动地展开调研，分析市场需求，改革人才培养方案，依需培养，提高人才培养质量，增强人才培养的核心竞争力。课程体系从以原理课为中心改变为以"案例课""讨论课"为中心，以实况庭审观摩课程等为支撑的课程体系；教学素材从以教科书为中心，转变为以原始卷宗、动态庭审、录像资料并存的多层次、多元化状态。②

（三）法学教育与相关教育的融合

习近平指出，法学学科体系建设对于法治人才培养至关重要。我们有我们的历史文化，有我们的体制机制，有我们的国情，我们的国家治理有其他国家不可比拟的特殊性和复杂性，也有我们自己长期积累的经验和优势，在法学学科体系建设上要有底气、有自信。要以我为主、兼收并蓄、突出特色，深入研究和解决好为谁教、教什么、教给谁、怎样教的问题，努力以中国智慧、中国实践为世界法治文明建设作出贡献。对世界上的优秀法治文明成果，要积极吸收借鉴，也要加以甄别，有选择地吸收和转化，不能囫囵吞枣、照搬照抄。③

1. 法学与交叉学科的融合

法学作为一门人文社会科学，既有人文化的特征，又有社会性特征，这就决定了法学学科与其他学科的相互交融和关联性。政治学、哲学、管理学、社会学、金融学、财政学、经济学等学科都与法学学科存在着不同程度的交叉和联系。在科技高度发展的今天，甚至计算机、工程、网络技术等传统的理工类学科都与法学产生了不可分割的密切联系。因此，法学教育不能不关注其他学科的发展，应当及时借鉴吸收其他学科的研究成果，使学生的知识体系更加丰富和完善，唯其如此，方能适应现代社会对法治人才的要求。但是，目前法学教育总体

---

① 程乃胜、罗欢平：《以就业为导向的法学本科人才培养方案修订》，引自夏正林：《卓越法律人才培养研讨会论文选编》，华南理工大学出版社 2016 年版，第 58 页。

② 黄进、张桂林、李树忠、于志刚：《创新同步实践教学模式 培养卓越法律人才》，载于《中国高等教育》2014 年第 17 期，第 28～30 页。

③ 《习近平在中国政法大学考察时强调立德树人德法兼修抓好法治人才培养励志勤学刻苦磨炼促青年成长进步》，新华网，http://www.xinhuanet.com/2017-05/03/c_1120913310.htm。

对此反应较为迟钝，其他学科如经济学、社会学的一些新近研究成果，未被恰当地引入法学教育，使得法经济学、法社会学等法学新兴学科的教学停滞不前，学生缺乏交叉学科知识的运用能力。① 原中国政法大学校长黄进曾经一针见血地指出，同加快建设社会主义法治国家的新形势新要求相比，法治人才培养质量和机制还存在一些不足和问题，其中包括社会急需的新兴学科、交叉学科供给不足；法学学科和其他学科交叉融合还不够深入等。②

从全面依法治国所要求的高素质行业法治人才培养目标出发，行业法治人才的培养除了符合法治人才培养的一般要求，还应适应各行业具体的职业素养要求，如新闻传媒行业的法治人才培养，既要有丰富的法律知识和娴熟的法律技能，更要对传媒行业的知识有广泛的了解，特别是对著作权等知识产权相关领域有相当的知识储备，这样才能在问题产生后，由新闻传媒行业的专门法治人才对此提供专业法律服务进行善后处理，尽早地解决问题。这就要求各高等学校在培养行业法治人才时，应尤其注意法学学科与其他学科之间的整合创新，通过法学学科与其他学科的交叉融合，加快学科之间的资源重组与优化配置，如经济学、金融学、会计学、工商管理、行政管理等，可以与法学学科进行整合式创新，以发展新兴学科和交叉学科、跨学科项目研究、建设特色学科和跨学科教学团队等形式促进行业法治人才培养，以适应社会不同行业对法治人才的不同需求。

不少高校在推动法学与交叉学科的融合方面实现了成功的探索与尝试。例如，东南大学法学院以"学科交叉集成，特色发展"作为法学学科发展的主轴，以"法学＋"为主要发展思路，突出打造法学与东南大学优势的土木工程学科交叉融合与集成创新建立的"工程法学"特色交叉学科，并列入学校"985"重点支持项目。东南大学集法学院、土木工程学院、建筑学院、交通学院等院系的学科优势，于2008年在国内率先创建"工程法研究所"交叉学科研究平台，并探索法学教育与人才培养的新模式。江苏省法学会依托东南大学工程法研究所，于2013年批准成立了江苏省法学会工程法学研究会，进一步整合了江苏省内工程法律研究力量，创建了一个集"理论研究、交流沟通、联合创新"为一体的平台。顺应政府与社会资本合作（PPP）国家战略，东南大学于2015年专门设立了"东南大学PPP法律研究中心"。目前，东南大学工程法学团队围绕"一所、一会、一中心"的三大平台，紧扣国内外工程法研究前沿脉动，为国内工程领域的法治发展与实践贡献着自己的力量。因应法学教育教学改革与人才培养模式创

---

① 徐清宇：《法学教育供给与司法职业需求的不对称及其校正——中国大学法学本科教育改革的基本出发点》，载于《政法论坛》2008年第2期，第155~163页。

② 黄进：《志存高远培养卓越法治人才》，载于《光明日报》2017年5月26日，第11版。

新的要求，东南大学法学院与土木工程学院、交通学院建立了长期合作关系，创建了"工程法"跨学科人才培养、教学改革与研究的一体化平台，并于2010年秋季学期，法学院在民商法专业下招收"工程法学"方向研究生（法学）；2012年秋季学期，土木工程学院在土木工程建造与管理专业下招收"工程商务与法律"方向研究生（工学）；2013年9月，法学院与土木工程学院合作正式设立"工程法特色实验班"（法学本科），进行复合化、应用型法律人才培养。经过近八年的不断发展，逐步探索出了一条特色课程建设、特色专业方向建设、特色专业建设的发展道路。①

综上所述，高等学校"应当按照总书记的要求，有信念、有底气、有担当、有作为，既要引导学生培养学生对社会主义法治的信仰；也要立足中国、挖掘历史，关怀世界，注重学术研究的继承性、民族性、原创性、系统性与专业性，尽快培育出具有中国特色与国际视野的法学学科体系，为建设社会主义法治国家提供理论支撑"②。

2. 法学知识教育与法律职业伦理教育的融合

在很长一段时间里，我国的法律人才培养最为重视的是对学生法律知识和法律技能的培养，这与我国过去长期奉行的"法律工具主义"价值观有着密不可分的联系。既然法律是一种工具，那么掌握和实施法律的人在某种意义上无异于技术工人。在这种理念的指导下，高校往往重视法律知识教育，而忽略法律人文主义的教育，这就导致许多法学专业学生只知法律条文，不知法律文化；只知法律规定，不知法律人文精神。③ 我国法治人才培养中，法律信仰和职业精神等方面教育的缺失，导致许多法学专业学生只是将法律学习作为谋生的手段，缺乏应有的法律职业价值追求和社会责任感，导致法治教育造就的不是视法律为生命的正义者，而是法律投机分子。

"如果法律仍旧是一项职业的话，必须采取一些手段向学生灌输责任和义务的意识，这是一种职业的精髓。"④ 法律职业知识技能和法律职业伦理共同构成完整的法律职业素养，法律人对法律发自内心的信仰才是法律精神的内核。徐显明教授曾经在接受采访时谈到，我国法学教育在职业化方面有两个缺陷，其中第一个就是缺乏司法伦理的训练。不具有司法伦理的法官、检察官和律师就如同守仓库的盗贼一样危险，司法腐败的存在就与司法人员缺乏职业伦理教育有着极大

---

① 参见东南大学法学院网站，http：//law.seu.edu.cn/gcf/list.htm。
② 柴如瑾、陈鹏：《培育德才兼备、信仰坚定的法治人才》，载于《光明日报》2017年5月5日，第3版。
③ 王琦：《我国法律人才培养模式的反思与创新——以法学实验实践教学改革为视角》，载于《海南大学学报人文社会科学学报》2011年10月刊，第128～133页。
④ Sidney P. Simposn, The Function of the University Law School, 49 HARV. L. 1936：1068, 1070.

的关系。然而，一个人的伦理水平并不是通过知识学习而获得的，而是遵循某种路径训练出来的。正如人的有德与高尚是在消除对己义务的冲突中被驯化出来的，没有这一过程，便没有高尚，所以，司法腐败要从法学教育上寻找源头。[①]我国法学教育实践中，在很大程度上存在着重智育轻德育、重教书轻育人的偏差。法治人才培养必须把立德树人作为教育的根本任务，在不断提高法治人才专业水平的同时，也要培养法治人才高洁的操行和纯朴的情感，始终凸显"健全人格教育"的理念。因此，教育不仅要授业解惑，传授专业知识和技能，更要引导法治人才正确认识各种社会现象，明辨重大是非，正确理解中国的法治建设进程；要鼓励学生参加社会实践、从事法律援助等社会公益，着力培养法治人才的社会责任感和职业伦理意识。[②] 综上所述，开展法学教育尤其要注重法律职业伦理教育，如果缺乏职业道德和职业伦理，法律知识越丰富、法律技能越娴熟，反倒可能为法治建设造成越大的破坏与阻碍。法治人才需"德才兼备"，并且要以德为先，只有具备良好的职业伦理素质，才能更好地发挥自身法学才识作用，为国家、社会和公民提供好优质的法律服务。

3. 法学理论教育与法律职业技能教育的融合

中南财经政法大学校长杨灿明教授曾在全国政法大学"立格联盟"第六届高峰论坛上提出，我国高校法学教育急需由粗放式教育转变为追求质量的提升，同时还要实现由法学专业教育向法律职业教育的转变。中国法学教育是应该走学术型道路还是职业型道路这一问题曾困扰高等法学教育者多年。造成困扰的一个重要原因就是国家对高校采用的学术指挥棒，在学术至上的指引下，几乎所有法学院系都将主要精力用于争取硕士点、博士点，进而争取二级学科重点博士点，甚至一级学科重点博士点。这一以学术为中心、以学术为尊的标准试图将所有法学院系的学生都培养成理论深厚的学术性人才，事实上，这显然是无法实现的目的。学术型人才无论在哪个领域都只能是少数群体，更何况，各行各业对法律人才的需求并非都强调学术水平，学术人才并不能满足各种法律实务工作的需要。因此，法学教育在学术指挥棒的指引下曾经走过了一段弯路。徐显明教授指出，现在大家基本达成了一个共识，那就是法学教育应当向职业化方向发展。职业化趋势是法学理论界和法律实务界共同的期待。[③]

---

① 蒋安杰：《法学教育是一个国家法治建设的基础工程——专访新一届教育部高等学校法学类专业教学指导委员会主任委员徐显明》，载于《法制资讯》2013 年第 Z1 期，第 46 ~ 48 页。
② 《习近平在中国政法大学考察时强调立德树人德法兼修抓好法治人才培养励志勤学刻苦磨炼促进青年成长进步》，新华网，http://www.xinhuanet.com/2017 - 05/03/c_1120913310.htm。
③ 徐显明：《中国法学教育的五大发展趋势》，载于《法制资讯》2013 年第 Z1 期，第 49 ~ 51 页。

职业化并不意味着忽视法学理论,只重视法律技能和实务,职业化的法学教育是多元的法学教育。一方面,既要有着眼于培养高学历学术型法治人才的研究型法学院校,也要有着眼于培养法律实务人才的应用型法学院校,这样才能满足多种法律职业的需要;另一方面,研究型法学院校培养的理论功底深厚、学术素养高的人才,也可以将此优势发挥到非学术性工作中,更有利于法律实务工作的开展。因此,就高等法学院校而言,首要应当按照自身的优势和特点选准职业化的定位,并在此基础上通过调整课程设计、丰富教学方式等实现法学理论教育与法律职业技能教育的平衡。

三、实务部门主动参与

法学专业是一门实践性极强的学科,学生的培训目标是更好地为社会法治事业做出贡献,社会中的实务部门,例如,公检法、律师事务所等,都为法治人才的培养提供了许多实习的机会,更好地帮助学生把理论与实践结合起来,掌握更多的实践经验,为学生毕业后的职业发展提供了前提条件。

让实务部门参与到法治实践中来,增加与高校的合作机会,共建法学实践教育基地,这一做法已经在许多高校中展开。西北政法大学就进行了积极的探索和尝试,他们不仅邀请司法实务部门实践经验丰富的专家参与学校的教学,还邀请实务部门的专家参与人才培养方案制定、教材编写和实践课程的设计,让实务部门深度参与实践教学。并且,西北政法大学还定期邀请法院、仲裁委、劳动争议仲裁委员会机构将庭审现场搬进学校,直接来学校开庭审理各类案件,处理真实的民事争议和纠纷,让学生在校园里即可感受到真实的庭审,学习最真实的技能。学校不仅与陕西省西安市中级人民法院(系统)和西安市人民检察院(系统)共建有大型综合校外法学实践教育基地,开展以实践教学为核心的多种形式和内容的合作教学活动,还走出本市,在陕西其他地方、甘肃、宁夏、河南、山东、江苏、浙江、广东、海南等省份的公检法机关建有58个专业实习基地(实习点),为学生的实习工作提供了诸多的机会。[①]

高等院校法学专业与实务部门进行合作是大势所趋,也是社会发展的必然。法学教育应走出校门,寻求合作,利用司法行业优质资源,开展合作培养计划。湘潭大学法学院聘请来自国家知识产权局、湖南省高级人民法院等部门的实务精英担任兼职导师,采取校内导师与实务导师全程参与、协同培养的"双导师

---

① 贾宇:《抓住关键环节培养卓越法律人才》,载于《中国高等教育》2013年第12期,第21~23页。

制,设置个性化培养计划,培养复合型知识产权专门人才双导师制的协同,主要体现在:一是专业指导与日常管理的协同,校外实务导师在专业学习、实践环节及论文选题、开题与写作方面提供指导,而校内导师在课堂教学及日常管理方面承担主要角色;二是课堂教学与实践教学的协同,在课堂教学的某些必要阶段,可穿插实务导师的讲座或通过远程同步教学等形式,实际上一些课程是由校内导师与校外实务导师共同完成(如知识产权诉讼实务、专利撰写与专利代理实务、专利检索与信息利用等课程),使课堂教学的理论与实务得到较好的结合;三是学习—实习—就业指导的协同,通过校内导师与实务导师的协同配合,使学生在学习—实习—就业的环节得到较好指导,使其适应社会能力更强,适用社会的时间更短,较快为社会所接纳。[1]

法律实务部门是法治人才的需求者,也是法治人才培养这条"供应链"的终端,他们最了解什么样的法治人才是符合社会需要的合格人才,同时,法治人才的质量也与他们最密切相关,因此,法律实务部门参与法治人才培养最符合人才培养的基本规律和基本要求。人才培养是百年大计,必须构建高等法学院校与法律实务部门协同培养法治人才的长效机制。因此,明确法律实务部门在法治人才培养中的责任主体地位,充分发挥法律实务部门在法治人才培养中的独特作用与功能,对于全面推进依法治国战略目标的实现将具有极为深远的意义。[2]

四、政府保障和指引

法治人才培养是一项庞大的系统工程,需要政府、高校和社会共同参与。高校是法治人才培养的直接主体和第一责任人,社会是法治人才的需求者和评价者,也是共同培养者。然而,高校和社会中的各类法治人才需求者、评价者都是各自独立的主体,相互之间没有天然的关联关系,如何充分调动起他们的积极性,使得社会和高校共同投身到法治人才培养的宏伟事业中来,政府的保障、指引和协调作用必不可少。事实上,长期以来,我国政府一直非常重视和大力支持法治人才培养。政府在坚持和强调教育系统培养法治人才主体地位的基础上,充分调动其他各行政主管部门和各行业企业参与人才培养的积极性,并且收到了明显实效。国务院学位委员会、教育部、人力资源和社会保障部成立了专业学位研

---

[1] 刘永华:《知识产权人才多方协同培养机制的探索与实践》,引自廖永安主编:《法治人才培养机制创新的理论和实践》,湘潭大学出版社2017年版,第125页。

[2] 廖永安:《论法治实践部门在法治人才培养中的责任主体地位》,引自廖永安主编:《法治人才培养机制创新的理论和实践》,湘潭大学出版社2017年版,第10页。

究生教育指导委员会，并邀请最高人民法院、最高人民检察院、公安部和司法部等部门参加。加强培养单位与法治工作部门之间紧密合作和联合培养，着力增强实践能力，推动专业学位与职业资格有机衔接，在提高法学教育质量和人才培养使用效益方面迈上新的台阶。[①]

在法治人才的培养过程中，政府的核心作用在于统筹、协调、规划、指引，建立实务部门与高校之间合作工作的联动机制，协调各方之间的关系，高校可以向政府表达自己的需要，政府也要求高校进一步改进自己的人才培养计划，把国家的方针政策落到实处。政府在协同培养法治人才过程中的作用主要体现在以下几个方面。

（一）完善政策指引

中共十八届四中全会强调："全面推进依法治国，总目标是建设中国特色社会主义法治体系，建设社会主义法治国家"。要实现上述总目标，法治工作队伍建设是前提和基础，而法治人才培养则是加强法治工作队伍建设的根本。"卓越法律人才培养计划1.0"提出实施高校与实务部门人员互聘的"双千计划"，旨在建立高校教师与法律实务工作者的常态交流机制，一方面通过到实务部门挂职锻炼的方式提升高校教师的法律实践能力和实务水平，另一方面则直接将法律实务工作者引入高校课堂，提升实践课程的比例和含金量。国家鼓励和支持"双千计划"开展，通过对政策的不断完善，进一步细化计划的内容，加强计划的可适用性，使计划真正得以落实。

在国家宏观层面，可以通过进一步制定部门规章或者党内政策的方式，构建多赢的合作机制，解决各类主体在协同法治人才培养活动中的角色、功能与定位，即参与机制的问题，以提升法律实务部门参与法治人才培养的积极性和主动性。教育部、司法部、最高人民法院和最高人民检察院等相关部门可以共同制定类似于督促监督"双千计划"实施的相关规定，明确相关管理部门、实务部门等在法治人才培养中的职责，为实施开门办学、合力育才的多元协同法治人才培养模式提供复合型师资团队的保障。各级地方政府及司法机关、检察机关应当认真贯彻落实国家的"双千计划"，在国家总的政策引领下，结合地方优势，制定符合自身情况的政策。

（二）加强经费保障

充足的经费和合理的经费管理制度是多元协同培养法治人才目标能够实现的

[①] 袁贵仁：《创新法治人才培养机制》，载于《人民日报》2014年12月12日，第7版。

必要前提。在具体实施过程中需要大量资金的投入，若全部由高校独自承担，会影响高校落实计划的积极性。因此，国家财政和地方财政要加大对于高校的经费保障力度，努力让高校不必考虑经费的问题，将精力集中在法治人才培养方面，但是财政部门也要注意对经费的管控，防止出现滥用经费的情况。同时，也要注意对法治实务专家的补助工作，对于教学工作优异，深受好评的专家可以建立奖励制度，调动工作积极性。

在协同培养法治人才的实施过程中，针对法治发展和经济发展水平较为落后的地区，可以加大对其的扶持力度，保证其可以获得充分的发展条件，将这笔资金用来引入高端法治专家，加强法治实践基地建设，完善教学设施，从而达到促进法治水平提高的目的。政府通过有选择性的经费投向，可以实现对高校培养法治人才方向的指引。

（三）推动责任落实

从实践反映的情况和课题组的调查数据可以看出，"双千计划"的实施并没有达到预期效果。究其原因，很重要的一个因素就是责任制度和考核制度不完善。无论是到实务部门挂职的高校教师，还是到高校挂职的法律实务专家，其组织关系仍保留在原单位，工资发放和年度考核都仍由其原单位进行。挂职者工作表现优秀未必能够获得相应的奖励或者肯定，工作表现一般甚至敷衍应付也不会遭受相应的负面评价，在这种情况下，是否积极投身于挂职单位的工作完全取决于挂职者个人的主观意愿或者觉悟，毫无制度保障，自然难以取得令人满意的结果。

科学的责任落实机制是保证法治实践部门参与法治人才培养的关键。建立法治实践部门参与法治人才培养的责任落实机制，必须借助科学的、严格的考核机制。[①] 因此，要想充分调动高校教师提升自己实务水平以及法治实践部门参与法治人才培养的积极性与主动性，从而确保法治实践部门与法学教育部门协同培养法治人才的机制落到实处，就必须建立相应的责任制度和考核制度，将法律实务部门与高校共建师资队伍、协同开发优质教材、联合设计课程体系及共建实践教学平台的责任落实情况，纳入高校和法律实务部门的考核事项。郴州市中级人民法院进行了这方面的尝试，他们与湘南学院积极合作，选派业务过硬、品德优良、实践经验丰富，并且综合素质高的法官担任湘南学院法学专业学生的实习或见习导师和论文指导老师，并将对学生指导任务的完成情况列入法官的业务考评

---

① 廖永安、段明：《法治实践部门应成为法治人才培养的责任主体》，载于《光明日报》2015年9月16日，第13版。

内容,对担任实习或见习导师、论文指导老师的法官增加业务考评分,对学生反映好的则再予以加分。① 此种做法极大地鼓励了法官们参与高校法治人才培养的积极性和主动性。

第四节 协同设计多元的课程体系

2014年10月20日至23日,中国共产党第十八届中央委员会第四次全体会议审议通过了《中共中央关于全面推进依法治国若干重大问题的决定》(以下简称《决定》)。《决定》对"创新法治人才培养机制"提出了新的任务,其重要内容之一就是"形成完善的中国特色社会主义法学理论体系、学科体系、课程体系"。理论体系是人们对于客观规律产生的理性认识,在实践中得到反复适用,并被证明是有价值的;学科体系是对理论体系的凝练和升华,具有稳定的框架结构,包含基本概念、方法论等重要方面;课程体系则是理论体系和学科体系的集中反映。在人才培养过程中,三大体系建设应该相互贯通、相互联系。当前我国已经形成多层次高等法学教育体系,具有中国特色、中国风格、中国气派的法学学科体系和课程体系日益完善。② 为了响应《决定》提出的"创新法治人才培养机制"的要求,从教育行政管理部门到高校,都纷纷推出了各种改革措施。但是,必须看到的是,关于法治专门人才的培养问题,无论是何种创新模式,最终的落点都必然指向法学专业的课程体系,具体化为一门一门的法学类专业课程。在现代高等教学体系中,课程是所有知识传递的载体,是所有宏观改革的抓手,没有课程体系的改革,一切改革最终都将流于形式,无法实现最初设定的目标。所谓创新法治人才培养模式,核心要义就是要创新法学专业的课程体系,一切都要从这里具体落实。③

---

① 周桂英、林海波:《合作共建互惠共赢——以湘南学院与郴州市中级人民法院联合培养应用型法律人才战略的实践为视角》,引自廖永安主编:《法治人才培养机制创新的理论与实践》,湘潭大学出版社2017年版,第101页。
② 袁贵仁:《创新法治人才培养机制》,载于《人民日报》2014年12月12日,第7版。
③ 刘坤轮:《我国法学类专业本科课程体系改革的现状与未来——以五大政法院校类院校为例》,载于《中国政法大学学报》2017年第4期,第130~149页。

一、法学教育课程体系现状

（一）法学教育课程体系的演变

新中国成立以来，我国高等法学教育发展到今天取得了很多成绩，在课程设计上的主要成就是基本形成了以社会主义法律部门为主体的核心课程体系。教育部高等学校法学类专业教学指导委员会在1999年确立了法理学、宪法学等14门课程作为法学类专业核心课程，2007年提出将劳动与社会保障法、环境与资源保护法增补为核心课程。目前，各高校法学专业必修课程基本上都是以上列核心课程为主，同时根据本校的实际情况适当地进行一些增减，以体现本校特色。以历史的眼光来看，这种同质化的课程体系要求在一定时期内对我国法学教育规范化建设起到了积极的推动作用，一定程度上解决了法学专业生存的合法性问题。[1]

为加强对高等学校人才培养工作的管理和指导，推动高等院校的教学改革和教学建设，进一步提高人才质量，教育部成立了高等学校教学指导委员会，其中就包含有高等学校法学类专业教学指导委员会。自教育部高等学校法学类专业教学指导委员会（以下简称"法学指导委"）成立以来一直致力于构建法治人才培养体制，提高法治人才培养质量，不断加大法学专业的建设力度，为法治中国奠定良好的根基。法学指导委员会在发展过程中，积极组织和开展本学科教学领域的理论和实践研究，探寻行之有效的人才培养方式，除了理论性教学之外，还有实践性教学，这是目前国内高校法学专业的基本培养方式，但是由于法学专业的就业率一直处于倒数的水平，使得教育部高等学校教学指导委员会开始逐渐改变二者的比例结构，由之前重视理论向重视实践倾斜。在目前的高校教学活动中，应该处理好公共基础课程与专业课程之间的关系，减少一些与法学专业没有太大关联的公共基础课的比例，公共基础课要遵循实用、综合和高效的思路，要在知识的针对性、实效性以及与法学专业学生学习的结合上下功夫。[2]

（二）法学教育课程体系的构成

我国高等法学院校的法学本科课程体系多数由五个版块组成：通识必修课

---

[1] 刘坤轮：《我国法学类专业本科课程体系改革的现状与未来——以五大政法院校类院校为例》，载于《中国政法大学学报》2017年第4期，第130~149页。

[2] 黎四奇、梁爽：《对中国法学本科课程设置的检讨与反思》，载于《创新与创业教育》2015年第2期，第129~132页。

程、通识选修课程、专业必修课程、专业选修课程和实践教学课程体系。

根据教育部 2018 年发布的法学本科专业教学质量国家标准，法学类专业课程总体上包括理论教学课程和实践教学课程。理论教学课程体系包括思想政治理论课、通识课、专业课；实践教学课程体系包括实验和实训课、专业实习、社会实践与毕业论文。法学类专业培养方案总学分应控制在 160 学分左右，其中实践教学累计学分不少于总学分的 15%。理论教学课程包括思想政治理论课、通识课和专业课。实践教学课程包括实践教学，实验、实训和专业实习，社会实践和毕业论文（设计）。①

（三）实务部门对课程设置的参与度不足

我国高等法学院校课程体系重理论、轻实践的问题由来已久。一方面，相对于理论课程，实践课程所占比例少，而且实践课程一般独立于专业课程，且常常不是必修课，在教学的整体过程中重视程度不够，即使有一些实践课程也是作为理论课的补充，没有形成成熟、合理的课程体系。另一方面，常见实践课程无外乎模拟法庭、法律诊所等，这些课程的讲授者基本上都是高校教师。情况好一些的，此类课程由曾经担任过法官、检察官或者律师，具备一定法律实务经验的教师主讲。然而，高等法学院校教师队伍中具备法律实务工作经验的人并非多数，尤其是有过法官、检察官或者企业法务工作经验的教师更是少之又少，因此，实践课程也只能是由从未实际从事过法律实务工作的教师主讲，授课效果可想而知。

除此之外，甚至有些高校连模拟法庭、法律诊所形式的实践课程也没有系统开设，只是偶尔或者零散的组织学生参与法庭审判旁听，或者随着理论课的教学开展一些非正式、片段化的模拟法庭辩论等，实践课程未能系统地纳入本科教育计划当中。

造成上述状况的原因是多样的，但是，最深层次、最根本的原因就在于法律实务部门对高校法治人才培养课程体系设置的参与度不足。从实践情况来看，法律实务部门对法治人才培养工作的参与往往是被动的、非常态的和浅层次的。具体参与形式多数表现为作为校外导师为学生提供一下指导，偶尔受邀到高校为学生举办一场法律实务讲座，在学生实习过程中给予一定的指导，等等，基本上很少有法律实务工作者为高校学生完整地讲授一门课程，更遑论对高校的课程设置发表任何意见。

---

① 《教育部发布法学本科专业教学质量国家标准》，新浪教育，http://edu.sina.com.cn/gaokao/2018-04-11/doc-ifyzeyqa3643686.shtml，2018 年 4 月 11 日。

二、高校如何主导法律课程体系设置

（一）以行业为导向的课程设置

就我国目前的高等院校法治教育课程的安排来看，全国整齐划一的课程体系束缚了各类法学院校发挥自身特色的步伐，也导致了法学专业近年来就业率的大幅下跌，教育部安排的课程内容有的可能已经无法与时代要求相契合，但是各大高校依然只顾及教育部规定的课程内容，对于社会到底需要什么样的法律人才却关心甚少，对各个行业需要的法律人才也没有进行专业化的培养，极大地影响了学生的就业情况。行业法治人才培养的目标在于以满足社会不同行业对法律从业者的多样化需求为导向，立足于职业教育这一属性，坚持理论教学、实践能力培养和法律职业伦理教育相结合，针对不同的行业需求制定多元化的培养方案和课程体系，甚至开设特殊的专业，使学生具备跨学科的知识背景，并具备运用法学与其他学科的理论和方法解决实际问题的能力，从而实现高等法学教育与法律职业乃至相关职业的良好衔接与深度融合。

行业法律课程体系是根据依法治国的政策要求，培养行业法治人才的重要手段，是在充分考虑社会实际需要的情况下，依据各个行业不同的特点和不同需求，相应地对法学教育的各个环节进行修改和重新设置的过程，以使得法学教育的目标能够契合社会各行业的发展需要，逐步建构起符合全面依法治国的行业法治人才培养模式，造就和培养建设社会主义法治国家所需的各类法律人才。行业法律课程体系的基本特征是以法学专业核心课程为基础，围绕特定行业的需求所开设的有所侧重的课程体系。

设置行业法律课程体系是法学学科发展的必然结果，也是由其自身的职业教育属性决定的。法学专业自其诞生以来，一直处于不断细化的过程之中，进入21世纪后，这一变化更加明显，法学教育的内容也随之丰富和发展，在各个不同的领域均有所涉猎和发展。实践性决定了法学教育应该以实践为导向，要求法学教育以法律职业及其实践作为确定教育目标的依据[1]；法学专业的社会性决定了法学教育必须与社会高度融合，随着我国法治建设的不断深入，新的行业会不断涌现，对法律人才的培养需求也逐步扩大，这些都会使得行业法律课程体系愈发重要。

行业课程体系与基础课程体系的不同之处在于其着重培养学生运用理论及具

---

[1] 王军、杨贝：《论我国法学教育的多元化走向》，载于《暨南学报》2012年第2期，第150~156页。

体方法解决实际问题的能力,而不是仅仅培养其发现社会规律、创制法学理论的能力,这种能力的培养能够使法学专业毕业生在毕业后可以胜任未来从事的工作,更加贴近社会的实际需要,有助于提高法学毕业生的就业水平。[1] 但是,基础课程体系依旧十分重要,它构成了法学生的基本理论架构,是法学生日后能力水平更进一步的基础,基础课程注重培养学生的理论水平,提供充足的知识储备,行业课程体系是在基础课程体系基础上的细化,将行业需要与基础知识融合起来,以应对日后发展的需要。

我国可以借鉴国外法学院的做法,设置符合人才培养目标的课程体系。在强化必修课程的实践性外,应结合法学院或整个学校的特点和优势、区域优势及国际交流关系等,灵活开设特色性课程,如国际法学教育合作、模拟法庭、检察官论坛、法官论坛、律师实务论坛等。

此外,行业法治人才这一培养目标需要我们认识到法学和交叉学科,尤其是新兴学科之间的重要关系。如前所述,德国法学院教师授课时涉及多学科知识,精讲与泛讲相结合。日本也在司法考试时涉及了人文科学、社会科学、自然科学在内的众多基本知识。我国有必要完善必修科目的设计,加强选修科目的数量和质量,以培养具有较强综合素质的法律人才。美国不但强调学生知识背景的多样性,而且特别关注法学课程开设的广度,摒弃单纯教授法学知识的观念,逐渐设置跨学科的教学课程,培养学生丰富的人文科学素质,以满足社会对法律服务的综合性要求。[2] 因此,有学者建议将现有的 16 门法学类专业核心课程结合新兴的法律领域,调整为两大板块,在不损害之前法学教育"同质化"时期取得成就的前提下,积极结合前沿法律领域,推动法学教育的特色化建设。进而将法学类专业核心课程体系调整为两大板块,具体分为两大核心课程体系,采取"8 + 8""9 + 7"或是"10 + 6"设置模式。目标指向"让基础的更基础,让特色的更特色"。在分类设置法学专业类核心课程基础上,法学专业本着版块建设的课程建设方针,结合具体的必修课程,建设若干门选修类课程。一般而言,1 门必修课程对应 1~3 门的选修课程,在内容上和相应的核心课程形成拓展与延续。[3]

实践中有一些高校在特色课程体系设置方面进行了一些值得学习的探索。

1. 广东财经大学粤港澳大湾区法律课程

广东财经大学结合地缘特色和学科优势,于 2018 年新开设了法学(粤港澳

---

[1] 张瑞萍:《论卓越法律人才培养的多元化与职业化》,载于《中国法学教育研究》2015 年第 4 期,第 84~93 页。
[2] 郝艳兵:《法治中国语境下的法律人才培养模式研究》,西南交通大学出版社 2015 年版,第 79 页。
[3] 刘坤轮:《我国法学类专业本科课程体系改革的现状与未来——以五大政法院校类院校为例》,载于《中国政法大学学报》2017 年第 4 期,第 139~149 页。

大湾区法务）本科专业，旨在培养适应将粤港澳大湾区建设成国际一流湾区和世界级城市群的实际需要，具有深厚的法学专业知识功底和熟练的职业技能、合理的知识结构，具备依法执政、科学立法、依法行政、公正司法、高效高质量法律服务能力与创新创业能力，熟悉和坚持中国特色社会主义法治体系，熟悉党的相关政策，特别是熟悉粤港澳大湾区相关法律和政策，熟悉香港和澳门特别行政区基本法律体系，具有国际视野，能在国家机关、企事业单位、社会团体、仲裁机构和法律服务机构从事法律工作，特别是满足粤港澳大湾区建设对法治人才需求的应用型、复合型、创新型高级法律人才。对本专业毕业生的知识结构要求是：应科学地构建以法律为基础，管理学、经济学与法学相结合，宽口径的"T"字形知识体系；牢固掌握本专业的基本知识和基本理论，并形成合理的整体性知识结构。了解法学理论前沿和法制建设现状及发展趋势。熟悉我国法律法规和相关政策，同时了解粤港澳大湾区不同法域的相关法律制度，并了解人文社会科学和自然科学基础知识，了解与法学相关的管理学、经济学基础知识，做到精法律、通管理、懂经济。基于上述培养目标和知识结构要求，法学（粤港澳大湾区法务）本科专业的专业核心课程包括：法理学、宪法学、中国法律史、刑法、刑事诉讼法、民法、民事诉讼法、行政法与行政诉讼法、法律职业伦理、商法、知识产权法、国际法、国际经济法、国际私法、合同法、证据法、港澳基本法、粤港澳经贸合作法律实务。学生应修满 157 学分（不含课外学分），其中通识必修课 44 学分、通识选修课 10 学分（跨学科、跨专业模块至少修读 4 学分）、学科基础课 47 学分、专业必修课 39 学分、专业选修课 17 学分（综合运用模块的选修课至少 2 学分）；同时，学生还须获得 10 个素质拓展课外学分。该专业招收港澳台地区学生，按照教育厅规定，港澳台地区学生不需修读"思想与政治"模块中的课程，其余课程按教学计划要求修读。

2. 南开大学的案例课程

南开大学法学院计划以案例教学为突破口，实现教学内容和方法的优化和转变。典型判例是抽象法律规则的实例呈现，聚集了实践中的频发和疑难的法律问题，分析典型判例是研讨核心法律问题和培养学生法律思维能力最有效的途径。南开大学法学院以案例教学为突破口，加大判例研习在主要法律课程教学和考核中的比例，要求教师在国内法和国际法教学中必须反映中国法和国际法的典型判例，在期末考试中判例分析的分值逐步达到总分值的 1/3 以上。学院新开一批案例课程，从现有的"案例分析"课程衍生出 3 门新案例课程：民法案例评析、刑法案例评析、涉外民商事案例评析。与实务部门共同编写案例教材、共同授课，学院将与天津市法院系统的法官共同组成教材编写课题组，共同研究判例教材的撰写规律，撰写出具有自身特色的系列判列和审判实务教材。教材将涵盖主要的核心课程，总计 15 本。这些教材或作为法学原理教材的辅助教材，或作为新开案例课程的主要教材。学院聘任的实务部门的兼职教师也将参加判例研习的讲授。在创设案例课程和合编案例教材的同时，改进授课方式，判例研习时，以学生研讨为主、教师引导为辅，引导学生提炼法律事实，归纳法律争点，理解法律解释和适用，在判例研习中锻炼法律思维能力，提高法律技能。同时，积极建设国家校外大学生实践教学基地南开大学法学教育实践基地，新增 3~5 个实习基地，强化现有实习基地的建设。通过与实务部门的合作，进一步增加实习的频度和期间，提高实习效果。①

南开大学法学院通过增加案例实践教学的课程比例，将法律实务工作中出现的实际情况与课堂教学结合激发学生的参与热情和兴趣，教师在学生参与行为的过程中逐渐引导学生学习，达到综合培养法律人才的目的。

3. 宁波大学的模块课程群

宁波大学从 2000 年开始，即不断探索具有本校特色的法学人才培养模式。2000~2006 年，实行"平台+模块"的人才培养模式。学生在进入大学后，一年级、二年级学习法学专业平台课程，主要是教育部指定的法学专业的 14 门核心课程。自三年级开始，学生根据自己的兴趣爱好以及今后就业发展的需要选择模块，当时开设的模块方向有民商法模块、经济法模块、国际经济法模块、刑事法模块和宪政与法治模块。同时开设了"刑事侦查学""模拟法庭"等实验课，并建设了相应的实验室。2007~2010 年，实行了"通识+平台+模块"的人才培养模式。学生进入大学后，在一年级要学习一些诸如公共关系学、西方经济学等通识课程和学科大类课程，二年级后进入专业学习，主要是一些专业基础课程，三年级开始选择专业方向，进行模块教学，为的是培养知识面广博的应用型法律人才。在前述探索的基础上，宁波大学法学院以卓越法律人才能力培养为宗旨，构建起由若干门课程组成的课程群，通过课程群的建设来培养和提升学生的各种能力。卓越法律人才强调的是高素质、复合型、应用性，所以在学生的能力培养上应该集中在扎实的专业理论功底的职业技能、深厚的人文精神、宽阔的知识背景和广阔的国际视野。为适应法治人才培养的需要，宁波大学改革了相关的教学方法，在原有的基础上增加了"国际贸易、国际商务谈判"等经贸类的课程以及"英语阅读和写作、法律英语、英语视听、英语口语"等英语类的课程；在国际化视野的培养上，强化外语沟通能力，在核心课程中改造了国际经济法、海商法等 4 门课程，使其成为双语教学课程，且每门课程的双语教

---

① 左海聪：《南开大学的卓越法律人才培养》，引自徐祥民、田其云、马晓莉主编：《以培养卓越法律人才为目标——法律人才培养模式改革论集》，中国法制出版社 2015 年版，第 105 页。

学比例达到50%。①

4. 中央民族大学的民族法课程

针对我国西部民族地区严重匮乏既掌握法学专业知识，又娴熟掌握国家民族政策法律的法律人才，中央民族大学法学院根据民族院校特色以及自身的学科优势，于2002年自主设立了民族法学博士点和硕士点，培养娴熟掌握民族政策和民族理论的高层次法律人才。民族法学专业学生要通过学习民族学、社会学的基本理论、民族区域自治法、少数民族权利保障研究、民族政策与民族立法、少数民族习惯法、民族刑事政策学等课程，了解西部民族地区的现状，使学生深入了解各民族现状和民族法治问题，具备解决民族法律实务问题的能力。培养全面系统掌握民族法理论及相关学科知识，从事民族立法、实施和科研教学并有较强创新能力的民族法高级专业人才，使其能够把马克思主义民族理论与中国民族法治建设的实际相结合，民族学与法学相结合，兼采国内外相关学科之长，为中国民族法治建设服务。就业方向主要为民族地区高等院校教师和研究人员、西部民族地区各级人大和政府公务员、司法机关法官和检察官等。另外，中央民族大学法学院在云南省勐海县曼刚寨、内蒙古自治区鄂伦春自治旗托扎敏乡、甘肃省甘南藏族自治州舟曲县拱坝乡先锋村（藏族）、内蒙古自治区锡林郭勒盟东乌旗四个民族地区设立民族法调查基地。要求每位民族法学专业的学生都要深入民族地区开展实践和调研。② 中央民族大学法学院主要是针对西部等少数民族聚居的地区培养专业的法律人才，在培养过程中，开设了民族法专业，充分考虑到各民族的发展现状与法治现状，培养学生具备解决民族法律问题的能力，全面系统地掌握民族法治知识，为民族地区人才匮乏的问题提供了解决之策，这一做法值得处于西部地区或者是专门类的民族院校法学专业学习。

（二）加大实践课程比例

2017年习近平总书记在中国政法大学考察时强调，法学学科是实践性很强的学科，法学教育要处理好知识教学和实践教学的关系。要打破高校和社会之间的体制壁垒，将实际工作部门的优质实践教学资源引进高校，加强法学教育、法学研究工作者和法治实际工作者之间的交流。法学专业教师要坚定理想信念，带

---

① 张炳生、吴建依：《论地方高校卓越法律人才的培养——基于宁波大学法学院的实践探索》，引自徐祥民主编：《以培养卓越法律人才为目标——法律人才培养模式改革论集》，中国法制出版社2015年版，第114页。

② 张泽涛、傅智文：《建立特色鲜明的少数民族卓越法律人才教育培养基地——中央民族大学法学院的探索与思考》，引自徐祥民主编：《以培养卓越法律人才为目标——法律人才培养模式改革论集》，中国法制出版社2015年版，第317页。

头践行社会主义核心价值观,在做好理论研究和教学的同时,深入了解法律实际工作,促进理论和实践相结合,多用正能量鼓舞激励学生。① 法律的生命在于实践,法治人才素质的核心就是实践能力。要打破高校和社会之间的体制壁垒,"要让法学专业学生多走进社会,在实践中提升法律素养;也要请法官、检察官、律师等法治工作者来到学校,把法治建设和法律实践的最新经验和生动案例带进课堂。"②

早在 2011 年,"卓越法律人才培养计划 1.0"就明确提出要"加大实践教学比重,确保法学实践环节累计学分(学时)不少于总数的 15%。"但是,实际情况远远未达到此要求。有学者对中国政法大学、华东政法大学、西南政法大学、中南财经政法大学和西北政法大学五所著名传统政法类院校的课程设置情况进行分析后发现,即便是以不严谨的法律实践课程概念来统摄,③ 五大政法院校的实践课程学分比最高的也只是西南政法大学的 22 分学分要求,占总学分比例的 13.58%,没有达到"卓越法律人才培养计划 1.0"中所要求的最低比例。可见,现实中不仅实践课程在法学课程体系中占比偏低,而且实践课程本身的含金量也有掺杂水分。正因如此,"卓越法治人才培养计划 2.0"将"深化高等法学教育教学改革,强化法学实践教育,完善协同育人机制"作为实施卓越法治人才教育培养计划总体思路的内容。

(三) 重视职业伦理课程设置

当前高校的课程设计体系中占比例最大的是理论性课程,对于实践性课程的关注度仍有待提升,在打造多元化的法学课程体系中,需要协同考虑到多种行业需求,应当包含专业理论课程、职业技能课程和职业伦理课程,从不同的维度对法学的教育进行设置,首先必须全面优化法学课程体系,对已有的课程进行优化,加强改革创新,把理论课程与实践课程充分结合起来,这样才能使法律教学课程体系更加完善。④ 其次是要加强对于学生法学职业伦理的教学工作,法律职

---

① 《习近平在中国政法大学考察时强调立德树人德法兼修抓好法治人才培养励志勤学刻苦磨炼促进青年成长进步》,新华网,http://www.xinhuanet.com/2017-05/03/c_1120913310.htm。

② 王保民:《以十九大精神为指导培养新时代法治人才》,载于《人民法院报》2017 年 12 月 28 日,第 2 版。

③ 严格的法律实践教学应当以法律诊所、法律援助、庭审直播、案例教学、集中实习等为核心组成部分,而类似于国防教育、军训、毕业论文和毕业设计等实践教学形式,并不属于严格意义上的法律实践教学,这一部分的学分要求,不应划归到法律实践教学的学分中去,用于填补实践教学的学分比例要求。参见刘坤轮:《我国法学类专业本科课程体系改革的现状与未来——以五大政法院校类院校为例》,载于《中国政法大学学报》2017 年第 4 期,第 139~149 页。

④ 蒋玲:《卓越法律人才的培养模式改革分析》,载于《课程教育研究》2017 年第 45 期,第 227~228 页。

业伦理是法律职业者素养的重要和不可或缺的组成要素，法律职业伦理课程通过对法律职业伦理基本规范的全面系统讲授和专门学习，使法科学生掌握制度层面的法律职业行为规范的相关法律和司法解释，以及法律职业者的权利和权力的界限。① 在课程的系统讲授与专门学习过程中，使法科学生从中发现问题，了解法律职业伦理缺失的生成，自觉避免在未来的职业中可能出现的问题。从世界范围来看，美国、澳大利亚、日本等国家，都以不同形式把法律职业伦理课程列入法科学生的必修课中，但是在我国这一比例却不高。

借助法律实践教学的机会，在教授学生实务技能的过程中穿插讲授法律职业伦理，既可以指导学生职业技能的提高，也可以让学生在实际案例中体会职业伦理的重要性，能够达到事半功倍的效果。在专业课程理论的教学过程中，也会涉及职业伦理的相关内容，不同类型的法律制度和法学部门都有着相通的伦理道德要求，都是培养法治人才的重要理论基础，所以在部门法的教育教学之中，完全可以挖掘每一部部门法的伦理内容和德性，对法科学生进行法律职业伦理培养，将每一门部门法的学习过程也视作法律职业伦理的培养过程。

我国现在每年都会有大量的法学毕业生，在数量上足以满足社会对于人才的需要，但是数量多并没有和质量高产生关系，高精尖法律人才匮乏产生的弊病逐渐凸显。我国有 600 多所高等院校设立法学专业，但是却鲜有学校具有自己的王牌专业，除了传统的"五院四系"老牌法学院校以及新兴的部分高校之外，其余大部分学校的法学院都没有自己的办学特色。高校应在政府的指导下探寻合适的办学特色，加强与政府以及实务部门的协调与合作，在政府部门的指导下制定本校的发展战略，根据社会的实际发展情况，发展符合社会需求的专业，具有针对性的培养法治人才。

（四）协调课程体系与法律职业资格考试的关系

2015 年 12 月 20 日，中共中央办公厅、国务院办公厅印发了《关于完善国家统一法律职业资格制度的意见》（以下简称《意见》），规定了取得法律职业资格的必备条件，包括"具备全日制普通高等学校法学类本科学历并获得学士及以上学位，或者全日制普通高等非法学类本科及以上学历并获得法律硕士、法学硕士及以上学位或获得其他相应学位且从事法律工作三年以上"，这就将法律职业资格考试与高等学校法学学历教育紧密地捆绑在了一起。在法学课程体系与法律职业资格考试的关系方面，随着国家对法治人才的需求量不断扩

---

① 杜承秀：《法律职业伦理培养的路径分析》，载于《广西社会科学》2018 年第 6 期，第 140~144 页。

大，对法律职业人员专业水平的要求也越来越高，通过法律职业资格考试已经成为法学专业学生的"敲门砖"，是从事法律行业必须具有的资格证书。因此，《意见》对于法学教育的影响将会是革命性的，既往统一司法考试制度下的法学教育培养模式将会发生重大变革。对于法学教育而言，积极应对这一变化，已经成为当务之急，而落实这一应对策略，重中之重仍是对法学教育的课程体系进行改革。①

高等法学院校的课程设置一方面应当对法律职业资格考试做出回应，要能够体现出法律职业资格考试对考生知识结构和思维能力等的要求。《意见》第六条规定"改革法律职业资格考试内容。考试内容增加中国特色社会主义法治理论。着重考查宪法法律知识、法治思维和法治能力，以案例分析、法律方法检验考生在法律适用和事实认定等方面的法治实践水平。加大法律职业伦理的考察力度，使法律职业道德成为法律职业人员入职的重要条件。考试以案例为主，每年更新相当比例的案例。大幅度提高案例题的分值比重。"事实上，这些考试内容的确是合格的法治人才所应当具备的知识、素质和技能，因此，高等学校法学课程设置应当充分涵纳这些要素。本条规定将会对我国高等法学教育课程体系改革产生两方面的影响：一是实践课程在整个法学专业课程体系中所占的比例将会大大提高。二是过去被忽视的法律职业伦理教育将会得到强化。

法学专业教学应如何处理好与职业考试的关系，值得探寻。首先，法学教育应不断强化基础教学，提高教学质量，突出强调法律知识的学以致用。更新教学内容，改进教学方法，强化教学效果，保障法学专业学生知识的完整性。其次，强调案例教学，强化法律思维能力培养。② 提高学生的思辨能力和口头表达能力，提高案件论证的书面表达的准确性和系统性。同时法学教育应不断强化文书写作和法律论证能力训练，法律文书写作以训练文书起草的实际动手操作能力为主，应当作为法学本科生的基础实训课程独立开课。法律文书写作能够综合训练法治人才的知识、技能、思维和理念四项核心要素。③ 培养法律文书的写作能力也是法律职业能力的重要体现之一。最后，法学专业毕业生能够通过法律职业资格考试仅仅是对法学教育提出的底线要求，法学教育还要有培养卓越人才和精英人才的更高追求；法学专业的学生应当具有毕业后从事实务工作并且能够进一步成长为专家型实务人才的潜力，能够达到社会高等律师

---

① 刘坤轮：《我国法学类专业本科课程体系改革的现状与未来——以五大政法院校类院校为例》，载于《中国政法大学学报》2017年第4期，第139~149页。

② 郑金玉：《论我国法律职业资格考试新变化与法学教育的应对》，载于《重庆理工大学学报》2018年第8期，第87~94页。

③ 肖晗、胡露：《法律职业资格考试改革背景下的法律文书教学改革》，载于《时代法学》2016年第6期，第112~128页。

的人格要求和专业要求。

但是,另一方面要注意,高校的法学教育不应沦落为法律职业资格考试培训。高校法学课程只需回应法律职业资格考试对学生应掌握的知识和应具备的技能的要求,而无须体现出过多地对法律职业资格考试通过率的关注。对任何考试而言,能否通过,除了取决于考生的知识和能力,往往还受到考试能力或者应试技巧的影响。如果高等法学院校过多关注学生参加法律职业资格考试的通过率,则必然导致课程教学重技巧而轻知识,重答案而轻思考,使大学成为一个大型的"考试辅导机构",这无疑是本末倒置。

三、实务部门如何主动参与课程设置

(一) 实务部门主动性不足的制度原因

"卓越法律人才培养计划1.0"出台的主要原因就在于"我国高等法学教育还不能完全适应社会主义法治国家建设的需要,社会主义法治理念教育还不够深入,培养模式相对单一,学生实践能力不强,应用型、复合型法律职业人才培养不足"。因此,"卓越法律人才培养计划1.0"着眼于"强化学生法律实务技能培养,提高学生运用法学与其他学科知识方法解决实际法律问题的能力,促进法学教育与法律职业的深度衔接",并将探索"高校—实务部门联合培养"机制作为创新卓越法律人才培养机制的主要内容之一,提出"加强高校与实务部门的合作,共同制定培养目标,共同设计课程体系,共同开发优质教材,共同组织教学团队,共同建设实践基地,探索形成常态化、规范化的卓越法律人才培养机制"。"卓越法律人才培养计划1.0"实施7年后,教育部和中央政法委又联合发布"卓越法治人才培养计划2.0",进一步提出了"协同育人机制更加完善,中国特色法治人才培养共同体基本形成"这一5年目标。检视"卓越法律人才培养计划1.0"实施的这些年,所取得的成绩自不待言,但是,问题也不容回避,其中重要的一个问题就是法律实务部门对高等学校法学课程的参与度不够。实务部门对高校法学教育和法治人才培养的参与绝大多数都只是在教学的层面,而且是较为被动的方式,通常是应高校的邀请担任校外导师,或者应邀进行单次的讲座。这种参与方式都比较浅表,无法深入某一门课程,更无法向学生传输系统的知识体系。国家也意识到了法律实务部门过去只是法治人才培养的被动参与者,而没有真正成为法治人才培养的主体,正因如此,教育部和中央政法委才提出了打造由高校和法律实务部门组成的"法治人才培养共同体"的目标。先行诸多制度障碍是法律实务部门参与高校法学课程设置的主动性不足的深层次原因。

1. 高校教务管理制度的排斥

课程设置在高等学校通常都是属于教务管理事项，由教务处进行统一管理。不仅仅是教师，连法学院或者法律系也没有自主决定开设或者调整相应课程的权力。法学核心是教育部指定的，没有选择和取舍的余地，其他课程一旦确定，学院或者教师想要进行调整都比较困难，需要经历复杂的审批程序和漫长的过程。而且课程设置是一项系统工作，还涉及学分安排和教学进度计划的调整，牵一发而动全身，因此，学校管理者往往不愿意轻易对课程体系进行调整和变动。在如此僵化的管理制度之下，对任何一门课程的名称、内容、考试要点以及该门课程的教学方式等课程设置的必备要素，实务部门几乎没有直接参与设计的可能性。

2. 财务制度的阻碍

要想真正实现高校与法律实务部门协同设置法学课程体系，除了应当由法学院系和实务部门共同商定具体的课程名称、课程内容、考试要点和教学方式以外，最好在此基础上由法学院系的教师和实务部门的法律工作者联合编写相应的教材，并采取法学院系教师与法律工作者联合授课，甚至是由法律工作者独立完成整门课程教学任务的方式进行教学。但是，这种做法必然遇到财务制度的阻碍。无论是编写教材还是完成整个学期的教学，其工作量都是巨大的，必须要投入非常多的时间和精力。基于人之常情，不可能要求实务部门的法律工作者义务从事上述工作，按照法律工作者实际付出的劳动支付相应报酬不仅符合最基本的市场原则和公平法则，更是实现实务部门主动参与教学常态化的必要激励方式。但是，在目前通行的高校财务制度下，还没有能够实现此类报酬支付的制度出口。之所以实务部门参与高校法学教育往往都采用单次讲座的方式，一个很现实的原因就在于此种途径可以通过劳务费的形式支付相应报酬。因此，过于严格僵化的财务制度对提升实务部门深入参与高校教学的积极性形成了现实的阻碍。

3. 评价制度的分离

尽管在过去的许多年里，国家一直努力推动建立和完善高校与实务部门多元协同培养法治人才的机制，但是，实务部门的参与度和参与热情总是不够高，很重要的一个原因就在于疏于对实务部门参与法治人才培养工作的考核和评价。基于人之本性，如果工作过程无须被检验，工作结果亦不能对自己产生任何实质性影响，则工作态度往往陷入消极，工作内容常常流于形式，工作实效自然难以令人满意。从"双千计划"的实施情况来看，无论是法官、检察官还是其他实务部门的法律工作者，在高校交流挂职期间，其组织关系仍然保留在原单位，工资仍然由原单位发放，年终考核和评优评先等仍然由原单位按照既定的标准进行。法律工作者所挂职的高校对其挂职交流期间的行为和表现所做的评价无法对其产生任何实质性的影响,再加上前面所述的,法律工作者事实上不可能完整、深入和系统的参与任何一门课程的设计和教学,因此,这种交流常常异化为法律工作者个人为丰富自己的履历或者塑造"学者型法官""学者型官员"形象而实施的"面子工程"。虽然有了高校教师和法律工作者的双向交流机制,但是相互分离的评价制度导致双方的责任意识都比较淡漠,自然进一步导致参与的主动性不足。

(二)从国家层面破除影响实务部门主动性的制度壁垒

我国高校的行政化色彩过于浓厚,官员治校而非教授治校的现状早已饱受诟病。导致法律实务部门参与高校法治人才培养工作主动性不足的种种制度壁垒,归根结底还是在于高校的管理主要是行政化的管理,学者和教育者能够发挥主观能动性的空间极其有限,而行政管理者往往追求的是如何降低管理成本,提高管理效率,这显然与教育的本质特征不能兼容。但是,要破除影响实务部门参与课程设置和教学主动性的制度壁垒,仅凭高校一己之力显然是不够的,必须要从国家层面由上至下的进行。

首先,在课程设置方面对高校充分放权。除了教育部指定的16门法学核心课程以外,不仅要允许,而且要鼓励高校结合自身的特色和优势自行选择和设置新的课程。并且,要推动高校教务管理制度的改革,将课程设置的主导权还给法学院系,还给直接从事法学教学的教师。减少课程设置的行政审批环节,制定政策鼓励法律实务部门直接参与课程内容和教学方式的设计,鼓励实务部门参与教材的编写,甚至可以在高校直接引入完全由实务部门编写的教材。

其次,给高校严苛的财务制度和审计制度"松绑",赋予高校一定的财务自主权,为法律实务部门深入参与法治人才培养提供合理的财务通道,允许正当的劳务报酬和相关经费进行常态化的支出,减少教师(包括高校自己的法学教师和参与教学的法律工作者)在财务问题上投入的时间、精力和经济的成本,进而为实务部门的法律工作者深入、系统、完整地参与课程设计和课程教学提供经济激励机制,鼓励法律工作者打造自己的精品课程。

最后,打通高校和法律实务部门的考核评价制度,建立法治人才培养立体评价体系,将法治人才培养共同体的所有成员——包括高等学校和法律实务部门都作为评价对象。通过对法治人才培养共同体的评估,明确不同主体在法治人才培养这一宏大的系统工程中应当承担的责任,确定不同主体在培养法治人才过程中应当履行的义务,制定不同主体协同培养法治人才时应当遵循的各项标准,尤为重要的是要让实务部门清晰地认识到参与法治人才培养是其作为一个组织应当承担的责任。

(三) 实务部门增强主体意识

实务部门作为法治人才培养过程中的重要主体之一，应该更多地参与这一过程之中，目前实务部门参与培养过程的主要方式是共建法治人才实践基地和参与"双千计划"，但是校外实务专家习惯于从事实务工作，对课堂教学不了解，无法把握学生的知识水平，会导致课堂内容的缺失、教学方式的不恰当，影响实践效果。而且对于来自校外的实务专家，学校缺乏有效的管理机制，这也不利于"双千计划"的推行。在法治人才实践基地建设中，许多高校对此疏于管理，不积极配合实务工作的开展，既浪费了宝贵的实务资源，也降低了高校在实务部门中的地位，留下了不好的印象。

实务部门现在的主体意识不强，仅仅是被动参与法治人才的培养体系中，可以从两个方面充分调动其积极性。一方面是加大鼓励，加大"双千计划"的实施范围和落实力度，畅通教学人员与实务人员的交流渠道，坚持"引进来，走出去"的原则，对于积极投身法治人才培养的法律实务工作者给予一定的奖励，或者在将来的职务晋升方面给予适度的政策倾斜，鼓励更多的法律实务工作者将自己的实践经验付诸教育事业，形成法学教育部门与法治实践部门共建师资队伍的长效机制。另一方面是严格考核，将法律实务部门参与法治人才培养作为其法定职责，纳入该部门的年度考核内容，并将参与法治人才培养工作的法律实务工作者的教学、育人等工作表现纳入个人年度考核内容，从另一侧面充分调动法律实务部门参与法治人才培养的积极性与主动性，从而确保法律实务部门与法学教育部门协同培养法治人才的机制落到实处。[1]

(四) 通过教材编写参与课程设置

在中国特色社会主义法学理论体系、学科体系、课程体系建设过程中，首先要将三者与教材编写紧密结合，立足于中国法治实践针对中国法治实践中出现的新情况和新问题，采用合理的方式进行处理，同时要贯彻落实中国特色社会主义法律思想，并且要从中国古代的优秀法治思想中提炼精华，与外国的法治人才培养经验相结合，不断完善中国的法学教育体系。教材是课程内容最直接、最全面的载体，法律实务部门参与教材编写能够最有效地将其对法治人才知识和能力的需求、对法学教育的理念和对教学方式的要求表达出来，因此编写教材也是实务部门深度参与高校法学课程设置的有效方式。优质的法学教材是培养高素质法治

---

[1] 杨翔、廖永安：《论法治实践部门在法治人才培养中的责任主体地位》，载于《政法论丛》2015年第6期，第117~122页。

人才的前提，优质的法学教材应当充分尊重法治人才的培养规律和法治实践的要求。当前中国的法学教材主要是由法学教育部门承担的，与实务部门的合作很少，这就导致法学教材中的理论知识深厚，而实践知识不足的情况。[1]

"卓越法治人才培养计划 2.0"中要求对法学教材进行创新性编写，与法律实务部门协同开展编纂，这是令人可喜的变化，在我国传统的法学教材中，以"红皮书"系列教材编写的质量相对较高，也是全国通用的版本。但是法学教材目前还有很大的改进空间，例如，我国台湾地区学者张伟仁即一针见血地指出："现有的中国法制史书籍大多只列出了各代有些什么法律、什么制度，像一本流水账，读了几页便觉得索然无味，昏昏欲睡了；即使努力读完，恐怕仍然看不出那些法律和制度与目前所行的有多少关系，只能引起一些讶异和感慨而已。我想问题出在那些书籍的作者都将过去的法律和制度当作一堆古董，因而仅仅肤浅地去观赏其形象。"[2] 这样的教材无法激起学生的学习兴趣和老师的教学兴趣，老师上课时用的同一份课件可以持续使用好多年，其中的内容更新微乎其微，即使是更新，老师也会一笔带过，让同学们课下自行学习，这样的方式对学生学习是不利的。教育行政部门既然要规定统编教材，就应当对教材质量提出更高的要求。

法学教育部门在课本教材编制和指导课程设置方面应该积极与法学实务部门以及高校进行联系，听取高校和实务部门的建议，由于法治实务部门掌握着丰富的实践经验与实践素材，由其和法学教育部门协同开发法学教材，显得尤为必要。充分发挥实务部门的实践优势，增添法学教材的实践素材，不断提升法科学生的法治实践能力。落实法治实务部门的责任主体地位，必须建立其与法学教育部门联合设计课程体系的机制，搭建既有理论教学又有实践教学的培养平台。[3] 在以法学核心学科为核心教材的基础上，不断开发新的教材，优化教材体系。

四、高校与实务部门联合培养模式下的创新课程体系

关于法治人才培养主体，西南政法大学校长付子堂认为，司法实务部门是法治人才培养的主体之一，是进行法学教育的共同体，而非仅仅提供实践平台。其建议在制度设计层面增加实务部门对实践教学的制度支持，如专项财政投入与学

---

[1] 廖永安：《论法治实践部门在法治人才培养中的责任主体地位》，引自廖永安主编：《法治人才培养机制创新的理论和实践》，湘潭大学出版社 2017 年版，第 8 页。
[2] 张伟仁：《中国法文化的起源、发展和特点》，载于《中外法学》2010 年第 6 期，第 805～852 页。
[3] 杨翔、廖永安：《论法治实践部门在法治人才培养中的责任主体地位》，载于《政法论丛》2015 年第 6 期，第 117～122 页。

校实践经费共同构成对实践教学的保障。应积极促进高校和实务部门的人才交流。高校与实务部门需协同创新寻找新的合作平台。甘肃政法大学校长李玉基提出"学校+法律实务部门+政府部门"联合培养人才的改革，使人才培养模式多样化。在培养中要坚持理论与实际相结合，课堂与现场相结合，学校与职场相结合。①

创新法治人才培养机制应当着眼于培养满足不同行业需求的行业法治人才，不同的行业对法治人才有不同的需求，通常情况下一门、两门法学课程无法满足某个特定行业或者特定职业对法治人才知识、技能和素质的需求。如何实现整个课程体系从整体上全面反映特定行业或者职业的需求呢？最合适的方式就是由高校与某个法律实务部门联合培养，共同确定法治人才培养目标，共同制定法治人才培养方案，共同设置法治人才培养课程体系，并共同实施教学培养工作。

因此，有学者提出，全国法学院校及法学研究机构还要从实际出发，切实加强与法律实务部门的多方位合作，精心打造专兼结合的法学专业教师团队，共同制定培养目标，共同设计课程体系，共同建设实践基地"三共"，注重邀请法律界先进模范人物授课讲座或指导学生，重点加强案例教学领域理论研究和教材编写，广泛开展深究式学习讨论，增强学习者全面适应法治国家、法治政府、法治社会建设需求的素质能力。②

华南理工大学法学院就在这方面进行了卓有成效的尝试。他们分别与广州市仲裁委员会、佛山市顺德区人民法院、广州市荔湾区人民法院和某律师事务所建立了联合培养研究生示范基地，探索出了一条校内外联合培养研究生的成熟且稳定的培养模式和运作机制。以华南理工大学法学院与广州市仲裁委共同建设的联合培养基地为例，他们在课程体系建设和教学模式创新方面积累了成功的经验。本基地联合培养研究生课程体系建设和教学模式，共分为三个阶段，各阶段培养内容侧重比例不同。第一阶段：培养内容侧重于仲裁理论知识方面，要求学生做到熟悉《仲裁法》《仲裁规则》《办案秘书工作指引》等基础理论知识；学习广仲新聘秘书培训材料；学习广仲优秀裁决书并撰写心得体会；与上述理论知识相结合，协助从事相关办案秘书助理工作；旁听庭审、本委业务学习、讨论及专家咨询委员等业务会议；阅读法律书籍≥1本，并书写读书笔记；其他工作。第二阶段：在第一阶段基础上，侧重于仲裁实务方面，要求学生做到熟悉整理卷宗及归档等基础性工作；学习制作仲裁法律文书；学习制作笔录及庭审提纲并旁听庭审、总结争议焦点；协助仲裁员、办案秘书处理一般法律事务；陪同仲裁员、办

---

① 郑赫南：《八所政法高校问诊法治人才培养》，载于《检察日报》2015年8月13日，第3版。
② 袁贵仁：《创新法治人才培养机制》，引自《中共中央关于全面推进依法治国若干重大问题的决定》辅导读本，人民出版社2014年版，第257页。

案秘书外出调查；阅读法律书籍≥1本，并书写读书笔记；其他仲裁实务工作。

第三阶段：在第一、第二阶段基础上，形成研究成果，研究应结合培养实践经验，研究当前仲裁业务或仲裁制度建设中的实际问题，具有一定理论价值及实际意义。可采用研究形式包括：毕业论文（推荐采用）、案例分析（应注意案件信息保密事项）、调研报告（应注意案件信息保密事项）、学术报告（应注意案件信息保密事项）。具体研究形式可由联培生与校内外指导导师共同商定。

该联合培养基地的课程体系以实践性课程为主，用真实的仲裁案件审理取代了传统的讲授式教学方式，用真实的仲裁案件证据材料代替了传统的教材，用草拟裁决书、仲裁案件类型分析报告、裁决分析报告、仲裁程序分析报告、仲裁当事人调研报告、仲裁员构成调研报告、仲裁秘书工作报告、新型仲裁案件研究报告以及具体仲裁问题研究论文等取代了传统的考试考核方式。基地每位联合培养研究生承担仲裁秘书工作，在广州仲裁委员会人均参与100件仲裁案件的审理，使学生真正融入了法律实践。同时，该基地共有13名校内导师受聘担任广州仲裁委员会仲裁员，由仲裁机构指定或当事人选定，担任首席仲裁员或仲裁员，年均每人办案20余宗，共处理约2 600宗案件，其中有4位校内导师是广州仲裁委员会专家顾问，先后参与30余宗重大疑难案件专家讨论会，也使教师真正投身于仲裁实践，从而进一步了解了仲裁职业对法治人才的需求。

第五节　协同打造多元的师资队伍

"教师是立教之本，兴教之源。"建设高素质专家教师队伍，是法治人才培养的核心。中共十八届四中全会《决定》提出：健全政法部门和法学院校、法学研究机构人员双向交流机制，实施高校和法治工作部门人员互聘计划，重点打造一支政治立场坚定、理论功底深厚、熟悉中国国情的高水平法学家和专家团队，建设高素质学术带头人、骨干教师、专兼职教师队伍。[①]

一、培养卓越法律人才的"双千计划"

"双千计划"是从2013年开始实施的一项高等学校与法律实务部门人员互聘

---

① 引自《中共中央关于全面推进依法治国若干重大问题的决定》（2014年10月23日中国共产党第十八届中央委员会第四次全体会议通过）。

制度，该计划设计的目标在于改变长期以来法学理论教育与法律实务相脱节的状况。"双千计划"在实施过程中，将高等法学院校与法律实务部门人员互聘作为工作机制中的一个必要环节，将对法学教育、法学实践产生重要影响。"双千计划"的初衷在于全面促进高素质法学人才培养进程，是卓越法律人才教育培养计划的重要内容。2018年教育部、国家政法委发布了"卓越法治人才培养计划2.0"中进一步强调了培养卓越法治人才的重要性以及在更加符合社会需要的情况下开展法治人才培养的要求。在目标要求方面考虑得更加长远、更加具体，对法律人才的要求除了具备高素质之外，还要求能够成为"宪法法律的信仰者、公平正义的捍卫者、法治建设的实践者、法治进程的推动者、法治文明的传承者"[①]，为全面推进依法治国奠定人才基础。

在"卓越法治人才培养计划2.0"中，加强学生的思想道德建设被放在了改革任务的第一项，要大力提高法律职业伦理的培养力度，在高校的必修课教学中开设"法律职业伦理"课程，让法律职业伦理的培训贯穿教育的全过程，让学生树立正确的职业观。而且，随着时代的发展，教育部也与时俱进，在计划中加入了"互联网+法学教育"，以适应教育信息化与法治建设信息化的新形势，加强高校之间优势教育资源的共享，缩小不同层级的高校之间的差距。和"卓越法律人才培养计划1.0"相比，"卓越法治人才培养计划2.0"更深入地推进了法学教育与司法实践的紧密结合。一方面，要求在法学的教材中加入最新的司法实践案例和中国特色社会主义法治理论研究的最新成果，做到学以致用；另一方面，将法学专业学生的实习进行制度化安排，"要着力推动建立法治实务部门接收法学专业学生实习、法学专业学生担任实习法官检察官助理等制度，将接收、指导学生实习作为法治实务部门的职责"[②]，确立了法治实务部门参与人才培养的相关职责，让实务部门真正参与到这一过程中，而不是流于形式。而且，将人才培养以一种制度化的方式固定下来，也有助于破除机制运行的壁垒，打破实务部门与高校之间的隔阂。这种制度除了可以由国家教育部门进行规定之外，还可以由国务院或者全国人大进行制度规定，在制度中可以要求实务部门每年至少应该与高校合作多长时间、每年至少要安排多少实务人员到高校参与实践课程教学、同时对接收高校法学学生实习的人数也进行规定，年底相关部门对本年度该实务部门的实际工作情况进行评估，并采取相应的奖惩措施，鼓励实务部门的积极参与。相较于"卓越法律人才培养计划1.0"，在"卓越法治人才培养计划2.0"中，加大了政策保障力度与财政的支持力度，为计划的顺利实施提供保障。同时，也

[①②] 《教育部 中央政法委关于坚持德法兼修实施卓越法治人才教育培养计划2.0的意见》，教育部网站，http：//www.moe.edu.cn/srcsite/A08/moe_739/s6550/201810/t20181017_351892.html。

强化了监督检查机制,教育部会同中央政法委适时开展卓越法治人才教育培养计划实施情况绩效评价。确保各项举措落到实处,取得实效。总之,从1.0版的卓越法律人才,到2.0版的卓越法治人才,一字之差,代表着人才培养理念的升级。

国家在宏观政策的层面确立了继续深入推进"双千计划"的方向和目标,具体而言,要通过实施"双千计划"进一步提升高等学校法学教育的师资水平,还需要解决一些具体问题。

(一)通过"双千计划"提升教师实务教学能力

1. "双千计划"对提升教师实务教学能力效果不佳的原因

前面对调查问卷的分析显示,一方面"教师实务教学能力不够"是高校法学教育面临的一个突出问题,这一问题与社会对法治人才实务能力的高要求之间产生了较大的矛盾;另一方面,作为"双千计划"的参与者,法律工作者认为双向交流机制实施"效果明显"的比例显著高于教师,而教师认为"没有效果"的比例明显高于法律工作者。这组差异反映出一个容易被忽视的现实,即高校教师在双向交流中的获益感不如法律工作者,相比而言该计划对高校教师的提升效果不佳。如何发挥"双千计划"的作用,促进高校教师实务教学能力的提升就成为一个亟待解决的问题。

之所以会出现上述问题,其原因主要在于两个方面。第一,思维方式和工作习惯的差异导致高校教师难以快速适应实务部门的工作。大学教师工作最大的特点之一就是时间相对自由,除固定时间的课堂教学任务以外,其他时间基本可以由教师本人自由安排。这固然符合学术研究的特点和需要,但是也在一定程度上使部分教师形成了相对自由散漫、时间观念不强的习惯,而且法学学术研究强调的是独立思考,在很多情况下不需要团队合作,因此少数高校教师团队协作能力较差,大局意识较弱。此外,由于学术注重观点多元、鼓励批判,而法律实务工作注重以事实为依据,以法律为准绳,对待同一个问题,实务思维方式与学术思维方式常常存在很大的差异。因此,很多时候,法律实务部门,尤其是法院等机关并不敢直接将案件分配给挂职的教师独立进行审判。第二,管理制度的缺失和考核制度的脱钩造成交流挂职的教师难以深度参与实务部门的工作。对于到法律实务部门工作的教师而言,朝九晚五坐班制的工作方式给教师增加了不小的压力和负担。尽管挂职期间可以免除学校教学任务,但是科研任务并不会因此而减少。而且,在对高校教师最重要的职称评聘方面,科研成果依然是最重要的评价指标,挂职期间的工作成绩则显得无足轻重。因此,从某种意义上说,挂职对高校教师而言意味着新增了一份工作,在总精力有限的情况下,只能适当减少投入。现实中，挂职的教师不按时上下班，甚至只是偶尔出现的情形并不鲜见。由于实务部门对教师并无实质性的考核权限，实务部门往往也选择睁只眼闭只眼。此外，站在实务部门的立场上，法院和检察院实行员额制改革以后，法官、检察官办案实行终身追责制度，对于高校教师在挂职期间所办案件如果在挂职结束后被认定为错案，其责任追究也难以与法官、检察官问责制度实现有效衔接。正是这些现实的原因造成了高校教师和法律实务工作者互聘工作深入实施的障碍。

2. 完善措施

只有解决上述问题，才能使高校教师真正投身于实务部门的工作，切实提升自己的实务教学水平。基于此目的，对"双千计划"的完善可以从工作管理、科研激励和考核评价三个方面实施。

首先，健全挂职单位对挂职教师的日常工作管理制度，包括日常考勤管理、工作量管理、工作流程管理等。凡是在实务部门挂职的教师，必须遵守实务部门的工作时间和考勤制度，按照挂职单位的工作制度和工作流程完成岗位对应的工作。由于经验相对不足，挂职教师的工作量可以适当少于挂职单位同岗位、同职级的工作人员，但是也应当要保持适当的比例。毕竟，实务工作能力的提升必须建立在一定工作量的基础上，没有人可以通过旁观或者浅尝辄止的尝试就可以成为实务经验丰富的人。对于法院、检察院这种专业性非常强的单位，审判工作和检察工作不仅有着严格的程序要求，而且每个案件都直接关系着当事人的权利义务，对案件经办人的专业水平有着较高的要求。因此，挂职单位可以通过充分发挥合议制度和集体讨论制度的功能来保证挂职教师承办案件的质量。当然，挂职教师对于自己在挂职期间承办的案件，同样应当受到责任终身制的约束。

其次，可以增设专项课题，对"双千计划"互聘人员实施科研激励。众所周知，科研是高校教师的重要工作。然而，从过往的情况来看，参加"双千计划"往往会影响高校教师的科研工作。主要原因在于实务性课题绝大多数是由最高人民法院、最高人民检察院和司法部等部门进行招标，高校教师往往很难获得，而国家社科基金、省级社科基金以及教育部等部门往往很少有针对法学实务工作的课题。鉴于此，可以由中国法学会牵头，地方法学会共同参与，在课题门类中增加"双千计划"实施专项课题，仅限"双千计划"互聘人员申报，由互聘人员担任课题负责人，高校教师和实务工作者组成课题组，专门针对"双千计划"实施中的重点难点问题，围绕具体案件、着眼于促进案例教学进行深入研究。[①] 通过增设专项课题，一方面可以提升高校教师参与"双千计划"的积极性，另一方

---

① 2013年10月30日，时任中国法学会党组书记、常务副会长陈冀平在法律人才互聘"双千计划"现场会上讲话时提出了该项建议。

面也可以提升实务部门法律工作者科研工作的理论水平。

最后,完善高校的考核评价体系。对高校教师而言,在法律实务部门挂职工作期间显然没有课时,也很难出学术研究成果。然而,大多数高校的职称评价指标依然是以课时量为基本前提,以科研成果为决定性因素。又由于参加"双千计划"的教师在挂职期间必然减少参与本学校的其他工作,因此,往往在年度考核时难以获得较高的评价。此外,对于兼职从事律师业务的高校教师,如果在法院或者检察院挂职交流,则不仅在挂职期间,而且在挂职结束后也会受到法官法、检察官法和律师法等关于任职回避的规定约束,其作为律师代理案件会受到一定程度的限制。这些"负面"因素都会影响到高校教师参与"双千计划"的积极性。上海市"卓越法学教育"专家工作组组长王立民教授对2013~2016年上海市落实"双千计划"专家的人数进行了统计,要求上海高校选聘的人数和要求上海高校派出的人数均为45人,高校实际选聘人数为44人,实际派出人数为34人。多达10人的人数差表明,高校教师对"双千计划"的参与热情明显不如法律实务专家。[①] 要解决这个问题,自然要先消除前面所述的"负面"因素,适当增加参与"双千计划"在高校职称评聘和年度考核中的权重,让赴实务部门挂职锻炼不再成为一件"得不偿失"的选择。

(二) 化解实务部门教师教职与本职的冲突

尽管实务部门专家参加"双千计划"的热情度高于高校教师,其自身的获益感也强于高校教师,但是,实务部门专家在高校挂职也存在着不少问题。

一方面,校外实务专家习惯于从事实务工作,对课堂教学不了解,无法把握学生的知识水平和学习特点,会导致课堂内容的缺失、教学方式的不恰当,影响实践效果。校外实务专家在从事教学工作的同时,还要兼顾自己的实务工作,二者之间易产生冲突,在多数情况下,校外专家会以实务工作为主,对教学工作会有所忽视,这对学生学习会产生负面的影响。正因如此,很多高校并不敢也不愿将一门完整的课程安排给校外专家独立讲授。另一方面,对于来自校外的实务专家,学校缺乏有效的管理机制,导致"双千计划"的预期效果并未得到明显体现。"双千计划"要求实行高校与法律实务部门互聘计划,但是对于不同等级的高校,实施效果存在差异。在知名的高校中,法律实务专家数量较多;在普通高校中,法律实务专家数量较少,而且实务专家的水平较之于知名高校也会存在较大的差异。校外实务专家本质上仍然是校外人员,归其所属的实务部门管理,与

---

① 王立民:《"双千计划"与法治人才的培养》,载于《上海政法学使学报(法治论丛)》2017年第5期,第76~83页。

高校并无实际关联,若高校强行将实务专家纳入自己的管理体系,可能会引发专家的不满,影响课堂教学。但是若没有有效的管理机制,又无法对专家形成有力的约束。"双千计划"在实施层面的规范仍然不完善,主要是仅对应聘对象和应聘流程做出了原则性的规定,缺乏操作性强的实施细则。从实践的情况来看,不少高校反映存在实务人员轻视教学效果、课程质量不过关、课程内容安排随意性大等问题。①

要解决上述问题,最根本的是要建立"双千计划"的实施机制,化解来自实务部门的教师其教职与本职工作的冲突。首先,应当明确实务专家在高校挂职期间的工作衔接机制。按照"双千计划"的制度设计,在聘期内,互聘人员以派出单位管理为主,不改变与派出单位的人事行政关系,派出单位保留其原职务级别、岗位、工资、福利待遇不变,将其专业技术职务年限连续计算,工作量互相冲抵。但是,实践中,受聘于高校的实务部门专家往往还得继续承担其原单位的本职工作,甚至有些连工作量都没有减少。究其原因,一方面在于实务部门工作压力也不小,常常"一个萝卜一个坑",每个工作岗位都难以找到他人接替;另一方面在于高校的课堂教学不可能占满周一至周五的所有工作时间,这就容易让派出单位产生挂职教师还有大量空闲时间的错觉,进而认为派出到高校任教的工作人员可以二者兼顾。事实上,若要保证教学质量,必须要有足够的备课时间。通常情况下,备课时间应当数倍于上课时间。此外,下课后教师还需要批改学生的作业,回答学生的疑问和与学生交流,如果缺少这些内容,都将影响教学效果和质量。正因如此,"双千计划"在实施过程中应当增加一些具体的制度设计,规定实务部门专家在受聘于高校期间不得继续承担原单位的本职工作,或者应大幅降低对其本职工作量的考核要求,确保参加"双千计划"的实务部门专家可以将主要精力投放于教学工作。其次,在"双千计划"的实施过程中还应当考虑教学管理的细节问题,需要出台操作指引或行为规范,明确实务专家在教学过程中的权利、义务与责任,以保障实践课程的施行效果。② 具体可以包括实务专家作为主讲教师应当承担的最低课时数、应当完成教学计划的制订、鼓励实务专家参与特定教材的编写等。同时,尽管实务专家受聘高校期间以原单位管理为主,但是应当提高高校考核所占的权重,以高校对其教学工作的考核结果作为原单位对其进行年度评价的主要因素。

---

①② 张继红:《"双千计划"与法学实务人才的培养》,载于《和田师范专科学校学报》2015年第4期,第23~27页。

二、何者为师

（一）高校法学院系教师队伍情况

本课题组在全国范围内对高等法学院校教师进行了问卷调查，调查分成纸质版问卷和网络版调查两种方式，其中纸质版发放问卷 300 份；网络版收回有效问卷 56 份；共回收有效问卷 304 份。调查数据大致反映出了目前高校法学院系教师队伍的基本情况。

受访教师所在学校涵盖了综合院校、文科院校、理工院校、农林院校、医药院校、师范院校、语言院校、财经院校、政法院校、民族院校、艺术院校以及其他院校共 12 种性质的高等学校，几乎覆盖了绝大多数开设法学院系的高校。从高校所在地域来看，受访教师首先主要集中于东南沿海地区，其次是中部地区，最后是西北部地区。从覆盖面来看，本次问卷调查的数据具有较高的科学性和较强的代表性，能够反映出我国目前高等法学院校教师队伍的基本情况。

从性别来看，受访教师中男性占比 57.8%，女性占比 42.2%，男性教师比例高于女性教师。从年龄来看，受访教师中 30~40 岁的占比 42.1%，比例居首；40~50 岁占比 35.1%，位居其次；20~30 岁的占比 11.2%，50 岁以上的占比 11.6%。数据显示，我国高等法学院校教师队伍年龄结构是比较合理的，处于 30~50 岁这一年富力强年龄段的人数比例高达 77.2%。从职称结构来看，受访教师中助教占比 5.0%，讲师占比 32.2%，副教授占比 42.2%，教授占比 20.6%，具有高级职称的教师超过了六成。综合上述各项数据可以得出一个结论：总体而言，我国高等法学院校教师队伍性别平衡，年龄结构合理并且中青年数量占据绝对优势，职称分布也较合理。高校教师作为法治人才培养的主力军，其重要性无须赘言。由统计数据可见，我国高等法学院校教师队伍总体情况良好，这是实现法治人才培养目标最重要的人力资源。

从学校实务课程任课教师的主要来源来看，13.2% 由校内 1 位教师承担课程，42.1% 由校内 2 位以上教师共同承担课程，8.4% 由校外法律专业实务导师承担，36.3% 由校内教师与校外实务专家共建。显然，对于最能发挥法律实务工作者价值的实务课程，大部分仍然是由高校法学教师来讲授，由校外法律实务工作者讲授的仅仅不到 1/10，这不得不说是教师队伍的结构缺陷。

师资队伍建设是法治人才培养的重要方面。应该通过各种方式进一步提升高等法学院校教师的专业能力和综合素质，提升教师的科研能力和教学水平，努力打造一支政治立场坚定、理论功底深厚、熟悉中国国情的高水平教师队伍,从而优化法学学科结构,完善学科体系,增加社会急需的新知识、新理论、新技能方面的专业课程,促进法学与其他学科的交叉融合。例如,北京大学法学院高度重视师资队伍和管理团队建设,模拟法庭实训课程在组织结构上以模拟法庭训练营为基本组织平台,形成以专兼职指导教师为专业指导力量和以职能部门与学生骨干为服务管理队伍相结合的组织运行团队。在专业指导教师方面,北京大学法学院面向国内外,建立了一支热衷于实务训练指导、理论和实务能力并重、经验丰富、基础扎实、学术视野开阔、各有特长、理论联系实际、爱岗敬业、协同互补和人才流动的国内顶尖师资队伍。再如,北京外国语大学法学院培养涉外法治人才围绕"中国法模块""英美法模块""英美语言与文化模块""商科课程模块"配备师资,分别组建了具有高学历、高度国际化背景的教学团队。

(二) 破除教师和法律实务工作者身份转换的制度壁垒

2017年5月3日,习近平总书记在中国政法大学考察时强调,要打破高校和社会之间的体制壁垒,将实际工作部门优质实践教学资源引进高校,加强法学教育、法学研究工作者和法治实际工作者之间的交流。[①] 法学的最终目的在于实践,法治人才培养不应与法律职业分割开来,而是应当相互融合,共同促进。

法学教育要处理好知识教学和实践教学的关系,要深入实施"卓越法律人才教育培养计划",大力引进优质司法资源进入高校、进入课堂,成为优质的教育资源,打破高校与社会之间的制度壁垒,增强合作,进一步拓展高校与法治工作部门合作的新模式、新路径,实现培养目标共同制定、实践基地共同建设,探索形成常态化、规范化的法治人才培养机制。

在法治国家,法学教育处于法治人才培养的基础阶段,各种法律职业人才都出自法学教育,打破法学教师与法律实务部门之间的壁垒,实现法学教师与法官、检察官、律师执业的良性互动,有利于理论与实践的相互补充,也有利于培养者与实践者的对话交流,从而促进法治人才培养计划的顺利推进。目前,法学教师与法律实务工作者的职业交流主要有下列几种方式。

第一,法院、检察院、人大和政府的法制机构聘请法学教师、律师等担任咨询专家、评审专家、决策顾问等职务,根据工作需要,不定期邀请受聘的专家就特定案件或者事项发表专家意见。上至最高人民法院和最高人民检察院,下至部分中级人民法院和同级人民检察院都已经建立了专家咨询委员会,大部分专家由

[①] 陈菲、罗沙、白阳、丁小溪、涂铭:《为全面依法治国培养更多优秀人才——习近平总书记在中国政法大学考察时的重要讲话引起热烈反响》,载于《人民日报》2017年5月5日,第2版。

资深律师和知名法学教授担任。各地方立法机关、政府法制部门等在立法和备案审查过程中邀请法学专家参与更是已经形成了常态。

第二，律师事务所聘请法学教师和离退休或者卸任的法官、检察官担任顾问或者各专业委员会委员，参与疑难复杂案件的讨论，出具专家意见。

第三，高等法学院聘请法官、检察官、资深律师和企业法务担任兼职教授或校外导师，或者不定期邀请这些法律实务工作者来校举办专题讲座。兼职教授或者校外导师的职责包括为本科生或研究生讲授实务课程、开设专题讲座或指导本科生、研究生进行专业实习和写作毕业论文等。

上述几种做法的确对加强法学教学研究工作者与法律实务工作者的交流起到了一定的积极作用，但是，目前高校法学教师与法官、检察官、律师等不同身份的法律工作者的职业壁垒依然存在，都是法律人，但是职业难以自由转换。法律实务工作者转型为高校法学教师往往难以逾越较高的学历门槛和学术成果要求，高校法学教师和律师转型为法官、检察官则受制于严苛的公务员遴选制度，尽管近些年已经破冰，有些法院、检察院开始面向高校法学教师和律师招录法官、检察官，但是往往出现符合条件的不愿意去，愿意去的不符合条件的情况。唯一相对较为容易实现的职业转换就是法官、检察官转型为律师或者企业法务人员，或者律师和企业法务人员互转。现状表明，我们的法律职业共同体尚未形成。如果不打破不同法律职业从业者之间身份转换的壁垒，现有的这些交流都只能停留在隔靴搔痒的层面，法治人才培养共同体也就不可能真正形成。

要真正破除不同法律从业者之间的身份转换壁垒，打造法律职业共同体，最根本的是要改革人事制度。第一，减少从应届毕业生中招录法官、检察官的比例，大力推广从高校法学教师和律师中遴选法官、检察官的制度，放宽年龄限制，使更多具有多年法学研究经历的学者和具有多年诉讼实务经验的律师可以进入法官、检察官队伍，这样才能真正提高法官、检察官职位对资深学者和资深律师的吸引力。第二，打破高校进人一成不变的学历要求，对有志于教书育人并且具备相应条件的资深法官、检察官或者律师、企业法务人员，可以适当降低学历门槛，吸纳其转型为教学为主型的教师。第三，鼓励高校法学教师担任兼职律师、仲裁员，通过投身法律实务工作有效的提升法学教师的实践能力和实务水平，有助于将最真实、最前沿的法律动态和案例传输给学生，实现教学相长。实践证明，具有丰富实践经验的教师往往受到学生的欢迎。

三、师者何为

(一) 从"教师中心主义"向"学生中心主义"转变

传统教学方式最典型的特征就是以教师讲授或者灌输为主,学生被动的听讲和接受,教师是课堂的绝对主导者。此种"教师中心主义"的教学方式一直饱受诟病,学生和教师一致推崇案例教学。案例教学方法自 20 世纪 80 年代传入我国以来一直被各大高校采纳并沿用。笔者所在单位对众多高校法学专业教师和在校学生所做的问卷调查中同时涉及了对待案例教学法的态度,83.9%的教师表示自己在课堂上经常运用案例教学法,87.3%的学生表示在课堂学习中喜欢老师运用案例教学法。但是,在对学生的调查中,还有另外两个问题:第一,上课前是否需要提前阅读或者完成作业?28.7 的学生选择了从来都需要,51.9%的学生选择了有时需要,19.4%的学生选择了常常不需要。第二,在作业和课堂讨论中能否综合运用所学科目的主要观点和案例?16.5%的学生从来没有或者从来都不能做到,67%的学生只是有时有或者可以做到,仅有 16.5%的学生表示常常可以做到。单独看教师和学生对待案例教学法的态度,似乎可以得出两个显而易见的结论:一是案例教学法广泛地受到教师的重视和学生的喜爱。二是案例教学法已经成为高等学校法学课堂教育的主要教学方式。但是,如果将后面针对学生的另外两个问题及数据与之结合起来分析和思考,则不难发现隐藏在和谐表象之下的矛盾之处。姑且不谈案例教学对教师自身能力和知识储备的要求,仅仅从学生的角度来看,案例教学的顺利实施必然要求学生在课前进行大量的阅读和思考,在课堂上则应以讨论和互动为主要形式,并且讨论的主要内容应该是综合运用所学科目的主要知识去分析同类型的案例。如果案例教学已经成为绝大部分教师经常运用的授课方式,那么课前阅读和课堂讨论自然也应该成为常态。然而,针对学生的调查结果显示,只有不到三成的学生养成了课前阅读的习惯,更只有不到两成的学生可以经常在课堂讨论中综合运用所学科目的主要观点和案例。调查结果似乎自相矛盾,逻辑上无法自洽,原因何在?其实,问题的症结在于无论是教师还是学生,对"案例教学法"的理解都有失偏颇。多数人都认为,教师在课堂上多穿插和讲解案例,增加授课内容的故事性、趣味性就是案例教学。这其实是对案例教学的误解,此种方式并未改变由教师对知识进行解读,而学生被动接受的本质特征,无非是学生接受起来显得不那么枯燥乏味而已,其本质与传统的灌输式教学无异,仍然未脱离"教师中心主义"。

由此可见,改进课堂教学方式、提高教学质量并非仅仅冠以案例教学之名并在教学过程中穿插几个案例就可以实现,而是要真正实现从"教师中心主义"向"学生中心主义"的转变。教师的职责在于确定有价值的知识点、选择合适的案例,教会学生发现问题和思考问题的方法,引导学生对问题进行分析,一步一步接近结果,中间可以组织学生展开充分的讨论,教师要对某些观点进行分析,开阔学生的视野。真正以学生为中心的教学,教师不仅不会直接给出正确答案,甚至根本就不会设定标准答案,无论是最终的答案,还是得出答案的过程与方法,都是学生独立思考的结果。教学就好比教师带领学生去登山,"教师中心主义"的传统教学方式是教师一步步带领学生登上山顶,学生只需跟着老师的步伐前进即可,而"学生中心主义"的教学方式则是老师带领学生来到山脚下,先教会学生如何判断方向、如何在岔路口寻找可能正确的路径、如何劈开路旁阻碍行走的荆棘,然后就默默地跟在学生身后,由学生自己在盘根错节的崎岖山路中一步步登上山顶。

(二) 改进教学方式

世界各国都在持续探索教学方式的改进。英国法治教育改革进程较早,从工业革命后即开始进行完善和改革。第二次世界大战后,英国国内教育界对于传统的法学教育方式产生不满,认为法学专业的学生不应该仅仅是知道法学教育的规则,更应该了解法律法规产生的政治和经济原因。于是,1967年欧姆罗德大法官主持成立了法学教育委员会,1971年颁布了著名的《欧姆罗德报告》,报告旨在改变英国传统的法治人才培养方式中理论与实务对立的状况,将二者融合在一起,提高实务工作与法学教学之间的交流与合作,共同促进法学教育水平的提高。[1] 1996年,英国大法官法学教育和行为顾问委员会针对合理培养法学人才的教育报告中再次对培养目标做出了修改:从对专业知识、技能的双向培养提升为对学生具备全面学术能力的培养。目前,英国依然在不断坚持和完善该培养方针。

从我国的情况来看,案例教学未能取得应有的效果,其原因主要体现在以下两个方面。首先,案例选择不当,作为教学所使用的案例应该是经过精心的选择和设计,围绕教学内容展开,同时这些案例也是要真实发生的,才会激发学生的学习兴趣。但是现在课堂教学使用的案例却过于随意,并且缺乏证明力。[2] 其次,教师难以同时具备深厚的理论功底和较强的实践能力,作为案例教学的主导,不

---

[1] 薛健:《英国法学教育改革及其启示——以〈欧姆罗德报告〉为中心》,载于《新视野》2016年第2期,第124~128页。

[2] 曾凡燕:《法学课程案例教学模式研究》,载于《教育教学论坛》2012年第36期,第83~84页。

少教师重实体轻程序，自身对司法实践一知半解，案例的选择也是从书本上获取，其教学过程仍是从书本到书本，难以同时具备深厚的理论功底、较强的实践能力，专业素养有待进一步提升。[①]

真正的案例教学可以从以下几个方面进行改进。首先，在案例选择方面应精心挑选，要具有真实性、典型性和系统性，通过司法机关获取已经结案的相关案卷材料，由教师根据教学需要进行梳理、筛选后采用，这样获得的案例由于更贴近现实，因而也更能激发学生的学习兴趣和参与感。[②] 其次，强化对教师的职业培训，案例教学不仅要求教师具有深厚的理论基础，还要具有较强的实践能力。法学院可以定期对教师进行培训，在教学方法和技能上让教师能有一个互相学习、相互借鉴的机会，并使教师的培训能够有制度化的保障。[③] 最后，对于案例教学方式要更多地与中国的教学情况相契合，不能照搬照抄西方国家的教学风格，而是应该创造适合自己的教学方法，同时汲取其他国家的实践经验，不断完善法治人才培养方式。

2013年"双千计划"实施以来，许多法律实务工作者进入高校成为兼职教师，给法学的课程教学带来了新的改变，这些教师具有丰富的实务经验，能够把自己在实务过程中遇到的实际案例引入课堂教学，以一种通俗易懂的方式让学生参与到案例中来，同时教师也可以传授一些自己在执业过程中的心得体会以及职业道德伦理，有助于学生在未来的执业过程中树立良好的道德意识和法律观念。

当然，还应当充分调动教师的积极性以保障教师可以更加积极地参与到法治人才的培养过程中来。首先，改进人事制度。我国目前的教师制度是由人事局统一管理，教师的档案和教师绑定在一起，一般情况下不会轻易变动。因此，在调动教师和实务部门工作者教学积极性中，要完善教师的管理体制，认真解决教师在授课期间，其编制、职务晋升、奖金福利和收入等方面的问题，以及教师的管理制度和职务制度，使得教师可以安心地进行教学工作，没有后顾之忧。其次，提高资金投入。国家应该改革教师奖励机制，以提高学生学习成绩和教师贡献为主要根据，激励教师提高教学水平，安心工作，服务学生与教学。同时建议行政部门在切实保障参与"双千计划"的实务部门人员的薪金补贴和绩效工资能够保额保质落实之外，实行诸如教师补贴制度等，合理补偿教师和实务部门工作人员在交流期间的利益损失。保障教师和法律实务部门的工作人员在高校授课时有政

---

① 王恒：《对法学案例教学的几点思考》，载于《湖北经济学院学报》2011年第1期，第167~168页。
② 易清：《案例教学改革：法学专业课程质量提升的路径分析》，载于《黑龙江高教研究》2011年第6期，第149~151页。
③ 刘燕：《法学教学方法的问题与完善途径——以案例教学为例》，载于《中国大学教学》2013年第7期，第62~64页。

策和资金的支持，调动他们工作的积极性，从而能够更好地把自己的知识和经验传授给学生。

第六节　协同创造多元的教育资源

一、信息共享

（一）高校与实务部门资源共享

2018 年颁布的"卓越法治人才培养计划 2.0"中要求：拓渠道，发展"互联网＋法学教育"。适应教育信息化与法治建设信息化的新形势，推动法学专业教育与现代信息技术的深度融合，打破校园与法治实务部门间的时空屏障，将社会资源引进高校、转化为优质教育教学资源，建立覆盖线上线下、课前课中课后、教学辅学的多维度智慧学习环境。法治实务部门要向法学院校开放数字化法治实务资源，将法庭庭审等实务信息化资源通过直播等方式实时接入法学院校。重点建设校际优质在线课程资源共建共享平台、30 个左右信息化课堂教学平台、50 个左右庭审直播实践教学平台。[1]

高校与公检法等实务部门合作共同进行信息分享，其目的在于破除高校与社会之间的壁垒，让高校的法学毕业生可以很好地适应实务部门的实践需要，充分利用数字化技术和平台，推广优秀的案例教学、模拟法庭、法律诊所等教学模式，以及与法官、检察官、律师的法律职业培训机构进行资源共享，形成一套法学实践性教学法体系，培养综合型法律人才。[2] 爱课程、中国大学 MOOC、学堂在线是目前国内有一定影响力的课程资源公共服务平台。[3]

---

[1] 参见《教育部　中央政法委关于坚持德法兼修实施卓越法治人才教育培养计划 2.0 的意见》，教育部网站，http://www.moe.edu.cn/srcsite/A08/moe_739/s6550/201810/t20181017_351892.html。

[2] 李栗燕：《以共享理念推进数字化时代的法学教育共享机制》，载于《法学教育研究》2017 年第 1 期，第 83～96 页。

[3] 王海涛、马秀红、王建军、刘玉林：《河北高校数字教学资源共享现状分析与优化对策》，载于《中国现代教育装备》2018 年 19 期，第 8～11 页。

（二）发达地区与欠发达地区资源共享

教育资源分配失衡是一个老生常谈的问题，国家也在一直努力缩小东西部地区法学教育之间的差距，但是这种差距很难缩小，东西部地区之间经济发展水平的巨大差异使得大部分法律工作者宁愿在东部小县城工作，也不愿意在西部一座城市中工作，而且许多西部地区本地的法律职业工作者也会选择前往东部地区。以法官的现状为例，目前我国东西部地区之间、发达地区与非发达地区之间的法官职业结构发展不平衡，并且有进一步拉大的趋势。东部地区的法官素质水平明显高于西部地区，有不少法院具备法学硕士学位以上的法官达 20% 以上，有的甚至高达 50% 以上，但西部地区连具备法学专科的法官的比例都很小[1]，这样的不平衡发展长此以往就会导致西部地区陷入恶性循环的状态。国家和政府应当及时地调整政策，推动发达地区与欠发达地区教育资源的共享，才能缓解不同地区法治人才培养失衡的状况。

（三）资源共享之道

首先信息共享还是要发挥政府的主导作用，通过校企共建、捐赠、投资、设立基金等形式增加高校实践教学资源的供给，从而使不同的高校有不同的优势资源，为共享提供基础条件[2]。同时发挥政府在宏观调控方面的作用，尽量减少政府对高校资源分配的干预，加快"去行政化"进程，赋予高校更多的办学自主权，政府的职能更加趋向于起到保障和兜底作用。

其次要加大资金投入，在现有的高校资源分享机制中，在经费方面，由于经济运作模式未建立，有偿共享所得再投入的运作模式和真正意义上的社会服务仍有很大区别，主要是缺乏充足资金支持。政府在对高校的经费投入时，参考共享资源相关数据，为资源利用率高、效果好的高校投入更多的经费，将实践教学资源共享转化为高校自身的内在需求，激发高校主动参与共享机制的热情。

最后要加强组织保障。可以成立资源整合领导小组，为项目的顺利实施提供决策支持，成立省级资源整合领导小组，组长由主管信息化建设的校级领导兼任，现代教育技术中心负责高校的信息化建设，为牵头部门，小组成员由学校和实务单位各主要部门负责人组成。领导小组下设项目工作组，主要任务是负责平

---

[1] 冯春萍：《新形势下法律人才培养面临的挑战与发展趋势》，引自徐祥林主编：《以培养卓越法律人才为目标——法律人才培养模式改革论集》，中国法制出版社 2015 年版，第 44 页。

[2] 陈洪、陈明学：《高校实践教学资源共享策略探讨》，载于《黑龙江高教研究》2014 年第 10 期，第 156~158 页。

台的整体架构设计及其他具体工作的实施①。通过这些方式保障优质的教学资源得到共享。

二、平台共建

(一) 高校和实务部门共同完善模拟法庭

模拟法庭教学方式起源于西方,目前是我国高等法学教育的重要组成部分之一,但是随着使用的普遍化和大众化,模拟法庭等传统的教学方式开始出现弊端,不足之处也日益凸显,在真正促进法治人才培养方面并没有能够发挥出实际的效果。高校在使用这种教育方式进行教学的时候,不足之处主要表现在以下几个方面。首先,模拟法庭的庭审过程更像是一种"表演",内容流于形式,基本都是固定的,教师对"剧本"进行修改,学生只是在复述"剧本"中的内容,庭审过程按照预定的"剧本"推进,成为带有浓重戏剧成分的实景演出,没有对抗,无须应变,学生只是在表演角色,而没有创造角色,并不能有效地锻炼实践过程中庭审中的应急处变能力。其次,重程序轻实体。模拟法庭过多的关注庭审程序的流畅,使得其局限在庭审环节,而忽视了案件审理的整个过程。众所周知,诉讼程序一般包括起诉、受理、庭审、执行等多个环节,而模拟法庭只是训练了开庭审理这一个环节,在开庭审理过程中,也多是选择一审程序,二审和再审程序很少涉及。另外,为了庭审的连续性、完整性,一般也不会出现申请回避、撤诉、中止审理、缺席判决的情况。② 对于实体结果的处理并不完善,只是草草了事,难以真正从中学习到知识。

以模拟法庭为代表的传统法学教育方式如何能够得到完善,可以从以下几个方面进行。

首先,将模拟法庭单独设置为一门法学课程。以必修课或者选修课的形式,将模拟法庭开设为一门独立的实践教学课程以训练法学专业学生毕业后成为法律职业者必备的技能和素质,实现法学教育与法律职业相衔接。

其次,在对师资的要求上。高校要全面培养学生的综合能力,给学生提供立体式的全方位指导,即对于一起案件从案例选择、案情分析、法律逻辑的推演、

---

① 王海涛、马秀红、王建军、刘玉林:《河北高校数字教学资源共享现状分析与优化对策》,载于《中国现代教育装备》2018年第19期,第8~11页。

② 金宏武:《当前模拟法庭在高校法学教育中的不足与完善》,载于《广东蚕业》2018年第11期,第122~123、125页。

诉讼文书的准备、诉讼程序的演练到开庭审理直至诉讼过程的完结,都需要指导教师的全过程参与。教学团队的成员至少包括实体法、诉讼法、证据法、法律文书写作甚至法理学的专业教师。只有这样的团队才能为学生提供各方面的专业指导,也只有这样的团队才能满足培养学生综合能力的需要。①

最后,学校要创建有力的保障体系,模拟法庭实践教学要真正发挥其应有的价值,离不开一套强有力的保障体系。在制度保障方面,要完善相关的管理制度,制定贴合人才培养模式和培养方案的模拟法庭实践教学目标,制定完整具体的教学计划和教学大纲,编写科学合理的实践指导手册和规范的考核办法。②

(二) 破除壁垒将实务资源引入教学

高等法学院校、法院、检察院、政府法制部门及律师事务所都拥有丰富的法律资源,并且各有特色和侧重点。如果这些资源能够实现共享,必将大幅度提高资源利用效率。在当今这个大数据时代,完全可以建立业务文件资料的交换制度,借助互联网渠道,实现资料的交流与共享,包括法院、检察院内部的规范文件和指导案例;律师事务所的业务简报和年度报告;法学院校的刊物和内部资料等。让教师可以直观地了解到法律实务部门的工作情况,及时更新自己的观念,更好地参与到法治人才培养工作的落实中来。进一步扩大司法文件公开的范围,拓宽司法文件公开的途径和渠道,除了国家规定不得公开的案件资料之外,其余的案件可以及时向法学院校的教师进行公布,以便教师更及时地了解最新的法律动态。最高人民法院第六巡回法庭与西北政法大学、西安交通大学、兰州大学等7所高校签订合作协议,搭建共同进行案例教学、司法大数据分析、专题研讨、讲座培训的平台,进一步完善挂职锻炼、教学实习等制度,积极推动教学科研与司法实践的资源共享和有效对接。③

(三) 多管齐下改革法学专业实习制度

1. 法学专业实习的现状及原因分析

实习对于法学专业的学生而言本应是一项非常重要的制度,也是法学本科生必须完成的课程之一。实习是连接学校与职场的桥梁,可以让学生置身于真实的工作岗位,在实习指导教师的带领下认识和感知法律实务的特点和要求,使大学

---

① 黑静洁:《模拟法庭实践教学的理想模式构建》,载于《大学教育》2018年第10期,第24~26页。
② 王丽燕:《高校模拟法庭实践教学体系创新》,载于《长春师范大学学报》2018年第9期,第165~167页。
③ 《最高法六巡首次巡回开庭进校园》,载于《人民法院报》2017年5月26日,第4版。

几年所学的理论知识能够得到应用和检验。通过实习，既可以帮助学生提升实践能力，加深对理论知识的理解，又可以帮助学生了解不同法律职业的特点，进而明确自己未来职业选择的方向，顺利实现从校园到职场的过渡。对用人单位而言，从实习生中选拔优秀毕业生无疑可以大大提高招聘的准确性和成功率。对高校而言，通过实习促使学生将理论知识学以致用，显然是法治人才培养的目标所在。但是，从实践的情况来看，现在高等法学院校的实习制度并未能实现其设计的目的和初衷，甚至出现了学生、实习单位和高校三方皆不满意的尴尬局面。从学生的角度来看，实习效果参差不齐，不少学生认为实习并不能为自己提供学以致用的机会，因而视实习为鸡肋，要么混完必需的实习时间，要么干脆选择杜撰一份实习报告以混得学分，事实上导致实习在很大程度上流于形式。站在用人单位的角度，带教实习生纯属额外的工作任务，如果实习生勤勉好学，则通常有人愿意带教，即便如此，带教人员往往也不敢或者不愿将稍微重要或者专业性较强的工作交给实习生去尝试。凡是指导过实习生的人都有体会，对学生的工作进行修改并指导所花费的时间和精力往往超过自己完成该项工作。更何况，若实习生态度消极又能力低下，则不会有人愿意带教，更不会有人敢将工作交给这类实习生去尝试。实习往往会挤占学生准备研究生考试和司法考试的复习时间，无论是站在高校的角度还是考生的角度，这两项考试都比实习显得重要。一项设计初衷非常美好的制度却在实践中沦落到各方皆有微词，原因是多方面的。

第一，实习基地不能满足学生实习的需求。本课题组对学生进行的问卷调查数据显示，有51.9%的学生没有实习经历，在法院、检察院实习过的学生占34.5%，在律师事务所实习过的占16.1%，在企业实习过的占8%，在政府部门实习过的占5.7%，在各级人大部门实习过的占0.7%，在其他单位实习过的占1.5%。[①] 法院和检察院的数量有限，能够提供的实习岗位更有限，却接纳了最大比例的实习生，这一客观数据或许能够部分解释为什么有超过一半的学生没有实习经历。此外，还有不少受访学生在问卷中的主观题部分[②]回答"为大学生提供更大的实习机会""在选课、实习等方面给予学生更大的自由和意愿""实习机会少""不能够提供实习单位"等，还有大量的学生回答缺少实践机会或者参与实务不足。可见，实习机会缺乏是学生较为普遍的主观感受。从课题组所在高校的情况来看，法学是该校的重点学科之一，在本省具有较强的影响力，但是该校法学院也仅仅只在为数不多的基层法院、检察院、律师事务所和政法委等单位建立了实习基地，即便全部实习基地满负荷接纳实习生，也远远无法满足全部学生

---

① 由于部分学生在超过一种类型的单位实习过，因此调查总百分比超过100%。
② 题目为"就您的学习经历而言，你认为当前我国法治人才培养机制还存在哪些问题？哪些方面仍需要完善？"。

的实习需求。因此，实习单位主要都是靠学生自行选择和联系。这就导致一部分学生因为能力和资源所限而无法去心仪的单位实习，而另一部分学生则可凭借关系随意混到一份实习记录和实习单位评价。

第二，缺乏实习教学大纲，实习内容混乱而随意。高校的绝大部分课程都有较为系统的教学大纲、教学计划和教学进度表，而实习课程基本没有。即便高校制定了实习教学大纲，由于实习的内容完全由实习单位的带教人员决定，实习大纲也很难对其起到约束作用。正因如此，实践中就出现了广受学生诟病的情形，很多实习生在实习期间主要从事的就是装订卷宗、归档、打印复印、收寄快递等事务性工作。诚然，通过这些工作也能锻炼能力，习得知识，但是与期待中的学以致用相差甚远。因此很多实习生消极对待实习，而这又反过来导致实习单位消极对待实习生，于是形成恶性循环。当然，那些积极主动、认真勤勉的实习生往往能够获得实质性参与案件或者其他专业性工作的机会，从而能够真正从实习中获益。

第三，保障制度严重匮乏。无论是高校与实务部门共建的实习基地，还是学生自行联系的法院、检察院等实习单位，基本上都没有专门的经费支持。对用人单位而言，除非实习生能够在一定程度上充当劳动力，否则将不会有人愿意纯粹付出时间和精力去带教，严重限制了实习单位接纳实习生的积极性。另外，由于实习单位无法为实习生提供交通补贴和餐补，则不少实习生会因为通勤成本、生活成本过高等因素而不得不放弃某些实习单位，这让本来就不足的实习机会更加捉襟见肘。

第四，管理和考核评价制度不完善，导致教与学双方的主动性均不高。一方面，对实习单位和实习带教人员没有任何管理规范和考核制度，因此，实习单位和带教人员往往秉承不得罪人的态度，对实习生一律做出合格甚至优秀的评价。另一方面，校内对学生实习的管理主要是由学生辅导员完成，而辅导员顶多只是与实习基地的人事行政部门相关工作人员进行简单的联系和接洽，不会与实习带教人员进行直接沟通，根本无法了解实习的内容和效果。对实习的考察也仅仅只是由学业指导教师依据学生撰写的简单的实习日志和实习报告来进行书面评价，指导教师既不知道实习日志和实习报告的真实性，也无法与实习单位的考核评价者进行联系沟通。总体来说，对实习单位、实习带教老师和实习生的管理和考核评价制度都不健全，甚至缺位。

第五，实习时间设置不合理，导致实习时间难以保证。通常情况下，实习都安排在大四，这一时间往往跟考研或者司法考试发生冲突，在复习备考最为紧张的阶段，绝大多数学生都无心投入实习。这也是不少学生找到关系单位混得实习学分的重要原因。

2. 借鉴医学专业改革实习制度

实习制度的实施情况与其在法治人才培养过程中的重要性严重不匹配，改革实习制度势在必行。事实上，法学专业和医学专业有着很多相似之处。第一，二者都需要很深厚的理论功底，都有很强的实践性，都需要在一个又一个实例中反复尝试和锻炼才能够将理论娴熟地应用于实践，解决个案的问题。第二，法学和医学都会再细分不同的二级学科，恰如法院分为不同的审判庭，医院分为不同的科室。第三，法学和医学实践经验的习得都比较依赖指导老师的"传帮带"，类似于传统的"师徒制"。既然法学专业和医学专业有众多的相似性，而医学专业学生的实习制度已经非常完善，完全可以借鉴医学专业的实习制度来改革法学专业的实习制度。

第一，改革学制，延长实习时间。众所周知，医学本科学制为五年，第五年基本全是实习，每个学生必须在医院的各个科室完成为期不短的实习方可毕业。法学专业实习的时间通常只有短短一个月左右，最长也不过两个月，如果学生在此期间准备考研，往往会将实习时间用于复习。因此，建议适当延长学制，至少留足一个学期作为实习时间，该学期的唯一任务就是实习。学习不能仅在一个单位或者一个单位的一个部门实习，完整的实习至少要涵盖一定数量的实习单位或者部门。学生应当在法院、检察院、其他国家机关、律师事务所、企事业单位和法律援助机构这六种类型的实习单位中至少选择三个，或者在同一个单位的至少三个不同职能的部门进行实习，实习时间可以平均分配，也可以略有侧重。

第二，完善法律制度，将提供实习平台明确为相关法律实务部门的法定责任和义务，同时改分散实习制为集体实习制。医学专业的实习采用的是集体实习方式，即一个班的学生大多集中于一家医院，分别由不同的教师带教。法学专业的实习则采用的是分散实习的方式，由学生各自选择实习单位，分别完成实习。相比之下，集体实习的方式更有利于规范实习管理和实习考核。造成这种局面的原因主要在于，医院有接受医学学生实习的责任和义务，是固定的实习基地，而法院、检察院等国家机关以及律师事务所、公司等社会组织都没有接受法学学生实习的义务，因此无法实现实习的常态化和规模化。解决这个问题需要从国家层面着手，制定、修改相关法律法规，或者出台相关政策，明确法院、检察院、政府法制部门等国家机关有为法学专业学生提供实习基地的责任和义务，同时进行具体的制度设计和安排，确保能够将责任落实。"卓越法治人才培养计划2.0"中就强调了法学实习制度的重要性，并且提出"要着力推动建立法治实务部门接收法学专业学生实习、法学专业学生担任实习法官检察官助理等制度，将接收、指导学生实习作为法治实务部门的职责"。2018年教育部发布的《普通高等学校法学类本科专业教学质量国家标准》规定："各高校应与相关实务部门紧密合作开展专业实习，建设一定数量不同类型的实习基地，满足实践教学的需求，并保障学生集体实习比例达到50%以上。"在集体实习制下，选择实习单位应当采用在尊重学生兴趣的前提下由学校统一安排的方式。按照上文的建议，学生可以在六种类型的实习单位中至少选择三个，或者在同一个单位选择三个以上不同职能的部门进行实习，学生选择了实习单位的类型以后，则由学校安排具体单位。这样可以有效防止虚假实习混学分的情况发生。当然，集体实习并不意味着同时实习，高校可以根据学生数量和学生考研、就业等实际情况，分批次组织安排集体实习。

第三，建立相应的保障制度，实现法学院校和实习单位互惠共赢。首先应当建立实习与就业的衔接制度，医学专业学生实习完毕之后，实习表现优秀的可以直接留在实习医院工作，是否能够留下，决定权主要在实习带教老师（也是该医院医生）和该医院。在这种制度下，实习生为了能够顺利留下就业，往往有极强的动力认真实习，尽可能表现得更好。即便不能留下，实习医院和带教老师出具的实习意见也能对其找工作产生一定的影响。法学专业实习完全可以借鉴这一做法。司法体制改革后，员额法官、检察官等都需要配备相应数量的助理，在将接收、指导学生实习作为法律实务部门法定职责的前提下，可以建立从优秀实习生中遴选法官助理、检察官助理的制度，对实习带教老师认为满意并经过一定方式考核合格的实习生，毕业后可以直接留下担任法官助理或者检察官助理。其次，建立实习带教老师责任制度，进一步明确实习带教老师的法定职责。实习带教老师应当由实习单位富有经验的法律工作者担任，不可由书记员、律师助理等担任。由实习单位指派，学生可以根据自己的专业兴趣在一定范围内进行选择带教老师。带教老师需要知指导学生制订详细的实习计划、提供具体的实习指导、带领学生完成特定数量的具体工作，并要对实习生进行定期和不定期的考查、考核，检验实习效果，指导实习生撰写实习日记和实习报告，实习结束时应由带教老师客观撰写学生实习评价。实习带教老师如果未能完成上述工作，或者完成效果不合格，应当承担相应的责任。与之配套的，应当建立实习经费保障制度和带教老师奖励制度。在明确法律实务部门提供实习的法定义务的同时，应当由政府提供相应的经费保障，用于实习基地建设、发放实习带教老师职务补贴、实习生必要开支等。除了政府拨款以外，实习单位和高校还可以积极开拓更多的经费来源，创造更多的实习合作机会。在建立实习带教老师责任制度的同时，也应当设计相应的奖励制度，对于优秀的实习带教老师，可以给予物质奖励或者评优、评先方面的政策倾斜。

第四，全面推进法学专业实习大纲建设。《普通高等学校法学类本科专业教学质量国家标准》5.2.2条中也明确提出，实验、实训和专业实习课程应当制定教学大纲，明确教学目的与基本要求，明确专业实习的主要内容以及学时分配。法学专业实习大纲可以由各类型的实习单位和高校共同制定，明确规定实习地点、目的、内容、时间及进度计划、教学方法、考核方式以及学校和实习单位各自的职责等。

第五，加强对实习生的考核和管理。实习制度流于形式很重要的原因之一就是疏于对实习学生的管理，仅凭短短几页实习日志和实习报告即可完成实习考核，学校对实习单位出具的实习评价也不会进行任何考察，导致现实中几乎没有出现过实习不合格的情况，这显然不合常理。加强对实习生的考核和管理应当从高校和实习单位两个方面入手：一方面要建立实习单位与高校的常态化沟通机制，双方应经常性保持沟通，便于学校及时掌握学生的实习动态；另一方面要增加对实习生考核的方式和频次，除了检查实习日志和实习报告以外，还应当按照实习的内容和进程增加考试和考查，对学生的实习效果进行动态考核，考核不合格者必须延长实习时间，否则不予毕业。海南大学法学专业实习要求每人每天需要撰写实习日记、收集一个典型案例完成案例分析报告、完整复印2~3个案件卷宗档案、提交小组实习总结报告（其中要求评价实习单位），还需要提交实习期间的活动照片，相应的实习考核也是实习基地、带队老师、组长的多方评价机制。①

事实上，最高人民法院在探索高校法科学生实习制度创新方面已经进行了有益的尝试。第四巡回法庭为了打破高校与社会之间的体制壁垒，加强法学教育、法学研究工作者和法治实际工作者之间的交流，经最高人民法院政治部批准，来自安徽大学、安徽师范大学、河南财经政法大学、河南大学、山西大学、武汉大学、郑州大学、中南财经政法大学8所高校的法学学子作为法律实习生来到第四巡回法庭，分别到刑事、民事、行政审判工作及诉讼服务一线实习锻炼。首批法律实习生在短短半年时间里，参与办理案件共计786件，撰写文书1 171篇，汇报案件277次，接待来访715人次。实习期间，他们遵章守纪、虚心学习、吃苦耐劳，表现优异，出色完成了审判辅助、司法调研和综合行政等工作，司法实践能力大大提高。为了全方面加强合作，第四巡回法庭还与上述8所高校法学院签署了共建教学实践基地的备忘录。②

---

① 王崇敏、邓和军：《论地方综合性高校法学专业互惠式实习机制——以海南大学法学院为例》，载于《西部法学评论》2012年第6期，第125~130页。
② 《最高人民法院四巡启动复合型人才培养计划》，https://www.chinacourt.org/article/detail/2018/04/id/3254492.shtml。

三、国际共赢

（一）法治人才培养国际合作现状

2018年颁布的"卓越法治人才培养计划2.0"中要求：促开放，构建涉外法治人才培养新格局。进一步拓宽与国际高水平大学和国际组织合作交流渠道，深化与国际高水平大学学分互认、教师互换、学生互派、课程互通等实质性合作，积极创造条件选送法学专业师生到国际组织任职实践，培养一批具有国际视野、通晓国际规则，能够参与国际法律事务、善于维护国家利益、勇于推动全球治理规则变革的高层次涉外法治人才。服务"一带一路"建设，着力培养熟悉"一带一路"沿线国家法制的高素质专门法治人才。[①]

国际合作培养法治人才已经成为潮流，许多高校的法学院都与国外的相关院校建立了合作办学项目，通过国际合作办学可以让中国学生有机会接触到外国的先进教学方式，促进自身知识的积累；也有助于教师之间交流，使得高校教师可以借鉴西方高校成功的教学经验，不断改进本校的教学方式，推动教学质量的提高。

（二）跨国协同培养面临的障碍

中外高校合作培养人才的方式在中国高校已经普遍展开，这是令人欣喜的变化，但是我们也应该注意到阻碍国际合作培养进程的因素，主要表现在以下几个方面。

首先，法律保障不足。完善的教育国际化法规是调整和规范中外高校合作培养人才活动的前提和健康发展的保障，虽然现行的教育法规已经为教育国际化奠定了相关基础。[②] 但是随着"一带一路"等国际交流活动的日益频繁，逐渐体现出我国的教育立法还存在盲区，现有的教育法规虽对一些原则性问题做了规定，但缺乏配套法规，致使法规条款缺乏可操作性。

其次，高校观念没有及时更新，应改变原有的人才培养模式，建立以社会需求和市场为导向的人才培养模式。在对外合作中，也要避免合作流于形式，提高合作对象的条件，不能随意选择，对于合作项目以及合作方式进行充分的论证，

[①] 参见《教育部 中央政法委关于坚持德法兼修实施卓越法治人才教育培养计划2.0的意见》，教育部网站，http://www.moe.edu.cn/srcsite/A08/moe_739/s6550/201810/t20181017_351892.html。

[②] 王春艳：《当代中外高校合作培养人才模式研究》，河海大学硕士学位论文2005年。

减少资源的浪费。充分考虑并满足社会的发展需要，人才培养应适应国际化进程，培养合格的人才。

最后，创新能力不足。与国外高校进行合作办学的目的在于汲取对方优秀的实践经验，不断提高自身的教学水平。但是在实际操作过程中，有的高校对于国外的经验却全盘接受，无论是否适合自身的实际发展情况，这也阻碍了高校办学水平的进一步提高。

（三）跨国协同培养方式探索

在法律全球化深入、高等教育不断发展的新时代，完善涉外高端法律人才的培养工作是深化法学教育改革、提高法律人才培养质量、满足社会需要的重要途径。全国各大法学院校在教学过程中也开始了涉外法律人才的培养工作。

1. 哈尔滨工业大学

哈尔滨工业大学法学院具有国际教育背景、在海外长期留学和工作的教师占整体教师的比例较大，为在法学学科实施国际化奠定了良好的基础。另外，从2005年起，法学院就开始聘请来自美国的教师长期或短期在学校给学生用英语直接授课。学院7年以来，共聘请了16位来自美国、德国、意大利、法国、英国、日本等国家的著名学者作为客座教授和长期合约教授，他们与受邀来访的国际法官、国外律师、国外教授和其他人员一起来校授课与讲座，使学生体会到了国际一流教授和法律实务专家的风采，带来了国际学术研究和法律实践的前沿信息，也为师生提供了与国外教授和专家对话的机会与渠道。[①]

跨国之间的联合培养是高等教育国际化发展的重要途径，是世界一流大学人才培养国际化通用的方式。哈尔滨工业大学法学院在长期保持并不断加深与意大利米兰大学、德国科隆大学、德国马堡大学、德国洪堡大学、加拿大麦吉尔大学、荷兰莱顿大学、美国密西西比大学、爱尔兰国立高威大学、法国巴黎第十一大学、英国谢菲尔德大学等高校合作关系的基础上，继续拓宽与国外知名院校和研究机构的交流与合作，在合作层次和广度上也有了新的突破。开拓了与亚洲知名高校的合作关系，分别与韩国首尔国立大学和日本庆应义塾大学建立联系。依此培养出更多真正具有国际化视野的法律精英人才。

2. 中央财经大学

中央财经大学法学院为涉外卓越法律人才培养搭建了三个平台，通过课程课堂环节和课外活动环节，落实三个平台的措施，让学生切切实实感受到涉外卓越

[①] 赵海峰、李岩松、张宇、朱泓宇：《通过国际化培养法律精英人才的探讨》，引自徐祥民主编：《以培养卓越法律人才为目标——法律人才培养模式改革论集》，中国法制出版社2015年版，第475页。

法律人才培养的过程。在课程课堂环节，法学院开设了 12 门英文和双语财经法律类专业课程，并且根据这 12 门课程的需要，积极编写英文或双语教材，此外，法学院在每学期都开设一门英文案例分析课，此课程以该学期的一门专业课为基础，由涉外律师设计题目，模拟针对外商投资企业的涉及中国法的研究咨询项目，学生分组进行研究、撰写法律意见、PPT 演示来完成咨询任务。① 法学院聘请 16 名外籍教师进行长期或者短期教学，建立起一支规模稳定的队伍，以协助涉外法治人才培养建设的开展。

3. 对外经贸大学

对外经贸大学法学院采取了长期和短期两种方式对外合作办学。一方面跟美国威斯康星大学（Wisconsin – Madison University）和澳大利亚蒙纳士大学（Monash University）共同举办了授予美国和中国法学双硕士的学位班。另一方面，从 1998 年开始，法学院与美国纽约的布鲁克林法学院和洛杉矶的劳耀拉等数所法学院为美国法律博士生举办暑期班，实现与国外学校的短期交流。参加这个暑期班的学生为美国的法律博士生和中国的硕士生，由美国教授与法学院教授共同给学生讲授课程，两国学生使用共同语言（英文）和共同教材，参加共同考试，分别给予相同学分。②

时代的不断发展要求跨国协作也应做出相应的改变，探索合适的培养方式，有助于促进跨国人才的进一步发展，可以从以下三个方面对跨国协同培养模式进行探索。

首先，加速国外国际化法治人才与我国涉外法治人才培养的融合。增加本国高等教育的国际竞争力，不能简单地靠部分高校提供平台，应当适应法学教育国际化转型的潮流，通过设置一定的协同创新项目来加速外国法治人才和我国涉外法治人才的融合，主动将国外优质教育"引进"我国法学高等教育的体系中。

其次，重视涉外法治人才协同培养的法治化建设。目前我国高等教育国际化急需制定如美国《富布赖特法》《大学与法学院法》《外国资格证书法》等法律制度来保障涉外法治人才培养的实施。③ 我国现行法律制度只规定了高等教育涉外人才培养的合作方式和外资准入限制，没有对涉外教育合作引起的争端、做到事前、事中、事后的预防和争端解决的法律风险防范体系。通过法律制度来全面规范高等教育国际化的法律与高等教育法的冲突，办学中争端解决法律机制、批

---

① 吴韬、沈健：《涉外卓越法律人才培养的目标和途径》，引自徐祥民主编：《以培养卓越法律人才为目标——法律人才培养模式改革论集》，中国法制出版社 2015 年版，第 491 页。

② 沈四宝：《坚持国际化特色努力为两个市场培养法律人才》，引自沈四宝、王军主编：《国际化法律人才培养探索——对外经济贸易大学法学院试点小结》，对外经济贸易大学出版社 2011 年版，第 3 页。

③ 杜承铭、柯静嘉：《论涉外法治人才国际化培养模式之创新》，载于《现代大学教育》2017 年第 1 期，第 85~92 页。

判吸收其他国家先进的法学教育理念和制度，也是现有法律中仍然缺失的地方。

最后，努力实现从"国际化"法治人才培养到"跨国化"法治人才培养的转型。"国际化"的法治人才培养目标要求学生具有国际眼光，能灵活运用国际条约和惯例处理国际法律事务中的问题，并且具备掌握一门外语及通晓别国文化等必备的知识储备和技能。涉外法治人才创新的转型须有法学和法律实务专家共同引领，并在配合国际培养目标的基础上，力求在国内课程的设置中体现"跨国化"的主题元素，最终完成涉外法治人才队伍从国际纠纷的裁决者、国际服务的提供者、全球公共事务的管理者到国际法律理论变革的引领者和国际规则制定的参与者，充分维护国家和我国跨国企业利益的人才国际化培养模式的转变。

第七节 本章小结

目前，培养方式单一化是我国法治人才培养中面临的普遍问题。单一化培养方式具体表现为三个方面：主体角色错位，不以学生为中心，而以教师为中心；内容注重理论、轻视实践，与法律职业脱节；千篇一律，难以适应建设法治社会和法治人才国际化的要求。单一化培养方式导致我国高校法治人才培养面临外部和内部的双重矛盾，外部是法治人才供需结构性失衡，内部是教与学的误解与冲突。单一化培养方式的成因主要在于人才培养目标模糊、法学院校自身定位不明、中国传统教学方式的影响、教师队伍结构缺陷、高校考核评价忽视教与学以及育人与用人衔接不力。要实现从"单一"向"多元"之突围，就要确立多元培养目标、构建多元培养模式、引入多元培养主体，并探索多元培养方式和方法。

适应全面实施依法治国的法治人才需求，创新人才培养机制，真正将多元化的法治人才培养模式落到实处，必须构建起"以学生为本"、满足学生多样化教育需求和个性发展需要的多元化法治人才培养方式。所谓多元，指的是以高校、政府和社会共同作为法治人才培养的主体，不仅体现在对法治人才培养某一个环节或者某一项工作的参与或者介入，更要体现为共同的责任和担当，无论是高校、政府教育行政部门还是法院、检察院等法律实务部门、用人单位和行业组织等社会组织，都应当获得相应的权力，并树立起主体意识，以能动的姿态成为法治人才培养的主体。

新时代社会主义法治人才的中国特色在于德行为首、专业为本、实践为要、行业为纲，培养出中国特色社会主义法治人才是多元协同法治人才培养的总目标。第一，高校应当结合自身特色选准自己的层次定位、地域定位、行业定位和学科定位。国家应当通过制定法律和政策明确法学教育的定位，完善法治人才培养规范体系，并通过分类准入等措施指引高校法治人才培养定位。第二，高校和法律实务部门应组成法治人才培养共同体，在政府的保障和指引下，各自承担起主体责任，协同制定多元培养方案。第三，在高校的主导下，实务部门应当主动参与课程设置，共同创新课程体系。第四，认真实施"卓越法治人才培养计划2.0"，破除教师和法律实务工作者身份转换的制度壁垒，改进教学方式，实现课堂教学从"教师中心主义"向"学生中心主义"的转变。第五，在政府的引导下，高校和法律实务部门应充分实现信息共享、平台共建和国际共赢，协同创造多元的教育资源。

第五章

德法兼修多元法治人才培养评价机制和保障体系

马克思认为,形成财富的两个原始要素是劳动力和土地,也即人和自然。[①]人类历史的发展规律一次又一次证明,人,尤其是具有创造力的人,在创造财富和推动社会进步的过程中起着决定性的作用。习近平强调,发展是第一要务,人才是第一资源,创新是第一动力。[②]《国家中长期人才发展规划纲要(2010—2020年)》指出"人才是我国经济社会发展的第一资源",人才属于可再生资源,为了实现经济社会的长期持续性发展,就必须源源不断地培养新的、更多的人才。

全面推进依法治国是一项系统工程,法治人才培养是其中的基础性环节。培养法治人才的目的是为了全面建设社会主义法治国家和法治社会,因此,什么样的人才符合建设社会主义法治国家和法治社会的实际需要就是一个至关重要的问题。要解决这个问题,就必须建立科学合理的法治人才培养的评价机制。在完善法治人才培养的评价机制的同时要建立起法治人才培养的保障机制。建立健全法治人才培养的评价机制与保障体系,是实现全面推进依法治国新时期法治人才培养目标的重要条件。

---

① 《资本论》(第一卷),人民出版社1975年版,第662页。
② 《习近平李克强栗战书汪洋王沪宁赵乐际韩正分别参加全国人大会议一些代表团审议》,载于《人民日报》2018年3月8日第1版。

第一节　构建法治人才培养立体评价机制

法治人才培养的评价机制是创新法治人才培养机制的实效检验机制，通过对检验结果的分析，总结经验得失、发现问题并寻找原因和对策，并通过评价结果反馈机制将检验结果和分析结论反馈给法治人才培养主体，及时修正培养过程中的错误或者不当之处，促进法治人才培养机制的发展与完善。充分发挥评价机制对法治人才培养的纠偏和推动作用才是建立法治人才评价机制的目的和意义所在。科学的法治人才评价机制，即通过一定形式对法治人才的法律专业知识、理论水平、职业技能和综合素质做出客观、公正的评估。

何为"人才"？中共中央和国务院联合发布的《国家中长期人才发展规划纲要（2010－2020年）》对"人才"的定义是"具有一定的专业知识或专门技能，进行创造性劳动并对社会作出贡献的人，是人力资源中能力和素质较高的劳动者"。由此可见，人才的核心特征在于专业性、创造性、高素质，这也是人才和普通劳动者的根本区别所在。合格的法治人才必须符合下列要求：具备一定的法学理论水平，掌握一定的法律职业技能，能够在实践工作中应用法律知识，解决与法律相关的问题。优秀的法治人才还应具备系统化和前瞻性的法律思维，宏观的法治视野，发现问题、提出问题的能力，以及解决综合性复杂问题的能力。社会对法治人才的需求遍布于各行各业和方方面面，尽管在宏观和整体的层面上社会对法治人才的总体要求大致相同，但是，当把视野聚焦到具体的行业、单位、组织或者个人，不同主体对法治人才的需求又是千差万别。因此，科学合理的法治人才培养评价机制必须遵循两个原则：第一，法治人才培养应当致力于构建高素质的法律职业共同体，为实现全面依法治国、建设社会主义法治国家和法治社会服务；第二，法治人才培养应当着眼于个人的发展，促进个人价值的全面实现。

一、我国法学教育评估的现状分析

无论实践中最常适用的制度，还是理论界最常论及的概念，都是法学教育评估。所谓法学教育评估，是指"依据由主客观指标构成的标准，通过一定的程序对法学教育的基本状况进行'符合社会共识'的客观描述或实证化的价值判断，并具有目标导向与利益驱动功能的社会活动"①。法学教育评估首先是高等学校教育评估的一部分，尽管它有着自己的特殊性，但是，法学教育也必须先接受和遵循高等学校教育评估的规则和要求。目前，我国对包括法学院校在内的高等学校进行的评估主要包括教学水平评估、学科评估和专业评估三种类型。

（一）教学水平评估

从现实情况来看，教学水平评估基本上都是由教育行政管理部门组织和实施的政府评估，其评估的对象主要是高等学校，其评价的方式主要是组织评估专家小组进入学校进行检查，考核办学水平和教学质量。

美国高等教育家伯顿·克拉克将政府与大学的关系划分为两种重要类型：一是以意大利、法国等为代表的欧陆体制，即国家控制模式（state control model），这种模式的特点是政府直接干预大学各方面的运作；二是以美国、英国大学为代表的英美体制，即国家监督模式（state supervising model），这种模式的特点是大学以自主管理为主，政府主要起监督作用，大学具有相对的独立性。② 我国的高等教育体制是在欧陆模式的基础上建立起来的，政府对高校是管理与被管理的关系。而且，我国高等学校的主体是公立高校，政府对公立高校的管理权更是直接和具体。因此，政府评估在我国的高等教育评估体系中始终居于主导地位。

1. 发展历程

从组织模式来看，政府评估也即官方评估，其发展大概经历了三个阶段。

（1）初始阶段。中国高等教育评估始于1985年，当年成立的中华人民共和国国家教育委员会（以下简称"国家教委"）颁布了《关于开展高等工程教育评估研究和试点工作的通知》，部分省份开始启动高校办学水平、专业、课程的评估试点工作，由此拉开了我国高等教育评估的序幕。1990年，中国第一部关于高等教育评估的法规正式诞生，国家教委颁布的《普通高等学校教育评估暂行规定》就高等教育评估性质、目的、任务、指导思想、基本形式等做了明确规定，标志着我国高等教育评估开始迈向常态化和全面化。这一阶段，中国高等教育评估用不足十年的时间走完了西方国家几十年的发展历程，为我国的高等教育评估制度打下了基础。

（2）分类评估阶段。1994年初，国家教委开始有计划、有组织地实施对普

---

① 朱景文主编：《中国人民大学中国法律发展报告2013法学教育与研究》，中国人民大学出版社2014年版，第252页。

② 戴晓霞、莫家豪、谢安邦：《高等教育市场化》，北京大学出版社2004年版，第45页。

通高等学校本科教学工作水平的评估。先后经历了三种形式：合格评估、优秀评估和随机性水平评估。三种评估形式都并不覆盖全国所有的高等学校，但是，评估对象的选择方式各有不同。合格评估开始于1994年，这种评估方式主要针对1976年以后新建的、本科教育历史较短的、基础比较薄弱的学校，目的是使这类学校能够达到国家规定的基本的办学水平和质量标准，并帮助这类学校进一步明确办学指导思想、加强教学基本建设、提高教学管理水平。合格评估可以被视为准入性评估，不能通过合格评估的高校将不再具备本科办学的资格，因此，哪些学校需要被评估完全由国家教委指定。优秀评估开始于1996年，主要针对100所左右本科教育历史较长、基础较好、工作水平较高的学校，主要目的是促进这类学校深化改革和办出特色。优秀评估可以被视为选拔性评估，通过评估的高校意味着在本科教学工作评选中获得了优秀，因此，评估对象采取"申请加审批"的方式确定，即由国家教委根据学校的申请确定。随机性水平评估开始于1999年，主要是针对介于上述两类学校之间的普通院校，评估对象由教育部（1998年3月10日，国家教委正式更名为教育部）随机抽取。

2002年，教育部将合格评估、优秀评估和随机性水平评估三种方案合并为一个方案，并于2004年颁布了《普通高等学校本科教学工作水平评估方案（试行）》①，普通高等学校本科教学工作水平评估的结论分为优秀、良好、合格和不合格四种。本科教学评估主要着眼于高等学校的本科教学工作，坚持"以评促改，以评促建，以评促管，评建结合，重在建设"的原则。通过教学工作水平评估进一步加强国家对高等学校教学工作的宏观管理与指导，促使各级教育主管部门重视和支持高等学校的教学工作，促进学校自觉地贯彻执行国家的教育方针，按照教育规律进一步明确办学指导思想、改善办学条件、加强教学基本建设、强化教学管理、深化教学改革、全面提高教学质量和办学效益。截至2004年底，使用该方案共评估了116所普通高等学校。2004年，教育部在《2003－2007年教育振兴行动计划》中明确提出实行"五年一轮"的普通高等学校教学工作水平评估制度。2003年，教育部针对高职高专院校制定了人才培养工作水平评估方案，开始对26所高职高专院校进行试点评估。2004年开始，教育部决定由各省、自治区、直辖市教育厅（教委）负责对本地区高职高专院校进行评估。教育部制定评估方案，由各省级教育行政部门组织实施，教育部定期抽查各地的评估结论。截至2004年底，高职高专院校人才培养工作水平评估共评估院校107所。

---

① 2006年，教育部办公厅下发了《教育部办公厅关于印发〈普通高等学校本科教学工作水平评估方案（试行）对部分重点建设高等学校及体育类、艺术类高等学校评估指标调整的说明〉的通知》对该方案进行了一些调整。

对这个时期的高等教育评估各项工作进行总结，该阶段主要实现了八个方面的创新：第一，初步探讨了市场经济下高等教育评估的新特点和新规定。第二，国家设立了高校设置评议制度。第三，加强了新建院校的合格评估。第四，学位与研究生教育有了新的突破。第五，高校教学评估蓬勃发展。第六，涌现出一批社会中介评估机构。第七，开始探讨高校教学保障体系。第八，启动毕业生社会信息反馈系统。①

（3）规范化发展阶段。2004 年 8 月教育部正式成立了高等教育教学评估中心，该中心是教育部直属的行政性事业单位，主要负责组织实施高等学校本专科教育的评估工作。评估中心的成立以及五年一轮的评估制度的建立，标志着中国高等教育的教学评估工作开始走向规范化、科学化、制度化和专业化的发展阶段。②

2010 年颁布的《国家中长期教育改革和发展规划纲要（2010 - 2020 年）》明确提出要"完善中国特色现代大学制度""建立科学、规范的评估制度"。为落实纲要精神，教育部在 2011 年发布了《教育部关于普通高等学校本科教学评估工作的意见》（以下简称《评估意见》），《评估意见》为今后的本科教学评估制度做了顶层设计，提出"建立健全以学校自我评估为基础，以院校评估、专业认证及评估、国际评估和教学基本状态数据常态监测为主要内容，政府、学校、专门机构和社会多元评价相结合，与中国特色现代高等教育体系相适应的教学评估制度。"《评估意见》明确了由教育行政主管部门组织的分类院校评估制度。"院校评估包括合格评估和审核评估。合格评估的对象是 2000 年以来未参加过院校评估的新建本科学校；审核评估的对象是参加过院校评估并获得通过的普通本科学校。"合格评估结论分为"通过""暂缓通过"和"不通过"三种。"通过"的学校 5 年后进入审核评估。审核评估形成写实性报告，不分等级，周期为 5 年。③ 这种评估模式被称为"五位一体"（自我评估、院校评估、状态数据常态监测、专业认证及评估、国际评估）评估。

2. 评估标准及指标体系

教学是高等学校的主要工作之一，尤其是本科教学，更是教学工作的重中之重，直接影响、甚至决定高等学校毕业生的质量。因此，政府评估的事项主要是高等学校的教学工作，包括决定和影响教学工作的其他相关事项。政府对高等院

---

① 刘益东、杜瑞军、毛金德、赵聪环、张建锋、王明明：《高等教育评估：中国经验与世界新趋势——中国高等教育学会教育评估分会 2015 学术年会暨纪念"镜泊湖"会议 30 周年》，载于《高教发展与评估》2016 年第 2 期，第 38 ~ 42 页。
② 相关统计数据来源于教育部高等教育教学评估中心网站。
③ 《教育部关于普通高等学校本科教学评估工作的意见》，中华人民共和国教育部网站，http：//www. moe. gov. cn/srcsite/A08/s7056/201802/t20180208_327120. html。

校法学专业教学质量的评估是法学教育评估体系中最重要的组成部分。由于本科教育是法治人才培养最核心、最基础的部分,因此,教学质量评估的重点是本科教学质量。从目前的情况看,我国高等学校法学本科教学评估主要适用两个标准。

(1) 通用类教学水平评价标准。

第一,《普通高等学校本科教学工作水平评估方案(试行)》。该评估方案适用于除医药类、体育类以及艺术类等专业院校以外的其他各类高等学校。评估的具体内容包括教学工作的硬件,如教师队伍、教学基本设施和经费、教学管理队伍和质量管理等,也包括教学工作的软件,如办学思路与领导作用、专业与课程建设以及实践教学安排、教师风范和学生的学习风气等。教学效果作为教学工作好坏优劣的最终反映,也是本科教学工作评估的内容之一。

普通高等学校本科教学工作水平评估指标体系具体包括 7 项一级指标和 19 项二级指标如表 5 - 1 所示。

表 5 - 1   普通高等学校本科教学工作水平评估指标体系

一级指标	二级指标
1. 办学指导思想	1.1　学校定位 1.2　办学思路
2. 师资队伍	2.1　师资队伍数量与结构 2.2　主讲教师
3. 教学条件与利用	3.1　教学基本设施 3.2　教学经费
4. 专业建设与教学改革	4.1　专业 4.2　课程 4.3　实践教学
5. 教学管理	5.1　管理队伍 5.2　质量控制
6. 学风	6.1　教师风范 6.2　学习风气
7. 教学效果	7.1　基本理论与基本技能 7.2　毕业论文或毕业设计 7.3　思想道德修养 7.4　体育 7.5　社会声誉 7.6　就业

在本科教学工作水平评估中，以上各项一级指标和二级指标均有若干个不同的观测点，各指标在评估中所占的权重各不相同，根据评估对象的实际情况确定了不同的等级标准。①

第二，普通高等学校本科教学工作合格评估标准，评估指标体系如表5-2所示。

表5-2 　　普通高等学校本科教学工作合格评估指标体系②

一级指标	二级指标
1. 办学思路与领导作用	1.1 学校定位 1.2 领导作用 1.3 人才培养模式
2. 教师队伍	2.1 数量与结构 2.2 教育教学水平 2.3 培养培训
3. 教学条件与利用	3.1 教学基本设施 3.2 经费投入
4. 专业与课程建设	4.1 专业建设 4.2 课程与教学 4.3 实践教学
5. 质量管理	5.1 教学管理队伍 5.2 质量监控
6. 学风建设与学生指导	6.1 学风建设 6.2 指导与服务
7. 教学质量	7.1 德育 7.2 专业知识和能力 7.3 体育美育 7.4 校内外评价 7.5 就业

第三，普通高等学校本科教学工作审核评估标准，如表5-3所示。

---

① 参见2004年教育部颁发的《普通高等学校本科教学工作水平评估方案（试行）》，以及《对普通高等学校本科教学工作合格评估部分评估指标的调整说明》（教督局函〔2018〕1号）。

② 《教育部办公厅关于开展普通高等学校本科教学工作合格评估的通知》（教高厅〔2011〕2号）附件2。

表5-3　　　　　普通高等学校本科教学工作审核评估范围

审核项目	审核要素	审核要点
1. 定位与目标	1.1　办学定位	（1）学校办学方向、办学定位及确定依据 （2）办学定位在学校发展规划中的体现
	1.2　培养目标	（1）学校人才培养总目标及确定依据 （2）专业培养目标、标准及确定依据
	1.3　人才培养中心地位	（1）落实学校人才培养中心地位的政策与措施 （2）人才培养中心地位的体现与效果 （3）学校领导对本科教学的重视情况
2. 师资队伍	2.1　数量与结构	（1）教师队伍的数量与结构 （2）教师队伍建设规划及发展态势
	2.2　教育教学水平	（1）专任教师的专业水平与教学能力 （2）学校师德师风建设措施与效果
	2.3　教师教学投入	（1）教授、副教授为本科生上课情况 （2）教师开展教学研究、参与教学改革与建设情况
	2.4　教师发展与服务	（1）提升教师教学能力和专业水平的政策措施 （2）服务教师职业生涯发展的政策措施
3. 教学资源	3.1　教学经费	（1）教学经费投入及保障机制 （2）学校教学经费年度变化情况 （3）教学经费分配方式、比例及使用效益
	3.2　教学设施	（1）教学设施满足教学需要情况 （2）教学、科研设施的开放程度及利用情况 （3）教学信息化条件及资源建设
	3.3　专业设置与培养方案	（1）专业建设规划与执行 （2）专业设置与结构调整，优势专业与新专业建设 （3）培养方案的制定、执行与调整
	3.4　课程资源	（1）课程建设规划与执行 （2）课程的数量、结构及优质课程资源建设 （3）教材建设与选用
	3.5　社会资源	（1）合作办学、合作育人的措施与效果 （2）共建教学资源情况 （3）社会捐赠情况

续表

审核项目	审核要素	审核要点
4. 培养过程	4.1 教学改革	（1）教学改革的总体思路及政策措施 （2）人才培养模式改革，人才培养体制、机制改革 （3）教学及管理信息化
	4.2 课堂教学	（1）教学大纲的制订与执行 （2）教学内容对人才培养目标的体现，科研转化教学 （3）教师教学方法，学生学习方式 （4）考试考核的方式方法及管理
	4.3 实践教学	（1）实践教学体系建设 （2）实验教学与实验室开放情况 （3）实习实训、社会实践、毕业设计（论文）的落实及效果
	4.4 第二课堂	（1）第二课堂育人体系建设与保障措施 （2）社团建设与校园文化、科技活动及育人效果 （3）学生国内外交流学习情况
5. 学生发展	5.1 招生及生源情况	（1）学校总体生源状况 （2）各专业生源数量及特征
	5.2 学生指导与服务	（1）学生指导与服务的内容及效果 （2）学生指导与服务的组织与条件保障 （3）学生对指导与服务的评价
	5.3 学风与学习效果	（1）学风建设的措施与效果 （2）学生学业成绩及综合素质表现 （3）学生对自我学习与成长的满意度
	5.4 就业与发展	（1）毕业生就业率与职业发展情况 （2）用人单位对毕业生评价
6. 质量保障	6.1 教学质量保障体系	（1）质量标准建设 （2）学校质量保障模式及体系结构 （3）质量保障体系的组织、制度建设 （4）教学质量管理队伍建设
	6.2 质量监控	（1）自我评估及质量监控的内容与方式 （2）自我评估及质量监控的实施效果

续表

审核项目	审核要素	审核要点
6. 质量保障	6.3 质量信息及利用	（1）校内教学基本状态数据库建设情况 （2）质量信息统计、分析、反馈机制 （3）质量信息公开及年度质量报告
	6.4 质量改进	（1）质量改进的途径与方法 （2）质量改进的效果与评价
自选特色项目	学校可自行选择有特色的补充项目	

资料来源：《教育部关于普通高等学校本科教学评估工作的意见》（教高〔2011〕9号）。

（2）法学专业教学水平评价标准。

第一，普通高等学校法学类本科专业教学质量国家标准。

2018年1月30日，教育部发布了《普通高等学校本科专业类教学质量国家标准》，这是我国高等教育领域的第一个教学质量国家标准。该标准以《普通高等学校本科专业目录（2012）》为依据，涵盖了目录中全部92个本科专业类、共计587个本科专业。其中，《普通高等学校法学类本科专业教学质量国家标准》（以下简称《法学类专业教学质量国家标准》）是参照《法学学科门专业类教学质量国家标准参考框架》及制定要求进行设置的。《法学类专业教学质量国家标准》将法学类专业定义为"具有共同理论基础或研究领域相对一致的专业集合"，指出法学类专业教育的特征就是"具有很强的应用性和实践性""在国家民主法治建设中发挥着重要的基础性作用"。并且，《法学类专业教学质量国家标准》针对长期以来对法学教育定位的争论，明确了"法学类专业教育是素质教育和专业教育基础上的职业教育"。按照《法学类专业教学质量国家标准》的定义，法学类专业是具有共同理论基础或研究领域相对一致的专业集合，具体包括法学、知识产权和监狱学三个专业。

《法学类专业教学质量国家标准》从适用专业范围、培养目标、培养规格、课程体系、教学规范、教师队伍、教学条件、教学效果、质量保障体系九个方面对法学类本科专业建设提出了明确的要求，是规范我国今后一个历史时期法学类本科教育、确保教育质量不断提升的纲领性文件。

从规范对象的范围来看，《法学类专业教学质量国家标准》是全国所有本科法学类专业教学都必须遵循的质量标准。但是，该标准的适用对象有所侧重，它重点规范的是1998年之后地方普通本科高校开设的法学本科专业，尤其是2000年以来新升级为本科高校设置的法学本科专业。之所以如此，与我国法学院校和法学专业的发展历程密切相关。1977~1983年是我国法学高等教育的恢复阶段，凡是历史上举办过法政学堂的大学都在千方百计地恢复法学专业。这段时间大概产生了七八十所法学院校，它们构成了中国法学教育的核心和重镇。20 世纪末与 21 世纪初，在教育部推出的"扩招"政策的刺激和推动下，法学院校急剧膨胀，非正规法学教育也达到了高潮。由于法学专业开设门槛和成本较低，理工、农林、师范、医学等各类高校都纷纷开设法学专业，一时间法学专业遍地开花。法学院校从几十所到 200 所，以至激增至最高峰的 639 所。[①] 在这种情况下，新成立的高等学校法学教育质量显然令人担忧。正是基于此种现状，教育部发布的《法学类专业教学质量国家标准》将 20 年内新成立的法学院校或者新开设的法学专业作为重点适用和评估对象。与该适用对象的侧重点相辅相成的是，《法学类专业教学质量国家标准》自身定位为"全国本科法学类专业教学质量的基本标准"，也即本科法学类专业教学质量的最低标准，各院校若不能达到该标准，则会被取消办学资格。同时，教育部要求各高校根据自身的定位和办学特色，根据该标准制定法学类专业的教学质量标准，并在不低于该标准相关要求的前提下对标准中的条目进行细化规定。同时，鼓励各高校高于该标准办学。

第二，法学类专业教学质量评估指标体系设置，如表 5-4 所示。

表 5-4　　　　　法学类专业教学质量评估指标体系

一级指标	二级指标	主要观测点	考评要求
1. 培养目标与模式（10 分）	1.1 培养目标（6 分）	• 内容完备情况（2 分）	培养目标内容清晰，法学人才培养类型和专业定位明确，毕业生毕业时所需达到的要求合理清楚
		• 目标指导作用（1 分）	培养目标在培养方案中得到完整具体的反映，能够指导、评估方案各部分的体系构建与日后执行情况
		• 认知度（1 分）	所有教职工、在校生培养目标的认知度在 50% 以上，用人单位对培养目标的认知度在 20% 以上
		• 评估修订情况（2 分）	专业有评估培养目标达成度的评估制度，并适时进行评估、修订更新
	1.2 培养模式（4 分）	• 基准性模式（2 分）	执行、落实基准培养模式

[①] 徐显明、黄进、潘剑锋、韩大元、申卫星：《改革开放四十年的中国法学教育》，载于《中国法律评论》2018 年第 3 期，第 2~27 页。

续表

一级指标	二级指标	主要观测点	考评要求
1. 培养目标与模式（10分）	1.2 培养模式（4分）	• 多样化模式（1分）	推行实验班改革，执行多种培养模式方案
		• 特色化培养模式（1分）	培养模式体现专业特色化
2. 培养规格（10分）	2.1 学制与学位（2分）	• 学制（1分）	基本学制为四年，可在四年制模式基础上，实行弹性学制，但修业年限不得低于三年
		• 学位（1分）	完成各专业培养方案规定的课程和学分要求，考核合格，准予毕业。符合规定条件的，授予法学学士学位
	2.2 知识要求（2分）	• 通识性知识（1分）	学生了解人文社会科学与自然科学领域的基础知识
		• 专业基础知识（1分）	学生牢固掌握本专业的基本知识和基本理论，并形成合理的整体性知识结构
	2.3 能力要求（3分）	• 综合基础能力（1分）	学生具备独立自主地获取和更新本专业相关知识的学习能力；具备较高的计算机操作能力和外语能力
		• 专业实践能力（1分）	学生具备将所学的专业理论与知识融会贯通，灵活地综合应用于专业实务之中的基本技能
		• 创新创业能力（1分）	具备利用创造性思维方法开展科学研究工作和创新创业实践的能力
	2.4 素质要求（3分）	• 价值观念（1分）	学生应具有爱国情怀，牢固树立正确的世界观、人生观、价值观
		• 职业素养（1分）	学生掌握法学专业的思维方法和研究方法，具备良好的人文素养和科学素养
		• 身心健康（1分）	学生养成良好的道德品格、健全的职业人格、强烈的法律职业认同感，具有服务于建设社会主义法治国家的责任感和使命感。具备健康的心理和体魄
3. 课程体系（15分）	3.1 课程体系总体框架（4分）	• 课程体系完整（2分）	专业课程总体上包括理论教学课程和实践教学课程。理论教学课程体系包括思想政治课、通识课、专业课；实践教学课程体系包括实验和实训课、专业实习、社会实践与毕业论文

续表

一级指标	二级指标	主要观测点	考评要求
3. 课程体系（15分）	3.1 课程体系总体框架（4分）	● 学分合理（2分）	培养方案总学分的设定要科学、合理、适中，总学分应控制在160学分左右，其中实践教学累计学分不少于总学分的15%
	3.2 理论教学课程（5分）	● 思想理论政治课程（1分）	按照相关规定，全面实施思想政治理论课程方案
		● 通识课程（2分）	通识课程要根据法学专业的特点和社会实际需要设置学分，其中应当涵盖外语、体育、计算机课程，并从人文、社会科学、自然科学等方面均衡设置
		● 专业课程（2分）	各专业核心课程的设置不低于"法学类专业教学质量国家标准"的相关要求，各专业可根据自身培养目标与特色，设置专业必修课程学分。专业选修课程应当与专业必修课程形成逻辑上的拓展与延续关系，并形成课程模块（课程组）供学生选择性修读。各专业可以自主设置专业选修课程体系。鼓励开发跨学科、跨专业的新兴交叉课程与创新创业类课程
	3.3 实践教学课程（6分）	● 实践教学环节（1分）	在理论教学课程中因设置实践教学环节，改革教学方法，强化教学案例，增加理论教学中模拟训练和法律方法训练环节，挖掘充实法学专业课程的创新创业教育资源
		● 实验、实训和专业实习（2分）	各专业应根据专业教学的实际需要，利用模拟法庭、法律诊所、专业实验室、实训基地和校外实习基地，独立设置实验、实训课程，组织专业实习，开展创新创业教育。实验、实训和专业实习课程应当制定教学大纲，明确教学目的与基本要求，明确专业实习的主要内容与学时分配。专业实习时长不得低于10周
		● 社会实践（1分）	各专业应根据本专业实际需要，组织各种形式的法制宣传教育活动，让学生了解社会生活，培养其社会责任感，增强其社会活动能力。社会实践时长不得低于4周

续表

一级指标	二级指标	主要观测点	考评要求
3. 课程体系（15分）	3.3 实践教学课程（6分）	• 毕业论文（2分）	各专业毕业论文可采取学术论文、案例分析、毕业设计、调研报告等多种题材形式完成毕业论文（设计）。论文选题应当加强问题导向。鼓励学生根据自身兴趣，结合社会实践以及经济、社会现实的热点和难点问题，在指导教师的指导下进行毕业论文（设计）的撰写。毕业论文（设计）内容应当综合运用所学的理论与专业知识。毕业论文（设计）的撰写应遵守学术道德和学术规范。各专业应为本科生指定毕业论文（设计）指导教师。毕业论文（设计）指导教师由本专业具有讲师以上职称的教师担任，可聘请专业实务部门有关人员共同指导。指导教师应加强毕业论文（设计）在选题、开题、撰写等各个环节的指导和检查，强化学术规范
4. 教学规范（10分）	4.1 教学过程规范（6分）	• 培养方案的实施（2分）	教学过程严格按照培养方案进行
		• 教学计划、教学大纲和教案编写（2分）	教学过程应根据理论教学课程和实践教学课程的实际需要，结合课程建设的具体情况，依据课程教学目标和内容编写教学计划、教学大纲和教案，且内容规范完备，执行严格
		• 教学因素概括（2分）	教学过程应在一定的教育目标及教学理论指导下，依据专业特性和学生特点，对教学目标、教学内容、教学结构、教学方法运用、教材建设及选用、课程辅导、课程考核、教学评价等因素进行概括
	4.2 教学行为规范（4分）	• 教师职业道德行为规范（4分）	应有明确的教师职业道德行为规范，其内容应包含教师在教学过程中的教学纪律、教学态度、精神风貌等要求
5. 教师队伍（15分）	5.1 教师队伍规模与结构（8分）	• 教师规模（3分）	专业教师队伍应满足专业教学需要。新设法学类专业专任教师人数应当达到本专业核心课程数的1.5倍以上

续表

一级指标	二级指标	主要观测点	考评要求
5. 教师队伍（15分）	5.1 教师队伍规模与结构（8分）	• 教师结构（5分）	原则上，法学类专业1门专业必修课程应当配备1~2名专任教师任主讲教师。专任教师中具有硕士学位、博士学位的比例应当高于90%。专任教师中具有高级职称的比例不得低于1/3。专任教师队伍应当具有合理的年龄结构。教师队伍中应当包括一定比例的实务部门的专家。各专业师生比不得低于1:17
	5.2 教师专业背景与水平要求（7分）	• 教师专业背景（3分）	专任教师应具有5年以上本学科专业教育背景，实践性强的课程的主讲教师应具有实务工作背景或实务经验。教师队伍中应有一定数量的教师具有海外留学经历或跨学科教育背景
		• 教师知识水平（2分）	教师应具备坚定正确的政治方向、高尚的道德情操和广博的专业知识，精通专业理论和方法，具有完成本专业教学任务的知识储备。要具备基本的社会科学和人文知识，实事求是的工作作风，科学创新的精神
		• 教师能力水平（2分）	教师应掌握教育教学基本原理、基本方法，具有较强的教学能力。应具有较强的科研能力，并能够将科研成果转化为教学内容
6. 教学条件（15分）	6.1 信息资源要求（6分）	• 图书资源（2分）	纸质和电子图书资源数量充足、种类齐全，达到"法学类专业教学质量国家标准"
		• 中外文数据库（2分）	中文和外文电子资源数据库满足教学需要，利用率高
		• 网络、信息资源（2分）	信息资源和网络资源能满足学生的学习需求，满足理论教学和实践教学的需要，在教学中发挥积极作用
	6.2 教学设施要求（6分）	• 教学设施和仪器设备（3分）	教学设施（包括模拟法庭、法律诊所、专业实验室等）数量和功能充分且完全开放。特定专业课程应配备该专业所需要的特定教学设施和仪器设备

续表

一级指标	二级指标	主要观测点	考评要求
6. 教学条件（15分）	6.2 教学设施要求（6分）	● 实习基地（3分）	与相关实务部门紧密合作开展专业实习，建设一定数量不同类型的实习基地，满足实践教学的需求，并保障学生集体实习比例达50%以上。新设专业应建设有能基本满足实践教学需要的模拟教学场所和实习基地
	6.3 教学经费要求（3分）	● 教学经费投入（3分）	教学经费投入较好地满足人才培养需要。在保证生均年日常教学经费不少于1400元的基础上，随着教育事业经费的增长而稳定增长。教学经费不得用于其他用途
7. 教学效果（15分）	7.1 课堂教学效果（5分）	● 课堂教学效果规定明确（2分）	课堂教学应教学目的明确，教学内容安排合理；教学纪律严格；教学资源丰富，注重知识更新；教师的课堂讲授富有启发性，注重培养学生的批判性与创造性思维，激发创新创业灵感；尊重教学过程中学生的主体性地位，与学生沟通良好
		● 课堂教学效果评价指标体系（3分）	建立定量与定性评价相结合的课堂教学效果评价指标体系。教学效果评价结果应当作为教学工作考核、年终考核、教学奖励以及评优、职称评聘的依据
	7.2 教学成果（4分）	● 教学改革与创新（3分）	教师在人才培养过程中应积极开展培养模式、教学方法等领域的改革与创新
		● 课程建设与教材建设（3分）	教师应积极投入课程建设与教材建设，并形成一批特色鲜明、水平较高、具有示范作用的教学成果
	7.3 生源与就业（6分）	● 生源（2分）	生源质量应包括自主招生符合政策要求的比例、第一志愿录取率高、实际录取最低分数线稳定等内容；招生规模应包括录取总人数稳定、招生地域分布均衡等内容
		● 创新创业情况（2分）	创新创业教育相关情况应包括创新创业师资队伍建设、课程建设、实践活动和项目建设等内容

续表

一级指标	二级指标	主要观测点	考评要求
7. 教学效果（15分）	7.3 生源与就业（6分）	●就业水平与质量（2分）	毕业生就业率应包括就业落实率、就业签约率、深造率等内容；就业满意度应包括用人单位的反映，用人单位的反映应包括短期、中期、长期不同阶段的反映
8. 教学质量体系（15分）	8.1 质量保障目标（7分）	●质量保障目标系统（4分）	明确法学专业教学质量相关的六大因素，即办学指导思想、师资队伍建设、教学条件与利用、专业建设与教学改革、教学管理以及学风建设的基本要求，作为教学工作的基本价值取向和教学质量保障的起点，一切教学工作均以六大因素为指引
		●质量保障自评体系（3分）	建立法学专业教学质量保障自评体系，保障教学质量保障目标的实现
	8.2 质量保障规范与监控（8分）	●质量保障实施规范与监控机制（4分）	应围绕各质量保障目标要求，制定质量保障实施规范，建立质量保障、监控组织机构，建立信息反馈机制和调控改进机制，开展经常化和制度化的质量评估，确保对教学质量形成全过程实施有效监控。应建立专业教学质量信息数据库，以及相应的信息统计、分析、反馈机制和信息公开、公布机制
		●毕业生追踪机制（4分）	应重视学生的发展质量，继续跟踪毕业生短、中、长期职业发展情况及用人单位反馈，了解其毕业后的社会适用情况与就业竞争力，并以此作为人才培养质量改进的依据

（二）学科评估

1. 半官方性质的学科评估

《国家中长期教育改革和发展规划纲要（2010－2020年）》明确提出"推进专业评价。鼓励专门机构和社会中介机构对高等学校学科、专业、课程等水平和质量进行评估。建立科学、规范的评估制度。探索与国际高水平教育评价机构合作，形成中国特色学校评价模式。"社会评估的重要性和意义越来越受到国家的认可。社会评估的主体包括民间机构和用人单位（雇主），社会评估的对象可以是高等学校的办学资格、教学水平以及综合实力，也可以是高校毕业生的就业情况及素质能力，还可以是校友的影响力等。社会评估可以仅仅针对上述对象中的某一个方面进行评估，也可以进行综合性评估。社会评估具有非官方性、非行政性，其评估结果对高等学校不具有强制性。但是，某些知名度较高、影响力较大的社会评估往往在招生等方面对高校产生较大的影响。因此，社会评估的作用和价值不容小觑。

自20世纪90年代起，开始出现第三方中介评估机构。其中，教育部学位与研究生教育发展中心最具权威性和代表性。教育部学位与研究生教育发展中心（以下简称学位中心）于2003年7月2日在北京正式揭牌成立，其前身是1999年成立的挂靠在清华大学的全国学位与研究生教育发展中心。学位中心是教育部直属事业单位，接受教育部和国务院学位委员会的领导，承担学位与研究生教育评估、评审的具体事务性工作，负责相关博士、硕士学位考试的考务工作，承担学位证书的认证、咨询工作。学位中心还根据政府授权，在学位与研究生教育评估和学位认证方面开展国际交流与合作，自主开展有关评估、评审工作，并在评估理论与技术、中外学位对比等方面开展科学研究。

开展全国高等学校学科评估是学位中心的重要工作之一。学科评估是学位中心按照国务院学位委员会和教育部颁布的《学位授予和人才培养学科目录》，对具有博士、硕士学位授予权的一级学科进行的整体水平评估。学科评估自2002年首次开展，平均四年一轮，至今为止已经完成了四轮评估。学科评估坚持"自愿申请、免费参评"原则，各单位具有博士或硕士学位授予权的一级学科（含一级学科和二级学科授权），均可申请参评。

学位中心负责人在就第四轮学科评估有关情况答记者问时明确指出，学科评估是以第三方方式开展的非行政性、服务性评估项目，不同于政府开展的合格性评估。但是，一方面由于学位中心的性质是教育部直属事业单位，另一方面学科评估的主要目的是为教育行政主管部门或者学科发展指导机构做宏观决策时提供依据，因此，学位中心组织的学科评估仍然具有"准官方"的色彩，故将之定性为半官方性质的社会评估。事实上，对学科评估结果给予极大关注的主要是分配教育资源的行政管理部门和被评估的高等学校本身，高校对该评估结果的关注，其目的无外乎希冀通过更好的评估结果获得政府提供的更多更好的资源。

学科评估与高等学校教学工作评估存在较大的区别。从评估事项的范围来看，学科评估评价的是具有博士或硕士学位授予权的一级学科的整体水平，而教学工作评估评价的是教学工作质量。从评估对象层级来看，学科评估评价的是硕士和博士的培养质量，而教学工作评估考查的是本科生教学。

第四轮学科评估于2016年4月启动，在95个一级学科范围内开展（不含军事学门类等16个学科），共有513个单位的7 449个学科参评（比第三轮增长

76%）；全国高校具有博士学位授予权的学科有94%申请参评。① 本次评估结果不再以排名的形式出现，而是首次采用"分档"方式。

在学科评估指标体系中，法学学科的一级指标与其他学科相同，都是师资队伍与资源、人才培养质量、科学研究水平（含教师和学生）以及社会服务与学科声誉4项，不同学科评估指标的差别体现在二级指标和三级指标中。法学学科共设10项二级指标和17项三级指标。从法学学科评估指标体系可以看出本轮学科评估的几个特点：第一，更加关注人才培养质量。在4个一级指标中，"人才培养质量"共包含3个二级指标和8个三级指标，二级指标和三级指标数量均居首位。构建起"培养过程质量""在校生质量""毕业生质量"三维度人才培养质量的评价模式。尤其是"毕业生质量"评价，本次评估首次实施了"用人单位评价"试点，尝试引入在校生和用人单位调查，更全面地考查学生在校学习质量与毕业后职业发展质量。这是关于雇主评价的积极尝试和探索，引入"系统外"的学生质量评价主体。第二，重视主观评价。在过去的各类评估中，往往依赖客观评价，唯"数量""数据"论，这种"纯客观"的评价方式简单易操作，但是用一套固定的量化标准去衡量全中国的高校，往往导致"不客观"的评价结果。在法学学科评估指标体系中，17项三级指标里共有7项为主观评价指标，1项为部分主观评价指标，占比接近一半。在师资队伍质量方面，改变以往单一的"以学术头衔评价学术水平"的师资队伍评价方法，重点对"代表性骨干教师"的水平、结构、国际化情况、可持续发展能力等进行综合评价。在学术论文质量方面，采用高水平期刊论文和自选代表性论文相结合的方式，在"比总量"与"比人均"之间找到平衡点。同时，坚持主观与客观相结合，通过统计"A类期刊论文"进行客观评价，并通过"代表性论文"进行专家主观评价。第三，数据来源多元化。学科评估的数据来源方式有四种，分别是学校填报、公共数据、问卷调查和专家调查。多元的数据获取方式有效避免了单纯由学校提供数据容易滋生的造假和行政主管部门检查容易遭遇的形式主义。公共数据相对更加客观准确，问卷调查可以更直接地了解更多主体的感受和评价，专家调查是同行评价的有效方式，以主观灵活性克服"纯客观"评价的弊端。

2. 纯民间性质的学科评估

随着我国高等教育体制改革的深入实施，我国法学高等院校的规模日益扩大，为社会输出了大量法律人才。与此同时，市场机制也开始发挥起越来越重要的作用。伴随扩张而来的必然是竞争，法学院校之间的竞争早已全面铺开。如今，且不

---

① 资料来源：中华人民共和国教育部网站，http://www.moe.gov.cn/jyb_xwfb/s5147/201712/t20171229_323332.html。

论数量众多的法学院和法律系,即便是位居中国高校金字塔顶端的北大、清华等顶尖学府的法学院,以及法学界公认拥有纯正"贵族血统"的"五院四系"[①]也不得不主动投身于生源和就业的激烈竞争之中。在这样的时代背景下,不仅仅是政府教育行政主管部门和高校自身、社会各界,尤其是考生以及用人单位都迫切地希望更加全面、系统、客观和准确地了解各高校以及其法学院系的综合实力、教学质量、科研水平、学科特色、毕业生就业情况以及在同类高校中的地位和影响等情况。仅仅通过官方或者半官方的各类评估显然无法满足社会各界的这些需求,教育部也意识到了这个问题,因此专门发文强调高等教育要实施管、办、评分离,提倡实行第三方评价。于是,各种类型的民间评估机构应运而生。民间评估机构的评价方式主要是发布各种各样的排行榜。目前,国内比较具有影响力和代表性的民间评估机构有关学科评估的排行榜主要有中国科学评价研究中心等机构联合开发的中国大学及学科专业排行榜、中国研究生教育及学科专业评价排行榜以及上海软科教育信息咨询有限公司(以下简称"上海软科")研发的中国最好大学排名(法学类)等。

(1)中国大学及学科专业排行榜。

中国大学及学科专业排行榜由中国科学评价研究中心、中国科教评价研究院和中国科教评价网联合编制。学科专业竞争力评价指标体系共包括4个一级指标、17个二级指标和30个三级指标,三级指标包括杰出人才数量、全国性学生竞赛获奖数、国家科学基金项目数量等。一级指标和二级指标及权重构成如表5-5所示。

表 5-5　　　　　　　　　学科专业竞争力评价指标体系

一级指标	一级权重	二级指标	二级权重
师资队伍	0.20	教师数	0.30
		博导数	0.15
		杰出人才	0.40
		教育专家	0.15
教学水平	0.30	硕博士学位点数	0.45
		人才基地	0.15
		教学成果	0.20
		人才培养	0.20

---

① "五院四系"是中华人民共和国建立的五所政法院校以及四所大学的法律系的简称。"五院"是指如今的中国政法大学、西南政法大学、华东政法大学、中南财经政法大学和西北政法大学;"四系"是指北京大学法学院、武汉大学法学院、中国人民大学法学院和吉林大学法学院。"五院四系"在中国法学教育界具有重要地位。

续表

一级指标	一级权重	二级指标	二级权重
科研水平	0.30	科研基地	0.10
		科研项目	0.20
		论文发表	0.20
		发明专利	0.15
		论文被引	0.20
		科研获奖	0.15
学科声誉	0.20	国家一流学科	0.50
		ESI 全球全 1% 学科	0.20
		上年度优势学科	0.30

资料来源：邱均平、汤建民、赵蓉英、王碧云等：《中国大学及学科专业评价报告 2018 - 2019》，科学出版社 2018 年版，第 4 页。

简单梳理一下指标体系中各项内容的权重不难看出，国家一流学科数量在评价指标体系中所占的权重最大，硕博士学位点数所占权重次之，杰出人才数量位居第三。这说明学科专业竞争力评价着眼于高等学校学科专业的综合实力，重点评价的是学科建设的水平。

（2）中国研究生教育及学科专业评价排行榜。

中国研究生教育及学科专业评价排行榜由中国科学评价研究中心、中国科教评价网和武汉大学中国教育质量评价中心联合编制。武汉大学中国科学评价研究中心是我国高等学校中第一个综合性的科技与教育评价研究中心，自 2004 年起每年度连续发布《中国研究生教育及学科专业评价报告》，一级指标权重构成及二级指标如表 5 - 6 所示。

表 5 - 6　　　　　　2017 年中国研究生教育评价指标体系

一级指标	一级指标权重	二级指标
办学资源	0.3165	科研基地、优势学科、学科设置、教师队伍、科研项目、科研经费
教研产出	0.3472	人才培养、科研成果、发明专利
学术声望	0.3363	培养质量、论文质量、科研获奖、学术期刊

资料来源：邱均平、赵蓉英、杨思洛、董克、韩雷等编著，中国科学评价研究中心、中国科教评价网、武汉大学中国教育质量评价中心研发：《中国研究生教育及学科专业评价报告 2017 - 2018》，科学出版社 2017 年版，第 4 页。

中国研究生教育及学科专业评价排行针对的是普通高校硕士和博士的教育培养工作，或许正是由于这一评价对象的定位，所以该评价的指标体系中高校办学资源，包括各种软件和硬件投入，以及科研成果和学术成果均占据较大的权重，而教学工作和学生就业等因素则未被作为重要指标。

(3) 上海软科中国最好学科排名。

上海软科每年都发布全国和全世界的大学以及学科排行榜，学科排行基本覆盖所有学科。上海软科认为学科是大学的基本单元，一所大学的整体竞争力取决于该校各个学科的竞争力。上海软科的学科排名基于其自己开发的学科水平动态监控体系，可以不依赖于学校内部的统计部门，完全从外部对学校各学科的人才、项目、成果等关键指标实施监控。该监控体系的特色在于，学校不仅能及时获得本校各学科的指标数据，而且能够将这些数据与其他学校进行比较，从而了解本校各学科的相对水平变化。

从上海软科发布的"2017软科中国最好学科排名之法学排名"榜中，我们整理出其指标体系如表5-7所示。

表5-7　　　　　　　　2017年法学学科排名指标体系

一级指标	二级指标
高端人才得分	资深学术权威
	中年领军专家
	青年拔尖英才
	国际知名学者
科研项目得分	重大重点项目
	面上青年项目
成果获奖得分	国家重大奖励
人才培养得分	造就学术人才
学术论文得分	国际期刊论文
	国际顶尖期间论文
	中文期刊论文
	中文顶尖期刊论文

从表5-7可以看出，上海软科的法学学科排行主要评价的是高等学校法学学科自身的实力，尤其侧重对科研和学术能力的考查。这也与其着重进行"一流大学"和"一流学科"排名的定位相一致。上海软科进行学科排名的主要目的在于帮助高校及时获得和准确掌握本校各学科的指标数据，并且能够将这些数据

与其他学校进行比较，从而了解本校各学科的相对水平变化。在此基础上，客观评价它们的绩效、分析它们的发展态势，进而调整优化资源配置方案。

综上所述，民间性质的评估机构所进行的各种类型的评估及其排行都是基于不同的目的、针对不同的评价对象，并根据不同的评价指标和标准而做出的。因此，各排行榜之间常常存在差异，甚至会出现同一高校在不同的排行榜中位次相差较大，以及某一高校在排行榜中的位次与其社会评价严重不相符的情况。①

（三）专业评估

社会第三方机构实施的高等学校专业评估主要着眼于本科专业，通过对目标高校各专业的学科水平、毕业生质量、师资水平、专业水平和专业影响力等各方面因素进行综合分析，对各高校所设置的本科专业自身的综合水平以及其在全国，乃至全球所处的位次进行评价。专业评价结果往往成为考生选择专业和大学的重要参考依据。

1. 中国大学本科专业排行

自 2015 年起，艾瑞深中国校友会网（Cuaa.Net）开始连续发布中国大学本科专业排行榜。该排行榜的目的在于为全国高考考生、外国来华留学生高考填报志愿挑选大学与专业提供参考指南。2017 年的艾瑞深中国校友会网中国大学本科专业评价指标由学科水平、毕业生质量、师资水平、专业水平和专业影响 5 项一级指标和 6 项二级指标构成（见表 5-8），涵盖了国家"双一流"建设学科、教育部第四轮学科评估结果、国家级特色专业、省级特色重点专业、杰出校友和杰出师资等 100 多项具体指标。

表 5-8　艾瑞深中国校友会网 2017 中国大学本科专业评价指标体系

序号	一级指标	二级指标	评价指标参数
1	学科水平	星级学科	星级学科：学科星级排名
2	毕业生质量	杰出校友	杰出校友：世界和中国各层次的政界、学界、商界、公益慈善和文化、艺术、体育等领域杰出人才等
3	师资水平	杰出师资	杰出人才：世界各层次的科学家、专家学者、教学名师和教学团队等

---

① 例如，上海软科发布的"2018 中国最好大学排行榜"将中国人民大学排在第 30 位，甚至低于苏州大学这一省属高校。中国传媒大学仅仅这份榜单的第 98 位，郑州大学仅位列第 147 位。这几所高校的排名均与其他各类评估和排名的结果相差巨大，并且与其各自的社会评价严重不符。因此，该份榜单引起了巨大的争议。

续表

序号	一级指标	二级指标	评价指标参数
4	专业水平	专业建设	（1）国家级专业：国家特色专业、教育部改革试点专业、教育部卓越人才教育培养计划专业等 （2）省部级专业：省级的特色专业、重点专业、品牌专业、优势专业和改革试点专业
		专业资源	教学资源：国家级教学基地、示范中心、教学成果奖和精品课程等
5	专业影响	专业评价	（1）国家专业认证 （2）国际专业认证 （3）省级专业排名

资料来源：赵德国、蔡言厚、党亚茹：《2017 中国大学评价研究报告》，武汉理工大学出版社 2017 年版，第 8 页。

从两级指标及具体评价指标参数可以看出，艾瑞深校友会网中国大学本科专业排行对学科的评价指标是"星级"，对毕业生和教师的评价指标是"杰出"，对专业水平的评价指标是省部级以上，对专业影响的评价指标是省级以上排名或者认证。可见，该排行榜的着眼点是一流专业，按照公立普通高等学校、民办学院、独立学院和中外合作办学大学等类型分别进行排名，评选出每种类型高校中最优秀的学科。

2. 中国大学法学本科专业排行

自 1993 年起，武书连开始发布我国第一个包含自然科学和人文社会科学评价在内的大学排行榜，迄今为止已连续发布 25 年。武书连中国大学排行榜包括我国普通本科高校的综合实力排行榜、各学科门类排行榜、各本科专业排行榜、教师水平排行榜、教师绩效排行榜、新生质量排行榜、毕业生质量排行榜等数十项反映大学办学状况的指标排名，其所有评价指标全部使用公开数据。武书连中国大学排行榜的主要目的是为高考考生和考研学生提供填报志愿的参考，正因如此，该排行榜在 2018 年新增了择校顺序指标，择校顺序由本科毕业生就业质量、教师学术水平、教师绩效 3 项构成，以便于考生直接参考择校顺序填报志愿。

在武书连中国大学法学排行榜中，法学包括法学、政治学、社会学、民族学、马克思主义理论、公安学 6 个专业类，共有 32 个本科专业。2018 中国大学法学排行榜采用百分比法，用 A ++、A +、A、B +、B、C +、C、D +、D、

E+、E，共五等 11 级表示。①

二、现有评估机制偏离法治人才中心

（一）政府绝对主导下的法治人才评价体系失衡

1. 应然状态：政府评估、高校自评和社会评估均衡发展

高等教育最主要的目的之一就是为国家和社会培养人才，尤其是对数量占据高等学校多数的应用型高校来说，培养人才更是其当之无愧的首要任务。21 世纪，人才是最稀缺和最宝贵的资源。大到国家与国家之间，小到企业与企业之间，人才都是核心竞争力，因此，社会对人才尤其是高水平人才的需求是永不枯竭的。从某种意义上，可以把人才视为一种"产品"，由于从宏观来看，高校毕业生这种"产品"具有一定程度的公共性，因此，可以将之视为一种"准公共产品"。"作为一种准公共产品，对高校人才培养的质量评价涉及政府、高校和社会（市场）三方的共同参与。"② 高等学校就是生产这种产品的"工厂"，社会（或者表述为"市场"，其具体化即为"用人单位"）是这种"产品"的购买方，而政府则是"产品"生产和制造过程的监管者。什么样的"产品"是合格甚至优质的"产品"？如何生产出合格、甚至优质的"产品"？政府、高等学校和社会的评价标准一方面具有共同性，另一方面也会因为各自角色和立场的不同而有不小的差异，因此必然形成不同的人才培养质量观。站在提高人才培养质量，推动社会发展进步的宏观立场，国家在进行高等学校教育评价制度设计时，就应当将各方对于人才培养质量观点的认识全部纳入质量评价的考量范围，建立人才培养评价体系。合理的人才培养评价体系应当包含多种评价机制，有不同的评价主体、评价对象、评价事项、评价标准和指标以及不同的反馈机制等，各评价机制的目的、影响和意义也有所差别，政府评估、高校自我评估和社会评估应当均衡发展。

---

① 各等级定义如下：A 等：排名前 10% 为 A 等；其中得分最高的前 2% 是 A++ 级，排名介于 2% ~ 5%（含，以下同）之间的是 A+ 级，排名 5% ~ 10% 为 A 级。B 等：排名介于 10% ~ 30% 之间为 B 等，占 20%；其中排名 10% ~ 20% 为 B+ 级，排名 20% ~ 30% 为 B 级。C 等：排名介于 30% ~ 50% 之间为 C 等，占 20%；其中排名 30% ~ 40% 为 C+ 级，排名 40% ~ 50% 为 C 级。D 等：排名介于 50% ~ 70% 之间为 D 等，占 20%；其中排名 50% ~ 60% 为 D+ 级，排名 60% ~ 70% 为 D 级。E 等：排名最后的 30% 为 E 等；其中排名 70% ~ 85% 为 E+ 级，排名 85% ~ 100% 为 E 级。参见武书连：《挑大学选专业——2018 高考志愿填报指南》，中国统计出版社 2018 年版。

② 陈静：《治理视域下应用型高校人才培养质量评价主体的角色转型》，载于《现代教育科学》2017 年第 5 期，第 90 ~ 93 页。

2. 现实之一：政府绝对主导评估

我国的高等教育体制是在欧陆模式基础上确立的，因此在政府与大学之间的关系上也秉承了高度集权的国家控制模式。我国现行的高校人才培养管理体系中，政府居于主导和决策地位，采用直接干预的方式参与高等教育活动。[1] 这种政校关系在高等教育评估中的体现就是政府评估占据绝对主导地位。政府评估的主要特点是统一性和强制性。统一性主要体现在三个方面：一是评估时间统一，定期评估，通常4~5年进行一次，这一时间设置的目的在于与校领导任期保持基本一致，便于对其工作业绩进行考核。二是评估标准统一，对所有参评高校采用同一套评估指标。三是程序统一，评估主体对所有的评估对象采用统一的程序、方式和步骤进行评估。强制性则体现在评估结果对评估对象的影响力上，评估结果不合格的高校，将会面临教育行政主管部门责令整改，甚至被取消办学资格、开设专业的资格或者硕士、博士学位授予资格。并且，政府评估结果还会影响教育行政部门在政策制定、资源配置、招生规模、学科专业建设等方面的决定。由于政府评估结果会直接影响高校的切身利益，所以几乎所有高校都对政府评估非常重视。政府评估在淘汰超低水平办学单位、提升高校教学水平、规范高校建设、提高人才培养质量以及促进我国高等教育发展等方面的作用毋庸置疑。

3. 现实之二：高校被动自评

（1）高校自评沦为政府评估前置环节。在整个教育评估体系中，高校是一个比较特殊的主体，作为教育工作和人才培养工作的主要实施者，它既是评估对象，也是评估主体。所以，1990年颁布的《普通高等学校教育评估暂行规定》就明确规定了由各级人民政府及其教育行政部门组织实施的普通高等学校教育评估以学校自我评估为基础。《教育部关于全面提高高等教育质量的若干意见》也明确提出"建立以高校自我评估为基础，以教学基本状态数据常态监测、院校评估、专业认证及评估、国际评估为主要内容，政府、学校、专门机构和社会多元评价相结合的教学评估制度"。从评估程序来看，无论是普通高等学校本科教学工作合格评估还是普通高等学校本科教学工作审核评估，其主要程序都包括学校自评、专家进校考察评估、结论审议与发布等环节。《普通高等学校本科教学工作审核评估实施办法》还明确要求"注重以学校自我评估、自我检验、自我改进为主，体现学校在人才培养质量中的主体地位"。由此观之，高等学校自我评估的地位和重要性非同一般，高校自我评估在整个评估体系中应当占据至关重要的地位。但是，现实情况并非如此。站在教育行政部门的立场上，高校自我评估的

---

[1] 陈静：《治理视域下应用型高校人才培养质量评价主体的角色转型》，载于《现代教育科学》2017年第5期，第90~93页。

目的主要是为教育行政部门后续的审查提供资料和数据。站在高校自身的立场上，自我评估是为了让自己各方面的工作和统计数据都符合教育行政部门评估标准，或者尽可能在评估指标体系中获得更高的评价。经查阅2016年各部属高校提交的《本科教学工作审核评估自评报告》发现，所有的报告基本上都由学校简介、定位与目标、师资队伍、教学资源、培养过程、学生发展质量保障和办学特色这几部分组成。[1] 显然，这样做是为了符合教育部的评估要求。当然，统一的格式和体例尚可以理解为教育行政部门统一评估便利性和规范性的需要。但是，评估程序的设计则在很大程度上使高校自我评估沦为了政府评估的附庸。高校自我评估的初衷是让高校通过自我审查，发现自己的问题、不足，通过比较发现与同类高校的差距，从而激发高校的内生动力，促进高校加强自身教学工作建设，提升教学工作水平。但实现这一初衷有个必要的前提，就是高校对自身事务真正拥有自主权和决定权。然而，现实是高校自评的结果并非评估的最终结果，后续还要由教育行政部门组织的专家组进校考察后，再由教育行政部门组织专家委员会审议，方可作出最终的评估结论。由此可见，高校对评估结论没有决定权。另外，高校的专业设置、招生规模、学位授予资格以及年度经费等事项，都与评估结果紧密相关。既然高校不能决定评估结果，也就意味着高校不能决定这些与自己的发展关系最为密切的事项。评估的组织者、方案的设计者、评估标准和指标的确定者、评估专家的遴选和组织者等都是教育行政部门，最终评估结果的决定者也是教育行政部门，评估结果的使用者还是教育行政部门。由此可见，在整个评估过程中，高校自评只不过是一个被动的前置环节，是一种迎接评估的准备。如此一来，高校的自我评估必然只能紧紧围绕政府评估的指挥棒而开展，对无关事项则没有动力去关注和审视。而且，基于本能，任何高校都会尽量避免揭露自身存在的问题，尤其是对达不到政府评估标准的事项，甚至会尽可能地掩饰和隐藏。这显然背离了高校自我评估的初衷。正如原教育部高等教育教学评估中心院校评估处处长刘振天在接受《光明日报》记者采访时所说，高等学校自我评估最突出的问题就是缺乏独立性和自主性，不少高校把自我评估仅仅作为政府开展的外部评估的一个阶段或者一种补充，从而使自我评估过分依附于外部评估，丧失自身独立性和自主性，沦为外部评估的翻版。自我评估突击性、功利性和被动性强，且往往形式重于内容，不能很好地发挥自我评估的独立功能。[2]

（2）检查式的评估方式容易导致形式主义。政府评估的重要方式之一就是组织专家组进驻被评估的高校进行检查，这本是一种深入第一线了解真实情况的有

---

[1] 报告来源于教育部高等教育教学评估中心网站。
[2] 练玉春：《教学质量：高校如何自评？》，载于《光明日报》2012年3月21日，第16版。

效方式，但是，实践中往往容易导致形式主义。专家组进驻高校后将对照具体评估指标逐一检查该高校的各项工作是否符合指标的要求。对于纯客观性的事项，诸如具有研究生学位教师占专任教师的比例、生均教学行政用房、生均图书之类，非常容易检查，也能够轻易地做出评估结论。但是，除此之外还有不少评估事项本身具有较强的主观性，例如，教师的课堂教学，评价一个教师的教学水平和教学质量需要进行深入、长期和多方面的考察和了解。但是，专家组进驻高校毕竟只能持续不太长的一段时间，为了在短期内能够得出评估结论，通常的做法是检查所有教师的教学资料，如教材、教案、教学计划、试卷等，同时随机抽查，由专家现场聆听教师授课。然而，由于高校专业较强的细分性和专家组人员的有限性，客观上很难实现专家对被评估的教师所讲授的课程及相关知识领域都非常熟悉。因此，对教学资料的检查往往都表现为检查教材是否符合教育行政部门的要求、教案和教学计划是否翔实、试卷题型是否达到了最低的种类要求等，而对课堂教学的检查往往表现为教师是否准时上下课、是否带齐教材和教案等资料、授课内容是否脱离教案、教学进度是否与教学计划完全一致等。显而易见，这些检查都停留在形式的层面，然而从对教学质量的影响程度来看，教学的内容远远重于形式，而教学的内容未必完全体现在教案之中。"照本宣科"这一成语常常用来形容没水平、不会讲课的教师，这恰恰说明真正有思想的教师是不会局限于教案来讲课的。而且，随机应变、因材施教是一名优秀的教师应当具备的技能，真正擅长教学的教师懂得根据学生掌握知识的情况及时调整授课内容和教学进度，不会僵化的拘泥于预先制定的教学进度。但是，这样做则不能满足专家组检查评估的要求，会导致评估不合格。检查者秉承宁枉勿纵的原则，被检查者只能奉行"不求有功，但求无过"的信条。所以，每当专家组进驻，被评估的高校纷纷如临大敌，从教师到高校的行政人员，所有人都不得不手捧评估指标，严格落实每一项形式上的要求，哪怕是期末试卷上打钩不标准都得认真修改。如果教师"不幸"被抽中听课，则只能严格按照教学计划和教案中规中矩的讲授，即便授课内容早已了然于胸，也不能尽情发挥，以免不小心踩踏任何一个扣分项。这样的检查，的确在一定程度上可以反映出高校对待教学工作的态度，但是，却很难真正反映教学质量。

（3）政府评估耗资巨大挤占高校资源。在各种政府评估中，评估经费都由审核评估具体组织部门负责落实，也即由政府承担。政府评估通常覆盖面广，评估对象众多，因此，耗资巨大。据学者统计，2007年教育部完成全国范围的本科教育评估，其耗费就达到数十亿元之巨。[①] 政府的教育经费总量是有限的，评估

---

① 方流芳：《追问法学教育》，载于《中国法学》2008年第6期，第14~21页。

耗费巨大，必然会影响政府对高校人才培养经费的投入。

4. 现实之三：社会评估机制不成熟

《教育部关于全面提高高等教育质量的若干意见》中明确要求"健全教育质量评估制度"，并提出"坚持管办评分离的原则，建立以高校自我评估为基础，以教学基本状态数据常态监测、院校评估、专业认证及评估、国际评估为主要内容，政府、学校、专门机构和社会多元评价相结合的教学评估制度。"显然，教育部早已意识到了社会评估的重要性。我国高等教育领域的第三方评估机构早在20世纪90年代便开始兴起。随后相继涌现出一批第三方评估机构，但是，从性质来看，大部分第三方评估机构属于政府主导，民间评估机构较少。因此，第三方评估机构在运行机制上大都存在依赖政府的状况，因而不可避免打上了政府行政管制的烙印，较难精准、客观反映市场的诉求。① 不少发达国家的法学院校及法学教育的社会评估机构则已经非常完善，例如，美国律师协会（American Bar Association，ABA）、《美国新闻与世界报道》杂志、英国国际教育市场咨询公司夸夸雷利·西蒙兹公司（Quacquarelli Symonds，QS）等。这些机构都属于非官方组织，它们每年都发布各类院校认证或者排名，这些标准或者结果都不具有强制性，但是往往具有极大的影响力，能够对法学院校及其学生产生实质性的影响。相比之下，我国的社会评估机制则处于非常初级的阶段，第三方评估机构数量不足、质量参差不齐、影响力有限，社会评估在整个法治人才培养评价机制体系中的地位仍然较为边缘化，与其他评价机制衔接不力，社会评估机构运行外部规范总体不足。

（二）法治人才培养质量标准体系不完善

1. 高校人才培养质量标准不完善

质量是教育的核心，它决定了学生能够学到多少知识以及能否学好知识，还决定了各国教育的努力能在多大程度上实现个人、社会和发展的一系列目标。② 如何真实客观准确地反映教育质量，最重要的因素就是确立科学合理的评价标准。良好的评价标准可以促进法治人才培养主体的优胜劣汰，标准缺失将会造成法学教育的无序发展，而糟糕的评价标准则会导致劣币驱逐良币的逆向淘汰。因此，无论是发达国家还是发展中国家，它们都在通过相关立法、政策保障体系，建立和完善国家教育质量标准体系。20世纪90年代以来，美国的教育改革可以

---

① 陈静：《治理视域下应用型高校人才培养质量评价主体的角色转型》，载于《现代教育科学》2017年第5期，第90~93页。

② 联合国教科文组织：《全民教育提高质量势在必行——全民教育全球监测报告》，中国对外翻译出版公司2005年版，第20页。

说是一种"基于标准的"改革,其中 1994 年颁布的《200 年目标:美国教育法》以立法的形式鼓励并资助各州建立学术标准和测试标准;日本、俄罗斯等国家都以国家立法的形式公布了教育质量标准。2003 年,印度开始制定义务教育的国家质量标准。① 也正因如此,我国《教育部关于全面提高高等教育质量的若干意见》也明确提出要"完善人才培养质量标准体系""建立健全符合国情的人才培养质量标准体系",但是目前尚未实现该目标。

2. 法学类专业质量评估标准欠缺

曹义孙等专家学者认为,中国法学教育的根本问题之一就是缺乏统一的法学院(法律专业)设置标准,质量堪忧,重视法学教育必先统一法学院(专业)设立标准,从源头上控制法学教育质量。② 2002 年,《21 世纪中国法学教育改革与发展战略研究》课题组就针对法学专业评价,拟订了三套有针对性的标准体系:《高等学校法学专业设置标准》《高等学校法学专业本科教学工作合格评价方案》和《高等学校法学专业教育优秀评价方案》。③ 这三套标准从专业设置标准到教学工作标准,再到教育成果标准,完整包含了对整个高等学校法学教育全部要素的评价。2007 年,张文显教授在教育部高等学校法学学科教学指导委员会、中国法学会法学教育研究会上提出,希望在 2010 年以前尽快制定出法学专业规范,继续研讨示范性法学院标准以及确定示范性法学院的工作程序、示范性法学院建设的指导思想和总体规划等;并且,提出要完善法学本科专业一般评估指标及分类评估指标体系。④ 然而,十几年过去了,不仅 2002 年拟定的各项标准均未落实,后续专家学者千呼万唤的标准和规范也都没有出台。唯一值得欣慰的是,2018 年教育部发布了《普通高等学校法学类本科专业教学质量国家标准》⑤,为全国本科法学类专业教学质量确定了最基本的标准。但是,法学教育质量评估标准依然没有出台,高校法学专业的设置适用的是《普通高等学校本科专业设置管理规定》,法学教学质量评估采用的是"普通高等学校本科教学工作合格评估

---

① 转引自杨润勇:《关于构建教育质量国家标准的政策分析与建议》,载于《教育理论与实践》2011 年第 10 期,第 16~19 页。

② 曹义孙:《中国法学教育三十年:成就、问题与出路》,载于《中央社会主义学院学报》2009 年第 5 期,第 132~136 页。

③ 曾宪义、张文显:《中国法学专业教育教学改革与发展战略研究》,高等教育出版社 2002 年版,第 249~250 页。

④ 何志鹏:《规范管理改革创新全面提高法学教育质量——教育部高等学校法学学科教学指导委员会、中国法学会法学教育研究会 2007 年年会暨中国法学教育论坛侧记》,载于《中国大学教学》2008 年第 2 期,第 30~31 页。

⑤ 本标准是参照《法学学科门专业类教学质量国家标准参考框架》及制定要求而设置,但是作者通过各种公开途径均未查阅到《法学学科门专业类教学质量国家标准参考框架》。

标准"① 和 "普通高等学校本科教学工作审核评估标准"②。不分学科门类、不分专业的评估标准无法体现出法学专业的学科特性和法学教育的特点，因此，上述评估是否能够真正对法学院校的教育工作做出正确的评价，进而推动和促进其法学教育质量的提升，在一定程度上仍然值得思考。

缺乏评价标准，是我国法学教育培养评价机制的短板之一，亟待补齐。自2013年以来，教育部一直在努力推进《法学类教学质量国家标准》的出台。教育部法学类专业教学指导委员会2016年年会的两个议题之一就是"构建法学类专业质量评估指标体系"。并且，建议在本届"教指委"任期内，研制法学类专业教学质量评估指标体系，作为在各高校开展法学类专业教学质量评估的现实依据，也为将来适时开展法学类专业的教学质量评估做好准备。

3. 评估指标及评价依据等信息不透明

无论任何主体从哪个角度对高等教育人才培养进行评估，评估指标、评价标准和评价依据都是至关重要的信息。指标体系决定了评估的事项范围，某项内容是否被纳入评估指标体系以及所占的权重比例直接体现了该事项的重要程度，不同的评价标准将直接导致相同的评价对象和相同的评价事项出现不同的评价结果，评价依据是指评价主体所获取的评价对象的各项数据、资料和信息，其完整性、真实性和准确性也将直接影响最终的评价结果。因此，可以说评估指标、评价标准和评价依据直接决定了评估结论是否科学、是否准确。但是，在我们的研究过程中常常面临上述信息难以获取的困境。

有学者指出，在目前的情况下，足以评估一所大学、一个法学院的信息从来没有向公众充分披露，在缺乏透明度的情况下，任何排名都是虚假陈述和误导公众。教育部的本科教育评估，本应以标准化信息披露、合理的统计指标和统计数据收集、分析的可靠性为基础，然而，标准化信息披露至今仍是一片空白，统计数据的收集全无监管、核查和惩戒措施。至于学校，绝对有义务诚实、充分、及时地披露与学生获得学位证书、毕业证书等相关的信息，但是实际上因为没有强制性信息披露制度，学校并未积极履行披露义务。③

究其原因，恐怕是因为政府机构尚未习惯主动公开详尽的资料，高校对于自身的信息往往有选择性地予以披露，以免使自己陷入不可预料的某种不利境地，而社会评估机构则是基于商业利益的考虑，要实现信息价值和收益的最大化。评估信息的不透明将导致社会公众无法对评估结果的准确性和客观性进行评判，尤其是当评估结果与口耳相传的社会评价形成巨大反差，或者不同的评价结果出现

---

① 即"普通高等学校本科教学工作合格评估指标体系"。
② 即《普通高等学校本科教学工作审核评估方案》。
③ 参见方流芳：《追问法学教育》，载于《中国法学》2008年第6期，第14~21页。

较大出入时，评估结果的公信力将大打折扣。

（三）法治人才评价法律依据欠缺

1. 法律层面依据不足

我国教育领域效力等级最高的法律是《中华人民共和国教育法》（以下简称《教育法》）和《中华人民共和国高等教育法》（以下简称《高等教育法》）。《教育法》仅仅原则性的规定了"国家实行教育督导制度和学校及其他教育机构教育评估制度"[①]。《高等教育法》也仅仅只用一条确定了我国高等教育评估制度的总体框架，即由高等学校建立的办学水平和教育质量自我评价制度和教育行政部门组织的办学水平、效益和教育质量评估制度组成。[②] 上述两部法律都只是为高等学校教育评估提供了最基础的法律依据或者合法性来源，并未对高等学校教育评估工作做出任何明确具体的规定。

2. 规章陈旧不合时宜

目前，直接规范高等学校教育评估制度具体事项的规范性法律文件中效力等级最高的是国家教育委员会于 1990 年颁布的部门规章《普通高等学校教育评估暂行规定》（以下简称《教育评估暂行规定》）。《教育评估暂行规定》确立了普通高等学校教育评估的三种基本形式——合格评估（鉴定）、办学水平评估和选优评估，点明了学校内部评估的重点事项范围，明确了评估机构普通高等学校教育评估领导小组的具体职责，并原则性地规定了学校教育评估的一般程序。《教育评估暂行规定》确定了我国高等学校教育评估制度的基本框架，该框架延续至今。但是，《教育评估暂行规定》是计划经济体制条件下的产物，已经实施了将近 30 年，在这期间我国高等教育已经经历了数轮跨越式发展，人们的生活方式以及对高校和高等教育的认知、高校的类型、高等教育的方式以及高等教育在社会生活中的地位和影响等都发生了巨大的变化，甚至连其制定主体都早已不复存在，《教育评估暂行规定》显然早已不能满足当下高等教育评估工作的发展需要。事实上，虽然《教育评估暂行规定》尚未被修改或者废止，但是在实践中已经几乎无人再将其作为实施高等学校教育评估的法律依据。如此一来，我国高等学校教育评估事实上面临着法律依据不足的困境。

现行《教育评估暂行规定》是具体指导高等教育评估的规范性文件，是计划经济体制条件下的产物，文件层次较低，内容较为单薄，其调控范围和适用面相

---

① 具体条文见《中华人民共和国教育法》第二十五条。
② 《中华人民共和国高等教育法》第四十四条："高等学校应当建立本学校办学水平、教育质量的评价制度，及时公开相关信息，接受社会监督。教育行政部门负责组织专家或者委托第三方专业机构对高等学校的办学水平、效益和教育质量进行评估。评估结果应当向社会公开。"

对狭小，与当前高等教育的形势发展极不适应，不能满足新形势下高等教育评估工作的发展需要。从前面对我国高等学校教育评估现状的梳理中可以发现，无论是政府评估还是社会评估，依据的大多是政府的政策性文件。缺乏法律依据，而以政策性文件作为制度实施主要依据所导致的最大的弊端就在于无法构建制度体系。

3. 规范性文件不成体系

完善的法治人才培养评价体系应当是政府评价、高校自我评价和社会评价共同构成的多元统一的立体体系。政府评价不仅仅是教育行政部门的工作，还涉及司法行政部门、法院、检察院等国家机关，甚至需要政法委的统一协调。高校自评涉及与教育行政主管部门、人事行政管理部门等的关系。社会评价更是一个复杂的体系，第三方评估机构如何设立、运行以及如何处理第三方评价与政府评价和高校自评之间的关系等牵涉面都相当广泛。因此，完善的法治人才培养评价体系的运行必定会涉及相当多的规范性法律文件。目前的状况是相关主体制定的规范性法律文件各自为政，彼此之间未能实现有效的衔接，缺乏统一性和协调性，重复和冲突无法避免。

（四）法治人才评价重教轻学

1. 评价对象重高校和教师而轻学生

"教学评价之改革应致力于：从主要取决于教得怎么样向主要取决于学得怎么样转变。前者是投入导向的评价，后者是产出导向的评价。投入导向的评价指向老师的教；产出导向的评价指向学生的学，遵循'以学论教'原则，以促进学生发展为宗旨。"[①] 梳理我国现有的高等教育评价机制——不仅仅包括法学教育评价机制，不难发现，无论是教育行政部门组织的普通高等学校本科教学工作合格评估和审核评估，还是具有准官方色彩的学科评估，甚至是各种民间机构组织的门类繁多的大学排行和学科、专业排行，几乎所有评估都是以高校自身和高校教师作为最核心和最主要的评估对象。从各项具体评估指标来看，高校的"硬件"是各类评估中最常被考查的内容，例如，教学条件（包含教学经费、教学设施、图书资源等）、师资队伍（包含教师数量、结构、师生比等）以及学科建设（包含学科点数量、等级等）等。几乎同等被重视的是高校的科研实力和学术水平，例如，科研平台（包含基地数量和等级、科研经费等）、学术成果（包含论文、科研项目、获奖情况）等。在对教学工作的评估中，更多的是考查专业设置、课程体系、学校对教学工作的管理、教师的教学过程以及师德师风，等等。

---

① 李志义：《"水课"与"金课"之我见》，载于《中国大学教学》2018年第12期，第24~29页。

诚然，上述这些事项都很重要，张德江教授总结的，评估的作用在五个方面体现得最为明显：第一，对突出本科教学中心地位、强化质量意识作用显著；第二，对学校顶层设计，确立办学定位、理念和特色作用突出；第三，对自身的问题、不足和改进措施剖析深刻；第四，"以评促建"成效显著；第五，大力度锻炼了教师队伍。① 可是，我们稍加观察便不难发现，这五个方面的作用没有一项体现为促进学生的学习和成长。究其原因，就在于我国的法学教育评估偏重对学校和教师的评价，而忽视对学生的评价。

2. 评价标准重投入而轻产出

刚刚出台的《普通高等学校法学类本科专业教学质量国家标准》明确规定普通高等学校法学类专业人才培养目标是"培养德才兼备，具有扎实的专业理论基础和熟练的职业技能、合理的知识结构，具备依法执政、科学立法、依法行政、公正司法、高效高质量法律服务能力与创新创业能力，熟悉和坚持中国特色社会主义法治体系的复合型、应用型、创新型法治人才及后备力量。"简言之，高校法学专业人才培养目标就是培养出符合社会主义法治建设需求的法治人才。换句话说，高等院校的法学教育是否实现了基本目标，最终的检验标准就是其培养的学生是否合格，也即是否具备了国家标准中列举的各项知识和能力，通俗的表述即为"成才"。诚然，学生是否具备相应的知识和能力与学校提供的学习资源、学习条件以及教师的教学和指导密切相关。从理论上讲，学校提供的学习资源越丰富，学习条件越优越，教师的职称越高、教学水平越高、指导学生的时间越长，学生学识的丰富和能力的提升就会越快、越多。但是，唯物辩证法的基本理论告诉我们，事物的发展是内外因共同起作用的结果，内因是事物发展的根据，它是第一位的，它决定着事物发展的基本趋向，外因是事物发展的外部条件，它是第二位的，它对事物的发展起着加速或延缓的作用，外因必须通过内因而起作用。无论是学校提供的学习条件还是教师提供的教学和指导，都只是学生成才的必要条件，而非充分条件。学生是否能够成才，这些因素都属于外因，而内因是学生自己。"育人"常常与"种树"相提并论，二者的确有相似之处，都需要多种因素共同作用，并且要经历一个较长的过程。但是，这二者又有根本的区别。对树木而言，只要具备了适宜的阳光、土壤、水和肥料，驱除了病虫，小树苗基本上都能够长成大树。然而，对高校学生而言，即便学校提供了优越的学习条件、教师提供了优质的教学和指导、社会提供了充足的实践机会，但是学生自己不充分利用这些条件积极主动地学习和实践，从而将外部的知识转化为自身的学

---

① 刘益东、杜瑞军、毛金德、赵聪环、张建锋、王明明：《高等教育评估：中国经验与世界新趋势——中国高等教育学会教育评估分会 2015 学术年会暨纪念"镜泊湖"会议 30 周年》，载于《高教发展与评估》2016 年第 2 期，第 38~42 页。

识、能力和素质,那么外部条件再好也无法培养出合格的人才。

《普通高等学校法学类本科专业教学质量国家标准》除了确立高校法学类专业人才的培养目标以外,还确定了培养规格、课程体系、教学规范、教师队伍、教学条件、教学效果和质量保障体系七个方面的基本要求。这七方面内容里,教学规范、教师队伍、教学条件和质量保障体系纯粹是对高校和教师的要求。培养规格、课程体系和教学效果这三项中,有些内容看似是对学生的要求,仔细分析却并非如此。例如,"课程体系"这一指标项下的"实验、实训和专业实习"这一观测项的具体要求是"各专业应根据专业教学的实际需要,利用模拟法庭、法律诊所、专业实验室、实训基地和校外实习基地,独立设置实验、实训课程,组织专业实习,开展创新创业教育。实验、实训和专业实习课程应当制定教学大纲,明确教学目的与基本要求,明确专业实习的主要内容以及学时分配。专业实习时长不得低于10周","社会实践"这一观测项的具体要求则是"各专业应根据本专业实际需要,组织各种形式的法制宣传教育活动,让学生了解社会生活,培养其社会责任感,增强其社会活动能力。社会实践时长不得低于4周。"每一项行为的主体都是高校,而不是学生。显然,这份国家标准关注的是学校是否为学生提供了这些条件,而不关注学生是否充分利用了这些条件。

上述问题已经引起了法学界教育家的关注。在教育部法学类专业教学指导委员会于2016年在厦门大学召开的工作会议上,西南政法大学校长付子堂教授就指出,评价标准问题是大家经常苦恼的一个问题,目前的很多评估标准主要还是论文、项目、奖项和著作等,恰恰是人才培养成效这一方面所占比例不高。这种做法有点误导,对法学教育将来的发展极其不利。未来应当以人才培养质量作为主要的评价标准。

(五) 退出机制不健全

从实现方式来看,退出机制可以分为主动退出(或称"自愿退出")和被动退出(或称"强制退出")两种。主动退出是指行为主体基于利益判断或者情势分析,主动选择退出某个体系,例如,民办高校主动停办或者被兼并,教师辞去教职,学生主动退学等。被动退出是因为违反了法律规定或者未达到管理者制定的标准要求,经考查不合格而被迫退出所在的体系,例如,高校被责令停办、特定专业被取消招生资格、教师被辞退、学生被责令退学等。退出机制不力是我国高等学校法学教育评估中存在的问题之一,具体而言,是被动退出机制不力。

1. 法学院校退出机制尚未建立

新中国成立后,法学教育的发展大致经历了以下几个时期:1949~1957年为法学教育的初创时期;1958~1976年为法学教育的挫折和停滞时期;1977~1993

年为法学教育的重建和恢复时期；1994 年以来为急速发展时期。尤其是 1998 年高校开始扩招以后，高等教育规模急速扩张，进入所谓"大众化"发展阶段，设置法学本科的普通高校激增，招生规模成倍增长。全国设有法学本科专业的高等院校，1998 年为 214 所，2001 年为 297 所，2004 年为 269 所，2005 年增至 564 所，2006 年达到 606 所①。最高峰时期达 639 所。② 成立一所法学院校或许不是一件难事，但是办好一所法学院校则绝非易事。从整体上看，规模扩张和质量提升往往成负相关关系。如此快速的增长，低水平重复建设必然难以避免，法学本科毕业生就业率连续多年垫底这一现实就是最好的证明。20 多年来，我国法学教育持续迅速扩张的一个重要制度原因就在于，对于具有明确职业属性的法学教育，我国尚未建立起具有退出机制的评估制度，法学院系只增不减的状况没有实质改变。缺乏强制退出机制，就使得各种评估成为"无牙之虎"，不能对法学教育和法治人才的正规化产生根本性的影响。③ 从立法情况来看，2012 年，教育部颁布的《普通高等学校本科专业设置管理规定》是目前统一规范我国高等学校本科专业设置的效力等级最高的规范性文件，但是该管理规定规范的主要是高等学校专业设置和调整备案及审批制度，针对的是高等学校根据自身的情况申请新增专业或者主动调整、撤销专业。可见，依照该管理规定实施的专业撤销也是属于上文所述的主动退出，而非被动退出。《教育部关于普通高等学校本科教学评估工作的意见》中也没有关于评估不合格退出机制的规定。目前，仅有《教育部关于做好 2012 年全国普通高等学校毕业生就业工作的通知》中提出"探索建立高校毕业生就业和重点产业人才供需年度报告制度，健全专业动态调整和预警、退出机制，对就业率连续两年低于 60% 的专业，调减招生计划直至停招"。从实践情况来看，被责令停止招生或者取消办学资格的多数是民办院校，公立法学院校较少。退出机制不健全的原因，一方面与准入机制不健全紧密相关，目前我国法学院校准入标准尚未建立，退出机制也就缺乏相应的依据；另一方面则是利益冲突，高校专业退出机制所涉及的利益主体主要有政府、社会、高校、相关教师和学生。这些利益主体的利益诉求是不一致也不可能一致的，有的时候甚至是互相冲突的。尤其是高校，对于任何一个专业的退出，都需要解决所退出专业的人员

---

① 转引自梁慧星：《中国法学教育与人才培养》，中国法学网，http://www.iolaw.org.cn/showarticle.asp? id = 2402。

② 徐显明、黄进、潘剑锋、韩大元、申卫星：《改革开放四十年的中国法学教育》，载于《中国法律评论》2018 年第 3 期，第 2~27 页。

③ 刘坤轮：《以认证与评估制度体系引领中国法学教育改革》，载于《人民法治》2018 年第 16 期，第 42~43 页。

流向问题、资金问题等一系列的现实问题。① 因此，退出机制的实施会面临巨大的阻力。

2. 高校教师退出机制实施效果不佳

教师作为各类评估的重点考查对象，与教师及教师的行为直接相关的事项在各种评价指标体系中往往都占据着较大的比例。教师水平不高、行为不端都会对法治人才培养产生极其负面的影响，因此，"建设一支师德高尚、业务精湛、结构合理、充满活力的高素质专业化教师队伍，是促进高校内涵式发展、提高高等教育质量的根本保证"②。我国目前最普遍的高校教师退出方式有两种，一是调离，二是退休，这两种基本上都属于主动退出。强制退出机制其实已经存在，许多高校也已经实施了多年，然而现实是已有的高校教师退出机制的运行并不顺畅，而且学校也难以辞退一个"不胜任"工作或不符合"要求"的教师。③

3. 学生退出机制不完善

众所周知，我国的学生在高考之前是最勤奋、最努力的，一旦进入大学，很多就开始舒舒服服地等毕业，上课能逃就逃，考试临时抱佛脚。之所以如此，是因为高校对学生的考核并不严格，大部分非一流的高校甚至是十分松散，只要学生在大学期间不严重违纪违法，基本上都能顺利毕业。2013 年，资深教育专家、时任南方科技大学校长朱清时在一次关于如何培养创新人才的演讲中提到，哈佛每年有 20% 的学生会因为考试不及格或修不满学分而退学休学，他们的学习压力来自严格的淘汰机制；而中国大学"严进宽出"，学生竞争不足、缺乏动力，高等教育模式亟待改革，非常需要在大学生中引进强竞争模式。在 21 世纪教育研究院副院长熊丙奇看来，基础教育"苦""严"，而高校教育"松"，严重影响了人才培养的质量。

（六）反馈机制不完善

评估本身并不是目的，而只是促进高校改进教学、提升人才培养质量的手段。既然如此，评估结果出炉就应当是工作的开始，而不是结束。让评估真正实现其目的，发挥其应有的价值，关键在于完善的评价反馈机制。只有将评估过程中发现的问题和不足反馈给评估对象，让评估对象知晓有待改进之处以及未来改

---

① 谢冉：《关于我国高校专业退出机制的理性思考——公共政策的视角》，载于《中国高教研究》2012 年第 5 期，第 48~52 页。
② 龙献忠、周晶、董树军：《高校教师流失治理——基于"退出—呼吁—忠诚"理论视角》，载于《高等教育研究》2014 年第 6 期，第 46~51 页。
③ 张建奇、陈发美：《高校教师退出：机制构建及其现实困境》，载于《山东高等教育》2016 年第 6 期，第 9~14 页。

进的方向，同时，对评估对象的改进工作保持关注和跟踪，方能真正促进高校人才培养工作的不断进步。但是，现实情况往往是重视评估本身，而轻视评估结果的反馈。

1. 评价对象反馈意愿不强

在政府评估中，合格只是对评估对象的总体评价，并不意味着评估合格的高校不存在任何问题或者有待改进之处。然而，实际情况是评估合格的高校通常都长舒一口气，然后迎来几年的轻松期和安定期，在此期间暂时不用再受评估的"折磨"。

至于各类社会评估，一方面其评估结果对评估对象并不产生任何强制性，另一方面评估对象通常只能通过公开的途径得知自己在排行榜中的位次或者最终所获得的评价结果，未必能够获知评估的依据、标准和数据，也未必能获知在该项评价指标体系中自己存在的问题和不足，若想获取详细的信息，高校往往需要付出相应的经济成本。因此，高校往往没有足够的动力去依据社会评估的结果来改进自身的教学和人才培养工作。而且，由于评估机构的定位和目的各不相同，获取数据的途径也千差万别，因此，其评价结果常常伴随争议，不少评价对象对某些社会评估持不屑一顾的态度，自然不会根据评估结果来检视自身。

2. 评价反馈途径不畅

用人单位对毕业生的评价，即雇主评价是对高校培养出来的"产品"质量最直接最真实的评价，因而也是对高校人才培养工作质量最直观的反映。但是由于用人单位和高校的脱节，导致毕业生进入工作单位后，用人单位对毕业生的评价没有合适的途径反馈给高校，这就导致作为"产品生产者"的高校无法及时准确获知作为"产品需求者"的用人单位的"产品体验"和"产品需求"。反馈途径不畅和反馈方式不足已经对法治人才培养评价机制目的的实现形成了掣肘。

三、构建以法治人才为核心的多元立体评价体系

通过上文对我国现有法治人才培养评价体系的分析梳理，已经发现其最大的问题就在于评价的重点本末倒置，本应作为评价体系的核心和重点的法治人才却被严重忽视。法治人才培养的成败或者好坏应以成果来判断，即应以培养出来的学生是否是合格的法治人才作为主要判断标准，这种以培养成果为主的评价方式可以称为"结果评价法"。然而，我们现行的评价体系主要是评价高等学校及其教师，根据高校的硬件设施和软件是否达标、教师的能力和品德是否合格来判断法治人才培养是否成功，这种以培养方式和手段为主的评价方式可以称为"过程评价法"。就法治人才培养这一宏大的系统工程而言，过程的重要性自然无须赘

述,但是,任何培养方式和培养手段最终都是为了实现培养出合格的法治人才这一目的。从逻辑上讲,培养出合格的法治人才一定需要正确的培养方式和良好的培养手段,但是,有了正确的培养方式和手段却未必一定能培养出大批量合格的法治人才。事实上,只有通过对培养结果进行全面、深入和系统的评价,才能反过来及时发现培养过程中存在的问题和不足,并总结培养过程中形成的经验,进一步促进法治人才培养工作的发展。这才是建立法治人才培养评价体系的最终目的。因此,真正有效的法治人才培养评价体系应当是以法治人才为核心的立体评价体系。

然而,新中国法学教育的目标并非一成不变的,在恢复法科教育后的40多年里发生过几次变化。不同的培养目标,其蕴含的要素也不尽相同,因此,有必要对相关概念进行相应的分析、梳理和比较。

(一)从"政法人才"到"司法人才"

1977~1978年刚刚恢复高考招生之时,法学教育专门名称为政法专业,培养的是"政法人才"[①]。究其原因,主要是当时政治学与法学是一个学科。而且,彼时的法律工作的确具有浓厚的政治色彩。1978年,中央批准的《第八次全国人民司法会议纪要》中首次提出要"恢复法律系,培养司法人才"。此时,"文化大革命"刚刚结束不久,被"砸烂"的公检法机构亟待恢复重建,而律师制度尚未恢复,计划经济体制下对企业法务也几乎没有需求,因此政法人才基本可以等同于司法人才。这也是后来法学教育司法中心主义的起源。

"政法人才"和"司法人才"的表述基本集中于法科教育恢复后的早期阶段,主要是指接受过法学高等教育,具备一定的法学知识,能够从事法院、检察院等政法机关工作的人才。显然,政法人才和司法人才都具有明显的侧重点和偏向性。作为法学教育培养目标,这两个概念显然早已无法满足现实的需要,它们已经完成了自己的历史使命。因此,不再赘述。

(二)"法学人才"和"法律人才"

自20世纪80年代初起,"法学人才"和"法律人才"开始出现于各类关于人才培养的文献之中。法学人才和法律人才是否存在差异?有的学者认为,法学

---

① 20世纪80年代有关法学教育培养目标的文献中通常都是采用"政法人才"的表述,例如,张晋藩、李铁、周忠海:《加速发展政法教育事业培养德才兼备的政法人才——学习〈邓小平文选〉的体会》,载于《中国政法大学学报》1983年第4期,第38~40页;陈天池:《理论联系实际培养政法人才》,载于《上海高教研究》1985年第1期,第45页。

人才的特征是只侧重于理论,而改革开放后的中国法治实践开始需要各类专业性的实践人才。所以,培养目标由培养法学人才调整为培养"法律人才",法律人才具有综合性,包含着理论和实践等多个层次。① 但是,笔者通过知网检索到的最早一篇关于法学人才培养的文献中对法学人才外延的界定为"法学理论工作者、法学教育工作者和法律工作者",并且这些各级各类的法学人才大军,应该符合新时代潮流和特点,"能够适应现代科学文化发展和新技术革命的要求"②。该文发表于改革开放初期的 1985 年,其对法学人才的界定已具备综合性。关于"法律人才",吴汉东教授认为"法律人才是指具有法律素养、法律知识、法律技能并从事法律职业的专门人才"③。显然,从上述界定中无法看出法学人才和法律人才的实质性区别。事实上,从普遍情况来看,绝大多数研究者并未对这两个概念进行区分,甚至很多时候将二者进行混用。同一篇文献中同时使用"法学人才"和"法律人才"的情况比比皆是,标题用其一而正文中使用另一个概念的情况也不鲜见。④ 当然,也有学者从另一个角度来界定"法学人才"。蒋新苗教授认为,中国特色法学人才以理论性和研究性为主,中国特色法学人才队伍由高等院校、党校或行政学院、军队院校、社科院和党政部门所属研究机构中从事法学教学与研究的工作者组成。从蒋新苗教授的解读可以看出,法学人才的本质特征有两点,一是法学人才的素质侧重于理论性和研究性,二是法学人才从事的工作主要集中于法学教育与法学研究。也即法学人才是培养其他法律人才的人。⑤ 上述区分标准的实质是职业,这种划分恐怕难以实现逻辑上的周延。一方面,以法律为业的人显然不仅仅只能被分为两类;另一方面,不同法律职业之间是可以转换和兼容的,许多法学教育和科研工作者同时也是法律实务工作者,反之亦然。

综上所述,笔者认为,基于法学教育培养目标的视角,法学人才和法律人才并无实质性的区别或者差异。"法学人才"主要源于法学专业、法学学科以及法学院校这些既定的概念,既然是所学专业为法学、系统接受法学学科教育,或者

---

① 徐显明:《高等教育新时代与卓越法治人才培养》,载于《中国大学教学》2019 年第 10 期,第 7~14 页。
② 燎原:《法学人才的培养应从"知识"型转向"智力"型》,载于《法学》1985 年第 9 期,第 11~14 页。
③ 吴汉东、刘茂林:《卓越法律人才培养若干个问题探讨——基于中南财经政法大学法学教育的思考和探索》,载于《法学教育研究》2012 年第 1 期,第 22~31 页。
④ 李晓安、周序中:《对法学人才培养目标与培养模式的认识》,载于《中国法学教育研究》2008 年第 3 期,第 14~25 页;高利红:《法学人才培养目标的反思与定位》,载于《法制与社会发展》2015 年第 5 期,第 69~70 页。
⑤ 蒋新苗:《加快构建中国特色法学人才体系》,载于《中国大学教育》2017 年第 5 期,第 32~37 页。

毕业于法学院校的人才，自然被称为法学人才。法律人才则更多地源于所学的内容和所从事的职业，毕竟学生在高校法学专业所学的主要是如何理解和适用法律，毕业以后无论从事何种法律工作，都被称为法律工作者。因此，将之称为法律人才恰如其分。不过，鉴于中文的习惯用法中，"法学"常常与"理论""研究"等词语做固定搭配，而"法律"常常与"知识""实务"等词语搭配，故人们在需要强调学术性和理论性时往往选择使用"法学"一词，例如，我们通常称呼非常有学问的人士为法学家，而不是法律家。但是，本书比较"法学人才"与"法律人才"的差异不能脱离特定的语境，即这两个概念是作为高校法学教育培养目标。纵然不同的高校在人才培养定位上会存在差异，有的更注重理论水平的培养，有的更强调应用能力的训练，但是，以宏观的视角通盘考虑人才培养目标，显然应当从整个社会对法学院校毕业生的需求这一角度来思考。社会既需要法学理论深厚的研究者，也需要法律知识丰富、技能娴熟的应用者，因此，在这个层面上，法学人才与法律人才的内涵和外延均应是一致的，即具备相应的法学理论、法律素养、法律知识、法律技能并从事法律职业的专门人才。由于大家约定俗成地将从事各类法律职业的人员统称为法律工作者，因此，理论研究成果，尤其是官方文件中更多地采用了"法律人才"这一表述。2011年12月23日，《教育部中央政法委员会关于实施卓越法律人才教育培养计划的若干意见》（以下简称"卓越法律人才培养计划1.0"）正式启动了为期10年的卓越法律人才培养计划，该计划的总体目标是"经过10年左右的努力，形成科学先进、具有中国特色的法学教育理念，形成开放多样、符合中国国情的法律人才培养体制，培养造就一批信念执著、品德优良、知识丰富、本领过硬的高素质法律人才"。这一重要的纲领性文件明确了在相当长时间里高素质法律人才是我国法学教育的培养目标。

（三）从"法律人才"到"法治人才"

2014年，《中共中央关于全面推进依法治国若干重大问题的决定》在"创新法治人才培养机制"这一部分将"法治人才"作为重要话语提出，使得这一概念在政治话语中获得了认可和强调。同时，也引发了关于"法律人才"与"法治人才"之差异的探讨。龚家林教授认为，依法治国需要的是法治人才，所谓法治人才是指具备依法治国能力并能履行依法治国职责的正规化、专业化、职业化治国人才的总称，应当包括正规化、专业化、职业化的立法人才、司法人才、行政执法人才和法律服务人才。法治人才不同于法律人才。法治人才不仅能制定善法，而且精通法律，善于依法治国。法律人才会制定法律，但制定的不一定是善法；精通法律，但不一定善于依法治国。法治人才不仅精通法律，而且精通管理，懂得依法治理国家。法律人才精通法律，但不一定精通管理，不一定懂得依法治理国家。① 刘艳红教授等则明确表示不赞同上述观点，她认为"法律人才"就是具有一定的法律专业知识或法律技能，在法律及其与之相关方面能够为社会做出贡献的人，这种人才不仅仅是解释法律的"工匠"即法律释义人才，当然包括具备其他素质，包括能够制定良法、善于依法治国的人才。法律、法制、法治等概念需要进行专业上的细致区分，而"法律人才"与"法治人才"则是日常生活中的两个同义概念，不必刻意区分。"法治人才"只是在新时期全面推进依法治国的大语境下，对法律人才的另一种标记，二者只是语感、修辞的不同。创新法治人才培养机制的目标就是造就熟悉和坚持中国特色社会主义法治体系的法律人才。② 笔者赞同刘艳红教授对法律人才内涵和外延的界定，龚家林教授对法律人才的界定显然过于狭隘，而且带有较强的主观色彩。但是，笔者认为"法律人才"和"法治人才"并非同一概念的不同表述，二者具有不同的含义。

2017年5月3日，习近平总书记在中国政法大学发表讲话，对全面依法治国、法学学科建设以及法治人才培养进行了重要阐述。在此之后，高等教育界进一步明确法学教育培养人才的目标就是培养德才兼备的高素质的法治人才。2018年9月17日，在"卓越法律人才培养计划1.0"实施7年以后，教育部和中央政法委员会再次联合发布《教育部　中央政法委关于坚持德法兼修实施卓越法治人才教育培养计划2.0的意见》（以下简称"卓越法治人才培养计划2.0"），该计划是"卓越法律人才培养计划1.0"的升级版。相较于"卓越法律人才培养计划1.0"，"卓越法治人才培养计划2.0"有一个看似微小，实则显著的变化，就是培养对象由"法律人才"变成了"法治人才"。这一字之差，不仅仅是对《中共中央关于全面推进依法治国若干重大问题的决定》这一纲领性文件在形式上的回应，更是体现了依法治国对人才的新需求，以及由此而产生的对人才培养要求的变化。

法律是一个单一性概念，泛指一切作为社会主体行为规则的规范性文件，如法律、行政法规、地方性法规、行政规章等。可见，法律是由各类法律条文组成的一套规则体系，属于制度范畴，是个静态的概念。然而，"法治是个综合性概念，它是一种精神、原则、标准和状态"③。在中国语境下，法治的基本内涵主要包括法律至上、良法之治、人权保障、司法公正和依法行政这五个方面。④ 显然，法治这个多义的概念包含了法律这一单一概念，法律只是实现法治的必要条件，而非充分条件。此外，法治是一种理性的治理方式，是实现国家和社会治理

---

① 龚家林：《论法治人才教育》，载于《边缘法学论坛》2014年第2期，第45~49页。
② 刘艳红、欧阳本祺：《创新法治人才培养机制的目标、理念与方法——以法律人个体成长规律为中心》，载于《法学教育研究》2016年第1期，第101~114页。
③ 胡建淼：《法治思维的定性及基本内容——兼论从传统思维走向法治思维》，载于《国家行政学院学报》2015年第6期，第83~87页。
④ 王利明：《什么是法治》，载于《当代贵州》2015年第1期，第67页。

现代化的最佳方式，不仅包括明确的行为规范和程序，还包括法律所蕴含的各种法律价值。① 正是有了基于与人治相对的价值系统而建立起来的治国理论和制度体系，法治国家和法治社会才能够处于最为稳定和长治久安的运行状态。因而，法治也是一个动态的概念。

从上述对概念的分析比较可以看出，法律人才是指具备法律知识和法律技能，懂得执行法律和适用法律，能够从事法律职业的专门人才。"卓越法律人才培养计划1.0"即明确体现了这一点，其中"主要任务"的第一项就明确提出"培养应用型、复合型法律职业人才，是实施卓越法律人才教育培养计划的重点"，并且提出"适应多样化法律职业要求""强化学生法律实务技能培养，提高学生运用法学与其他学科知识方法解决实际法律问题的能力，促进法学教育与法律职业的深度衔接。"可见，法律人才的核心要素是法律知识和法律技能，这也是法律人才作为一种人才类型区别于其他人才的根本标志，这一要素是外在的、易于识别的，我们不妨称之为显性要素。

法治人才则超越了法律知识和法律技能，更强调价值观和法治理念，强调运用法治思维和法治方法参与国家治理，推动法治国家和法治社会的建立。价值和理念存在于人的思维之中，能够指导人的行为，却不易外化和识别，因此，不妨称之为隐性要素。"卓越法治人才培养计划2.0"将"德"视为"法治人才之魂"，将德育放在改革任务之首，法治人才是"宪法法律的信仰者、公平正义的捍卫者、法治建设的实践者、法治进程的推动者、法治文明的传承者"。显然，法治人才也不再仅仅是能够适应法律职业要求的人才，而是能够满足各行业需求的人才。法治人才并不局限于法律职业，还可以从事行政、经济、社会或者文化等各类非法律职业，最重要的是他们具备法治思维。所谓法治思维，"系指以合法性为出发点，追求公平正义为目标，按照法律逻辑和法律价值观思考问题的思维模式。简单地说，符合法治精神的思维模式就是法治思维。法治思维的特点是：它以合法性为底线，以公平正义为核心，重证据和依据，强调职权法定和权利义务的统一性，尊重和保护人权，坚持正当程序，等等"②。当各行各业的从业者都以法治思维来开展工作，则实现全面依法治国的目标指日可待。在全面推进依法治国的背景下，习近平创造性地提出了"法治工作者""法治队伍"等概念，用以取代"法律工作者"和"法律工作队伍"等概念，凸显了法治精神、法治职业。法治工作者队伍涵盖的范围比较广泛，举凡在党政军机关、司法机

---

① 陈金钊：《用法治方式满足公民对美好生活的向往——关于法治发展不平衡、不充分的断思》，载于《河北法学》2018年第4期，第3~14页。

② 胡建淼：《法治思维的定性及基本内容——兼论从传统思维走向法治思维》，载于《国家行政学院学报》2015年第6期，第83~87页。

关、人民团队、社会各领域专职从事涉法工作和法治工作的人员，都可称为法治工作者，都隶属于法治队伍和法治职业共同体。这就凸显了法治队伍建设的综合性和普遍性。① 因此，法治人才是指信仰宪法法律，坚守法治理念，具有法律知识，掌握法律技能，能够运用法治思维和法治方法从事各行业工作，直接或者间接参与国家治理和社会治理的人才。有学者认为法治人才应当兼具"三性"，即法律之德性、法律之知性和法律之技性。② 这一概念中的法律之德性，应当包含时代所倡导的法治精神，法治人才对法律的信仰和对法治的追求，以及法律职业伦理和职业道德。法律之知性，是指法治人才所必须具备的法学理论知识，包括法学基本原理、法律体系、法律规范及法律解释方法等。法律之技性，则是指法治人才应当具备的运用法学知识解决法律问题的能力，包括分析问题和发现问题的能力、逻辑推理能力、数据检索能力、调查取证能力、临场应变能力、处理复杂社会关系的能力、语言表达能力以及法庭辩论技巧、谈判技巧等技能。

教育部高等学校法学类专业教学指导委员会主任委员、教育部新文科建设工作组副组长徐显明教授指出，现阶段要建设的新文科与传统文科在作用上发生了变化，从探讨人文社科所涉对象的规律性转向对社会价值观的重塑和形成国家软实力，为理工科甚至为国家和社会提供指导思想。在新文科背景下，法学教育也应基于上述思路，不能再仅仅着眼于对高校学生进行知识输出和技能培养，还应该注重思想和制度供给，通过理论创新实现思想创新，进而推动制度创新；应当结合国家的政治、经济、社会发展的实践提供咨政服务，为国家制度的发展、制度的变革献计献策；应该走向社会，塑造法治文化，促使社会树立法治信仰，引领社会的价值观。③ 从"法律人才"到"法治人才"，这一字之差并非仅仅是文字游戏，从侧重于显性要素到强调隐性要素，这一转变体现的是对法律人才内涵的升级和丰富。作为社会科学之王的法学，培养德才兼备的高素质法治人才是其新时代的重要使命。

（四）建立以学生为中心的评价对象体系

1. 结果评价对象——学生

（1）从"投入导向"评价到"产出导向"评价。

1998年联合国教科文组织在世界首届高等教育大会宣言中提出：高等教育

---

① 张文显：《治国理政的法治理念和法治思维》，载于《中国社会科学》2017年第4期，第40~66页。
② 何跃军、陈淋淋：《从法律人才到法治人才——卓越法律人才培养计划实施六年检讨》，载于《宁波大学学报（教育科学版）》2018年第5期，第66~74页。
③ 徐显明：《高等教育新时代与卓越法治人才培养》，载于《中国大学教学》2019年第10期，第7~11页。

要转向"以学生为中心"的新视角和新模式,国际高等教育决策者应把学生及其需要作为关注的重点,把学生视为教育改革的主要参与者。"以学生为中心"的新理念必将对21世纪的整个世界高等教育产生深远影响。①建立健全我国法治人才培养评价体系,也应当秉承以学生为中心的理念。

有大学校长指出,教学评价之改革应致力于:从主要取决于教得怎么样向主要取决于学得怎么样转变。前者是投入导向的评价,后者是产出导向的评价。投入导向的评价指向老师的教;产出导向的评价指向学生的学,遵循"以学论教"原则,以促进学生发展为宗旨。②从我国法治人才培养评估机制的现状来看,无论是政府评估还是社会评估,几乎都将高校作为主要的评估对象。从培养方案到专业设置;从经费投入到平台建设;从师资队伍到课程设置;从教学资源到平台建设;从教学指导到学风管理,基本上都以高校为中心,评估高校的定位是否科学,培养方案是否合理,教学条件是否具备,教学资源是否充足,教师能否胜任教学工作,学校对学生是否进行了管理,等等。所以,无论实践中最常适用的制度,还是理论界最常论及的概念,都只是法学教育评估,而不是法治人才培养评价。所谓法学教育评估,是指"依据由主客观指标构成的标准,通过一定的程序对法学教育的基本状况进行'符合社会共识'的客观描述或实证化的价值判断,并具有目标导向与利益驱动功能的社会活动"③。在法学教育评估体系里,主要包括本科教学评估、高等学校学科评估、就业率评价等组成部分。法治人才培养评价不同于法学专业教学评估、不同于法学学科评估、不同于就业评价等,是一个综合评价体系,是对法治人才培养全过程及其结果的全面评价。过程评价包括对作为培养平台的高校的软硬件的评价,对作为培养主体的教师的总体结构、师资水平、教学科研能力、工作态度等方面的评价等。结果评价则是对作为培养对象的学生在校期间学习、品德等各方面的表现以及毕业时所具备的能力和素质进行考核和评价。结果评价应当构成法治人才培养评价体系的核心和主体,这就是"学生中心主义"的评价体系,主要评价学生做了什么、做到了什么。但是,我们从"普通高等学校本科教学工作水平评估指标体系"中一级指标的事项分布和二级指标的具体内容可以看出,本科教学工作水平评估重在对教学工作本身进行考察和评价。一级指标总共7项,有关教学工作硬件和软件的事项占了6项,教学效果仅占1/7。教学效果之下的二级指标包括"基本理论与基本技能、毕业论文或毕业设计、思想道德修养、体育、社会声誉和就业"6项,都比较原则和抽

---

① 刘献君:《论"以学生为中心"》,载于《高等教育研究》2012年第8期,第1~6页。
② 李志义:《"水课"与"金课"之我见》,载于《中国大学教学》2018年第12期,第24~29页。
③ 朱景文主编:《中国人民大学中国法律发展报告2013法学教育与研究》,中国人民大学出版社2014年版,第252页。

象，不能完全体现出本科毕业生应当具备的素质和能力。

　　一个学生经过几年在高等学校的系统性学习，能否成为合格的法治人才，最关键的决定性因素是学生的学习质量。质量是世界高等教育发展的永恒主题，是高等教育机构的生命线。联合国教科文组织 2000 年在《达喀尔行动纲领》中提出，要"全面提高教育质量，使所有受教育者都能取得公认的、可衡量的学习成果"。但是，"教育质量的概念难以界定并且不易测量"[1]，如何衡量教育质量正是法治人才培养评价所需要解决的问题。

　　根据唯物辩证法内因和外因辩证关系的理论，学校和社会为学生提供的学习条件和学习资源都属于外因，学生自己的勤奋和努力才是内因。如果内因不发挥作用，外因再强大也不可能实现预期的目的。学生对学习的投入程度是直接影响其学习质量的重要因素。学习性投入这一概念是美国印第安纳大学教授乔治·库（George D. Kuh）最先提出来的，来源于其对学校教育过程与学生学业成就关系的研究。它实质上就是"测量学生个体在自己学业与有效教育活动中所投入的时间和精力，以及学生如何看待学校对他们学习的支持力度的概念，其本质就是学生行为与院校条件的相互作用"。美国高校开展的学习性投入调查有一个基本的理论假设作为前提，即学生在具有有效管理教育目标的活动中投入的时间和精力越多，获得的反馈越多，他们在知识、技能和性情上的发展也就会越好。与此同时，学校越是从各方面创造条件鼓励并支持学生主动参与到这些有效的学习活动中，学生就会在这些活动中投入更多的时间和精力，从而获得更好的学习效果。[2]

　　目前全世界高等教育水平最发达的美国，在高校教育质量测评方面也曾经犯过和今天的我们同样的错误，即将教育质量评估的重点放在对高校的硬件条件、资源投入以及教师的学术水平等方面，导致教育评估无法对高校教育质量的提升产生促进作用。鉴于此，美国于 1999 年 12 月启动了全国学生参与度调查（National Survey of Student Engagement，NSSE，又译为"全美学生参与调查"），这就是美国大学生学习性投入调查。它采用问卷调查的形式，直接面向学生调查其在学校的教育经历体验，有效掌握学生的学习性投入，从而帮助和促进学校改进教育质量。2006 年，该调查被引入加拿大，并有 6 所加拿大大学参加。到 2008 年，美国和加拿大参加调查的大学数量已增加到 769 所。NSSE 主要从两个层面进行调查。一是学生做了什么，即测量学生投入到有效学习中的时间和精力。二是学校做了什么，即测量大学是否以及如何采用有效措施吸引学生参与到

---

[1] 苑大勇：《欧盟教育质量基准体系：教师持续发展的动力保障》，载于《高教参考》2007 年第 4 期，第 7~11 页。

[2] 蒋华林、李华、吴芳、王平：《学习性投入调查：本科教育质量保障的新视角》，载于《高教发展与评估》2010 年第 4 期，第 45~53 页。

各项活动中去。① 美国大学生学习性投入调查为我国构建以学生为中心的法治人才培养评价体系提供了有价值的参考和借鉴。一方面，应当将对培养质量关注的焦点从高校转向学生，而学生则包括在校学习的学生和接受完本科教育的毕业生，无论是在校生还是毕业生，都是主要的评价对象，但是评价主体、评价内容和评价标准有所不同。通过对学生的学习情况和学习成果的考察与评价，从而判断培养方案是否优化、课程设置是否科学、教学环节是否合理，进而推动法治人才教育质量的提升和培养模式的创新。另一方面，应当将法治人才培养质量保障的焦点从资源投入转向资源利用。在我国现有的各类教学质量评估中，对高校的硬件、软件等各种资源的评估都占据较大的比例。诚然，拥有多少资源对培养人才来说至关重要，但是，有资源而不能充分利用资源，或者将资源使用到与培养人才无关的领域，造成高校拥有资源的多少并不能与人才培养质量的高低成正比。实践中之所以普遍出现这种只重拥有，不重利用的情形，主要是由于对资源投入的评估简单易行，而对使用效果的评估则复杂和困难得多。这不仅导致了评估要素与评估目的脱节，更是导致各高校更加偏重争抢资源，而忽视对资源的有效利用，造成了宝贵教育资源的极大浪费。因此，以学生为中心的法治人才培养评价体系要更加注重评价高校的资源如何被充分有效地使用于教学和学习之中。

在以学生为中心，以学生发展为本位这一理念的指导下，已有高校开始了探索和尝试，借鉴美国经验实施学习性投入调查、在校生满意度调查，对毕业生进行全程质量跟踪等方式。但是，评价指标体系的科学性有待研究，不同高校呈现的调查结果不具有可比性。因此，在以学生为中心，以学生发展为本位的实践基础上，国家层面可以考虑开展全国性的常态的学习性投入调查和满意度调查。②

（2）从"严进宽出"到"严进严出"。

众所周知，过去很多年我国的高校都是"严进宽出"式，这已经使全社会形成了"高中拼命学，大学放肆玩"的固定印象，大学四年只要不犯重大错误，学生基本上都能顺利毕业。造成这一现状的重要原因就是对学生评价不严格。第一，考试"放水"，考试内容局限于教材中的知识，强调考查记忆性知识而轻视创新性、应用性知识，法学专业无须进行实验，因此不少学生课前不预习，听课不认真，课后不复习，仅凭考前突击背诵应付考试。第二，平时考核不严格，"逃课"一度成为时尚，课堂上极少有学生积极思考并与老师互动，课堂作业敷

---

① 蒋华林、李华、吴芳、王平：《学习性投入调查：本科教育质量保障的新视角》，载于《高教发展与评估》2010年第4期，第45~53页。

② 林冬华：《审核评估：发展脉络、现状分析与未来展望——基于51所参评高校的研究》，载于《现代教育科学》2016年第9期，第1~7页。

衍了事，甚至公然抄袭。第三，实习沦为走过场，不少学生并未认真参与实习单位的工作，只是托关系谋个岗位和一份实习评语，使得原本十分重要的实习课程沦为鸡肋。要消灭上述"症状"，必须先找准病因，才能对症下药。首先，对大学生合理"增负"。2018年6月21日，在成都召开的"新时代全国高等学校本科教育工作会议"上，教育部部长陈宝生强调，要推进"四个回归"，把人才培养的质量和效果作为检验一切工作的根本标准。第一项就是回归常识，要围绕学生刻苦读书来办教育，对大学生要合理"增负"，提升大学生的学业挑战度，激发学生的学习动力和专业志趣，改变轻轻松松就能毕业的情况，真正把内涵建设、质量提升体现在每一个学生的学习成果上。其次，要加强对学生的考核评价。一方面是要切实加强学习过程考核，加大过程考核成绩在课程总成绩中的比重；另一方面是要严格考试纪律，杜绝"放水"。2018年，教育部已经明确提出严把毕业出口关，坚决取消"清考"制度。要做到回归常识，还必须改变现实中一些常见的不合理做法。有的高校对教学质量的考核过分依赖学生对老师的评分，这样必然导致学生因老师要求严格或者考试不及格而给予老师低分，反过来导致老师不敢严格要求学生。不少教育行政部门、高校管理者和社会公众对待师生关系问题常常采用一种和稀泥的处理方式，尤其是当发生学生自杀等极端情况时，更是不问是非曲直，一律对教师进行问责，这就逼迫老师不得不对学生加以放纵。所以，要严格对学生的评价，使大学教育回归常识，还应当从制度上给教师更大的自主权和决定权，给教师更多的安心和保障，让教师敢于对学生严格要求。只有"严进严出"的大学，才能培养出合格的法治人才。

2. 过程评价对象——法治人才培养共同体

学生是法治人才培养的结果，结果的好坏是培养工作成败的最终判断标准。但是，这并不意味着培养过程本身不值得被关注。结果固然至关重要，但是过程本身也有独立的价值，因此，完善的法治人才培养评价体系还应当包括对培养主体的评价。

习近平总书记在考察中国政法大学时指出："高校是法治人才培养的第一阵地。"这句话清楚明确地指出了高校是法治人才培养的第一责任主体。正因如此，我国向来重视对高校的评估考核，这一点显然应当继续坚持。但是，这句话同时也清楚地表明，高校并非法治人才培养的"唯一阵地"。正是因为如此，习近平总书记同时指出："要打破高校和社会之间的体制壁垒，……加强法学教育、法学研究工作者和法治实际工作者之间的交流。"也就是说，法治人才培养应当是高校和社会（尤其是法律实务部门）的共同责任和使命。①

"卓越法律人才培养计划1.0"就明确提出"探索'高校——实务部门联合培养'机制。加强高校与实务部门的合作，共同制定培养目标，共同设计课程体系，共同开发优质教材，共同组织教学团队，共同建设实践基地，探索形成常态化、规范化的卓越法律人才培养机制"。并且启动实施了高校与实务部门人员互聘的"双千计划"，依托"本科教学工程"，支持高校与法律实务部门建设法学实践教学基地。法治人才培养主体从"一元"走向"多元"。2018年发布的"卓越法治人才培养计划2.0"在"卓越法律人才培养计划1.0"的基础上进一步提高了要求，提出了"法治人才培养共同体"这一概念，并将完善协同育人机制，打造中国特色法治人才培养共同体作为建立凸显时代特征、体现中国特色的法治人才培养体系的5年目标。所谓法治人才培养共同体，是指"以高校为核心、法治实务部门深度参与法学教育全过程所形成的优势互补、资源整合、开放共享的法治人才培养工作体系"②。从多元培养主体到法治人才培养共同体，体现了对实务部门参与法治人才培养的更高要求，具体表现为以下两个方面：第一，强化主体意识，实务部门从法治人才培养的被动参与者变成主动承担者。第二，强化责任意识，实务部门不仅要与高校深度协同共同完成法治人才培养工作，还应当接受考核和评价，对自己的育人工作承担责任。尽管在过去的许多年里，国家一直努力推动建立和完善高校与实务部门多元协同培养法治人才的机制，但是，实务部门的参与度和参与热情总是不够高，很重要的一个原因就在于疏于对实务部门参与法治人才培养工作的考核和评价。基于人之本性，如果工作过程无须被检验，工作结果亦不能对自己产生任何实质性影响，则工作态度往往陷入消极，工作内容常常流于形式，工作实效自然难以令人满意。

正因如此，在法治人才培养立体评价体系中，法治人才培养共同体的所有成员都应当成为评价对象。不仅包括高等学校，还应当包括实务部门。要通过对法治人才培养共同体的评估，明确不同主体在法治人才培养这一宏大的系统工程中应当承担的责任，确定不同主体在培养法治人才过程中应当履行的义务，制定不同主体协同培养法治人才时应当遵循的各项标准，尤为重要的是要让实务部门清晰地认识到参与法治人才培养是其作为一个组织应当承担的责任，而非法律实务工作者个人为丰富自己的履历或者塑造"学者型法官""学者型官员"形象而实施的面子工程。唯其如此，才能够真正实现"建立起凸显时代特征、体现中国特色的法治人才培养体系"的目标。

---

① 于志刚：《法治人才培养中实践教学模式的中国探索："同步实践教学"》，载于《中国政法大学学报》2017年第5期，第38~51页。

② 张佐国：《法治人才培养共同体的"中国范儿"》，载于《中国教育报》2019年1月3日，第6版。

相对于作为"结果"的法治人才而言,培养主体实施的教育行为都属于"过程",因此,对法治人才培养主体的评价属于过程评价。过程评价主要是考察培养主体在教育学生和培养人才的过程中主观态度是否认真、勤勉、尽责,客观上是否为学生提供了充分的学习条件和有效的指导,包括培养主体为了培养法治人才投入的物质性资源、配备的师资、搭建的教学平台或者教学基地等硬件;培养方案、课程设置、教学方式方法、师德师风以及教学态度等软件。并且,过程评价也应当坚持"以学生为中心"的原则,无论是硬件还是软件,合格或者优秀与否最终还是要看是否能够为学生所利用,帮助学生成长为全面推进依法治国所需要的高素质法治人才。如果不能实现这一目的,无论是高校还是实务部门,其拥有的资源再丰富、条件再优越、实力再雄厚、科研成果再丰硕,仍然不能被评价为合格的法治人才培养者。

当然,对作为法治人才培养共同体核心成员的高等学校和其他成员的评价内容、评价标准和评价主体都应当有所区别。

(五)完善以结果为导向的行业法治人才评价标准体系

1. 行业法治人才评价标准

根据《教育部关于全面提高高等教育质量的若干意见》,为落实《国家中长期教育改革和发展规划纲要(2010 – 2020 年)》,应"实施基础学科拔尖学生培养试验计划,建设一批国家青年英才培养基地,探索拔尖创新人才培养模式。实施卓越工程师、卓越农林人才、卓越法律人才等教育培养计划,以提高实践能力为重点,探索与有关部门、科研院所、行业企业联合培养人才模式"。"卓越法治人才培养计划2.0"则明确提出"找准人才培养和行业需求的结合点""培育一流法治人才,为全面推进新时代法治中国建设提供有力的人才智力保障"。

从全面依法治国所要求的高素质行业法治人才培养目标出发,行业法治人才的培养除了符合法治人才培养的一般要求,还应适应各行业具体的职业素养要求,如新闻传媒行业的法治人才培养,既要有丰富的法律知识和娴熟的法律技能,更要对传媒行业的知识有广泛的了解,特别是对著作权等知识产权相关领域有相当的知识储备,这样才能在问题产生后,由新闻传媒行业的专门法治人才对此提供专业的法律服务进行善后处理,尽早地解决问题。为此,"要针对新闻出版广电(版权)领域的行业特点、工作属性、人才结构,有指向性地培养专门服务于新闻出版广电(版权)领域的法治人才。"[①] 这就要求以高校为核心和引领

---

① 王丽璇:《亟待完善行业法治人才培养机制》,载于《中国广播新闻出版广电报》2016 年 5 月 3 日,第 4 版。

者的法治人才培养共同体应当以行业需求为目标和导向,培养出具备不同行业所需的基本素质的法治人才。

多元社会的职业分工必然会对法治人才有多元化需求,以行业需求为导向培养高素质行业法治人才,应符合全面依法治国为实现"行业依法治理""提升行业治理法治化水平"对法治人才培养提出的具体行业领域的差异化职业素养要求。那么,不同行业对法治人才的素质、知识和技能分别有哪些要求?如何才能将行业要求体现到法治人才培养过程之中?采用何种方式方法才能培养出符合行业需求的法治人才?面对多元行业法治人才需求建立起与全面依法治国相适应的多元化、差异化行业法治人才培养模式是高等学校法学教育的发展趋势。"所谓差异化模式,就是在确保知识技能的教育质量和标准规格的前提下鼓励创新,根据对法律人才多种多样的需求进行各具特色的分类培养。"① 由此可见,表达不同行业对法治人才素质、能力和知识技能的要求最行之有效的方法就是制定行业法治人才培养评价标准。高校和社会按照该标准分类培养,其"产品"一定是最贴近行业需求的法治人才。事实上,《教育部关于全面提高高等教育质量的若干意见》在"完善人才培养质量标准体系"中就明确提出,"会同相关部门、科研院所、行业企业,制订实施本科和高职高专专业类教学质量国家标准,制订一级学科博士、硕士学位和专业学位基本要求。鼓励行业部门依据国家标准制订相关专业人才培养评价标准。高校根据实际制订科学的人才培养方案。"

2. 超越司法中心主义的多元评价标准

在相当长一段时期内,包括作为人才培养者的高校在内的全社会在对法律职业的认识上,都狭义地将司法人才等同于法律人才或法治人才,政法队伍等同于法治队伍,并且固守法学教育是培养政法队伍的传统思维,将法律职业限定司法职业方面,将法律职业教育培养最终落脚在司法人才培养方面,将职业能力提升落脚在司法能力提升方面,进而以是否胜任司法部门工作为标准评价法学教育得失。法学教育以培养司法人才为导向,法学专业毕业生流向就是法院、检察院以及律师事务所等部门,法学教育教学评价自然以能否到司法部门工作以及能否胜任司法部门工作作为标准。社会经常以法学专业毕业生到法院、检察机关和律师事务所工作的比例,也就是专业对口率来评价法学教育,认为法学毕业生到立法部门、执法机关、企业、社会组织就是就业不对口,媒体上不断有这样的数据出台,并且以这样的数据批评法学教育。当下对法学教育、法治人才培养反思也是以培养合格司法人员为参照,认为法学教育的不足在于重视法学理论知识传授,

---

① 季卫东:《中国法学教育改革与行业需求》,载于《学习与探索》2014年第9期,第83~87页。

忽视司法技能培养，司法伦理的培养严重不足，等等。①

诚然，中国与其他国家一样，司法活动或者诉讼活动都是法律实践活动的核心环节。② 但是，全面实施依法治国，建设法治国家和法治社会需要的不仅仅是司法人才。而且，诉讼不能解决一切法律问题，法治国家和法治社会需要解决的也不仅仅是法律问题。因此，"司法中心主义"的培养模式已经无法满足全面实施依法治国对法治人才的需要，与之对应的评价标准也已无法满足全新人才培养目标的需要。所以，完善法治人才培养评价标准应当坚持"去司法中心主义"，立足于不同行业，制定多元的评价标准。

3. "隐性""显性"并重的指标体系

《教育部普通高等学校本科教学工作审核评估标准》中共包括6项审核项目，第5项是"学生发展"，该项又包括4个审核要素和10个审核要点，其中直接针对学生的审核要点是"学生学业成绩及综合素质表现""学生对自我学习与成长的满意度""毕业生就业率与职业发展情况"以及"用人单位对毕业生评价"。在法学类专业教学质量评估指标体系中，针对学生的二级评估指标共有4个：（1）学制与学位，要求学生完成各专业培养方案规定的课程和学分要求，考核合格，准予毕业。符合规定条件的，授予法学学士学位。（2）知识要求，分为通识性知识和专业基础知识，要求学生了解人文社会科学与自然科学领域的基础知识；牢固掌握本专业的基本知识和基本理论，并形成合理的整体性知识结构。（3）能力要求，分为综合基础能力、专业实践能力和创新创业能力，要求学生具备独立自主地获取和更新本专业相关知识的学习能力；具备较高的计算机操作能力和外语能力；具备将所学的专业理论与知识融会贯通，灵活地综合应用于专业实务之中的基本技能；具备利用创造性思维方法开展科学研究工作和创新创业实践的能力。（4）素质要求，分为价值观念、职业素养和身心健康，要求学生应具有爱国情怀，牢固树立正确的世界观、人生观、价值观；学生掌握法学专业的思维方法和研究方法，具备良好的人文素养和科学素养；学生养成良好的道德品格、健全的职业人格、强烈的法律职业认同感，具有服务于建设社会主义法治国家的责任感和使命感。具备健康的心理和体魄。从目前主要的评估指标体系来看，显然更加重视考核学生应当掌握的知识和应当具备的技能这些"显性"的要素，而相对忽视法治理念、法律伦理等"隐性"的要素。

1999年1月1日施行的《高等教育法》第五条规定："高等教育的任务是培养具有创新精神和实践能力的高级专门人才，发展科学技术文化，促进社会主义

---

① 邓世豹：《超越司法中心主义——面向全面实施依法治国的法治人才培养》，载于《法学评论》2016年第4期，第34~40页。

② 葛云松：《法学教育的理想》，载于《中外法学》2014年第2期，第285~318页。

现代化建设。"2015年12月27日,第十二届全国人民代表大会常务委员会第十八次会议决定对《高等教育法》进行修改,将第五条修改为:"高等教育的任务是培养具有社会责任感、创新精神和实践能力的高级专门人才,发展科学技术文化,促进社会主义现代化建设。"将培养具有社会责任感的人才放在了高等教育培养任务的首位。高等教育目标与任务的调整,对于法学教育同样提出了新的要求和新的挑战。因此,培养有社会责任感、创新精神和实践能力的高级法治专门人才,是对法学教育任务的基本要求。法治人才的综合素质、法治能力不限于专业素质,而是通过教学让学生形成对国家、社会、法治发展的真实感知,让学生自觉形成本土意识和问题意识,培养德法兼修的法治人才。法学教育培养出来的不仅仅是"法匠",而应当是具有社会责任感、国情意识、问题意识和创新能力的法治人才。[1] 因此,教育部颁发的《高等法学教育贯彻十八届四中全会精神的教学指导意见》指出,"坚持立德树人、德育为先。思想政治素质是社会主义法治人才第一位的要求。要把理想信念教育摆在首要位置,深入开展社会主义核心价值观教育,大力推动中国特色社会主义法治理论进教材进课堂进头脑,使学生真正领会中国特色社会主义法治理论的科学内涵和精神实质,形成对中国特色社会主义法治的内心拥护和真诚信仰。""优秀的法治人才不仅要具备系统的专业知识和娴熟的职业技能,还必须做到以实际行动带动全社会崇德向善、尊法守法。法治人才培养必须把立德树人作为教育的根本任务,在不断提高学生专业水平的同时,也要培养学生高洁的操行和纯朴的情感,始终凸显'健全人格教育'的理念。"[2] 诚如前述,"卓越法治人才培养计划2.0"特别强调了法治人才所应具备的"隐性"的要素,基于这一要求的新变化,各类评价指标体系应当相应增加对学生法治理念、法律伦理以及社会责任感等要素的考核和评价,真正做到专业技能与法治理念的同步,"隐性""显性"并重。

(六)引入法治人才培养全过程中的多元评价主体

从某种意义上讲,法治人才可以算得上是一种准公共产品。以高校为主导的法治人才培养共同体是生产制造商,社会是需求方,政府则是生产过程的监管者。20世纪80年代,美国高等教育家伯顿·克拉克提出了著名的"三角型"模型。他指出,在高等教育系统中,存在着国家权力(政府)、学术权威(高校)

---

[1] 于志刚:《法治人才培养中实践教学模式的中国探索:"同步实践教学"》,载于《中国政法大学学报》2017年第5期,第38~51、158~159页。

[2] 王保民:《确保法治人才培养的政治方向》,载于《中国教育报》2018年1月15日,第5版。

和市场三种类型。任何一种单一的力量对于大学的极端控制都是极其危险的。[①] 因此，合理完善的法治人才培养评价体系应当是一个由政府、高校和社会三方共同参与，从多元的角度、秉持多元的立场和原则、采用多元的标准、对多元的要素进行的全方位、综合性评价的多元立体评价机制，能够呈现出多元主体共治的状态。在多元立体法治人才培养评价体系中，高校、政府和社会都应当是评价主体。

1. 高校自评

在整个法治人才培养评估体系中，高校是最为特殊的主体，因为，作为教育和培养法治人才的主导者和主要实施者，它既是评估对象，也是评估主体。对培养法治人才的过程和结果最为了解的莫过于高校自己，因此，高校自我评估应当具有十分重要的价值和意义。也正因如此，《普通高等学校本科教学工作审核评估实施办法》明确要求"注重以学校自我评估、自我检验、自我改进为主，体现学校在人才培养质量中的主体地位"。但是，事实并非如此。由于对高校进行的政府评估一般分为高校自评、专家进校评估考察和评估后整改保持三个阶段，因此，高校自评只是一种迎接政府评估的准备，带有很强的突击性、功利性和被动性，评价指标、标准、程序、方法等基本上都是简单套用政府评估的模式，往往形式重于内容。这种迎评式的自我评估在很大程度上既不是出于高校自我审视和发展的需要，也不是自主选择的行为，沦为了政府评估的前置环节，在很大程度上丧失了独立性和自主性，很难内化为学校及其师生员工的自觉意识与行动，也难以取得良好的效果。因此，要真正实现高校自我评估的价值，需要适当解除高校自评和政府评估的紧密捆绑关系，给予高校一定的自主权和自治权。高校有自主进行内部自我评价的权力，高校开展自评的过程实质是高校自我发展和完善的评价机制不断成熟的过程，同时也是高校维护学术自由的重要保证。高校在质量评价中的自评职能需获得更多重视，高校作为自我评估的主体开展的高校自评是政府评价和市场评价的重要基础。高校自评职能不仅是高校保持高校自治的重要体现，更是政府多元共治管理实现的途径。[②] 因此，完善高校自评工作还应当建立高校自评报告公开制度，通过公开自评报告可以实现三个方面的作用：第一，使高校的教学工作和育人成果接受政府和社会的监督；第二，为政府和第三方社会评估机构提供相关数据和资料；第三，实现对高校自身的介绍和宣传。

高校自我评估制度设立的本意和初衷是通过自我审查，发现在教育培养人才方面存在的问题和不足，进而进行自我改进和完善。但是，实践中还普遍存在另

[①] 伯顿·R. 克拉克著，王承绪等译：《高等教育系统——学术组织的跨国研究》，杭州大学出版社1994年版，第13页。

[②] 练玉春：《教学质量：高校如何自评？》，载于《光明日报》2012年3月21日，第16版。

外一个问题,高校教学自我评估往往采用自上而下的单一线性模式,也即通常由学校领导和相关行政管理部门制定评估标准并发动实施,教师和学生往往只是作为评估对象被动参与和接受审核。站在教师和学生的立场上来看,这种自我评估与政府评估没有本质上的区别,都带有浓重的行政色彩和管理主义倾向。因此,教师和学生对待学校实施的评估自然会如学校对待政府实施的评估一样具有应付性和被动性,并且在趋利避害的本能驱使下容易导致形式主义。之所以出现这个问题,关键原因在于人们对高校自我评估主体的认识错误,将作为自我评估主体的高校窄化理解成为高校的管理者,而将教师和学生排除在外。事实上,教师作为教学工作的直接实施者,学生作为教学直接针对的对象,二者共同构成了最基本的教学活动的主体。教学活动显然是法治人才培养最重要的工作内容,因此,教师和学生都应当成为高校自我评价的主体,而不仅仅是评价对象。正如教育部教学评估中心相关领导在接受《光明日报》记者采访时所说,自我评估是教学活动主体对教学活动所进行的自主反思,是对教学目标实现程度的认知和判断。这种反思不单是学校的管理手段,更是师生完善自身的需要。如此理解,就把自我评估的主体从高校管理者回归到教师和学生,从而还教学自我评估以本来面目,同时赋予自我评估广泛而深入的基础,有助于自我评估的内化和深化。①

2. 政府评价

克拉克将政府与大学的关系划分为两种重要类型:一是以意大利、法国等为代表的典型欧陆体制,即国家控制模式(state control model);二是以美国、英国大学为代表的英美体制,即国家监督模式(state supervising model)。在欧陆体制下,政府直接干预大学各方面的运作,而英美体制下,政府的角色主要是监督,大学的管理以自主管理为主,保持了大学的相对独立性。② 我国政府和大学的关系大体上采用欧陆体制,政府对高校尤其是公立高校,有着极强的控制权。这种体制下政府对高校教育工作的评估有其积极作用和无法替代的优势,但是弊端也很明显,前文已做详细论述。因此,有学者认为应当转变政府在高校人才培养评价中的职能,政府应当由无所不能变为有限和高效。在高校人才培养评价中要改变单一的政府行政性评估模式,政府参与质量评价的角色应当从领导者、组织者向监督者和合作者转变。③ 在法治人才培养立体评价体系中,政府作为重要的评价主体,应当实现三个方面的转变。

---

① 练玉春:《教学质量:高校如何自评?》,载于《光明日报》2012 年 3 月 21 日,第 16 版。
②③ 陈静:《治理视域下应用型高校人才培养质量评价主体的角色转型》,载于《现代教育科学》2017 年第 5 期,第 90~93 页。

（1）教育行政管理部门对高校进行适当的权力下放。给予高校更多的评价自主权，弱化行政管制色彩，促使高校自评从单纯的政府评估前置程序转化为培养主体的自我反思和自我完善手段。政府评估适当去行政化还有助于促进高校自我评估的主体从高校管理者向教师和学生回归。而且，政府对高校宜只做合格性评价，尽量少做或者不做水平评价。经考核未达到合格标准的高校，政府即对其采取限期整改、取消相应资格、降低经费投入等惩戒措施。但是，对于合格的高校是否优秀，如何优秀，则不宜由政府进行评价，而应当交给同行、学生以及社会去评价。

（2）政府应当将作为法治人才培养共同体组成部分的实务部门纳入评价对象范畴，以增强其责任意识，并将之转化为参与法治人才培养的积极性和动力。"卓越法律人才培养计划1.0"提出探索"高校—实务部门联合培养"机制，加强高校与实务部门的合作，"卓越法治人才培养计划2.0"则提出要"深化高等法学教育教学改革，强化法学实践教育，完善协同育人机制，构建法治人才培养共同体"。在培养法治人才这项事业上，高校与实务部门的关系从"合作"到形成"法治人才培养共同体"，体现了中央对实务部门作为人才培养主体责任意识的要求。既然是共同体，就意味着实务部门不仅仅是与高校共同制定培养目标、共同设计课程体系、共同开发优质教材、共同组织教学团队、共同建设实践基地，而且应当共同接受政府和社会对其培养人才过程与培养结果的考核和评价。"卓越法律人才培养计划1.0"提出了高校与实务部门人员互聘的"双千计划"，旨在加强高校与法律实务部门的合作，提高法律人才培养质量。在该计划实施2年后的2015年，时任教育部部长袁贵仁在谈到创新法治人才培养机制问题时指出"法学院校与法治实务部门协同育人机制不够完善"是现阶段亟待解决的问题之一。[①] 为了解该计划的实施效果，我们于2016年对全国众多法学院校教师、法律工作者和学生进行了一次大规模的问卷调查，针对"当前政法部门和法学院校、法学研究机构人员双向交流机制实施的效果"这一问题，5.3%的教师称所在学校尚未开始该计划，68.5%的教师认为"效果一般"，14.6%的教师认为"没有效果"，认为"效果明显"的仅占11.6%。法律工作者中，9.6%的受访者所在单位尚未开始该计划，60.2%认为"效果一般"，10.7%认为"没有效果"，19.5%认为"效果明显"。学生中，8.2%的受访者所在单位尚未开始该计划，71.1%认为"效果一般"，5.3%认为"没有效果"，14.8%认为"效果明显"。结果显示，无论是教师、法律工作者还是学生，对"双千计划"实施效果的满意度均不高。问卷调查的结果也印证了袁贵仁的判断。并且，有高达55.8%的学生

[①] 袁贵仁：《创新法治人才培养机制》，载于《人民日报》2014年12月12日，第7版。

认为"法学院校与法治实务部门协同育人机制不完善"是当前高等学校法学教育中存在的主要问题，比例居首。"双千计划"的设计初衷是美好的，方向也是正确的，之所以实施效果不尽如人意，很重要的原因之一在于对参与法治人才培养的实务部门及其法律工作者缺乏评价机制。实务部门对法治人才培养工作投入的精力和资源的多少以及培养效果的好坏并不会对机构和个人的利益产生实质性的影响，在这种情况下，是否真正投入人才培养工作基本上就取决于法律工作者个人的兴趣和自觉，自然难以形成规模化的法治人才协同培养机制。因此，中央政府应该协同中央政法委、最高人民法院和最高检察院等多个国家机关，共同制定规则，将实务部门也作为法治人才培养评价对象，并且将评价结果与机构的考核和法律工作者个人的晋升挂钩，这样才能充分发挥实务部门参与法治人才培养的积极性和主动性，推动法治人才培养共同体的早日实现。

（3）政府应当鼓励和规范专业社会评估机构的发展。《国家中长期教育改革和发展规划纲要（2010－2020年）》明确提出"推进专业评价。鼓励专门机构和社会中介机构对高等学校学科、专业、课程等水平和质量进行评估。建立科学、规范的评估制度。探索与国际高水平教育评价机构合作，形成中国特色学校评价模式。建立高等学校质量年度报告发布制度"。政府一方面可以通过制定规则的方式鼓励更多的专门机构投身于法治人才培养评价工作，并对其实施的评估和评价活动进行规范管理，避免无序发展和陷入无规则状态；另一方面，政府可以通过财政拨款、信息咨询等措施在质量评价中发挥服务性行政作用，实现管制行政向服务行政的转变。[①] 政府还可以通过购买服务的方式与社会机构合作，实现信息和数据资源的共享，既能降低评估成本，又能提高评估结果的准确性。

3. 社会评价

《教育部关于全面提高高等教育质量的若干意见》提出要"建立以高校自我评估为基础，以教学基本状态数据常态监测、院校评估、专业认证及评估、国际评估为主要内容，政府、学校、专门机构和社会多元评价相结合的教学评估制度"。法治人才培养社会评价包括用人单位和专业第三方评估机构对法治人才培养质量所进行的评价。法治人才培养立体评价机制是一个多元的评价体系，包括高校自我评价、政府评价和社会评价，而社会评价自身也是一个多元的小系统。高校自我评价和政府评价既关注法治人才培养过程，也关注培养结果，相比之下，社会评价更加侧重于培养结果，也即法治人才培养质量。但是，用人单位和专业第三方评估机构的立场、出发点和目的有所不同，因此，他们的法治人才培

---

① 陈静：《治理视域下应用型高校人才培养质量评价主体的角色转型》，载于《现代教育科学》2017年第5期，第90~93页。

养质量观会有不同的侧重点,在具体评价对象、评价事项、评价标准以及评价方法等方面也存在区别。

用人单位包括两种类型:一种是法律事务部门,例如,法院、检察院、律师事务所、司法行政机关等;另一种是非专门从事法律工作的单位,例如,其他行政机关、公司、企业等。法律实务部门的身份具有双重性,一方面是法治人才的培养者,另一方面又是用人单位。无论是以何种身份,法律实务部门对法治人才质量的评价都相对侧重于法律知识的掌握程度和法律实践能力的高低。当实务部门以法治人才培养者的身份对学生进行评价时,其目的在于审视自己的教育培养工作是否取得了预期的效果,并反思自己在协同培养法治人才的过程中还存在哪些不足,以便及时进行调整和完善。当实务部门以用人单位的身份对毕业生进行评价时,其直接目的在于为自己挑选符合岗位需求的合格人才,其深远的意义在于让高校了解社会以对法治人才的具体需求,进而有针对性地培养出行业法治人才。尽管理论上能够做出上述身份的划分,但是,实际上法律实务部门在进行评价时是难以区分这两种身份的。因此,法律实务部门可以将其作为用人单位对合格法治人才的需求落实到其参与培养法治人才的行动之中,通过参与制定法治人才培养方案、高校课程设置、教材编写、课堂教学、实践教学以及实习指导,向高校传递合格法治人才的具体标准,并通过对培养过程以及学生的评价,对法治人才培养共同体的育人工作进行检视和反思。

非法律实务部门的其他用人单位则单纯进行雇主评价。用人单位(雇主)评价的实质就是从用人单位的视角对毕业生的可雇用能力和程度进行客观评价。这种可雇用能力主要包括:对专业知识的理解力、对从事岗位的专业和通用应变能力、对于自我效能的元认知能力。[①] 雇主评价的对象并非在校学生,而是已经接受完至少四年系统法学教育并走上工作岗位年限不太长的毕业生。这些毕业生所具备的能力和素质基本上都来源于在学校所受的教育和训练,因此,雇主对他们的评价在很大程度上能够反映出高校人才培养的工作成效。

专业的第三方评估机构指的是非官方、全民间性质的社会组织,专门从事对高校的各项评估工作。第三方评估机构对高校的评估往往会针对不同的方面,或者有不同的侧重,并不仅仅局限于对高校教学工作进行评价,可能是对高校的综合实力和整体水平进行评价,也可能是对高校的本科生或者研究生教育水平进行评价,还可能是对高校科研实力或者学科实力进行评价。有时候还不直接针对高校,而是针对专业,如针对不同专业的就业率进行评价等。评估结果常常以各类

---

① Mantz Yorke. Employability in the Undergraduate Cumulus: Some Student Perspectives European. Journal of Education, 2001: 25 - 26.

排行榜的形式向社会公开发布,为考生填报志愿、用人单位定向招聘等提供参考。目前,我国的第三方评估机构总体数量不多,尚未形成规范化、常态化、规模化的专业第三方评估市场,尤其是几乎没有专门针对法治人才培养进行评估的机构。尽管有些排行榜已经形成了一定的社会影响力,但是,由于我国教育评估行政主导的特征并未发生改变,因此,一方面民间第三方机构未能与政府实现数据和信息资源的共享,评价结果与官方评估结果也并未实现对接,因此,其权威性常常受到质疑;另一方面,政府也无法利用第三方机构的先进技术工具,难以借鉴其科学的评价方法,妨碍了政府提高评价工作的效率和降低评估成本。所以,不仅应当积极鼓励第三方评估机构的发展,还应当加强政府与民间机构的交流与合作,这样才能充分发挥多元主体立体评价机制的价值。

4. 行业评价

美国的高等教育以私立高校为主体,因此,法学教育领域存在各种形式的合作,多数法学院通过各种形式团结在一起,形成利益共同体。主要是通过各种行业协会的形式来操作的,其中以美国律师协会、全美法学院协会和全美法律图书馆馆员协会最广为人知。美国律师协会下设有法律教育常务委员会,它负责给要开办法学院的大学进行审查,规定对法学院的各种硬件要求;全美法学院协会则是整个美国法学教育行业的代言人,几乎所有正规法学院都是它的会员,该协会长期致力于提高法学教育的质量水平;全美法律图书馆馆员协会对全国法律图书馆进行行业管理,规定各种标准规格并定期进行评比检查验收。[①]

我们主张法治人才培养应当定位于培养能够满足社会不同行业需要的行业法治人才,因此,应当建立行业法治人才培养评估机制。要实现这一目标,可以充分发挥全国各级法学会和相关行业协会的作用。法学会原本就与法学院校、科研机构、立法机关、司法机关、律师协会等组织建立了比较密切的联系和交流,因此,可以由他们组成相应的法治人才培养评估组织,同时联合各行业协会,如银行同业公会、建筑业协会等行业协会组织制定体现行业具体需求的行业法治人才评价标准,并制定相应的章程,对高校法学教育和人才培养工作开展独立评估。

(七) 丰富多元的评价方式

1. 考试与考核、考查相结合

前面已经论述,法治人才应当同时具备"三性",即法律之德性、法律之知性和法律之技性。因此,对学生的评价也应该着眼于是否具备了这"三性"。其

[①] 李响:《美国经验启示下我国法学教育改革的路径探索》,载于《学位与研究生教育》2014年第7期,第60~65页。

中，对"法律之知性"最适宜采用传统的考试方式进行评价，通过闭卷考试，能够最有效和最客观的判断出学生对相关法律知识和法学理论的掌握程度。但是，"法律之技性"主要包括法律事实探知能力、逻辑推理分析能力、信息检索能力、调查研究能力、社会交往能力、临场应变能力、跨专业知识整合能力等基本能力和素养，以及诉讼、谈判等法律实务技巧，要评价学生是否具备这些能力和技巧，考试这种方式显然力不从心。至于对学生"法律之德性"的评价，则完全无法通过考试做出客观准确的判断与评价。由此可见，要评价学生是否是合格的法治人才，必须要采用期末考试与课堂考核和持续考查相结合的评价方式。首先，要适当缩小考试的适用范围。考试主要是对学生专业知识掌握情况进行评价，主要适用于不以实践性为基本特征的专业课和高等数学、外语等公共基础课等。其次，要适当加强学习过程考核，加大过程考核成绩在课程总成绩中的比重。教师在教学的过程中，应当通过考勤、课堂纪律、课堂参与度、平时作业、课程设计、课程论文、模拟辩论等多样化的考核，全面评价学生的学习态度和学习效果。最后，对于学生的政治立场、道德观念、法治理念、人格品行以及职业伦理等方面，则应当通过长期考查的方式，方能得出客观准确的评价。对于考核和考查这两种非传统主流的评价方式，有一些高校已经进行了有意义的探索，例如，北京理工大学要求学生在完成学位论文答辩的同时进行德育答辩；华中科技大学形成的学生班会制度等，都是一些行之有效的方式。[1]

2. 客观评价与主观评价相结合

客观评价与主观评价各有其优势和短板。客观评价的优势在于标准明确、易于操作，但劣势在于无论多么完善的标准体系都无法穷尽各种情况，因此无法对预料之外的各种情形进行有效评价，而且容易因为标准僵化、桎梏太多而使评价陷入形式主义，进而导致评价结果失真。主观评价的优势在于能够针对任何对象和事项进行真实和准确的评价，但其劣势在于评价主体可能因为受到情感、利益等因素的影响，而导致评价结果有失客观。正因为客观评价和主观评价各有优劣，才应当将这两种评价方式结合适用，扬长避短，充分发挥各自的优势。

2018年，教育部相继出台了《教育部关于加快建设高水平本科教育全面提高人才培养能力的意见》和《教育部关于狠抓新时代全国高等教育本科教育工作会议精神落实的通知》，明确指出：各高校要全面梳理各门课程的教学内容，淘汰"水课"、打造"金课"，合理提升学业挑战度、增加课程难度、拓展课程深度，切实提高课程教学质量。随即，各地教育行政部门纷纷出台了工作方案，提

---

[1] 刘献君：《改革教学质量评价制度　促进创新人才培养》，载于《中国高等教育》2008年第9期，第18~20页。

出了给大学生"增负"、淘汰"水课"、打造"金课"的指导意见，各高校相继出台了落实这些指导意见的具体措施。综观这些指导意见和具体措施，不乏诸如提高毕业学分数、增加课程学时、增大课堂信息量、提高教学内容难度、选用高水平教材、强化教学过程管理、取消"收秋"考试等规定与要求。于是，教师、教室和教材又成了"强化"课堂教学的重点。这些显然都是以客观评价为主的方式。同时，有教育专家提出，淘汰"水课"，打造"金课"，应当实现从低阶课堂到高阶课堂、从灌输课堂到对话课堂、从封闭课堂到开放课堂、从重知轻行到知行合一、从重学轻思到学思结合的转变，更多采用的是主观评价方式。①

对法科学生至关重要的实习，一直以来都是采用主观评价为主的方式。实习单位出具的实习考核意见并无明确统一的考核标准，几乎全凭实习单位的相关工作人员对实习生个人的主观印象进行判断和评价。这样不仅容易导致实习鉴定无法准确客观地反映实习生的实习情况，而且，不同单位、不同评价者由于主观标准不一致，对同等水平和态度的实习生难免会做出不同等的评价，这就导致了评价结果的不公平。因此，有必要改变法科学生的实习评价方式，从主观评价为主转变为主观评价与客观评价并重。同时，按照不同的行业制定相应的实习评价标准和考核指标，为客观评价提供依据。

3. 公开评价与匿名评价相结合

公开评价与匿名评价同样各有优劣。通常情况下，匿名评价能够保障评价主体表达自己真实的意见和想法，但是，在完全匿名评价方式中，因为评价主体不必为其结论承担任何责任，因此，容易出现随意评价，甚至恶意报复的情形。实践中，众多高校对学生评价教师的教学都采用了网上完全匿名评价的方式，评价结果在总体上还是能够反映出教师的教学水平或者质量，至少是受学生认可的程度。但是，也常常出现因为老师要求严格，或者学生考试不及格于是故意对老师进行差评的情况。反而少数平时放纵学生，期末考试无原则让全体及格或者全体给高分的教师，会受到不少学生的匿名好评。这一现状恰恰是匿名评价弊端的真实呈现。由于学生评教的结果往往又会在年度考核、职称评审、评优评先等方面对教师造成一定的影响，所以，反过来又会造成部分老师因为不敢"得罪"学生而放松对学生的要求，甚至在考试成绩上"放水"的情况。这就使得学生评教陷入了劣币驱逐良币的困境。当然，在有些方面匿名评价发挥着不可替代的积极作用，例如，毕业论文外审，外审专家对论文作者及其指导老师均匿名，这样就可以保证外审专家免受人情、利益等因素的干扰和诱惑，可以仅仅针对论文本身做

---

① 李志义：《"水课"与"金课"之我见》，载于《中国大学教学》2018年第12期，第24~29页。

出相对客观的评价。正因如此,《教育部关于狠抓新时代全国高等教育本科教育工作会议精神落实的通知》在"切实提高毕业论文(设计)质量"中明确提出要严格建立健全盲审制度。

4. 动态评价与静态评价相结合

动态评价是一种过程评价,是对高校如何提供和利用资源、实务部门如何参与法治人才培养、教师如何教学以及学生如何学习所进行的评价。其评价对象是一系列持续实施和不断变化的教与学的过程。通过系统的动态评价,实现法治人才培养中社会优势资源与实践教学的动态同步、实践教学与知识教学的动态同步以及协同育人与社会需求的动态同步。同时,动态评价还是多元评价主体之间的交互评价与双向反馈,不同的主体在不同的情境下可以互为评价主体和评价对象,将交互动态评价结果及时反馈给对方,有助于法治人才培养共同体和培养对象共同形成反思文化,及时调整更合适的教学与学习策略,发展自我评价能力,促进教学与评价的良性循环。

静态评价是一种结果评价,是对高校资源转化和利用率、实务部门参与法治人才培养的效果、教师教得怎么样、学生学得怎么样所进行的评价。静态评价体现的是结果导向或者产出导向。在某种意义上,静态评价是对动态评价的评价,毕竟任何过程实施的好坏和成效都要通过最后的成果来进行评判。所以,动态评价和静态评价的结合需要贯穿于整个法治人才培养评价的始终。

第二节 健全法治人才培养保障体系

一、我国法治人才培养保障机制现状

(一) 现有的法治人才培养保障机制

1. 政策保障

中共十八届四中全会审议通过了《中共中央关于全面推进依法治国若干重大问题的决定》,提出了全面推进依法治国的总目标和重大任务,对依法治国进行

了全方位的部署。① 中共十九大报告中提出法治建设的指导思想，并将其纳入新时代中国特色社会主义的法治工作建设过程中来。同时要求"必须长期坚持并不断发展"；将"坚持全面依法治国"作为行动指南，要求"全党同志必须全面贯彻落实"。② 中共十八届四中全会对"创新法治人才培养机制"提出新的要求，对于法治人才培养具有重大且深远的意义。习近平总书记在 2017 年视察中国政法大学时指出，"建设法治国家、法治政府、法治社会，实现科学立法、严格执法、公正司法、全民守法，都离不开一支高素质的法治工作队伍。"③ 法治人才培养上不去，法治领域不能人才辈出，全面依法治国就不可能做好。习近平总书记同时强调，高校作为法治人才培养的第一阵地，要充分利用学科全、人才密集的优势，加强法治及其相关领域基础性问题的研究，对复杂现实进行深入分析、做出科学总结，提炼规律性认识，为完善中国特色社会主义法治体系做出贡献。④

完善的政策保障是法治工作进一步开展的基石，国家一直予以大力扶持。2011 年国家开始实施"卓越法律人才培养计划"，这是第一部对法学专业做出专门指导的文件⑤，在法学高等教育发展方面具有里程碑式的意义。在其中指出了四个方面的政策保障：一是鼓励高校按照计划要求进行改革，支持法律硕士专业学位的发展；二是推动高校教师职位改革，完善相关制度；三是支持高校开展中外合作办学，开阔学生视野；四是依托"本科教学工程"，对参与的中央部属高校给予经费支持。联合有关部门，为实务部门承担法律人才培养工作提供必要的政策支持与经费保障。各有关部门要为参与计划的高校提供充足的经费保障，保障高校有足够的经费开展卓越法律人才培养计划。随着"卓越法律人才培养计划 1.0"的顺利推进，教育部和中央政法委员会再次联合发布"卓越法治人才培养计划 2.0"进一步从组织实施的层面提出加强政策保障，明确"教育部会同中央政法委在专业设置、人员聘用与评价、国际合作交流等方面给予计划参与高校统筹支持。"

---

① 人民论坛编辑部：《百位专家谈习近平法治思想摘录》，载于《人民论坛》2017 年第 26 期，第 16～19 页。

② 习近平：《决胜全面建成小康社会　夺取新时代中国特色社会主义伟大胜利——在中国共产党第十九次全国代表大会上的报告》，载于《人民日报》2017 年 10 月 28 日，第 5 版。

③ 《立德树人　德法兼修抓好法治人才培养　励志勤学刻苦磨炼促进青年成长进步》，载于《人民日报》2017 年 5 月 4 日，第 1 版。

④ 陈菲、罗沙、白阳、丁小溪、涂铭：《为全面依法治国培养更多优秀人才——习近平总书记在中国政法大学考察时的重要讲话引起热烈反响》，载于《人民日报》2017 年 5 月 5 日，第 2 版。

⑤ 叶永禄：《论法学实践教学与卓越法律人才培养教育——有感于教育部"卓越法律人才教育培养计划"》，载于《云南大学学报》2013 年第 3 期，第 116～122 页。

2. 经费保障

俗话说"兵马未动，粮草先行"，经费是法治人才培养的必备条件，其重要性毋庸置疑。因此，国家从法律层面确立了高校的财务及经费保障制度。首先，赋予高校自主处理本校财务工作的权力。我国的相关法律中对高校的财务管理制度做出了详细的规定，无论是公立高校还是民办高校，都不得将学校的财产擅自挪作他用，并且社会各界有权对学校的财务情况进行监督。对于违法向学校收取费用的组织和个人要进行相应的惩处。① 其次，经费来源保障。我国高校的办学经费主要来自举办者，各级政府要保持高校的教育经费不断增长，为学校的办学活动提供资金保障，同时不允许出现举办者抽回投入资金的情况②。最后，国家对于高校的办学活动也会给予相应的优惠政策，对高校购买设备和建设校办产业给予优惠待遇，在高校转让知识产权成果方面也给予相应的补贴，将公立高校与民办高校平等对待，开展同样的帮扶政策，其中对非营利性质的民办高校扶持的力度会相应的提升。③

为进一步推进高等学校法治人才培养，"卓越法治人才培养计划2.0"中明确提出"中央高校应统筹利用中央高校教育教学改革专项等中央高校预算拨款和其他各类资源，支持计划实施。各地教育部门、政法部门要加强省域内政策协调配套，提供有力的政策保障。各高校要根据本校计划具体要求，加大国家、省、校政策的衔接、配套、完善、执行力度。"

3. 资源保障

为更好地贯彻落实依法治国战略，各大高校不断推进法学实践基地建设步伐，与实务工作部门在硬件设施、信息资料等方面的共享机制，使得法学研究真正深入到实践中，最终达到培养应用型和复合型法治人才的目的。在实践基地建设过程中，各个高校采用了不同的方式，其中较有代表性的有：

（1）中国人民大学专门成立由院党政领导，具体实施法学实践教育的部分共建单位负责人和法学院部分科室负责人组成的法学实践教育基地建设领导小组，统一负责法学实践教育基地的建设和管理工作，与北京市高级人民法院、北京市第一中级人民法院、北京市海淀区人民法院以及北京市邦盛律师事务所、国联律师事务所等实务部门建立合作关系。④

（2）中国政法大学本着"多层次、广布点、高标准、重长远"的遴选原则，

---

① 参见《中华人民共和国民办教育促进法》第三十六、三十七条。
② 参见《中华人民共和国高等教育法》第六十、六十一条。
③ 参见《中华人民共和国民办教育促进法》第四十六、四十七条。
④ 参见中国人民大学法学院网站，http：//www.law.ruc.edu.cn/rcpy/? unit＝%CA%B5%D1%E9%B0%E0。

学校确定与北京市海淀区人民法院、昌平区人民检察院、昌平区人民法院、德恒律师事务所共4个实务部门在多年合作的基础上建设中国政法大学"本科教学工程"大学生法学教育实践基地。①

（3）中央财经大学法学教育适应经济全球化和教育通识化的潮流，坚持法学和经济学、管理学相结合，理论和实务相贯通，与金融界、法律界的紧密联系，致力于培养通法律、懂经济、国际化、复合型的新型财经法律人才。中央财经大学法学院与有关政府部门、政法机关、金融机构、大型企业、律师事务所合作建立了20多个专业性的社会实践基地。②

（4）中山大学法学实践教育基地在中山大学领导下，由法学院、法学理论与法律实践研究中心、法学实验教学示范中心以及若干校外共建单位共同组成。基地以法学院为依托，成立包括法学院院长、主管教学副院长、党委副书记、实验教学示范中心主任和副主任、共建单位有关负责人在内的项目执行小组，作为基地的常设职能机构。基地共建单位包括政府、法院、检察院、公安局等多个单位，为实践教育活动的开展提供了多样化的选择。③

4. 组织保障

依法治国战略的进行需要大量的法治人才，而高校作为人才培养的主要基地，承担着重要职责。因此，高校在贯彻落实人才培养机制及实践基地建设中，加大了组织保障的力度，例如，武汉大学法学教育实践基地主任就是由武汉市中级人民法院院长担任，法学院院长任常务副主任，同时，武汉市中级人民法院选任1名副主任协助主任工作；实践教学规划部由武汉市中级人民法院研究室和武汉大学法学实验教学中心联合组成；教学管理和教学实施部由武汉市中级人民法院政治部与法学院本科生工作办公室联合组成。④

中国人民大学法学院建立目标管理责任制、工作联系点制度、检查考核制度、评比表彰制度、定期汇报工作制度等多项工作制度，加强校外法学实践教育基地的指导和监督，确保校外法学实践教育工作的圆满完成。

中国政法大学成立中国政法大学法学教育实践基地领导小组，全面指导和组织协调实践基地的建设工作。领导小组由校长担任组长，分管教学工作副校长及4个校外实务部门负责人担任副组长，教务处、相关学院、学生处、团委、财务处、资产管理处、宣传部、信息化建设办公室、实验教学示范中心负责人为成员。领导小组下设办公室，办公室设在教务处实践教学科，具体负责实践基地建

---

① 参见中国政法大学网站，http://www.cupl.edu.cn/info/1081/4320.htm。
② 参见中央财经大学法学院网站，http://law.cufe.edu.cn/xygk/xygk.htm。
③ 参见中山大学法学院网站，http://law.sysu.edu.cn/。
④ 参见武汉大学法学院网站，http://fxy.whu.edu.cn/。

设的日常管理工作。

由中央财经大学校长和天津市高级人民法院院长共同担任基地主任。由中央财经大学法学院院长和天津市高级人民法院政治部主任共同担任执行主任。基地主任负责决定重大问题并就决策方案提供指导。执行主任负责制定实施实践方案、决定实践基地的一般问题。

(二) 缺乏满足法治人才培养需求的保障机制

现有的保障机制最大的问题和不足就在于缺乏针对性，尽管法治人才培养也属于高等教育的组成部分，但是法治人才有其不同于其他人才的特点，而法治人才培养也与其他人才培养存在众多的不同之处。缺乏针对性的保障机制仅能在一定程度上满足高等教育之所需，却无法满足多元法治人才培养的需要。

1. 经费保障相对不足

政府财政资金的投入不足是制约法治教育工作开展的重要因素，长期以来，我国政府在法治教育工作上的资金投入明显低于国际水平，我国的法治培养经费来源包括政府的教育经费拨款、学校自己的办学经费、社会企事业单位上缴的教育经费和社会服务经费这几个方面。

通过数据调查显示，我国用于法治教育的经费占GDP的比例只有4%，而同期国际水平却为19%，政府法治教育经费的投入不足直接导致法治教育队伍无法达到相应的物质保障，从而使得教育出现地区差异化。[1] 另外，政府在资金项目的支出相对不合理。因我国正处于社会主义的快速发展阶段，在过度关注发展的情况下，往往容易造成将资金大多投入于物质建设当中，而没有将教育的支出放在优先地位，财政投入的分配没有相应的政策法规做指导，具有相对随意性，导致政府财政能力与支配责任的错位，直接影响法治教育的有效实施。

将法学专业与理工科专业相比，则经费更显得不足。以中国政法大学为例可以看出，2017年该校的主要收入来源是财政拨款收入和事业收入，其余的各项收入，包括经营收入、上级补助收入等所占比重都较少。[2] 若将中国政法大学的收入结构与清华大学、上海交通大学等理工类高校进行比较，可以发现几个问题：第一，法学高等院校收入来源并不十分广泛；第二，作为主要收入来源之一的科研事业收入明显比理工科高校少。中国政法大学是我国顶级的政法类高校，无论是收入来源还是收入金额，基本上都代表着最高等次水平，但仍然与理工类

---

[1] 叶通贤：《高等学校贷款风险的控制与化解研究》，西南大学博士学位论文，2010年。
[2] 参见"表1：2017年高等学校收支决算总表——中国政法大学"，中国政法大学网站，http://cwc.cupl.edu.cn/info/1106/1832.htm。

高校存在较大的差距。究其原因，很大程度上在于法学专业属于文科类专业，不需要实验室和仪器设备，因此，无论是财政拨款还是科研课题经费，都比理工科减少了此部分。法治人才培养必须着力强化实践教学，切实提高实践教学的质量和效果既是国家的要求，学界也早已达成共识。但是，在很多情况下，经费不足已经成为高校与实务部门共同搭建教学平台、推动实践教学深入发展的掣肘。前文提到的华南理工大学法学院与广州市仲裁委、顺德区人民法院和律师事务所实施联合培养方案时，就遇到了经费不足的障碍。

2. 法治人才培养主体身份转换机制不畅

"卓越法治人才培养计划2.0"提出要进一步完善协同育人机制，"破除培养机制壁垒。切实发挥政府部门、法院、检察院、律师事务所、企业等在法治人才培养中的作用"。但是，要打造中国特色的法治人才培养共同体仅靠实施法学院校和法治实务部门双向交流机制是不够的。实施几年的"双千计划"并未取得预期的效果，一个很重要的原因就在于，现有的编制管理体制制约了短期双向交流的效果。要真正建立起法治人才培养共同体，应当先打造法律职业共同体，破除法官、检察官、律师、高校教师以及其他法律工作者身份转换的壁垒，促使不同职业的法律工作者能够比较容易的实现身份和职业的切换，共同融入高等学校法学教育工作之中。但是，从目前的情况来看，唯有法官、检察官或者高校教师向律师身份转换相对较容易，法官、检察官和律师转为高校教师，或者高校教师、律师转为法官、检察官都面临着非常高的门槛，这不利于法治人才培养共同体的形成。

3. 法学教育与法律职业就业衔接机制不力

徐显明教授曾提出，法学教育与司法考试和公务员考试之间的关系，一直是使人们感到困扰的问题。若想担任公检法机关的公务员，除了要通过法律职业资格考试外，还要通过公务员考试，这样的双重考试制度使得大部分学生望而却步，大多数法学毕业生会选择在通过国家统一法律职业资格考试之后，直接进入律师事务所中工作，而非挤破头去参加公务员考试。这样的考试情况不仅导致社会资源的浪费，而且使得大部分优秀的法学生源流向社会，甚至会出现选择从事其他行业的现象，这就违背了法学教育的初衷。[①] 法律行业从业人员本身就具有专职性和精英性，大量的法学专业毕业生在接受了系统的职业教育后却难以进入法律职业，法学教育与法律职业就业衔接机制的断层也是法学专业就业率长期处于垫底位置的重要原因之一，实在不利于法治人才培养的可持续发展。此外，我国现有的法科学生实习制度也未能充分发挥就业桥梁的作用，这就导致了两方面

[①] 徐显明：《中国法学教育的发展趋势与改革任务》，载于《中国大学教学》2009年第12期，第4~6页。

的不利后果：一是实习单位及带教实习生的法律工作者没有足够的热情去教授实习生；二是实习生也没有足够的动力去认真实习，以求获得良好的表现。针对这一现状，"卓越法治人才培养计划2.0"也提出"要着力推动建立法治实务部门接收法学专业学生实习、法学专业学生担任实习法官检察官助理等制度，将接收、指导学生实习作为法治实务部门的职责"。

二、完善法学教育与法律职业的衔接机制

法学专业就业难是一个老生常谈的话题，其毕业生的就业率也一直处于下游水平，每年的大学生就业状况调查报告都会把法学专业列为"红牌专业"，提醒家长在填报高考志愿的时候不要为孩子选择法学专业，免得毕业后不容易找工作。在这样的局面下，政府出台的政策并没有为法学专业就业率的提高产生实质性影响，反而在固守原有的政策大体不变的情形下，加重了就业难的现状。一方面，高等学校法学教育被认为是一种精英化和职业化的教育，社会上的需求量应该很大，然而另一方面法学专业初次就业率持续走低。这一尴尬的现实反映了高等学校法学教育与法律职业之间的衔接机制不畅。

完善法学教育与法律职业的衔接机制需要法治人才培养主体和国家的共同努力。在高校层面，首先教学工作要适应国家统一法律职业资格考试制度的新要求，其次要根据法律职业的要求提升教师的教学水平和教学质量。在国家的层面，则应当着力于破除职业身份转换壁垒，推动法律职业共同体的形成。

（一）法学教育及时回应法律职业资格考试要求

2018年以前，我国法律从业资格考试制度先后经历了律师资格考试和司法考试两大阶段。从2018年开始，国家司法考试正式变更为国家统一法律职业资格考试，中国也正式进入了"法考时代"。对司法考试进行从内容到形式的变更，背后是契合了中共十八届四中全会中提出的依法治国，建设更高水平的法律专业人才的需要。将现行司法考试制度调整为国家统一法律职业资格考试（以下简称法考）制度，寥寥数字变更，其背后的意蕴深刻。从表面上看，这项改革提高了法律职业的准入门槛，丰富了法律职业队伍的人才梯队，但其最核心的亮点应该是越来越靠近法律职业共同体的建设。在法律职业人员的入职资格上，无论是法官、检察官、公证员，还是律师和仲裁员，都应当通过法考，取得法律职业资格，才能从事相关的职业。这就意味着从事上述职业的人员必须经过专业的法律教育和培训，具有辩证的法律思维模式、掌握共同的法律语言系统。这对于提高司法队伍素质、深化司法体制改革、推进依法治国进程无疑起到了积极的作用。

"法律职业资格考试"在水平上更加突出专业化，在考试内容上也更加贴近实际案例，不仅要求考生掌握足够的专业知识，更要求考生拥有严谨的法律思维和缜密的法律逻辑，防止出现在通过考试后遇到真实案件却无从下手的尴尬处境。随着法考改革的不断深入，未来对于非法学专业人士参加考试做出更多的限制，这也反映出法学专业的培养方式愈发趋于精英化教育，提高法律人员的从业门槛，保证法学专业的发展。显然，这次变革势必对法学教育、法学人才培养模式带来深刻的影响。

1. 完善课程体系建设

在新实施的法考中，除了包括之前司法考试要考的全部内容外，还增加中国特色社会主义法治理论。着重考查宪法法律知识、法治思维和法治能力，以案例分析、法律方法检验考生在法律适用和事实认定等方面的法治实践水平。加大法律职业伦理的考察力度，使法律职业人员能够充分掌握法律职业道德，增加案例分析题的比例，考查考生实际解决问题的能力。和之前的考试相比，法律职业资格考试内容最主要的变化在于加大了对法律职业伦理的考察。法律职业伦理教育长期以来一直被普遍忽视，专门开设法律职业伦理课程的法学院校不多，更是极少有高校将其作为必修课程。这一现状显然无法适应国家统一法律职业资格考试内容的新要求，因此，在高校课程体系中填补法律职业伦理的空缺显得必要且紧迫。高校法学专业课程体系建设应当从两个方面适应国家统一法律职业资格考试内容改革的要求：首先，开设专门的法律职业伦理课程，并且将该课程列入必修课的范畴，保证该课程的学分在总学分中占据合适的比例。其次，认真组织编写法律职业伦理课程教材。目前，我国专门的法律职业伦理教材总体上呈现出匮乏的状态，以至于不少学校在开设该门课程时面临教材选择余地狭窄的窘境。因此，高校组织、法律实务部门协同参与编撰法律职业伦理教材是完善法学专业课程体系的当务之急。

2. 法学教育与法律职业资格考试目标保持一致

但是，需要注意的是，增设和强化法律职业伦理课程并非仅仅是为了满足法律职业资格考试新增内容的需要。追本溯源，法律职业资格考试强调加大法律职业伦理的考察力度，其根本原因也在于全面依法治国，建设社会主义法治国家和法治社会对法律职业工作者最基本和最核心的要求。法乃天下之公器，治国之重器，对于手握如此重器的法治人才而言，"法律之知性"和"法律之技性"固然重要，而"法律之德性"却是这二者之本。从某种意义上讲，有知长技而无德比无知无技且无德更可怕。因此，高校加大对法律职业伦理课程的重视，不能简单地停留在教会学生应付法律职业资格考试的层面，而是应当在"立德"的层面教育学生树立社会主义法治理念、形成正确的法治观念，在今后的法律职业生涯中知底线、分黑白、明是非。与之相应的，教师对法律职业伦理课程的教学不能采用应试教学方式，所谓应试教学即以指导学生通过考试为目的，灌输知识、传授技巧，而应当秉承育人的理念，帮助学生形成对法治的信用和内心确信。另外，学生除了可能会接受统一法律资格考试中对法律职业伦理的考察，学校和作为法治人才培养主体的实务部门更应当在平时的学习和生活过程中对学生的职业伦理观和道德观进行持续的、常态的考察。

所以，高校的法学教育应当始终与法律职业资格考试保持目标内核的一致性。但是，高校的教学不能够以法律职业资格考试为指挥棒，进而使高校沦为法律职业资格考试的培训机构。

（二）通过提高考试门槛提升法学教育地位

在2018年新公布的参加法考的考生资格条件中，除了之前司法考试已经规定的之外，最大的变化在于对考生的学历做出了要求，只有通过大学本科教育的考生才具有参加考试的最基础的资格，非法学类本科学生还需要从事与法律有关的工作满三年后才可以参加考试，以国家政策的形式做出硬性的规定，提升了入行的门槛。与之前的司法考试资格条件相比较，这是变化最大的一项。

国家统一法律职业资格考试取代司法考试之后，最显著的一个变化就是改变了报名的学历和专业资格条件，提高了报名的门槛。过去司法考试只要求报名者具备本科以上学历，本科可以是非法律专业，只需具有法律专业知识即可，无论法律专业知识是通过在高校辅修或者双学位的方式获得，还是通过自学获得。国家统一法律职业资格考试则要求没有法律工作经验的报考者拥有法学本科的学历，或者是获得法学类硕士及以上资格。报考门槛的提高反映出国家对从事法律职业的人员法学知识基础的重视，此举无疑提升了高等学校法学教育的地位，对促进法治人才培养工作，提高法治人才培养质量有着积极意义。

但是，刚刚实施的国家统一法律职业资格考试制度实际上还是面对现实做了一定的妥协，对具有全日制普通高等学校非法学类本科及以上学历并获得相应学位且从事法律工作满三年的人员也赋予了报考资格。这一安排是为了实现新旧制度的顺利转换和衔接，毕竟在过去的很长一段时期内，许多从事法律工作的人员并没有接受过高等学校法学专业本科教育，而国家统一法律职业资格制度的实施又扩大了法律职业人员的范围，为了鼓励从事法律工作的"存量"人员积极报考法律职业资格考试，制度进行了适当妥协，留下了这一资格入口。然而，在法学教育资源过剩的情况下，应当进一步提高统一法律职业资格考试门槛，将报考资格统一设定为正规法学院校本科毕业且获得基本法学学位。提高门槛可以逐步淘汰法律专科教育，强化法学教育作为精英教育的定位，实现法学教育资源的优化整合，从整体上提升法学教育的质量和法治人才的水平。当然，这个制度的改革不可能一蹴而就，要综合考虑各方面因素做出最为妥当的处理方式。但是，从另一个角度来看，法律职业资格门槛的提升有利于法律职业共同体的打造，并能为构建法律职业资格考试和法律职业的衔接制度提供前提条件。

（三）通过法律职业资格考试倒逼教师水平提升

经过漫长的时代变迁，我国法律职业人员的范围经历了从无到有，并逐步扩大的过程。第一阶段，在 20 世纪 80 年代以前，无论是法官、检察官还是律师，国家对其职业资格的取得都没有明确的规定或者要求，在此阶段我国并没有真正意义上的法律职业人员。第二阶段，法律职业人员仅限于律师。1996 年通过的《中华人民共和国律师法》规定实行律师资格考试制度，从事律师行业必须先通过律师资格考试。第三阶段，法律规定担任法官、检察官和律师的职业人员必须通过司法考试，法律职业人员的范围得到进一步扩大。第四阶段，国家统一法律职业资格考试制度实施阶段，职业人员的外延几乎涵盖了所有直接与法律相关的职业。如果从法治人才培养共同体的构成成分这一角度来看，法律职业人员可分为法学教育工作者和法律实务工作者。在统一法律职业资格考试制度实施之前，组成法治人才培养共同体的个体成员中多数是无须通过职业资格考试的，但是，却是由这些不具备法律职业资格的人从事法律专业教学，培养将来会从事法律职业的学生。这一看似有些荒谬的情形正是长期以来高等学校法学教师队伍的现实。也正是由于高校教师无须强制通过统一司法考试，因此，不少法学专业教师在教学中存在重理论、轻实务，重应然、轻实然的偏好。国家统一法律职业资格考试制度扩大了法律职业人员的范围，尤其是对更多的法律职业提出了强制性的资格要求，未来应该逐步将这种强制性要求扩大至高校从事法学教学的教师，这样能够倒逼高校教师强化自身的法律应用能力，提升法律实践教学的水平。

（四）推进法学教育与法律职业的衔接

1. 培养行业法治人才拓宽就业渠道

在 2015 年举行的全国政法大学论坛上，华东政法大学校长叶青指出当下的法学教育已经无法应对社会需求的变化，低端人才饱和，中高端人才匮乏，法学毕业生面临着就业难的问题，这都与现有法学教育的粗放型发展方式密不可分。西南政法大学校长付子堂认为，各地的法治人才标准的不统一，各政法类院校的教育资源存在差距都是造成法学专业发展不顺利的原因。王利明教授从法学教育没有切合实际的角度出发，从多个方面分析了法学专业就业难的问题，有着独到的见解。①

进入21世纪后,法学专业毕业生的就业选择不再局限于法院、检察院和律师事务所的"老三样",而是开始转向更加开放和多元的就业环境,寻求更切合自身条件的职业。社会的不断发展,对于各个专业都提出了新的要求,法学专业也不例外。低端的法律人才已经无法满足社会的需要,高精尖的法律人才正受到社会的追捧。②不仅不同的岗位、不同的行业对于法学专业毕业生的要求也不尽相同,而且时代和社会的变革也对法学专业提出了新的标准,例如,"一带一路"倡议,更需要大批懂得小语种的法律人才;金融服务、公司管理也需要相应的法律人才。在追求高精尖法律人才的过程中,也要把目光看向基层,为基层地区提供更多专业的法律人才。

法治人才除了需要熟练掌握和运用法学专业知识外,还要对其他一些专业的知识进行了解,例如,金融、管理、医学和环境等,全方面掌握各种知识对于法治人才自身素质的提高具有重要作用。③而且,随着社会的发展,新的法律问题不断涌现,公检法机关也与时俱进,及时扩大了对于新领域的研究力度,例如,环境资源保护、海事纠纷等方面。当前社会每天都会出现新的行业,而这些行业都需要有法律进行调整,也需要专业的法律人才来维护本行业的合法权利。但是,我国现有的法治人才不一定能够及时跟上社会变化的步伐,所以要加快推进法治人才建设步伐。

2. 改革法律职业资格考试制度与公务员考录制度

在中共十八届四中全会中,国家明确提出要完善法律职业准入制度,对国家统一法律职业资格考试制度进行完善,对法律职业人员在入职前进行统一的培训。习近平总书记在中国政法大学座谈会上的讲话中强调,建设法治国家、法治政府、法政社会、实现科学立法、严格执法、公正司法、全民守法,都离不开一支高素质的法治工作队伍。④习近平总书记的重要指示和中央的各项决策部署,都为建立法律职业资格制度指明了正确方向,提供了基本遵循。因此,落实中央部署,构建国家统一的法律职业资格制度,为深化依法治国实践提供了法治人才保障。法律职业资格考试制度符合选拔培养法治人才的要求,有利于法律职业队

---

① 王利明:《关于法学教育教学改革的四点建议》,载于《中国大学教学》2010年第11期,第6~8页。
② 朱美宁、方益权、斜晓东、王宗正:《地方性高校卓越实务型法律职业人才培养探究》,载于《中国高教研究》2012年第1期,第79~82页。
③ 王春业、任佳佳:《论人才需要的多样性与法学教育的特色化》,载于《高等教育研究学报》2012年6月第2期,第112~115页。
④ 《立德树人 德法兼修抓好法治人才培养 励志勤学刻苦磨炼促进青年成长进步》,载于《人民日报》2017年8月4日,第1版。

伍素质养成，满足社会发展需要，推动实现选拔培养合格法治人才的目标。2017年9月1日，第十二届全国人民代表大会常务委员会第二十九次会议通过了修改《中华人民共和国法官法》等八部法律的决定，明确将国家统一司法考试改为国家统一法律职业资格考试，并规定于 2018 年 1 月 1 日起实施。法律职业是从事法律工作的职业人员的总称，法律职业人员一般都经过专门的理论培训和实务训练，掌握基本的法律技能和法律伦理，能够熟练运用法律知识解决问题，包括法官、检察官、律师等。[1] 在这些人员中，大部分都是政府公职人员，或者是按照此类标准进行管理的人员。

在公务员录取方面，国家的规定十分严格，要按照法定的流程进行办理，公开考试、择优录取，将符合条件的人员录用为公务员。[2] 中共十八大报告明确提出：健全干部管理体制，从严管理监督干部，关键岗位干部培养选拔，完善公务员制度。最近数年，公务员报考人数不断上升，原因一方面来源于高校毕业生人数的逐年增加，许多毕业生在毕业后无法找到满意的工作，转而投向公务员考试来躲避就业压力；另一方面，国家对公务员的待遇水平持续提高，福利待遇对于毕业生有很大的吸引力。这些因素导致公务员的报考人数逐年攀升，公务员考试的难度已经超过高考，发达地区和热门岗位的公务员考试被形容为"千军万马过独木桥"丝毫不为过。

在国家统一法律职业资格考试制度和公务员考录制度的双重强制下，若想从事属于公务员或者参照公务员管理的法律职业，就必须通过统一法律职业资格考试和公务员考试。这两门考试都以难度极高、通过率极低而著称，二者叠加后的通过率之低可以想象。而且，法律职业资格考试和公务员考试在考试目的、考试对象、考试内容、考题类型和考试方式等各方面都有着天壤之别，对考生的知识、能力和素质的要求也完全不相同，这就容易导致一种尴尬的局面——有些公务员岗位既需要通过法律职业资格考试，也需要通过公务员考试，两个条件缺一不可，但常见的情况且只通过其中一类考试，因而无法从事与法律相关的职业，这最终导致大量专业知识扎实、实践能力较强的法律人才被阻挡在法律职业的大门之外。因此，要消除人们对法学教育出路的困扰，必须改革法学教育与法律职业资格考试以及公务员招录制度之间的关系，畅通法学教育与法律职业之间的衔接机制。

改革可以从细化两个方面的准入制度来进行。第一，细化高校法学毕业生参加法律职业资格考试的准入制度。将高等法学院校区分不同等级，只有达到一定

---

[1] 参见中共中央办公厅、国务院办公厅印发《关于完善国家统一法律职业资格制度的意见》。
[2] 徐美玲：《我国公务员考录制度的优化完善研究》，青岛大学硕士学位论文，2013 年。

资质等级的法学院校的毕业生方可参加法律职业资格考试。第二，细化取得法律职业资格证的人员进入公务员队伍的准入制度。对于法官、检察官和仲裁员（法律类）等必须强制通过法律职业资格考试，取得职业资格才能从事法律工作，由于专业性是此类职业最根本、最重要的属性，相比之下，此类职业对从业者所应具备的普通公务员基本素质和能力的要求并没有那么高。因此，此类法律职业人员不必再参加国家统一的公务员考试，若有必要，可以由招录机关如法院、检察院和仲裁委等自行组织相应的考试进行遴选。至于其他法律职业人员，如行政执法人员、公证员、立法工作者等，则需要参加公务员录用考试。

3. 完善法律职业共同体的身份互转机制

2016 年 6 月 2 日开始实行的《从律师和法学专家中公开选拔立法工作者、法官、检察官办法》，首次提出要从律师和法学专家中选拔立法工作者、法官、检察官的方式，符合了当下法律职业共同体互换的要求，是在新形势下促进政法队伍正规化、专业化、职业化建设的重要举措。

畅通法律职业共同体之间的职业转换渠道，建立健全法律职业共同体之间人员的身份互换机制，使法律各分层之间的流动顺畅、充分，法官可以从优秀的律师之中选任出来，检察官也可以转为法官。这种职业身份转换制度，可以为法律职业共同体的行为规范提供重要保障，使得法律职业共同体能够在各自执业行为选择中都能够站在对方的角度去思考问题，给予彼此应有的尊重和必要的关照，从而在共同的诉讼场域内实现平等和理性对话，达到定纷止争的诉讼目的。[①] 完善法律职业共同体身份互换机制有助于法治目标和价值的实现；可以加强法律的确定性，保证法官和检察官都可以依法独立行使自己的职权，避免外界的干涉，在最大程度上实现公平正义。在全社会树立法律权威，让老百姓真正体会到司法的公信力，营造良好的社会氛围，推动依法治国战略的实施。

实现法律职业共同体规范一体化，就需要从整体角度予以推进。首先，应明确法官、检察官、律师之间的职业身份可以互换，明确职业身份互转的基本条件、法律程序和禁止事项等。其次，尽快落实本轮司法体制改革中确定的法官、检察官职业身份保障和薪酬保障，真正增强法官、检察官的职业尊荣感，进一步缩小法官、检察官和律师之间的职业待遇差距问题，为职业身份转换提供相应的物质基础保障。最后，加强对律师职业保障的关注，完善律师职业保障制度，为律师执业提供良好的法治环境，更好地保障法官、检察官和律师之间实现平等交

[①] 张云霄、胡伟栋：《法律职业共同体职业伦理应予一体化规范》，载于《检察日报》2018 年 4 月 18 日，第 3 版。

流对话的途径。在良好的法治环境下,真正实现法律职业共同体身份互转机制。①

三、构建法治人才终身教育机制

(一) 建立职前教育与职后教育的衔接机制

职前教育和职后教育都是终身教育机制的重要组成部分,要贯彻落实终身教育,终身学习的理念。② 法学专业的学科特点决定了无论是法治机关工作人员、律师、大学教师还是在校学生都要不断地学习最新的法学专业知识,了解前沿的法治发展动态,将终身学习的思想贯穿于职业生涯的始终,在不同的阶段制定不同的发展目标,进行有成效的学习,不断提升自己的综合素质和专业素养。

1. 加大教育体制改革的力度

首先,要建立灵活的教学方式和多层次的教学制度,转变长久以来单一的法学教学机制。要及时根据社会的需要进行法治人才培养机制的调整,伴随着社会的发展,对于法治人才的要求也水涨船高,高层次的法治人才成为了社会的稀缺资源,而高层次的法治人才所要具备的知识是全方位的,这也要求法学专业的培养方式要逐步走向开放,不能故步自封。鼓励综合实力较高的学校建设法治实践教育基地,增加案例教学的比例,提升与实务部门的合作力度,使学生可以提前了解实务的工作流程。

其次,要逐步完善法律职业人员的职后教育方式。③ 职前教育和职后教育应该是一个整体,不能因为入职就结束教育的过程,而是应该继续进行下去,在职后教育中进一步理解之前自己所掌握的知识,并且与自己的工作结合起来,因此建立法治人才的职后教育体系是一项需要持续坚持下去的任务。在职后教育过程中要根据法治工作人员不同时期的发展特点,制定不同的阶段性培训目标。刚入职的法律工作人员缺乏教学经验,这时的培训目标应该定位于提高专业水平。已经工作数年的法律职业人员已具备了一定的实务经验,此时的培养目标应该定位于培养法治意识,提高理论水平和创新研究能力。

---

① 张云霄、胡伟栋:《法律职业共同体职业伦理应予一体化规范》,载于《检察日报》2018 年 4 月 18 日,第 3 版。

② 刘作翔:《法学教育和研究的新理念:终身学习与实践性》,载于《河北法学》2011 年 4 月第 4 期,第 11~15 页。

③ 赵振新:《教师实践智慧的来源与生长探析——基于职前职后一体化的视角》,上海师范大学博士学位论文,2015 年。

2. 优化课程设置

伴随着社会的发展，对法学专业毕业生的综合素质要求也不断提高，所以高校在日常教学工作中应该增加实践课程的比例，让学生能够多接触实务工作，了解法律在日常生活中的实际运用，提高学生对于法律的兴趣，也可以为其在毕业后快速融入工作提供准备。高校也可以开设一些新兴法学课程来帮助学生了解专业前沿动态，及时更新学生的知识，推动学生不断进步，例如，开设人工智能法课程等。

在法治人才培养的职后教育方面，课程设置需要具有实用性和合理性。由于职后教育的接受者都是已经参加工作的法律人员，所以在课程设置上要与职前教育区分开来，突出职后教育的特殊性，要注重培养在职人员的自主学习和自主探究的能力，主动思考自己在日常工作中所遇到的问题。在课程上要具有合理性，不同的课程内容之间要具有内在联系，能够形成一个完整的知识链条结构。[1]

法国就很重视人才的继续教育培养机制，针对各类法律职业群体，如法官、律师、公证人等进行不同的培养标准。从20世纪中下叶开始，国家在职法官都要接受关于实践技能、法律知识、职业素养的培训。《法官条例》明确规定由国家法官学院负责对国家在职法官进行继续教育培训[2]。而且，法国的许多大学能够根据市场需要设立专业，培养诸如税务专家、理财专家、不动产经纪人等复合型特殊法律专业人才。

3. 加大资金投入

财政支持是法治人才培养过程中必不可少的组成因素之一，为衔接职前和职后教育提供了有力的保障机制。在职前和职后教育中，侧重点存在差别，职前教育更加注重师资力量，重视基础教学设施与教学资源的建设，把职前教学理论与实践相结合的理念深入落实。职后教育的重点在于与社会工作相结合，重视实践基地的建设与发展，为法治人才培养提供源源不断地资金支持。

（二）完善在职进修和改读学历学位的认可转换制度

由于社会的不断发展，对于专业水平的要求越来越高，为了更好地适应时代的需要，大量已经毕业并且工作的法律人员重返校园，进一步学习专业知识。目前，在职人员进入高校进行学习，获取学历学位的主要方式是参加全国统一的研究生招生入学考试，以非全日制学生的身份进行学习。随着每年报考非全日制考

---

[1] 张彦杰：《高职职前与职后教育衔接环节研究》，载于《黑龙江高教研究》2015年第12期，第31~33页。

[2] 张莉：《道器一体、学以致用——法国法学高等教育模式研究》，载于《中国法学教育研究》2010年第1期，第35~60页。

生数量的上升，其在学校中所获得的学历学位能够在社会上获得多大程度的认可以及如何完善这种认可机制成为一个需要考虑的问题。

世界上许多国家对于在职进修的认可转换制度做出了规定，例如法国分别在1970年、1992年下发第70642号、第92189号法令，《法官条例》首次明确法官接受继续教育、国家法官学院负责在职法官的继续教育、法官每年至少应有5天的培训期。与此同时，国家法官学院的每一年关于培训的年度计划都会下发至每一个法官，以便每位法官自主选择和安排时间。同时，通过院长的审查，将法官的选择结果进行反馈，上交给国家法官学院并由其进行统筹安排实施。

1. 国家政策支持

根据《教育部办公厅关于统筹全日制和非全日制研究生管理工作的通知》（以下简称《通知》），我国对全日制和非全日制研究生做出了界定。二者在入学考试、上课方式、修业年限等多项方面都进行了细致区分。《通知》中明确规定：全日制和非全日制研究生毕业时，在达到国家规定的学位标准即可以申请相应的学位证书、毕业证书。两类研究生实施相同的考试招生政策和培养标准，学历证书具有同等法律地位和相同效力。

2. 政府财政保障

全日制和非全日制研究生在收费制度和贷款补助方面实施不同的标准。对于非全日制研究生，我国明确要求进行全成本收费，其收费标准参照全日制来进行划定。在贷款补助方面，并未对非全日制研究生进行开放，在奖学金的竞争方面我国有着公开、严格的审核程序，要经得起学生的检验。[①] 但是在这类竞争中通常都是全日制研究生有着更加大的优势，大部分非全日制研究生在无奖学金的支持下肩负着沉重的经济负担，导致部分研究生放弃继续学习的机会[②]。而同样的情况下美国、英国两国的非全日制研究生在获得贷款和补助方面得到了政府的大力支持，这是我国在该方面需要改善的地方。

3. 学校加大重视

在职研究生自身存在着特殊性。第一，在职人员利用周末及节假日时间进行学习，学习时间较短；第二，受家庭因素影响，在职人员的学习时间不固定；第三，在职人员由于其工作专业性的影响，对在实践中不经常用到的知识遗忘较多，难以重新进行系统学习；第四，一部分在职人员进行深造只是为了使自己的履历更加饱满，功利主义的色彩丰富；第五，在职研究生通常都是用工资缴纳学

---

① 余勇、万卫：《论我国非全日制研究生教育培养模式的创新》，载于《中国电力教育》2013年第1期，第19~21页。

② 包万平、李金波：《全日制法律硕士（法学）人才培养的问题与对策》，载于《研究生教育研究》2011年12月第6期，第71~75页。

习学费,因此多数研究生更加倾向于如何更好地赚钱,而不是更好地获得更多的知识①。

综上所述,学校在培养在职研究生方面要采取相应的培养方式,使在职进修人员能够真正学到专业知识,所获得的学历证书能够与其知识相符合,从而能够得到社会的认可。

(三) 建立学校教育与社会教育的互动机制

法学是一门实践性很强的学科,学校在教学实践中既要传授法学基础知识,也需要传授实务理论。通常而言,学校教授实务理论的主要方式是实习,但是实习时间很短暂,而且存在高校对实习不重视的情况。这就导致法学专业毕业生在就业市场中的竞争地位下降,难以找到满意的工作。针对这种情况,国家出台一系列政策保障法治人才的培养,如卓越法治人才培养计划、鼓励高校建立法学实践教学基地、"双千计划"等,将高校的课堂教学与社会的实务教学结合起来,让学生通过大学学习能够从容面对专业问题。

在建立学校教育与社会教育的互动机制方面,可以借鉴世界上其他国家的教学经验。

德国的法学教育是分为大学基础教育和见习阶段两个部分,实行的是学术与职业相结合的模式。第一次实践教育是在大学阶段,该实习期为3个月;第二次实践教育是在见习服务中,为期两年。见习生在法院、检察院、行政机关、律师事务所四个机构的实习时间不少于3个月,之后的选择性机构实习期通常也在4~6个月。毕业高校所在地的高等法院对见习生的见习工作进行管理,并对学生各方面做出评价与评分。②

美国法律职业共同体内部具有较强的流动性,他们可以根据自己的发展方向选择私人业务,也可以选择成为政府律师、公司律师,还可以选择从事法律教学工作等。而美国大学法学院的导师可以从实务界直接聘任,优秀的律师或大法官也可以成为美国大学法学院的导师,法学理论界与实务界双向流动没有界别。③

哈佛大学的法学教育着重培养法学人才的职业能力。在开设课程期间,对法学生的实践能力着重考核,更加强调实践与实用。

---

① 梁九业:《"法治中国"视阈下的法律硕士培养模式优化策略》,载于《现代教育科学·高教研究》2015年5月第3期,第43~47页。

② 于博:《德国的法学教育及对我国的启示》,载于《河北师范大学学报》2010年3月第12卷第3期,第50~53页。

③ 汪习根:《美国法学教育的最新改革及其启示——以哈佛大学法学院为样本》,载于《法学杂志》2010年第1期,第33~37页。

我国高校的法学专业在建立学校教育与社会教育互动机制的同时，应当充分汲取国外的经验，结合学校自身的实际情况，发挥自身的政策、资金和人才优势，真正落实法治人才培养计划，培养出符合社会要求的复合型法治人才。

（四）改进教师继续教育制度

继续教育不仅是学生所应具备的学习要求，更是建设高水平教师团队的应有之义。在国家大力发展"双一流"背景的政策下，加强高校教师的职业素质和水平格外重要。

我国高校教师现行培训模式缺乏实际效果，难以调动教师的积极性，主要包括三个方面的原因。（1）继续教育种类单一。目前，继续教育培养机构主要还是由教育学院和教师进修学校构成，相对于国外庞大的进修系统，我国继续教育机构表现单一。（2）教学内容老套。在课程设置方面，基本上还是以教育学、心理学和管理学为主，这些内容的指导性在实践中其实并不强，对于创新类的领域教学并未涉足，严重降低了培养的效益。[①]（3）奖励机制不完善。我国在继续教育方面未建立完善的奖励考核制度，在没有规范性的前提下，严重降低了教师团队对于学习的主动性和积极性。

针对这些问题，对于继续教育制度的改革尤为重要。在世界上许多国家，对于教师继续教育有着可借鉴之处。美国、英国、法国和日本分别都将继续教育制度进行了规范化处理，出台了各类立法文件，从各个方面对教师团队的继续教育进行了完善。对于我国来讲，应从以下几方面着重建设：首先，各高校建立教育基地培养本校教师。多元化的机构模式可以充分利用市场决定资源配置来淘汰陈旧的教育机构。其次，建立"互联网+"的培养方式。充分利用大数据资源，为教师的继续教育提供更加前沿、高端的知识课程。进而促进教学方式、教学手段和教学模式的变革。[②]

四、改革高校管理制度

（一）调整教师考核制度

随着高等教育的不断发展，高等院校的教师考核制度也随之做出了相应的改变，传统的教师考核方式在使用过程中暴露出了许多弊端，影响了高校教师的工

[①] 周新生：《我国教师继续教育存在的主要问题》，载于《文学教育》2012年第2期，第111页。
[②] 朱勇新：《关于教师继续教育的政策建议》，载于《教育研究》2003年第4期，第8~10页。

作积极性，阻碍了教学水平的提高，高校应当做出相应的调整，科学全面地对教师的教学质量进行考核，促进教师教学水平的提升和高校的发展。

1. 调整考核内容

考核内容应当对科研与教学两手抓。近年来，科研与教学关系发生变化，高校在评价教师工作中着重科研而轻教学，对于教学水平关心不多。以至科研不达标的教师尽管教学能力再强也无缘晋升。[1]

在教师的工作考核体系中还应该加入实习的比重，实习作为法学专业必不可少的一门学科，应得到足够的重视。目前，大多数高校对于实习的学生实行的是教师带队的方式，将学生分为若干个小组，由一名专业教师带队进行实习工作，在工作中遇到的问题由该老师负责解决。对于带队的这名教师，在对其进行考核时，就应该加入实习的因素，对于实习表现优异，受到实习单位表扬的带队教师，可以酌情加分。这种方式也可以提升教师对于实习工作的重视程度，而不仅仅限于做科研和学术，这也符合法学专业人才的发展导向。

2. 实行多元化考核标准

应当对学科的差异性和教师本身特点"对症下药"，着重针对教师的个体性发展，尽量在大框架内追求教师教学方式的多元性。因此，考核方式也要随着教学方式的多元性而进行变化。在社会不断变迁的情况下，对于教师的考核标准应进行多方面考量，结合本专业的发展实况以及前沿动态来考核教师工作，可能会取得更好的效果。[2]

3. 增加同行评价比例

同行评价教学活动较其他评价方式而言更富于严密性与深入性，对于改进教学有很大的帮助作用。但是在多数高校考核机制中，还是以行政管理部门的评价和学生的评价为主要参考依据，应该予以调整。

对高校教师的考核应该由相关专业的学术同行来进行，由对专业领域不是很了解的行政管理人员进行考核，会降低评价的水平和质量，也会使教师对于考核的结果产生不满。同时，高校会让学生参与对教师的评价工作中来，虽然学生评价也是一个重要的部分，但是不能作为主要的评价标准。而且，评价标准最好是要突出学校特色，不能各个学校千篇一律，这样无法反映出高校课程多样化的特点。每个不同的专业，对教师的评价标准也应该有所不同，表现出专业特色，才能够更好地调动教师的工作积极性。

---

[1] 时媛：《新建本科院校教师绩效考评问题及成因研究》，载于《经济研究导刊》2013 年第 14 期，第 120~121 页。

[2] 黄成林：《国外教师教学质量评价发展的研究和启示》，载于《清华大学教学研究》2006 年第 6 期，第 101~106 页。

（二）松绑僵化严苛的财务管理制度

目前高校对于财务管理主要还是采取两种固定的模式，在统一领导的前提下集中管理或者是分级管理，其特点在于把财务管理的权力集中在校级手中，统一进行分配。①"集中管理"是从财权、规章制度的制定和执行，到会计事务都进行集中管理，完全体现了"集权"的特点。这两种模式均要求学校对于财务的使用及分配享有较大的控制权，而各个学院的财务则是由院长批准后，上报给学校，由校级财务部门进行分配。

各学院的财务权利受到限制，不利于各个学院的发展。因此，对财务管理制度进行"松绑"便具有了积极意义。让各个学院享有必要的财务自主权，把教育经费用到关键之处，可以保证高校教育发展。打破经费使用的框架限制，改变以往按照固定比例分摊经费的做法，按照实际需要合理安排经费，有重点地使用经费来解决问题，提高了经费的使用效益。②

对比世界上其他国家高校的财务管理制度，可以发现，学院对于经费使用拥有较大的自主权。例如，（1）美国高校财务管理模式包含集中型和分散型两种。公立高校一般采用集中型管理方式，校级财务部门主管各院系的财务；分散型管理模式主要是私立高校采用，将财务管理的权力分散到各个院系，各院系根据发展需要自行规划安排。③（2）英国高校财务管理模式类似于美国的分散型模式，学校在扣除相应的开支后，把拨款分发给院系进行自由处理。

提高学院对于财务的自主使用权，改善僵化的财务管理体制，有助于提升各个学院的教学水平，对更新教学设备，引进专业人才，具有重要意义。

（三）完善高校教学科研转化制度

2016年教育部颁布《关于深化高校教师考核评价制度改革的指导意见》中提到要"推进科教结合，提升人才培养质量"。正确处理教学和科研之间的关系，是提高教育教学水平的重要环节，也是评价教师教学质量的关键因素。将教学与科研同时纳入考核体系，可以督促教师有效地把二者结合起来。钱伟长院士在谈及教学与科研的关系时说："大学必须拆除教学与科研之间的高墙，教学没有科

---

① 蒋洪宁：《以问题为导向加强高校内控制度建设》，载于《经济师》2017年第6期，第121~122页。
② 曾和成：《关于高校财务管理制度改革的探讨——从我校财务"松绑"谈起》，载于《韩山师专学报》1986年第2期，第109~112页。
③ 李丹：《中国高校财务制度研究》，吉林大学博士学位论文，2012年。

研做底蕴，就是一种没有观点的教育，没有灵魂的教育。"① 强调了科研在教学过程中的重要地位和作用。

科研成果转化为教学具有重要意义。首先，把科研成果进行转化，保证了教学质量和水平，能够及时促进教学内容更新，保证教学效果的提高，使课堂变得生动且富有趣味，调动学生学习积极性，寓教于学。其次，将科研成果与教学进行转化，激发了学生学习兴趣，能够体现科研活动的实际价值，同时学生也能够为教师提供新的科研素材和前进的方向，形成二者的良性互动。

坚持把教学和科研放在同等地位，在奖励、工作方面予以同等对待，在年度考核中突出教学的核心地位。将教师教学质量是否合格作为考核教师工作的核心指标之一，特别是在职称晋升等工作中做到教学一票否决制度，为科研向教学转化提供长期有效机制。②

五、改革学生管理制度

（一）构建更加科学的专业转换制度

近年来，随着高校的不断扩招，各个专业的学生人数都在不断上升，给学校的教学管理带来了新的压力。其中转专业就是高校不得不面临的问题，所谓转专业是学生由原专业转入另一专业学习的简称。之所以会规定专业转换制度，源于学生对自己选择的专业失去了兴趣，或者是为了毕业后能够顺利地找到工作。

1. 现有专业转换制度存在的问题

一是对于转专业的资格存在要求。目前我国高校实行的是学习优异的学生才可以转专业，这样的制度存在着不合理性之处，一方面优秀生转专业的意愿本来就不高，大部分优秀生之所以学习成绩优异，是对于该专业感兴趣，想对该专业进行深入的研究，学到更多的知识，只有极少数学生是为了转专业而努力学习。③但是一般而言，对专业知识没有兴趣的学生，并不会认真学习，学习成绩也很难达到优异。所以，对转专业的资格限制过于严苛，会导致很少有学生能够转换成功。另一方面，转专业是高校进行人才培养的正常做法，而不是一种竞争性的机制。学生只要有转专业的需要就应该有资格提出申请，提出的申请在经过学校考

---

① 钱伟长：《大学必须拆除教学与科研之间的高墙》，载于《群言》2003 年第 10 期，第 16~17 页。
② 闫红灿、张淑芬：《大学教育本质的回归——科研转化教学》，载于《大学教育》2015 年第 9 期，第 16~17 页。
③ 方惠圻：《对高校转专业现状的思考》，载于《天津师范大学学报》2007 年第 3 期，第 77~80 页。

查合格后就可以转换专业。

二是申请转专业的时间安排不太合理。我国转专业时间较为集中在新生入学和大一上学期这两个时期。这样的时间安排使得学生在发现他们不适合这一专业时，已经失去了转专业的机会。[1]

三是转专业学生考核制度无明确规定。高校在应对转专业学生方面，一般是让转专业的学生和一年级的学生共同学习一年，虽然可以为学生掌握专业知识提供基础，但是在无形中增加了学生的学习负担，也易对学生的发展产生不良的影响。

2. 美国高校的做法[2]

美国高校对于转专业的要求比较自由，转专业的目的在于为学生提供更好的服务，让学生能够学习自己喜欢的专业，能够对自己所学的知识形成独立的观点，使自己的思维方式得到提升，而不是让学生始终固定在一开始自己选择的专业中，无法得到改变。

第一，美国的高校对于转专业的人数没有限制，学生在大学学习过程中可以根据自己的兴趣改变专业，只有一些具有特殊要求的专业会对学生转专业的要求进行规定，例如，学习资源有限的专业和学生较少的专业等。哈佛大学、麻省理工学院都或多或少的存在这样的专业。

第二，转专业的要求不高。只要学生根据实际需要认真填写专业申请表即可完成转专业的过程，没有成绩的要求。同时，转专业的时间也是十分宽裕的，在学期内都可以申请，并且能够得到及时地转换。

第三，转专业的流程十分简单，便于操作。按照学校网站上的提示进行操作，填写专业表格，及时修改课程计划，再向学校提出申请即可。

第四，学校会为转专业的学生提供咨询服务。选择转换专业对于学生而言是一个十分重要的决定，因此高校也为这一活动提供了十分周全的保障措施。从专业目录、专业要求到课程信息、学分等都进行了详细的介绍，老师也会为学生提供良好的指导意见，协助制订相应的学习计划。[3]

3. 构建科学的专业转换制度

第一，要放宽资格限制。因为转专业对于学生而言是一个重新学习的机会，是对自己重新选择的专业真正具有兴趣，能够在学习中获得知识，这有助于学生的个人发展。[4] 不应该对学生的转专业申请进行限制，人文类和理工类专业的学

---

[1] 吴慰：《我国本科生转专业制度研究》，华中师范大学硕士学位论文，2013年。
[2] 王月红：《本科生转专业制度研究》，东北师范大学硕士学位论文，2012年。
[3] 吴慰：《我国本科生转专业制度研究》，华中师范大学硕士学位论文，2013年。
[4] 雷树祥：《我国高校转专业体系的构建》，载于《高等教育研究》2007年第5期，第33~36页。

生也能够自由的转换,不能够因为原专业的不同限制转专业的申请。

第二,转专业的时间可以延长。除了在学期开始之前进行申请之外,在学期内的其他时间也可以申请,但是这类申请不能影响到学生自身的学习,避免个别学生为了逃避专业学习而进行转专业的申请。

第三,建立相应的反馈机制。转专业的申请虽然时间不长,但是学习新的专业是一个长久的过程,建立良好的反馈机制能够帮助学校掌握学生的实际发展情况,从而制定相应的转专业制度。

(二) 完善考试制度

一般而言,学生的考核分为平时成绩和期末成绩两个部分。但是在每个部分具体的比例要求上却各不相同。国内的高校以期末成绩为主,而国外的高校则是平均分配,略微侧重于平时成绩。[①]

国内学校的成绩一般由出勤率、作业和期中考试几个部分组成,国外大学采用分别累计的计分方式,采用多元化的评定方式,增加了事例分析和课堂讨论的部分,根据课程要求计算考试成绩,目的在于真正提高学生的学习积极性,而不是为了学习而学习。

1. 我国高校考试制度的不足之处

一是考试形式单一,考试内容僵化。国内大部分高校采用开卷和闭卷两种考试方式,但基本形式都是一张试卷、一支笔,形式单一且多年没有改变。在考试内容方面,偏重书本知识的机械记忆和理解,考试内容基本上都是教科书上有的,教师讲过的知识点,有的题目可能会重复多年,反复考查。在考试之前,老师一般都会划出考试范围,学生要做的就是把这些重点内容死记硬背下来,从而可以应付考试。

二是考试时间安排不合理。当下我国学校的课程测试时间一般都是安排在学期末开始,学生的优劣也是主要看考试成绩的高低,在平常学习生活中所完成的考核不多,即使是有,在总成绩中所占的比例也不是很大,依然是成绩决定一切的传统评价方式。在期末的考试复习中,学生复习的压力一般比较大,短期内大量学习知识,这样的方式并不能够使学生真正掌握知识,这样的快餐式知识在考完后很快就会忘记,无法在日后的工作中给予学生真正的帮助。

三是学生创新能力无法得到锻炼。目前高校的考试命题和评价标准侧重于书本知识,导致学生一到考试就拼命背诵书本,考完试立马就忘记知识的现象,致

---

① 田恩舜:《创新教育与高校考试制度改革》,载于《山西财经大学学报》2002年第1期,第20~22页。

使学生不仅学不到真正的知识,而且思想受到束缚,创新思维被抑制。同时老师在批改试卷的时候也主要依据书本知识进行打分,学生写的内容越接近书本,成绩越高,而学生的创新点和闪光点却易被老师忽略,一些平时认真学习的学生的成绩反而比不上考试前"临时抱佛脚"的学生,带来不公平的同时,打击了学生的学习积极性。

2. 外国大学的考试制度对比[①]

美国高校考试的重点在于考查学生对知识的理解和运用能力,考试内容多要求学生从多个不同的角度解决问题,学校不提供标准答案,主要目的是为了检验学生是否真正完成学校的学习任务以及对所学课程的理解运用能力。考试的评价方式采用多元化的评价标准,包含等级评价、固定成绩评价和成绩曲线分布评价相结合的方式,重点在于考查能力而非书本上的固定知识。

英国高校考试比较重视基础知识,注重知识的广泛性,学生应该全面掌握学科知识内容,包括理论知识和实践知识。同美国相同,英国的考试制度同样强调培养学生的创新意识,尽管考试多采用论文的形式,但是一些重点学科还是会增加口试的部分,为确保考试的公平公正,还会实行校内、校外评价相结合的方式。

3. 对完善我国考试制度的启示[②]

首先要改革考试的方式和内容,让考试更加趋于多样化,全面考查学生的综合水平,挖掘学生的创新潜力,提升学生的思维能力,考查学生利用理论知识解决实际问题的能力。考试内容要更加贴合实际,与社会热点问题相衔接,多采用案例分析的形式加深学生对知识的理解,做到学以致用,而非仅仅局限于书本知识的硬性记忆。

其次是探索设立科学的综合评价体系。传统的评价体系已经脱离了社会的实际需要,无法真实客观的反映学生的实际水平,单一的评价体系使得学生只懂得死记硬背一些固定的知识,却无法灵活运用。所以在考试改革中,要借鉴英美等国的理念,采用多元化的评价体系,对学生的能力做出综合的评价,在考试内容中加大实践成绩的比例,对学生的创新意识予以肯定,培养学生独立思考的能力,从而促进学生的全面发展。

(三)健全学生评价制度

学生评价制度是对学生的学业成绩、思想素质和价值观等方面的发展情况进

[①] 曹静:《国内外高校考试制度比较》,载于《商业时代》2010 年第 24 期,第 115~116 页。

[②] 赵丹、李新宇:《国外高校考试制度的特点及启示》,载于《北京教育》2007 年第 10 期,第 62~64 页。

行评价的过程。既包括教师对学生的评价，也包括学生对自己的评价，作为高等素质教育的重要组成部分，学生评价制度逐渐受到社会的关注。学生评价制度不仅可以满足社会对于人才培养的需求，而且有助于学生自身的多样化发展。

1. 传统学生评价制度之不足

学生评价制度本身就是用于检验学生在学校的实际发展情况，评价结果供学校及时调整教学方式，评价制度是要随着社会的变化而不断变化的，学校培养的人才最终是要工作的，如果只是一味的墨守成规，就会阻碍学生的健康发展。传统的评价制度样式单一，只是看重学生的理论成绩，对于实践的重要性则没有体现，导致高校的发展日趋僵化，而且单纯的考查理论的形式只能反映出学生的记忆能力，无法真正帮助学生学到实际有用的知识，甚至会对学生的发展起到误导的负作用。[①] 一是导致评价结果"含金量"下降，得不到社会的认可。二是忽视实践技能的评价。理论和实践是衡量大学生学业质量的基本考评指标，理论最终还是要用于实践，一个社会需要的人才，是要同时具备理论基础和实践能力的，理论基础来源于学校的教育和日常的学习，实践能力来自工作的积累。如果只重视其中之一，就会造成畸形发展的情况，对未来的工作产生负面的影响。忽视实践评价的后果就是导致学生在毕业后难以快速融入社会工作中，学生的实践能力没有得到合理的提高。

2. 美国经验

美国高等教育在理念和实践上对其他国家的高等教育发展与变革有着广泛而深刻的影响，其高校学生评价制度在理念、形式、技术、管理等诸多方面都有独到之处，对完善我国高校学生评价制度，提升高等教育质量具有重要借鉴意义。

NSSE 是通过分层随机抽样的方法对本科院校大一和大四学生在深层次学习过程中师生互动、同辈交流、学业挑战等方面的时间、精力等因素投入的对比分析，来间接地反映大学生在学业期间的学习成果和外部学习环境的支持度，以此来检验学生学业发展和教育质量。

大学生学习评价（CLA）是以结构型作答测验为主要方式，通过模拟现实问题，让学生以短文写作的形式来展现其批判思维、分析推理、问题解决、写作交流四类核心素质。[②]

3. 我国学生评价制度之完善

一是积极研究和探索灵活多样的评价方法。首先要做到评价主体的多元化。

[①] 胡频、黄林、王瑞：《完善高校学生评价制度的思考》，载于《中国林业教育》2000 年第 5 期，第 38 页。

[②] 吕建强：《美国高校学生评价的发展态势及启示》，载于《大学》2016 年第 7 期，第 117～123、108 页。

引入除政府和高校外的第三方评价，逐步形成政府、高校、社会三类评价标准和体系[①]，以不同的视角来反映学生素质及高等教育质量，更具客观性和真实性。其次要求评价内容的多元化。随着经济社会的不断变革发展，学科之间的壁垒逐渐减弱，学科交叉和融合成为趋势，社会对大学生的期望也逐渐从传统的专业人才到复合人才和创新人才。因此，延伸到教学和评价的内容上也要对此做出回应，使学生不再局限于学习本专业的知识，通过评价内容的多元化来敦促学生掌握更加宽泛的知识，更完善的素质和能力。[②]

二是加大对高校学生评价方面的财政支持。完善学生评价制度是一个不断前进的过程，耗时长、见效慢，不仅需要人员的投入，还需要资金的保障。在一般情况下，学校的资金大部分来源于国家的拨款，在国家财政拨款提供基本保障的基础上，学校可以借助社会资源，保障评价活动拥有充足的运行资金。

三是增加实践评价比例。在应对评价中存在的理论与实践不平衡的现象，要从根本上出发，优化课程设置情况，合理调整理论与实践的课程比例，注重教学方法的改进，理论课和实践课在教学中所占的比例应该相近，不能过度偏向其中一方。而且，鉴于当下法学教育实践课程设计不合理的情况，要对实践教学的过程不断优化，在实践过程的每个环节都有严格的测评标准，保质保量的进行教学活动。

完善高校学生评价制度，以促进学生发展作为最高目标，对满足社会发展需要，增加学生的专业竞争力具有重要意义。

六、推进人才培养区域平衡制度

（一）促进东西部地区均衡协调发展[③]

东西部地区法治建设的差异一直是不容忽视的重大问题，西部地区由于种种原因导致在法治基础方面一直处于落后地位。伴随着"一带一路"倡议的实施，针对西部地区法治水平发展现状，要求国家对西部地区法律院校方面重新定位，改变国家政策重视的不足，加大对西部地区法律专业院校在国家政策、教育经费投入、人才引进和人才培养计划上的支持，打造法律人才培养合作机制。东西部

[①] 吕淑青：《高校社科研究成果的分类评价》，载于《现代职业教育》2016年第18期，第50~51页。

[②] 吕建强：《美国高校学生评价的发展态势及启示》，载于《大学》2016年第7期，第117~123、108页。

[③] 杜社会：《国家法律人才计划与民族地区人才需求——试论民族地区卓越法律人才类型的培养》，载于《河北法学》2014年第32卷第8期，第133~139页。

地区高校之间可以加强联系的紧密程度,进行对口帮扶,鼓励和支持西部地区的法治人才到东部地区的高校进行学习。

相关政府服务部门也应该真正参与到西部地区法治人才培养的过程中,建立健全协同育人的相关保障机制,落实法治实务部门的协同育人责任。[①] 结合西部地区法治发展的实际情况,根据地域性、针对性、需求性、实用性和可靠性等人才需求特点,实质性参与西部地区法治人才培养方案的制定。保障西部地区法学教育专项资金的投入力度,增加对西部地区高校教学资源的财政支持,为条件尚不完备的高校提供优质的教学设备,加快建设法治人才实践培养基地,保证教学条件,充分利用现代技术进行教学活动。设立相关的奖金奖励制度,对法学专业提高奖项的奖励幅度,鼓励优秀的学生前往西部地区高校进行深造,以财政支持力度的加大来带动西部地区法治人才培养的进步和发展。[②]

(二) 在国家层面建构教师跨地区交流机制

进入 21 世纪,东部地区凭借得天独厚的地理优势和国家政策的大力扶持,得到了快速的发展,高校教学资源也得到充分的保障。与之相反的是广大西部地区高校的教学资源相对滞后,不能及时满足学生的发展需要。教师更愿意前往东部地区工作,同时高校毕业生不愿意前往西部基层地区工作,导致东西部地区之间的差距越拉越大,这也成为困扰西部地区进一步发展的阻碍。

1. 完善相应的法律规定

教师跨地区交流机制作为一项应该长期坚持的政策,要有法律法规在其中起到兜底保障的作用,采用硬性规定使得程序能够不断得到完善,建立合理有效的流动程序,既具有人性化管理的同时,又能够确保教师交流的强制性和义务性,使得交流制度公平、公正、公开,尽量减少出现教师利用交流机制以谋求职位晋升的情况。

2. 加强制度保障

近年来,政府对于加强东西部地区高校教师的交流工作越来越重视,不断加大交流力度,同时也出台了许多政策和制度,用来帮助教师交流制度的进行。但是,从颁布的政策来看,对教师交流机制中主体的地位、权利和义务没有做出详尽的规定。国家、高校和教师本身应该在交流活动中承担怎样的责任也没有做出相应的规定。而且,目前所进行的教师跨地区交流机制主要依靠国家和高校的行

---

① 黄进:《全面推进创新法治人才培养机制》,载于《法学教育研究》2016 年第 1 期,第 3~14 页。
② 张馨予:《"新常态"下西部民族地区法律人才培养前瞻》,载于《法制博览》2015 年第 26 期,第 108~109 页。

政命令进行，教师缺乏主动性，效果不强。

3. 提高资金投入

教师跨地区交流机制给教师的生活、工作和学习带来了很大的不便，增加了教师的压力，并且可能会使得教师放弃工作升迁和陪伴孩子成长的机会。[①] 进入新环境下的教师，由于对学生不太熟悉，又会顾忌自己的授课方式是否正确，所以难以发挥出真正的水平，同时当学生的成绩与教师的业绩相挂钩时，成绩的好坏会影响教师的业绩，从而会影响教师的交流积极性。所以国家在这种情况下要及时做出调整，保证教师的工作积极性，在提高学生成绩的同时保证教师可以安心工作，提升教学水平，服务学生与教学工作。政府工作部门也要切实保障交流教师的工资和补贴得到落实，保障教师利益不受侵犯。

4. 改进人事制度

我国目前的教师人事制度是由各地人事部门统一管理，教师的档案和教师绑定在一起，一般情况下不会轻易变动。因此，在建构教师跨地区交流机制中，要完善教师的管理体制，认真解决教师在交流期间，其编制、职务晋升、奖金福利和收入等方面的问题，以及教师的人事管理制度和职务制度，使得教师可以安心的进行教学工作，没有后顾之忧。

可以采用适当的鼓励机制，使教师能够更加主动地参与支教等活动，从而实现不同地区之间教师资源的共享，缩小区域间教育资源的差距，推进区域间教育的公平，从而做到跨地区教师交流的常态化，并进而形成一种良性循环机制。

（三）政府主导建立互惠共赢的资源共享机制

1. 引入市场化配置机制

法学教学资源是一种市场资源，既然是一种资源，就存在配置的问题，但是法学资源作为一种稀缺资源，有其特殊性。目前在法学资源配置方面，主要还是以政府配置为主导，市场配置所占比例很少，所以要转变配置机制，在法学教学资源的配置中，可以采用市场化的方式来进行，发挥市场的决定性作用和基础性作用，引入适当的社会资源增加办学主体，通过校企共建、捐赠等形式增加高校实践教学资源，让各个不同的高校拥有自己的优势资源，为共享机制的运作提供前提条件。[②] 同时发挥政府在宏观调控方面的作用，尽量减少政府对高校资源分配的干预，加快"去行政化"进程，赋予高校更多的办学自主权，政府的职能更

[①] 戴颖：《我国教师交流政策发展与地方实施述评》，载于《教育评论》2015 年第 6 期，第 14～16 页。

[②] 陈洪、陈明学：《高校实践教学资源共享策略探讨》，载于《黑龙江高教研究》2014 年第 10 期，第 156～158 页。

加趋向于起到保障和兜底作用。

2. 加强政策导向

目前高校资源共享机制缺少以共享为核心的政策法规，缺乏权利、义务以及责任方面的配套措施，缺失绩效考评和奖惩机制。通过法律法规、公共财政、政策倾斜的方式引导与支持高校发展。① 制定与完善高校教育资源共享的法律法规和政策体系，明确各个高校在共享过程中的权利与义务，切实维护参与主体的利益；对参与共享的各个高校给予适当的财政补贴与政策优惠，建立以经济利益为核心的共享激励机制，引导更多高校参与共享。

3. 加大资金投入

在现有的高校资源共享机制中，在经费方面，由于经济运作模式未建立，有偿共享所得再投入的运作模式和真正意义上的社会服务仍有很大区别，主要是缺乏充足的资金支持。政府在对高校的经费投入时，应参考共享资源相关数据，为资源利用率高、效果好的高校投入更多的经费，将实践教学资源共享转化为高校自身的内在需求，激发高校主动参与共享机制的热情。

4. 强化组织保障

由于我国教育主管部门缺乏对高校教育资源共享的指导和统一规划，导致高校间资源共享不规范，浪费了许多资源。因此可以借鉴美国的做法，在政府的统一指导之下，建立教育资源的共享机制，由政府部门进行专职管理，同时在地区的高校中设立分部门从事资源共享管理，整合地区内高校的资源，提高共享合作力度，以达到共同进步的目的。② 在国内也有相关案例，例如，江苏省通过实验教学示范中心的建设，推进了实验教学优质资源的共享，成立了江苏省实践教学联合体，有20所高等学校的29个实验教学示范中心和一批优质课程得到共享共用。2013年，开发完成了江苏省实验教学与实践教育中心共享平台，推进了全省实验教学信息化，促进优质实验教学资源的省内开放共享，起到了辐射示范作用。2016年，立项整合20个虚拟仿真教学中心，立项建设200个虚拟仿真实验（培育）项目，开创了全国高校实验教学虚拟仿真优质资源网络共享平台的先河。③

---

① 刘小冰：《论高校法学教育资源共享机制建设——以南京地区为例》，载于《南京工业大学学报》2008年第7卷第4期，第15～19页。

② 李井竹：《完善高校教育资源共享机制构建有效人才培养模式》，载于《人才资源开发》2014年第4期，第72～73页。

③ 常睿、李晓芳、赵勤贤：《高校实验教学优质资源的开放共享》，载于《常州工学院学报》2017年第30卷第6期，第77～80页。

七、制定《法治人才教育培养保障法》

（一）立法的必要性分析

相较于欧美国家而言，我国现行的法治人才培养机制已经略显落后，问题主要体现在我国的法治人才培养机制单一、学生实践经验缺乏、法学毕业生无法满足社会的发展需要等几个方面。这些因素成为我国法治人才培养的阻碍，不利于依法治国目标的深入贯彻落实。

一是法治人才培养本身的要求。法治人才培养计划本身存在复杂性，首先，大学阶段是培养计划的基础性阶段，法学专业新生在刚入学时对法律了解不多，可塑性强，对新事物的理解和接受程度较高，打好基础能够更好地促进以后的发展[①]。其次，在毕业后，学生在从事相关法律实务工作过程中也需要不断地学习新的知识，完善自己的专业储备，这是一个持续性的过程。正是由于培养的复杂性和多变性，使得实施过程中会出现许多新的问题和矛盾，需要制定法律来应对这些情况。

二是依法治国的需要。通过制定相关的法律，真正贯彻落实依法治国战略，做到依法管理、依法促进。目前我国的法治人才培养计划存在着步骤被忽视、实施不完善、教师的水平没有得到充分合理地保障、监管机制不严格等问题，这些问题是由于我国缺乏相关的法律所造成的，会对人才培养计划的顺利实施产生不良影响。制定合理的法治人才教育培养保障法，可以让培养计划有更好的法律保障，通过正确的法律进行指引，可以提高法治人才的地位，明确政府的责任，以更新的标准来引导人才培养事业的发展，同时也明确了实务部门和教学人员所承担的义务和责任。

三是顺应国际潮流的需要。法治事业的推进需要大量的法治人才，法治人才培养计划可以提高整个国家的文化实力和整体素质，从当今的国际形势中我们可以看出各国对法治人才都十分重视，所以建立完善健全的法治人才教育培养保障法是当今国际形势的走向。现在已有许多国家建立起相关的法律法规，像美国、英国都在通过完善的法律来促进培养计划的实施。为了更好地加强国际之间的交流合作，并且更好的保证法治人才的权益，促进培养计划的推行，我国应该加快立法的步伐。

---

① 杭冬婷：《我国学前教育立法的必要性与立法依据》，载于《法制博览》2018年第21期，第54~55页。

（二）立法的可行性分析

法治人才培养保障法的可行性分析应该考虑相关因素，例如，立法的条件是否齐全、立法的时机是否成熟、立法能否满足社会的发展需求、有无外国的立法实践可以借鉴等方面。就目前来看，我国制定法治人才教育培养保障法具有较高的可行性。

1. 经济基础

改革开放以来，中国的经济发展取得了举世瞩目的成就，经济实力的增加给各行各业提供了发展的经济基础。针对法治人才培养，政府也在不断加大资金投入力度，保障人才培养计划的顺利推进。政府在经济方面的主要任务是保障高校有充足的资金来培养法治人才，拥有充足的科研设备。在应对东中西部地区教育水平差距过大的情况时，要制定具有地区特色的资金保障体系，结合地区发展实际来解决这些问题。

2. 政策基础

"依法治国"战略的提出，"卓越法治人才教育培养计划"的实施，突显出我国政府对于法治人才培养的重视，习近平总书记在考察中国政法大学时再次强调了法治人才培养的重要性，把依法治国与法治人才培养紧密地联系在一起，通过培养大量的专业人才，把依法治国战略落到实处。作为国家颁布的第一个正式意义上的对于法学专业发展做出具体规定的指导性文件，《卓越法律人才教育培养计划》的重点是培养应用和复合型法律人才，为国家推进依法治国计划提供充足的法律人才储备，具有重要的指导意义。在高校方面，为有效解决学生实践能力不足的情况，国家从 2013 年开始实施"双千计划"，增加了高校教师与法律实务人员的互动程度，计划的目的在于增加课堂教育与实务教育的联系，提升高校与实务部门的互动，全面促进高素质法学人才培养进程，这是法治人才培养计划中的重要步骤。

3. 社会基础

随着中国社会的不断发展，对于法治人才的需求也随之上升，尤其是针对高层次的复合型法治人才需求尤为突出。社会需求量的增大，首先为法治人才提供了大量的就业岗位，其次为法治人才的发展提供了充分的发展空间。法学专业的毕业生之所以会出现就业难的问题，一方面原因在于学生自己的专业能力有待提升，在运用理论知识解决实务问题时，会出现令人难以信服的结果；另一方面原因在于当下我国对外开放的水平不断提高，中国人与外国人之间民商事交往日益增加，出现的法律争端大量增加，但是我国能够熟练运用外语，了解外国法律的专业法律人才却很匮乏，不能够在涉外诉讼中合理地保护当事人的权利。而且，除了涉外诉讼之外，国内的行业性法治人才数量也亟待提升，例如，金融、农林、会计等行业性的专业法律人士。面对这些问题，社会中的实务部门加大了与高校的合作力度，与高校共建法治人才实践基地，为法学专业的学生提供了实习机会，为法治人才教育保障法的制定提供坚实的社会基础。

4. 对外借鉴经验

世界上的许多国家对于法治人才的培养都有着自己的法律，例如，日本的《司法考试法》、韩国的《法学院设立和运行法》、德国的《法学教育法》等，这些都是值得我国借鉴的地方。随着我国对外交流的增加，许多优秀的国外实践经验进入法学界的视野，为我国制定具有中国特色的法治人才教育保障法提供了全方位、多层次的理论来源，增加了法律在我国制定并成功实施的可能性。

（三）制度设计构想

鉴于我国法治人才培养的长期性和面对情况的复杂性，制定《法治人才教育培养保障法》具有现实的需要。因此可以把国家的政策性规定和相关法律法规整合起来，加以细化，对法治人才培养的全过程进行详细的规定。

1. 主体方面

首先要确定国家、社会和高校的主体地位。其次对于国家、社会和高校应该承担的责任进行明确的解释，但是这种解释不应该是僵化不变的，而是应该随着相关政策的变化不断更新，契合社会发展的现实情况。最后针对法治人才，应该界定人才的范围，不仅包括专业的法律人才，还要包括行业性法律人才。

2. 监管方面

严格主体责任，不断提高监管水平，加大监管力度，对于违反规则的人员和单位进行责任追究。鼓励和支持群众对培养活动进行监督，对于政府资金的使用情况要予以真实记录，做到专款专用。对于培养过程中出现的问题也要及时予以解决，例如，在共建人才培养基地的时候就应该加大监督。

3. 救济措施

首先，在人才的权利受到损害的时候，可以采取相应的救济措施，保障法治人才合法权益不受侵害。其次，对于可能会出现冤假错案的情况，也要完善相应的救济措施，避免出现责任主体被诬告陷害的情况。

第三节　本章小结

建立健全法治人才培养的评价机制与保障体系，是实现全面推进依法治国新时期法治人才培养目标的重要条件。

目前，我国对包括法学院校在内的高等学校进行的评估主要包括教学水平评估、学科评估和专业评估三种类型。现有评估机制最大的问题在于偏离"法治人才"这一中心，具体表现在六个方面：第一，政府绝对主导下的法治人才评价体系失衡。良好的评估体系应当是政府评估、高校自评和社会评估均衡发展，但我国的现状是政府绝对主导评估、高校被动自评以及社会评估机制不成熟。第二，法治人才培养质量标准体系不完善。第三，法治人才评价法律依据欠缺。第四，法治人才评价本末倒置。第五，退出机制不力。第六，反馈机制不力。构建以"法治人才"为核心的多元立体评价体系，首先要明确法治人才的要素，"卓越法治人才培养计划2.0"用"法治人才"取代了"法律人才"，可见确认了二者的不同之处。法律人才侧重于掌握法律知识和法律技能，以便更好地执行法律和适用法律，法治人才则更强调价值观和法治理念，运用法治思维和法治方法参与国家治理，推动法治国家和法治社会的建立。因此，法治人才应当兼具法律之德性、法律之知性和法律之技性。以法治人才为核心的立体评价体系，就是以学生为中心，以毕业生是否能够具备合格法治人才的要素标准和导向，覆盖法治人才培养共同体，采用多元评价标准，由多元主体实施的评价体系。一是应当建立以学生为中心的评价对象体系，应将"投入导向"评价转变为"产出导向"评价，将作为培养结果的学生作为评价的核心和重点，同时对作为法治人才培养共同体的高校和法律实务部门进行过程评价。二是要完善以结果为导向的行业法治人才评价标准体系，确立超越司法中心主义的多元法治人才评价标准，建立"虚""实"并重的指标体系。三是应当引入法治人才培养全过程中的多元评价主体，真正实现高校独立自评，适当转变政府评价的重点和方式，同时完善和鼓励社会评价及行业评价。四是丰富多元的评价方式，做到考试与考核、考查相结合、客观评价与主观评价相结合、公开评价与匿名评价相结合、动态评价与静态评价相结合。

就法治人才培养保障机制而言，现有保障机制最大的问题和不足就在于缺乏针对性，故仅能在一定程度上满足高等教育之所需，却无法满足多元法治人才培养的需要。建立健全有针对性的法治人才培养的保障机制应当从以下几个方面着手：第一，完善法学教育与法律职业的衔接机制；第二，构建法治人才终身教育机制；第三，改革高校教师考核制度、财务管理制度，完善高校教学科研转化制度；第四，构建更加科学的专业转换制度，完善考试制度，并健全学生评价制度；第五，推进人才培养区域平衡制度，促进东西部地区均衡协调发展，在国家层面建构教师跨地区交流机制，政府主导建立互惠共赢的资源共享机制；第六，制定《法治人才教育培养保障法》，为建立健全法治人才培养保障体系提供法律依据和制度保障。

附录一

调研报告

一、课题调研的基本情况

（一）调研目的与调研方法

自改革开放以来，我国法学教育获得了显著发展，为了早日实现"两个一百年"奋斗目标和中华民族伟大复兴的中国梦，法学教育和法治人才培养机制应与时俱进，以适应国家法治建设的需求。推进法学教育改革、创新法治人才培养机制，首先需要从不同层面、不同维度了解当前我国法学教育和法治人才培养的基本情况。因此，"创新法治人才培养机制研究"课题组通过针对不同调研主体（高校学生、高校教师及法律工作者）分别设计调查问卷及个别访谈、座谈、讨论交流等方式，了解当前国家法治人才培养的基本情况，从而为进一步推进高校法学教育改革与法治人才培养机制创新提供参考。

课题组调研方法主要包括问卷调查法和访谈调查法。问卷调查从 2016 年 9 月开始，至 2016 年 12 月结束。调查问卷分为线下的纸质问卷调查和线上的网络调查两种形式。访谈调研法包括重点调研和典型调研两种。其中重点调研主要是在全体调研对象中选择一部分重点法治人才培养单位，如中国人民大学法学院、武汉大学法学院、浙江大学法学院等进行调研，这些重点单位大多是综合性院校，虽然为数不多，但其法治人才培养模式非常具有创新性和前瞻性，因而对这部分重点单位进行调研所获取的统计数据能够反映法治人才培养的基本情况和发展趋势。典型调查是一种比较灵活的非全面调查，主要根据调查目的和任务，通过对调查对象的初步分析，有意识地选出若干有代表性的单位，进行深入细致的调查。课题组选取的典型调查对象主要是法治人才培养的政法类院校和行业法治人才培养单位，政法类院校主要有中国政法大学、华东政法大学、西南政法大学、西北政法大学、中南财经政法大学等；行业法治人才培养单位主要有财经类院校和工商管理类院校，主要包括中央财经大学、对外经贸大学、西南财经大学、广东财经大学、浙江工商大学等法治人才培养单位。通过对各法治人才培养单位的学生和教师及法律工作者等进行访谈，了解当前法治人才培养的基本情况和存在的问题，以便更好地创新法治人才培养模式，提高人才培养质量。

（二）问卷调查的指标体系与问题设计

学生版问卷指标体系具体包括七大指标体系，分别是"您和您学校的基本情况""法学教育与法治人才培养目标""法治人才培养课程体系与课程设置""法治人才培养与法律职业资格""法治人才培养模式""法治人才的协同培养与评价""法治人才培养机制的创新和保障"。教师版问卷指标体系具体包括七大指标体系，分别是"您和您学校的基本情况""法学教育与法治人才培养目标""法治人才培养课程体系与课程设置""法治人才培养与法律职业资格""法治人才培养模式""法治人才的协调培养与评价""法治人才培养机制的创新和保障"。法律工作者版问卷指标体系具体包括七大指标体系，分别是"您的基本情况""法学教育与法治人才培养目标""法治人才培养课程体系与课程设置""法治人才培养与法律职业资格""法治人才培养模式""法治人才的协调培养与评价""法治人才培养机制的创新和保障"。

"创新法治人才培养机制"课题组主要围绕五大重点研究问题"如何科学定位全面依法治国所需法治人才的培养目标""如何理性建构符合全面依法治国所需法治人才的培养模式""如何优化全面依法治国所需法治人才培养的课程体系""如何改革和创新全面依法治国所需法治人才的培养方式"及"如何建立科学的法治人才评价机制与完备的法治人才培养保障体系"进行问卷设计，以高等学校法学专业在校大学生群体、高等学校法学院系教师群体及各行业的法律工作者群体为调查对象，依据不同指标体系分别设计调查问卷，对国内开设法学专业的30余所高校、近千名法学专业的学生、300余名高校教师及600余名法律工作者开展问卷调查。

1. 学生版调查问卷的问题设计

第一部分"您和您学校的基本情况"包括5个小问题："您的性别""您的年龄""您正在求学的阶段""您所在的学校""您所在的地区"。

第二部分"法学教育与法治人才培养目标"包括4个小问题："您认为法学

教育应当是""您认为社会主义法治人才必须具备的基本素质有哪些""您希望毕业后能够去哪个部门工作""您曾经在哪些单位实习过"。

第三部分"法治人才培养课程体系与课程设置"包括14个小问题:"您认为有无必要实行国家统一的法律类专业教材""您觉得通过校内课程学习能否达到学习法学专业知识的目的""您对本校法学专业必修课的课时安排是否满意""您认为目前法学本科课程体系设置中是否有必要增加法律实务技能训练时间""您认为法学本科课程体系设置中实务课程(学时与学分)应占多大比重""您是否支持减少现有的法学本科专业核心课程""您认为教育部确定的法学本科专业的16门核心课程(法理学、宪法学、中国法制史、行政法与行政诉讼法、民法、商法、知识产权法、经济法、民事诉讼法、刑法、刑事诉讼法、国际公法、国际私法、国际经济法、环境与自然法、劳动与社会保障法)的做法是否妥当""您是否支持对法学课程分类为全国统一开设课程(5~7门)、学校特色课程(5~7门)、学生选修课程和法律实务课程""您所在院(系)法学本科专业开设的法律实务课程有哪些""您认为法学本科专业是否应当专门开设法律职业伦理课程以加强法律职业伦理训练""您如果到法院、检察院、律师事务所之外的法律实务部门(人大、政府、企业等)就业,在学校学习法律课程是否能够满足这些部门的知识要求""您认为现行法学专业课程体系存在的问题有哪些""在您所就读的院校中,对您的学习和就业最具影响力的法律实务课程有哪些""请依照您在法学院的学习经历,选择下列选项在课程中体现的强度",最后一个是开放性问题,即"您认为除了现有法学院的课程外,还应当包含哪些科目"。

第四部分"法治人才培养与法律职业资格"包括两个问题:"您认为法学本科专业学生通过国家统一法律职业资格考试(司法考试)是必须的吗"和"您认为通过法律职业资格考试进入国家机关还应该参加公务员入职考试吗"。

第五部分"法治人才培养模式"包括两个问题:"您认为下列哪种模式更有助于实现社会主义法治人才培养目标"和"您在课堂学习中,喜欢老师运用的教学方法有哪些"。

第六部分"法治人才的协同培养与评价"包括7个小问题:"您认为高校制定法律人才培养方案应该有哪些部门代表参加""您认为当前政法部门和法学院校、法学研究机构人员双向交流机制实施的效果如何""您所在院(系)组织法律实务部门专家给学生的授课频次""您所在院(系)组织给学生承担法律事务部门的专家大致来自哪些单位""法律实务专家在贵院(系)承担法律人才培养的任务有哪些""对于'法学院—实务部门'的协同式教学,您认为采取哪种方式最有效""您认为当前高等学校法学教育中存在的主要问题有哪些"。

第七部分"法治人才培养机制的创新与保障"包括6个问题："您认为高校法律人才质量评价应该由哪些部门代表或人员参加""您认为创新法治人才培养机制，目前高校法学教育最需要做什么工作""您认为应当通过何种方式改进当前的法治人才培养机制""您认为创新法治人才培养机制最重要的保障是什么""您对建设高素质法学教师队伍有什么期许""您认为法律人才培养质量的评价标准有哪些"和1个开放性问题"就您的学习经历而言，您认为当前我国法治人才培养机制还存在哪些问题？哪些方面仍需要完善"。

2. 教师版调查问卷的问题设计

第一部分"您和您学校的基本情况"包括7个小问题："您的性别""您的年龄""您的职称""您所在的岗位""您所在的学校""您所在的地区""您所在的学校是否有卓越法律人才培养基地"。

第二部分"法学教育与法治人才培养目标"包括6个小问题："您认为法学教育的性质是什么？""您认为社会主义法治人才必须具备的基本素质有哪些""您认为法治人才培养质量国家标准应当由谁负责制定""您认为当前法学教育主要面向何种行业培养法治人才""贵院（系）法学本科毕业生毕业实习去向最多的单位是哪些""贵院（系）法学本科毕业生首次就业去向最多的单位是哪些"。

第三部分"法治人才培养课程体系与课程设置"包括15个小问题："您认为当前法学本科教育教学任务是否适当""您认为有无必要由教育部确定国家统一的法律类专业教材""贵校有否采用马克思主义理论研究和建设工程重点教材""您认为目前法学专业本科培养方案是否与培养高素质社会主义法治人才目标相符合""您认为目前法学专业本科课程体系设置是否与培养高素质法治人才目标相符合""您认为目前法学本科课程体系设置中是否有必要增加法律实务技能训练时间""您所在学校（院）法学专业课程体系中法律实务课程占总学时的比例是多少""您认为教育部确定的法学本科专业的16门核心课程（法理学、宪法学、中国法制史、行政法与行政诉讼法、民法、商法、知识产权法、经济法、民事诉讼法、刑法、刑事诉讼法、国际公法、国际私法、国际经济法、环境与自然法、劳动与社会保障法）的做法是否妥当""您所在院（系）法学本科专业开设的法律实务课程有哪些""您认为法学本科专业是否应当专门开设法律职业伦理课程以加强法律职业伦理训练""您认为现行法学专业课程体系存在的问题有哪些""您所在学校（院）开设的法律实务课程特色方向有哪些""贵校（院）实务课程任课老师的主要来源有哪些""除了教育部规定的核心课程之外，贵校是否开设适应地方法治及经济社会发展需求和体现贵校（院）专业特色的课程设置""您认为您所在学校课程体系是否应按照研究型法学教育与法律职业教育分别设置课程"。

第四部分"法治人才培养与法律职业资格"包括 3 个问题："您认为法学本科专业学生通过国家统一法律职业资格考试（司法考试）是必须的吗""您认为国家统一法律职业资格考试（司法考试）是否能够真实反映社会对法治人才培养的需求""您认为通过法律职业资格考试进入国家机关还应该参加公务员入职考试吗"。

第五部分"法治人才培养模式"包括两个问题："您认为下列哪种模式更有助于实现社会主义法治人才培养目标"和"您在课堂教学中，经常会运用哪些教学方法"。

第六部分"法治人才的协同培养与评价"包括 10 个小问题："您认为当前政法部门和法学院校、法学研究机构人员双向交流机制实施的效果如何""你所在院（系）组织法律实务部门专家给学生的授课频次大致是多少""贵院（系）组织给学生承担法律事务部门的专家大致来自哪些单位""法律实务专家在贵院（系）承担法律人才培养的任务有哪些""您所在学院（系）与法律实务部门在人才培养方面建立合作的基础是什么""您认为法治人才培养评价主体应该是什么""您认为应如何促进法律实务部门在协同式教学中承担起相应的责任和义务""您认为法治人才评价是否应该就不同层次和不同行业进行区分""您认为在法治人才培养中高校教师最需要在哪些方面实现素质提升""您认为通过哪些途径有利于提升高校法学教师素质"。

第七部分"法治人才培养机制的创新与保障"包括 5 个问题："您认为当前高等学校法治人才培养中存在的主要问题有哪些""您认为创新法治人才培养机制，目前高校最需要做什么工作""您认为应当通过何种方式改进当前的法治人才培养机制""您认为创新法治人才培养机制最重要的保障是什么""您对学校建设高素质法学教师队伍有什么期许"和 1 个开放性问题"就您的教育工作经历而言，你认为当前我国法治人才培养机制还存在哪些问题？哪些方面仍需要完善？"

3. 法律工作者版调查问卷的问题设计

法律工作者版问卷指标体系具体包括七大指标体系，分别是"您的基本情况""法学教育与法治人才培养目标""法治人才培养课程体系与课程设置""法治人才培养与法律职业资格""法治人才培养模式""法治人才的协调培养与评价""法治人才培养机制的创新和保障"。

第一部分"您的基本情况"包括 7 个小问题："您的性别""您的年龄""您的法学教育背景""若您曾经接受全日制本科法学教育，请问您所在学校的类型""您的工作性质""您所在的地区""您从事法律职业的时间"。

第二部分"法学教育与法治人才培养目标"包括4个小问题:"您认为法学教育的性质是什么""您认为社会主义法治人才应当具备的基本素质或能力有哪些""您认为法治人才培养质量国家标准应当由谁负责制定""您认为当前法学教育主要面向何种行业培养法治人才"。

第三部分"法治人才培养课程体系与课程设置"包括8个小问题:"本科法学核心课程能否满足您现有工作需要的角度,勾出您对核心课程的整体评价""在您所在的单位,您认为当前应届法学本科毕业生能否胜任本职工作""您认为工作经验在三年内(从本科毕业算起)的法律工作人员,最缺乏的能力和素质是什么""您认为法学本科专业核心课程体系应该包括哪些课程""您认为除了法学本科专业核心课程外,专业课程和实践课程应该包括哪些""您认为法学本科课程体系设置中实务课程(学时与学分)应占多大比重""您认为法学本科阶段是否有必要专门开设法律职业伦理课程""您认为目前法学本科课程体系设置中是否有必要设置校内教师与校外实务'双'导师队伍,共制人才培养与课程方案、教学计划,共拟教学内容,共同参与专业技能竞赛与考核,共同指导实训实习与毕业设计,共同举行就业培训、协助就业推荐"。

第四部分"法治人才培养与法律职业资格"包括4个问题:"您认为哪些人必须通过国家统一法律职业资格考试(司法考试)""您认为国家统一法律职业资格考试(司法考试)是否能够真实反映社会对法治人才培养的需求""您认为通过法律职业资格考试进入国家机关是否还应该参加公务员入职考试""您认为法科学生在毕业前通过国家统一法律职业资格考试(司法考试)是否是必须的"。

第五部分"法治人才培养模式"包括两个问题:"您认为当前法治人才培养中存在的主要问题有哪些"和"您认为下列哪种模式更有助于实现社会主义法治人才培养目标"。

第六部分"法治人才的协同培养与评价"包括14个问题:"您认为当前政法部门和法学院校、法学研究机构人员双向交流机制实施的效果如何""您有无参与过高等学校法学院系的教学或学术活动""若您参与过高等学校法学教学或者学术活动,具体方式有哪些""您所在的单位是否接受在读法学本科生或者应届毕业生实习""您本人是否曾经带教过法学专业实习生""您个人对待实习生的态度""您在从事法律工作之前,是否参加过专门的法律职业职前培训""您认为有没有必要建立法律职业人员统一职前培训制度""您认为法律职业职前培训应当由什么机构来进行""您在从事法律工作之前,是否接受过专门的法律职业伦理教育""您认为对法律职业人员进行法律职业伦理教育应当由什么机构进行""您认为法治人才评价主体应该是什么机构""您认为应如何促进法律实务部门在协同式教学中承担起相应的责任和义务""您认为法治人才评价应该区分为哪些"。

第七部分"法治人才培养机制的创新与保障"包括 4 个问题:"您认为当前高等学校法治人才培养中存在的主要问题有哪些""您认为创新法治人才培养机制,目前高校最需要做什么工作""您认为应当通过何种方式改进当前的法治人才培养机制""您认为创新法治人才培养机制最重要的保障是什么"和 1 个开放性问题"就您的学习和工作经历而言,您认为理想的大学法学教育是什么样的?"

(三) 问卷调查的发放地区与回收数量

问卷发放的地区有华南地区、华中地区、华东地区、西北地区、西南地区及东北地区。其中华南地区有中山大学、华南理工大学、暨南大学、华南师范大学、广东外语外贸大学、广东财经大学、广州大学、深圳大学、汕头大学;华中地区有武汉大学、华中科技大学、中南财经政法大学、湖北大学、江汉大学、湖南大学、中南大学、湖南师范大学、湘潭大学;华北地区有北京大学、人民大学、中国政法大学、中央财经大学;华东地区有上海交通大学、华东政法大学、厦门大学、东南大学、上海财经大学;西北地区有西北政法大学、西安交通大学、兰州大学、甘肃政法学院;西南地区有西南政法大学、重庆大学、西南交通大学;东北地区有吉林大学、哈尔滨工业大学等。

学生版调查问卷纸质版发放 600 份,回收有效问卷 440 份;网络版回收有效问卷 520 份;共回收有效问卷 960 份。教师版调查问卷纸质版发放问卷 300 份,回收有效问卷 248 份;网络版收回有效问卷 56 份;共回收有效问卷 304 份。法律工作者版调查问卷纸质版发放问卷 500 份,回收有效问卷 442 份;网络版法发放有效问卷 155 份;共回收有效问卷 597 份。

二、调查问卷结果的数据统计

(一) 学生版问卷统计结果

为了解当前高等学校学生对于法学教育及法治人才培养的看法,课题组于 2016 年 9 月至 2016 年 12 月对全国范围内开办了法学专业的部分高等院校的在校学生进行了问卷调查,调查方式分成纸质版问卷和网络版调查两种,其中纸质版发放问卷 600 份，回收有效问卷 440 份；网络版回收有效问卷 520 份；共回收有效问卷 960 份。本部分问卷调查的样本统计结果如下：

第一部分：学生和学校的基本情况（见图 A1 –1 至图 A1 –6）

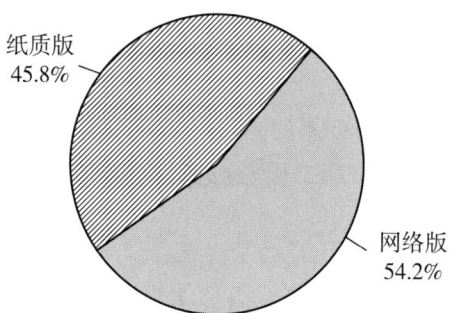

图 A1 –1　被访学生问卷类型分布（N = 960）

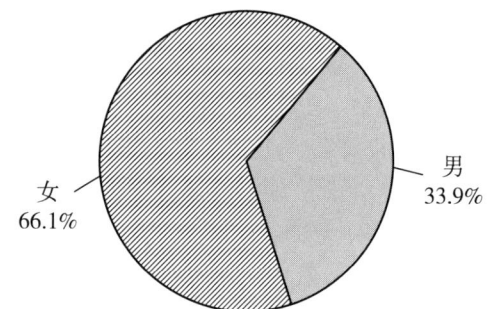

图 A1 –2　被访学生的性别分布（N = 959）

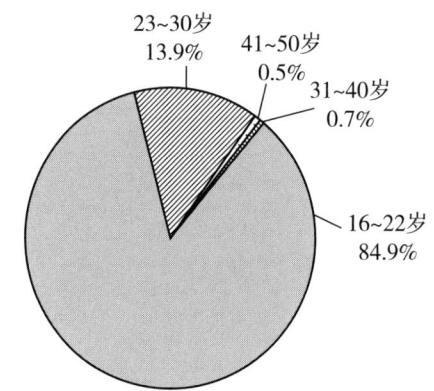

图 A1 –3　被访学生的年龄分布（N = 956）

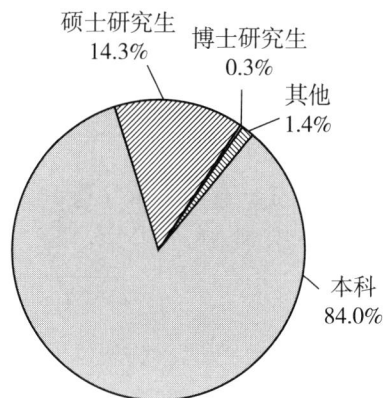

图 A1-4 被访学生学历分布（N=925）

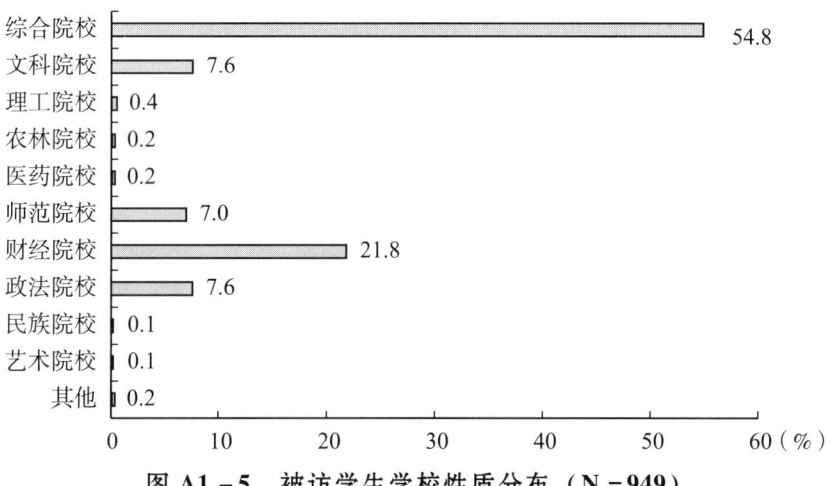

图 A1-5 被访学生学校性质分布（N=949）

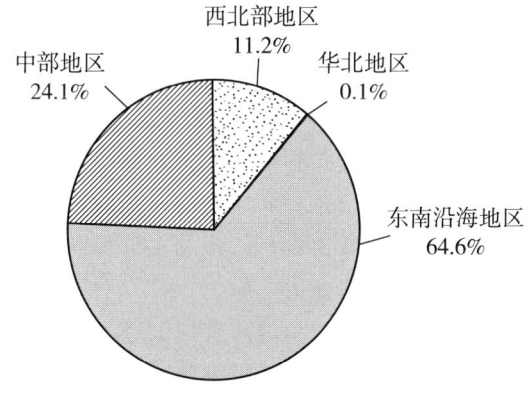

图 A1-6 被访学生所在地区分布（N=956）

第二部分：法学教育与法治人才培养目标

问题 1：您认为法学教育应当是（　　　　　）。（见图 A1 – 7）

☐ 精英教育和职业教育

☐ 大众教育和素质（通识）教育

☐ 精英教育与大众教育、职业教育与素质（通识）教育结合

☐ 精英教育下的素质（通识）教育

☐ 大众教育下的职业教育

☐ 其他

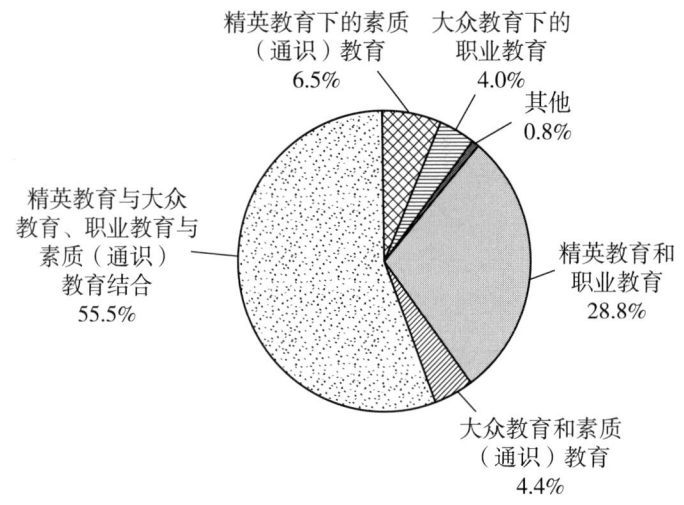

图 A1 – 7　法学教育的性质（N = 944）

注：其他包括精英教育与素质教育并行；精英教育与大众教育、职业教育与素质（通识）教育结合；精英教育和职业教育、素质教育结合。

问题 2：您认为社会主义法治人才必须具备的基本素质有哪些？（多选）（见图 A1 – 8）

☐ 思想政治素质

☐ 法律思维模式、法律职业素养和熟练的实践性操作技能

☐ 扎实的法律专业知识、辩论技巧和较强的口头表达能力

☐ 较高的法律外语水平及对其他学科知识的了解和掌握

☐ 文书写作能力、一定的科研能力

☐ 法律职业人综合运用知识分析与解决法律问题的方式和手段

☐ 通晓国际法律规则，适应国际化或涉外服务需要的"双语"能力

☐ 语言表达能力和人际交往能力

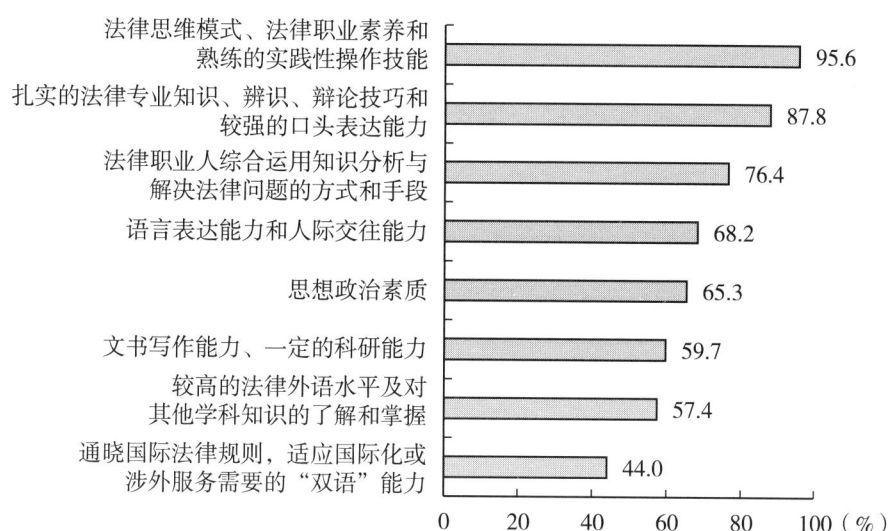

图 A1-8 社会主义法治人才必须具备的基本素质 (N=959)

注：本题是多选题，因此总和比例大于100%。

问题3：您希望毕业后能够去哪个部门工作？（见图 A1-9）
□ 法院、检察机关   □ 律师、仲裁
□ 行政执法部门   □ 立法部门
□ 企业法务   □ 公证等专门法律服务部门
□ 政府法务（含行政立法、行政复议、行政裁决等）
□ 其他

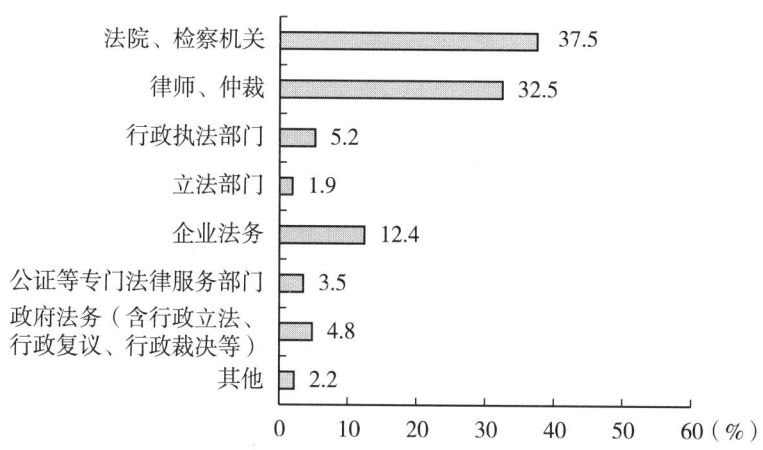

图 A1-9 希望毕业后能够去哪个部门工作 (N=806)

注：其他包括高校、社区法律服务部门。

问题4：您曾经在哪些单位实习过？（多选）（见图 A1-10）

□ 法院、检察院　　□ 律所　　□ 政府部门
□ 人大　　□ 企业　　□ 没有实习经历
□ 其他

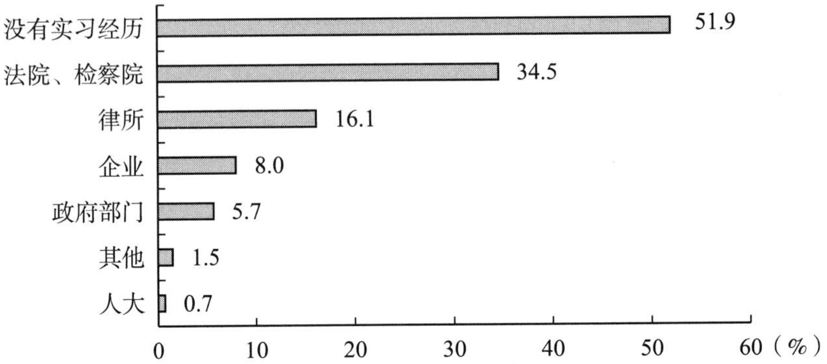
没有实习经历
51.9
法院、检察院
34.5
律所
16.1
企业
8.0
政府部门
5.7
其他
1.5
人大
0.7
0
10
20
30
40
50
60（%）

图 A1-10　曾经在哪些单位实习（N=950）

注：1. 本题是多选题，因此总和比例大于100%。
2. 其他包括学校、消协。

第三部分：法治人才培养课程体系与课程设置

问题1：您认为有无必要实行国家统一的法律类专业教材？（见图 A1-11）

□ 有必要　　□ 没必要　　□ 无所谓

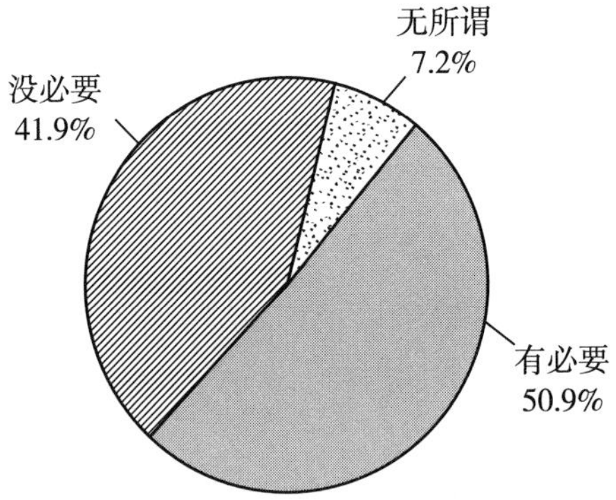
无所谓
7.2%
没必要
41.9%
有必要
50.9%

图 A1-11　有无必要实行国家统一的法律类专业教材（N=959）

问题2：您觉得通过校内课程学习能否达到学习法学专业知识的目的？（见图 A1-12）

□ 完全可以　　□ 基本可以
□ 不可以　　□ 没感觉

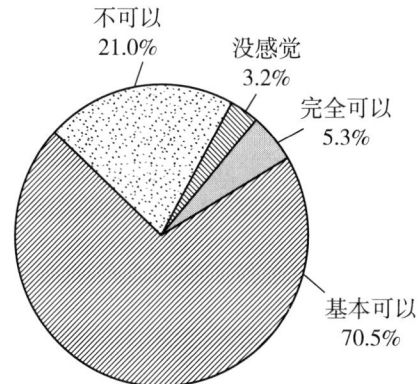

图 A1 -12　通过校内课程学习能否达到学习法学专业知识的目的（N = 959）

问题 3：您对本校法学专业必修课的课时安排是否满意？（见图 A1 -13）
　　□ 非常满意　　　　□ 基本满意
　　□ 一般　　　　　　□ 不满意

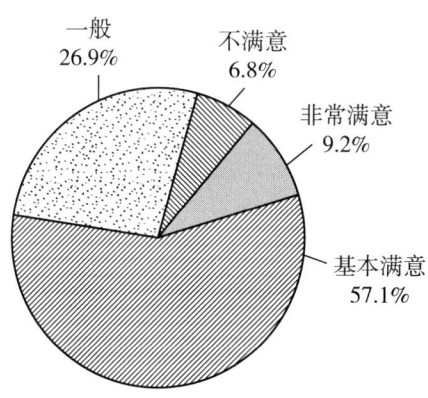

图 A1 -13　对本校法学专业必修课的课时安排是否满意（N = 959）

问题 4：您认为目前法学本科课程体系设置中是否有必要增加法律实务技能训练时间？（见图 A1 -14）
　　□ 非常必要　　　　□ 有必要
　　□ 没有必要　　　　□ 无所谓

问题 5：您认为法学本科课程体系设置中实务课程（学时与学分）应占多大比重？（见图 A1 -15）
　　□ 1/2　　　　□ 1/3　　　　□ 1/4
　　□ 1/5　　　　□ 1/6

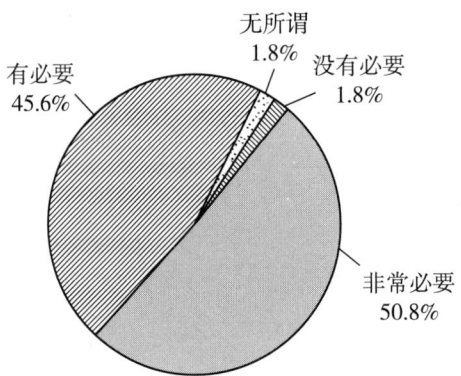

图 A1-14　目前法学本科课程体系设置中是否有必要增加法律实务技能训练时间（N=958）

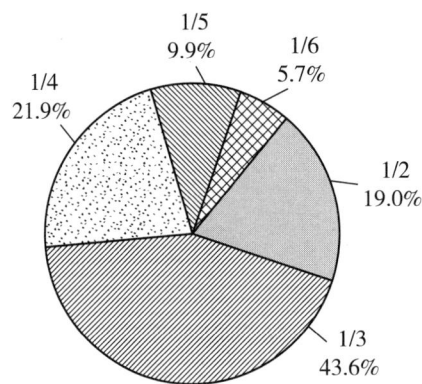

图 A1-15　法学本科课程体系设置中实务课程（学时与学分）应占多大比重（N=954）

问题6：您是否支持减少现有的法学本科专业核心课程？（见图A1-16）

□ 支持　　　　　　□ 不支持　　　　　　□ 不清楚

问题7：您认为教育部确定的法学本科专业的16门核心课程（法理学、宪法学、中国法制史、行政法与行政诉讼法、民法、商法、知识产权法、经济法、民事诉讼法、刑法、刑事诉讼法、国际公法、国际私法、国际经济法、环境与自然法、劳动与社会保障法）的做法是否妥当？（见图A1-17）

□ 妥当　　　　　　□ 不妥当　　　　　　□ 不知道

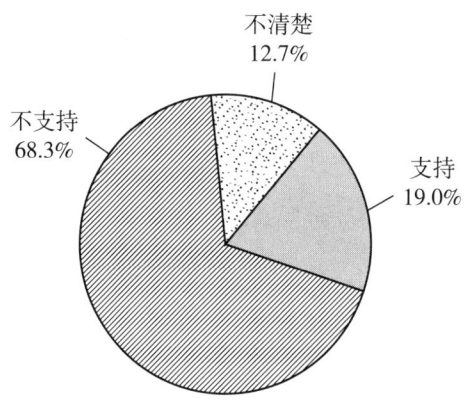

图 A1-16 是否支持减少现有的法学本科专业核心课程（N=632）

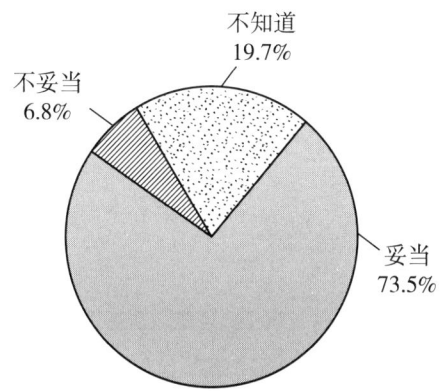

图 A1-17 教育部确定的法学本科专业的 16 门核心课程的做法是否妥当（N=956）

您认为法学专业的核心课程应当包括：（列出具体课程名称）：

由学生自选专业辅修全部；以上 16 门加上政治学、经济学、管理学、哲学、心理学等基本人文社科基础课程；行政法与行政诉讼法、民法、商法、知识产权法、经济法、民事诉讼法、刑法、刑事诉讼法；刑法、国际公法内容太多，压缩课时压力大；宪法学、民法、商法、知识产权法、刑法、刑事诉讼法、劳动与社会保障法、国际公法、国际私法；去掉中国法制史；其他国家的法律入门；逻辑推理；婚姻家庭法、证券法；婚姻家庭法；合同法、司法鉴定；法学实务；法律文书制作　法律检索　证据学；除了法制史与国际公法。

问题 8：您是否支持对法学课程分类为全国统一开设课程（5~7 门）、学校特色课程（5~7 门）、学生选修课程和法律实务课程（见图 A1-18）。

□ 支持　　　　　□ 不支持　　　　　□ 不清楚

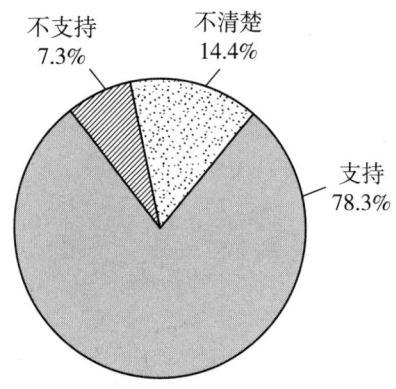

图 A1-18　是否支持对法学课程分类为全国统一开设课程（5~7门）、学校特色课程（5~7门）学生选修课程和法律实务课程（N=958）

问题9：您所在院（系）法学本科专业开设的法律实务课程有哪些？（多选）（见图 A1-19）

　　□ 司法法律实务（法庭模拟、法律诊所、法庭辩论等）
　　□ 行政法律实务　　□ 立法法律实务
　　□ 企业法律实务　　□ 其他

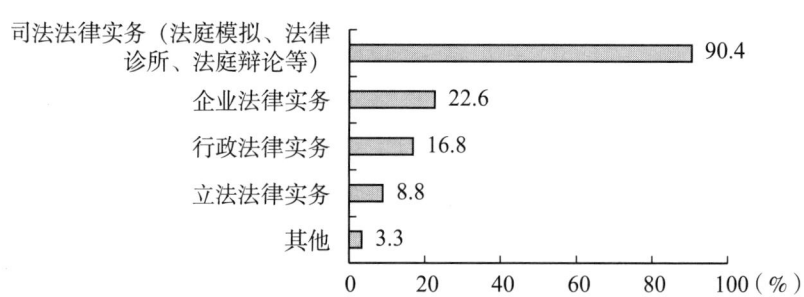

图 A1-19　您所在院（系）法学本科专业开设的法律实务课程（N=951）

注：1. 本题是多选题，因此总和比例大于100%；
　　2. 其他包括：民事法律实务。

问题10：您认为法学本科专业是否应当专门开设法律职业伦理课程以加强法律职业伦理训练？（见图 A1-20）

　　□ 非常必要　　□ 有必要
　　□ 没有必要　　□ 无所谓

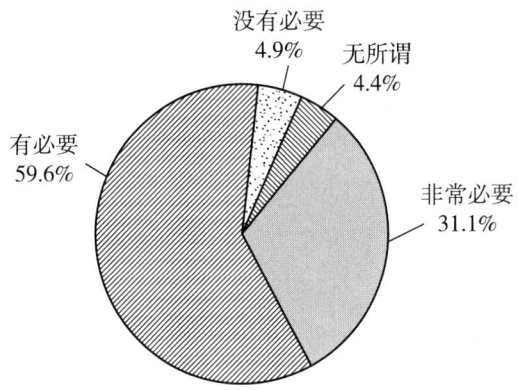

**图 A1 – 20　法学本科专业是否应当专门开设法律职业伦理课程
以加强法律职业伦理训练（N = 958）**

问题 11：您如果到法院、检察院、律师事务所之外的法律实务部门（人大、政府、企业等）就业，在学校学习法律课程是否能够满足这些部门的知识要求？（见图 A1 – 21）

□ 能够　　　　　　□ 不能　　　　　　□ 不清楚

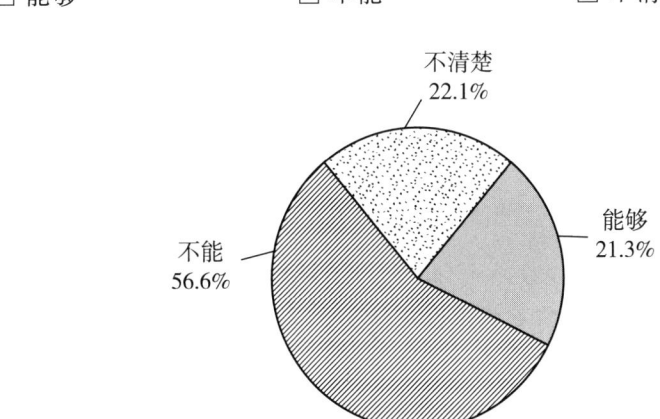

**图 A1 – 21　在学校学习法律课程是否能够满足这些部门的
知识要求（N = 956）**

问题 12：您认为现行法学专业课程体系存在的问题有哪些？（多选）（见图 A1 – 22）

□ 法律理论课程过多，法律实务课程过少
□ 部门法课程过多，理论课程偏少
□ 课程之间重复，衔接度不好
□ 课程性质单一，缺少各个学校根据自身实际情况设置的具有地方高校特

质的应用型课程
- [ ] 公共和政治课程占据大学教育的比例过大
- [ ] 课程设置主要限于法学领域，忽视其他人文社会和自然科学课程
- [ ] 课程设置与司法考试紧密配合
- [ ] 开课顺序不符合学生的认识规律，如：先易后难，先理论后实践
- [ ] 课程设置没有根据新法的变更、市场经济发展、就业状况需求和经济全球化不断更新

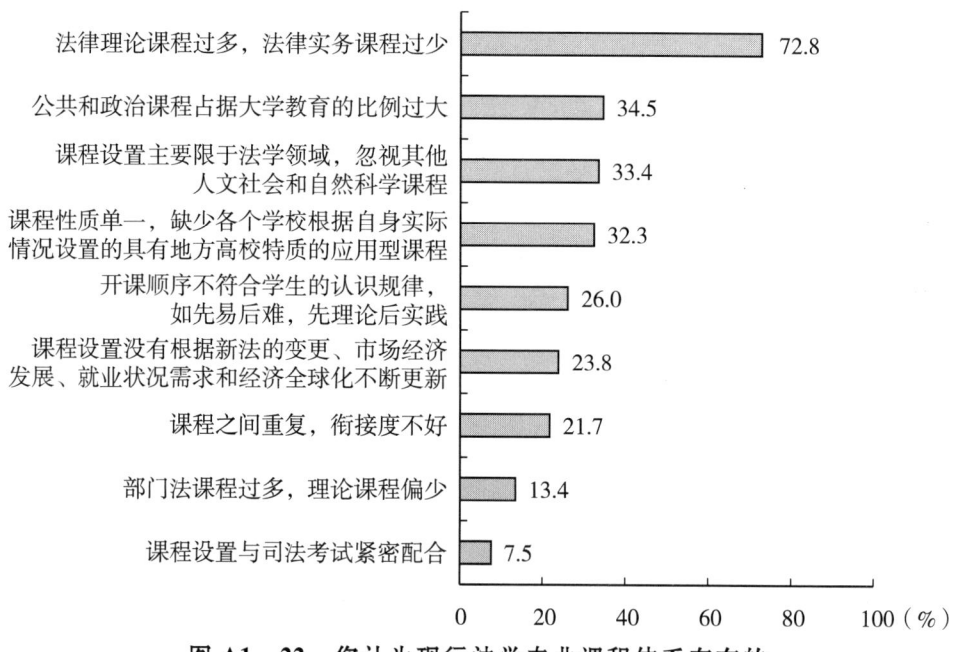

图 A1-22　您认为现行法学专业课程体系存在的
问题是（N=951）

注：本题是多选题，因此总和比例大于100%。

问题13：在您所就读的院校中，对您的学习和就业最具影响力的法律实务课程有哪些？（多选）（见图 A1-23）
- [ ] 司法法律实务　　□ 行政法律实务
- [ ] 立法法律实务　　□ 企业法律实务
- [ ] 见习、社会调查、实习、专题辩论、疑案辩论
- [ ] 其他

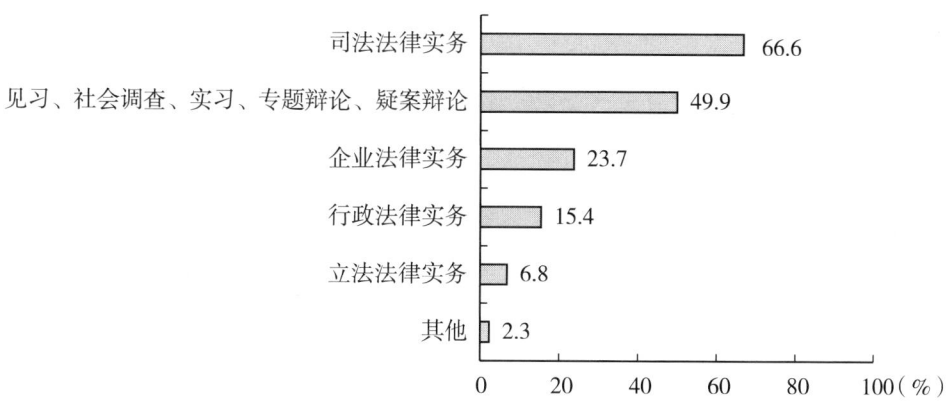

图 A1 – 23 对您的学习和就业最具影响力的
法律实务课程（N = 930）

注：1. 本题是多选题，因此总和比例大于 100%。
2. 其他包括国际法。

问题 14：请依照您在法学院的学习经历，选择下列选项在课程中体现的强度（见表 A1 – 1、图 A1 – 24 至图 A1 – 30）。

表 A1 – 1　　　　　　授课经历在课程中的强度

授课经历	常常	有时	从来没有
课堂中提出问题并促进课题的讨论			
为需要大量收集信息和观点的论文或项目准备			
上课前无须提前阅读或者完成作业			
能与其他学生在课堂中合作共同完成一个任务			
能与其他学生在课外合作完成课程作业			
在作业和课堂讨论中能综合运用所学科目的主要观点和案例			
能有效地参加法律诊所或法律援助课程			

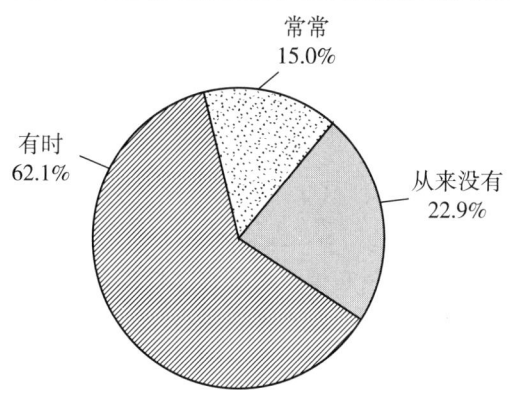

图 A1 – 24 课堂中提出问题并促进课题的讨论（N = 938）

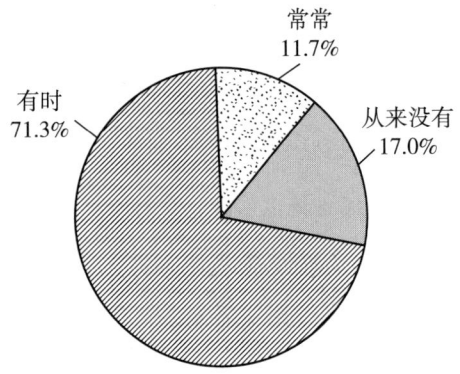

图 A1-25　为需要大量收集信息和观点的论文或项目准备（N=934）

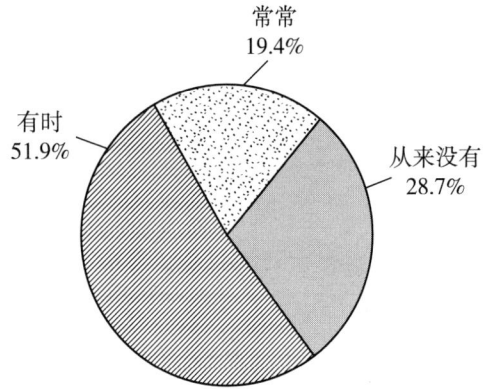

图 A1-26　上课前无须提前阅读或者完成作业（N=936）

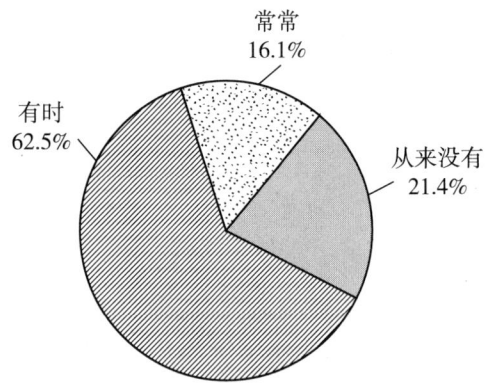

图 A1-27　能与其他学生在课堂中合作共同完成一个任务（N=932）

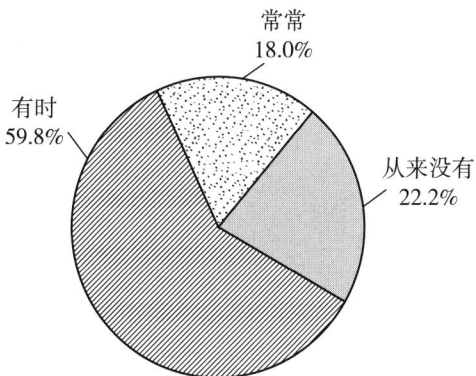

图 A1 - 28　能与其他学生在课外合作完成课程作业（N = 934）

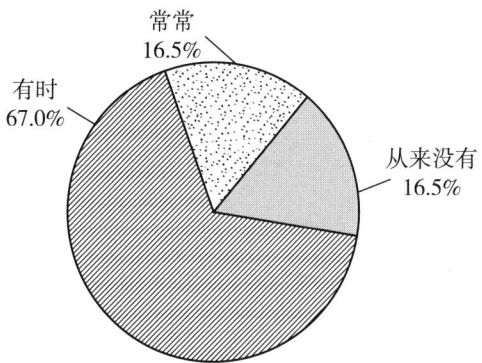

**图 A1 - 29　在作业和课堂讨论中能综合运用所学科目的
主要观点和案例（N = 932）**

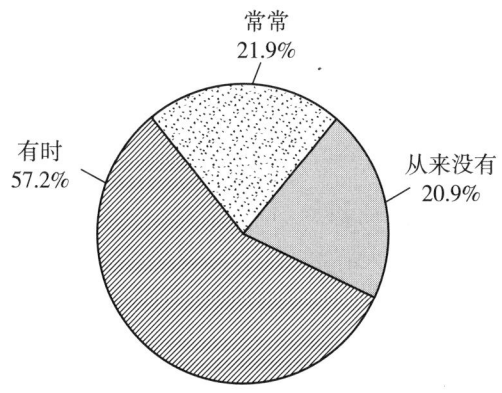

图 A1 - 30　能有效地参加法律诊所或法律援助课程（N = 932）

问题 15：您认为除了现有法学院的课程外，还应当包含哪些科目？（见图 A1 - 31）

图 A1-31 除了现有法学院的课程外,还应当包含哪些科目 (N=960)

第四部分：法治人才培养与法律职业资格

问题1：您认为法学本科专业学生通过国家统一法律职业资格考试（司法考试）是必须的吗？（见图A1-32）

□ 是必须的　　　　□ 不是必须的　　　　□ 无所谓

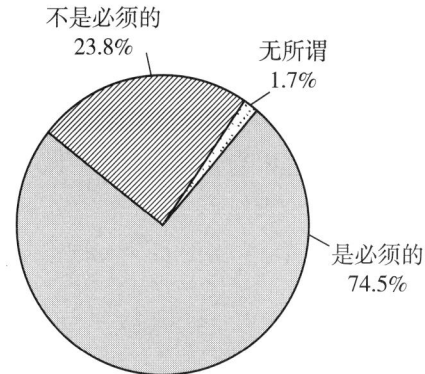

图 A1-32　法学本科专业学生通过国家统一法律职业资格考试
（司法考试）是否是必须的（N=945）

问题2：您认为通过法律职业资格考试进入国家机关还应该参加公务员入职考试吗？（见图A1-33）

□ 考试性质不同，必须的　　　　□ 重复考试，不必要
□ 不清楚

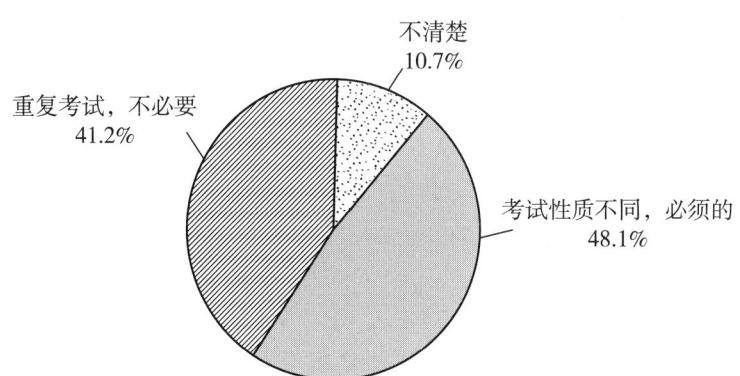

图 A1-33　通过法律职业资格考试进入国家机关是否还应该
参加公务员入职考试（N=956）

第五部分：法治人才培养模式

问题1：您认为下列哪种模式更有助于实现社会主义法治人才培养目标？（见图 A1 – 34）

□ 整合法学本科教育与法律硕士专业学位教育，实施6年两阶段"4年基础学习＋2年应用学习"融贯式培养

□ 将学术人才和法律事务人才分开培养，分别开设"实务人才实验班"和"学术人才实验班"

□ "通识教育＋跨学科（专业）教育＋校企联合培养＋科研能力训练"培养模式，试行"4＋2"模式本硕贯通体制，试行"4＋1"国际化培养，本科毕业后到海外高校攻读学位或者开展技能培训

□ 实行本硕连读，采取"2＋2＋2"的培养方式分阶段培养，即通识教育、专业课程学习和基础职业训练的培养模式

□ 其他

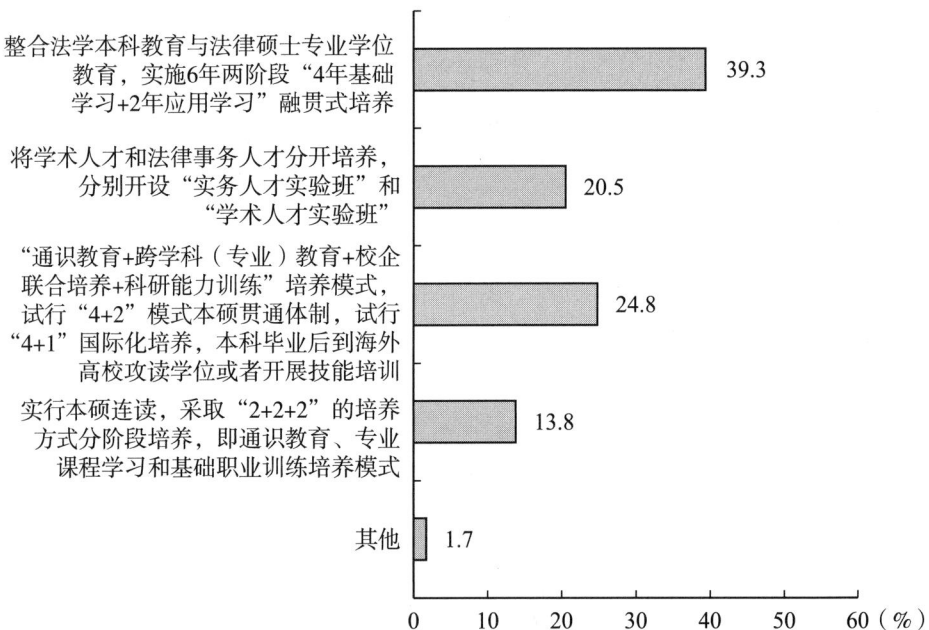

图 A1 – 34　哪种模式更有助于实现社会主义法治人才培养目标（N = 908）

问题2：您在课堂学习中，喜欢老师运用的教学方法有哪些？（多选）（见图 A1 – 35）

　　□ 讲授法　　　　□ 案例教学法
　　□ 探究式学习讨论法　□ 其他方法

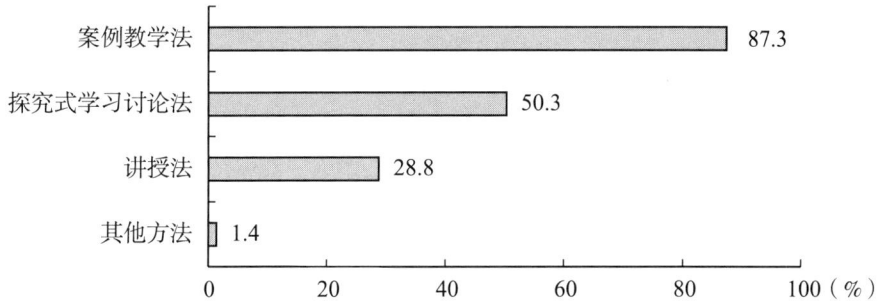

图 A1-35　在课堂学习中，喜欢老师运用的教学方法（N=946）

注：本题是多选题，因此总和比例大于100%。

第六部分：法治人才的协同培养与评价

问题1：您认为高校制定法律人才培养方案应该有哪些部门代表参加？（多选）（见图 A1-36）

　　□ 学校　　　　　　　　□ 法院、检察院、律师事务所
　　□ 人大、政府　　　　　□ 企业或企业协会
　　□ 高年级学生或者毕业生

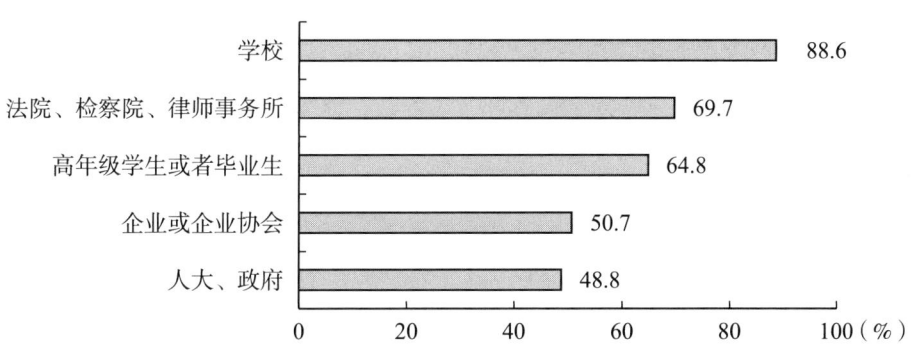

图 A1-36　高校制定法律人才培养方案应该有哪些部门代表参加（N=957）

注：本题是多选题，因此总和比例大于100%。

问题2：您认为当前政法部门和法学院校、法学研究机构人员双向交流机制实施的效果如何？（见图 A1-37）

　　□ 效果明显　　　　□ 效果一般
　　□ 没有效果　　　　□ 尚未开始

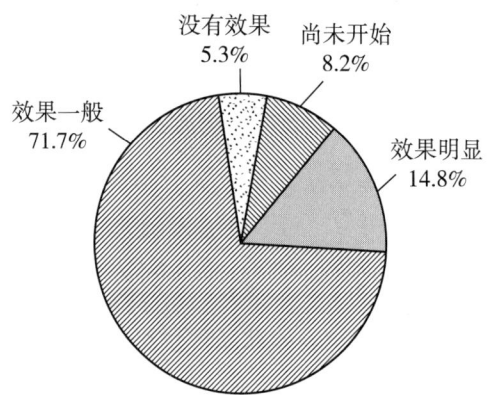

图 A1-37　当前政法部门和法学院校、法学研究机构人员双向交流机制实施的效果如何（N=949）

问题3：您所在院（系）组织法律实务部门专家给学生授课频次？（见图 A1-38）

□ 2次以上/周　　　□ 2次/周
□ 1次/周　　　　　□ 1次/2周以上

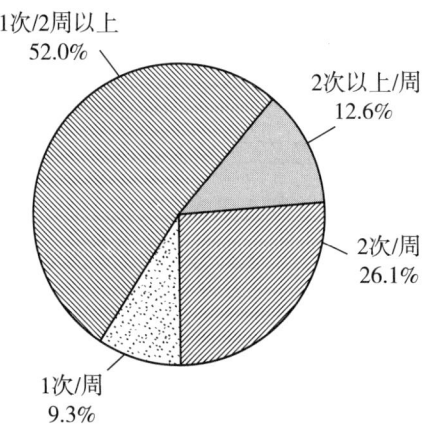

图 A1-38　您所在院（系）组织法律实务部门专家给学生授课频次（N=944）

问题4：您所在院（系）组织给学生承担法律事务部门的专家大致来自哪些单位？（多选）（见图 A1-39）

□ 法院、检察院　　□ 律所　　　　□ 政府部门
□ 各级人大　　　　□ 企业　　　　□ 不清楚

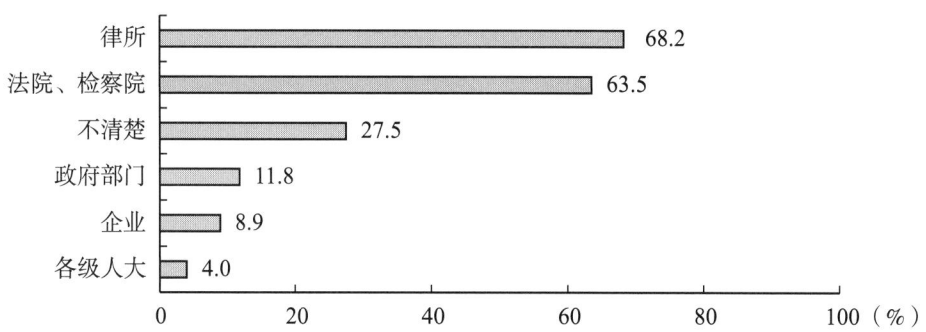

图 A1-39　组织给学生承担法律事务部门专家所在单位（N=951）

注：本题是多选题，因此总和比例大于100%。

问题5：法律实务专家在贵院（系）承担法律人才培养的任务有哪些？（多选）（见图 A1-40）

□ 开设一门课程教学　　　　□ 举办讲座
□ 论文开题　　　　　　　　□ 论文答辩
□ 论文写作指导　　　　　　□ 其他

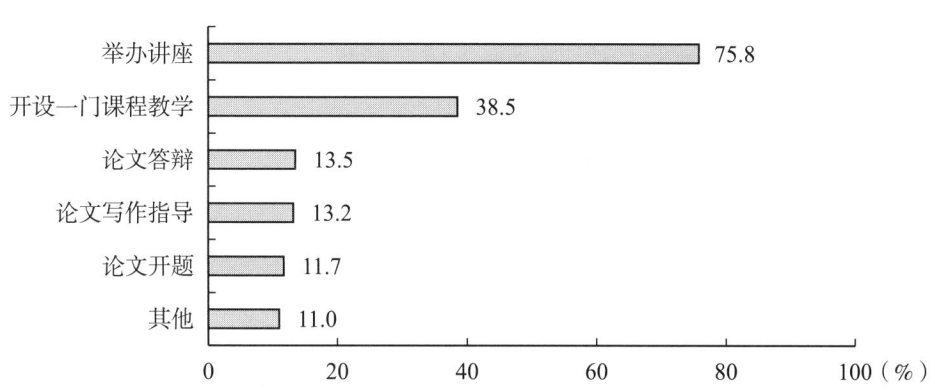

图 A1-40　法律实务专家在贵院（系）承担法律人才培养的任务（N=947）

注：本题是多选题，因此总和比例大于100%。

问题6：对于"法学院—实务部门"的协同式教学，您认为采取哪种方式最有效？（多选）（见图 A1-41）

□ 邀请实务专家来校开办讲座
□ 邀请实务专家担任兼职教师
□ 组织学生到实务部门参观
□ 建立实习基地
□ 实务部门面向本科生、硕士生、博士生设立研究课题并予以指导

□ 聘任实务部门专家担任学生的导师，实行"双导师"制

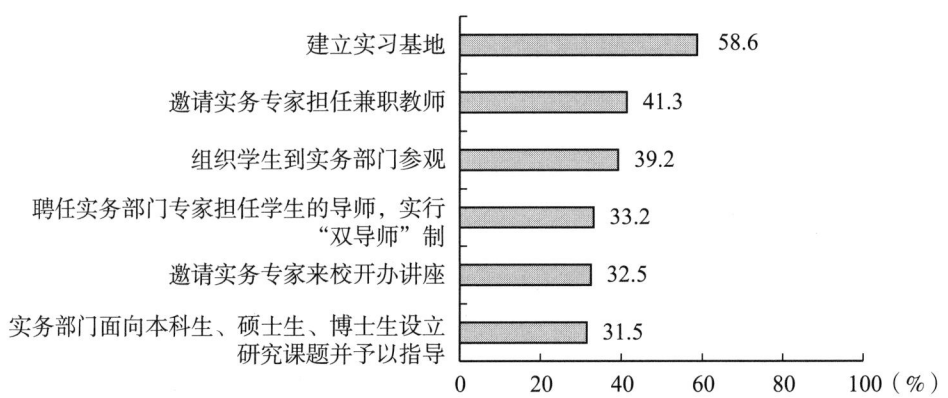

**图 A1-41　对于"法学院—实务部门"的协同式教学，
采取哪种方式最有效（N=956）**

注：本题是多选题，因此总和比例大于100%。

问题7：您认为当前高等学校法学教育中存在的主要问题有哪些？（多选）（见图 A1-42）

□ 法学教育资源特别是教师实务教学能力不够
□ 法律专业课程的设置不够合理
□ 法学院校与法治实务部门协同育人机制不完善
□ 法学教育与司法考试、法律职业的衔接不够紧密
□ 课堂教学方法僵化
□ 法治人才培养机制的评估方式不科学，形式主义严重

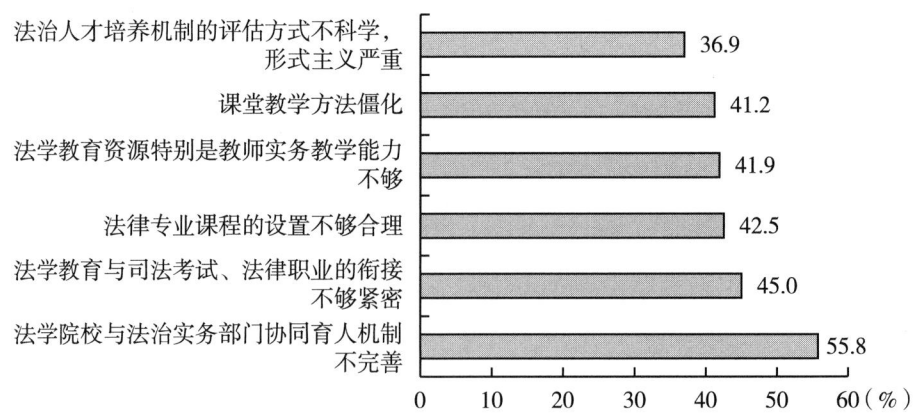

图 A1-42　当前高等学校法学教育中存在的主要问题（N=946）

注：本题是多选题，因此总和比例大于100%。

第七部分：法治人才培养机制的创新与保障

问题1：您认为高校法律人才质量评价应该由哪些部门代表或人员参加？（多选）（见图 A1-43）

　　□学校　　　　　　　□法院、检察院、律师事务所
　　□人大、政府　　　　□企业或企业协会　　　　□毕业生

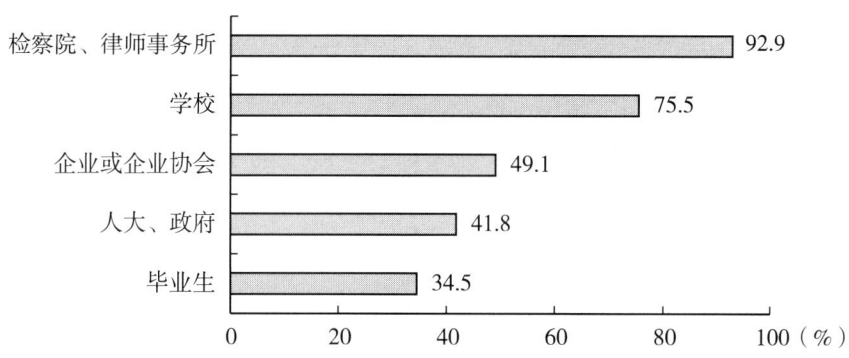

图 A1-43　高校法治人才质量评价应该由哪些部门
代表或人员参加（N = 955）

注：本题是多选题，因此总和比例大于100%。

问题2：您认为创新法治人才培养机制，目前高校法学教育最需要做什么工作？（多选）（见图 A1-44）

　　□明确法学教育培养目标
　　□重视对学生法律实践能力的培养
　　□改革传统的法学教育模式
　　□加强学校师资队伍建设
　　□从实际出发，切实加强与法律实务部门的多方位合作
　　□给学生充分的选课自由和独立发展的空间

问题3：您认为应当通过何种方式改进当前的法治人才培养机制？（多选）（见图 A1-45）

　　□根据社会对多元化法治人才需求调整培养方案，形成综合的、统一的法治人才培养体制机制
　　□编写国家统一的法律类专业核心教材，完善不同层级的阶梯式的中国特色法学课程
　　□强化案例教学，创新法学课程教学方法
　　□立足当代中国法治实践，围绕社会对多元化法治人才需求，创新法治人才培养机制

□ 积极运用信息化手段扩大法学教育优质资源共享
□ 建立科学的法治人才培养评估体系和有效的保障机制

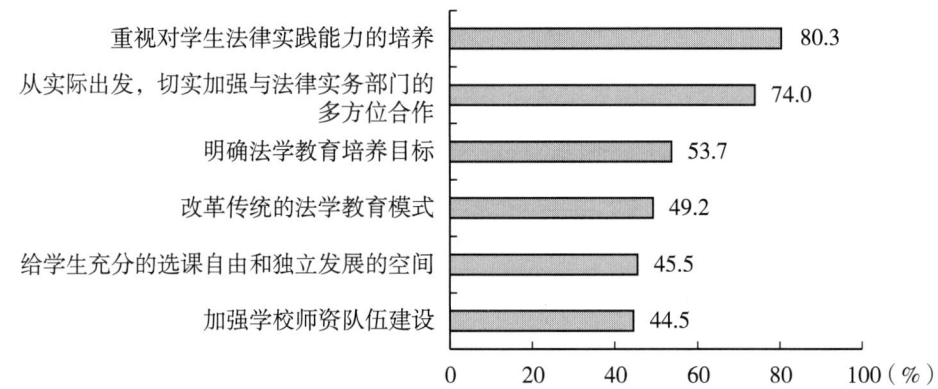

图 A1－44　创新法治人才培养机制，目前高校法学教育
最需要做的工作（N = 955）

注：本题是多选题，因此总和比例大于100%。

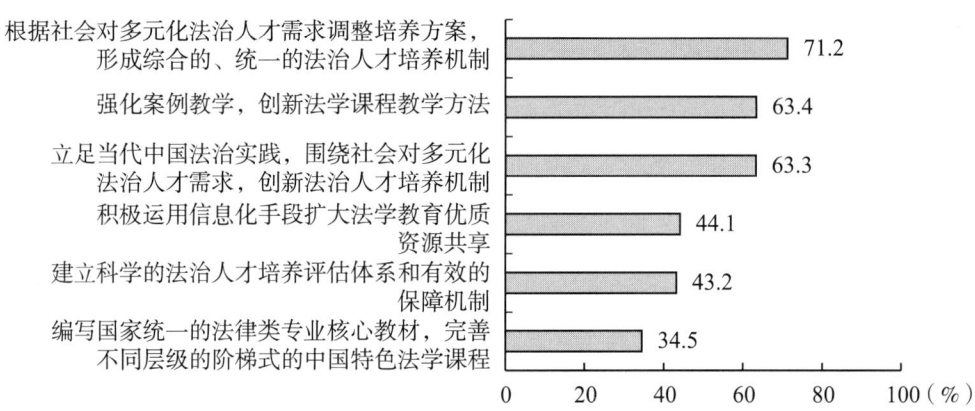

图 A1－45　应当通过何种方式改进当前的法治人才培养机制（N = 952）

注：本题是多选题，因此总和比例大于100%。

问题4：您认为创新法治人才培养机制最重要的保障是什么？（见图 A1－46）
　　□ 国家立法明确法律实务部门法治人才培养主体责任
　　□ 多部门联合出台相关政策鼓励法律实务部门参与法治人才培养
　　□ 法律实务部门自觉参与
　　□ 高校主动对社会开放
　　□ 其他

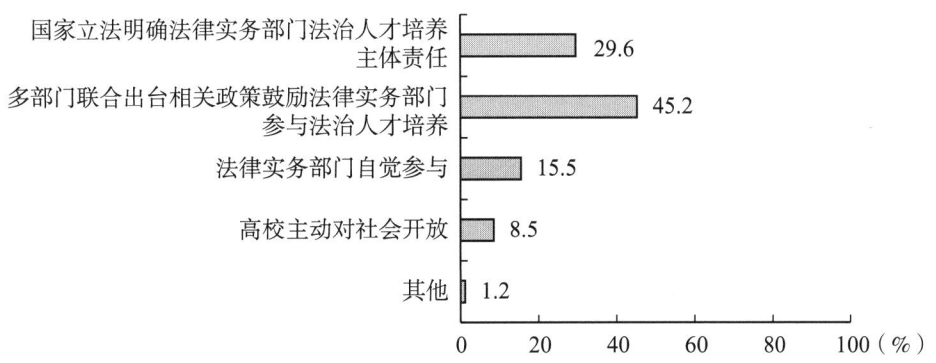

图 A1 - 46　创新法治人才培养机制最重要的保障（N = 821）

注：其他包括国家立法明确法律实务部门法治人才培养主体责任、法律实务部门自觉参与、高校自主对社会开放。

问题 5：您对建设高素质法学教师队伍有什么期许？（多选）（见图 A1 - 47）
　　□ 鼓励支持高校教师到政法部门挂职，实现高校与实务部门的人员的双向交流机制
　　□ 构建科学的考核评价机制
　　□ 鼓励支持高校教师参加国际国内学术交流和教学培训
　　□ 其他

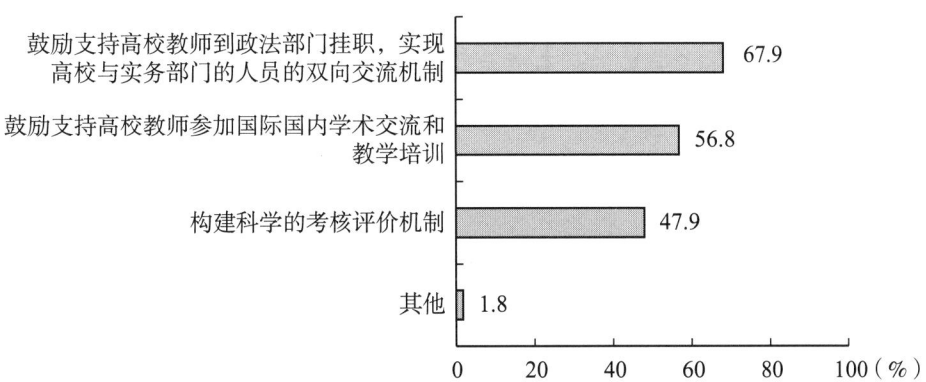

图 A1 - 47　对建设高素质法学教师队伍的期许（N = 943）

注：1. 本题是多选题，因此总和比例大于 100%。
　　2. 其他：法学教师有识而善于教授；避免成为被实务部门淘汰人员的集中场所。

问题 6：您认为法律人才培养质量的评价标准有哪些（多选）（见图 A1 – 48）
□ 就业率　　　　　　　　　　　　　□ 就业质量
□ 一段时期毕业生薪酬标准　　　　　□ 毕业生发展

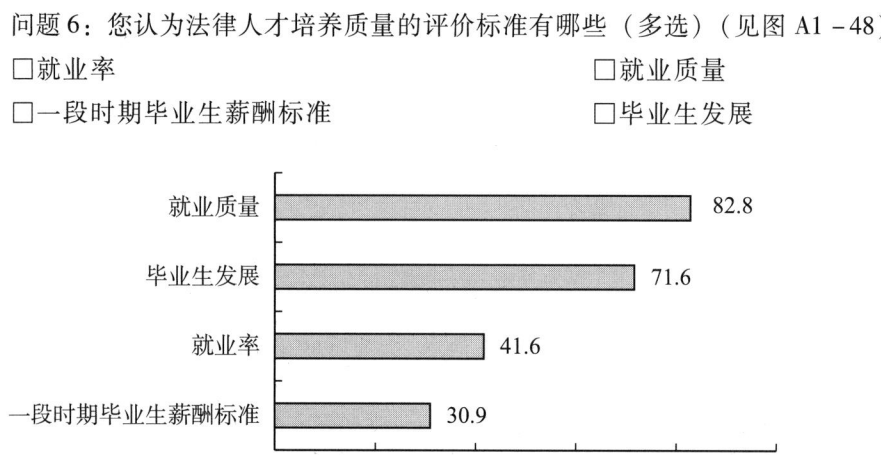

图 A1 – 48　法律人才培养质量的评价标准 （N = 954）

注：本题是多选题，因此总和比例大于 100%。

（二）教师版调查问卷数据统计

为了解当前高等学校教师对于法学教育及法治人才培养的看法，课题组在 2016 年 9 月至 2016 年 12 月在全国范围内对高校法学教师进行了问卷调查，调查分成纸质版问卷和网络版调查两种方式，其中纸质版发放问卷 300 份，回收有效问卷 248 份；网络版收回有效问卷 56 份；共回收有效问卷 304 份。教师版问卷调查样本数据统计如下：

第一部分：您和您学校的基本情况 （见图 A1 – 49 至图 A1 – 56）

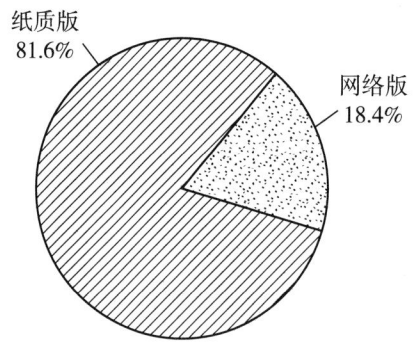

图 A1 – 49　被访教师问卷类型分布 （N = 304）

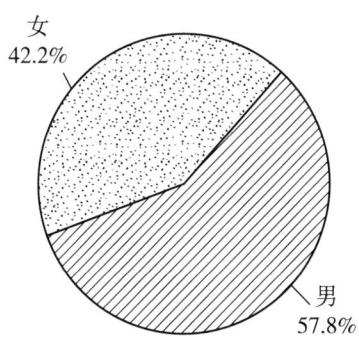

图 A1-50 被访教师的性别分布 (N=301)

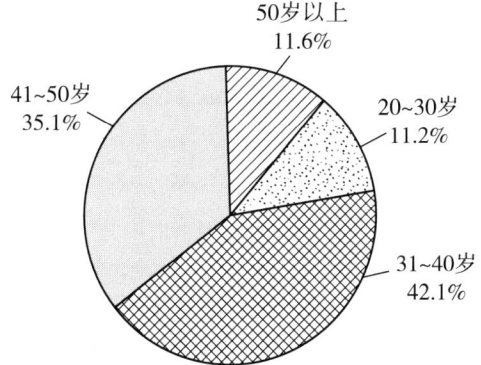

图 A1-51 被访教师的年龄分布 (N=302)

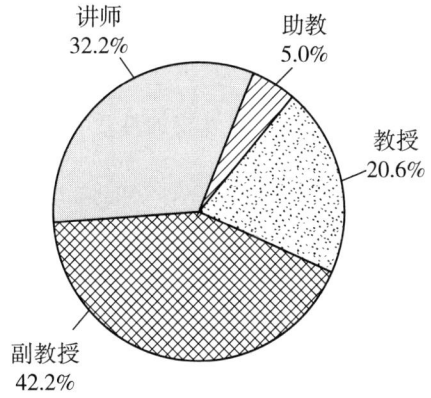

图 A1-52 被访教师的职称分布 (N=301)

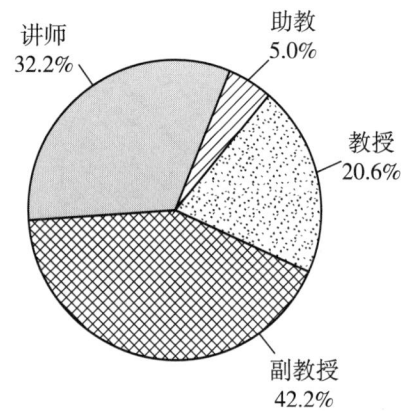

图 A1-53　被访教师所在的岗位分布（N=293）

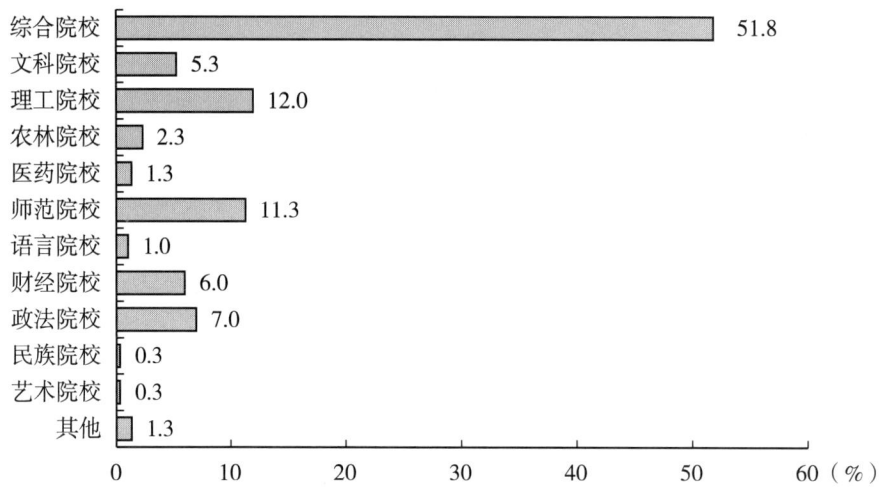

图 A1-54　被访教师所在学校的性质分布（N=301）

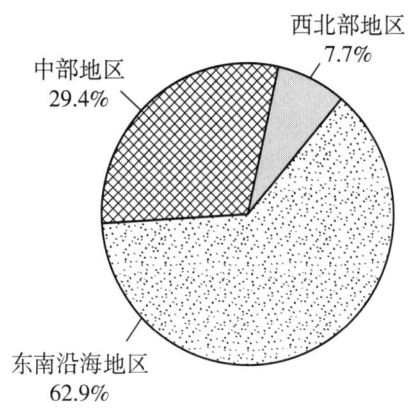

图 A1-55　被访教师所在的地区分布（N=299）

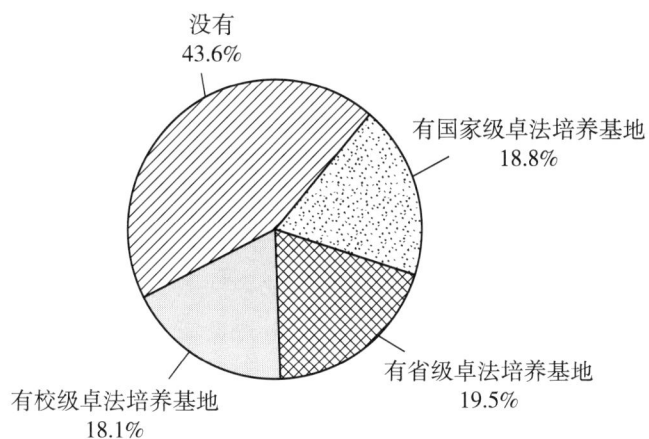

图 A1-56 被访教师所在学校卓越法律人才培养基地情况（N=298）

第二部分：法学教育与法治人才培养目标

问题 1：您认为法学教育的性质是什么？（见图 A1-57）
□ 精英教育和职业教育
□ 大众教育和素质（通识）教育
□ 精英教育与大众教育、职业教育与素质（通识）教育结合
□ 精英教育下的素质（通识）教育
□ 大众教育下的职业教育
□ 其他

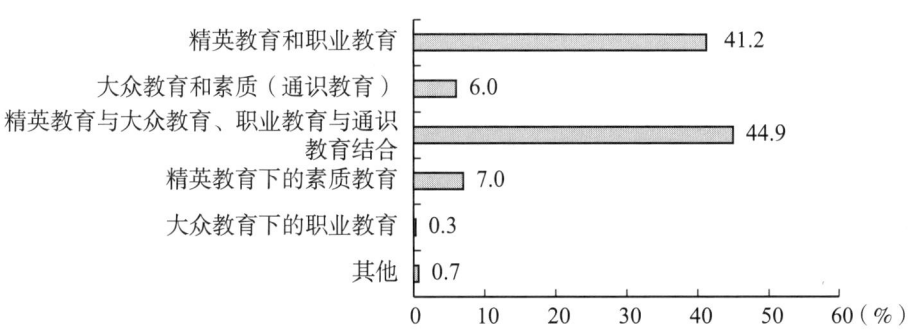

图 A1-57 被访教师认为法学教育类别分布（N=301）

问题2：您认为社会主义法治人才必须具备的基本素质有哪些？（多选）（见图 A1－58）

□ 思想政治素质
□ 法律思维模式、法律职业素养和熟练的实践性操作技能
□ 扎实的法律专业知识、辩论技巧和较强的口头表达能力
□ 较高的法律外语水平及对其他学科知识的了解和掌握
□ 文书写作能力、一定的科研能力
□ 法律职业人综合运用知识分析与解决法律问题的方式和手段
□ 通晓国际法律规则，适应国际化或涉外服务需要的"双语"能力
□ 语言表达能力和人际交往能力

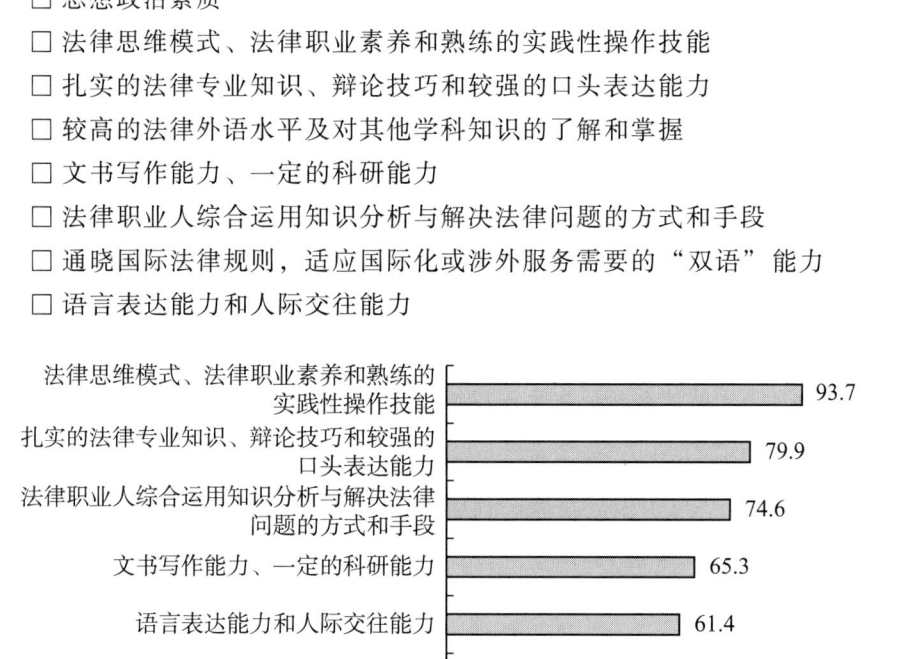

图 A1－58　被访教师认为社会主义法治人才必须具备的基本素质分布（N＝303）

注：本题是多选题，因此总和比例大于100%。

问题3：您认为法治人才培养质量国家标准应当由谁负责制定？（见图 A1－59）

□ 教育主管部门
□ 高校联合体（教指委）
□ 法治人才需求部门
□ 供需单位和教育主管部门共同制定
□ 不清楚

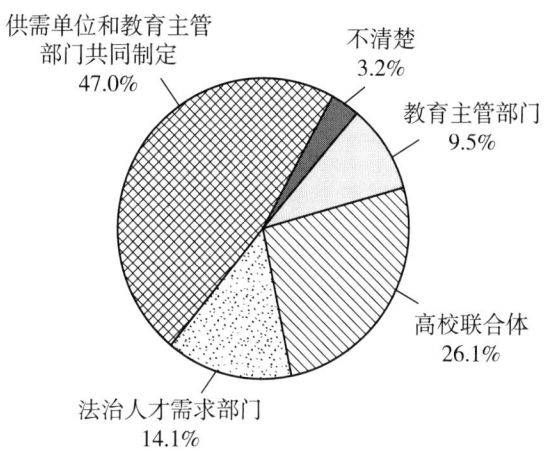

图 A1-59 被访教师认为法治人才培养质量国家标准制定主体分布（N=283）

问题 4：您认为当前法学教育主要面向何种行业培养法治人才？（多选）（见图 A1-60）

□ 法院、检察机关　　□ 律师
□ 行政执法部门　　　□ 立法部门
□ 企业法务　　　　　□ 其他

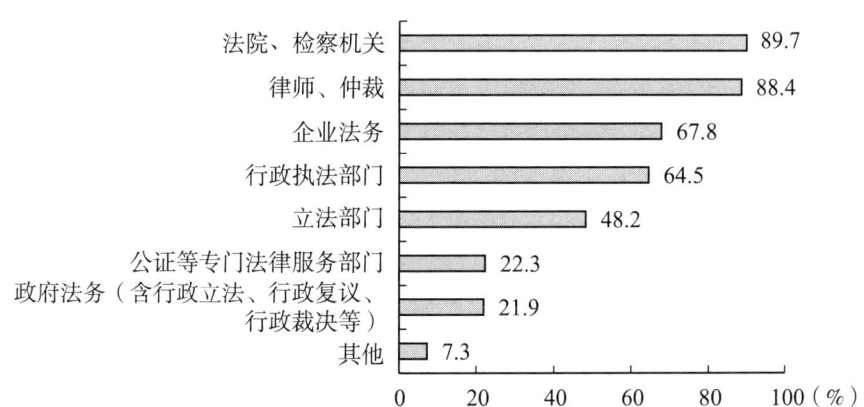

图 A1-60 被访教师认为当前法学教育主要面向分布（N=301）

注：本题是多选题，因此总和比例大于100%。

问题 5：贵院（系）法学本科毕业生毕业实习去向最多的单位是哪些？（多选）（见图 A1-61）

□ 法院、检察院　　□ 律所　　□ 政府部门
□ 人大　　　　　　□ 企业　　□ 不清楚

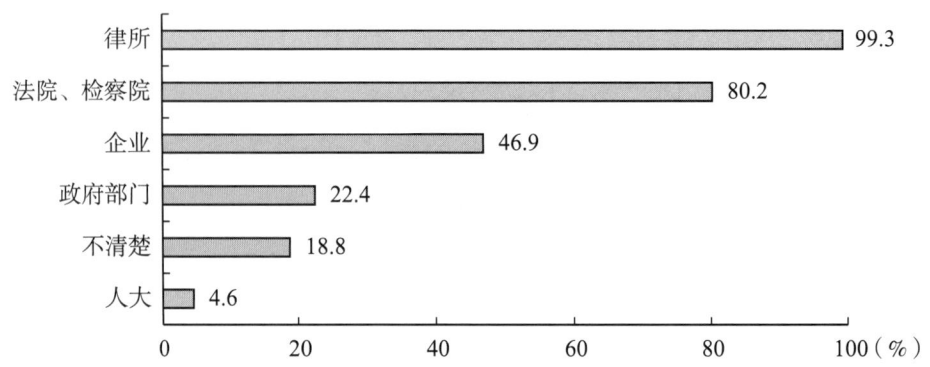

图 A1-61　被访教师所在院校法学本科毕业生毕业实习去向
最多的单位分布 (N=303)

注：本题是多选题，因此总和比例大于100%。

问题6：贵院（系）法学本科毕业生首次就业去向最多的单位有哪些？（见图 A1-62）
□ 法院、检察院　　□ 律所
□ 政府部门　　　　□ 人大
□ 企业　　　　　　□ 不清楚

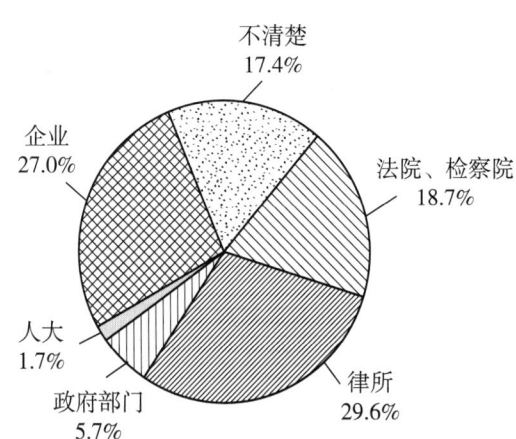

图 A1-62　被访教师所在院系法学本科毕业生首次就业去向
最多的单位分布 (N=304)

第三部分：法治人才培养课程体系与课程设置

问题1：您认为当前法学本科教育教学任务是否适当？（见图 A1-63）
□ 过轻　　　　□ 较轻　　　　□ 适当
□ 较重　　　　□ 过重

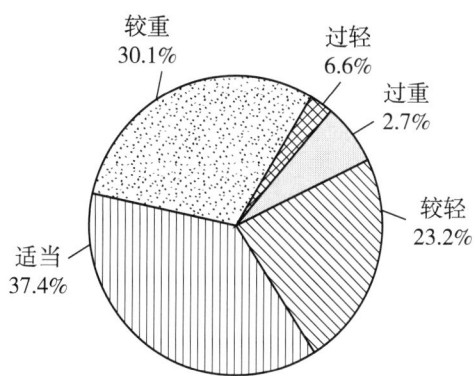

**图 A1-63　被访教师认为当前法学本科教育教学任务
是否适当分布（N=304）**

问题2：您认为有无必要由教育部确定国家统一的法律类专业教材？（见图A1-64）

　　□ 有必要　　　　□ 没必要　　　　□ 不知道

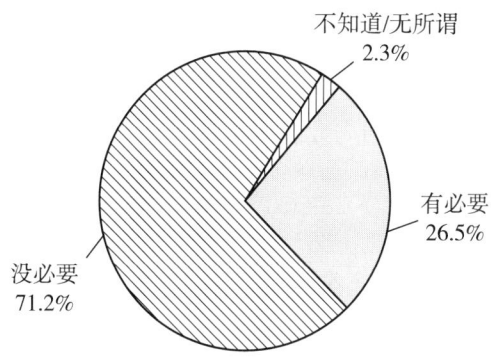

**图 A1-64　被访教师认为有无必要由教育部确定国家统一的
法律类专业教材（N=304）**

问题3：贵校有否采用马克思主义理论研究和建设工程重点教材？（见图A1-65）

　　□ 有　　　　□ 没有

问题4：您认为目前法学专业本科培养方案是否与培养高素质社会主义法治人才目标相符合？（见图A1-66）

　　□ 非常符合　　　　□ 基本符合
　　□ 不太符合　　　　□ 很不符合

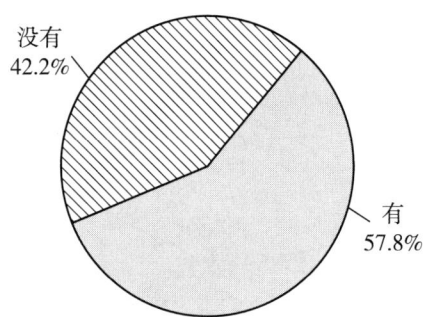

图 A1-65 被访教师学校有否采用马克思主义理论研究和建设工程重点教材分布（N=304）

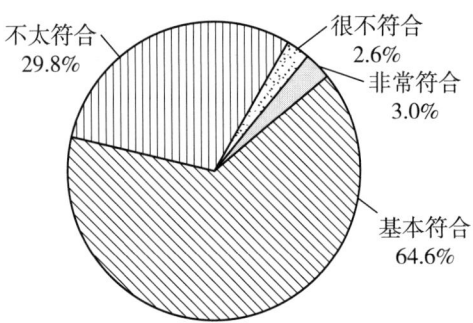

图 A1-66 被访教师认为目前法学专业本科培养方案是否与培养高素质社会主义法治人才目标相符合分布（N=304）

问题5：您认为目前法学专业本科课程体系设置是否与培养高素质法治人才目标相符合？（见图 A1-67）
　　□非常符合　　□基本符合　　□不太符合　　□很不符合

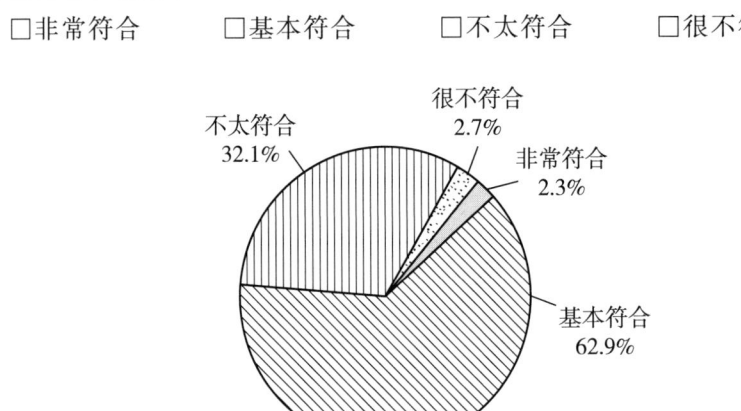

图 A1-67 被访教师认为目前法学专业本科课程体系设置是否与培养高素质法治人才目标相符合分布（N=304）

问题 6：您认为目前法学本科课程体系设置中是否有必要增加法律实务技能训练时间？（见图 A1－68）

　　□ 非常必要　　　　□ 有必要
　　□ 没有必要　　　　□ 无所谓

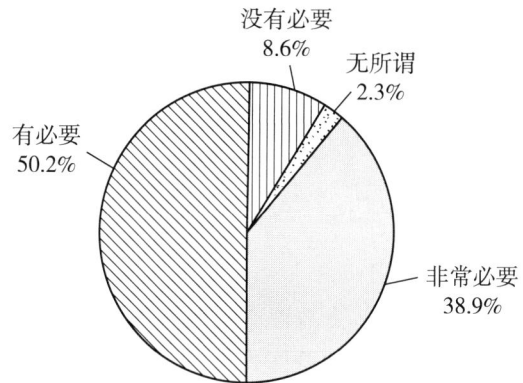

图 A1－68　被访教师认为目前法学本科课程体系设置中是否有必要增加法律实务技能训练时间分布（N=304）

问题 7：您所在学校（院）法学专业课程体系中法律实务课程占总学时的比例是多少？（见图 A1－69）

　　□ 10%　　　　□ 10% ~ 20%　　　　□ 20% 以上

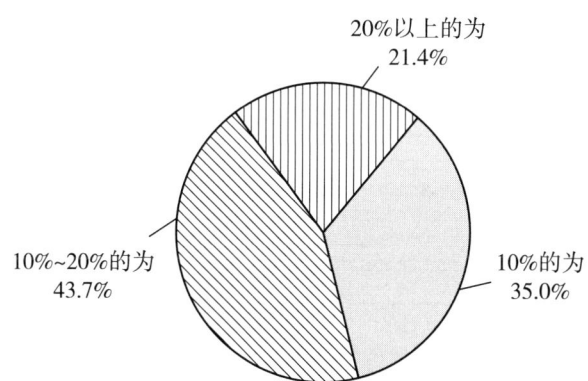

图 A1－69　被访教师所在院校法学专业课程体系中法律实务课程占总学时的比例分布（N=304）

问题 8：您认为教育部确定的法学本科专业的 16 门核心课程（法理学、宪法学、中国法制史、行政法与行政诉讼法、民法、商法、知识产权法、经济法、民事诉讼法、刑法、刑事诉讼法、国际公法、国际私法、国际经济法、环境与自

然法、劳动与社会保障法）的做法是否妥当？（见图 A1-70）

0381 □ 妥当　　　　　0382 □ 不妥当　　　　　0383 □ 不知道

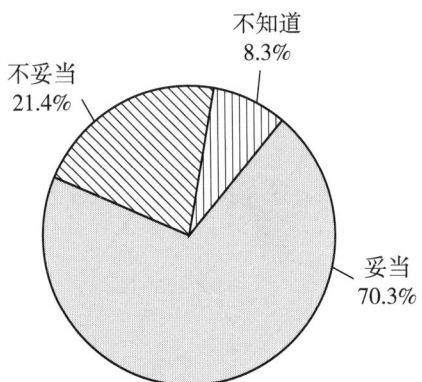

图 A1-70　被访教师认为教育部确定的法学本科专业的 16 门
核心课程的做法是否妥当分布（N=206）

如果您认为目前确定的核心课程不妥当，您认为法学专业的核心课程应当包括（列出具体课程名称）：＿＿＿＿＿＿＿＿＿＿＿＿＿＿＿（见图 A1-71）。

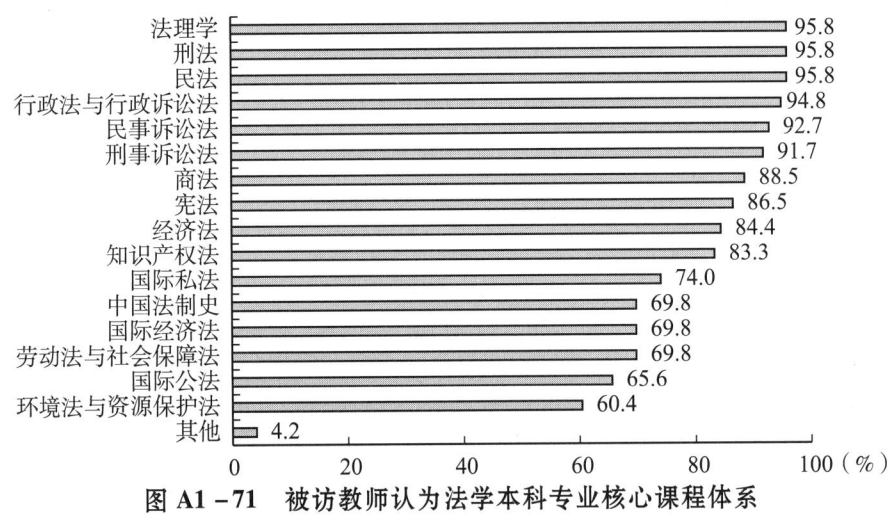

图 A1-71　被访教师认为法学本科专业核心课程体系
应该包括的课程（N=96）

注：1. 本题是多选题，因此总和比例大于 100%。

2. 其他包括包装法学；法律方法；法律职业道德；法律制度与思想史；工程类课程；合同法；环境法、劳动与社会保障法；婚姻家庭法；职业伦理；廉政法；速记与速录；调解。除课程外，还有部分被访教师列出了对课程设置方面的建议：中国法律思想史课程设置可以，但实践性教学环节无从体现；太多，应酌情减少；应当确定，但具体课程可少定，给学校一定自主权。

问题9：您所在院（系）法学本科专业开设的法律实务课程有哪些？（多选）（见图 A1-72）

☐司法法律实务（法庭模拟、法律诊所、法庭辩论等）
☐行政法律实务　　☐立法法律实务
☐企业法律实务　　☐其他

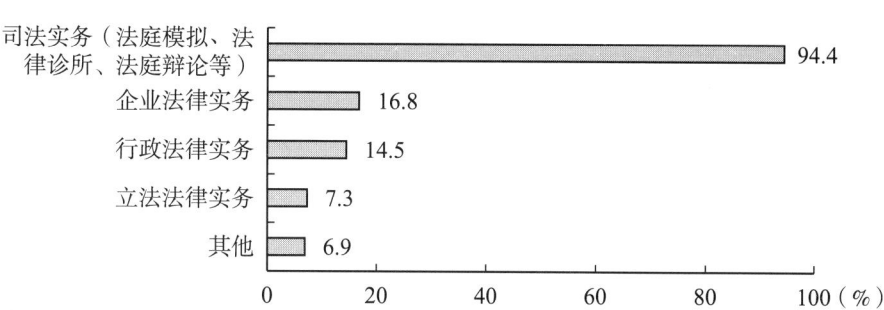

图 A1-72　被访教师所在院校法学本科专业开设的法律实务课程分布（N=303）

注：1. 本题是多选题，因此总和比例大于100%。
2. 其他包括课堂案例讨论、法律文书。

问题10：您认为法学本科专业是否应当专门开设法律职业伦理课程以加强法律职业伦理训练？（见图 A1-73）

☐非常必要　　☐有必要
☐没有必要　　☐无所谓

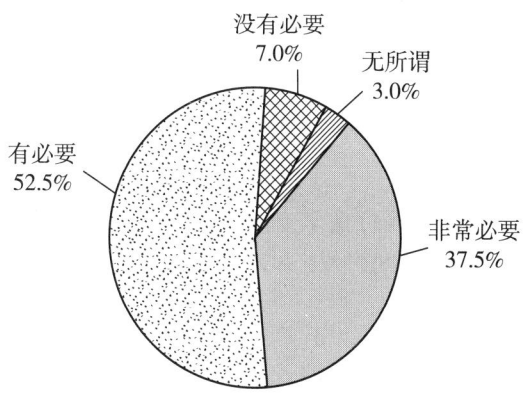

图 A1-73　被访教师认为法学本科专业是否应当专门开设法律职业伦理课程以加强法律职业伦理训练分布（N=304）

问题11：您认为现行法学专业课程体系存在的问题有哪些？（多选）（见图A1-74）

☐法律理论课程过多，法律实务课程过少

☐部门法课程过多，理论课程偏少

☐课程之间重复，衔接度不好

☐课程性质单一，缺少各个学校根据自身实际情况设置的具有地方高校特质的应用型课程

☐公共和政治课程占据大学教育的比例过大

☐课程设置主要限于法学领域，忽视其他人文社会和自然科学课程

☐课程设置与司法考试紧密配合

☐开课顺序不符合学生的认识规律，如先易后难、先理论后实践

☐课程设置没有根据新法的变更、市场经济发展、就业状况需求和经济全球化不断更新

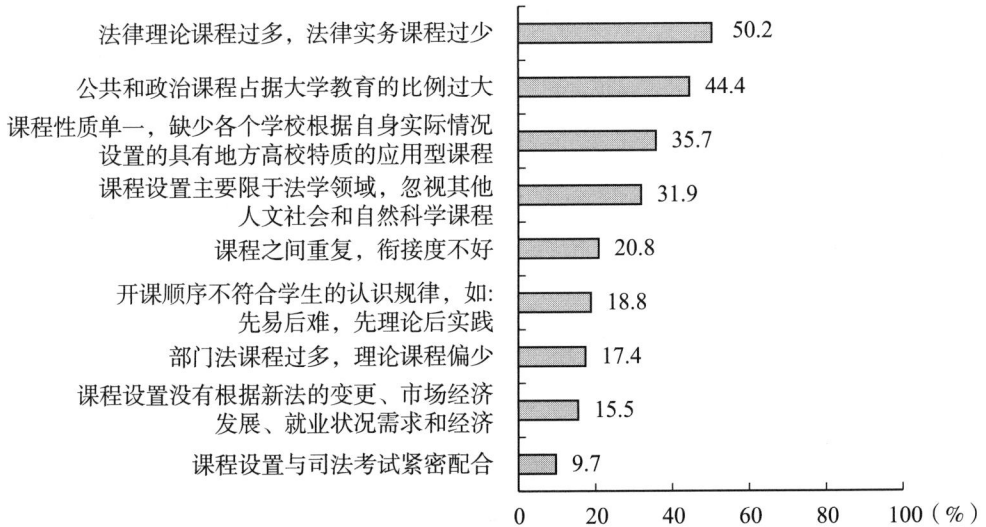

图A1-74 被访教师认为现行法学专业课程体系存在的问题分布（N=207）

注：本题是多选题，因此总和比例大于100%。

问题12：您所在学校（院）开设的法律实务课程特色方向有哪些？（多选）（见图A1-75）

☐司法法律实务（法庭辩论、法律谈判、法律诊所、模拟法庭等）

□行政法律实务　　　　□立法法律实务
□企业法律实务　　　　□其他

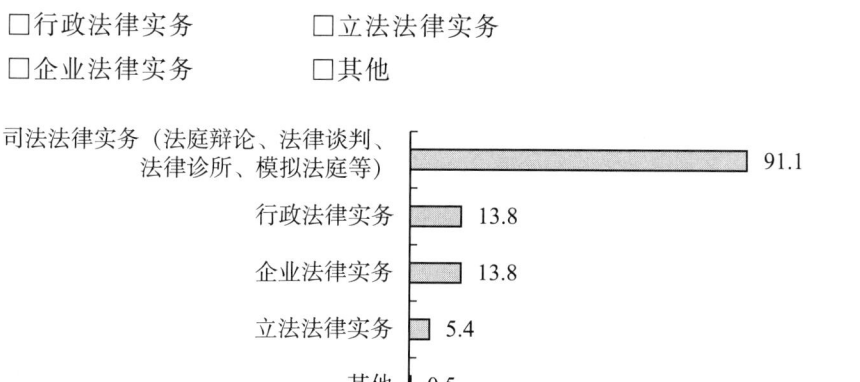

图 A1 -75　被访教师所在院校开设的法律实务课程特色方向分布（N =203）

注：1. 本题是多选题，因此总和比例大于100%。
　　2. 其他包括国际法律实务、各种国际法的模拟法庭（英文）、英文法律文书写作与讨论。

问题13：贵校（院）实务课程任课老师的主要来源有哪些？（见图 A1 -76）
□校内1位教师承担课程
□校内2位以上教师共同承担课程
□校外法律专业实务导师承担
□校内教师与校外实务专家共建

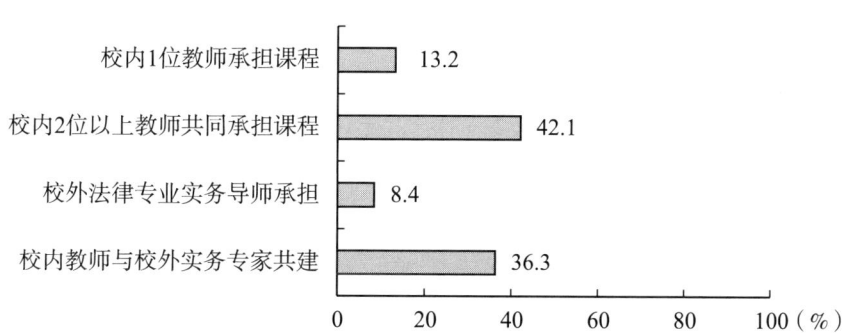

图 A1 -76　被访教师所在院校实务课程任课老师的主要来源分布（N =190）

问题14：除了教育部规定的核心课程之外，贵校是否开设适应地方法治及经济社会发展需求和体现贵校（院）专业特色的课程设置？（见图 A1 -77）
□开设，请列举_____　　　　□没有　　　　□不知道

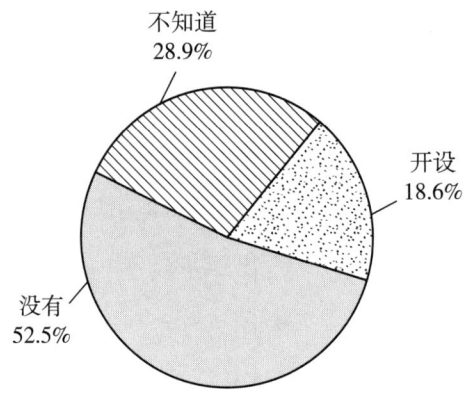

**图 A1-77　被访教师所在院校是否开设适应地方法治及经济社会发展
需求和体现该院校专业特色的课程分布（N=304）**

注：开设课程包括东盟法律制度；法院实训；国际商事仲裁制度、国际组织法、国际公法经典文献选读（英文）、美国合同法、国际金融法；模拟法律诊所、案例研讨课；食品安全法案例研讨、商事侵权法案例研讨、房地产法案例研讨等；质检法课程。

问题15：您认为您所在学校课程体系是否应按照研究型法学教育与法律职业教育分别设置课程？（见图 A1-78）

□应分别设置课程
□坚持现有法学核心课程为基础的课程体系，不应分别设置课程
□不知道

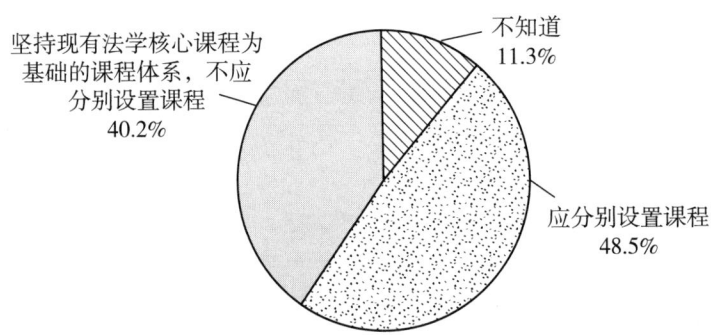

**图 A1-78　被访教师所在院校课程体系是否应按照研究型法学教育与
法律职业教育分别设置课程分布（N=304）**

第四部分：法治人才培养与法律职业资格

问题1：您认为法学本科专业学生通过国家统一法律职业资格考试（司法考试）是必须的吗？（见图 A1-79）

□是必须的　　　　　□不是必须的　　　　　□无所谓

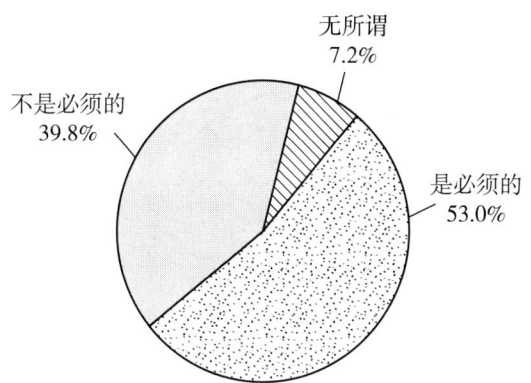

图 A1-79　被访教师认为法学本科专业学生通过国家统一法律职业
资格考试（司法考试）是否必须分布（N=304）

问题2：您认为国家统一法律职业资格考试（司法考试）是否能够真实反映社会对法治人才培养的需求？（见图 A1-80）
□完全能反映
□不太能反映专业水平，司法考试更多的是考查应试能力
□不能反映

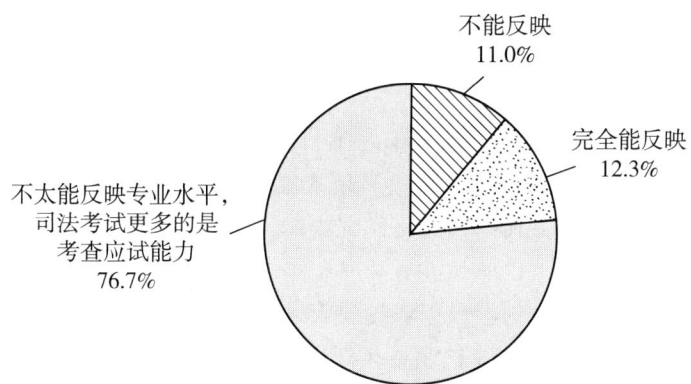

图 A1-80　被访教师认为国家统一法律职业资格考试（司法考试）是否
能够真实反映社会对法治人才培养的分布（N=304）

问题3：您认为通过法律职业资格考试进入国家机关还应该参加公务员入职考试吗？（见图 A1-81）
□考试性质不同，必须的　　□重复考试，不必要　　□不清楚

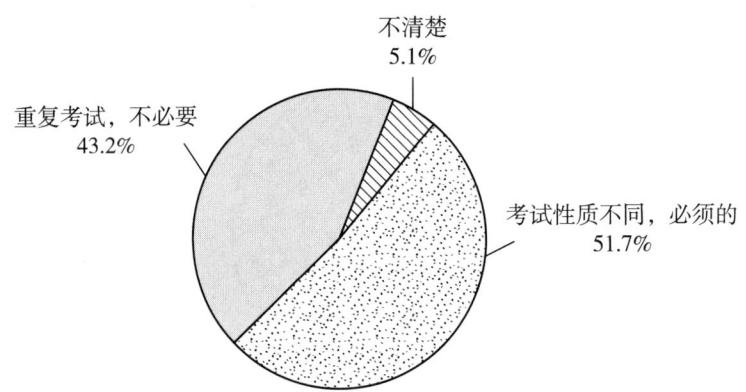

图 A1-81　被访教师认为通过法律职业资格考试进入国家机关是否还应该参加公务员入职考试分布（N=296）

第五部分：法治人才培养模式

问题1：您认为下列哪种模式更有助于实现社会主义法治人才培养目标？（见图 A1-82）

□中国政法大学的"高级法律职业人才培养体制改革"，整合法学本科教育与法律硕士专业学位教育，实施6年两阶段"4年基础学习+2年应用学习"融贯式培养

□西南政法大学分别制定人才培养方案，实行独立培养，分别创办"实务人才实验班"和"学术人才实验班"

□华东政法大学的"通识教育+跨学科（专业）教育+校企联合培养+科研能力训练"培养模式，试行"4+2"模式本硕贯通体制，重点培养国际金融、国际贸易、国际航运等方面的国际化经贸法律人才，试行"4+1"国际化培养，本科毕业后到海外高校攻读学位或者开展技能培训

□中南财经政法大学的本科创新拔尖人才"文澜人才培养模式"，建立适合培养"文澜人才"需要的招生机制或生源选拔机制，实行本硕连读，采取"2+2+2"的培养方式分阶段培养，即通识教育、专业课程学习和基础职业训练、研究生学习阶段，并进行分流培养

□西北政法大学的"实务培训模式"，首创了法科研究生在司法机关实训半年担任见习法官助理和检察官助理的研究生教育改革，研究生在校期间必须完成为期6个月的实务训练

□其他

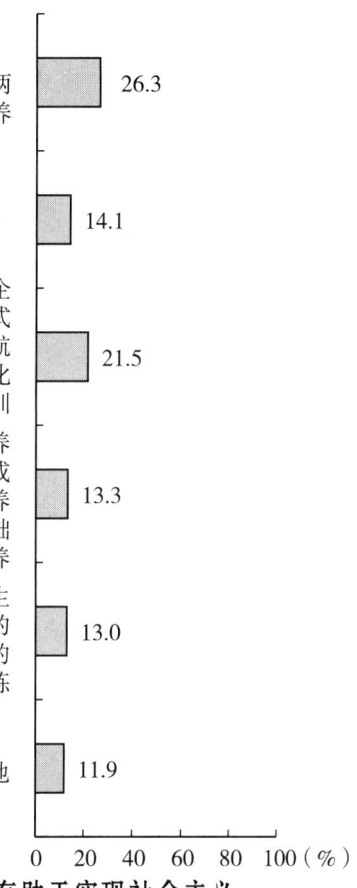

图 A1-82 被访教师认为哪种模式更有助于实现社会主义
法治人才培养目标分布 （N=270）

问题 2：您在课堂教学中，经常会运用哪些教学方法？（多选）（见图 A1-83）
□讲授法　　□案例教学法　　□探究式学习讨论法　　□其他方法

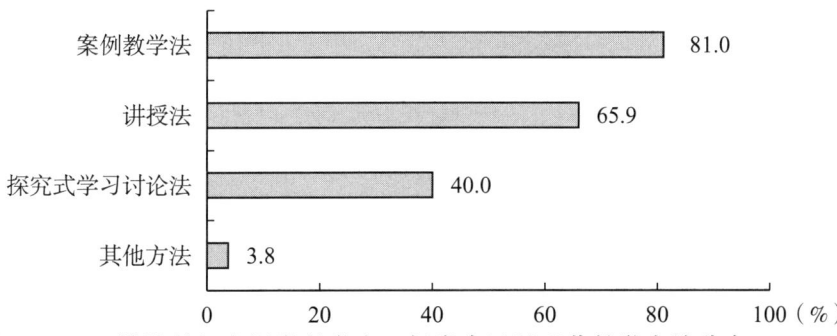

图 A1-83 被访教师在课堂教学中，经常会运用哪些教学方法分布 （N=290）

注：本题是多选题，因此总和比例大于100%。

第六部分：法治人才的协同培养与评价

问题1：您认为当前政法部门和法学院校、法学研究机构人员双向交流机制实施的效果如何？（见图A1-84）

□ 效果明显　　　　□ 效果一般
□ 没有效果　　　　□ 尚未开始

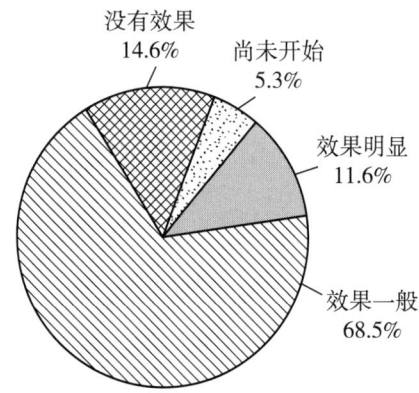

图 A1-84　被访教师认为当前政法部门和法学院校、法学研究机构人员双向交流机制实施的效果分布（N=302）

问题2：您所在院（系）组织法律实务部门专家给学生授课的频次大致是多少？（见图A1-85）

□ 2次以上/周　　　□ 1次/周
□ 1次/1周　　　　□ 1次/2周以上

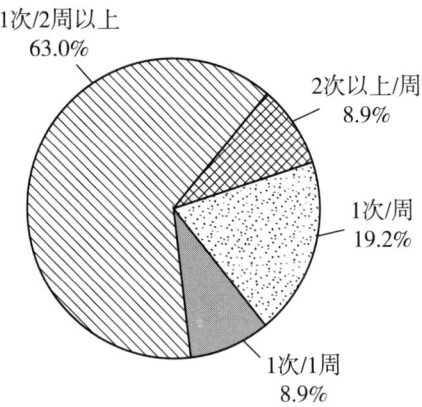

图 A1-85　被访教师所在院（系）组织法律实务部门专家给学生授课频次分布（N=292）

问题3：贵院（系）组织给学生承担法律事务部门的专家大致来自哪些单位？（多选）（见图A1-86）

　　□ 法院、检察院　　　　□ 律所　　　　　　□ 政府部门
　　□ 各级人大　　　　　　□ 企业　　　　　　□ 不清楚

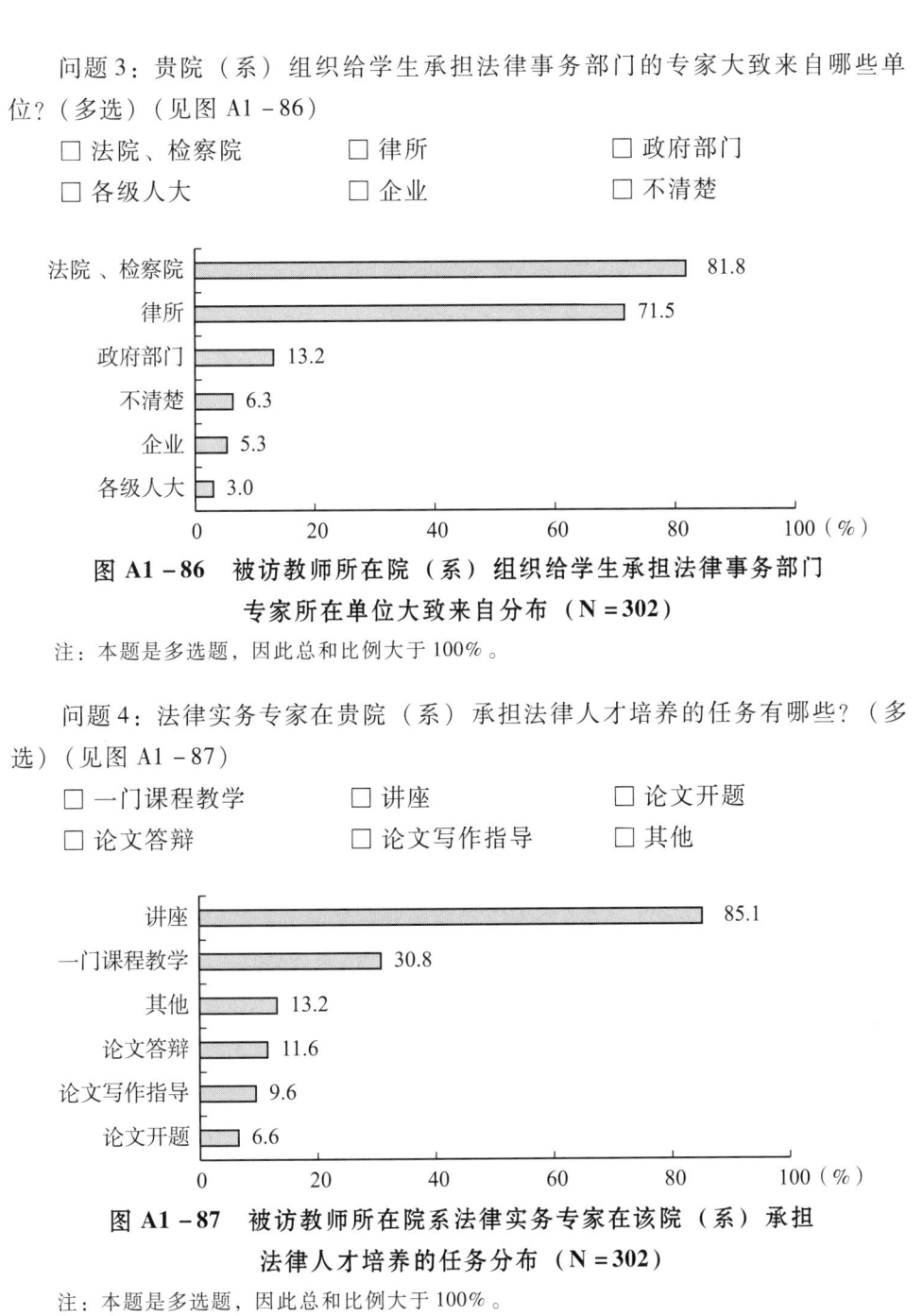

图A1-86　被访教师所在院（系）组织给学生承担法律事务部门
专家所在单位大致来自分布（N=302）

注：本题是多选题，因此总和比例大于100%。

问题4：法律实务专家在贵院（系）承担法律人才培养的任务有哪些？（多选）（见图A1-87）

　　□ 一门课程教学　　　　□ 讲座　　　　　　□ 论文开题
　　□ 论文答辩　　　　　　□ 论文写作指导　　□ 其他

图A1-87　被访教师所在院系法律实务专家在该院（系）承担
法律人才培养的任务分布（N=302）

注：本题是多选题，因此总和比例大于100%。

问题5：您所在院（系）与法律实务部门在人才培养方面建立合作的基础是什么？（见图A1-88）

　　□ 单位负责人个人情感上　　□ 合作协议书　　□ 其他

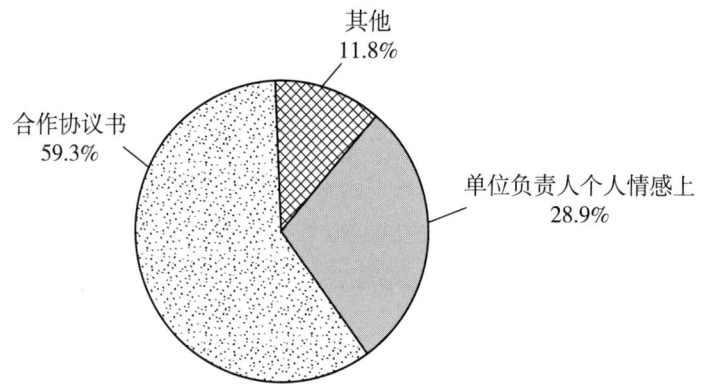

图 A1-88　被访教师所在院（系）与法律实务部门在人才培养方面建立合作的主要基础分布（N=280）

注：其他包括组织安排、自行邀请。

问题6：您认为法治人才培养评价主体应该是什么？（见图 A1-89）
　□ 高等学校
　□ 教育主管部门
　□ 法治人才需求单位
　□ 供需单位和教育部门共同评价
　□ 其他

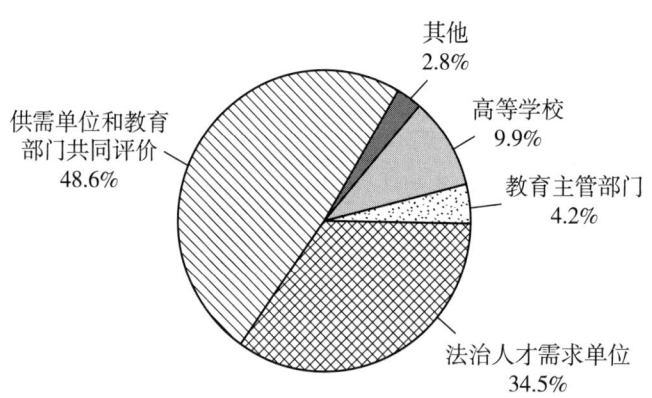

图 A1-89　被访教师认为法治人才评价主体分布（N=284）

问题7：您认为应如何促进法律实务部门在协同式教学中承担起相应的责任和义务？（见图 A1-90）
　□ 国家立法明确规定培养单位与需求部门共同的责任
　□ 制定政策鼓励培养单位与需求部门协同培养

□ 法律实务部门自愿参加，构建法律共同体
□ 其他

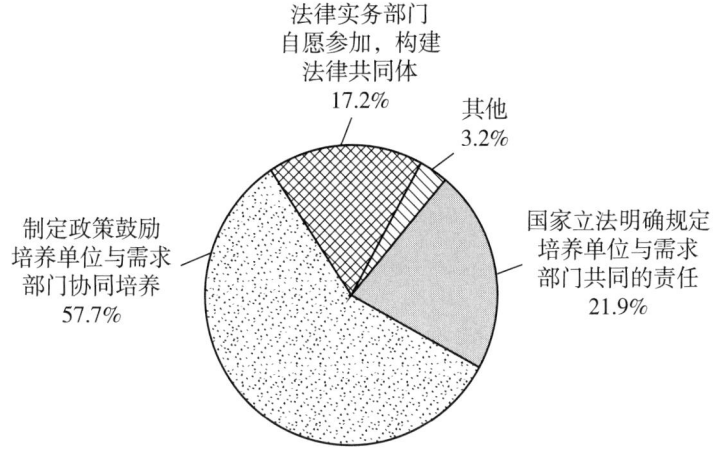

图 A1-90 被访教师认为促进法律实务部门在协同式教学中承担起相应的责任和义务的方式分布（N=279）

问题8：您认为法治人才评价是否应该就不同层次和不同行业进行区分？（多选）（见图 A1-91）
□ 本科、硕士、博士不同层次
□ 法律实务类型人才与法学研究类型人才
□ 司法人才、立法人才、行政执法人才、企业法务人才
□ 不清楚

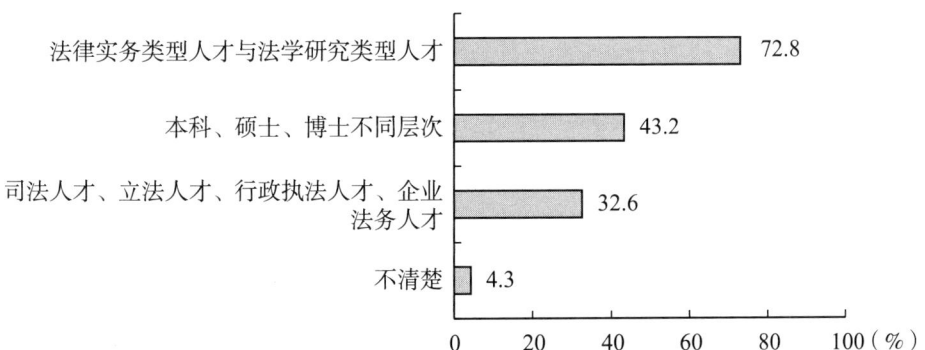

图 A1-91 被访教师认为法治人才评价应该区分事项分布（N=301）
注：本题是多选题，因此总和比例大于100%。

问题9:您认为在法治人才培养中高校教师最需要在哪些方面实现素质提升?(多选)(见图A1-92)
□ 完整的法学知识结构
□ 法律实践教学能力
□ 授课教学技巧及课堂组织管理能力
□ 提升科学研究能力和学术水平
□ 较强的沟通能力与社交能力
□ 利用现代教育教学技术的能力
□ 高水平的反思能力
□ 其他

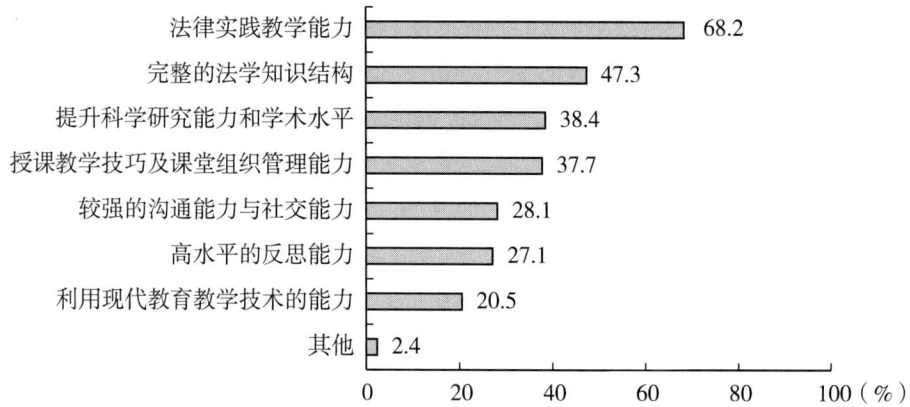

图 A1-92 被访教师认为在法治人才培养中高校教师最需要在哪些方面实现素质提升分布(N=292)

注:本题是多选题,因此总和比例大于100%。

问题10:您认为通过哪些途径有利于提升高校法学教师素质?(多选)(见图A1-93)
□ 岗前培训
□ 继续教育
□ 积极参与法律实践
□ 积极开展科学研究
□ 教育机构积极组织校内外的教学合作与交流
□ 其他

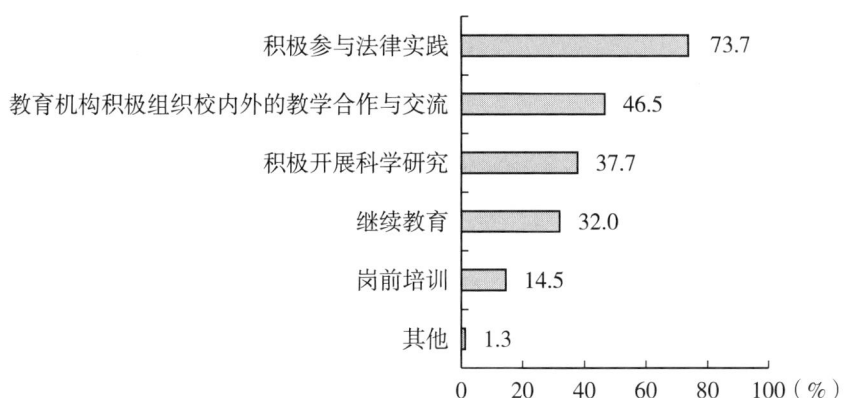

图 A1 – 93　被访教师认为通过哪些途径有利于提升高校法学
教师素质分布（N = 297）

注：本题是多选题，因此总和比例大于 100%。

第七部分：法治人才培养机制的创新与保障

问题 1：您认为当前高等学校法治人才培养中存在的主要问题有哪些？（多选）（见图 A1 – 94）

　　□ 社会主义法治理念教育还不够深入
　　□ 法律类专业扩张迅速，但低水平重复建设较多，教学质量难以得到保证，就业形势严峻
　　□ 人才培养模式单一，不能满足社会对多元化法治人才的需求
　　□ 高层次法治人才奇缺，尤其是复合型人才和涉外高端法律人才严重不足
　　□ 其他

问题 2：您认为创新法治人才培养机制，目前高校最需要做什么工作？（多选）（见图 A1 – 95）

　　□ 明确法学教育培养目标
　　□ 重视对学生法律实践能力的培养
　　□ 改革传统的法学教育模式
　　□ 加强学校师资队伍建设
　　□ 从实际出发，切实加强与法律实务部门的多方位合作
　　□ 给学生充分的选课自由和独立发展的空间

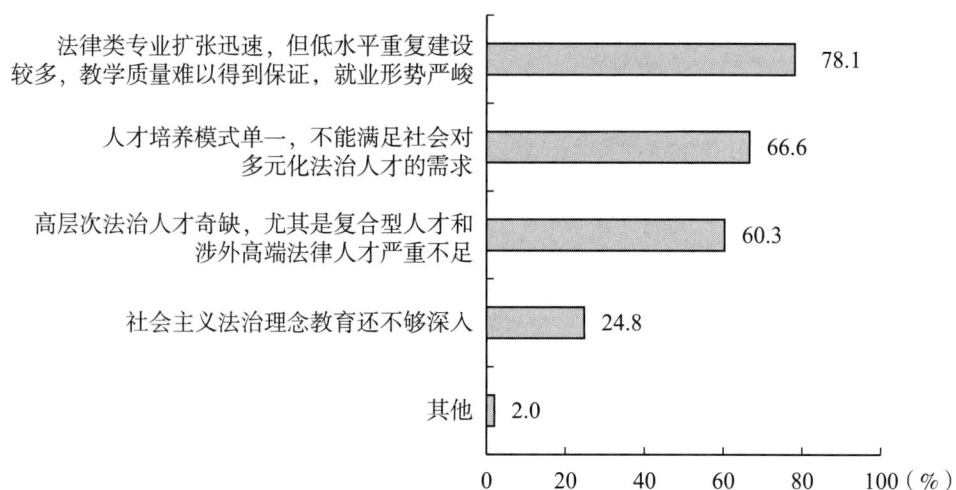

图 A1-94　被访教师认为当前高等学校法治人才培养中存在的
主要问题分布 （N=302）

注：本题是多选题，因此总和比例大于100%。

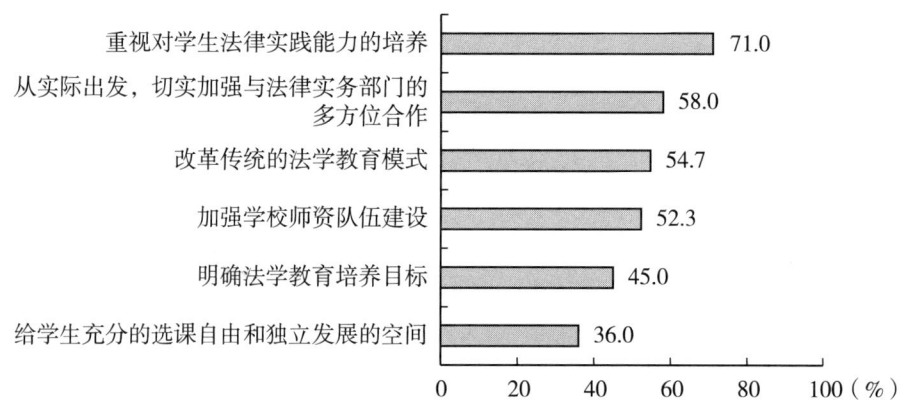

图 A1-95　被访教师认为创新法治人才培养机制，目前高校
最需要做的工作分布 （N=300）

注：本题是多选题，因此总和比例大于100%。

问题3：您认为应当通过何种方式改进当前的法治人才培养机制？（多选）（见图 A1-96）

　　□ 根据社会对多元化法治人才需求调整培养方案，形成综合的、统一的法治人才培养体制机制

　　□ 编写国家统一的法律类专业核心教材，完善不同层级的阶梯式的中国特色法学课程

　　□ 强化案例教学，创新法学课程教学方法

□ 立足当代中国法治实践,围绕社会对多元化法治人才需求,创新法治人才培养机制
□ 积极运用信息化手段扩大法学教育优质资源共享
□ 建立科学的法治人才培养评估体系和有效的保障机制

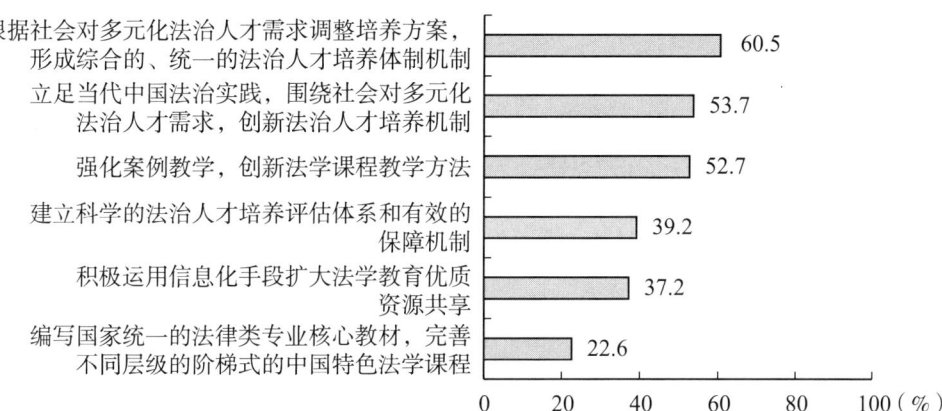

图 A1-96　被访教师认为应当通过何种方式改进当前的法治人才培养机制分布（N=296）

注：本题是多选题,因此总和比例大于100%。

问题 4：您认为创新法治人才培养机制最重要的保障是什么？（见图 A1-97）
　□ 国家立法　　　　　　　□ 多部门联合出台相关政策
　□ 法律实务部门自觉参与　□ 高校主动对社会开放
　□ 其他

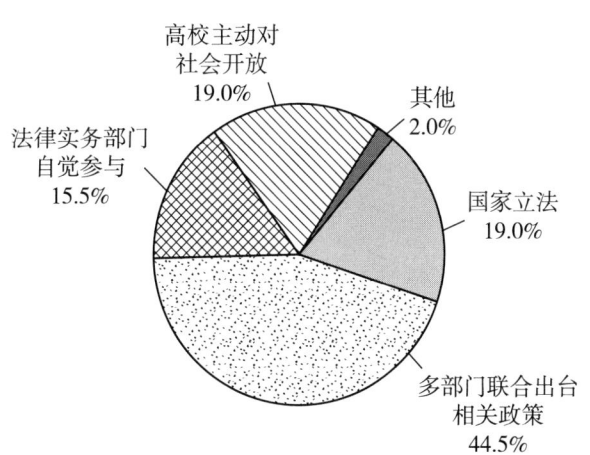

图 A1-97　被访教师认为"创新法治人才培养机制最重要的保障"分布（N=200）

问题 5：您对学校建设高素质法学教师队伍有什么期许？（见图 A1-98）

□ 鼓励支持高校教师到政法部门挂职，实现高校与实务部门人员的双向交流机制

□ 构建科学的考核评价机制

□ 鼓励支持高校教师多参加国际国内学术交流和教学培训

□ 切实提高教师待遇

□ 其他

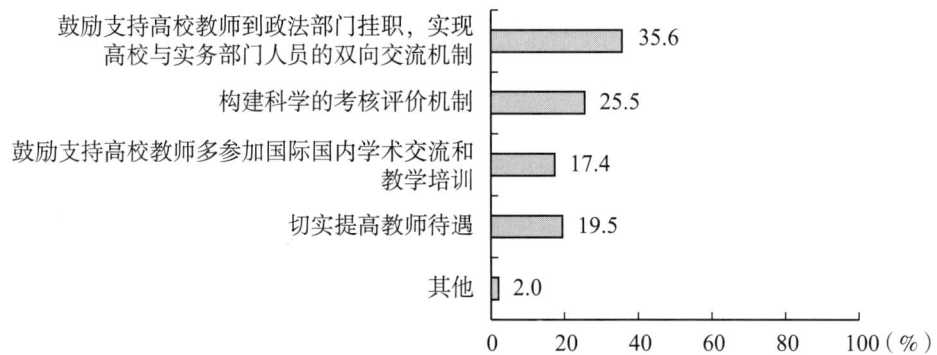

图 A1-98　被访教师对学校建设高素质法学教师队伍的期许分布（N=149）

（三）法律工作者版调查问卷数据统计

为了解当前法律工作者对于法学教育及法治人才培养的看法，课题组在 2016 年 9 月至 2016 年 12 月在全国范围对法律职业工作者包括法官、检察官、律师等开展问卷调查，调查方式分成纸质版问卷和网络版调查两种，其中纸质版发放问卷 500 份，回收有效问卷 442 份；网络版发放有效问卷 155 份；共回收有效问卷 597 份。法律工作者版问卷调查的数据统计报告如下：

第一部分：法律工作者的基本情况（见图 A1-99 至图 A1-106）

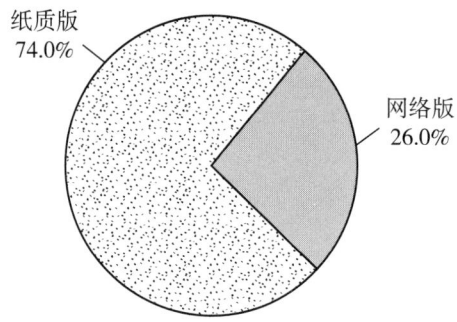

图 A1-99　被访法律工作者问卷类型分布（N=597）

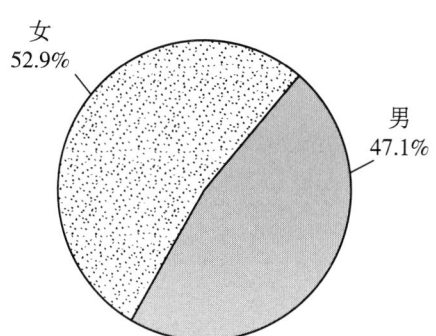

图 A1-100 被访法律工作者性别分布（N=597）

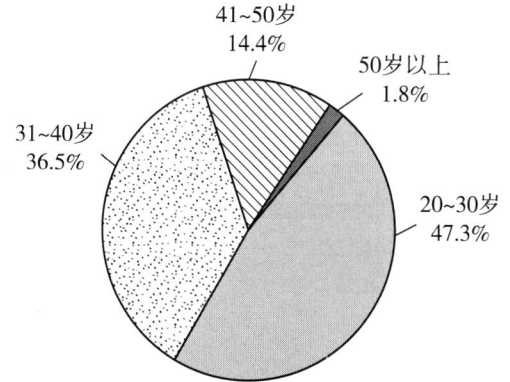

图 A1-101 被访法律工作者年龄分布（N=597）

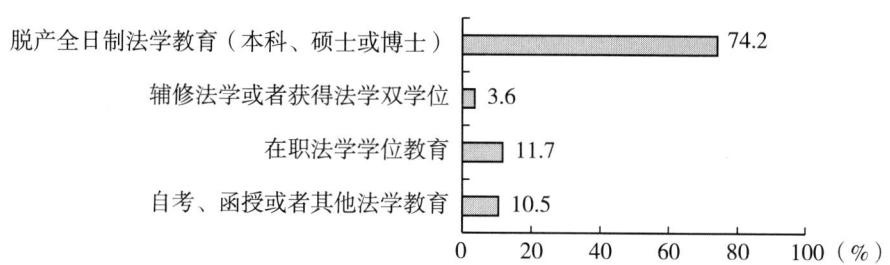

图 A1-102 被访法律工作者法学教育背景分布（N=589）

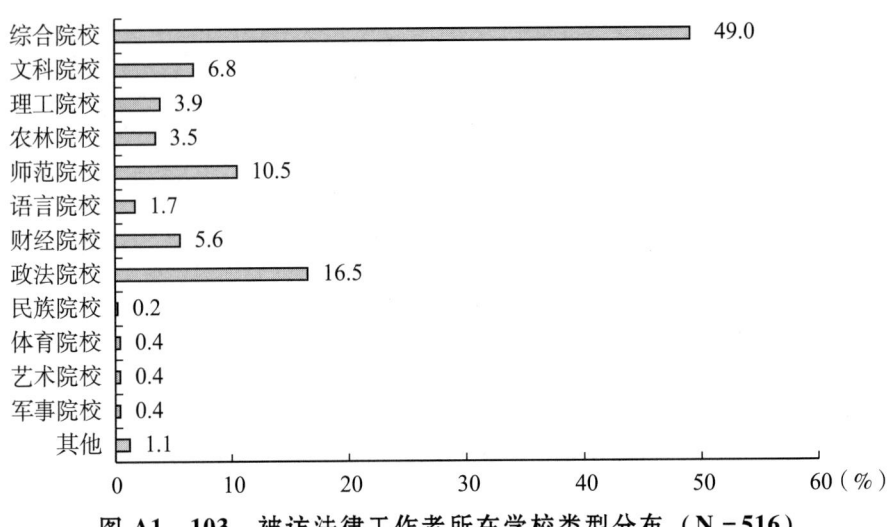

图 A1-103　被访法律工作者所在学校类型分布（N=516）

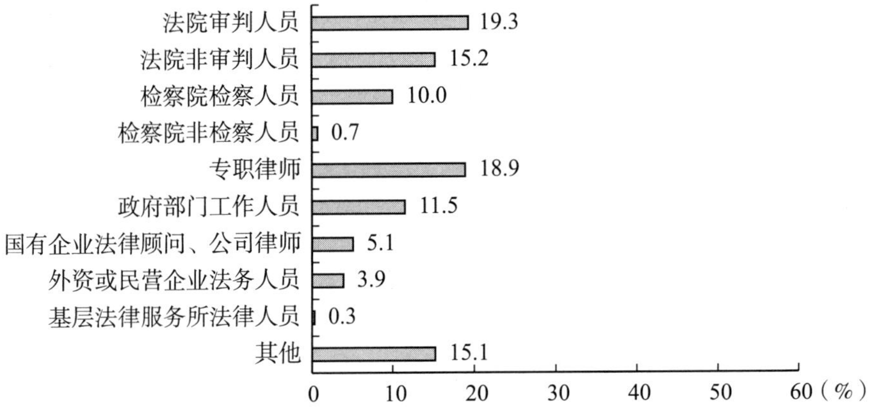

图 A1-104　被访法律工作者工作性质分布（N=592）

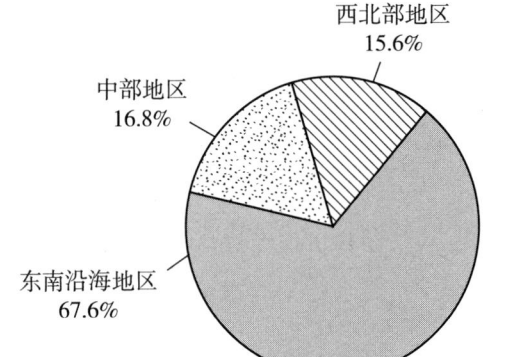

图 A1-105　被访法律工作者所在地区分布（N=591）

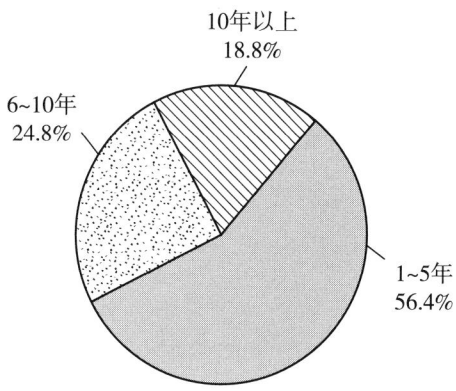

图 A1-106　被访法律工作者从事法律职业的时间分布（N=585）

第二部分：法学教育与法治人才培养目标

问题1：您认为法学教育的性质是什么？（多选）（见图 A1-107）
　　□ 精英教育　　　　□ 职业教育
　　□ 大众教育　　　　□ 素质（通识）教育
　　□ 其他

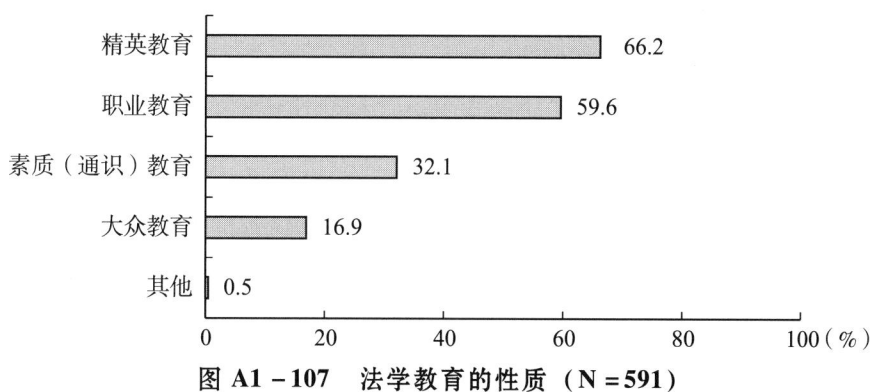

图 A1-107　法学教育的性质（N=591）

注：1. 本题是多选题，因此总和比例大于100%。
　2. 其他包括精英职业、大众教育多层次；精英与大众、职业与素质相结合。

问题2：您认为社会主义法治人才应当具备的基本素质或能力有哪些？（多选）（见图 A1-108）
　　□ 思想政治素质
　　□ 法律思维

□ 法律职业伦理
□ 扎实的法律专业知识和理论功底
□ 较强的学习能力和实践能力
□ 较强的语言表达和沟通协调能力
□ 较强的文字表达能力和法律文书写作技巧
□ 法庭辩论和诉讼技巧
□ 一定的理论研究能力
□ 较高的外语水平
□ 广泛的知识背景
□ 其他

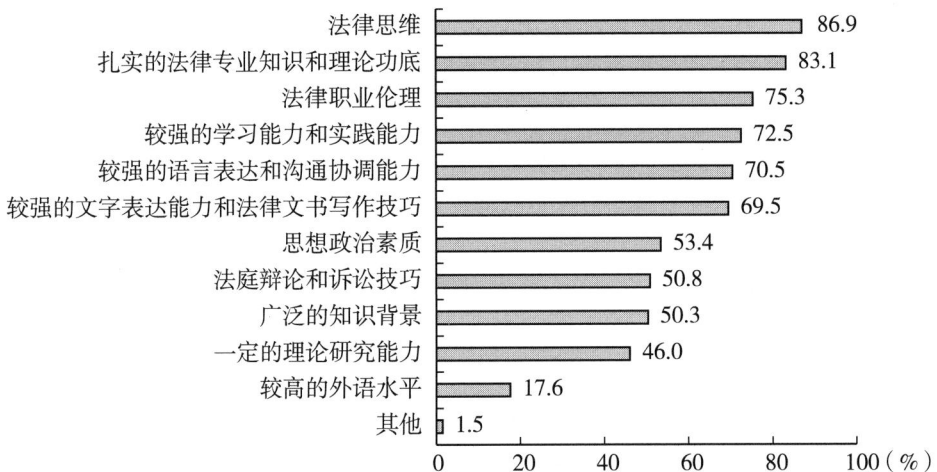

图 A1-108　社会主义法治人才应当具备的基本素质或能力（N=596）

注：1. 本题是多选题，因此总和比例大于100%。
2. 其他包括对社会环境和风土人情的理解能力、良好的身体素质。

问题3：您认为法治人才培养质量国家标准应当由谁负责制定？（见图A1-109）

□ 教育主管部门
□ 高校联合体
□ 法治人才需求单位
□ 供需单位和教育主管部门共同制定
□ 不清楚

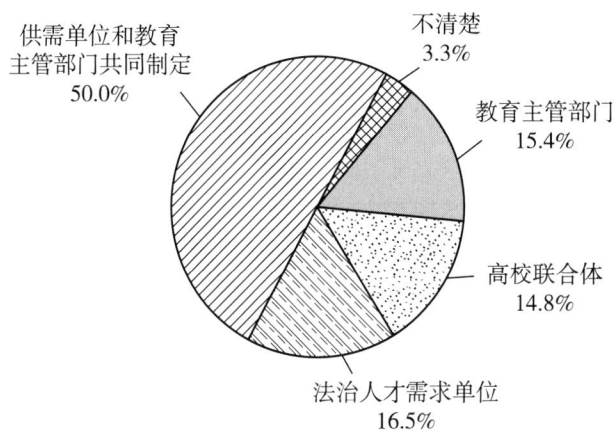

图 A1-109　法治人才培养质量国家标准应当由谁负责制定分布（N=540）

问题4：您认为当前法学教育应当主要面向何种行业培养法治人才？（多选）（见图 A1-110）

□ 法院、检察院　　□ 律所、仲裁庭
□ 行政执法部门　　□ 人大立法机构
□ 企业　　　　　　□ 公证处等专门法律服务机构
□ 政府法制机构（含行政立法、行政复议、行政裁决等）
□ 其他

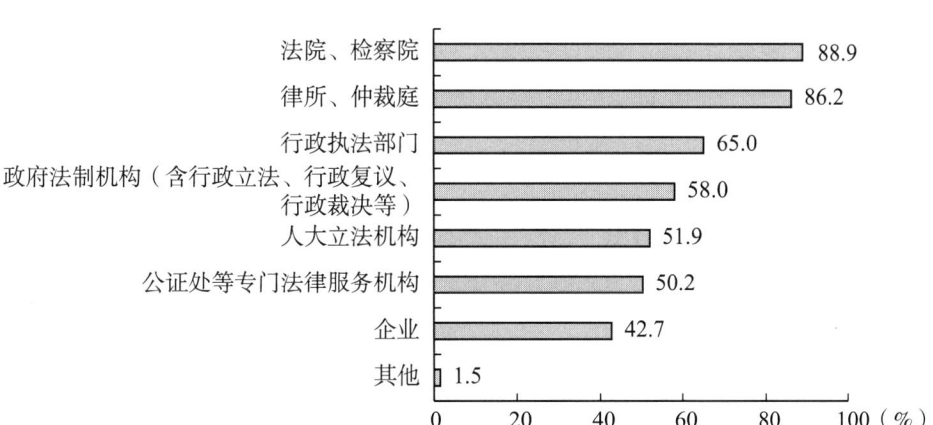

图 A1-110　当前法学教育应当主要面向何种行业培养法治人才（N=586）

注：1. 本题是多选题，因此总和比例大于100%。
2. 其他包括社会性法律援助部门、企业法律部门。

第三部分：法治人才培养课程体系与课程设置

问题1：从本科法学核心课程能否满足您现有工作需要的角度，勾出您对核心课程的整体评价（见表A1-2、图A1-111至图A1-125）。

表 A1-2　　　　　　　　　课程满意度评价

课程名称	非常有用	基本有用	用处不大
法理学			
宪法学			
中国法制史			
刑法			
民法			
商法			
知识产权法			
经济法			
行政法与行政诉讼法			
民事诉讼法			
刑事诉讼法			
国际公法			
国际私法			
国际经济法			
环境法与资源保护法			
劳动法与社会保障法			

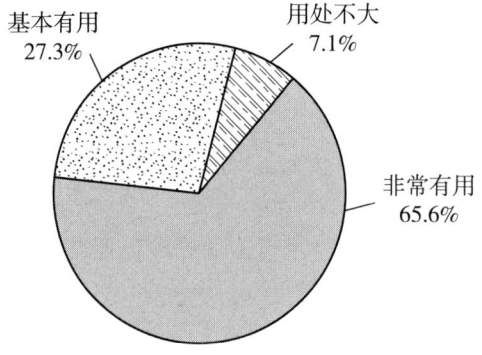

图 A1-111　法理学（N=590）

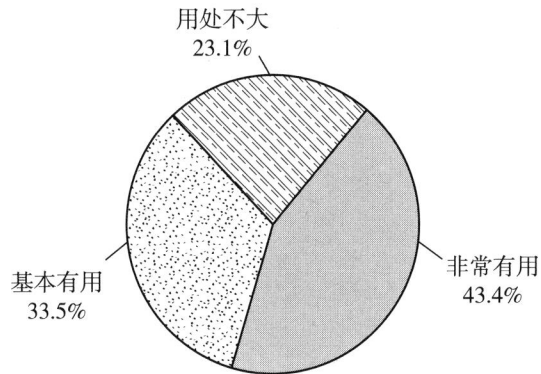

图 A1-112 宪法学（N=588）

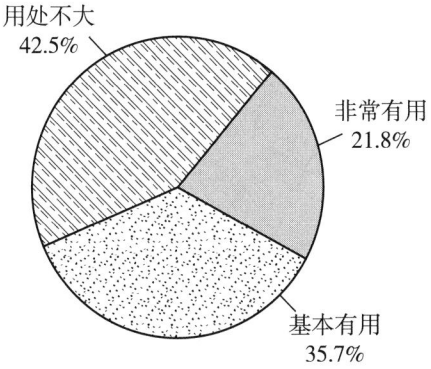

图 A1-113 中国法制史（N=588）

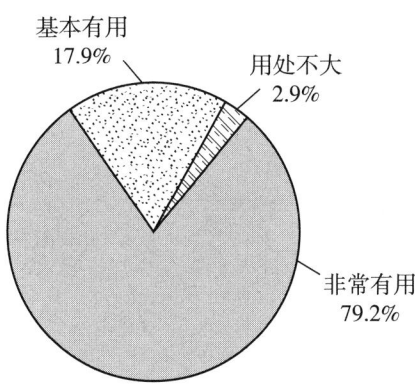

图 A1-114 刑法（N=591）

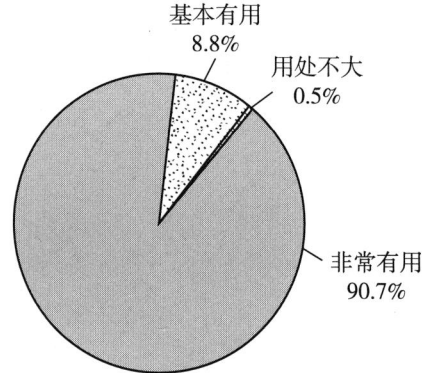

图 A1-115　民法（N=590）

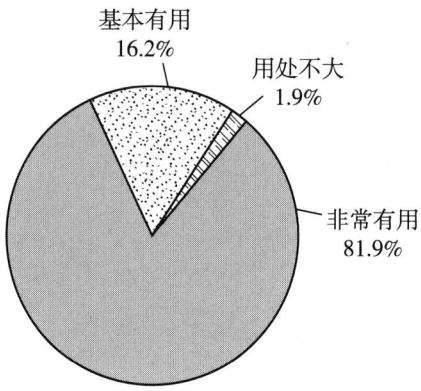

图 A1-116　商法（N=588）

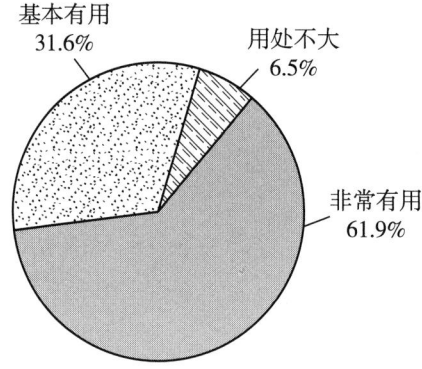

图 A1-117　知识产权法（N=586）

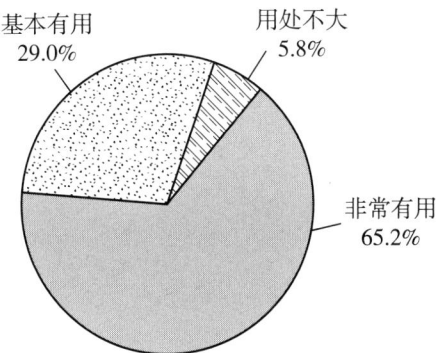

图 A1-118　经济法（N=587）

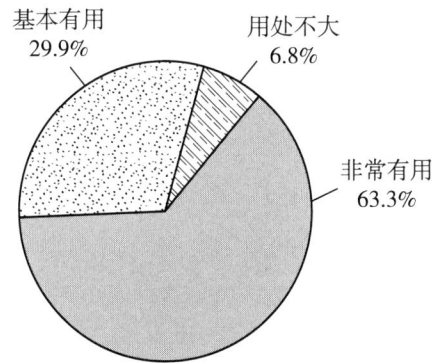

图 A1-119　行政法与行政诉讼法（N=588）

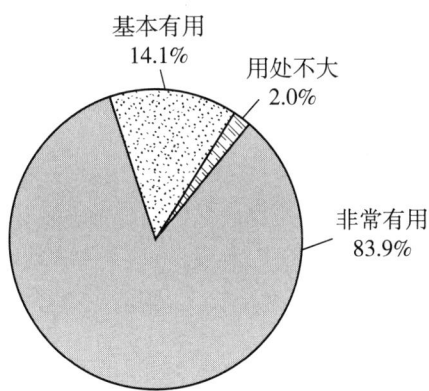

图 A1-120　民事诉讼法（N=590）

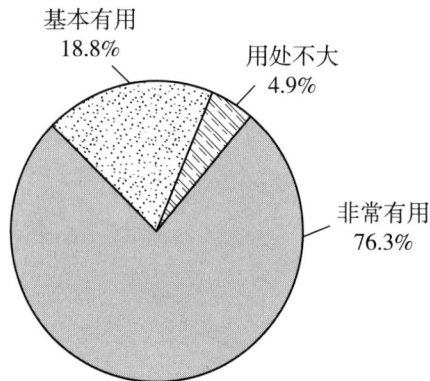

图 A1-121 刑事诉讼法 (N=589)

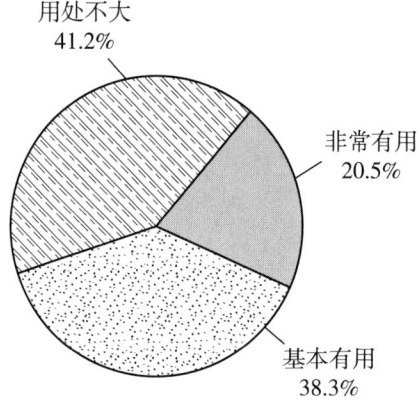

图 A1-122 国际公法 (N=585)

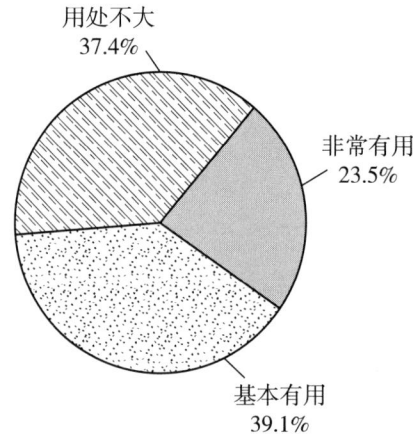

图 A1-123 国际私法 (N=586)

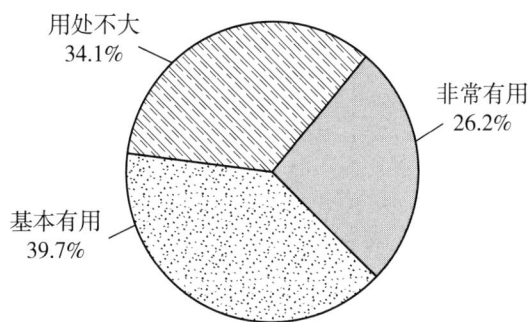

图 A1-124 国际经济法 (N=584)

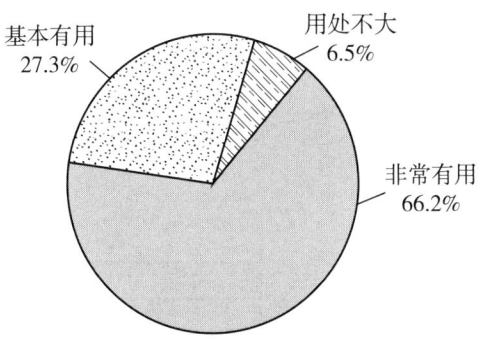

图 A1-125 劳动法与社会保障法 (N=589)

问题 2：在您所在的单位，您认为当前应届法学本科毕业生能否胜任本职工作？（见图 A1-126）
□ 完全胜任　　　　□ 基本胜任
□ 有欠缺　　　　　□ 严重欠缺
□ 本单位近三年来没有新进应届法学本科生

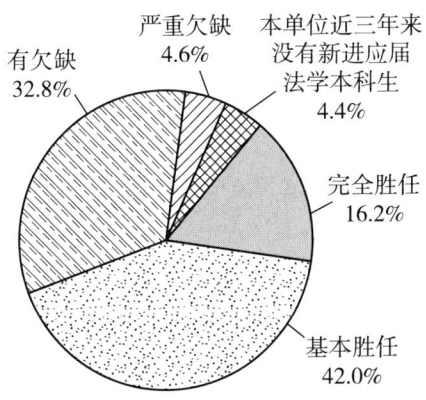

图 A1-126 当前应届法学本科毕业生能否胜任本职工作 (N=591)

问题 3：您认为工作经验在三年内（从本科毕业算起）的法律工作人员，最缺乏的能力和素质是什么？（多选）（见图 A1－127）

☐ 思想政治素质
☐ 法律思维
☐ 法律职业伦理
☐ 扎实的法律专业知识和理论功底
☐ 较强的学习能力和实践能力
☐ 较强的语言表达和沟通协调能力
☐ 较强的文字表达能力和法律文书写作技巧
☐ 法庭辩论和诉讼技巧
☐ 一定的理论研究能力
☐ 较高的外语水平
☐ 广泛的知识背景
☐ 其他

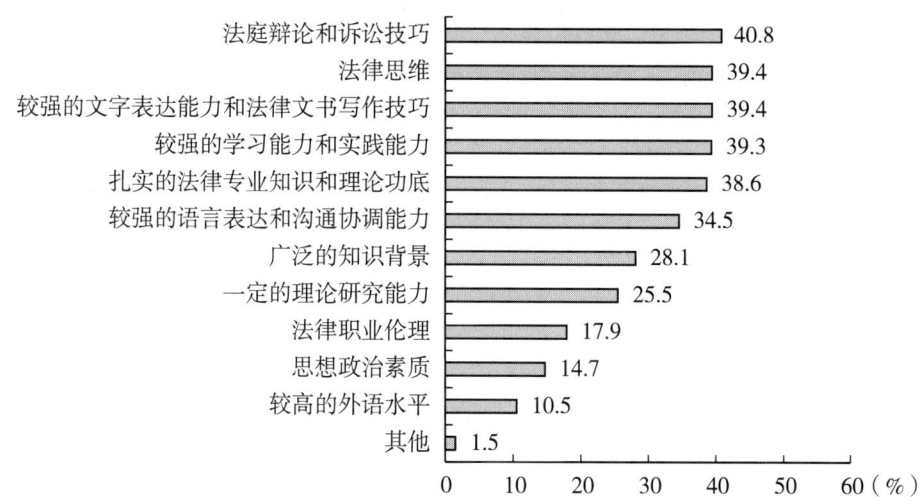

图 A1－127 工作经验在三年内的法律工作人员，最缺乏的
能力和素质（N＝591）

注：1. 本题是多选题，因此总和比例大于 100%。
　　2. 其他包括司法经验、实践能力、综合素质、普通话水平。

问题 4：您认为法学本科专业核心课程体系应该包括哪些课程？（多选）（见图 A1－128）

☐ 法理学　　　　☐ 宪法　　　　☐ 中国法制史
☐ 刑法　　　　　☐ 民法　　　　☐ 商法

□ 知识产权法 　　　　□ 经济法 　　　　□ 行政法与行政诉讼法
□ 民事诉讼法 　　　　□ 刑事诉讼法 　　□ 国际公法
□ 国际私法 　　　　　□ 国际经济法 　　□ 环境法与资源保护法
□ 劳动法与社会保障法 　　　　　　　　□ 其他

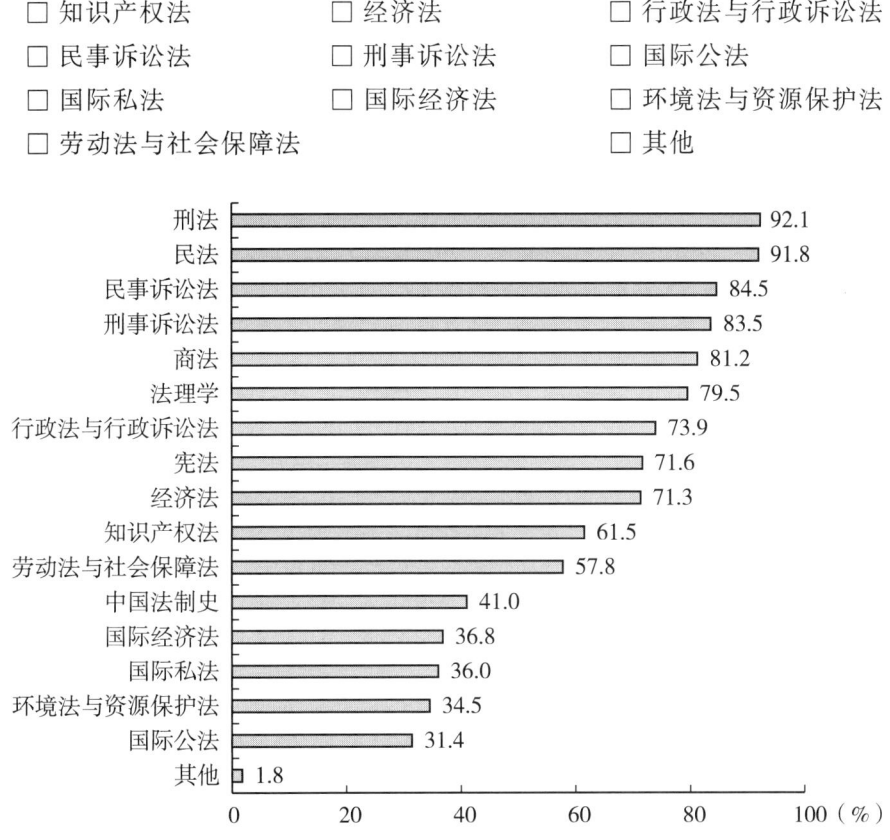

图 A1 – 128　法学本科专业核心课程体系应该包括的课程（N = 595）

注：1. 本题是多选题，因此总和比例大于 100%。
2. 其他包括中外法律思想史、涉外国法律、公证法学、辩论与沟通技巧。

问题 5：您认为除了法学本科专业核心课程外，专业课程和实践课程应该包括哪些？（多选）（见图 A1 – 129）

□ 司法法律实务（法庭模拟、法律诊所、模拟辩论等）
□ 行政法律实务
□ 立法法律实务
□ 企业法律实务
□ 见习、社会调查、实习、专题辩论、疑案辩论
□ 法律职业伦理、法律文书、法律逻辑学、法律思维与法律方法等专业必修课程
□ 法律英语、法律文书、系列刑事、民事、行政案例专题分析等专业选修课程
□ 具有地方特色和专业的课程，如粤港澳商事实务、自贸试验区法律实务

课程

□ 其他（请指明）

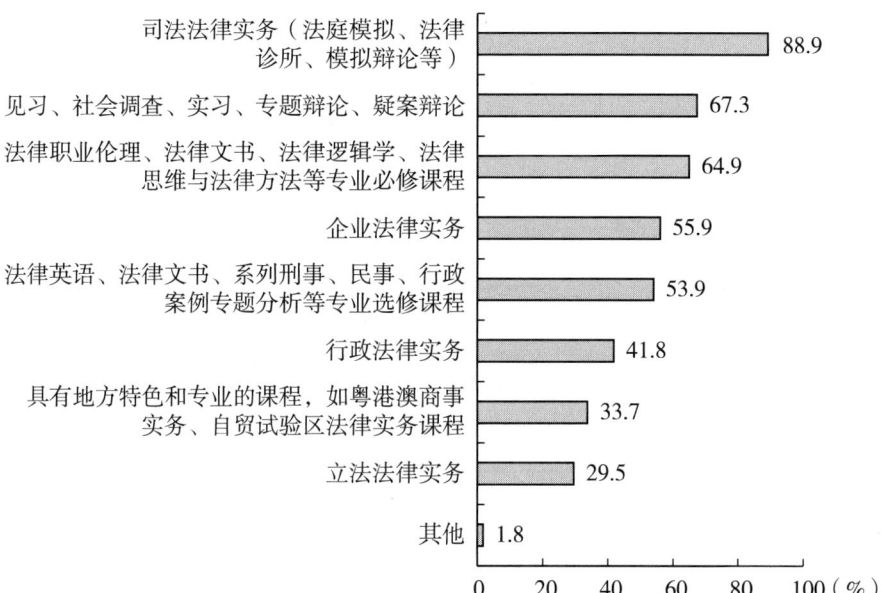

图 A1-129　除了法学本科专业核心课程外，应包括的专业课程和实践课程（N=949）

注：1. 本题是多选题，因此总和比例大于100%。
2. 其他包括律所创业；案例研讨、调研。

问题 6：您认为法学本科课程体系设置中实务课程（学时与学分）应占多大比重？（见图 A1-130）

□ 1/2　　　　　□ 1/3　　　　　□ 1/4
□ 1/5　　　　　□ 1/6

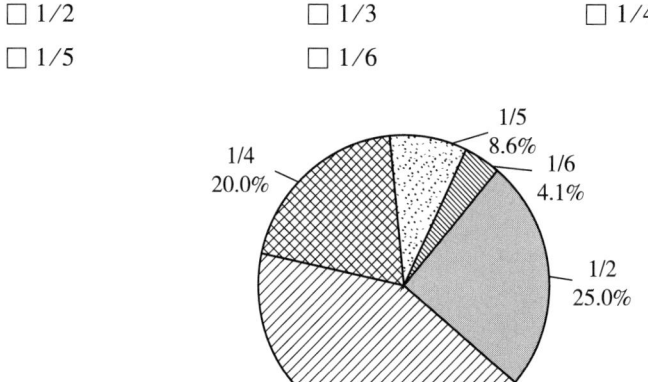

图 A1-130　实务课程（学时与学分）所占比重（N=591）

问题 7：您认为法学本科阶段是否有必要专门开设法律职业伦理课程？（见图 A1－131）

□ 非常必要　　□ 有必要　　□ 没有必要　　□ 无所谓

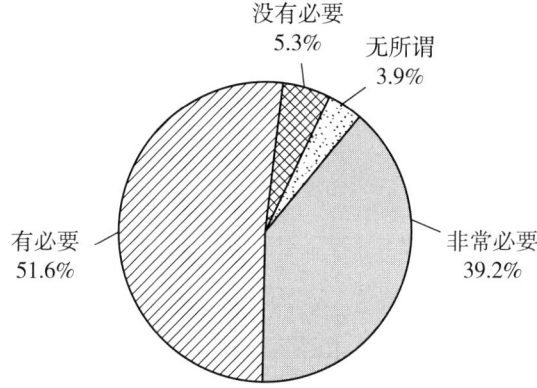

图 A1－131　法学本科阶段是否有必要专门开设法律职业伦理课程（N=590）

问题 8：您认为目前法学本科课程体系设置中是否有必要设置校内教师与校外实务"双"导师队伍，共制人才培养与课程方案、教学计划，共拟教学内容，共同参与专业技能竞赛与考核，共同指导实训实习与毕业设计，共同举行就业培训、协助就业推荐（见图 A1－132）。

□ 非常必要　　□ 有必要　　□ 没有必要

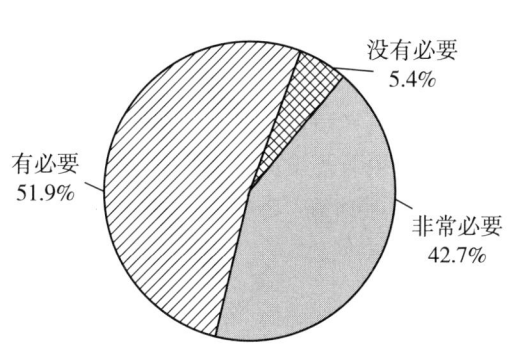

图 A1－132　法学本科课程体系设置中是否有必要设置校内
教师与校外实务（N=595）

第四部分：法治人才培养与法律职业资格

问题 1：您认为哪些人必须通过国家统一法律职业资格考试（司法考试）？（多选）（见图 A1－133）

□ 审判人员　　　　□ 检察人员

□ 律师　　　　　　　□ 公证员
□ 仲裁员（法律类）
□ 政府部门中从事行政处罚决定审核、行政复议、行政裁决的人员
□ 行政执法人员
□ 国家机关中从事其他法律工作的人员（如立法工作者等）
□ 企业法律人员
□ 法学教育研究工作者
□ 其他

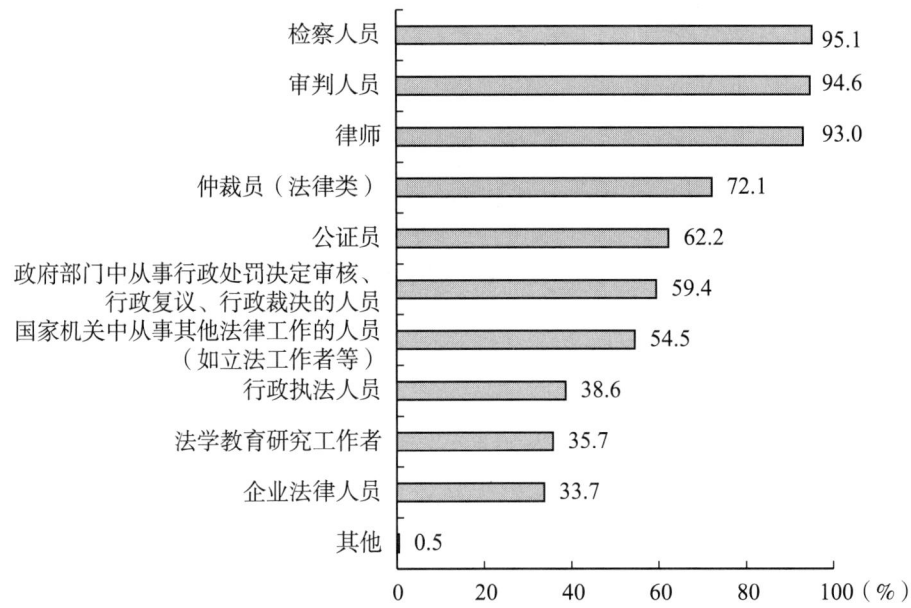

图 A1-133　哪些人必须通过国家统一法律职业资格考试（N=596）

注：1. 本题是多选题，因此总和比例大于 100%。
　　2. 其他包括公安部门中的侦查人员。

问题 2：您认为国家统一法律职业资格考试（司法考试）是否能够真实反映社会对法治人才培养的需求？（见图 A1-134）

□ 完全能反映
□ 不太能反映专业水平，司法考试更多的是考查应试能力
□ 不能反映

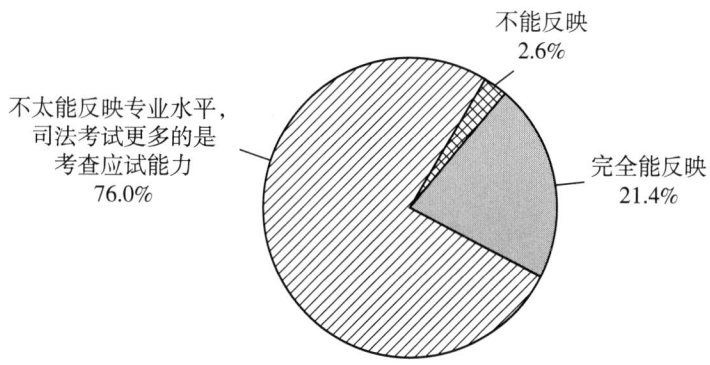

图 A1-134 国家统一法律职业资格考试（司法考试）是否
能够真实反映社会对法治人才培养的需求（N=580）

问题3：您认为通过法律职业资格考试进入国家机关是否还应该参加公务员入职考试？（见图 A1-135）
  □ 考试性质不同，必须的
  □ 重复考试，不必要
  □ 无所谓

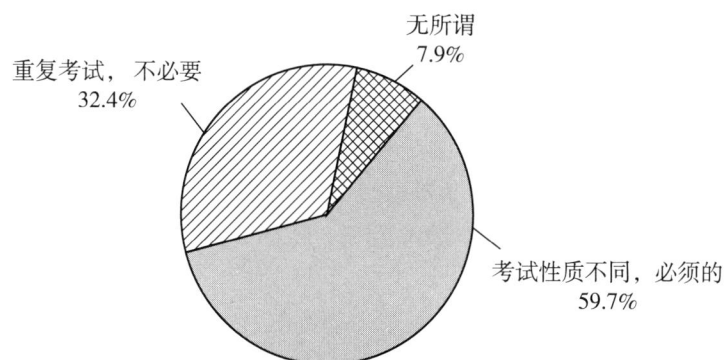

图 A1-135 通过法律职业资格考试进入国家机关是否还
应该参加公务员入职考试（N=583）

问题4：您认为法科学生在毕业前通过国家统一法律职业资格考试（司法考试）是否是必须的？（见图 A1-136）
  □ 是必须的   □ 不是必须的
  □ 不应当在本科毕业前参加司法考试
  □ 无所谓

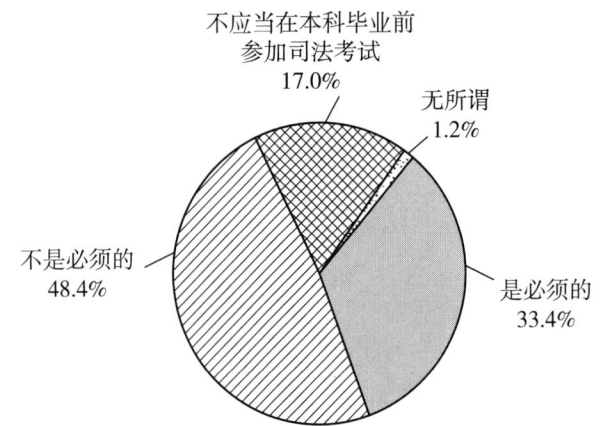

图 A1-136　法科学生在毕业前通过国家统一法律职业资格考试（司法考试）是否是必须的（N=581）

第五部分：法治人才培养模式

问题 1：您认为当前法治人才培养中存在的主要问题有哪些？（多选）（见图 A1-137）

□ 法学教育的目标不明确，定位不清晰，法学课程体系设置不合理

□ 社会主义法治理念教育不够深入

□ 法律类专业扩张迅速，低水平重复建设较多

□ 人才培养模式单一，难以满足社会对多样化法治人才的需求，尤其是复合型人才和涉外高端法律人才严重不足

□ 法学教育与法律实践工作严重脱节，高校实践教学资源严重不足，学生实践能力弱

□ 高校教师考核机制不合理，教学不受重视

□ 高校学生考评机制不合理，学生毕业无压力，学习动力不足，学习功利性过强

□ 其他

问题 2：您认为下列哪种模式更有助于实现社会主义法治人才培养目标（见图 A1-138）：

□ 中国政法大学的"高级法律职业人才培养体制改革"，整合法学本科教育与法律硕士专业学位教育，实施 6 年两阶段 "4 年基础学习 + 2 年应用学习" 融贯式培养

□ 西南政法大学分别制定人才培养方案，实行独立培养，分别创办 "实务人才实验班" 和 "学术人才实验班"

□ 华东政法大学的"通识教育+跨学科（专业）教育+校企联合培养+科研能力训练"培养模式，试行"4+2"模式本硕贯通体制，重点培养国际金融、国际贸易、国际航运等方面的国际化经贸法律人才，试行"4+1"国际化培养，本科毕业后到海外高校攻读学位或者开展技能培训

□ 中南财经政法大学的本科创新拔尖人才"文澜人才培养模式"，建立适合培养"文澜人才"需要的招生机制或生源选拔机制，实行本硕连读，采取"2+2+2"的培养方式分阶段培养，即通识教育、专业课程学习和基础职业训练、研究生学习阶段，并进行分流培养

□ 不清楚

□ 其他

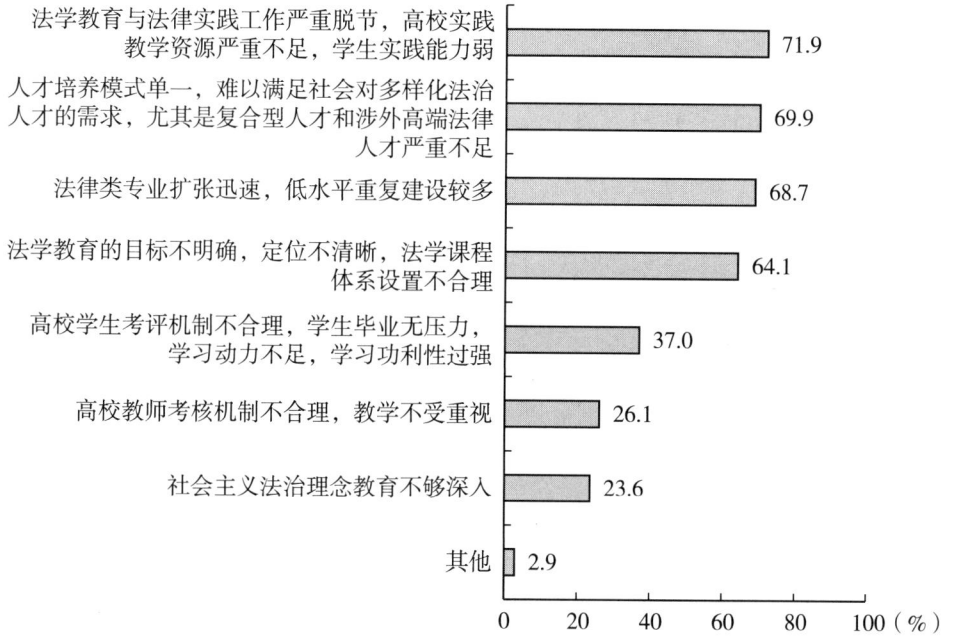

图 A1-137　当前法治人才培养中存在的主要问题（N=594）

注：1. 本题是多选题，因此总和比例大于100%。

2. 其他包括学校负责基础，律师事务所负责实务，时间应半年以上；缺乏法治微观平台，多为讲空话，干虚事。

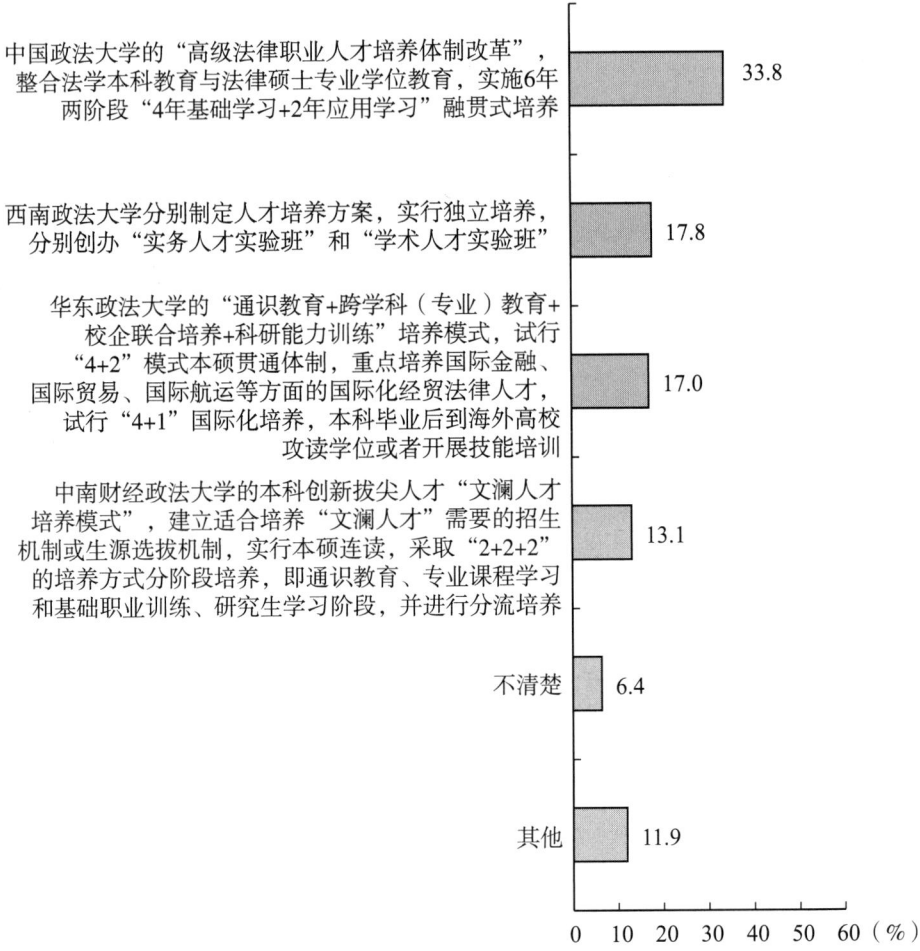

图 A1-138　更有助于实现社会主义法治人才培养目标的模式（N=512）

第六部分：法治人才的协同培养与评价

问题 1：您认为当前政法部门和法学院校、法学研究机构人员双向交流机制实施的效果如何？（政法部门工作人员填写）（见图 A1-139）

□ 效果明显　　　　□ 效果一般
□ 没有效果　　　　□ 尚未开始

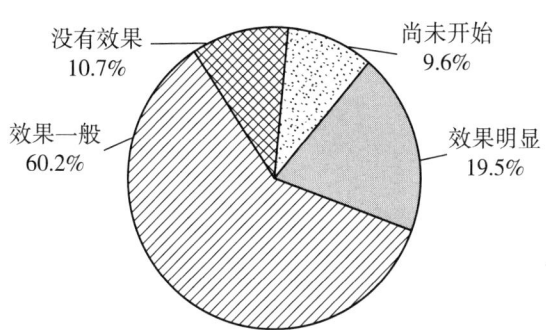

**图 A1 – 139　当前政法部门和法学院校、法学研究机构人员
双向交流机制实施的效果（N = 478）**

问题 2：您有无参与过高等学校法学院（系）的教学或学术活动？（见图 A1 – 140）

　　□ 有　　　　　　　　　　□ 没有
　　□ 以前没有，但今后愿意参与
　　□ 以前曾经参与过，但今后不想再参与

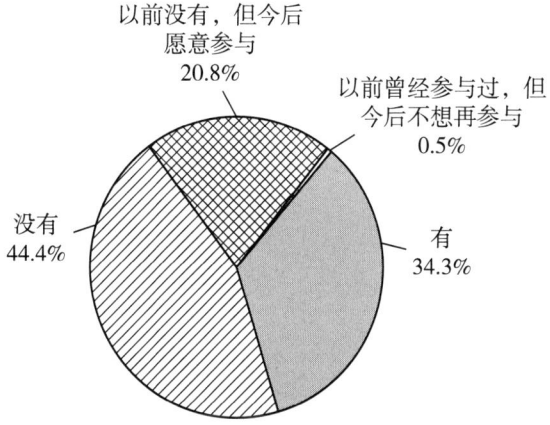

图 A1 – 140　有无参与过高等学校法学院（系）的教学或学术活动（N = 586）

问题 3：若您参与过高等学校法学教学或者学术活动，具体方式有哪些？（多选）（见图 A1 – 141）

　　□ 系统开设一门课程　　　　□ 专题讲座
　　□ 担任兼职导师　　　　　　□ 担任答辩导师
　　□ 指导学生开展模拟法庭、辩论赛等实践活动
　　□ 其他

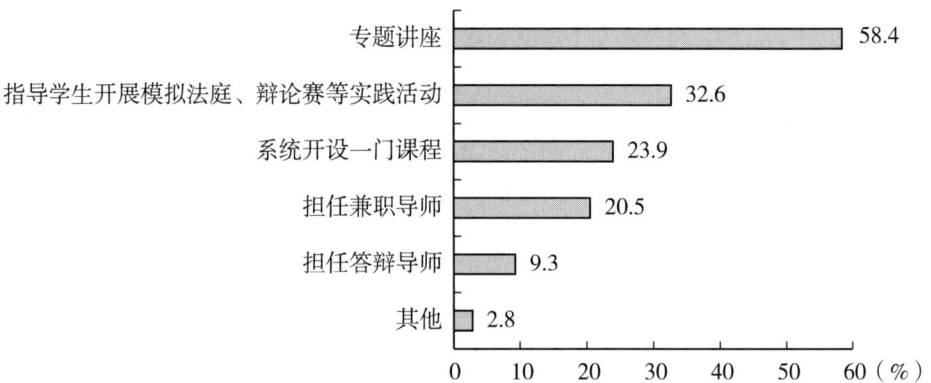

图 A1-141　参与过高等学校法学教学或者学术活动的方式（N=597）

注：本题是多选题，因此总和比例大于100%。

问题4：您所在的单位是否接受在读法学本科生或者应届毕业生实习？（见图 A1-142）

□ 接受
□ 不接受
□ 以前没有，但以后可以接受
□ 以前有，但以后不再接受
□ 不清楚

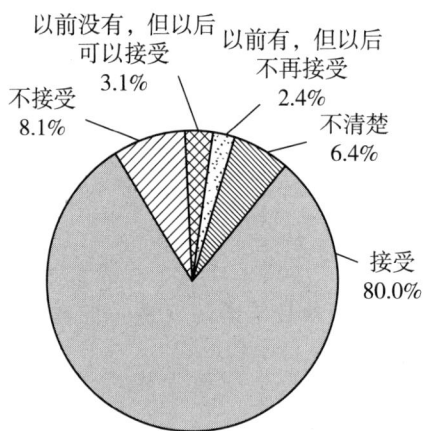

**图 A1-142　所在的单位是否接受在读法学本科生或者
应届毕业生实习（N=581）**

问题5：您本人是否曾经带教过法学专业实习生？（见图 A1-143）

□ 是　　　　　□ 否

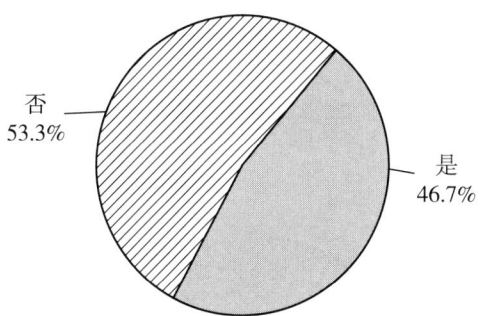

图 A1-143　本人是否曾经带教过法学专业实习生（N=578）

问题 6：您个人对待实习生的态度如何？（见图 A1-144）
　　□ 愿意带教　　　　　　　　　　□ 不愿意带教
　　□ 视实习生的能力素质而定　　　□ 无所谓

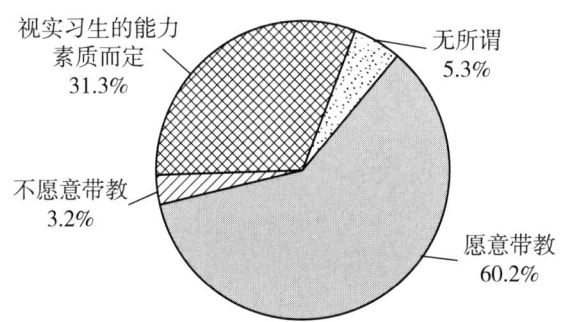

图 A1-144　对待实习生的态度（N=569）

问题 7：您在从事法律工作之前，有没有参加过专门的法律职业职前培训？（见图 A1-145）
　　□ 有　　　　　　　□ 没有

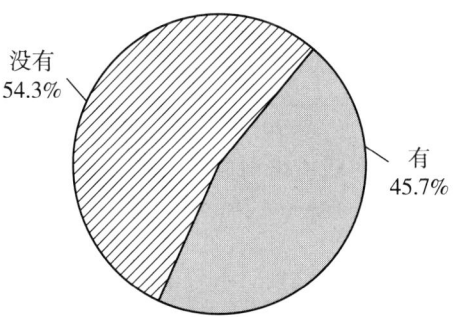

图 A1-145　从事法律工作之前，有没有参加过专门的法律职业职前培训（N=573）

问题8：您认为有没有必要建立法律职业人员统一职前培训制度（见图A1-146）：

　　□ 有　　　　　　□ 没有　　　　　　□ 不好说

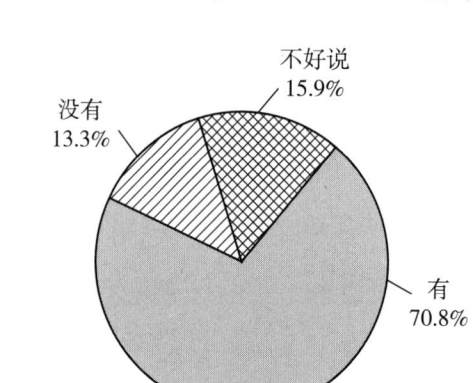

图 A1-146　有没有必要建立法律职业人员统一职前培训制度（N=578）

问题9：您认为法律职业职前培训应当由什么机构来进行？（多选）（见图A1-147）

　　□ 高等学校　　　　□ 法院、检察院　　　□ 政府相关部门
　　□ 从业者所在单位　□ 律师事务所　　　　□ 行业协会
　　□ 社会培训机构　　□ 其他

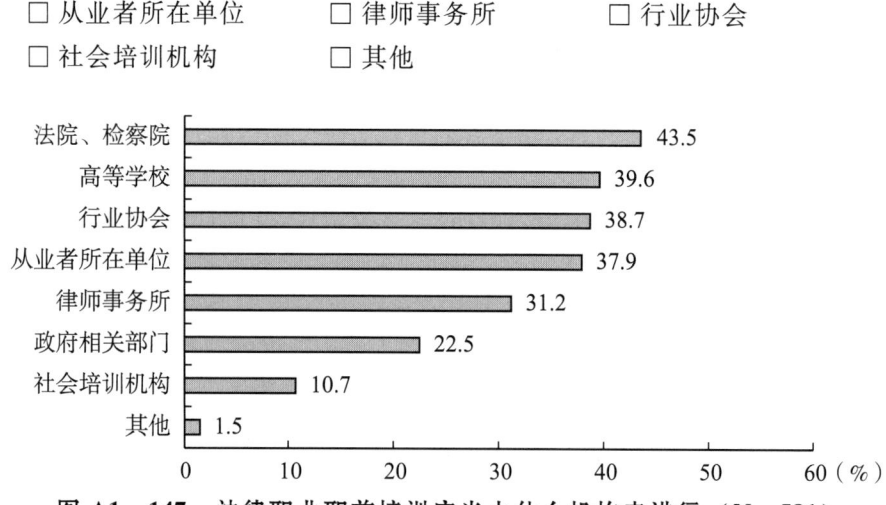

图 A1-147　法律职业职前培训应当由什么机构来进行（N=581）

注：本题是多选题，因此总和比例大于100%。

问题10：您在从事法律工作之前，有没有接受过专门的法律职业伦理教育？（见图A1-148）

　　□ 有　　　　　　□ 没有

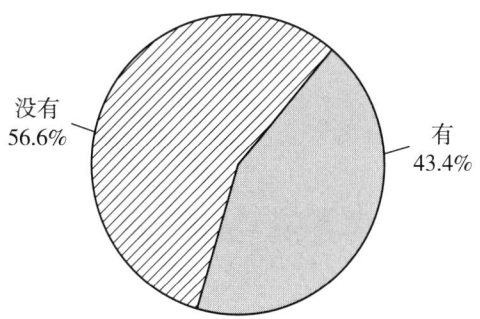

图 A1-148 在从事法律工作之前，有没有接受过专门的法律职业伦理教育（N=565）

问题 11：您认为对法律职业人员进行法律职业伦理教育应当由什么机构进行？（多选）（见图 A1-149）
- □ 高等学校　　　　□ 法院、检察院　　　□ 政府相关部门
- □ 从业者所在单位　□ 律师事务所　　　　□ 行业协会
- □ 社会培训机构　　□ 其他

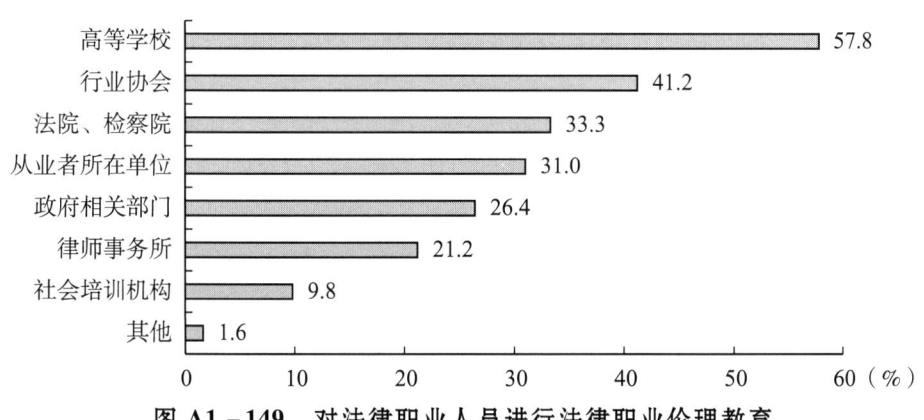

图 A1-149 对法律职业人员进行法律职业伦理教育应当由什么机构进行（N=580）

注：本题是多选题，因此总和比例大于 100%。

问题 12：您认为法治人才评价主体应该是什么机构？（见图 A1-150）
- □ 高等学校
- □ 教育主管部门
- □ 法治人才需求单位
- □ 供需单位和教育部门共同评价
- □ 其他

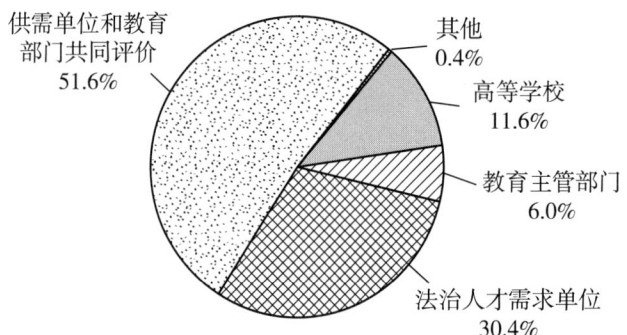

图 A1-150　法治人才评价的主体机构（N=536）

注：其他包括司法实践、社会大众。

问题13：您认为应如何促进法律实务部门在协同式教学中承担起相应的责任和义务？（多选）（见图 A1-151）

□ 国家立法明确规定培养单位与需求部门共同的责任
□ 制定政策鼓励培养单位与需求部门协同培养
□ 法律实务部门自愿参加，构建法律共同体
□ 其他

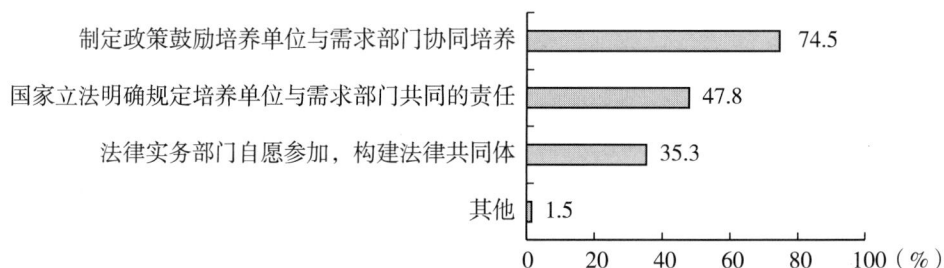

图 A1-151　如何促进法律实务部门在协同式教学中承担起
相应的责任和义务（N=581）

注：1. 本题是多选题，因此总和比例大于100%。
2. 其他包括用人单位应该鼓励人才培养、参加学术沙龙并担任评议人。

问题14：您认为法治人才评价应该区分为哪些？（多选）（见图 A1-152）

□ 本科、硕士、博士不同层次
□ 法律实务类型人才与法学研究类型人才
□ 司法人才、立法人才、行政执法人才、企业法务人才
□ 不清楚

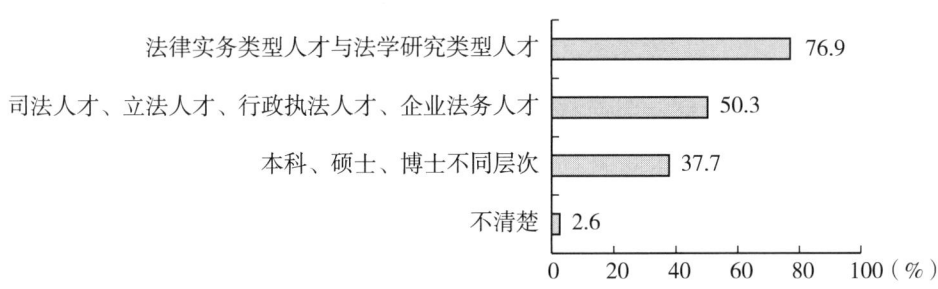

图 A1 -152　法治人才评价区分（N = 584）

注：本题是多选题，因此总和比例大于100%。

第七部分：法治人才培养机制的创新与保障

问题1：您认为当前高等学校法治人才培养中存在的主要问题有哪些？（多选）（见图 A1 -153）

□ 社会主义法治理念教育还不够深入，学生法律职业伦理缺失
□ 法律类专业扩张迅速，但低水平重复建设较多，教学质量难以得到保证
□ 人才培养模式单一，不能满足社会对多元化法治人才的需求
□ 高层次法治人才奇缺，尤其是复合型人才和涉外高端法律人才严重不足
□ 理论和实践脱节，学生难以迅速融入实务工作
□ 轻视多学科交叉教学，学生知识背景狭窄，不适应现代社会对法律工作者的需要
□ 其他

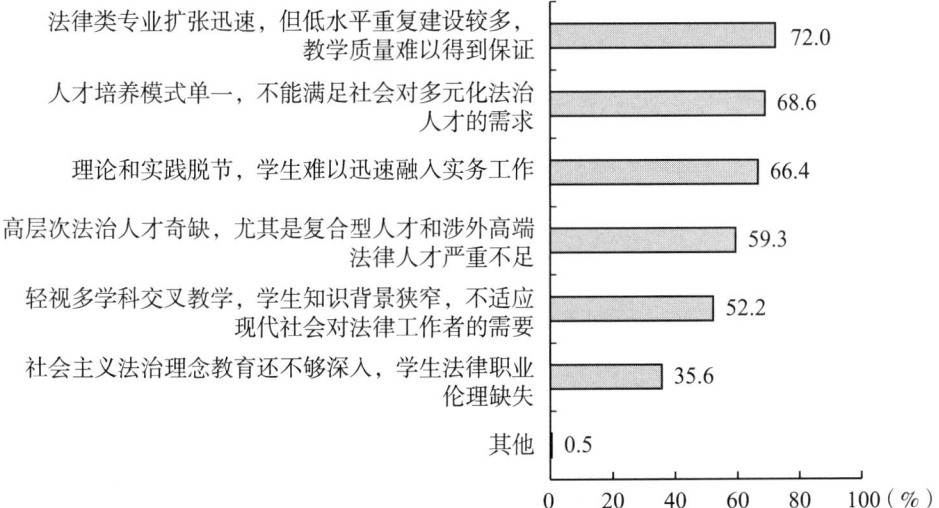

图 A1 -153　当前高等学校法治人才培养中存在的主要问题（N = 592）

注：1. 本题是多选题，因此总和比例大于100%。
2. 其他包括阅读太少；高校自身尚缺乏法治人才教育，培养机制和资源。

问题 2：您认为创新法治人才培养机制，目前高校最需要做什么工作？（多选）（见图 A1-154）

□ 明确法学教育培养目标
□ 重视对学生法律实践能力的培养
□ 改革传统的法学教育模式
□ 加强学校师资队伍建设
□ 从实际出发，切实加强与法律实务部门的多方位合作
□ 给学生充分的选课自由和独立发展的空间

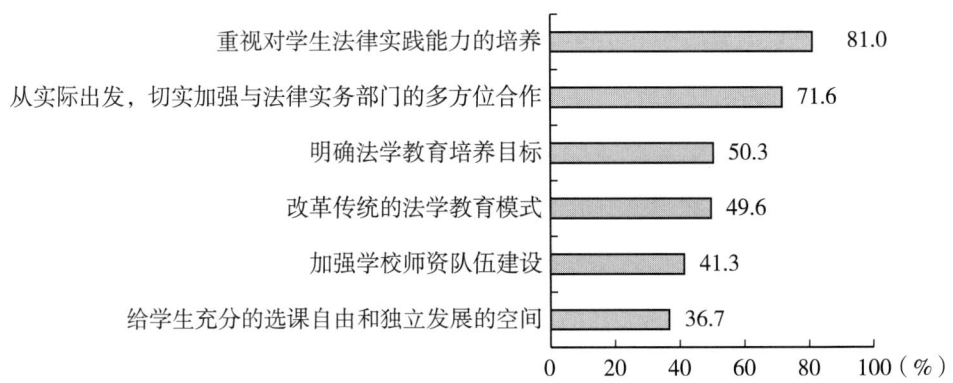

图 A1-154　创新法治人才培养机制，目前高校最需要做的工作（N=589）

注：本题是多选题，因此总和比例大于 100%。

问题 3：您认为应当通过何种方式改进当前的法治人才培养机制？（多选）（见图 A1-155）

□ 根据社会对多元化法治人才需求调整培养方案，形成综合的、统一的法治人才培养体制机制
□ 编写国家统一的法律类专业核心教材，完善不同层级的阶梯式的中国特色法学课程
□ 强化案例教学，创新法学课程教学方法
□ 积极运用信息化手段扩大法学教育优质资源共享
□ 建立科学的法治人才培养评估体系和有效的保障机制

问题 4：您认为创新法治人才培养机制最重要的保障是什么？（见图 A1-156）

□ 国家立法
□ 多部门联合出台相关政策
□ 法律实务部门自觉参与

□ 高校主动对社会开放
□ 其他

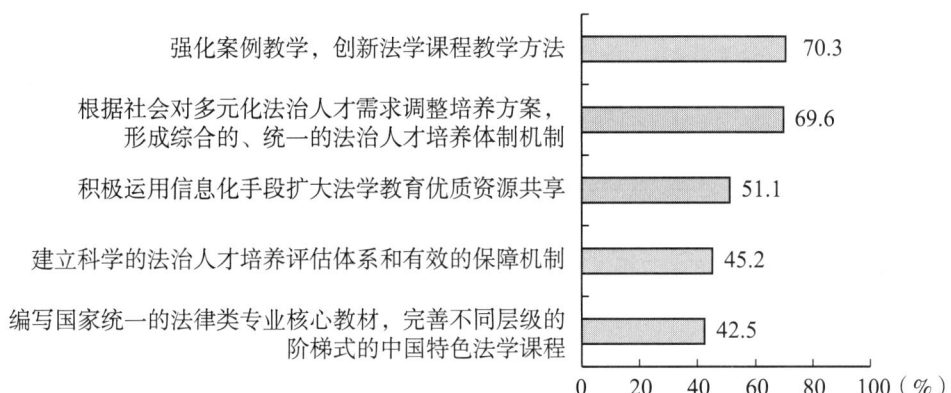

图 A1－155　应当通过何种方式改进当前的法治人才培养机制（N＝569）

注：本题是多选题，因此总和比例大于100%。

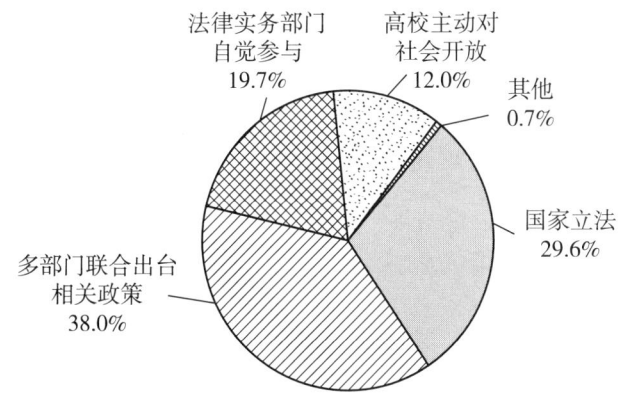

图 A1－156　创新法治人才培养机制最重要的保障（N＝568）

注：其他包括法治观念、培育法治人才就业市场、高校与实务部门的制度配合。

三、调查问卷数据统计分析

（一）多数受访者认为法学教育是"精英教育"

课题组在比较分析三个群体的调查数据后发现，关于对"法学教育性质"的认识，超过50%的学生群体和44.9%的教师群体认为法学教育是"精英教育与大众教育、职业教育与素质（通识）教育的结合"；而66.2%的法律工作者群体认为法学教育是精英教育。结合访谈中各位访谈对象对法学教育的认识，大多数受访者均认为"法学教育是精英教育",如表 A1-3 所示。

表 A1-3　　　　各群体对"法学教育"性质认识的比例　　　　单位:%

被调查群体	法学教育是通识教育	法学教育是精英教育	法学教育是通识教育和精英教育的结合	对"法学教育性质"的其他认识
学生	4.4	28.8	55.5	0.8
教师	6.0	41.2	44.9	0.7
法律工作者	32.1	66.2	1.2	0.5

多数受访者认为,法学教育应朝向精英教育发展。尽管当前的法学教育兼具通识教育和精英教育的性质,但法律职业应是社会精英担任的职业,这是由法治国家中法律职业的地位和作用决定的。具体来说,法学院校培养法治人才,开展的精英教育应该是一种全面教育,为每一个学子将来成为法学精英奠定基础,尽管学校教育出来的每一个人都成为精英不太可能,但从概率学而言,社会精英的基本素质均来源于学校教育。因此,高等学校是培养法治精英的重要阵地。

(二) 法律思维和职业技能是法治人才的重要素质

结合调研访谈的交流讨论结果,大多数访谈对象认为法律思维和法律职业技能是法治人才应当具备的重要素质,如表 A1-4 所示。

表 A1-4　　　各群体对"社会主义法治人才应当具备的
基本素质"的看法　　　　单位:%

基本素质的内容	学生群体	教师群体	法律工作者群体
思想政治素质	65.3	58.7	53.4
法律思维和法律职业素养及实践操作技能	95.6	93.7	86.9
法律专业知识	87.8	79.9	83.1
法律外语水平	57.4	52.8	17.6
文书写作能力	59.7	65.3	69.5
综合解决问题的能力	76.4	74.6	72.5
语言表达能力等	68.2	61.4	70.5

个别访谈的结果同样表明,培养法律思维和法律职业技能是法治人才的重要

素质。法律思维是法治共同体形成的内在纽带,培养起法治人才的法律意识和法律思维,以及敏锐地观察、分析和反思各种社会现象的能力是法学教育的重要目标。法律思维要求遵循法律规范,运用法律逻辑,秉持公平正义、权力制约、人权保障等价值观念,去思考问题、处理问题、解决矛盾。法律思维不仅需要符合法律,更需要符合法治理念,并能够时刻从权利与义务的角度来认识和处理各种社会关系。

(三)受访者认为应按社会需求培养多元法治人才

关于"当前法治人才培养中存在的主要问题",教师群体和法律工作者均认为主要有:法学教育的目标不明确,定位不清晰,法学课程体系设置不合理;法律类专业扩张迅速,低水平重复建设较多;人才培养模式单一,难以满足社会对多样化法治人才的需求,尤其是复合型人才和涉外高端法律人才严重不足;法学教育与法律实践工作严重脱节,高校实践教学资源严重不足,学生实践能力弱;高校学生考评机制不合理,学生毕业无压力,学习动力不足,学习功利性过强等原因。

面对当前法学教育所存在的问题,结合访谈者的观点建议,大多数受访者开出的"药方"是:应按社会需求推进多元法治人才的分类培养。一方面,实现全面依法治国所要求的各行各业依法治理需要多元法治人才;另一方面,每个学校的性质定位、办学特色和优势学科并不一样。因此,法治人才培养应当分类进行,面向多元社会需求培养多层次多样化的法治人才。多元法治人才的培养需要尊重国家和社会发展的时代规律、尊重法治人才培养的德育规律、尊重法治工作队伍形成的行业规律、尊重法学教育的教学规律、尊重法治人才培养的成长规律。其中,行业法治人才、涉外法治人才、基层法治人才和区域性法治人才("一带一路"法治人才和粤港澳大湾区法治人才)是近期法治人才培养的重要目标。各高等院校应结合自身办学特色和优势学科整合多元法治人才的培养资源,鼓励跨专业、跨学科、跨学院、跨学校、跨地区联合开展法治人才培养,探讨多元法治人才的具体培养目标设计。

(四)行业法治人才培养亟须顶层设计

全面依法治国新时代的法治人才培养不能仅强调职业教育,不应局限于司法中心主义的人才培养导向,而应从法律职业共同体构成的复杂性、社会需求的多元化和法学教育目标的多层次来综合考虑,科学合理地确定法治人才培养目标。因此,中国特色社会主义法治人才培养需要科学的顶层设计,合理框定特定的法学教育元素,确立创新法治人才培养模式的要素,并在科学设计各要素间相互关系的基础上,构建创新法治人才培养模式的功能性结构。尤其是现有的人才培养模式的设计大都为宏观理想模型设计，其背后所蕴含的教育思想、教育理念、教育目标以及改革的思路等还都需要具体的、微观的教师的教学行为和学生的学习行为予以支持方能实现，目前很多学校进行了有益探索，形成了示范性的经验措施。

如上海交通大学实行的"三三制"改革，是指法学本科教育在第三年结束之后，从第四年开始分流，选拔少数适才适性者（除本校优秀本科生外，还接受一流法学院的个别推免以及通过统考的生源）连续接受三年的高层次法律职业教育，最终获得硕士学位。在"三三制"之下，前三年采取多元化教学菜单，后三年采取统一化教学菜单，对主要专业课程采取反复涂染、逐步深化的培训方式，并加强对话式教育和有计划、有步骤的实务训练。实务培训拟通过实践教学专任教师与实务界兼职教授分工合作，形成判例教学法（第1学年）、模拟教学法（第2学年）、诊所教学法（第3年）的"一条龙"体系。再如中国政法大学的"高级法律职业人才培养体制改革"，通过整合法学本科教育与法律硕士专业学位教育，实施6年两阶段"4年基础学习+2年应用学习"融贯式培养；西南政法大学分别制定人才培养方案，实行独立培养，分别创办"实务人才实验班"和"学术人才实验班"；华东政法大学的"通识教育+跨学科（专业）教育+校企联合培养+科研能力训练"培养模式，试行"4+2"模式本硕贯通体制，重点培养国际金融、国际贸易、国际航运等方面的国际化经贸法律人才，试行"4+1"国际化培养，本科毕业后到海外高校攻读学位或者开展技能培训；中南财经政法大学的本科创新拔尖人才"文澜人才培养模式"，建立适合培养"文澜人才"需要的招生机制或生源选拔机制，实行本硕连读，采取"2+2+2"的培养方式分阶段培养，即通识教育、专业课程学习和基础职业训练、研究生学习阶段，并进行分流培养。课题组将这几种具有典型示范性价值的法治人才培养模式进行调查，各群体的看法如表A1-5所示。

表 A1-5　各群体对当前代表性法治人才培养模式的看法及比例　　单位：%

受访群体	"4年基础学习+ 2年应用学习" 融贯式培养	"实务人才"和 "学术人才"分 开培养模式	"4+2"模式 本硕贯通体制	"2+2+2"的 分阶段培养模式
学生	39.3	20.5	24.8	13.8
教师	26.3	14.1	21.5	13.3
法律工作者	33.8	17.8	17.0	13.1

基于全面依法治国对行业法治人才的需求，培养"行业知识+法律技能"的复合型、应用型、创新型法治人才成为当前法治人才培养的重点培养方向。各校

为培养行业法治人才均进行了积极探索和有益尝试，形成的共同经验是：注重行业基础知识和法律专业技能的结合；注重行业法治人才培养机制的创新；强调实践教学和协同育人；强调多元化教学方式和方法的综合运用。面临的共同问题是：如何合理把握行业法治人才培养的专业标准与行业基准；如何开发和编写更具实用性、及时反映当前行业发展新特点新趋势的法学教材；如何促进校内跨学科及校外行业法治人才的合作培养；如何实现高校与各行业法治实践部门协同育人的规范化、制度化和长效化；如何科学制定行业法治人才培养的考核标准和评价机制，不断提升行业法治人才的培养质量。结合部分访谈者对于行业法治人才培养的看法，大多数受访者认为应当加强行业法治人才培养的顶层设计，统一行业法治人才培养的行业标准，促进法治人才培养共同体切实参与到各行业法治人才培养的具体工作之中。

（五）建设丰富多元的法学选修课程体系

与符合全面依法治国需求的、熟悉和坚持中国特色社会主义法治体系的多元法治人才培养目标相适应的，是建设丰富多元的法学选修课程体系。关于"法治人才培养的课程体系与课程设置"，在学生群体和教师群体均有超过70%的人认为教育部确定的法学本科专业的16门核心课程（法理学、宪法学、中国法制史、行政法与行政诉讼法、民法、商法、知识产权法、经济法、民事诉讼法、刑法、刑事诉讼法、国际公法、国际私法、国际经济法、环境与自然法、劳动与社会保障法）的做法是妥当的，认为目前法学专业本科课程体系设置与培养高素质法治人才目标基本相符；支持对法学课程分类为法学专业核心课程（5~7门）、学校特色课程（5~7门）、学生选修课程和法律实务课程；赞同增加实务课程的比例、开设法律职业伦理课程；认为当前政法部门和法学院校、法学研究机构人员双向交流机制实施的效果一般，应加强校内教师与校外实务双导师队伍建设，共同制定人才培养与课程方案、教学计划，共同参与专业技能竞赛与考核，共同指导实训实习与毕业设计，共同举行就业培训、协助就业推荐等，建议国家立法明确规定培养单位与需求部门共同的责任、鼓励多部门联合出台相关政策予以支持。2018年4月，为创新法治人才培养机制，深化法学专业类教学改革，提高法治人才培养质量，本着坚持、改革、调整、创新的法治人才培养思路，教育部参照《法学学科门专业类教学质量国家标准参考框架》及制定要求，设置了《普通高校法学本科专业类教学质量国家标准》。该标准对全国法学类本科专业教学的课程体系总体框架进行了具体规定，法学类本科专业教学的课程体系分为总体框架和课程设置两大块，其中课程设置是重点，它又细分为理论教学课程和实践教学课程。理论教学课程和实践教学课程之下又进行了二次划分，形成了体系化的课程设置。但具有中国特色、中国风格、中国气派的法学学科体系和课程体系仍然有待优化，且各高等学校还可以根据自身定位及办学特色对课程设置进行具体规定。

（六）法治人才应通过国家法律职业资格统一考试

法律职业资格证是证书持有人通过国家法律职业资格统一考试，具有申请从事法律职业的资格凭证，由司法部统一制作、颁发。法律职业人员是指具有共同的政治素质、业务能力、职业伦理和从业资格要求，专门从事立法、执法、司法、法律服务和法律教育研究等工作的职业群体。担任法官、检察官、律师、公证员、法律顾问、仲裁员（法律类）及政府部门中从事行政处罚决定审核、行政复议、行政裁决的人员，应当取得国家统一法律职业资格。在全面依法治国背景下，改革法治人才培养模式应认真贯彻落实中共中央办公厅、国务院办公厅印发了《关于完善国家统一法律职业资格制度的意见》，积极参与建立健全国家统一法律职业资格制度，培育和发展社会主义法治工作队伍，为全面依法治国提供人才保障。《关于完善国家统一法律职业资格制度的意见》指出，法律职业资格考试制度是国家统一组织的选拔合格法律职业人才的国家考试制度。将现有司法考试制度调整为国家统一法律职业资格考试制度，实行全国统一组织、统一命题、统一标准、统一录取的考试方式，一年一考。

根据调查报告的统计结果，超过70%的学生群体认为法学本科专业学生通过国家统一法律职业资格考试（司法考试）是必需的；但超过70%的被访教师和法律工作者认为国家统一法律职业资格考试（司法考试）不能真实反映社会对法治人才的需求，认为司法考试更多的是考查应试能力。

（七）落实法治人才培养质量的国家标准

制定法学类专业教学质量国家指导标准一直是法学教育关注的中心所在。2014年10月24日，教育部高等学校法学类专业教学指导委员会在山东省烟台市召开2014年度工作会议，集中讨论了"法学类专业教学质量国家标准"，并对人才培养目标、培养规格、课程体系、教学规范、教师专业背景与水平要求、教学条件以及质量保障体系等进行了广泛深入的研讨，强调法学教育的"质量导向"和"职业导向"，实现法学教育的正规化、专业化和职业化转型。2017年7月18日，全国政法大学"立格联盟"第八届高峰论坛在山东省济南市举行。会上，正式发布了《立格联盟院校法学专业教学质量标准》。根据中国政法大学校长黄进教授的介绍，《立格联盟院校法学专业教学质量标准》主要分为10个部分，分别是概述、适用专业范围、培养目标、培养规格、课程体系、教学规范、教师队伍、教学条件、教学效果和质量保障体系。每个部分具体对应"立格联盟"院校法学专业人才培养的一个环节，整体上构成了"立格联盟"院校教学质量的标准体系。

在全面依法治国背景下，推动高校依据国家标准和本校实际修订法学专业人才培养方案，把中国特色社会主义法学理论体系教育内容纳入法学专业学生核心素养体系和学业质量标准，渗透到法学专业设置、课程标准、教材编写、教学活动、考试评价的每个环节中，是进一步改革法学教育、创新法治人才培养机制的重要内容之一。课题组针对"法治人才培养质量国家标准"指标设计了相关问题，根据问卷统计结果，"高校制定法治人才培养方案应该有哪些部门代表参加"，受访者普遍认为应当让多元主体共同参与，具体包括学校、法院、检察院、律师事务所等传统法律实务部门，人大、政府、企业或行业协会等实务部门，法学院高年级学生或者毕业生等多元主体协商讨论，满足多元社会对法治人才的不同需求。2018年4月初，教育部高等学校法学类专业教学指导委员会发布《普通高等学校法学类本科专业教学质量国家标准》，这是我国法学类专业开展人才培养的基本依据和基本标准，也是我国法学类专业准入、建设和评价的标准，是我国关于法学类本科专业教学质量的首个国家标准，是全国各高等学校法学专业人才培养都应当遵循的基本底线。

（八）多数受访者认为协同育人效果仍有待加强

法学教育是一门实践教育，这就不能仅局限于课堂教育，还需要学生从实践中学习，培养学生的法治实践能力。卓越法治人才教育培养计划主要分为两类，一类是应用型、复合性法律人才，其旨在适应多样化法律职业要求，在坚持厚基础、宽口径的前提下，着力培养学生解决法律实际问题的能力，培养一批优秀的法律实务人才，促进法学教育与法律职业的有效衔接。另一类是涉外型法律人才，其旨在适应世界多极化、经济全球化发展和国家对外开放的需要，培养具有国际视野、通晓国际规则、能够参与国际法律实务和维护国家利益的涉外法律人才。作为合格的法治人才，无论是从事立法、执法和司法工作，还是要成为律师、仲裁、公证、专利、商标以及企业法律业务等领域的实务人才，都必须能够熟练掌握法律知识以及实务操作技巧，具有良好的法律思维能力和分析问题的能力，熟练掌握运用法律分析的方法分析问题、化解纠纷，这样的人才不是仅仅在课堂上就能培养出来，更重要的是要通过各种实践教学，培养法治实务能力。

根据调查问卷的统计结果见，高校与实务部门协同育人机制仍然需要进一步完善。各种法治实务部门没有充分发挥法治人才培养的作用。立法机关、行政执法机关、审判机关、检察机关、党委党内法规工作机构以及律所、企业法务部门等机构,对培养法治人才的职责定位模糊不清,造成法治人才实践教育的重要环节缺失,导致法治人才培养过程中学用脱节等问题突出。因此,应当坚持协同育人培养模式,紧紧抓住资源共享、合作办学、合作育人、合作发展的基本要求,推动高校与有关部门、行业企业共同制定培养目标、设计课程体系、开发优质教材、组织教学团队、共建实践平台,促进理论与实践的结合、科研与教学的互动、培养与需求的对接。

(九)法治人才的法治实践能力亟待提升

就"如何改进当前法治人才培养机制"的问题而言,学生群体认为,应"明确法学教育培养目标;重视对学生法律实践能力的培养;改革传统的法学教育模式;加强学校师资队伍建设;从实际出发,切实加强与法律实务部门的多方位合作;给学生充分的选课自由和独立发展的空间"。教师群体和法律工作者则更为强调应"根据社会对多元化法治人才需求调整培养方案,形成综合的、统一的法治人才培养体制机制;编写国家统一的法律类专业核心教材,完善不同层级的阶梯式的中国特色法学课程;强化案例教学,创新法学课程教学方法;积极运用信息化手段扩大法学教育优质资源共享;建立科学的法治人才培养评估体系和有效的保障机制"。根据全面依法治国的新要求,不同类型的法学院校(如政法类、综合类、理工类、医学类等)应当根据各自不同的层次、不同需要、不同区域和不同优势,有侧重地培养不同类型的法学人才。调查结果表明,访谈者多数认为未来的法学教育应重点围绕提升法治人才法治实践能力这个薄弱环节,加大力度推进协同育人、合作育人,完善高校与法治实务部门、行业企业等联合培养机制。要继续实施好卓越法治人才教育培养计划,落实高校与司法部门人员互聘"双千计划",共建法学实践教学基地,创新实践教学模式,培养具有社会责任感、创新精神和实践能力的卓越法治人才;积极探索创新涉外法治人才培养机制,探索国际合作与双学位联合培养模式等多种国际合作与交流模式,引进国际化教学资源,全面提升法治人才国际化视野。

(十)法治人才培养的配套机制亟须完善

通过分析各群体的问卷结果可知,创新法治人才培养机制,必须多方配合、增强合力,多措并举、协同攻关。要注意加强培养单位与法治工作部门之间紧密合作和联合培养,着力增强实践能力,推动专业学位与职业资格有机衔接,在提高法学教育质量和人才培养使用效益方面迈上新的台阶。强化法治人才培养的政策配套,深化人事制度改革,完善法学院校和法学研究机构内部治理结构,在培养单位和法治工作部门人员交流互聘、健全完善"双导师"制等体制机制下,合理安排不同单位和部门人员的选聘条件、程序、期限、考核管理和政策保障。不断完善相关政策，大力推动法治人才培养规划和各类资源向农村、边远、贫困、民族地区倾斜，加强发达地区对欠发达地区培养单位的对口支援，积极运用信息化手段扩大法学教育优质资源共享，特别要重视和大力加强民族地区"双语"法治人才培养，加大少数民族地区法治人才培养力度，着力解决好法学教育发展与法治人才培养地区不平衡问题。

四、思考与建议

根据不同版本的问卷统计结果及访谈结果，围绕"创新法治人才培养机制"需要在以下方面进一步努力。

（一）将社会主义核心价值观融入法治人才培养全过程

在法治人才培养的过程中，高校是主战场，肩负着培养中国特色社会主义法治事业的建设者和接班人的重大任务。尤其是在"高校培养什么样的人、如何培养人以及为谁培养人"这个根本问题上，弘扬和践行社会主义核心价值观的基础性尤为重要。坚持立德树人、德法兼修，首要就是把社会主义核心价值观教育融入法治人才培养全过程，确保法治人才培养的正确方向。具体说来，加强法治人才培养过程中的社会主义核心价值观教育，一是应当充分考虑高等学校法治人才培养的特殊性，尊重学生认知规律和学习规律，加强系统设计，在学习和科研活动中培育社会主义核心价值观。二是要注重在学生的社会实践、课外活动、日常生活和文化氛围中培育社会主义核心价值观，引导学生通过参加课外社会实践活动、志愿服务活动来践行社会主义核心价值观，使学生在实践中"受教育、长才干、做贡献"。三是要将社会主义核心价值观与师德建设融合起来。高校教师要努力成为先进思想文化的传播者、党执政的坚定支持者，更好地担起学生健康成长指导者和引路人的责任。如中国人民大学认真贯彻落实《关于加强和改进高校青年教师思想政治工作的若干意见》精神，把培育和践行社会主义核心价值观纳入教师队伍建设体系，融入教师职前培养与准入、职后培训与管理的全过程，通过师德建设将核心价值观融入法治人才培养过程。这种做法具有重要的示范意义和指导价值。

（二）以社会需求为导向培养多元行业法治人才

根据全面依法治国要求，各行业依法治理是法治国家建设的重要内容。培养多元行业法治人才，就要找准法治人才培养和行业需求的结合点，整合优势学科资源创新法治人才培养机制。各培养单位应主动把握中国特色社会主义法治理论与实践的基本特征、深刻内涵和发展规律，深入研究新时代、新思想、新征程对法治人才的新要求、新标准和新期待，根据行业法治要求，按照人才的不同类型、不同行业的不同需求层次进行多元分类培养，结合自身办学特色和人才培养目标来制定行业法治人才培养方案，对接各行业发展的基础理论前沿，准确把握各行业发展的最新成果，借鉴域外行业法治发展的先进经验，不断提高行业法治人才服务于社会各领域各行业的应用能力。在学科建设、课程建设和教学方式方法上应契合时代需要，以培养国家龙头行业所需法治人才为中心，带动多元化行业法治人才培养。

如对外经济贸易大学、中央财经大学、吉林财经大学、上海财经大学、浙江工商大学、江西财经大学、中南财经政法大学、广东财经大学和西南财经大学等财经院校在培养具有复合知识体系和专业技能的财经法治人才方面，形成了特色鲜明的"财经行业法治人才培养模式"，提供了丰富的经验：（1）准确把握法治人才培养的专业标准和行业特色，确立财经法治人才培养的行业标准；（2）开发和编写具有应用性的行业法治人才培养的实践教材，回应当前财经行业发展面临的问题；（3）在与兄弟院校合作培养区域性法治人才时，积极开展法学与其他学科的跨学科合作，建立起常态化战略合作伙伴关系，促进优质教学资源的共享共用；（4）在与法治实务部门协同育人过程中，建立起规范的协同育人机制，落实法治实务部门的培养责任；（5）在与海外联合培养涉外法治人才时，更多地考虑"中国国情、中国特色、中国问题、中国立场"，特别是面对"一带一路"倡议及粤港澳大湾区建设等国家战略需求时，找准行业需求和法治人才培养的结合点。这些经验值得各高校在培养其他行业法治人才时参考借鉴。

（三）加强区域性法治人才培养

根据调查问卷各个版本的数据统计结果，各地法学教育呈现出较为明显的区域性特征。作为地方性知识的法律，其实施对区域法治人才提出了特殊要求。如西部基层法治人才不仅要具有复合性、社会性、应用性和创新性等法治人才的共性特征，还要具有西部地区的地方性和基层性等个性特征。目前西部地区的法学教育存在短板，特别是在全面依法治国背景下，西部基层法治人才培养与中东部法学院系相比，仍存在着诸多差距与不足。因此，培养适合西部经济发展的法治人才，应以国家和西部地区经济社会发展的战略需求为导向，加强法学教育的内涵式发展，强调法治人才培养和西部地区社会实践相结合，注重西部地区高校和法治实务部门在培养法治人才时的协同合作。

同时，为适应国家"一带一路"倡议和粤港澳大湾区发展战略，在培养"一带一路"倡议和粤港澳大湾区法治人才方面，应将法治建设的实践与法治人才培养的时代要求结合起来，使培养出来的法治人才能够胜任国家发展的要求，立足于本区域的具体情况和社会实际来思考、分析和解决本区域的问题。这就要求在未来法治人才培养的过程中，应进一步推进跨专业的师资交叉、资源共享和协同创新，推进跨学院、跨院校合作培养区域性法治人才，以更好地服务于本区域的法治建设。在区域法治人才培养方面，西南政法大学基层卓越法治人才实验班、西南民族大学法学院西部基层法治人才培养基地、新疆大学法学院西部基层法律人才教育培养基地、云南大学法学院西部基层法治人才培养基地及广东财经大学法学院的粤港澳大湾区法治人才培养实验区等做法和措施都具有示范性意义。

（四）构建行业法治人才课程体系

以培养多元行业法治人才为目标，根据社会对法治人才培养的多元化需求，应当对现有课程体系进行进一步改革和优化。这既是实现法治人才培养目标的客观要求，又是保障和提高法治人才培养质量的关键。既要重视国家统一的法律类专业核心教材的编写，建设统一的中国特色社会主义法学理论体系、学科体系、课程体系，统一的法律职业资格考试和职前培训制度，又要遵循基本的学术和人才培养规律，以培养法律职业共同体的话语体系和法律思维为核心，尊重受教育者的人格尊严和基本权利，同时还应考虑各行业法治人才的现实需求和各区域法治实践的地方差异。因此，加强行业法治人才培养的课程体系建设，形成适应行业依法治理需要的丰富多元的课程结构，需要法学院校和社会各行业及法治实践部门的共同努力。

如中国人民大学法学院"一体多维二元融合"新型法治人才培养机制启动了课程体系改革，构建"讲授课""练习课""实践课""研讨课""技能课"五大课程板块；建设法律诊所、模拟法庭、跨学科与交叉学科、实务专家讲坛、海外杰出法学家等新型课程模块；开设创业法律实务、"创业+互联网金融"等系列课程；共建网络法学、互联网金融、企业并购、新闻传播伦理与法规、大数据与司法舆情分析等跨学科、交叉型系列课程，实现教学内容推陈出新。修订再版经典教材，不断推出新学科、交叉融合型教材，形成"教材—资料—习题—案例—法规—电子资源库"立体化教材体系。再如北京大学的诊所式法律实验课程将通过学分设置、课程内容完善、教学模式创新构建规范的课程教学模式。以诉讼为例，在"法律诊所"课程中，法律文书写作、律师会见技巧、谈判、调查取证、诉讼程序及技巧、职业道德和职业责任等专题构成丰富的教学内容；模拟演练、互评自评、模拟法庭等机制构成多样的教学形式；为当事人提供法律咨询、代理案件、参与区域法律治理等活动成为实践教学的必要环节；由教师团队根据教学主题结合个人特点为学生进行团队授课成为该课程的特色模式；由社会友人资助的课程科研课题为课程发展提供了理论支持。人民大学和北京大学优化课程体系的经验和措施值得推广。

（五）法学实践教学类型化与模式化

根据调查问卷各个版本的数据统计结果，加强法学实践教育是解决当前法治人才培养理论和实际相脱节的重要途径。实践教学在法治人才培养过程中非常重要。为此，在法治人才培养过程中仍然要着力强化法学专业知识教育，将我国法治实践的最新经验和生动案例、中国特色社会主义法治理论研究的最新成果引入课堂、写进教材，及时转化为教学资源。强化实践教学还要进一步提高法学专业实践教学学分比例，支持学生参与公益法律活动，多参与法律援助、自主创业等实践，鼓励教师积极探索实践教学的方式方法，切实提高实践教学的质量和效果。在加强高校与法治实务部门的制度化合作共同创建法学实践教育基地方面，应着力推动建立法治实务部门接收法学专业学生实习、法学专业学生担任实习法官、检察官助理等制度，将接收、指导学生实习作为法治实务部门的职责。

中国政法大学的"同步实践教学"模式值得在全国范围内推广。作为中国政法大学的一大创新，"同步实践教学"强调理论知识教学与实践教学的同步，实践教学贯穿法治人才培养的全过程，经过多年实践，"同步实践教学"模式从"1.0"版升级到"2.0"版，学校通过推动建立学生模拟公安局、学生模拟人民检察院、学生模拟人民法院、学生模拟互联网法院和学生模拟律师事务所，并开设相应的"司法实务全流程模拟"实务课程，让学生不出校门就可以全程演练、全程参与、全程体验所有诉讼环节，实现法学同步实践教学内涵式提升，全面助力符合新时代需求的卓越法治人才培养。

（六）协同育人机制的规范化与制度化

尽管协同育人机制已经开展了多年实践，但效果依然没有实现预期。进一步深化协同育人机制，需要破除培养机制壁垒。为此，要切实发挥政府部门、法院、检察院、律师事务所、企业等在法治人才培养中的作用，健全法学院校和法治实务部门双向交流机制，选聘法治实务部门专家到高校任教，选聘高校法学骨干教师到法治实务部门挂职锻炼。在法学院校探索设立实务教师岗位，吸收法治实务部门专家参与人才培养方案制定、课程体系设计、教材编写、专业教学，不断提升协同育人效果。

最高人民法院出台《关于建立法律研修学者制度的规定》，建立了规范化的法律研修学者制度，定期开展接收全国法律院校、研究机构专家学者参加法律研修工作，切实加强了最高人民法院与法律院校、科研机构间的沟通联系，为法律研修学者提供了工作便利，积极促进了研修成果转化。最高人民法院的经验值得推广。中国政法大学"创新人才培养协同育人模式"经验也值得推广，与最高人民法院合办法治信息管理专业，合作建立法治信息管理学院，实行"理论＋实务"联席双院长制，培养面向信息化时代的"法学＋信息管理"复合型人才，2017 年 9 月已招收首批 30 名学生。2017 年 12 月，中国政法大学与腾讯公司合作共建成立网络法学研究院，培养网络法学硕士研究生和博士研究生；打破学校和社会之间的体制壁垒，将法治实务部门的优质实践教学资源引进学校，加大校部、校地、校企、校所合作力度。

（七）建设法学师资队伍培训基地

师资队伍建设是法治人才培养的重要方面。根据问卷调查结果，学生对于加强师资队伍建设有较大期望。继续建设全国法学专业教师培训基地，举办中国特色社会主义法治理论与实务研修班，引导教师以德立身、以德立学、以德施教。组织开展专题研修，开展法治中国国情教育活动，引导广大教师深入了解法治实践，提升教师专业能力和综合素质。加大法学专业骨干教师培训力度，通过课程轮训、集中研修等方式，对全国高校法学专业骨干教师开展专题培训。进一步完善国家、地方、高校三级培训体系，对法学类重点教材任课教师开展全员培训。建设专兼职结合的法学专业教学团队，加强实践教学环节和教学方式方法改革，持续提升教学科研水平，广泛开展探究式学习讨论，增强学习者全面适应法治国家、法治政府、法治社会建设需求的素质能力，努力打造一支政治立场坚定、理论功底深厚、熟悉中国国情的高水平教师队伍，优化法学学科结构，完善学科体系，增加社会急需的新知识、新理论、新技能方面的专业课程，大力促进法学与其他学科的交叉融合。

如北京大学法学院高度重视师资队伍和管理团队建设，模拟法庭实训课程在组织结构上以模拟法庭训练营为基本组织平台，形成以专兼职指导教师为专业指导力量和以职能部门与学生骨干为服务管理队伍相结合的组织运行团队。在专业指导教师方面，北京大学法学院将面向国内外，建立了一支热衷于实务训练指导、理论和实务能力并重、经验丰富、基础扎实、学术视野开阔、各有特长、理论联系实际、爱岗敬业、协同互补和人才流动的国内顶尖师资队伍。再如北京外国语大学法学院培养涉外法治人才，围绕"中国法模块""英美法模块""英美语言与文化模块""商科课程模块"配备师资，分别组建了具有高学历、高度国际化背景的教学团队。建设高素质法学师资队伍是未来法学教育改革的重要内容，要适应社会法治实践的需要，高校应引入一定比例的法治实务部门的工作者，让高水平的法官、检察官等进入学校成为重要的师资力量，且落实为规范化的制度安排。

（八）构建多维度的智慧学习环境

继续运用互联网技术，发展"互联网＋法学教育"，以适应教育信息化与法治建设信息化的新形势。推动法学专业教育与现代信息技术的深度融合，通过信息技术将社会资源引进高校、转化为优质教育教学资源，建立覆盖线上线下、课前课中课后、教学辅学的多维度智慧学习环境。对于协同育人的法治实务部门而言，要向法学院校开放数字化法治实务资源，将法庭庭审等实务信息化资源通过直播等方式实时接入法学院校，培养学生的法治实务技能，推动各校实践教学平台的资源共享。如中国政法大学的"虚拟第三学期"就是运用"互联网＋"思维构建多维度智慧学习环境的创新成果。"虚拟第三学期"突破了既有学制、学时、学分等制度性限制，强化学生在学业修读过程中的主动性与能动性，探索建立了开放、多维、高效的学生自主学习新模式，开创和完善了"虚拟第三学期"课程运行平台建设工作。

（九）明确法治人才培养共同体各方责任

法治人才培养是一项系统工程，需要多方协作的合力。法治人才培养共同体的构建，需要创新培养理念，明确培养目标，优化培养机制，整合教育资源。这既需要各法治人才培养单位、各法学院校的协同合作，又需要法治实务部门深度参与法学教育全过程。如华东政法大学涉外卓越国际金融法律人才实验班实行"送出去"与"请进来"的双轨战略、"学生校内外双导师制"等培养机制，以形成实务资源对理论教学的补充效应。调查访谈结果表明，打造法治人才培养共同体，需要持续推动各法治人才培养单位与法治实务部门共同制定培养目标、共同设计课程体系、共同开发编写优质教材、共同组织知识教学和实践教学团队、共同建设实践基地，并通过制定规范性文件将高校、政府与法治实务部门等各方责任进行明确规定的方式落到实处，并建立起相应的保障机制，从而切实发挥法治人才培养共同体的联合培养作用。

（十）建立融通式法治人才培养配套机制

提升法治人才培养质量，还要健全法治人才培养的配套机制，建立健全民主、科学的评价机制和融通式的保障体系,明确法治人才培养的评价机制的基本要素、评价标准、实施程序及反馈机制;深化人事制度改革,紧密结合事业单位分类改革进程,完善法学院校和法学研究机构内部治理结构,在培养单位和法治工作部门人员交流互聘制等体制机制建设方面走出新路,合理安排不同单位和部门人员的选聘条件、程序、期限、考核管理和政策保障。推进继续教育与工作考核、岗位聘任、职务评聘、职业注册等人事管理制度的衔接,构建符合国情的法治人才终身教育体系。促进教育部门与法治工作部门的合作交流,推动法治人才培养规划和各类资源向农村、边远、贫困、民族地区倾斜,加强发达地区对欠发达地区培养单位的对口支援,积极运用信息化手段扩大法学教育优质资源共享,加强对法学实践活动的评估、对协作培养法治人才的评估及对各项配套整治措施的评估,以便推陈出新推动创新法治人才培养机制。

附录二

系列问卷

一、调查问卷（学生版）

尊敬的先生/女士：

您好！非常感谢您参加我们的调查！

我们是 2015 年度教育部哲学社会科学研究重大课题攻关项目"创新法治人才培养机制研究"课题组，为贯彻落实中共十八届四中全会所提出的"创新法治人才培养机制"目标，全面推进依法治国重大战略部署，特向您进行有关法治人才培养状况的调查，希望得到您的协助和支持。本次调查采用不记名方式，所得资料将以综合性统计结果表现出来，最终结果将反映到教育部及相关部门，您所提供的信息也将严格保密。本次调查只需耽搁您几分钟左右的时间。希望您真实填写，并提出您的宝贵意见。最后，对于您能在百忙之中填写此问卷再次表示感谢，并祝您生活愉快！

《创新法治人才培养机制》课题调查组

01　您和您学校的基本情况
011　您的性别：
0111　□ 男　　　　　　　　0112　□ 女
012　您的年龄：
0121　□ 16～22 岁　　　　　0122　□ 23～30 岁
0123　□ 31～40 岁　　　　　0124　□ 41～50 岁

013　您正在求学的阶段：

0131 □ 本科　　　　　　0132 □ 硕士研究生

0133 □ 博士研究生　　　0134 □ 其他

014　您所在的学校：

0141 □ 综合院校　　　　0142 □ 文科院校

0143 □ 理工院校　　　　0144 □ 农林院校

0145 □ 医药院校　　　　0146 □ 师范院校

0147 □ 语言院校　　　　0148 □ 财经院校

0149 □ 政法院校　　　　01410 □ 民族院校

01411 □ 体育院线　　　 01412 □ 艺术院校

01413 □ 军事院校　　　 01414 □ 其他

015　您所在的地区：

0151 □ 东南沿海地区，具体省份是（　　　）

0152 □ 中部地区，具体省份是（　　　）

0153 □ 西北部地区，具体省份是（　　　）

02　法学教育与法治人才培养目标

021　您认为法学教育应当是：

0211 □ 精英教育和职业教育

0212 □ 大众教育和素质（通识）教育

0213 □ 精英教育与大众教育、职业教育与素质（通识）教育结合

0214 □ 精英教育下的素质（通识）教育

0215 □ 大众教育下的职业教育

0216 □ 其他

022　您认为社会主义法治人才必须具备的基本素质有哪些？（多选）

0221 □ 思想政治素质

0222 □ 法律思维模式、法律职业素养和熟练的实践性操作技能

0223 □ 扎实的法律专业知识、辩论技巧和较强的口头表达能力

0224 □ 较高的法律外语水平及对其他学科知识的了解和掌握

0225 □ 文书写作能力、一定的科研能力

0226 □ 法律职业人综合运用知识分析与解决法律问题的方式和手段

0227 □ 通晓国际法律规则，适应国际化或涉外服务需要的"双语"能力

0228 □ 语言表达能力和人际交往能力

023　您希望毕业后能够去哪个部门工作？

0231 □ 法院、检察机关　　　0232 □ 律师、仲裁

0233 □ 行政执法部门　　　　0234 □ 立法部门

0235 □ 企业法务　　　　　　0236 □ 公证等专门法律服务部门

0237 □ 政府法务（含行政立法、行政复议、行政裁决等）

0238 □ 其他（　　　　　　　　）

024　您曾经在哪些单位实习过？（可多选）

0241 □ 法院、检察院　　　0242 □ 律所　　　　0243 □ 政府部门

0244 □ 人大　　　　　　　0245 □ 企业　　　　0246 □ 没有实习经历

0247 □ 其他（　　　　　　　　）

03　法治人才培养课程体系与课程设置

031　您认为有无必要实行国家统一的法律类专业教材？

0311 □ 有必要　　　　　　0312 □ 没必要　　　0313 □ 无所谓

032　您觉得通过校内课程学习能否达到学习法学专业知识的目的？

0321 □ 完全可以　　　　　0322 □ 基本可以

0323 □ 不可以　　　　　　0324 □ 没感觉

033　您对本校法学专业必修课的课时安排是否满意？

0331 □ 非常满意　　　　　0332 □ 基本满意

0333 □ 一般　　　　　　　0334 □ 不满意

034　您认为目前法学本科课程体系设置中是否有必要增加法律实务技能训练时间：

0341 □ 非常必要　　　　　0342 □ 有必要

0343 □ 没有必要　　　　　0344 □ 无所谓

035　您认为法学本科课程体系设置中实务课程（学时与学分）应占多大比重：

0351 □ 1/2　　　　　　　　0352 □ 1/3　　　　0353 □ 1/4

0354 □ 1/5　　　　　　　　0355 □ 1/6

036　您是否支持减少现有的法学本科专业核心课程？

0361 □ 支持　　　　　　　0362 □ 不支持　　　0363 □ 不清楚

037　您认为教育部确定的法学本科专业的16门核心课程（法理学、宪法学、中国法制史、行政法与行政诉讼法、民法、商法、知识产权法、经济法、民事诉讼法、刑法、刑事诉讼法、国际公法、国际私法、国际经济法、环境与自然法、劳动与社会保障法）的做法是否妥当？

0371 □ 妥当　　　　　　　0372 □ 不妥当　　　0373 □ 不知道

如果您认为目前确定的核心课程不妥当，您认为法学专业的核心课程应当包括：（列出具体课程名称）_____。

038　您是否支持对法学课程分类为全国统一开设课程（5~7门）、学校特色课程（5~7门）、学生选修课程和法律实务课程。

0381 □ 支持　　　　　　0382 □ 不支持　　　　0383 □ 不清楚

039　您所在院（系）法学本科专业开设的法律实务课程有哪些？（可多选）

0391 □ 司法实务（法庭模拟、法律诊所、法庭辩论等）

0392 □ 行政法律实务　　　0393 □ 立法实务

0394 □ 企业法务　　　　　0395 □ 其他（　　　　　　　）

0310　您认为法学本科专业是否应当专门开设法律职业伦理课程以加强法律职业伦理训练：

03101 □ 非常必要　　　　03102 □ 有必要

03103 □ 没有必要　　　　03104 □ 无所谓

0311　您如果到法院、检察院、律师事务所之外的法律实务部门（人大、政府、企业等）就业，在学校学习法律课程是否能够满足这些部门知识要求？

03111 □ 能够　　　　　　03112 □ 不能　　　　　03113 □ 不清楚

0312　您认为现行法学专业课程体系存在的问题有哪些？（本题可为多选题，如选项大于两项，请按照问题的严重程度进行排序）

03121 □ 法律理论课程过多，法律实务课程过少

03122 □ 部门法课程过多，理论课程偏少

03123 □ 课程之间重复，衔接度不好

03124 □ 课程性质单一，缺少各个学校根据自身实际情况设置的具有地方高校特质的应用型课程

03125 □ 公共和政治课程占据大学教育的比例过大

03126 □ 课程设置主要限于法学领域，忽视其他人文社会和自然科学课程

03127 □ 课程设置与司法考试紧密配合

03128 □ 开课顺序不符合学生的认识规律，如先易后难，先理论后实践

03129 □ 课程设置没有根据新法的变更、市场经济发展、就业状况需求和经济全球化不断更新

0313　在您所就读的院校中，对您的学习和就业最具影响力的法律实务课程有哪些？（可多选）

03131 □ 司法法律实务　　　03132 □ 行政法律实务

03133 □ 立法法律实务　　　03134 □ 企业法律实务

03135 □ 见习、社会调查、实习、专题辩论、疑案辩论

03136 □ 其他

0314　请依照您在法学院的学习经历，选择下列选项在课程中体现的强度：

授课经历	常常	有时	从来没有
课堂中提出问题并促进课题的讨论			
为需要大量收集信息和观点的论文或项目准备			
上课前无须提前阅读或者完成作业			
能与其他学生在课堂中合作共同完成一个任务			
能与其他学生在课外合作完成课程作业			
在作业和课堂讨论中能综合运用所学科目的主要观点和案例			
能有效地参加法律诊所或法律援助课程			

0315　您认为除了现有法学院的课程外，还应当包含哪些科目？

04　法治人才培养与法律职业资格

041　您认为法学本科专业学生通过国家统一法律职业资格考试（司法考试）是必须的吗？

　　0411 □ 是必须的　　　　　　0412 □ 不是必须的　　0413 □ 无所谓

042　您认为通过法律职业资格考试进入国家机关还应该参加公务员入职考试吗？

　　0421 □ 考试性质不同，必须的

　　0422 □ 重复考试，不必要

　　0423 □ 不清楚

05　法治人才培养模式

051　您认为下列哪种模式更有助于实现社会主义法治人才培养目标？

0511 □ 整合法学本科教育与法律硕士专业学位教育，实施6年两阶段"4年基础学习+2年应用学习"融贯式培养

0512 □ 将学术人才和法律事务人才分开培养，分别开设"实务人才实验班"和"学术人才实验班"

0513 □ "通识教育+跨学科（专业）教育+校企联合培养+科研能力训练"培养模式，试行"4+2"模式本硕贯通体制，试行"4+1"国际化培养，本科毕业后到海外高校攻读学位或者开展技能培训

0514 □ 实行本硕连读，采取"2+2+2"的培养方式分阶段培养，即通识教育、专业课程学习和基础职业训练的培养模式

0515 □ 其他

052 您在课堂学习中，喜欢老师运用的教学方法有哪些？（1~2个）

0521 □ 讲授法　　　　　　0522 □ 案例教学法

0523 □ 探究式学习讨论法　0524 □ 其他方法

06　法治人才的协同培养与评价

061　您认为高校制定法律人才培养方案应该有哪些部门代表参加？（多选）

0611 □ 学校　　　　　　　0612 □ 法院、检察院、律师事务所

0613 □ 人大、政府　　　　0614 □ 企业或企业协会

0615 □ 高年级学生或者毕业生

062　您认为当前政法部门和法学院校、法学研究机构人员双向交流机制实施的效果如何？

0621 □ 效果明显　　　　　0622 □ 效果一般

0623 □ 没有效果　　　　　0624 □ 尚未开始

063　您所在院（系）组织法律实务部门专家给学生授课频次：

0631 □ 2次以上/周　　　　0632 □ 1次/周

0633 □ 1次/1周　　　　　 0634 □ 1次/2周以上

064　您所在院（系）组织给学生承担法律事务部门专家所在单位大致来自哪里？（选择最多的2项）

0641 □ 法院、检察院　　　0642 □ 律所　　　　　0643 □ 政府部门

0644 □ 各级人大　　　　　0645 □ 企业　　　　　0646 □ 不清楚

065　法律实务专家在贵院（系）承担法律人才培养的任务有哪些？（可多选）

0651 □ 开设一门课程教学　0652 □ 举办讲座

0653 □ 论文开题　　　　　0654 □ 论文答辩

0655 □ 论文写作指导　　　0656 □ 其他

066　对于"法学院—实务部门"的协同式教学，您认为采取哪种方式最有效？

0661 □ 邀请实务专家来校开办讲座

0662 □ 邀请实务专家担任兼职教师

0663 □ 组织学生到实务部门参观

0664 □ 建立实习基地

0665 □ 实务部门面向本科生、硕士生、博士生设立研究课题并予以指导

0666 □ 聘任实务部门专家担任学生的导师，实行"双导师"制

067　您认为当前高等学校法学教育中存在的主要问题有哪些？（多选）

0671 □ 法学教育资源特别是教师实务教学能力不够

0672 □ 法律专业课程的设置不够合理

0673 □ 法学院校与法治实务部门协同育人机制不完善

0674 □ 法学教育与司法考试、法律职业的衔接不够紧密

0675 □ 课堂教学方法僵化

0676 □ 法治人才培养机制的评估方式不科学，形式主义严重

07 法治人才培养机制的创新与保障

071 您认为高校法律人才质量评价应该有哪些部门代表或人员参加？（多选）

0711 □ 学校 　　　　　　　0712 □ 法院、检察院、律师事务所

0713 □ 人大、政府 　　　　0714 □ 企业或企业协会

0715 □ 毕业生

072 您认为创新法治人才培养机制，目前高校法学教育最需要做什么工作？（多选）

0721 □ 明确法学教育培养目标

0722 □ 重视对学生法律实践能力的培养

0723 □ 改革传统的法学教育模式

0724 □ 加强学校师资队伍建设

0725 □ 从实际出发，切实加强与法律实务部门的多方位合作

0726 □ 给学生充分的选课自由和独立发展的空间

073 您认为应当通过何种方式改进当前的法治人才培养机制？（多选）

0731 □ 根据社会对多元化法治人才需求调整培养方案，形成综合的、统一的法治人才培养体制机制

0732 □ 编写国家统一的法律类专业核心教材，完善不同层级的阶梯式的中国特色法学课程

0733 □ 强化案例教学，创新法学课程教学方法

0734 □ 立足当代中国法治实践，围绕社会对多元化法治人才需求，创新法治人才培养机制

0735 □ 积极运用信息化手段扩大法学教育优质资源共享

0736 □ 建立科学的法治人才培养评估体系和有效的保障机制

074 您认为创新法治人才培养机制最重要的保障是什么？

0741 □ 国家立法明确法律实务部门法治人才培养主体责任

0742 □ 多部门联合出台相关政策鼓励法律实务部门参与法治人才培养

0743 □ 法律实务部门自觉参与

0744 □ 高校主动对社会开放

0745 □ 其他

075　您对建设高素质法学教师队伍有什么期许？

0751　□　鼓励支持高校教师到政法部门挂职，实现高校与实务部门人员的双向交流机制

0752　□　构建科学的考核评价机制

0753　□　鼓励支持高校教师参加国际国内学术交流和教学培训

0754　□　其他

076　您认为法律人才培养质量的评价标准有哪些（多选）

0761　□　就业率　　　　　　　　0762　□　就业质量

0763　□　一段时期毕业生薪酬标准　0764　□　毕业生发展

077　就您的学习经历而言，您认为当前我国法治人才培养机制还存在哪些问题？哪些方面仍需要完善？

二、调查问卷（教师版）

尊敬的先生/女士：

您好！非常感谢您参加我们的调查！

我们是 2015 年度教育部哲学社会科学研究重大课题攻关项目"创新法治人才培养机制研究"课题组，为贯彻落实中共十八届四中全会所提出的"创新法治人才培养机制"目标，全面推进依法治国重大战略部署，特向您进行有关法治人才培养状况的调查，希望得到您的协助和支持。本次调查采用不记名方式，所得资料将以综合性统计结果表现出来，最终结果将反映到教育部及相关部门，您所提供的信息也将严格保密。本次调查只需耽搁您几分钟的时间。希望您真实填写，并提出您的宝贵意见。最后，对于您能在百忙之中填写此问卷再次表示感谢，并祝您生活愉快！

《创新法治人才培养机制》课题调查组

01　您和学校的基本情况

011　您的性别：

0111　□　男　　　　　　　　　　0112　□　女

012　您的年龄：

0121　□　20～30 岁　　　　　　　0122　□　31～40 岁

0123　□　41～50 岁　　　　　　　0124　□　50 岁以上

013 您的职称：

0131 □ 教授 　　　　　　　0132 □ 副教授

0133 □ 讲师 　　　　　　　0134 □ 助教

014 您所在的岗位：

0141 □ 教学岗位 　　　　　0142 □ 教学管理岗位

015 您所在的学校：

0151 □ 综合院校 　　　　　0152 □ 文科院校

0153 □ 理工院校 　　　　　0154 □ 农林院校

0155 □ 医药院校 　　　　　0156 □ 师范院校

0157 □ 语言院校 　　　　　0158 □ 财经院校

0159 □ 政法院校 　　　　　01510 □ 民族院校

01511 □ 体育院线 　　　　　01512 □ 艺术院校

01513 □ 军事院校 　　　　　01514 □ 其他

016 您所在的地区：

0161 □ 东南沿海地区，具体省份是（　　　）

0162 □ 中部地区，具体省份是（　　　）

0163 □ 西北部地区，具体省份是（　　　）

017 您所在的学校是否有卓越法律人才培养基地？

0171 □ 有国家级卓越法律人才培养基地

0172 □ 有省级卓越法律人才培养基地

0173 □ 有校级卓越法律人才培养基地

0174 □ 没有

02 法学教育与法治人才培养目标

021 您认为法学教育的性质

0211 □ 精英教育和职业教育

0212 □ 大众教育和通识教育

0213 □ 精英教育与大众教育、职业教育与通识教育的结合

0214 □ 精英教育下的素质教育

0215 □ 大众教育下的职业教育

0216 □ 其他

022 您认为社会主义法治人才必须具备的基本素质有哪些？（多选）

0221 □ 思想政治素质

0222 □ 法律思维模式、法律职业素养和熟练的实践性操作技能

0223 □ 扎实的法律专业知识、辩论技巧和较强的口头表达能力

0224 □ 较高的法律外语水平及对其他学科知识的了解和掌握

0225 □ 文书写作能力、一定的科研能力

0226 □ 法律职业人综合运用知识分析与解决法律问题的方式和手段

0227 □ 通晓国际法律规则，适应国际化或涉外服务需要的"双语"能力

0228 □ 语言表达能力和人际交往能力

023 您认为法治人才培养质量国家标准应当由谁负责制定？

0231 □ 教育主管部门

0232 □ 高校联合体（教指委）

0233 □ 法治人才需求部门

0234 □ 供需单位和教育主管部门共同制定

0235 □ 不清楚

024 您认为当前法学教育主要面向何种行业培养法治人才？（多选）

0241 □ 法院、检察机关　　　0242 □ 律师

0243 □ 行政执法部门　　　　0244 □ 立法部门

0245 □ 企业法务　　　　　　0246 □ 其他

025 您所在院（系）法学本科毕业生毕业实习去向最多的单位是哪些？（选择最多2项）

0251 □ 法院、检察院　　　　0252 □ 律所

0253 □ 政府部门　　　　　　0254 □ 人大

0255 □ 企业　　　　　　　　0256 □ 不清楚

026 您所在院（系）法学本科毕业生首次就业去向最多的单位是哪些？

0261 □ 法院、检察院　　　　0262 □ 律所

0263 □ 政府部门　　　　　　0264 □ 人大

0265 □ 企业　　　　　　　　0266 □ 不清楚

03 法治人才培养课程体系与课程设置

031 您认为当前法学本科教育教学任务是否适当？

0311 □ 过轻　　　　0312 □ 较轻　　　　0313 □ 适当

0314 □ 较重　　　　0315 □ 过重

032 您认为有无必要由教育部确定国家统一的法律类专业教材？

0321 □ 有必要　　　0322 □ 没必要　　　0323 □ 不知道

033 贵校有否采用马克思主义理论研究和建设工程重点教材？

0331 □ 有　　　　　0332 □ 没有

034 您认为目前法学专业本科培养方案，是否与培养高素质社会主义法治人才目标相符合？

0341 □ 非常符合　　　　　　0342 □ 基本符合
0343 □ 不太符合　　　　　　0344 □ 很不符合

035　您认为目前法学专业本科课程体系设置是否与培养高素质法治人才目标相符合？

0351 □ 非常符合　　　　　　0352 □ 基本符合
0353 □ 不太符合　　　　　　0354 □ 很不符合

036　您认为目前法学本科课程体系设置中是否有必要增加法律实务技能训练时间？

0361 □ 非常必要　　　　　　0362 □ 有必要
0363 □ 没有必要　　　　　　0364 □ 无所谓

037　您所在学校（院）法学专业课程体系中法律实务课程占总学时的比例是多少？

0371 □ 10%　　　　　0372 □ 10%～20%　　　0373 □ 20% 以上

038　您认为教育部确定的法学本科专业的 16 门核心课程（法理学、宪法学、中国法制史、行政法与行政诉讼法、民法、商法、知识产权法、经济法、民事诉讼法、刑法、刑事诉讼法、国际公法、国际私法、国际经济法、环境与自然法、劳动与社会保障法）的做法是否妥当？

0381 □ 妥当　　　　　　0382 □ 不妥当　　　　　0383 □ 不知道

如果您认为目前确定的核心课程不妥当，您认为法学专业的核心课程应当包括：（列出具体课程名称）_____。

039　您所在院（系）法学本科专业开设的法律实务课程有哪些？（可多选）

0391 □ 司法实务（法庭模拟法律诊所、法庭辩论等）
0392 □ 行政法律实务
0393 □ 立法实务
0394 □ 企业法务
0395 □ 其他

0310　您认为法学本科专业是否应当专门开设法律职业伦理课程以加强法律职业伦理训练？

03101 □ 非常必要　　　03102 □ 有必要
03103 □ 没有必要　　　03104 □ 无所谓

0311　您认为现行法学专业课程体系存在的问题有哪些？（本题可为多选题，如选项大于两项，请按照问题的严重程度进行排序）

03111 □ 法律理论课程过多，法律实务课程过少
03112 □ 部门法课程过多，理论课程偏少

03113 □ 课程之间重复，衔接度不好

03114 □ 课程性质单一，缺少各个学校根据自身实际情况设置的具有地方高校特质的应用型课程

03115 □ 公共和政治课程占据大学教育的比例过大

03116 □ 课程设置主要限于法学领域，忽视其他人文社会和自然科学课程

03117 □ 课程设置与司法考试紧密配合

03118 □ 开课顺序不符合学生的认识规律，如先易后难，先理论后实践

03119 □ 课程设置没有根据新法的变更、市场经济发展、就业状况需求和经济全球化不断更新

0312　您所在学校（院）开设的法律实务课程特色方向有哪些？（多选）

03121 □ 司法法律实务（法庭辩论、法律谈判、法律诊所、模拟法庭等）

03122 □ 行政法律实务

03123 □ 立法法律实务

03124 □ 企业法律实务

03125 □ 其他

0313　贵校（院）实务课程任课老师的主要来源有哪些？

03131 □ 校内1位教师承担课程

03132 □ 校内2位以上教师共同承担课程

03133 □ 校外法律专业实务导师承担

03134 □ 校内教师与校外实务专家共建

0314　除了教育部规定的核心课程之外，贵校是否开设适应地方法治及经济社会发展需求和体现贵校（院）专业特色的课程设置？（可多选）

03141 □ 开设，请列举＿＿＿＿＿　　＿＿＿＿＿　　＿＿＿＿＿

03142 □ 没有

03143 □ 不知道

0315　您认为您所在学校课程体系是否应按照研究型法学教育与法律职业教育分别设置课程？

03151 □ 应分别设置课程

03152 □ 坚持现有法学核心课程为基础的课程体系，不应分别设置课程

03153 □ 不知道

04　法治人才培养与法律职业资格

041　您认为法学本科专业学生通过国家统一法律职业资格考试（司法考试）是必须的吗？

0411 □ 是必须的　　　　　0412 □ 不是必须的　　　0413 □ 无所谓

042　您认为国家统一法律职业资格考试（司法考试）是否能够真实反映社会对法治人才培养的需求？

　　0421 □ 完全能反映

　　0422 □ 不太能反映专业水平，司法考试更多的是考查应试能力

　　0423 □ 不能反映

043　您认为通过法律职业资格考试进入国家机关还应该参加公务员入职考试吗？

　　0431 □ 考试性质不同，必须的

　　0432 □ 重复考试，不必要

　　0433 □ 不清楚

05　法治人才培养模式

051　您认为下列哪种模式更有助于实现社会主义法治人才培养目标？

　　0511 □ 中国政法大学的"高级法律职业人才培养体制改革"，整合法学本科教育与法律硕士专业学位教育，实施6年两阶段"4年基础学习+2年应用学习"融贯式培养

　　0512 □ 西南政法大学分别制订人才培养方案，实行独立培养，分别创办"实务人才实验班"和"学术人才实验班"

　　0513 □ 华东政法大学的"通识教育+跨学科（专业）教育+校企联合培养+科研能力训练"培养模式，试行"4+2"模式本硕贯通体制，重点培养国际金融、国际贸易、国际航运等方面的国际化经贸法律人才，试行"4+1"国际化培养，本科毕业后到海外高校攻读学位或者开展技能培训

　　0514 □ 中南财经政法大学的本科创新拔尖人才"文澜人才培养模式"，建立适合培养"文澜人才"需要的招生机制或生源选拔机制，实行本硕连读，采取"2+2+2"的培养方式分阶段培养，即通识教育、专业课程学习和基础职业训练、研究生学习阶段，并进行分流培养

　　0515 □ 西北政法大学的"实务培训模式"，首创了法科研究生在司法机关实训半年担任见习法官助理和检察官助理的研究生教育改革，研究生在校期间必须完成为期6个月的实务训练

　　0516 □ 其他

052　您在课堂教学中，经常会运用哪些教学方法？（多选）

　　0521 □ 讲授法　　　　　　　　0522 □ 案例教学法

　　0523 □ 探究式学习讨论法　　　0524 □ 其他方法

06　法治人才的协同培养与评价

061　您认为当前政法部门和法学院校、法学研究机构人员双向交流机制实

施的效果如何？

0611 □ 效果明显　　　　　　0612 □ 效果一般

0613 □ 没有效果　　　　　　0614 □ 尚未开始

062　您所在院（系）组织法律实务部门专家给学生的授课频次大致是多少？

0621 □ 2次以上/周　　　　　0622 □ 1次/周

0623 □ 1次/1周　　　　　　0624 □ 1次/2周以上

063　您所在院（系）组织给学生承担法律事务部门的专家大致来自哪个单位？（多选）

0631 □ 法院、检察院　　　　0632 □ 律所　　　　　0633 □ 政府部门

0634 □ 各级人大　　　　　　0635 □ 企业　　　　　0636 □ 不清楚

064　法律实务专家在贵院（系）承担法律人才培养的任务有哪些？（可多选）

0641 □ 一门课程教学　　　　0642 □ 讲座　　　　　0643 □ 论文开题

0644 □ 论文答辩　　　　　　0645 □ 论文写作指导　0646 □ 其他

065　您所在院（系）与法律实务部门在人才培养方面建立合作的基础是什么？

0651 □ 单位负责人个人情感上

0652 □ 合作协议书

0653 □ 其他

066　您认为法治人才培养评价主体应该是什么？

0661 □ 高等学校

0662 □ 教育主管部门

0663 □ 法治人才需求单位

0664 □ 供需单位和教育部门共同评价

0665 □ 其他

067　您认为应如何促进法律实务部门在协同式教学中承担起相应的责任和义务？

0671 □ 国家立法明确规定培养单位与需求部门共同的责任

0672 □ 制定政策鼓励培养单位与需求部门协同培养

0673 □ 法律实务部门自愿参加，构建法律共同体

0674 □ 其他

068　您认为法治人才评价是否应该就不同层次和不同行业进行区分？（可多选）

0681 □ 本科、硕士、博士不同层次

0682 □ 法律实务类型人才与法学研究类型人才

0683 □ 司法人才、立法人才、行政执法人才、企业法务人才

0684 □ 不清楚

069 您认为在法治人才培养中高校教师最需要在哪些方面实现素质提升？

0691 □ 完整的法学知识结构

0692 □ 法律实践教学能力

0693 □ 授课教学技巧及课堂组织管理能力

0694 □ 提升科学研究能力和学术水平

0695 □ 较强的沟通能力与社交能力

0696 □ 利用现代教育教学技术的能力

0697 □ 高水平的反思能力

0698 □ 其他

0610 您认为通过哪些途径有利于提升高校法学教师素质？

06101 □ 岗前培训

06102 □ 继续教育

06103 □ 积极参与法律实践

06104 □ 积极开展科学研究

06105 □ 教育机构积极组织校内外的教学合作与交流

06106 □ 其他

07 法治人才培养机制的创新与保障

071 您认为当前高等学校法治人才培养中存在的主要问题有哪些？（多选）

0711 □ 社会主义法治理念教育还不够深入

0712 □ 法律类专业扩张迅速，但低水平重复建设较多，教学质量难以得到保证，就业形势严峻

0713 □ 人才培养模式单一，不能满足社会对多元化法治人才的需求

0714 □ 高层次法治人才奇缺，尤其是复合型人才和涉外高端法律人才严重不足

072 □ 您认为创新法治人才培养机制，目前高校最需要做什么工作？（多选）

0721 □ 明确法学教育培养目标

0722 □ 重视对学生法律实践能力的培养

0723 □ 改革传统的法学教育模式

0724 □ 加强学校师资队伍建设

0725 □ 从实际出发，切实加强与法律实务部门的多方位合作

0726 □ 给学生充分的选课自由和独立发展的空间

073 您认为应当通过何种方式改进当前的法治人才培养机制？（多选）

0731 □ 根据社会对多元化法治人才需求调整培养方案，形成综合的、统一的法治人才培养体制机制

0732 □ 编写国家统一的法律类专业核心教材，完善不同层级的阶梯式的中国特色法学课程

0733 □ 强化案例教学，创新法学课程教学方法

0734 □ 立足当代中国法治实践，围绕社会对多元化法治人才需求，创新法治人才培养机制

0735 □ 积极运用信息化手段扩大法学教育优质资源共享

0736 □ 建立科学的法治人才培养评估体系和有效的保障机制

074　您认为创新法治人才培养机制最重要的保障是什么？

0741 □ 国家立法

0742 □ 多部门联合出台相关政策

0743 □ 法律实务部门自觉参与

0744 □ 高校主动对社会开放

0745 □ 其他

075　您对学校建设高素质法学教师队伍有什么期许？

0751 □ 鼓励支持高校教师到政法部门挂职，实现高校与实务部门人员的双向交流机制

0752 □ 构建科学的考核评价机制

0753 □ 鼓励支持高校教师多参加国际国内学术交流和教学培训

0754 □ 切实提高教师待遇

0755 □ 其他

076　就您的教育工作经历而言，你认为当前我国法治人才培养机制还存在哪些问题？哪些方面仍需要完善？

三、调查问卷（法律工作者版）

尊敬的先生/女士：

您好！非常感谢您参加我们的调查！

我们是2015年度教育部哲学社会科学研究重大课题攻关项目"创新法治人才培养机制研究"课题组，为贯彻落实中共十八届四中全会所提出的"创新法治人才培养机制"目标，全面推进依法治国重大战略部署，特向您进行有关法治人

才培养状况的调查，希望得到您的协助和支持。本次调查采用不记名方式，所得资料将以综合性统计结果表现出来，最终结果将反映到教育部及相关部门，您所提供的信息也将严格保密。本次调查只需耽搁您几分钟的时间。希望您真实填写，并提出您的宝贵意见。最后，对于您能在百忙之中填写此问卷再次表示感谢，并祝您生活愉快！

《创新法治人才培养机制》课题调查组

01　您的基本情况

011　您的性别：

0111 □ 男　　　　　　　　0112 □ 女

012　您的年龄：

0121 □ 20~30 岁　　　　　0122 □ 31~40 岁

0123 □ 41~50 岁　　　　　0124 □ 50 岁以上

013　您的法学教育背景：

0131 □ 脱产全日制法学教育（本科、硕士或博士）

0132 □ 辅修法学或者获得法学双学位

0133 □ 在职法学学位教育

0134 □ 自考、函授或者其他法学教育

014　若您曾经接受全日制本科法学教育，请问您所在学校的类型（若未曾接受过全日制本科法学教育则可不填）：

0141 □ 综合院校　　　　　0142 □ 文科院校

0143 □ 理工院校　　　　　0144 □ 农林院校

0145 □ 医药院校　　　　　0146 □ 师范院校

0147 □ 语言院校　　　　　0148 □ 财经院校

0149 □ 政法院校　　　　　01410 □ 民族院校

01411 □ 体育院线　　　　 01412 □ 艺术院校

01413 □ 军事院校　　　　 01414 □ 其他

015　您的工作性质：

0151 □ 法院审判人员　　　0152 □ 法院非审判人员

0153 □ 检察院检察人员　　0154 □ 检察院非检察人员

0155 □ 专职律师　　　　　0156 □ 政府部门工作人员

0157 □ 国有企业法律顾问、公司律师

0158 □ 外资或民营企业法务人员

0159 □ 基层法律服务所法律人员

01510 □ 其他

016　您所在的地区：

0161 □ 东南沿海地区　　　　0162 □ 中部地区

0163 □ 西北部地区

017　您从事法律职业的时间：

0171 □ 1~5 年　　　　　　0172 □ 6~10 年

0173 □ 10 年以上

02　法学教育与法治人才培养目标

021　您认为法学教育的性质是什么？（可多选）

0211 □ 精英教育　　　　　　0212 □ 职业教育

0213 □ 大众教育　　　　　　0214 □ 素质（通识）教育

0215 □ 其他

022　您认为社会主义法治人才应当具备的基本素质或能力有哪些？（可多选）

0221 □ 思想政治素质

0222 □ 法律思维

0223 □ 法律职业伦理

0224 □ 扎实的法律专业知识和理论功底

0225 □ 较强的学习能力和实践能力

0226 □ 较强的语言表达和沟通协调能力

0227 □ 较强的文字表达能力和法律文书写作技巧

0228 □ 法庭辩论和诉讼技巧

0229 □ 一定的理论研究能力

02210 □ 较高的外语水平

02211 □ 广泛的知识背景

02212 □ 其他

023　您认为法治人才培养质量国家标准应当由谁负责制定？

0231 □ 教育主管部门　　　　0232 □ 高校联合体

0233 □ 法治人才需求单位

0234 □ 供需单位和教育主管部门共同制定

0235 □ 不清楚

024　您认为当前法学教育主要面向何种行业培养法治人才？（可多选）

0241 □ 法院、检察院　　　　0242 □ 律所、仲裁庭

0243 □ 行政执法部门　　　　0244 □ 人大立法机构

0245 □ 企业　　　　　　　　0246 □ 公证处等专门法律服务机构

0247 □ 政府法制机构（含行政立法、行政复议、行政裁决等）

0248 □ 其他

03　法治人才培养课程体系与课程设置

031　从本科法学核心课程能否满足您现有工作需要的角度，勾出您对核心课程的整体评价：

课程名称	非常有用	基本有用	用处不大
法理学			
宪法学			
中国法制史			
刑法			
民法			
商法			
知识产权法			
经济法			
行政法与行政诉讼法			
民事诉讼法			
刑事诉讼法			
国际公法			
国际私法			
国际经济法			
环境法与资源保护法			
劳动法与社会保障法			

032　在您所在的单位，您认为当前应届法学本科毕业生能否胜任本职工作？

0321 □ 完全胜任　　　　　　0322 □ 基本胜任

0323 □ 有欠缺　　　　　　　0324 □ 严重欠缺

0325 □ 本单位近三年来没有新进应届法学本科生

033　您认为工作经验在三年内（从本科毕业算起）的法律工作人员，最缺乏的能力和素质是什么？（可多选）

0331 □ 思想政治素质

0332 □ 法律思维

0333 □ 法律职业伦理

0334 □ 扎实的法律专业知识和理论功底

0335 □ 较强的学习能力和实践能力

0336 □ 较强的语言表达和沟通协调能力

0337 □ 较强的文字表达能力和法律文书写作技巧

0338 □ 法庭辩论和诉讼技巧

0339 □ 一定的理论研究能力

03310 □ 较高的外语水平

03311 □ 广泛的知识背景

03312 □ 其他

034　您认为法学本科专业核心课程体系应该包括哪些课程？（可多选）

0341 □ 法理学　　　　　　　　0342 □ 宪法

0343 □ 中国法制史　　　　　　0344 □ 刑法

0345 □ 民法　　　　　　　　　0346 □ 商法

0347 □ 知识产权法　　　　　　0348 □ 经济法

0349 □ 行政法与行政诉讼法　　03410 □ 民事诉讼法

03411 □ 刑事诉讼法　　　　　 03412 □ 国际公法

03413 □ 国际私法　　　　　　 03414 □ 国际经济法

03415 □ 环境法与资源保护法

03416 □ 劳动法与社会保障法

03417 □ 其他

035　您认为除了法学本科专业核心课程外，专业课程和实践课程应该包括哪些？（可多选）

0351 □ 司法法律实务（法庭辩论、法律谈判、法律诊所、模拟法庭等）

0352 □ 行政法律实务

0353 □ 立法法律实务

0354 □ 企业法律实务

0355 □ 见习、社会调查、实习、专题辩论、疑案辩论

0356 □ 法律职业伦理、法律文书、法律逻辑学、法律思维与法律方法等专业必修课程

0357 □ 法律英语、法律文书、系列刑事、民事、行政案例专题分析等专业选修课程

0358 □ 具有地方特色和专业的课程，如粤港澳商事实务、自贸试验区法律实务课程

0359 □ 其他（请指明）_____

036 您认为法学本科课程体系设置中实务课程（学时与学分）应占多大比重？

  0361 ☐ 1/2   0362 ☐ 1/3   0363 ☐ 1/4

  0364 ☐ 1/5   0365 ☐ 1/6

037 您认为法学本科阶段是否有必要专门开设法律职业伦理课程：

  0371 ☐ 非常必要   0372 ☐ 有必要

  0373 ☐ 没有必要   0374 ☐ 无所谓

038 您认为目前法学本科课程体系设置中是否有必要设置校内教师与校外实务"双"导师队伍，共制人才培养与课程方案、教学计划，共拟教学内容，共同参与专业技能竞赛与考核，共同指导实训实习与毕业设计，共同举行就业培训、协助就业推荐。

  0381 ☐ 非常必要   0382 ☐ 有必要   0383 ☐ 没有必要

04 法治人才培养与法律职业资格

041 您认为哪些人必须通过国家统一法律职业资格考试（司法考试）：（可多选）

  0411 ☐ 审判人员   0412 ☐ 检察人员

  0413 ☐ 律师   0414 ☐ 公证员

  0415 ☐ 仲裁员（法律类）

  0416 ☐ 政府部门中从事行政处罚决定审核、行政复议、行政裁决的人员

  0417 ☐ 行政执法人员

  0418 ☐ 国家机关中从事其他法律工作的人员（如立法工作者等）

  0419 ☐ 企业法律人员

  04110 ☐ 法学教育研究工作者

  04111 ☐ 其他

042 您认为国家统一法律职业资格考试（司法考试）是否能够真实反映社会对法治人才培养的需求：

  0421 ☐ 完全能反映

  0422 ☐ 不太能反映专业水平，司法考试更多的是考察应试能力

  0423 ☐ 不能反映

043 您认为通过法律职业资格考试进入国家机关是否还应该参加公务员入职考试：

  0431 ☐ 考试性质不同，必须的   0432 ☐ 重复考试，不必要

  0433 ☐ 无所谓

044 您认为法科学生在毕业前通过国家统一法律职业资格考试（司法考试）

是否是必须的：

0441 □ 是必须的　　　　　　0442 □ 不是必须的

0443 □ 不应当在本科毕业前参加司法考试

0444 □ 无所谓

05　法治人才培养模式

051　您认为当前法治人才培养中存在的主要问题有哪些：（可多选）

0511 □ 法学教育的目标不明确，定位不清晰，法学课程体系设置不合理

0512 □ 社会主义法治理念教育不够深入

0513 □ 法律类专业扩张迅速，低水平重复建设较多

0514 □ 人才培养模式单一，难以满足社会对多样化法治人才的需求，尤其是复合型人才和涉外高端法律人才严重不足

0515 □ 法学教育与法律实践工作严重脱节，高校实践教学资源严重不足，学生实践能力弱

0516 □ 高校教师考核机制不合理，教学不受重视

0517 □ 高校学生考评机制不合理，学生毕业无压力，学习动力不足，学习功利性过强

0518 □ 其他

052　您认为下列哪种模式更有助于实现社会主义法治人才培养目标：

0521 □ 中国政法大学的"高级法律职业人才培养体制改革"，整合法学本科教育与法律硕士专业学位教育，实施6年两阶段"4年基础学习+2年应用学习"融贯式培养

0522 □ 西南政法大学分别制定人才培养方案，实行独立培养，分别创办"实务人才实验班"和"学术人才实验班"

0523 □ 华东政法大学的"通识教育+跨学科（专业）教育+校企联合培养+科研能力训练"培养模式，试行"4+2"模式本硕贯通体制，重点培养国际金融、国际贸易、国际航运等方面的国际化经贸法律人才，试行"4+1"国际化培养，本科毕业后到海外高校攻读学位或者开展技能培训

0524 □ 中南财经政法大学的本科创新拔尖人才"文澜人才培养模式"，建立适合培养"文澜人才"需要的招生机制或生源选拔机制，实行本硕连读，采取"2+2+2"的培养方式分阶段培养，即通识教育、专业课程学习和基础职业训练、研究生学习阶段，并进行分流培养

0525 □ 不清楚

0526 □ 其他

06　法治人才的协同培养与评价

061　您认为当前政法部门和法学院校、法学研究机构人员双向交流机制实施的效果如何？（政法部门工作人员填写）

0611 □ 效果明显　　　　0612 □ 效果一般

0613 □ 没有效果　　　　0614 □ 尚未开始

062　您有无参与过高等学校法学院系的教学或学术活动？

0621 □ 有　　　　　　　0622 □ 没有

0623 □ 以前没有，但今后愿意参与

0624 □ 以前曾经参与过，但今后不再想参与

063　若您参与过高等学校法学教学或者学术活动，具体方式有哪些？（可多选，若未从事相关活动则不填）

0631 □ 系统开设一门课程　0632 □ 专题讲座

0633 □ 担任兼职导师　　　0634 □ 担任答辩导师

0635 □ 指导学生开展模拟法庭、辩论赛等实践活动

0636 □ 其他

064　您所在的单位是否接受在读法学本科生或者应届毕业生实习：

0641 □ 接受　　　　　　0642 □ 不接受

0643 □ 以前没有，但以后可以接受

0644 □ 以前有，但以后不再接受

0645 □ 不清楚

065　您本人是否曾经带教过法学专业实习生：

0651 □ 是　　　　　　　0652 □ 否

066　您个人对待实习生的态度：

0661 □ 愿意带教　　　　0662 □ 不愿意带教

0663 □ 视实习生的能力素质而定

0664 □ 无所谓

067　您在从事法律工作之前，是否参加过专门的法律职业职前培训：

0671 □ 有　　　　　　　0672 □ 没有

068　您认为有没有必要建立法律职业人员统一职前培训制度：

0681 □ 有　　　　　　　0682 □ 没有　　　　　　0683 □ 不好说

069　您认为法律职业职前培训应当由什么机构来进行：（可多选）

0691 □ 高等学校　　　　0692 □ 法院、检察院

0693 □ 政府相关部门　　0694 □ 从业者所在单位

0695 □ 律师事务所　　　0696 □ 行业协会

0697 □ 社会培训机构　　0698 □ 其他

0610　您在从事法律工作之前，是否接受过专门的法律职业伦理教育：

06101 □ 有　　　　　　　　06102 □ 没有

0611　您认为对法律职业人员进行法律职业伦理教育应当由什么机构进行：（可多选）

06111 □ 高等学校　　　　　06112 □ 法院、检察院

06113 □ 政府相关部门　　　06114 □ 从业者所在单位

06115 □ 律师事务所　　　　06116 □ 行业协会

06117 □ 社会培训机构　　　06118 □ 其他

0612　您认为法治人才评价主体应该是什么机构：

06121 □ 高等学校　　　　　06122 □ 教育主管部门

06123 □ 法治人才需求单位

06124 □ 供需单位和教育部门共同评价

06125 □ 其他

0613　您认为应如何促进法律实务部门在协同式教学中承担起相应的责任和义务：（可多选）

06131 □ 国家立法明确规定培养单位与需求部门共同的责任

06132 □ 制定政策鼓励培养单位与需求部门协同培养

06133 □ 法律实务部门自愿参加，构建法律共同体

06134 □ 其他

0614　您认为法治人才评价应该区分为：（可多选）

06141 □ 本科、硕士、博士不同层次

06142 □ 法律实务类型人才与法学研究类型人才

06143 □ 司法人才、立法人才、行政执法人才、企业法务人才

06144 □ 不清楚

07　法治人才培养机制的创新与保障

071　您认为当前高等学校法治人才培养中存在的主要问题有哪些：（多选）

0711 □ 社会主义法治理念教育还不够深入，学生法律职业伦理缺失

0712 □ 法律类专业扩张迅速，但低水平重复建设较多，教学质量难以得到保证

0713 □ 人才培养模式单一，不能满足社会对多元化法治人才的需求

0714 □ 高层次法治人才奇缺，尤其是复合型人才和涉外高端法律人才严重不足

0715 □ 理论和实践脱节，学生难以迅速融入实务工作

0716 □ 轻视多学科交叉教学，学生知识背景狭窄，不适应现代社会对法律

工作者的需要

0717 □ 其他_____

072　您认为创新法治人才培养机制，目前高校最需要做什么工作？（多选）

0721 □ 明确法学教育培养目标

0722 □ 重视对学生法律实践能力的培养

0723 □ 改革传统的法学教育模式

0724 □ 加强学校师资队伍建设

0725 □ 从实际出发，切实加强与法律实务部门的多方位合作

0726 □ 给学生充分的选课自由和独立发展的空间

073　您认为应当通过何种方式改进当前的法治人才培养机制？（多选）

0731 □ 根据社会对多元化法治人才需求调整培养方案，形成综合的、统一的法治人才培养体制机制

0732 □ 编写国家统一的法律类专业核心教材，完善不同层级的阶梯式的中国特色法学课程

0733 □ 强化案例教学，创新法学课程教学方法

0734 □ 积极运用信息化手段扩大法学教育优质资源共享

0735 □ 建立科学的法治人才培养评估体系和有效的保障机制

074　您认为创新法治人才培养机制最重要的保障是什么：

0741 □ 国家立法

0742 □ 多部门联合出台相关政策

0743 □ 法律实务部门自觉参与

0744 □ 高校主动对社会开放

0745 □ 其他

075　就您的学习和工作经历而言，您认为理想的大学法学教育是什么样的？（自由回答）

参考文献

1. 包振宇：《基于卓越法律人才培养的法学专业类课程设置初探》，载于《大学教育》2015 年第 2 期。
2. 蔡昉：《坚持以人民为中心的发展思想》，载于《人民日报》2016 年 8 月 3 日，第 7 版。
3. 曹文泽：《司法体制改革背景下高校法治人才培养机制的创新》，载于《法学》2017 年第 7 期。
4. 陈向明：《大学通识教育模式的探索：以北京大学元培计划为例》，教育科学出版社 2008 年版。
5. 陈颖婷：《"一带一路"陷入人才短板司法改革不需"快餐教育"》，载于《上海法治报》2016 年 7 月 11 日，第 A02 版。
6. 戴激涛：《"一带一路"倡议下财经法治人才培养初探——基于首批入选全国卓越法律人才教育培养基地的九所财经院校实践的考察》，载于《法学教育研究》2017 年第 3 期。
7. 戴激涛：《优秀法律人如何养成？——以美国佩斯大学伊丽莎白·霍伯法学院为例》，载于《政法论丛》2016 年第 5 期。
8. 邓世豹：《超越司法中心主义——面向全面实施依法治国的法治人才培养》，载于《法学评论》2016 年第 4 期。
9. 丁相顺：《日本法科大学院教育制度及其特征》，载于《法制与社会发展》2006 年第 3 期。
10. 丁相顺：《日本法科大学院制度与"临床法学教育"比较研究》，载于《比较法研究》2013 年第 3 期。
11. 董保成：《德国教育行政"法律保留"之探讨》，引自翁岳生教授六秩诞辰祝寿论文集编辑委员会编：《当代公法理论——翁岳生教授六秩诞辰祝寿论文集》，台北月旦出版有限公司 2003 年版。
12. 董节英：《1952：新中国法学教育的整顿与重构》，载于《中共中央党校学报》2007 年第 2 期。

13. 杜承铭、戴激涛：《整合式创新：多元法治人才分类培养的实践与探索》，载于《中国大学教学》2016 年第 10 期。

14. 杜承铭、柯静嘉：《论涉外法治人才国际化培养模式之创新》，载于《现代大学教育》2017 年第 1 期。

15. 杜承铭：《论本科法学职业教育目标的多元化及其实现》，载于《中国大学教学》2014 年第 8 期。

16. ［法］阿兰·图海纳著，狄玉明、李平沤译：《我们能否共同生存？——既彼此平等又互有差异》，商务印书馆 2003 年版。

17. ［法］卢梭著，何兆武译：《社会契约论》，商务印书馆 1981 年版。

18. ［法］卢梭著，李平沤译：《爱弥儿》，商务印书馆 2011 年版。

19. ［法］托克维尔著，董果良译：《论美国的民主》（上），商务印书馆 1991 年版。

20. 丰霏：《以学习为中心，打造教学相长新格局——如何用好〈法理学〉第五版教材》，载于《中国大学教学》2018 年第 7 期。

21. 冯果：《论新时代法学教育的公共精神向度》，载于《中国大学教学》2018 年第 10 期。

22. 冯玉军：《略论当前我国法学教育体制存在的问题》，载于《政法论丛》2014 年第 1 期。

23. 冯玉军：《论国外法学教育改革的经验与借鉴》，载于《中国大学教学》2013 年第 6 期。

24. 冯玉军：《我国法学教育的现状与面临的挑战刍议》，载于《中国大学教学》2013 年第 12 期。

25. 付子堂：《社会主义法治人才应德法兼修》，载于《人民日报》2017 年 6 月 14 日，第 18 版。

26. 付子堂：《探索政法高校法治人才培养新机制》，载于《中国高校社会科学》2017 年第 4 期。

27. 付子堂主编：《当代中国转型期的法学教育发展之路》，法律出版社 2011 年版。

28. 葛云松：《法学教育的理想》，载于《中外法学》2014 年第 2 期。

29. 公丕祥：《变革时代的司法需求与卓越法律人才教育培养计划》，王瀚主编：《法学教育研究》第八卷，法律出版社 2013 年版。

30. 龚廷泰：《准确理解中国特色社会主义法治理论》，载于《检察日报》2014 年 12 月 14 日，第 003 版。

31. ［古希腊］亚里士多德著，吴寿彭译：《政治学》，商务印书馆 2011 年版。

32. 郭广辉、武建敏：《理论与实践：中国法学教育的困境与希望》，载于《河北法学》2014 年第 3 期。

33. 韩大元：《法学教育的人文精神》，知识产权出版社 2019 年版。

34. 韩大元：《法学教育改革的理念与发展趋势》，载于《人民法院报》2010 年 9 月 17 日，第 7 版。

35. 韩大元：《全球化背景下中国法学教育面临的挑战》，载于《法学杂志》2011 年第 3 期。

36. 韩大元：《全球化与法学院的社会责任》，载于《中国高等教育》2012 年第 22 期。

37. 何美欢等：《理想的专业法学教育》，中国政法大学出版社 2011 年版。

38. 何美欢：《理想的专业法学教育》，载于《清华法学》2006 年第 3 期。

39. 何勤华：《全面推进依法治国视野下的法学教育改革》，载于《中国高等教育》2015 年第 6 期。

40. 侯磊：《法安天下德润人心——专家解析〈民法总则〉中的社会主义核心价值观要素》，载于《解放军报》2017 年 4 月 26 日，第 10 版。

41. 胡明：《培养新时代高素质法治人才》，载于《光明日报》2018 年 1 月 1 日，第 7 版。

42. 胡明：《探索中国特色法学教育新路径新模式》，载于《光明日报》2018 年 5 月 3 日，第 7 版。

43. 胡明：《用中国特色社会主义法治理论引领法治体系建设》，载于《中国法学》2018 年第 3 期。

44. 扈中平：《现代教育学》，高等教育出版社 2005 年版。

45. 黄建武：《中国法学教育中的精英模式与大众模式》，载于《学术研究》2002 年第 10 期。

46. 黄进：《创建"即时共享协同融合学训一体"同步实践教学模式，培养卓越法律人才》，载于《法学教育研究》2015 年第 1 期。

47. 黄进：《创新法治人才培养机制》，载于《人民日报》2014 年 11 月 12 日，第 7 版。

48. 黄进等：《中国法学教育向何处去》，载于《中国法律评论》2014 年第 3 期。

49. 黄进：《坚持立德树人德法兼修培育高素质法治人才》，载于《中国高等教育》2017 年第 10 期。

50. 黄进：《培养德才兼备的高素质法治人才》，载于《学习时报》2017 年 8 月 9 日，第 1 版。

51. 黄进：《培养德法兼修的高素质法治人才引领中国法学教育进入新时代》，载于《中国高等教育》2018 年第 9 期。

52. 黄进：《世界一流大学建设与一流本科教学的创新——中国政法大学的理念与实践》，载于《中国高教研究》2016 年第 6 期。

53. 黄进：《新时代高素质法治人才培养的路径》，载于《中国大学教学》2019 年第 6 期。

54. 黄进：《志存高远培养卓越法治人才》，载于《光明日报》2017 年 5 月 26 日，第 11 版。

55. 黄进主编：《中国法学教育状况》（2010）（2011）（2012），中国政法大学出版社 2010 年版、2011 年版、2012 年版。

56. 黄俊杰：《大学通识教育的理念与实践》，中山大学出版社 2001 年版。

57. 黄新宪：《论教会大学对中国高等教育早期现代化的促进》，引自顾学稼等编：《中国教会大学史论丛》，成都科技大学出版社 1994 年版。

58. 霍宪丹：《当代法律人才培养模式研究》，中国政法大学出版社 2005 年版。

59. 霍宪丹：《法律职业与法律人才培养》，载于《法学研究》2003 年第 4 期。

60. 季卫东：《顺势而为适应变化》，载于《法制日报》2010 年 12 月 8 日，第 9 版。

61. 季卫东：《我国法学教育改革的理念和路径》，载于《中国高等教育》2013 年第 12 期。

62. 季卫东：《中国法学教育改革与行业需求》，载于《学习与探索》2014 年第 9 期。

63. 冀祥德主编：《法学教育的中国模式》，中国社会科学出版社 2010 年版。

64. 贾宇：《坚持社会主义法治道路创新卓越法律人才培养》，载于《中国高等教育》2015 年第 6 期。

65. 江利红：《论新世纪日本的法律教育改革及其问题》，载于《浙江社会科学》2014 年第 1 期。

66. 姜明安：《运用法治思维和法治方式治国理政》，载于《中国司法》2013 年第 1 期。

67. 蒋安杰：《人大法学院探索"一体多维二元融合"新型社会主义法治人才培养模式》，载于《法制日报》2018 年 5 月 16 日，第 9 版。

68. 蒋悟真：《财经法学培养目标与课程设置改革互动探讨》，载于《中国大学教学》2008 年第 11 期。

69. 蒋新苗：《加快构建中国特色法学人才体系》，载于《中国大学教学》2017 年第 5 期。

70. 焦富民：《地方综合性大学法学素质教育的目标与法学教育的改革》，载于《法学家》2003 年第 6 期。

71. 瞿郑龙：《新时代法理学教材的与时俱进》，载于《中国大学教学》2018 年第 7 期。

72. 劳凯声：《教育学》，南开大学出版社 2001 年版。

73. 黎军：《基于法治的自治——行业自治规范的实证研究》，载于《法商研究》2006 年第 4 期。

74. 李昊：《日本法科大学院改革的启示》，载于《法制日报》2016 年 8 月 24 日，第 9 版。

75. 李龙：《法学教育的改革与未来》，载于《法制与社会发展》2000 年第 4 期。

76. 李龙、邝少明：《中国法学教育百年回眸》，载于《当代法学》1999 年第 6 期。

77. 李龙、廖奕：《人本法学教育观论要——高境界法律人才培养目标模式》，载于《中国法学》2005 年第 2 期。

78. 李龙：《中国法治道路更加自信》，载于《政府法制》2018 年第 4 期。

79. 李树忠：《坚持改革调整创新立中国法学教育　德法兼修明法笃行塑世界法治文明》，载于《中国大学教学》2018 年第 4 期。

80. 李玉兰：《"虚拟第三学期"：大学课堂新维度》，载于《光明日报》2013 年 7 月 24 日，第 14 版。

81. 李运杨：《一位博士生亲历的德国法学教育》，载于《中国教育报》2017 年 3 月 31 日，第 7 版。

82. 梁文永：《一场静悄悄的革命：从部门法学到领域法学》，载于《政法论丛》2017 年第 1 期。

83. 刘安之、黄俊杰：《大学理念与实践》，台湾通识教育学会 1999 年版。

84. 刘风景：《法治人才的定位与培养》，载于《南开学报》2017 年第 5 期。

85. 刘吉涛：《法治人才培养缺了什么》，载于《中国教育报》2015 年 11 月 18 日，第 7 版。

86. 刘剑文：《论领域法学：一种立足新兴交叉领域的法学研究范式》，载于《政法论丛》2016 年第 5 期。

87. 刘坤轮：《法学教育与法律职业衔接问题研究》，中国人民大学出版社 2009 年版。

88. 刘坤轮：《加强法律职业伦理教育》，载于《中国社会科学报》2014 年 8 月 15 日，第 A08 版。

89. 刘同君：《新时代卓越法治人才培养的三个基本问题》，载于《法学》2019 年第 10 期。

90. 刘文韬：《培养高素质法治人才》，载于《湖南日报》2015 年 3 月 14 日，第 4 版。

91. 刘晓红：《立德树人为本德法兼修为要——以上海政法学院探索法治人才培养为例》，载于《法学教育研究》2017 年第 4 期。

92. 刘艳红、欧阳本祺：《创新法治人才培养机制的目标、理念与方法——以法律人个体成长规律为中心》，载于《法学教育研究》2016 年第 1 期。

93. 刘作翔：《法律人才培养应作分类化研究——关于建设高素质法治工作队伍的几点思考》，载于《人民法院报》2016 年 8 月 19 日，第 5 版。

94. 龙卫球：《美国实用法律教育的基础》，载于《北大法律评论》2001 年第 1 期。

95. 龙卫球：《中国法学教育历史沿革与现实缺陷》，载于《经济观察报》2011 年 5 月 6 日。

96. 娄银生、藏震：《坚持正确的法治理论引领推动理论联系实际创新法治人才培养机制》，载于《人民法院报》2017 年 5 月 21 日，第 1 版。

97. 娄银生：《法学毕业生就业究竟难在哪里》，载于《人民法院报》2006 年 12 月 16 日，第 3 版。

98. 马唯杰：《底线伦理还是美德伦理——兼论高校德育的价值取向》，载于《现代大学教育》2005 年第 3 期。

99. 马彦峰、张法连：《"一带一路"背景下涉外法律人才培养机制探究》，载于《甘肃广播电视大学学报》2017 年第 6 期。

100. 梅哲、王志：《创新法治人才培养机制》，载于《红旗文稿》2017 年第 5 期。

101. ［美］Judith A. McMorrow：《美国法学教育和法律职业养成》，载于《法学家》2009 年第 6 期。

102. ［美］哈罗德·J. 伯尔曼著，梁治平译：《法律与宗教》，生活·读书·新知三联书店 1991 年版。

103. ［美］康雅信著，王健译：《培养中国的近代法律家：东吴大学法学院》，引自贺卫方：《中国法律教育之路》，中国政法大学出版社 1997 年版。

104. ［美］约翰·杜威著，王承绪译：《民主主义与教育》，人民教育出版社 2001 年版。

105. ［美］约翰·麦·赞恩著，刘昕等译：《法律的故事》，江苏人民出版社 1998 年版。

106. 屈茂辉、李勤通：《法律职业伦理教育的知识性与素养性》，载于《中国法学教育研究》2017 年第 3 期。

107. 屈文生：《建设涉外法治工作队伍需要法律外语人才》，载于《中国高等教育》2017 年第 7 期。

108. 《全面落实"双千计划"培养卓越法治人才》，载于《检察日报》2016 年 7 月 7 日，第 4 版。

109. 申卫星：《让法治领域人才辈出积极推进法学教育改革创新》，载于《人民日报》2017 年 6 月 9 日。

110. 石静霞：《涉外型法学教育的特殊定位和新机遇》，载于《北京航空航天大学学报》（社会科学版）2018 年第 2 期。

111. 宋丽弘：《西部基层少数民族法律人才培养模式探究——以"卓越法律人才计划"为背景》，载于《民族高等教育研究》2016 年第 1 期。

112. 孙培军：《创新法治人才培养机制》，载于《学习时报》2014 年 12 月 22 日，第 3 版。

113. 孙培青：《中国教育史》，华东师范大学出版社 2000 年版。

114. 孙晓楼：《法律教育》，中国政法大学出版社 1997 年版。

115. 孙笑侠：《法律人之治——法律职业的中国思考》，中国政法大学出版社 2005 年版。

116. 孙笑侠：《法学教育的制度困境与突破》，载于《法学》2012 年第 9 期。

117. 孙笑侠：《论行业法》，载于《中国法学》2013 年第 1 期。

118. 唐守东：《提升法律职业共同体文化素养的三个维度》，载于《人民法院报》2016 年 8 月 5 日，第 7 版。

119. 田士永：《法治人才法治化培养的德国经验》，载于《中国政法大学学报》2017 年第 4 期，第 117~130 页。

120. 汪后继：《培养德法兼修的高素质法治人才》，载于《进展》2018 年第 5 期。

121. 汪习根：《美国法学教育的最新改革及其启示——以哈佛大学法学院为样本》，载于《法学杂志》2010 年第 1 期。

122. 王晨光：《法学教育的宗旨》，载于《法制与社会发展》2002 年第 6 期。

123. 王晨光：《法学教育改革现状与宏观制度设计》，载于《法学》2016 年第 8 期。

124. 王桦宇：《论领域法学作为法学研究的新思维——兼论财税法学研究范式转型》，载于《政法论丛》2016 年第 6 期。

125. 王健：《法学教育改革与发展的新动向》，载于《中国大学教学》2009 年第 12 期。

126. 王健：《中国近代的法律教育》，中国政法大学出版社 2001 年版。

127. 王军、杨贝：《论我国法学教育的多元化走向》，载于《暨南学报》（哲学社会科学版）2012 年第 2 期。

128. 王乐泉：《坚持和发展中国特色社会主义法治理论》，载于《人民日报》2015 年 8 月 28 日。

129. 王利明：《法学教育的使命》，载于《中国法学教育研究》2017 年第 1 期。

130. 王利明、黄进、潘剑锋、韩大元、申卫星：《改革开放四十年的中国法学教育》，载于《中国法律评论》2018 年第 3 期。

131. 王利明：《卓越法律人才培养的思考》，载于《中国高等教育》2013 年第 12 期。

132. 王书林：《新疆双语法官培训增设新内容》，载于《人民法院报》2016 年 3 月 29 日。

133. 王淑霞、梁小尹：《我国法学教育面临国际化挑战的思考》，载于《国际商法论丛》（第 6 卷）2004 年第 1 期。

134. 王勇、李玉璧：《中国西部地区法律教育和法学研究的比较优势》，载于《甘肃政法学院学报》2003 年第 5 期。

135. 王允武：《法律职业伦理培养——不应忽视的法学素质教育》，载于《法学家》2003 年第 6 期。

136. 王允武：《法治人才培养机制创新与法学教育协同推进——以改进民汉双语法治人才培养机制为视角》，载于《西南民族大学学报》（人文社会科学版）2016 年第 1 期。

137. 魏琼：《法律教育的起源：兼议对当下中国法律教育改革的启示》，载于《中国法学》2014 年第 2 期。

138. 吴汉东：《试论法律专业教育与素质教育的关系》，载于《法学家》2003 年第 6 期。

139. 吴坚：《哈佛大学与复旦大学通识教育课程设置比较研究》，载于《高教探索》2016 年第 2 期。

140. 吴凯：《论领域法学研究的动态演化与功能拓展——以美国"领域法"

现象为镜鉴》，载于《政法论丛》2017 年第 1 期。

141. 吴志攀：《大学法学教育与网络的互动性》，载于《中国大学教学》2003 年第 4 期。

142. 武晓红：《试论高校与实务部门共同培养机制——基于西部基层法律人才培养的思考》，载于《兰州交通大学学报》2014 年第 2 期。

143. 习近平：《在北京大学师生座谈会上的讲话》，载于《人民日报》2018 年 5 月 3 日，第 2 版。

144. 谢冬慧：《试论民国时期以法治为重心的法学教育理念》，载于《云南大学学报》（法学版）2014 年第 3 期。

145. 熊伟：《问题导向、规范集成与领域法学之精神》，载于《政法论丛》2016 年第 6 期。

146. 徐彪：《论清末新式法学教育对中国近代法学的影响》，载于《环球法律评论》2005 年第 3 期。

147. 徐汉明：《创新法治人才培养机制》，载于《学习时报》2017 年 3 月 29 日，第 7 版。

148. 徐隽：《法学教育要德法兼修——访中国政法大学校长黄进》，载于《人民日报》2017 年 5 月 24 日，第 17 版。

149. 徐隽、倪弋：《改进法学教育助力法治建设》，载于《人民日报》2017 年 6 月 7 日，第 18 版。

150. 徐隽：《中国人民大学法学院：改革课程体系推动迭代升级》，载于《人民日报》2018 年 5 月 2 日，第 17 版。

151. 徐清宇：《法学教育供给与司法职业需求的不对称及其校正——中国大学法学本科教育改革的基本出发点》，载于《政法论坛》2008 年第 2 期。

152. 徐显明：《法学教育的基础矛盾与根本性缺陷》，载于《法学家》2003 年第 6 期。

153. 徐显明：《高等教育新时代与卓越法治人才培养》，载于《中国大学教学》2019 年第 10 期。

154. 徐显明：《构建法律职业共同体》，载于《人民日报》2014 年 9 月 23 日，第 5 版。

155. 徐显明：《中国法学教育的五大发展趋势》，载于《法制日报》2013 年 6 月 19 日，第 9 版。

156. 徐显明主编：《中国法学教育状况》（2007）（2008）（2009），中国政法大学出版社 2007 年版、2008 年版、2009 年版。

157. 徐显明主编：《中国法学教育状况》，中国政法大学出版社 2006 年版。

158. 徐璋勇、任保平：《中国西部发展报告（2017）》（西部蓝皮书），社会科学文献出版社 2017 年版。

159. 许身健：《认真对待法律职业伦理教育》，载于《检察日报》2018 年 2 月 28 日，第 7 版。

160. 许育典：《教育宪法的建构》，引自苏永钦：《部门宪法》，元照出版有限公司 2005 年版。

161. 严存生：《道德性：法律的人性之维》，载于《法律科学》2007 年第 1 期。

162. 燕树棠：《法律教育之目的》，引自孙晓楼：《法律教育》，中国政法大学出版社 1997 年版。

163. 杨灿明：《基于培养高素质法治人才视野下的法学分层分类教育研究》，载于《法学教育研究》2017 年第 4 期。

164. 杨灿明、徐汉明：《加快推进法学教育体系和现代化的若干思考》，载于《法制日报》2016 年 10 月 19 日，第 12 版。

165. 杨力：《法学教育的职业主义路线修正》，载于《法律和社会科学》2014 年第 1 期。

166. 杨欣欣：《法学教育与诊所式教学方法》，法律出版社 2002 年版。

167. 杨永加：《习近平总书记强调的六大思维方法》，载于《学习时报》2014 年 9 月 1 日，第 3 版。

168. 杨兆龙：《杨兆龙法学文选》，中国政法大学出版社 2000 年版。

169. 叶青：《高等政法院校的责任与担当》，载于《光明日报》2017 年 9 月 19 日，第 13 版。

170. ［英］魏特尔著，陈敖才、陈琢成译：《赫德与中国海关》，厦门大学出版社 1993 年版。

171. 于志刚：《法治人才培养中实践教学模式的中国探索："同步实践教学"》，载于《中国政法大学学报》2017 年第 5 期。

172. 袁贵仁：《创新法治人才培养机制》，载于《人民日报》2014 年 12 月 12 日，第 7 版。

173. 袁利平、刘晓艳：《全球化背景下法学教育发展的国际趋势与中国选择》，载于《法学教育研究》2017 年第 2 期。

174. 曾宪义、王健、闫晓君主编：《律学与法学：中国法律教育与法律学术的传统及其现代发展》，中国人民大学出版社 2012 年版。

175. 曾宪义、张文显：《法学本科教育属于素质教育——关于我国现阶段法学本科教育之属性和功能的认识》，载于《法学家》2003 年第 6 期。

176. 张法连：《"一带一路"背景下涉外法律人才培养问题探究》，载于《法制日报》2017年12月6日。

177. 张丽英：《英国的法律职业与法学教育及其借鉴》，载于《西安电子科技大学学报》（社会科学版）2007年第6期。

178. 张鸣起：《牢固树立社会主义法治信仰》，载于《吉林人大》2016年第1期。

179. 张守文：《法治人才培养的目标与路径》，载于《中国高校社会科学》2017年第4期。

180. 张伟仁：《清代的法学教育》，引自贺卫方：《中国法律教育之路》，中国政法大学出版社1997年版。

181. 张文显：《大力加强法治工作队伍建设》，载于《人民法院报》2014年11月19日，第5版。

182. 张文显：《法理学》，高等教育出版社、北京大学出版社2007年版。

183. 张文显：《以人民为中心：法治体系的指导理念》，载于《北京日报》2018年4月23日，第16版。

184. 张文显主编：《世纪之交的中国法学：法学研究与教育咨询报告》（1990—2005），高等教育出版社2005年版。

185. 郑其绪：《发挥好"指挥棒"作用进一步完善人才评价机制》，载于《人民日报》2018年5月27日，第5版。

186. 郑永流：《知行合一 经世致用——德国法学教育再述》，载于《比较法研究》2007年第1期。

187. 《中国共产党第十八届中央委员会第四次全体会议文件汇编》，人民出版社2014年版。

188. 钟登华：《培养具有家国情怀的一流人才》，载于《人民日报》2017年4月14日，第8版。

189. 周叶中：《新时代中国法学教育的问题与使命》，载于《法学教育年刊》第六卷，法律出版社2019年版。

190. 周佑勇：《高等法学教育如何实现内涵式发展》，载于《北京航空航天大学学报》（社会科学版）2018年第2期。

191. 朱景文：《中国法律职业：成就、问题和反思——数据分析的视角》，载于《中国高校社会科学》2013年第4期。

192. 朱宁宁：《中国政法大学"同步实践教学"全面升级》，载于《法制日报》2018年4月11日。

193. 朱苏力：《追问法学教育承担的历史使命》，载于《法制日报》2011年

5月4日，第11版。

194. American Bar Association. Legal Education and Professional Development – An Educational Continuum. ABA Press: Washington, D. C., 1992: 138 – 140.

195. Christine M. Venter. Analyze This: Using Taxonomies to Scaffold Student's Legal Thinking and Writing Skills. Mercer Law Review, 2006 (57).

196. Deborah L. Rhode. Legal Education: Professionals Interests and Public Value. Indiana Law Review, 2000: 43.

197. Rogelio Lasso. From the Paper Chase to the Digital Chase: Technology and the Challenge of Teaching 21st Century Law Students. Santa Clara Law Review, 2002 (43).

198. Sidney P. Simposn. The Function of the University Law School, 49 HARV. L. 1936: 1068, 1070.

后　记

　　中共十八届四中全会通过的《关于全面推进依法治国若干重大问题的决定》首次系统地提出了适应新时代全面依法治国要求的法治人才培养问题，新时代法学教育要实现从传统的法律人才培养到向法治人才培养的转变。这就要求我们必须创新法学教育和法治人才培养观，树立全方位的法学教育观，构建多元化、多层次的法治人才培养机制，创新法治人才培养模式。而创新法治人才培养的模式与机制必须基于对我国法学教育和法治人才培养的历史、现实的梳理与实证分析，以及对域外法治人才培养的借鉴和中国特色法治人才培养的独立思考。2016年我们有幸获得了《创新法治人才培养机制》（项目批准号：15JZD008）的教育部重大课题攻关项目，这是对课题组成员多年从事法学教育和法治人才培养活动和研究的肯定，更是对我们的压力和鞭策，新时代、新文科下的法治人才培养机制的创新问题是法学教育和我国法治人才培养面临的重大课题，我们清楚地认识到课题研究的重大意义。

　　本项目课题首席专家由杜承铭教授（曾任广东财经大学副校长；现任广东工业大学副校长，博士，博士生导师；教育部法学类专业教学指导委员会委员）担任，课题组主要成员有周叶中教授（武汉大学副校长，博士，博士生导师；教育部法学类专业教学指导委员会副主任委员）、李树忠教授（中国政法大学原副校长，博士，博士生导师；教育部法学类专业教学指导委员会秘书长）、邓世豹教授（广东财经大学科研处处长，博士）、戴激涛教授（广东财经大学法学院博士）、夏金莱副教授（广东财经大学法学院博士）、房文翠教授（广东财经大学法学院院长，博士）和刘茂林教授（曾任中南财经政法大学副校长、现任湖北警官学院院长，博士，博士生导师）。课题立项以后，课题组成员分工协作，首席专家和各子课题主持人以及主要成员一起多次讨论进一步完善研究的思路和研究提纲，最后确定围绕新时代法治人才培养目标；德法兼修多元法治人才的培养模式；德法兼修多元法治人才培养课程体系；德法兼修的多元协同法治人才培养方式及德法兼修多元法治人才评价机制和保障体系五大问题展开。围绕这些问题设计实证研究的方案和面对不同法治人才培养相关群体的调查研究问卷，选择实证调查研究的分析工具。在研究过程中针对研究设计思路和方案、研究数据的分析以及专题性的具体问题专门邀请相关专家进行了多次的专题研讨。课题组成员在此基础上发表了许多阶段性研究成果，有的提出了一些有影响的法学教育和法治人才培养观点，引起了学术界广泛讨论。特别是首席专家和课题组成员中的教育部法学教学指导委员会副主任、秘书长和委员，他们把自己的研究成果有效地带入相关法学教育和法治人才培养政策的制定和讨论中，对新时代法学教育和法治人才培养起到了实践性作用。四年间，课题组成员围绕项目进行了大量相关研究，公开发表了31篇论文，出版了5部著作，取得了丰硕的阶段性研究成果。课题组成员积极投身教育实践工作，参与教育部法学类专业教学指导委员会的课程体系调整、法学专业教学质量国家标准和教学指导意见的制定等工作，项目研究成果顺利实现实践转化。课题组成员的相关研究成果获得了若干政府奖项，包括广东省哲学社会科学优秀成果奖三等奖1项、广东省教学成果奖二等奖1项、一等奖1项、北京市高等教育教学成果一等奖2项、国家高等教育教学成果一等奖和二等奖各1项。作为课题最后成果《创新法治人才培养机制》主要包括了成果的最终研究报告、调研报告和调查问卷。研究报告由首席专家提出总的研究思路与提纲，各子课题主持人提出具体的研究提纲，具体执笔人：前言：杜承铭；第一至三章：杜承铭、戴激涛；第四、第五章：杜承铭、夏金莱；附录：杜承铭、戴激涛。最后首席专家与主要成员反复讨论修改成稿，其间邀请了许多专家讨论提出修改意见。杜承铭、戴激涛、夏金莱负责最后的统稿。在课题研究中得到课题组成员所在高校中国政法大学、武汉大学、中南财经政法大学、广东财经大学等高校法学院的大力支持；特别是中国政法大学法学教育研究与评估中心的田士永教授、刘坤轮教授自始至终对课题研究的支持；在对法学教育调研过程中得到了国内许多高校法学院和法律实务机构的支持；课题的开题结项评审以及其中先后召开的9次相关研讨会中，许多专家和同事对课题提出了很多意见和建议，在此不一一列举，一并表示诚挚的感谢！由于水平所限，成果中定有许多不足和有待进一步深入研究的问题，敬请法学教育界和法律实践界专家批评指正。

教育部哲学社会科学重大课题攻关项目
"创新法治人才培养机制研究"课题组
2020年3月3日于广州

教育部哲学社会科学研究重大课题攻関項目成果出版列表

序号	书 名	首席专家
1	《马克思主义基础理论若干重大问题研究》	陈先达
2	《马克思主义理论学科体系建构与建设研究》	张雷声
3	《马克思主义整体性研究》	逄锦聚
4	《改革开放以来马克思主义在中国的发展》	顾钰民
5	《新时期 新探索 新征程——当代资本主义国家共产党的理论与实践研究》	聂运麟
6	《坚持马克思主义在意识形态领域指导地位研究》	陈先达
7	《当代资本主义新变化的批判性解读》	唐正东
8	《当代中国人精神生活研究》	童世骏
9	《弘扬与培育民族精神研究》	杨叔子
10	《当代科学哲学的发展趋势》	郭贵春
11	《服务型政府建设规律研究》	朱光磊
12	《地方政府改革与深化行政管理体制改革研究》	沈荣华
13	《面向知识表示与推理的自然语言逻辑》	鞠实儿
14	《当代宗教冲突与对话研究》	张志刚
15	《马克思主义文艺理论中国化研究》	朱立元
16	《历史题材文学创作重大问题研究》	童庆炳
17	《现代中西高校公共艺术教育比较研究》	曾繁仁
18	《西方文论中国化与中国文论建设》	王一川
19	《中华民族音乐文化的国际传播与推广》	王耀华
20	《楚地出土戰國簡册〔十四種〕》	陈 伟
21	《近代中国的知识与制度转型》	桑 兵
22	《中国抗战在世界反法西斯战争中的历史地位》	胡德坤
23	《近代以来日本对华认识及其行动选择研究》	杨栋梁
24	《京津冀都市圈的崛起与中国经济发展》	周立群
25	《金融市场全球化下的中国监管体系研究》	曹凤岐
26	《中国市场经济发展研究》	刘 伟
27	《全球经济调整中的中国经济增长与宏观调控体系研究》	黄 达
28	《中国特大都市圈与世界制造业中心研究》	李廉水

序号	书 名	首席专家
29	《中国产业竞争力研究》	赵彦云
30	《东北老工业基地资源型城市发展可持续产业问题研究》	宋冬林
31	《转型时期消费需求升级与产业发展研究》	臧旭恒
32	《中国金融国际化中的风险防范与金融安全研究》	刘锡良
33	《全球新型金融危机与中国的外汇储备战略》	陈雨露
34	《全球金融危机与新常态下的中国产业发展》	段文斌
35	《中国民营经济制度创新与发展》	李维安
36	《中国现代服务经济理论与发展战略研究》	陈 宪
37	《中国转型期的社会风险及公共危机管理研究》	丁烈云
38	《人文社会科学研究成果评价体系研究》	刘大椿
39	《中国工业化、城镇化进程中的农村土地问题研究》	曲福田
40	《中国农村社区建设研究》	项继权
41	《东北老工业基地改造与振兴研究》	程 伟
42	《全面建设小康社会进程中的我国就业发展战略研究》	曾湘泉
43	《自主创新战略与国际竞争力研究》	吴贵生
44	《转轨经济中的反行政性垄断与促进竞争政策研究》	于良春
45	《面向公共服务的电子政务管理体系研究》	孙宝文
46	《产权理论比较与中国产权制度变革》	黄少安
47	《中国企业集团成长与重组研究》	蓝海林
48	《我国资源、环境、人口与经济承载能力研究》	邱 东
49	《"病有所医"——目标、路径与战略选择》	高建民
50	《税收对国民收入分配调控作用研究》	郭庆旺
51	《多党合作与中国共产党执政能力建设研究》	周淑真
52	《规范收入分配秩序研究》	杨灿明
53	《中国社会转型中的政府治理模式研究》	娄成武
54	《中国加入区域经济一体化研究》	黄卫平
55	《金融体制改革和货币问题研究》	王广谦
56	《人民币均衡汇率问题研究》	姜波克
57	《我国土地制度与社会经济协调发展研究》	黄祖辉
58	《南水北调工程与中部地区经济社会可持续发展研究》	杨云彦
59	《产业集聚与区域经济协调发展研究》	王 珺

序号	书名	首席专家
60	《我国货币政策体系与传导机制研究》	刘　伟
61	《我国民法典体系问题研究》	王利明
62	《中国司法制度的基础理论问题研究》	陈光中
63	《多元化纠纷解决机制与和谐社会的构建》	范　愉
64	《中国和平发展的重大前沿国际法律问题研究》	曾令良
65	《中国法制现代化的理论与实践》	徐显明
66	《农村土地问题立法研究》	陈小君
67	《知识产权制度变革与发展研究》	吴汉东
68	《中国能源安全若干法律与政策问题研究》	黄　进
69	《城乡统筹视角下我国城乡双向商贸流通体系研究》	任保平
70	《产权强度、土地流转与农民权益保护》	罗必良
71	《我国建设用地总量控制与差别化管理政策研究》	欧名豪
72	《矿产资源有偿使用制度与生态补偿机制》	李国平
73	《巨灾风险管理制度创新研究》	卓　志
74	《国有资产法律保护机制研究》	李曙光
75	《中国与全球油气资源重点区域合作研究》	王　震
76	《可持续发展的中国新型农村社会养老保险制度研究》	邓大松
77	《农民工权益保护理论与实践研究》	刘林平
78	《大学生就业创业教育研究》	杨晓慧
79	《新能源与可再生能源法律与政策研究》	李艳芳
80	《中国海外投资的风险防范与管控体系研究》	陈菲琼
81	《生活质量的指标构建与现状评价》	周长城
82	《中国公民人文素质研究》	石亚军
83	《城市化进程中的重大社会问题及其对策研究》	李　强
84	《中国农村与农民问题前沿研究》	徐　勇
85	《西部开发中的人口流动与族际交往研究》	马　戎
86	《现代农业发展战略研究》	周应恒
87	《综合交通运输体系研究——认知与建构》	荣朝和
88	《中国独生子女问题研究》	风笑天
89	《我国粮食安全保障体系研究》	胡小平
90	《我国食品安全风险防控研究》	王　硕

序号	书名	首席专家
91	《城市新移民问题及其对策研究》	周大鸣
92	《新农村建设与城镇化推进中农村教育布局调整研究》	史宁中
93	《农村公共产品供给与农村和谐社会建设》	王国华
94	《中国大城市户籍制度改革研究》	彭希哲
95	《国家惠农政策的成效评价与完善研究》	邓大才
96	《以民主促进和谐——和谐社会构建中的基层民主政治建设研究》	徐 勇
97	《城市文化与国家治理——当代中国城市建设理论内涵与发展模式建构》	皇甫晓涛
98	《中国边疆治理研究》	周 平
99	《边疆多民族地区构建社会主义和谐社会研究》	张先亮
100	《新疆民族文化、民族心理与社会长治久安》	高静文
101	《中国大众媒介的传播效果与公信力研究》	喻国明
102	《媒介素养：理念、认知、参与》	陆 晔
103	《创新型国家的知识信息服务体系研究》	胡昌平
104	《数字信息资源规划、管理与利用研究》	马费成
105	《新闻传媒发展与建构和谐社会关系研究》	罗以澄
106	《数字传播技术与媒体产业发展研究》	黄升民
107	《互联网等新媒体对社会舆论影响与利用研究》	谢新洲
108	《网络舆论监测与安全研究》	黄永林
109	《中国文化产业发展战略论》	胡惠林
110	《20世纪中国古代文化经典在域外的传播与影响研究》	张西平
111	《国际传播的理论、现状和发展趋势研究》	吴 飞
112	《教育投入、资源配置与人力资本收益》	闵维方
113	《创新人才与教育创新研究》	林崇德
114	《中国农村教育发展指标体系研究》	袁桂林
115	《高校思想政治理论课程建设研究》	顾海良
116	《网络思想政治教育研究》	张再兴
117	《高校招生考试制度改革研究》	刘海峰
118	《基础教育改革与中国教育学理论重建研究》	叶 澜
119	《我国研究生教育结构调整问题研究》	袁本涛 王传毅
120	《公共财政框架下公共教育财政制度研究》	王善迈

序号	书　名	首席专家
121	《农民工子女问题研究》	袁振国
122	《当代大学生诚信制度建设及加强大学生思想政治工作研究》	黄蓉生
123	《从失衡走向平衡：素质教育课程评价体系研究》	钟启泉 崔允漷
124	《构建城乡一体化的教育体制机制研究》	李　玲
125	《高校思想政治理论课教育教学质量监测体系研究》	张耀灿
126	《处境不利儿童的心理发展现状与教育对策研究》	申继亮
127	《学习过程与机制研究》	莫　雷
128	《青少年心理健康素质调查研究》	沈德立
129	《灾后中小学生心理疏导研究》	林崇德
130	《民族地区教育优先发展研究》	张诗亚
131	《WTO主要成员贸易政策体系与对策研究》	张汉林
132	《中国和平发展的国际环境分析》	叶自成
133	《冷战时期美国重大外交政策案例研究》	沈志华
134	《新时期中非合作关系研究》	刘鸿武
135	《我国的地缘政治及其战略研究》	倪世雄
136	《中国海洋发展战略研究》	徐祥民
137	《深化医药卫生体制改革研究》	孟庆跃
138	《华侨华人在中国软实力建设中的作用研究》	黄　平
139	《我国地方法制建设理论与实践研究》	葛洪义
140	《城市化理论重构与城市化战略研究》	张鸿雁
141	《境外宗教渗透论》	段德智
142	《中部崛起过程中的新型工业化研究》	陈晓红
143	《农村社会保障制度研究》	赵　曼
144	《中国艺术学学科体系建设研究》	黄会林
145	《人工耳蜗术后儿童康复教育的原理与方法》	黄昭鸣
146	《我国少数民族音乐资源的保护与开发研究》	樊祖荫
147	《中国道德文化的传统理念与现代践行研究》	李建华
148	《低碳经济转型下的中国排放权交易体系》	齐绍洲
149	《中国东北亚战略与政策研究》	刘清才
150	《促进经济发展方式转变的地方财税体制改革研究》	钟晓敏
151	《中国—东盟区域经济一体化》	范祚军

序号	书　名	首席专家
152	《非传统安全合作与中俄关系》	冯绍雷
153	《外资并购与我国产业安全研究》	李善民
154	《近代汉字术语的生成演变与中西日文化互动研究》	冯天瑜
155	《新时期加强社会组织建设研究》	李友梅
156	《民办学校分类管理政策研究》	周海涛
157	《我国城市住房制度改革研究》	高　波
158	《新媒体环境下的危机传播及舆论引导研究》	喻国明
159	《法治国家建设中的司法判例制度研究》	何家弘
160	《中国女性高层次人才发展规律及发展对策研究》	佟　新
161	《国际金融中心法制环境研究》	周仲飞
162	《居民收入占国民收入比重统计指标体系研究》	刘　扬
163	《中国历代边疆治理研究》	程妮娜
164	《性别视角下的中国文学与文化》	乔以钢
165	《我国公共财政风险评估及其防范对策研究》	吴俊培
166	《中国历代民歌史论》	陈书录
167	《大学生村官成长成才机制研究》	马抗美
168	《完善学校突发事件应急管理机制研究》	马怀德
169	《秦简牍整理与研究》	陈　伟
170	《出土简帛与古史再建》	李学勤
171	《民间借贷与非法集资风险防范的法律机制研究》	岳彩申
172	《新时期社会治安防控体系建设研究》	宫志刚
173	《加快发展我国生产服务业研究》	李江帆
174	《基本公共服务均等化研究》	张贤明
175	《职业教育质量评价体系研究》	周志刚
176	《中国大学校长管理专业化研究》	宣　勇
177	《"两型社会"建设标准及指标体系研究》	陈晓红
178	《中国与中亚地区国家关系研究》	潘志平
179	《保障我国海上通道安全研究》	吕　靖
180	《世界主要国家安全体制机制研究》	刘胜湘
181	《中国流动人口的城市逐梦》	杨菊华
182	《建设人口均衡型社会研究》	刘渝琳
183	《农产品流通体系建设的机制创新与政策体系研究》	夏春玉

序号	书名	首席专家
184	《区域经济一体化中府际合作的法律问题研究》	石佑启
185	《城乡劳动力平等就业研究》	姚先国
186	《20世纪朱子学研究精华集成——从学术思想史的视角》	乐爱国
187	《拔尖创新人才成长规律与培养模式研究》	林崇德
188	《生态文明制度建设研究》	陈晓红
189	《我国城镇住房保障体系及运行机制研究》	虞晓芬
190	《中国战略性新兴产业国际化战略研究》	汪涛
191	《证据科学论纲》	张保生
192	《要素成本上升背景下我国外贸中长期发展趋势研究》	黄建忠
193	《中国历代长城研究》	段清波
194	《当代技术哲学的发展趋势研究》	吴国林
195	《20世纪中国社会思潮研究》	高瑞泉
196	《中国社会保障制度整合与体系完善重大问题研究》	丁建定
197	《民族地区特殊类型贫困与反贫困研究》	李俊杰
198	《扩大消费需求的长效机制研究》	臧旭恒
199	《我国土地出让制度改革及收益共享机制研究》	石晓平
200	《高等学校分类体系及其设置标准研究》	史秋衡
201	《全面加强学校德育体系建设研究》	杜时忠
202	《生态环境公益诉讼机制研究》	颜运秋
203	《科学研究与高等教育深度融合的知识创新体系建设研究》	杜德斌
204	《女性高层次人才成长规律与发展对策研究》	罗瑾琏
205	《岳麓秦简与秦代法律制度研究》	陈松长
206	《民办教育分类管理政策实施跟踪与评估研究》	周海涛
207	《建立城乡统一的建设用地市场研究》	张安录
208	《迈向高质量发展的经济结构转变研究》	郭熙保
209	《中国社会福利理论与制度构建——以适度普惠社会福利制度为例》	彭华民
210	《提高教育系统廉政文化建设实效性和针对性研究》	罗国振
211	《毒品成瘾及其复吸行为——心理学的研究视角》	沈模卫
212	《英语世界的中国文学译介与研究》	曹顺庆
213	《建立公开规范的住房公积金制度研究》	王先柱

序号	书 名	首席专家
214	《现代归纳逻辑理论及其应用研究》	何向东
215	《时代变迁、技术扩散与教育变革：信息化教育的理论与实践探索》	杨 浩
216	《城镇化进程中新生代农民工职业教育与社会融合问题研究》	褚宏启 薛二勇
217	《我国先进制造业发展战略研究》	唐晓华
218	《融合与修正：跨文化交流的逻辑与认知研究》	鞠实儿
219	《中国新生代农民工收入状况与消费行为研究》	金晓彤
220	《高校少数民族应用型人才培养模式综合改革研究》	张学敏
221	《中国的立法体制研究》	陈 俊
222	《教师社会经济地位问题：现实与选择》	劳凯声
223	《中国现代职业教育质量保障体系研究》	赵志群
224	《欧洲农村城镇化进程及其借鉴意义》	刘景华
225	《国际金融危机后全球需求结构变化及其对中国的影响》	陈万灵
226	《创新法治人才培养机制》	杜承铭
	……	